KB175950

트로이 유적에서 본 트로이 목마 모형

◀〈트로이 함락〉
아담 엘스하이머.
1600~01. 뮌헨, 알
테 피나코테크미
술관 소장
트로이 성은 화염
에 휩싸였다. 가운
데에 목마도 보인
다. 아버지 안키세
스를 들쳐메고 아
들과 함께 달아나
는 아이네이아스
모습도 보인다.

▼〈방랑자가 된 오
디세우스〉
여신 아테나는 오
디세우스가 제 나
라로 돌아갈 즈음
에 방랑자 모습으
로 변장하도록 손
을 썼다.

현재의 이타카 섬

〈라오콘 군상〉부분 트로이 전쟁에서, 라오콘이 그리스군의 목마를 트로이 성에 끌어들이는 일에 반대하자, 해신 포세이돈이 보낸 두 마리의 뱀에 의해 두 아들과 함께 살해당했다.

〈전투 준비를 하는 아킬레우스〉 트로이 전쟁에서 그리스군의 유일한 영웅.

〈라오콘과 두 아들〉 엘 그레코. 1610~14. 워싱턴DC, 국립미술관 소장

〈아마존 여왕 펜테실레이아와 싸우는 아킬레우스〉
엑세키아스 작품. 흑상식 암포라, BC 540~530.

▶〈아킬레우스의 죽음〉
페테르 파울 루벤스. 17세기경. 프랑스, 마냉미술관 소장
헥토르가 죽은 지 사흘째 되는 날, 헥토르의 동생 파리스가 아폴론의 활로 아킬레우스의 유일한 약점인 발꿈치를 쏘았다.

▼〈아마존족과 그리스군의 전투〉
페테르 파울 루벤스. 1618. 뮌헨, 알테 피나코테크미술관 소장

◀〈아킬레우스의 시체를 옮기는 아이아스〉
도공 엑세키아스 작품. 흑회식 암포라, BC 540. 베를린, 페르가몬미술관 소장
적갈색과 검은색이 아름다운 대비를 이루면서 화가는 다채로운 색조를 표현하여 이 영웅의 죽음을 전한다. 아킬레우스의 시체를 아이아스가 등에 들쳐멘 채 비통한 심정을 감추지 못하며 걸어가고 있다.

▼〈아이아스의 자살〉
도공 엑세키아스 작품. 흑회식 암포라, BC 540. 불로뉴쉬르메르, 시립미술관 소장
아이아스는 죽음을 결심하고 제 몸을 관통할 검을 세워둔다. 앞에 애용하던 투구와 방패가 영웅의 최후를 바라보는 것처럼 놓여, 두 개의 창이 세워져 있다. 바람에 흔들리는 종려나무가 이국에서의 고독한 죽음을 슬퍼하는 것만 같다.

해신 포세이돈 청동상 에게 해 에우보이아 섬 북쪽 바다에서 발견. 아테네, 국립미술관 소장

◀〈오디세우스와 칼립소〉
1883. 베클린. 바젤미술관 소장
칼립소의 나체와 뒤에서 바다를 바라보는 오디세우스의 검은 실루엣. 고향에 돌아가고 싶은 애절한 마음이 드러난다.
님프 칼립소는 오디세우스를 오기아 섬에 붙잡아 놓지만, 결국 신들은 그의 귀향을 도와준다. 뗏목을 타고 오기아 섬을 나섰을 때 폭풍으로 인해 파이아케스족의 나라로 표류하게 된다.

▼〈태양신 헬리오스의 소를 훔치는 오디세우스 일행〉 펠레그리노 티발디. 1554. 볼로냐, 팔라초 포지 소장

〈태양신 헬리오스 신의 머리 부분〉 BC 150년경. 로도스미술관 소장
1938년, 로도스 시내에 있는 중세 '기사의 길' 석벽 안에서 발견되었다. 세계 7대 불가사의 로도스 항 입구에 있던
헬리오스의 커다란 머리를 그대로 똑같이 만들었다고 전해진다.

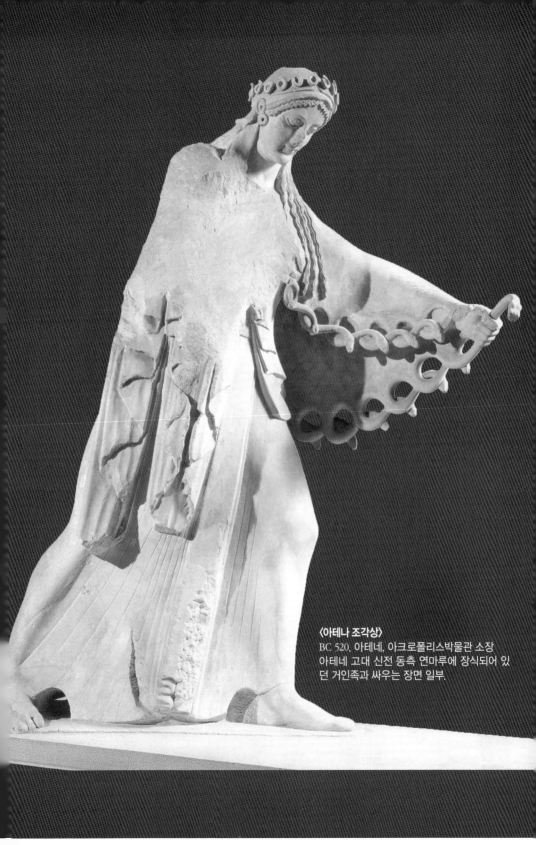

〈아테나 조각상〉
BC 520, 아테네, 아크로폴리스박물관 소장
아테네 고대 신전 동측 연마루에 장식되어 있
던 거인족과 싸우는 장면 일부.

◀〈눈을 찔린 폴리
페모스〉
카에레의 히드리
아병. BC 520. 로
마, 빌라줄리아미
술관 소장

▼폴리페모스에게
포도주를 잔뜩 먹
여 눈을 찌르다
키레니아 출토 흑
회식 도기, BC 6
세기.

▶고대 그리스군의 삼단노 갤리선

▼〈폴리페모스의 눈을 찌르는 오디
세우스〉
엘레우시스의 도기화, BC 660.
엘레우시스, 고고박물관 소장
부하들과 함께 거인의 외눈에
막대를 꽂았다.

◀〈동굴 입구를 막고 양들을 더듬는 눈 먼 폴리페모스〉
요한 하인리히 퓌슬리.
1803, 개인 소장
오디세우스는 양의 배밑에 바짝 붙어 탈출한다.

▼오디세우스가 탄 배를 향해 커다란 바윗돌을 던지는 폴리페모스

〈헤라(유노) 여신과 바람의 신 아이올로스〉 프랑수아 부셰. 1769. 킴벨 아트박물관 소장
헤라 여신이 아이올로스에게 태풍이 불게 해달라고 요청하고 있다.

〈오디세우스와 키르케〉 스프랑헬. 1580~85. 빈, 미술사미술관 소장
가슴을 드러낸 마녀 키르케가 당황한 오디세우스에게 다가서는 장면. 영웅은 끝내 마녀의 마법을 당해내지 못하고
1년을 함께 살게 된다.

〈오디세우스에게 잔을 들어 보이는 키르케〉 존 윌리엄 워터하우스. 1891. 영국, 올덤미술관 소장
오른손에 술잔을, 왼손에 지팡이를 들고 있다. 술을 마시게 한 다음 지팡이를 휘두르면 오디세우스는 동물로 변할
것이다. 뒤에 있는 거울에 오디세우스의 모습이 비치고 있다.

◀오디세우스의 부하들을
돼지로 만들고 있는 키르케

▼〈오디세우스와 키르케〉
알레산드로 알로리, 1560.
옛 사루비아티의 프레스
코화
키르케가 오디세우스의
부하들을 동물로 바꿔버
린 장면. 오디세우스는 다
른 곳에서 헤르메스의 경
고를 듣고 있다. 헤르메스
덕분에 오디세우스는 마
법을 피했다.

〈오디세우스와 키르케〉 주세페 보타니. 1760~70.
키르케는 오디세우스를 동물로 만들려 했으나 오디세우스는 마법에 걸리지 않고 칼을 빼들어 마녀를 위협했다.

◀〈오디세우스와 세이렌〉
적회식 스탐노스, BC 475~450. 런던, 대영 박물관 소장
돛대에 묶인 오디세우스는 감미로운 세이렌의 목소리를 듣고, 밀랍으로 귀를 막은 부하들은 아무것도 모른 채 노를 젓는다. 낙담한 세이렌 한 마리는 바다로 몸을 내던진다. 뱃전에 달린 눈은 항해의 안전을 기원하며 그들을 지켜주고 있다.

▼〈오디세우스와 세이렌〉
엘젬 출토 모자이크, 2세기. 튀니지, 바르도 박물관 소장
오디세우스는 돛에 몸이 묶인 채 세이렌 앞을 지나간다.

〈올림포스 12신〉 그리스·로마 신화에서 제우스의 일족을 중심으로 한 올림포스 12신의 모습이 그려져 있다. 그중 ❶ 은 제우스, ❷는 아레스. ❸은 데메테르 ❹는 디오니소스이다.

◀〈오디세이아의 세계〉
《오디세이아》이야기를 그린 흑회
식 용기, BC 5~4세기. 옥스퍼드,
아슈모리안박물관 소장

▼〈오디세이아와 세이렌〉
존 윌리엄 워터하우스. 1891. 오
스트리아, 국립박물관 소장
세이렌은 인간의 얼굴에 새의 몸
을 가진 괴물로, 아름다운 세이렌
의 노랫소리를 들으면 아내와 자
식은 물론 고향도 잊어버린다.

▶〈스킬라와 카리브디스 앞의 오디세우스〉
요한 하인리히 퓌슬리. 1794~95. 취리히, 쿤스트하우스 소장

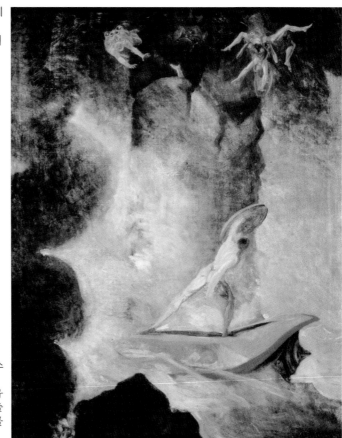

▼〈밀로의 구운 진흙으로 만든 판 : 스킬라〉
고대 그리스 로마 에트루리아 유물. 테라코타 릴리프, 메로스 섬 출토. BC 5세기경. 파리, 루브르박물관 소장

◀〈텔레마코스와 오디세우스〉
오디세우스의 20년에 걸친 여행이 끝나고 부자는 재회한다. 두 사람은 함께 페넬로페의 구혼자들을 살해하게 된다.

▼〈이타케 섬에 돌아온 오디세우스〉
채색도기화, BC 440년경.
거지행색 나그네의 발을 씻겨주던 유모 에우리클레이아가 흉터를 발견하고 그가 오디세우스임을 알아본다.

〈시름에 잠겨 있는 페넬로페와 텔레마코스〉 채색도기화, BC 450년경.

〈페넬로페의 구혼자들〉 베르나르디노 핀투리키오. 1509. 영국, 내셔널갤러리 소장
수의를 짜는 정숙한 아내 페넬로페와 구혼자들. 창 밖으로 귀환하는 오디세우스가 보인다.

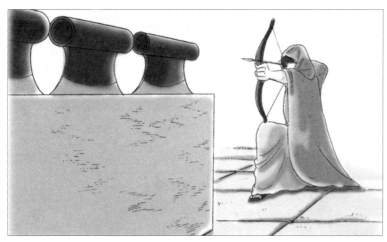

◀〈구혼자들의 활 시합에 나타난 오디세우스〉
오디세우스가 재빨리 활 시위를 당기더니 열두 개의 도끼자루 구멍을 관통시켰다. 그리고 구혼자들에게 큰 소리로 자신의 정체를 밝혔다.

▶오른쪽 페이지 〈구혼자들〉 귀스타브 모로. 1852~96. 프랑스, 귀스타브 모로미술관 소장
구혼자들은 주인도 없는 저택으로 찾아와 매일 밤 경연을 열었다.

BC 44년경의 도기 그림
궁전으로 돌아온 오디세우스는 아내에게 구혼했던 자들을 활로 쏘아 죽여버린다.

〈오디세우스의 복수〉

〈구혼자들을 공격하는 오디세우스〉 20년 만에 돌아온 오디세우스, 하지만 그를 기다리는 것은 그의 아내 페넬로페를 괴롭히는 100여 명의 구혼자들이었다.

〈귀향한 뒤의 오디세우스와 페넬로페〉 테라코타 릴리프. BC 5세기. 파리, 루브르박물관 소장
《오디세이아》는 포세이돈을 화나게 한 탓에 10년 동안의 전쟁과 10년 동안의 항해 끝에 겨우 고향에 돌아온 영웅의
이야기이다.

▶〈오디세우스와 페넬로페〉
프란체스코 프리마티치오.
1563. 오하이오 주 톨레도
미술관 소장
오디세우스는 이타케 섬
의 왕이었다. 《오디세이아》
에 의하면 겨우 돌아온 그
는 아내에게 기나긴 여행
이야기를 들려주었다. 아
테나 여신은 밤을 더욱 길
게 해주었다.

◀〈페르세포네의 납치〉
니콜로 델 아바테. 1560.
루브르박물관 소장

〈하데스에게 납치된 페르세포네〉
베르니니. 1621~22. 로마, 보르게세
미술관 소장
17세기 이탈리아를 대표하는 조각
가 베르니니의 걸작.

지옥 왕 하데스가 자신의 아내로
삼기 위해 페르세포네를 납치하여
지옥으로 데려가려는 순간이다. 체
격이 건장한 하데스는 아름다운
꽃을 바라보며 즐거운 시간을 보내
고 있던 페르세포네를 덮쳐 그녀의
몸을 거뜬히 들어올린다. 그녀는
도망치려고 죽을힘을 다해 발버둥
치지만 그럴수록 하데스의 힘센 손
가락이 그녀의 부드러운 살갗을 더
욱 파고들 뿐이었다. 하데스의 발밑
에는 머리가 세 개인 지옥문을 지
키는 개, 케르베로스가 앉아 있다.

World Book 253

Homeros

ODYSSEIA

오디세이아

호메로스/이상훈 옮김

동서문화사

디자인 : 동서랑 미술팀/표지그림 : Cornelis van Haarlem

오디세이아
차례

Odysseia
오디세이아

□ 주요 인물

아가멤논   미케네 성주이며, 그리스군의 총수.

메넬라오스   아가멤논의 아우. 스파르타의 왕이며 헬레네의 전남편.

아킬레우스   테살리아 프디에의 영주로 아카이아군의 영웅. 그와 아가멤논의
    싸움이 이 작품의 주제이다.

파트로클로스   아킬레우스의 친구. 그로 인해 전쟁이 길어지며 이야기가 이어
    진다.

오디세우스   이타케 섬의 영주.《오디세이아》의 주인공.

네스토르   필로스의 영주. 노장으로서 존경을 받는다.

디오메데스   아르고스 출신의 청년 무장.

프리아모스   일리오스의 성주.

헥토르   프리아모스의 맏아들로 트로이에서 제일가는 용장.

안드로마케   헥토르의 아내. 둘 사이에 어린아이 아스튀아낙스가 있다.

파리스   헥토르의 아우. 헬레네를 유혹하여 전쟁의 원인을 만든 장본인.

헬레네   본디는 메넬라오스의 아내. 파리스에게 반하여 함께 트로이로 달아
    났다.

아이아스   두 사람이 있다. 큰 아이아스는 살라미스의 영주 텔라몬의 아들. 몸
    이 크고 호걸이다. 작은 아이아스는 오일레우스의 아들. 몸은 작아도 걸음이
    빠르다.

제1권
아테나가 텔레마코스 출발을 격려하다

트로이가 멸망한 지 10년이 지났으나, 이타카 군주 오디세우스는 바다 위를 떠다니며 아직도 귀국 허가를 받지 못한 채 칼립소 섬에 억류당한다. 여러 신들이 이를 불쌍히 여겨 제우스의 명령으로 헤르메스를 님프 칼립소에게 보내 그를 놓아 주도록 한다. 한편 고향 이타카 섬에서는 아테나 여신이 오디세우스의 아들 텔레마코스에게 아버지를 찾으러 그리스 본토로 갈 것을 권한다. 이타카 섬, 오디세우스 성에서는 주인이 행방불명되어 오랜 시간이 흐르자 이웃 여러 섬들과 이타카에서 구혼자들이 몰려든다. 그들은 오디세우스의 아내 페넬로페에게 구혼하며 아들 텔레마코스의 나이가 어림을 얕잡아 보고 날마다 향연을 이어가며 오디세우스의 재산을 탕진하고 있었다.

들려주소서 그 용사의 이야기를 뮤즈 여신이여. 트로이의 거룩한 도시를 무너뜨린 뒤, 참으로 많은 나라들을 방황해 온 지략이 뛰어난 그 사나이의 이야기를. 그는 온갖 종족이 살고 있는 나라들을 보고 풍속을 배워 바다에서 무수한 고뇌를 가슴 깊이 되씹으며, 자신의 생명을 지키고, 부하들을 무사히 귀국시키려고 애썼으나, 고생한 보람도 없이 그들을 구하지는 못했다. 어리석은 자들이라서 하늘을 거니는 태양신의 소들을 잡아먹었기 때문에 태양신이 그들에게서 돌아올 날을 빼앗아버렸던 것이다. 그들은 자신들의 못된 짓으로 인해 스스로를 멸망시켰다. 그러한 이제까지의 이야기를, 어느 대목부터라도 좋으니 제우스의 따님이신 뮤즈 여신이여, 우리에게도 이야기 해주소서.

준엄한 죽음의 운명을 벗어난 다른 용사들은 전쟁에서도, 험한 바닷길에서도 운수 좋게 벗어나서 이미 모두 고향에 돌아가 있었다.

그런데 오디세우스만은 고국으로 돌아가 아내를 만나려고 간절히 바라고 있었지만, 여신들 사이에서도 거룩하고 젊은 님프 칼립소가 그와 결혼하기를 갈망하여 텅 빈 동굴에 그를 붙잡아 놓고 있었다.

마침내 세월이 흘러 여러 신들이 정해 놓은 이타카 섬으로 돌아갈 날이 찾아왔다. 하지만 그때에도 오디세우스만은 아직 온갖 고난에서 벗어날 수는 없었던지, 다시 고난의 길이 시작되었다. 다른 신들은 그를 불쌍히 여겼으나, 포세이돈만은 아직도 노여움을 풀지 못해 신이나 다름없는 오디세우스가 고국으로 돌아가는 것을 매우 싫어했기 때문이다.

마침 그즈음 포세이돈은 먼 곳에 사는 아이티옵스족에게로 떠나고 없었다. 이 아이티옵스(에티오피아 사람)족은 인간 세계 맨 끝에 살고 있었다. 두 갈래로 나뉘어 한쪽은 해가 저무는 서쪽 끝에, 또 다른 한쪽은 해가 솟는 동쪽 끝에 자리잡고 있었다. 포세이돈은 그 나라로 황소와 새끼양이 제물로 바쳐지는 제사에 참석하려고 갔다.

포세이돈이 잔치 자리에 앉아서 즐거워하는 동안, 다른 신들은 올림포스에 있는 제우스 신의 궁전에 모여 있었다. 인간과 신들의 아버지 신인 제우스가 가장 먼저 말을 꺼내었다. 그는 마음속에 아가멤논의 아들, 곳곳에 그 이름을 떨친 오레스테스의 손에 죽은 용맹했던 아이기스토스를 떠올리고 있었기 때문이다. 그 일을 생각하며 불사의 신들 가운데 서서 입을 열었다.

"아, 정말 무슨 까닭으로 인간들은 우리 신들에게 죄를 뒤집어 씌운단 말인가. 재앙이란 재앙은 모두 우리한테서 일어난다고들 하지만, 사실은 자신들의 분수를 벗어난 행동 때문에 타고난 운명보다 더한 고통을 당하게 마련이거든.

이번 일만 하더라도 아이기스토스는 아트레우스의 아들 아가멤논의 아내 클리타임네스트라와 몰래 정을 통해서, 아가멤논이 트로이에서 돌아오자 살해하기에 이르렀지. 바로 자신의 파멸을 부르는 짓인 줄 알면서도 말이지. 우리가 미리 저 훌륭한 파수꾼, 아르고스를 죽인 신 헤르메스를 사절로 보내어 경계하라고 일렀는데도 말이야. 아가멤논을 살해하면 안 된다고, 또 그 아내를 탐내면 안 된다고 그토록 일렀는데도.

왜냐하면 그런 짓을 하면, 머지않아 아가멤논의 아들 오레스테스에게 복수를 당할 게 뻔한 일이니까. 헤르메스에게 오레스테스는 지금은 나이가 어리고 다른 나라에 가 있지만, 얼마 뒤면 어른이 되어 제 나라가 그리워 돌아오게 될 것이라고 내가 애써 잘 하라고 걱정해서 말해 주었는데도, 아이기스토스의 얼빠진 마음을 설득하지는 못했던 거야. 그래서 이제 그는 모든 벌을 한꺼번에 받고 만 셈이지."

그러자 이번엔 빛나는 눈의 여신 아테나가 말했다.

"저희들의 아버지 신이신 크로노스의 아드님이시여, 최고의 통치자시여, 참으로 그 자가 파멸의 보답으로 죽은 것은 당연한 일입니다. 그 같은 행동을 하는 자는 누구나 죽임을 당해 마땅하지요. 하지만 그와는 달리 제 가슴은, 저 마음은 어진 오디세우스의 처지를 생각하면 가엾어서 못 견디겠어요. 참으로 불운한 사람이에요. 모든 인간들로부터 멀리 떨어져서, 바닷물로 둘러싸인 섬에서 그토록 고생하고 있다니. 그곳은 대양의 배꼽이나 다름없는 섬이니까요.

그 섬은 나무 숲으로 덮여 있고, 여신이 살고 있지요. 저 저주스러운 마음을 가진 아틀라스의 딸 말이에요. 모든 바다를 속속들이 알고, 넓은 땅과 끝없이 열린 하늘을 떼어놓는 기다란 큰 기둥을 저 홀로 지탱하고 있는 아틀라스의 딸 님프가, 그 불행한 사람이 마냥 비탄에만 잠겨 있는데도 붙잡아 놓고 있답니다. 그러고는 상냥한 척 어르고 달래며 그 사람이 이타카 생각을 잊어버리도록 온갖 감언이설로 호리고 있지요. 하지만 오디세우스는 한 번만이라도 고향 땅에서 연기가 피어오르는 모습이라도 보고 싶어서, 차라리 죽기를 바라고 있어요. 그런데도 아버지 신께선 전혀 유념하시지도 않으시는군요. 올림포스에 계신 당신께서는 오디세우스가 아르고스 군사의 함선들 곁에 있었을 때, 한 번도 제물을 바치고 문안드리지 않았다는 말씀이신가요. 저 드넓은 트로이에 있으면서도? 아버지 신이시여, 무슨 까닭에 그토록 그에 대해 노여워하시게 되셨나요?"

이에 구름을 불러모으는 제우스가 말했다.

"내 딸이여, 무슨 말을 그리 함부로 한단 말인가. 그렇다 한들 어찌 내가 신이나 다름없는 오디세우스를 잊어버리랴. 그 사람은 지혜나 분별이 어느 누구보다도 뛰어나며, 불사인 여러 신들에게도 다른 사람들보다 많은 제물을 바쳤었지. 크고 넓은 하늘 위를 다스리는 신들에게 말이야. 하지만 대지를 뒤흔드는 포세이돈 신이 그토록 고집스럽게, 아들 키클로페스 때문에 아직도 몹시 분개하고 있단다. 그 눈을 멀게 한 죄 때문에 말이야. 그리고 저 모든 키클로페스 가운데서도 가장 힘이 장사라는, 신이나 다름없는 폴리페모스도 눈을 멀게 했지. 황량한 대양을 다스리는 포르퀴스의 딸인 님프 토오사가 널찍하고도 텅 빈 동굴 속에서 포세이돈과 살면서 그 아들을 낳았지. 바로 그 일로 해서 지진(地震)의 신인 포세이돈이 오디세우스를 죽일 수까지는 없었지만, 고향 땅에서 먼 곳을 헤매도록 하는 거야. 자, 이제 여기서 우리 모두 하나가 되어, 어떻게든 그가 고국으로 돌아가도록 좋은 방법을 세워 주어야 하지 않겠느냐. 그러면 제 아무리 포세이돈인들 노여움을 그만 거두게 되리라. 모든 불사의 신들에게 반대하면서까지 홀로 맞서 싸운다는 것은 도저히 불가능할 터이니 말이야."

이렇게 말하자 빛나는 눈의 여신 아테나가 대답했다.

"저희들의 아버지 신이시며 크로노스의 아드님이시여, 모든 지배자 가운데서도 가장 높으신 어른 제우스시여, 만일 마음 어진 오디세우스가 자기 집으로 돌아가는 일이 축복받으신 신들의 마음에 드신다면, 저 안내의 신이며 아르고스를 죽인 신인 헤르메스를 오기기아 섬으로 가도록 명령해 주세요. 당장에 긴 머리를 드리운 아름답고 젊은 님프에게 여러분의 확고한 생각을 전해 드리도록 말이에요. 참을성을 지닌 오디세우스가 귀국할 수 있도록, 돌아가게 하는 것이 신들의 뜻이시라고요. 그러면 저는 곧 이타카 섬으로 찾아가서 그의 아들 텔레마코스를 한결 격려하고, 마음속 용기를 불러일으키도록 해주지요. 긴 머리의 아카이아 사람들을 회의에 소집하고, 모든 구혼자들에게 향연 금지를 선언하는 그런 용기를 말이에요. 그들은 날마다 오디세우스의 양과 살찐 소들을 몇 마리고 수없이 잡아 없애고 있으니까요. 또 그를 사랑하는 아버지의 귀국에 대해 알아보도록 스파르타 아니면 모래 언덕이 끝없이 이어진 필로스로 보내도록 해 주세요. 어쩌면 아버지의 소문을 들을 수 있을지도 모르니까요. 또한 그가 세상 사람들 사이에서 좋은 평판을 얻을 수 있도록 말이에요."

이렇게 말하고 나서 아테나는 발밑에 거룩한 황금으로 만든 아름다운 샌들을 비끄러매어 신었다. 그 샌들은 출렁이는 바닷길이든 끝없는 육로든 가릴 것 없이 바람이 부는 대로 여신을 날라다 줄 것이다. 또 그녀는 날카로운 청동 촉을 단 무겁고 튼튼한 거대한 창을 손에 들었다. 그 창으로 위대한 아버지 신의 딸이 자기를 격분시킨 무사들을 평정해 오곤 했다. 아테나는 올림포스의 높은 봉우리를 날아가 이타카 섬에 내려, 오디세우스 성의 대문 앞에 가서 섰다. 손에는 청동 창을 잡고, 오디세우스와 아주 가까운 사이인 타포스 섬 군주 멘테스의 모습을 하고 있었다. 성 안에서는 여러 구혼자들이 저마다 뽐내며, 때마침 문 앞에서 장기를 두면서 시간을 보내고 있었다. 그들이 깔고 앉은 여러 장의 쇠가죽은 그들이 멋대로 죽여 없앤 소들의 가죽이었다. 그들 곁에서 몸종들과 충성스러운 하인들이 희석용 술동이에 포도주와 물을 타거나 구멍이 무수히 뚫린 해면으로 책상을 닦아 내며 구혼자들 앞에 차려 놓는가 하면, 한편에서는 많은 고기를 푸짐하게 썰어 놓는 이도 있었다.

여신의 모습을 가장 먼저 발견한 사람은 신과 같은 모습을 한 텔레마코스였다. 그는 구혼자들 사이에 앉아 있으면서도, 훌륭한 아버지의 모습을 마음속에 그리면서 언젠가는 아버지가 돌아와 이 구혼자들을 집 안에서 몰아내고, 자신도 존엄한 지위를 되찾아 몸소 재산을 다스리게 되기를 꿈꾸면서 안타까워하고 있는 참이었다.

이런 생각을 하면서 구혼자들과 어울리고 있던 참에 아테나를 보자 곧바로 문간으로 나갔다. 손님을 너무 오랫동안 대문간에 서서 기다리게 해서는 안 된다고 생각했기 때문이다. 텔레마코스는 바로 옆으로 다가가서 아테나의 오른손을 잡고 청동 창을 받아 들며 정중하게 인사를 건넸다.

"어서 오십시오, 손님. 저희들은 누구나 기꺼이 맞이합니다. 그럼, 먼저 음식을 드시고서 용건을 말씀해 주십시오."

이렇게 말하고 앞장서서 안내하자, 여신 팔라스 아테나는 그 뒤를 따라갔다. 마침내 두 사람이 우뚝 솟은 성 안으로 들어서자, 그는 창을 받아 높은 기둥 옆 잘 닦은 나무 창대 속에 세워 놓았다. 거기에는 그 밖에도 굳세고 용감한 오디세우스의 창이 여러 개 세워져 있었다. 그는 여신을 훌륭한 조각이 새겨진 안락의자 쪽으로 안내하여 깔개를 깔고, 또 발밑에는 발판을 놓아 편히 앉을 수 있게 했다. 손님이 시끄러운 소리에 시달리고, 무례하기 짝이 없는 무리들 틈에서 식사조차 즐겁게 들지 못하면 안 되겠다 싶어서였다. 또 집을 떠난 채 돌아오지 않는 아버지의 소식을 방문객을 통해 알아보리라 생각해서, 다른 구혼자들로부터 떨어진 곳에 상감(象嵌) 장식이 된 의자를 갖다 놓고 자기도 앉았다. 그러는 동안에 시녀가 손 씻을 물을 예쁜 황금 물병에 넣어 가지고 와서는, 그들이 손을 씻도록 커다란 은대야에 쏟아 부었다. 그러고는 그 옆에 잘 닦은 탁자를 가져다 놓았다. 그 다음에 상냥한 하녀가 빵을 가져와서는 탁자 위에 올려놓고, 그녀가 마련해 두었던 여러 음식을 손님을 위해 아낌없이 곁들여 놓았다. 그런가 하면 요리사가 가지각색의 고기를 담은 쟁반들을 수없이 늘어

놓고 두 사람 곁에 황금 술잔을 가져다 놓자, 몸종들은 몇 번이고 오가면서 둘을 위해 잔이 넘치도록 술을 따랐다.

그때 뽐내며 거들먹거리는 구혼자들이 들어와서는 차례차례로 크고 작은 의자에 걸터앉았다. 거기에 몸종들은 손 씻을 물을 돌리고, 시녀들은 곁에 있는 바구니 속에 빵을 쌓아 올렸다. 또 그러는 동안 하인들은 희석용 술동이에 술을 가득가득 채우고 다녔다. 그러자 구혼자들은 앞에 차려놓은 음식에 부지런히 손을 가져갔다. 그리하여 그들은 실컷 마시고 배불리 먹자, 이번에는 다른 재미, 즉 노래와 춤으로 마음을 돌렸다. 으레 향연에 따르는 행사였던 것이다. 전령은 훌륭한 하프를 음유 시인 페미오스 손에 들려주었다. 구혼자들의 술잔치가 끝날 무렵이면 언제나 강요에 의해서 마지못해 노래해야만 했던 그였다. 그가 하프를 안고 줄을 퉁기며 아름다운 노래를 부르기 시작하자, 이때 텔레마코스가 빛나는 눈의 여신 아테나에게 말을 건넸다. 다른 사람에게는 들리지 않도록 매우 가까이 머리를 갖다 대고 말했다.

"나그네여, 이런 말씀을 드리면 괘씸하다고 노하시겠습니까. 이들은 이렇게 하프 소리와 노래에 취해 있습니다만, 사실은 모두 무책임합니다. 남의 재물을 값도 치르지 않은 채 갉아먹고 있으니까요. 그것도 그 주인의 백골이 어느 먼 육지에서 빗물에 썩어 가는지, 아니면 바닷물 속에 잠겨 물결에 굴러다니는지조차 모르는 사람의 재물을 말입니다. 그 사람이 만일 이 이타카로 돌아오기라도 한다면, 이들은 너 나 할 것 없이 걸음아 날 살려라 달아날 것입니다. 금은 보화나 옷을 남보다 많이 가지고 있더라도 말입니다. 하지만 지금으로서는 아까도 말했듯이 그는 애꿎은 죽임을 당하고, 이제 저희들에겐 어떤 위안도 남지 않았습니다. 이 지상에 있는 인간들 가운데 그 누가, 아버지가 곧 돌아오신다고 말해 준다 하더라도 아무런 위로가 되지 않습니다. 아버지가 귀국해 오리라는 희망은 완전히 사라지고 말았답니다. 그건 그렇고 이젠 부디 분명히 말씀을 해 주십시오. 당신은 누구시며 어느 나라에서 오셨고 또 부모님은 누구신지요? 어떤 배를 타고 오셨으며, 어찌하여 뱃사람들이 이타카로 모셔 왔습니까? 도대체 그들은 어떤 신분의 사람들입니까? 이런 말을 묻는 까닭은 결코 걸어서 이 마을까지 오셨다고는 믿을 수 없기 때문입니다. 또 다음과 같은 점에서도 사실을 말씀해 주십시오. 꼭 이해할 수 있도록 말입니다. 당신은 이타카를 처음 방문하시는 건지, 아니면 예부터 제 아버지와 가까운 분이신지, 그 점을 말입니다. 저희 집을 찾으신 여러 나라 분들이 참으로 많았으며, 아버지 또한 온갖 나라 분들과 사귀고 계셨으니 말입니다."

그 말에 빛나는 눈의 아테나 여신이 말했다.

"그렇다면 이제 물어보신 점에 대해 숨김없이 이야기해 드리지요. 난 지혜가 뛰어난 앙키알로스의 아들인 멘테스라는 이름을 가진 사람으로, 항해를 즐기는 타포스 섬의 지배자인데, 이렇게 배를 타고 부하들과 함께 포도줏빛 바다를 건너 이타카로 왔지요. 청동을 구하러 테메세로 가는 길이므로, 무역을 위해 번쩍번쩍 빛나는 쇠를 가지고 왔답니다. 내가 타고 온 배는 이타카에서 먼, 숲이 우거진 네이온 산 기슭에 있는 레이트론 포구에 세워두었습니다. 우리 조상들은 대대로 서로 가까운 사이였다오. 라에르테스 영감님께 물어보면 곧 알수 있겠지만, 그분은 이제 도시로는 나오지 않지요. 먼 시골 땅에서 포도밭 언덕을 다리를 끌며 올라가다가 손발이 지치면, 나이 많은 시녀를 데리고 그녀에게 먹을 것과 마실 것의 시중을 들게 하며 괴로운 나날을 보내고 있다오. 그런데 오늘 내가 찾아온 건 다름이 아니라, 소문에 따르면 그분은 고향으로 돌아오시는 길이었다고 합니다. 당신 아버님 말이오. 보아하니 그분은 아직도 신들이 훼방을 놓아 돌아오시는 길에 헤매도록 하고 있는 모양이오. 나는 존엄한 오디세우스가 죽은 것이 아니고, 지상 어디엔가 살아 있다는 것을 자신 있게 말할 수 있소. 저 드넓은 대양 어디엔가 바다에 둘러싸인 섬에 억류되어 있을 것이오. 아마도 나쁜 뜻을 품은 야만인들이 그를 붙잡아, 억지로 잡아 두고 있는 것일 게요.

이제 나는 그대에게 점을 쳐 줄까 하오. 그것은 불사의 신들이 내게 알려주신 것이라, 반드시 이루어지리라 믿는 것이오. 물론 나는 예언자도 아니고 점술에 밝은 것도 아니지만, 그대 아버님은 머지않아 고향땅으로 돌아올 게요. 쇠사슬이 그를 얽어매고 있다 하더라도, 어떻게든 돌아올 방법을 궁리해 낼 것이 틀림없을 거요. 계책에 능한 사람이니까. 그러니 이 한 가지만은 똑똑히 말해 주오. 정말로 그대가 오디세우스의 아드님이신지? 이렇게 훌륭하게 어른이 다되었다니! 참으로 생김새며 그 빛나는 눈매가 그분을 너무나도 닮았군. 나는 잘 알고 있지, 난 늘 그와 더불어 오가며 사귀고 있었으니까. 트로이로 아버님께서 출정하시기 전의 일이긴 하지만. 그때엔, 그렇지, 다른 아르고스군 대장들도 가운데가 깊숙한 배를 타고 출정하셨는데, 그 뒤로는 내가 오디세우스를 본 적이 없으며, 그 사람이 날 본 적도 없단 말이오."

그 말에 지혜로운 텔레마코스가 대답했다.

"마땅하신 말씀. 그러시다면 손님, 제가 솔직히 이야기하겠습니다. 어머니께서는 제가 오디세우스의 아들이라고 늘 말하곤 하십니다. 하지만 저로선 알지 못합니다. 누군들 스스로의 출신을 분간할 수 있겠습니까? 만일 제가 자기 재산을 누리면서 늘그막까지 살 수 있는 운수 좋은 사람의 아들이었다면, 얼마나 좋았겠습니까? 당신께서 물으시기에 말씀드립니다만, 우리 아버지로 말하면 사람들 가운데 누구보다 불행한 분입니다."

그 말에 빛나는 눈의 아테나 여신이 말했다.

"하지만 이렇게 훌륭한 아들이 페넬로페의 슬하에 있으니, 신들은 결코 당신 집안을 후세에 불명예스럽게는 하시지 않을 거요. 그런데 말이오. 이 점 또한 분명히 이야기해 주오. 이 연회, 여기 있는 이 사람들은 어찌된 영문이오? 그대와 무슨 상관이라도 있소? 또 손님 접대로서 하는 잔치인지, 아니면 결혼 피로연이오? 저마다 부담하는 잔치는 아닌 것 같으니 말이오. 아니, 저들은 어쩌면 저토록 안하무인의 태도로 온 저택 안이 떠들썩하도록 부어라 마셔라 떠들어대고 있단 말이오. 누구건 분별 있는 인간이라면, 여기 와서 이렇게 난장판을 벌이고 있는 꼴을 보고 크게 노여워하지 않을 이가 아무도 없을 것이오."

그 말에 지혜로운 텔레마코스가 대답했다.

"예, 그렇습니다, 손님. 그런 말씀을 저한테 물으시니 말씀드리겠습니다만, 예전 같으면 제 집안도 부유했고, 지체도 꽤 높았다 합니다. 아직 그분이 이곳에 살고 계시던 동안은요. 하지만 이제는 신들이 나쁜 뜻을 품고 마음을 바꾸었습니다. 그분만 세상 사람들 사이에서 자취를 감춰 버리도록 계책을 꾸민 게 틀림없습니다. 아버님이 이미 세상을 떠나셨다면 저로서도 이토록 한탄하지는 않을 것이니까요. 만일 아버님이 트로이 사람들 나라에서 자기 부하들과 함께 쓰러지셨다든지, 싸움이 끝났을 때 우리 편 사람의 팔에 안겨 세상을 떠나셨다든지 했다면, 아카이아 사람들이 아버님을 위해 무덤을 쌓아올렸을 터이고, 또 자신의 아들을 위해서도 훌륭한 명예를 후세에까지 남겨주신 결과가 되었겠지요. 하지만 사람을 채어 가는 폭풍의 여신들이 아버지를 채어 가서 자취도 없이 사라져 버렸으며, 제게 남겨진 것이라고는 비탄과 애석함, 그것뿐이랍니다. 제가 마음 아파하고 한탄하는 것은 아버지 때문만은 아닙니다. 신들께서는 갖가지 다른 재앙을 제게 내려주시려고 하거든요. 이야기하자면 이 근처의 섬을 다스리고 있는 영주란 영주는 모두, 둘리키온과 쉬메, 숲이 우거진 자퀸토스 등 여러 섬의 영주들로부터 바위투성이 이타카 섬에서 권력깨나 부리는 사람들에 이르기까지 모두 제 어머니에게 구혼하러 몰려와서는, 저희 집 재산을 저토록 탕진하고 있답니다. 하지만 어머니께선 재혼하시는 것을 감히 거절하지도 차마 끝을 내지도 못하고 계십니다. 그래서 그들은 저희 가산을 서슴없이 파먹고, 이제 얼마 안 가서 저마저 신세를 망치게 되고 말 것입니다."

그 말에 분개한 팔라스 아테나가 말했다.

"아, 이럴 수가 있단 말인가. 오랫동안 집을 비운 오디세우스의 귀국을 바라는 것도 무리는 아니오. 그라면, 이 몰염치한 구혼자들을 응징해줄 것이오. 이제 그가 돌아와서 이 성 입구에라도 선다면, 투구를 쓰고 방패와 두 개의 창을 손에 들었던 옛날 그대로의 모습을 하고 있을 것이오. 전에 내가 처음 그를 내 집으로 맞이했던 때와 다름없는 씩씩한 모습으로 말이오. 그때의 그는 술을 마시며 매우 즐거워했었지. 에퓌레에 사는 메르메로스의 아들 일로스한테서 돌아오는 길이라면서. 그곳으로 오디세우스는 빠른 배로 달려 사람을 죽이는 독약을 구하러 떠났었지. 청동 화살촉에 바르기 위한 독약을 말이오. 그러나 영원하신 신들을 두려워하는 일로스가 그것을 거절하였소. 그래서 그 독약을 우리 아버님께서 나눠 드렸었지. 아버님은 늘 오디세우스를 무척이나 아끼고 계셨기 때문이었소. 그때처럼 꿋꿋한 오디세우스가 구혼자들 무리 속에 나타나기만 한다면, 한 사람도 빼놓지 않고 모두를 당장 죽여 없애 쓰디쓴 구혼을 경험하게 하련만. 하지만 그가 고국으로 돌아와 자기 성에서 앙갚음을 할 것인지는 신들의 뜻에 맡겨진 일이오. 아무튼 그대는 어떤 방법으로 구혼자들을 이 집에서 몰아낼 것인지에 대해서 충분히 그 방법이나 궁리해 보도록 하오. 그건 그렇고, 조심하여 내가 하는 말을 마음에 새겨 두오. 내일 아침 아카이아인 남자들을 회합에 불러모아 모두에게 이렇게 선언하시오. 신들을 입회 증인으로 모시고 말이오. 구혼자들한테는 저마다 자기 집으로 돌아가도록 말하고, 또 어머님께는 만약 결혼하고 싶으시면 그토록 위세가 당당하다는 친정 댁으로 돌아가라고 말하시오. 그렇게 하면 친정 어른들이 결혼 준비를 해줄 것이오. 무척 많은 지참금도 마련해 주실 테지. 사랑하는 딸한테 주기에 알맞을 만큼 넉넉하게 말이오. 한편 그대에게는 좀더 자세히 지혜로운 방도를 가르쳐 줄 테니 그걸 잘 지키도록 하오. 가장 좋은 배를 한 척 마련해 놓고, 노젓는 사람 20명을 데리고서 오랫동안 집을 나간 채 안 돌아오시는 아버님의 행방을 찾으러 떠나란 말이오. 혹시 세상 사람들 가운데는 누구든 가르쳐 줄 수 있는 사람이 있을지 모르며, 또 사람에게 소식을 가장 잘 전해 주는 제우스 신의 분부라는 소문을 얻어 듣게 될지도 모르니까. 먼저 필로스로 가서 거룩한 네스토르 영주한테 물어보시오. 그 다음엔 스파르타에 있는 금발의 메넬라오스한테로 가란 말이오. 그는 청동 갑옷을 입은 아카이아 편 대장 중에서 가장 늦게 돌아온 사람이니까. 만일 아버님이 살아계셔서 오래지 않아 귀국할 것 같다면, 구혼자들이 행패를 부리더라도 한 1년만 더 참도록 하오. 혹은 또 이미 죽어 이 세상에 안 계시다면, 그때엔 내 나라로 돌아와 아버님의 산소를 마련하고 아주 훌륭하게, 아버님에게 알맞도록 제대로 장사를 치르시오. 그런 다음 어머님을 재가시키도록 하오. 다음에는 그런 일들을 완전히 끝내 놓고 나서, 그때야말로 조심해서 잘 생각하도록 해야 하오. 계책을 쓰든 거리낌 없이 해치우든 간에, 어떻게 해서 그대 집에 들어온 구혼자들을 물리쳐야 할 것인가를. 이제는 그대도 어린아이처럼 행동해선 안 되오. 이젠 그럴 나이가 아니란 말이오. 그대는 저 거룩한 오레스테스 공이 온 세계에서 얼마나 훌륭한 평판을 얻었는가를 전혀 들은 바 없단 말이오. 명예 높은 그의 아버지를 살해한 간사한 아이기스토스에게 복수를 했다고 해서 말이오. 그대도 마찬가지요, 텔레마코스. 보건대 그처럼 체구도 크고 훌륭하게 자랐으니, 후세에 칭찬을 남기도록 용기를 내도록 하오. 나는 빠른 배와 부하들한테로 이만 돌아가야겠소. 아마도 그들이 목이 빠지도록 날 기다리고 있을 것이오. 그럼 그대는 스스로 일을 처리하도록 하오. 내가 일러 준 말을 유념하고 잊지 말도록."

그 말에 지혜로운 텔레마코스가 대답했다.

"귀하신 손님. 참으로 그 충고, 마치 아버지가 아들에게 하듯이 친절한 말씀인 만큼 결코 잊지 않도록 하겠습니다. 하지만 오늘 멘테스 님께서 바쁘신 여행길이신 줄은 압니다만, 잠깐만 기다려 주시지요. 먼저 목욕을 하시고 나서 충분한 대접을 받으신 다음, 절친한 손님에게 주인이 늘 선사하는 훌륭하고 멋진 가보가 될 수 있는 선물을 받으시고, 유쾌하게 배로 돌아가시도록 하시지요."

그 말에 빛나는 눈의 여신 아테나가 말했다.

"아니오, 이제는 더 만류하지 마오. 무엇보다도 갈 길이 바빠 마음이 조급한 참이니. 그대가 만일 친절한 마음을 보여 주고 싶다면, 선물은 무엇이든 다시 돌아오는 길에 들를 테니, 고향에 가지고 가도록 그때 건네주오. 그야말로 멋진 물건으로 골라잡아서 말이오. 그런다면 내 그대에게도 답례로 알맞은 물건을 드리도록 할 터이니."

여신은 이렇게 말하고 나서 사라져 버렸다. 빛나는 눈의 아테나 여신은 새처럼 하늘높이 사라져 갔다. 그러나 텔레마코스의 가슴에는 힘과 용기를 불어넣고, 전보다도 한결 아버지 생각이 나게 해 주었다. 한편 텔레마코스는 이 상황을 곰곰이 생각해 보고 마음속으로 크게 놀라지 않을 수 없었다. 왜냐하면 그와 함께 있었던 이가 분명 신임에 틀림없다고 느꼈기 때문이다. 이 젊은 성주는 곧장 구혼자들이 있는 곳으로 가서 다시 한자리에 앉았다.

아직도 저 훌륭한 음유 시인이 낭송을 이어가고 있고, 모두 앉아서 숙연히 귀를 기울이고 있는 모습을 보았다. 노래는 때마침 아카이아 군사의 귀국 대목에 접어들어, 트로이로부터 팔라스 아테나 여신의 지휘 아래 이루어진, 귀국에 즈음해서의 비통한 이야기를 엮는 참이었다. 그 음유 시인의 경건한 노랫소리를 이카리오스의 딸이며 남달리 생각이 깊은 페넬로페가 2층 방에서 귀 기울여 듣고 있었다. 그녀는 시녀 둘의 부축을 받으면서 층계참까지 나와서는 아래로 내려오고 있었다. 부인들 중에서도 가장 거룩한 그녀는 구혼자들을 마주하게 되자 머리 장식 베일을 두 뺨에 내려 드리웠다. 그러고는 성실한 두 시녀를 양 옆에 거느리고, 육중한 지붕을 떠받치고 있는 큰 기둥 옆에 멈추어 섰다. 이때 뜨거운 눈물을 주르르 흘리더니, 경건한 음유 시인을 바라보며 말을 건넸다.

"페미오스여, 당신은 그 밖에도 숱하게 인간들이 신들의 고결한 행위에 대해서 노래한 이야기들, 사람들 마음을 매혹하는 노래를 알고 계시지요. 그런즉 여기 당신의 많은 청중들을 위해 그 하나를 더 들려주십시오. 여러분은 조용히 포도주를 마시고 계십시오. 하지만 지금 읊는 노래만은 그만둬 주세요. 비통한 그 노래는 언제나 내 가슴을 갈기갈기 찢는 듯이 괴롭힌답니다. 더구나 잊을 수 없이 슬픈 일을 당한 뒤로는요. 그럴 수밖에 없는 것이 남편 생각을 잊을 새 없고, 그토록 훌륭하신 분을 잃어버린 슬픔에서 도저히 헤어날 수가 없으니까요. 그 사람 이름은 온 헬라스와 아르고스 중원에까지 널리 알려져 있으니까요.”

그 말에 지혜로운 텔레마코스가 말했다.

“어머님, 어찌하여 이제 와서 새삼스레, 훌륭한 이 시인이 마음 내켜 우리를 즐겁게 해 주려는데, 이런저런 불평을 하십니까? 사실 그것은 이들 시인들의 의도가 아니라 제우스의 뜻이 아니겠습니까? 결국 신께서는 이 땅 위에서 노고를 겪는 우리 인간들 저마다가 오직 신의 뜻에 맞도록 모든 일을 행하게 하시는 것이랍니다. 어머니께선 페미오스가 다나오이인들의 비극적인 운명을 택하여 읊는다 해서 그리 나무라실 것까지는 없습니다. 세상 사람들은 언제나 가장 새로운 노래를 듣고 싶어 하기 때문이지요. 그러니 어머니도 생각을 돌리시고, 들어 보시도록 용기를 내십시오. 오디세우스 혼자만이 트로이 땅에서 돌아올 시기를 놓친 게 아니라 다른 많은 사람들이 목숨을 잃었으니 말입니다. 어떻든 어머니께선 방으로 돌아가셔서 하시던 일이나 계속해 주세요. 베를 짜시거나 실을 감으시거나 하시면서요. 그리고 시녀들한테도 제 할 일들을 하라고 분부하십시오. 연설은 남자가 할 일이지요. 제가 말입니다. 이 집 안에서는 제가 주인이니까요.”

페넬로페는 크게 놀라 다시 자기 방으로 되돌아갔다. 아들의 생각 깊은 말에 가슴 깊이 감동했던 것이다. 그리하여 시녀들을 데리고 2층으로 올라가서 그리운 남편 오디세우스 생각에 눈물만 흘리고 있었다. 빛나는 눈의 아테나가 그녀의 눈꺼풀에 단잠을 내려주실 때까지.

한편 구혼자들은 어두컴컴한 넓은 응접실에서 떠들썩하게 지껄여대며, 저마다 그녀의 침대 옆자리를 차지할 수 있기를 바라고 있었다. 그들에게 지혜로운 텔레마코스가 먼저 이렇게 이야기를 꺼냈다.

“내 어머니에게 구혼하시는 여러분들이여, 무척 뽐내며 난폭하게 구시는데, 지금은 떠들지 마시고 모두 식사나 하면서 즐깁시다. 이토록 훌륭한 시인의 노래를 듣는다는 건 참으로 즐거운 일이거든요. 목청이 좋기로는 신들 못지않은 분이랍니다. 그리고 내일 아침에는 일찌감치 나오셔서 회합을 가지기로 합시다. 나는 당신들에게 서슴지 않고 딱 잘라 선언합니다. 이 집에서 모두 나가 달라고요. 식사 걱정은 다른 데 가서 하시는 게 마땅하지요. 이 집 저 집 번갈아가며, 자기들 재산으로 자기 마음대로 먹으면서요. 하지만 당신네들이 이렇게 한 사람의 가산을 탕진하고서도 보상조차 않을 생각이라면, 차라리 완전히 먹어

치우는 게 더 낫겠지요. 그렇게 되면 나로서는 늘 여기 계신 불멸의 신들께 호소할 수밖에 없습니다. 어쩌면 제우스 신께서는 내 보복의 성취를 허락해 주실지도 모릅니다. 그때는 내가 당신들을 이 집 안에서 완전히 다 죽여버린다 해도 누구도 내게 뭐랄 수는 없겠지요."

이렇게 선언하자, 그들은 모두 입술을 지그시 깨물며 텔레마코스의 대담한 말에 놀랐다. 그러자 에우페이테스의 아들 안티노스가 말했다.

"텔레마코스여, 하기야 자네한테 그렇게 오만한 소리를 하게 한 것은 물론 신들일 테지. 참으로 대담한 말투로구나. 자네 부친의 아들로서 자네가 이곳 주인이긴 하지. 하지만 크로노스의 아드님이 자네를, 바다로 둘러싸인 이타카 섬의 군주 같은 걸 시키시지 않도록 빌겠네."

이 말에 지혜로운 텔레마코스가 대답했다.

"안티노스 님, 무엇보다 제가 말하고 싶은 건, 당신은 언짢아하실지도 모르겠습니다만, 어떻든 나는 제우스 신의 허락이 있는 한은 내 임무를 해내고야 말겠습니다. 이 지위가 인간 세계에선 아주 하찮은 것이 되고 말았다고 생각하시는지요? 하지만 군주란 결코 하찮은 지위는 아니지요. 순식간에 그런 사람의 집안은 유복해지고, 그 자신도 한결 영예를 얻게 되니까요. 그러나 아카이아인 영주가, 이 성 밖에도, 또 이 바다로 둘러싸인 이타카 섬에도 숱하게 있습니다. 젊은이든 나이 많은 분이든 간에 말이지요. 그 가운데 누군가가 이 왕의 자리를 차지할 테지. 거룩한 오디세우스가 죽고 나면 말입니다. 그렇다 하더라도 나는 이 집과 하인들의 주인이 되겠지요. 내 거룩하신 아버님께서 전쟁 중에 나를 위해 얻어 주신 하인들이니까요."

그 말에 폴리보스의 아들인 에우리마코스가 말했다.

"텔레마코스여, 누가 이 바다로 둘러싸인 이타카 섬에서 아카이아인들의 군주가 되느냐 하는 것은 신들의 뜻에 달린 일이야. 하지만 자네 집 재산은 자네 스스로 확보하고, 성 또한 자네가 직접 다스리도록 하는 게 좋겠지. 이 이타카에 계속 사람들이 사는 동안은 자네 의사를 거슬러 폭력으로 자네 재산을 빼앗으려는 이가 절대로 없기를 빌겠네. 그런데 여보게, 아까 그 손님에 대해 자네에게 묻고 싶은 말이 있네. 그 무사는 어디서 온 인물인가. 어느 나라 출신이라고 하던가. 또 어떤 집안 출신이며, 조상 대대로부터 물려받은 땅은 어디에 있다던가. 아니면 아버님이 돌아오신다는 소식이라도 가져왔던가. 또는 볼일이

라도 있어서 이 땅에 왔단 말인가. 날개가 돋친 것처럼 참 황급하게도 달아났
군 그래. 어떤 인물인지 알아볼 틈도 주지 않고 말일세. 그렇지만 용모가 결코
천해보이지는 않던데.”

그 말에 지혜로운 텔레마코스가 답했다.

“에우리마코스여, 제 아버님의 귀국 희망은 이제 완전히 끊기고 말았습니다.
물론 어디로부터 돌아오리라는 소식도 이제는 기대할 수 없고요. 그것이 어디
서 들려 온 것이든 간에 이젠 어떠한 소문도 믿을 수가 없습니다. 어머니께서
집으로 불러들인 점쟁이가 들려주는 이야기도 그렇고요. 그런데 아까 저희 집
에 오셨던 손님은, 제 아버님과 오랜 친구이신 타포스 섬 사람입니다. 용감한
기상을 가진 앙키알로스의 아들 멘테스라는 분으로, 항해에 익숙한 타포스 섬
의 군주랍니다.”

텔레마코스는 이렇게 말했으나, 마음속으로는 불사의 여신인 줄 이미 알고
있었다.

이리하여 그들은 어두워질 때까지 춤과 시를 즐겼다. 그렇게 즐거움에 취해
있는 동안 어느덧 밤은 깊어지고, 그들도 그제야 저마다 잠자리를 찾아서 제
집으로 돌아갔다.

한편 텔레마코스는 마음 깊이 곰곰이 생각에 잠기면서 아름다운 정원에 드
높이 세운 전망 좋은 전각 안의 침실로 돌아갔다. 활활 타오르는 횃불을 든, 충
성심에 넘친 에우리클레이아와 동행했다. 그녀는 페이세노르 집안 오프스의
딸이었으며, 그 옛날 라에르테스가 아직 나이 어린 그녀를 20마리의 소를 주
고 하녀로 사들였던 것이다. 그러고는 사랑하는 아내와 함께 그녀도 그의 집안
에서 소중히 했는데, 부인의 마음을 상하게 할까 두려워서이긴 했지만, 절대로
그녀와 잠자리는 함께 하지 않았다.

그런 그녀가 활활 타오르는 횃불을 들고 그의 뒤를 따르고 있었다. 그녀는
하녀들 가운데서도 누구보다 텔레마코스를 귀여워했는데, 아주 어린 시절부터
그를 손수 키워 왔기 때문이었다. 텔레마코스는 편안한 분위기가 감도는 방문
을 열고, 침대에 걸터앉아 부드러운 겉옷을 벗었다. 그리고 그것을 현명한 늙은
하녀의 손에 건네주었다.

그러자 늙은 하녀는 그것을 차곡차곡 잘 매만져, 나무 침대 옆 걸대 위에 걸
쳐 놓았다. 그렇게 한 다음 침실에서 물러나, 은으로 된 손잡이를 당겨 문을 닫

고는 그 위에 가죽 고리를 걸었다. 그곳에서 밤새도록 그는 부드러운 양털 담
요를 덮은 채 아테나 여신이 가르쳐 주던 여행에 대해서 마음속으로 이런저런
계획을 세웠다.

제2권
이타카 회의, 텔레마코스의 출항

구혼자들의 난폭한 행동에 전부터 화가 났던 텔레마코스는 마침내 참을 수 없어 아테나 여신이 변신한 아버지의 친구 멘테스가 격려하는 대로 섬 사람들을 불러모았다. 그리고 구혼자들에게 물러갈 것을 요구했고, 자신은 아버지를 찾아 본토로 떠날 것을 선언한다. 구혼자들은 이를 막으려 들지만, 텔레마코스는 여신의 도움을 받아, 어머니에게는 비밀로 하고 한밤에 몰래 배를 준비해 떠난다.

장밋빛 손가락을 지닌 새벽의 여신이 동쪽에 나타났을 즈음, 오디세우스의 사랑하는 아들은 잠자리에서 일어나 옷을 입었다. 그는 날카로운 검을 어깨에 둘러메고 아름다운 발목에는 탄탄한 샌들을 비끄러맨 다음, 마치 신과 같은 모습으로 침실에서 나왔다. 그러고는 곧 목소리가 낭랑한 전령들에게 명령해, 긴 머리의 아카이아인들에게 집회장에 모이도록 알리라고 했다. 전령들이 소리치며 그들을 불러모으자, 사람들은 빨리 몰려들었다. 모두 한자리에 모였을 때, 텔레마코스는 손아귀에는 청동 창을 쥐고, 걸음이 빠른 두 마리의 개를 거느리고서 그 집회 장소로 갔다. 아테나 여신이 텔레마코스에게 놀라운 매력을 내려주었으므로, 사람들은 그가 다가오자 감탄의 눈으로 바라보았다. 그가 아버지가 늘 앉던 좌석에 자리를 잡자, 장로들은 그를 위해 비켜섰다.

그러자 매우 늙어 허리가 굽었기는 하나 박식한 아이깁토스가 첫 번째로 일어나서 말했다. 노인의 사랑하는 아들이 오디세우스를 따라 훌륭한 말이 많이 나오는 일리오스로, 큰 배를 타고 출정했기 때문이었다. 그런데 안티포스라고 하는 이 창을 잘 쓰는 무사를, 난폭한 키클롭스들이 동굴 속에서 죽여 오디세우스의 부하로서는 그들의 마지막 만찬으로 만들었던 것이다. 그에게는 그 밖에도 세 아들이 있었는데, 그 가운데 에우리노모스가 구혼자들 속에 있었으나,

나머지 둘은 여전히 조상 대대로 내려오는 밭일을 계속하고 있었다. 그럼에도 떠난 아들 안티포스를 잊지 못해 한숨을 쉬고 통탄하는 것이었는데, 그 아들을 위해서 또 눈물을 흘리면서 회의 자리에서 입을 열어 말했다.

"이타카 섬에 사시는 여러분이여, 그럼 이제 내가 말하려는 걸 똑똑히 들어 주시오. 여태껏 한 번도 우리의 모임이나 집회가 열린 적이 없었소. 존엄한 오디세우스가 배를 타고 떠난 뒤로는 말이오. 그런데 오늘 이렇게 집회가 열리도록 한 것은 누구란 말이오. 대단한 용건이라 할 수 있는 무슨 일이라도 일어났단 말이오? 젊은 사람들에 대한 사건인지, 아니면 좀더 나이 먹은 사람들에 대한 일인지, 그것도 아니면 어디 군사라도 쳐들어온다는 소식을 들었단 말이오? 그런 소식이라면, 빨리 우리에게 말해 주기를 바라오. 아니면 어디 뭔가 다른, 마을 전체에 대한 일을 알려 주거나 의논할 작정이오? 그는 분명히 유능한 인물이라 생각되는데, 틀림없이 앞날이 밝은 분일 거요. 아무쪼록 제우스 님이 그분을 도우셔서 마음속에 품고 계신 어떤 희망이든지 간에 좋은 일을 이룩하시도록 빌겠소."

이렇게 말하자, 오디세우스의 사랑하는 아들은 그의 이야기 조짐을 기쁘게 생각했다. 그래서 더 오래 앉아 있을 필요 없이 빨리 이야기를 하려고 집회장 한가운데에 일어섰다. 그때 그의 손에 홀(笏)을, 빈틈 없고 사리분별이 밝은 전령 페이세노르가 건네주었다. 그러자 텔레마코스는 먼저 그 아이귑토스에게 인사를 하고 나서 말했다.

"어르신, 그 인물은 먼 곳에 있는 게 아닙니다. 시민들을 회의에 불러 모은 사람이 누구라는 것은 이제 곧 어르신께서 알게 되겠지요. 다시 말해서, 제게 지독한 어려움이 닥쳐왔답니다. 특별하게 군사가 쳐들어온다는 보고를 받은 것은 아닙니다만, 만약 제가 가장 먼저 그런 보고를 받았을 경우엔, 틀림없이 여러분한테 말씀드렸겠지요. 또한 무슨 다른 일로 마을 전체에 대한 것을 알린다든지 의논한다든지 할 작정도 아닙니다.

그런 것이 아니라 제게 아주 급한 일입니다. 재앙이 우리 집을 덮쳤습니다. 그것도 두 가지나 한꺼번에. 하나는 훌륭하신 아버님을 잃었다는 것이지요. 한때는 여기 모이신 여러분의 군주로서 군림했던 분으로, 아버지로서도 참으로 인자하신 분이었지요. 다른 또 한 가지는 한결 더 중대한 일입니다. 정말 당장이라도 저희 집은 생계조차 제대로 이어갈 수 없을 만큼 파멸할 것만 같습니다. 제 어머니께선 생각조차 없는 일인데도 구혼자들이 마구 몰려들었습니다. 그것도 지금 여기서 특히 존경받고 있는 분들의 자제들이랍니다.

그들은 어머니의 아버님인 이카리오스 댁으로까지 찾아간다고들 합니다. 외조부님으로서야 당신 따님을 생각해서라도 지참금까지 덧붙여 주시겠지요. 그러면 자신이 탐내는 이나 마음에 드는 이한테 따님을 보내 주실 수도 있을 테니 말이지요. 그래서 그들은 줄곧 우리 집에 몰려와서는, 돼지와 소, 살찐 양과 염소들을 날마다 몇 마리씩이나 잡아가지고는 밤낮으로 공짜 대접을 받는가 하면, 반짝이는 포도주까지 마셔대고 있습니다. 정말 제멋대로들이지요. 이렇게 엄청난 낭비를 하고 있답니다. 그러나 이런 재앙을 집에서 물리치는 데 오디세우스만한 인물이 없음은 사실입니다. 우리들만으로는 도저히 그분만큼 막아 낼 도리가 없다는 것을 여러분도 잘 알 것입니다.

그렇게 하려 해봤자 비참한 꼴을 당할 뿐이겠지요. 무술을 모르는 사람들만 남아 있으니 말입니다. 참으로 제가 그들을 막아 낼 힘을 가졌다면 얼마나 기쁘겠습니까. 이젠 정말 더는 참을 수 없는 사태에까지 이르렀는데다가, 또 우리 집 재산이 낭비되고 있는 꼴이란 결코 온당하다고는 할 수 없는 일이기 때문입니다. 여러분들만 하더라도 고약한 짓이라고 화를 내시며, 남들에 대한 체면상, 그리고 이웃 나라 사람들한테도 수치스럽게 여기시겠지요. 신들의 노여움도 두려워해야 합니다. 도리에 어긋나는 행동을 밉게 보시고 무언가 근본적으로 바꿀 조치를 하실지도 모를 일이니까요.

참으로 올림포스에 계신 제우스 신과 집회를 뜻대로 열게 하고 해산시키는 율법의 신이신 테미스 여신 앞에 부탁드립니다. 여러분! 제발 좀 그러지 못하게 말려주십시오. 그리고 이대로 나 홀로 쓰라린 비탄에 육신을 말려 가면서 살게 해 주십시오. 만일 훌륭하신 내 아버님 오디세우스가 좋은 정강이받이를 댄 아카이아인에게 나쁜 뜻을 품고 법에 어긋나는 일을 행하지 않은 이상은 말입니다. 아니, 비록 그랬다 할지라도 그러한 불법행위의 보상한다는 핑계로 나쁜 뜻을 품고 이들 식객들을 부추겨, 제게 이토록 잔학한 짓을 하게 할 수 있겠습니까. 그렇다면 차라리 당신네들이 내 집 재산이나 가축들을 먹어 없애는 편이 훨씬 낫지요. 그렇게 된다면야 머지않아 언젠가는 그에 대한 보상을 받을 수 있을 테니 말입니다. 그럴 경우에는 단지 이곳에 살면서 우리의 손해에 대한 배상을 독촉하기만 하면 되니까요. 그 대가를 남김없이 다 치러 주실 때까지 말입니다. 하지만 내 마음속에 씻을 수 없을 고통을 주는 것은 바로 당신들의 태도입니다."

이렇게 말하고 나자 그는 갑작스레 감정이 끓어올라 울음을 터뜨리면서 홀장을 던져 버렸다. 그러자 순간 비통함이 모든 사람들을 사로잡았다. 모든 사람들이 너 나 할 것 없이 조용해지면서 감히 텔레마코스한테 반박할 엄두도 못 내는데, 이때 침묵을 깨고 안티노스가 그에 대해 말했다.

"대단한 열변을 하는군, 텔레마코스. 왜 그리 화를 내는가! 우리를 모욕하면서 말이야. 그대가 우리에게 책임을 지울 생각인가? 그건 자네 잘못이지. 구혼자들이 책임을 질 까닭은 없단 말일세. 차라리 자네 어머님의 책임이야. 그녀가 아주 교활한 생각을 가졌기 때문이야. 들어 보게. 왜냐하면 벌써 3년이 지났거든. 그리고 이제 곧 4년째로 접어드네. 그녀가 아카이아 사람들 마음속 정열을 희롱하기 시작한 지가 말일세. 이 사람 저 사람 다 상대하면서 누구한테나 똑같은 약속을 해왔거든. 편지를 보내면서 말이지. 그러나 마음속으로는 다른 일을 꾸미고 있었던 거야. 그녀는 그 밖에도 다른 꾀를 꾸미고 있었다네. 이를테면 큼직한 베틀을 집 안에 마련해 놓고는 베를 짜고 있었단 말일세. 얄팍하고 무척 폭이 넓은 천을 말이지. 그러고는 우리에게 말했지.

'제게 구혼하시는 분들, 거룩한 군주이신 오디세우스가 이젠 이 세상에 없으니, 저와 결혼하고 싶으신 분은 조금만 더 기다려 주세요. 이 천을 모두 짤 때까지만요. 이렇게 짜낸 천이 아무짝에도 쓸모없게 되지 않도록 말이에요. 이것은 라에르테스 님의 장례에 쓸 천이랍니다. 지독한 고통을 주는 저주스러운 죽음의 손길이 언젠가는 그분을 덮치겠지요. 그때를 위해서 짜는 겁니다. 왜냐하면 이 나라의 모든 여자들로부터 자신이 해야 할 바를 다하지 못했다고 비난받으면 곤란하니까요. 만약 그분이 재산을 듬뿍 가지고 있으면서도 수의조차 입지 못하고 관 속에 눕게 되신다면 말입니다.'

이렇게 말하면서 또다시 한결 더 끓어오르는 우리의 정열을 부채질했단 말일세. 그즈음 아닌 게 아니라 낮에는 늘 큼직한 베를 짜고 있기는 했지만, 밤이 되어 횃불이 옆에 놓일 즈음이면 그것을 모두 풀어 버리곤 했다네. 이런 식으로 3년 동안을 능청맞은 꾀로 우리 눈을 속이며 설득해 왔지만, 4년째가 되는 그 계절이 끝날 무렵 바로 그때, 이런 내용을 잘 알고 있는 시녀 하나가 수다를 떨었네. 그래서 우리는 훌륭하게 짜낸 천을 그녀가 풀고 있는 현장을 붙잡았던 걸세. 그래서 싫어도 하는 수 없이 그녀는 그 천을 모두 짜고 말았지. 자, 텔레마코스, 이것이 바로 자네에게 하는 구혼자들의 대답일세. 자네가 마음속으로 충분히 이해가 되고, 또 이곳 사람들이 모두 알아듣도록 말해 두는 거지만 말일세.

그러니 어머님을 집에서 떠나도록 하게나. 그래서 누구든지 그녀의 아버님께서 정하는 사람, 아니면 그녀의 마음에 든 사람과 결혼하도록 권해 드리게나. 그녀가 더는 우리 젊은이들을 괴롭히지 않도록 말일세. 아테나 여신이 그녀에게 준 남달리 뛰어난 재질을 마음속에 믿고서 말이지. 특히 훌륭한 손재주라든가 뛰어난 분별력, 타고난 재주 같은 건, 옛날 여성들조차 누구도 따를 사람이 없다고 하더군. 그 옛날 머리칼이 아름다웠다는 튀로라든지 알크메네라든지 아름다운 비녀를 꽂았다는 미케네라든지 그런 여자들 가운데도, 페넬로페만큼 재주 많은 여자는 없었다는 평판이거든.

그렇다 해도 그런 지혜가 오늘날에는 오히려 계산 착오인 셈이지. 왜냐하면 그녀가 그런 마음가짐, 즉 그녀가 잘못 생각하고 있는 것인데도 계속 그것을 그대로 밀고 나가는 동안은, 구혼자들이 자네 생활이나 재산을 줄곧 축낼 것이니 말일세. 그녀의 명성은 더욱더 높아지긴 하겠지만, 아무튼 자네는 생활에 크나큰 손해를 보고 고민하게 될 걸세. 다시 말해 두지만 우리는 우리 가운데 그 어느 누구든 그녀가 택한 사나이와 결혼하기 전에는 내 집으로든 다른 어디로든 가고 싶은 생각이 없단 말일세."

그 말에 지혜로운 텔레마코스가 대답했다.

"안티노스 님, 절대로 이 집에서 어머니를 그 의사에 반대해서 쫓아낼 수는 없습니다. 나를 낳고 길러 주신 분입니다. 또 아버지만 하더라도, 이 세상 끝 어딘가에 살아 계신지 돌아가셨는지 아직은 모릅니다. 게다가 외조부님인 이카리오스 님에게도 그런 불법행위에 대해 막대한 보상을 해야 합니다. 만일 내가 스스로 어머니를 친정으로 돌려보내 드린다든지 하면 말입니다.

다시 말해서 어머니의 아버님한테서도 지독한 보복을 당할 것이고, 또 신들께서도 이에 덧붙여 벌을 내리실 겁니다. 만일 어머니가 이 집을 나가실 때, 나를 저주하기 위해서 무서운 복수의 여신들을 불러들이실 경우에는 말이지요. 게다가 세상 사람들도 내게 수치스러운 비난을 퍼붓게 될 것입니다. 그런 까닭에 나로서는 도저히 그런 말을 입에 담을 수 없습니다. 만일 당신들이 마음 한 구석에라도 수치감을 느낄 줄 안다면 이 집에서 당장 나가 주십시오. 그리고 이제 향연 따위는 다른 곳에서 하시지요. 자기 재산으로 음식을 대기로 하고, 이집 저집 장소를 옮겨 다니면서 말입니다.

그러나 당신들이 한 사람의 가산을 배상도 없이 파멸시켜야겠다고 결심했다면, 그렇다면 계속해서 먹고 마시며 내 재산을 바닥내도록 해 보십시오. 나는 늘 굽어 살피시는 신들께 호소할 따름이니까요. 어쩌면 제우스 신께서 보복의 뜻을 이루게 해 주시리라고 생각하면서요. 그렇게만 된다면, 당신들은 이 집 안에서 벌을 면할 길 없이 꼼짝없이 죽임을 당하게 되겠지요."

텔레마코스는 이렇게 퍼부었다. 그에 대답하여 멀리 또 가까이 그 위세를 떨치는 제우스 신이 높은 산봉우리로부터 독수리 두 마리를 날려 보냈다. 그 두 마리 독수리는 한참 동안 바람을 따라 날개를 활짝 펼치고 나란히 날아갔는데, 이윽고 시끄럽게 웅성대는 집회장 한가운데의 높은 하늘에 이르자, 날개를 푸드덕거리며 빙글빙글 돌다가 군중 머리 위로 날카로운 눈초리를 보냈다. 그 눈빛에는 파멸의 조짐이 드러나 있었다. 그리고 사나운 발톱으로 서로의 볼과 목 언저리를 할퀴어 뜯다가, 이 번화한 도시의 지붕 꼭대기 위로 화살처럼 동쪽으로 사라졌다. 모두 그 새들이 하는 행동을 두 눈으로 똑똑히 보았기 때문에 크게 놀라며, 도대체 무슨 일이 일어나려는 조짐일까 궁금해 했다. 그러자 이번에는 메스토르의 아들인 할리테르세스 장로가 말을 꺼냈다. 그는 같은 연배들 가운데서도 뛰어나게 새점을 잘 쳤으므로, 이제까지 옳은 해석을 들려주곤 했었다. 이제 그가 불행을 막기 위해 일어나 말했다.

"그럼, 여러분, 이제부터 내가 하려는 말을 잘 들어 보시오. 이타카 섬의 여러분들, 그중 특히 구혼자 여러분에게 알려 주기 위해 이런 말을 하려는 바이오. 당신들한테 이제 무서운 재앙이 덮쳐 오고 있으니 말이오. 오디세우스가 가족들 곁에서 멀리 떠나 있는 것도 오래지는 않을 것이오. 아니, 벌써 이 근처에까지 와 있으면서 이 사람들의 살육과 죽음을 꾀하고 있소. 바로 당신들 말이오. 게다가 다른 사람들한테까지도 화가 미칠 것 같소. 이렇게 맑은 이타카 하늘 아래 사는 우리들한테도 말이오.

그렇다면 자, 미리 생각해 볼 일이 아니겠소. 어떻게 하면 그 재난을 막을 수 있겠는가를. 그러니 먼저 구혼자들 자신이 알아서 그만 멈춰 주시오. 이것만이 자신을 위해서 취할 수 있는 보다 나은 길이오. 나는 불확실한 예언은 하지 않소. 내 말은 모두 노련한 경험에서 나오는 것이오. 오디세우스를 생각해 보시오. 그의 경우도 내가 말한 대로일 테니. 아르고스 군사가 일리오스를 향해 배에 올랐을 때, 슬기로운 꾀를 가진 오디세우스도 그들과 함께 떠났소. 그때 나는 그를 보고 이렇게 말했다오. 재난을 끝없이 당하고 부하들을 모두 잃은 다음, 아무도 그를 알아볼 수 없게 되어 고향에 돌아오게 될 것이라고. 그 말이 이제 바로 맞아 들어간단 말이오.”

그 말에 폴리보스의 아들인 에우리마코스가 말했다.

“어르신, 어떻소. 자, 이젠 집에 돌아가서 당신 자식들 점이나 쳐 주시지. 잘못해서 이 다음에 어떤 재난이라도 당하지 않도록 말이오. 이 일에 대해서는 내가 그대보다는 한결 솜씨가 낫소. 새라는 짐승은 본디 햇볕 속에서는 여럿이 몰려다니는 법이오. 그러나 그것들이 하는 것이 모두 어떤 의미를 가지고 있다고 할 수는 없소. 더구나 오디세우스는 벌써 옛날에 먼 타국에서 죽어 버렸단 말이오. 정말이지 그대도 그와 함께 죽어 버렸더라면 좋았을걸. 그랬더라면 이런 일을 가지고 신탁이니 뭐니 떠들어대지는 않을 것을. 그리고 잔뜩 화가 나있는 텔레마코스를 이처럼 부채질도 하지 않았을 게고 말이오. 혹시나 자기 집에 무슨 물건이라도 보내 줄까 바라면서 말이오.

하지만 영감한테 똑똑히 말해 두겠소. 그리고 꼭 그대로 하고 말 테요. 만일 손윗사람으로서 아랫사람들에게 자신이 꾸며낸 케케묵은 지혜로, 또 당신의 말재주를 악용하여 이러쿵저러쿵 부추긴다면 말이오. 첫째 그에게는 더 악화된 사태가 될 뿐 아무 도움도 안 될 테고, 당신한테도 벌금을 물게 하는 극단적인 결과를 불러올 것이오. 그걸 물기 위해 무척이나 속을 태워야 할 걸. 그렇게 된다면 영감의 고민은 말이 아니겠지. 또 텔레마코스, 그대에게는 여러 사람 앞에서 내가 이렇게 일러두겠네. 자네 어머님에게 친정아버님 댁으로 돌아가도록 말해 두는 게 좋을 걸세. 그럼 친정에서 결혼 준비도 해줄 테고 지참금 걱정도 할 게 아닌가. 아주 듬뿍 말이야. 사랑하는 딸한테 알맞게끔 말이지.

그렇게 되기 전에는 이 젊은 영주들이 성가신 구혼 문제에서 쉽게 물러나지는 않을 걸세. 왜냐하면 우리는 누구도 무서워하질 않으니까 말이지. 이를테면 텔레마코스만 하더라도 설득력 있게 떠들어대긴 했지만 말일세. 그러니 여보시오, 영감. 당신이 아무리 수다를 떨어도 그대로 되지 않을 거요. 전보다 나쁜 사람이라 하여 더욱 따돌림만 받게 될 것이오. 그리고 텔레마코스도 재산만 자꾸 축날 뿐, 그 보상은 절대로 받을 수 없을 거야. 그녀가 결혼 문제를 이렇게 질질 끌어가면서 우리 속을 태우는 동안은 말이지. 우리 편에서는 그녀의 뛰어난 미덕을 바라고 매일매일 기다림에 지쳐서 실랑이를 하는 셈이니까. 그래서 다른 신붓감들은 쳐다볼 생각조차 하지 않는단 말이야. 모두 저마다 신분에 맞는 처녀가 있다고 해도 말일세."

그러자 텔레마코스가 훌륭한 결단을 내렸다. 그는 말했다.

"에우리마코스 님, 그리고 또 의기양양하신 구혼자 여러분, 이젠 내 어머니에 대한 당신들의 그 뛰어나신 의견을 더는 당신들한테서 바라지도 않거니와 더 이상 입에 올리지도 않겠소이다. 왜냐하면 신들이나 이곳의 여러분이나 이미 모두 알고 있는 사실이니까요. 그보다도 이젠 빠른 배와 20명의 동행자를 준비해 주십시오. 나를 도와 여행을 무사히 끝내고 돌아오도록 말입니다. 이제부터 나는 오래도록 집을 나간 채 돌아오실 줄 모르는 아버님의 귀국 소식을 알기 위해서 스파르타와 모래 언덕이 많은 필로스로 떠날 작정입니다. 혹시 세상 사람들 가운데 누군가가 일러 주지나 않을지, 또는 곧잘 사실을 말해 주시는 제우스 신으로부터의 소식을 들을 수 있지나 않을까 해서 말입니다. 그리고 아버님이 살아서 돌아오셨다는 소문이 들리기만 한다면, 고생이 되더라도 앞으로 1년쯤이야 더 참을 수도 있겠지요. 하지만 만일 이미 돌아가셔서 이 세상 사람이 아니라는 소문을 듣는다면, 그때엔 곧 그리운 고국으로 돌아와 아버님을 위해 무덤을 쌓고, 아버님에게 어울리는 훌륭한 장례식을 치르기로 하겠습니다. 그리고 어머님은 그 남편 될 사람한테 가시도록 하겠습니다."

그는 이렇게 잘라 말하고는 그제야 자리에 앉았다. 그러자 여러 사람 틈에서 멘토르라는 이가 벌떡 일어섰는데, 그는 영예로운 오디세우스의 부하였다. 오디세우스가 함선들을 이끌고 출정하던 무렵 이 사나이에게 집안일을 모두 맡기며, 늙은 아버지의 말씀을 잘 지키고 무슨 일이든 어김없이 잘 보살펴 나가도록 일러두고 떠났다. 그가 이제 이타카 사람을 위해 깊이 생각하더니, 일어나 여러 사람에게 권했다.

"우리 이타카 섬의 여러분. 내가 이제부터 말하려는 걸 처음부터 끝까지 잘 들어주시기 바랍니다. 이제부터는 결코 왕홀을 가진 군주라 할지라도 성의와 너그러움과 정의를 행하려고 애쓰지 마시오. 차라리 잔인하고 난폭하며 불의를 일삼도록 하시오. 오디세우스처럼 판단할 수 있는 사람일지라도 말이오. 이젠 이 나라 우리들 가운데, 신과 같은 오디세우스의 존재를 아는 사람이 한 사람도 없으니 말이오. 훌륭한 국왕으로서 어버이처럼 인자한 분이었지만. 잘 들어 두시오. 하지만 결코 위세를 부리는 구혼자들과 맞서 다툴 생각은 조금도 없소. 나쁜 의도로 오만무례하게 행패를 일삼는다 해도 말이오. 그들은 자신의 생명을 내걸고, 오디세우스는 죽었다고 믿으며 그의 집안 재산을 난폭하게도 바닥내려는 악한들이니까요. 그러나 내가 더 크게 분개하는 것은 그대들이 비열한 침묵 속에 숨어 있다는 점이오. 더구나 여럿이면서도 소수의 구혼자들을 비난하거나 말리려 들지도 않고 그저 바라보고만 있으니까 말이오."

그에 대해 에우에노르의 아들 레이오크리토스가 벌떡 일어났다.

"여보게 멘토르, 돼먹잖은 말을 지껄여 대다니, 자네 미쳐버렸나? 무슨 말을 그렇게 함부로 하는가. 우리를 제지하라고 선동하다니. 승산이 있든 없든 간에 시비를 벌이는 건 귀찮은 일이란 말이야. 그것도 먹는 걸 가지고 말일세. 만일 이타카에 오디세우스가 돌아와 자기 집에서 파먹고 있는 우리를 발견하고, 그의 성에서 우리 훌륭한 분들을 쫓아내려고 마음속으로 계획하고 있다 하더라도, 끝내 남편의 귀국을 그 아내가 기뻐할 수는 없게 될 것일세. 아무리 기다림에 지쳐 있다 해도 말이네. 그뿐 아니라 그 자리에서 바로 비참한 끝을 보고 말 거야. 만약 그런 동기로 싸우러 나선다면 말이지. 그렇다면 자네 말은 이치에 벗어난 이야기가 아닌가. 그건 그렇고, 자, 모두 돌아가서 저마다 자기 일을 하도록 하게나. 이 사람 텔레마코스에게는 멘토르나 할리테르세스가 여행준비를 해줄 테지. 이 사람들은 부친의 옛친구들이니까. 하지만 아무래도 그가 할수 있는 가장 좋은 것은 한동안은 좀더 이타카 섬에 주저앉아서 여러 정보를 듣는 일일 걸세. 이런 여행이란 도저히 쉽게 이루어질 수는 없을 테니까."

이렇게 소리 높여 말하고는 서둘러 집회를 해산시켰다. 사람들이 저마다 자기 집으로 돌아가는 동안, 구혼자들은 군주 오디세우스의 성으로 걸음을 옮겼다.

그러자 텔레마코스는 사람들 곁을 떠나 바닷가로 나가, 잿빛 바닷물로 손을 씻고는 아테나 여신께 기도를 드렸다.

"부디 제 소원을 들어주십시오. 어제 저를 찾아오셔서 말씀하시기를, 뽀얗게 안개서린 바다로 나가 이토록 오랫동안 돌아올 줄 모르는 아버님의 귀국에 대해 알아보도록 제게 권해 주신 신이시여. 그런데 그 일에 대해서, 이 이타카 사람들이 모두 훼방을 놓으며 못하게 합니다. 특히 제 어머니를 둘러싼 구혼자들은 온갖 수단으로 저를 방해합니다."

그의 기도에 아테나가 대답했다. 아테나 여신은 멘토르의 모습을 빌어서 위엄 있는 목소리로 그에게 말했다.

"텔레마코스여, 그대는 앞으로도 결코 겁쟁이가 되거나 사리분별을 잃지는 않을 것이오. 그대에게는 참으로 그대 아버님의 꿋꿋한 기상이 고스란히 핏속에 흐르고 있어, 그대 부친같이 행동에서나 논변에서나 충분히 해나갈 힘이 있다면 말이오. 그렇다면 절대로 이번 여행이 그대 의지에서 빗나가 잘못되어 실패할 까닭은 없을 것이오. 하지만 그대가 오디세우스와 페넬로페 사이에 난 아들이 아니라면, 그렇다면 물론 그대에게 그런 기대를 걸 수는 없을 거요. 아버지와 똑같은 자식이란 아주 드문 법이니까. 보통은 어버이보다 훨씬 못하며, 아버지를 넘어서는 자식이란 또 얼마 없는 법이오.

그건 그렇고, 만일 그대가 이후에도 겁을 먹고 약해지거나 분별을 잃지 않으며, 또 오디세우스의 슬기로운 꾀가 조금이나마 그대에게 남아 있다면, 그렇다면 이 일을 해낼 가능성은 충분하오. 그러니 이제 분별없는 구혼자들의 꾀나 계획 따위에 신경을 쓸 필요는 없소. 그들은 참으로 어리석은데다 분별도 없거니와 정의감조차 없는 이들이니, 죽음에 대해서나 검은 비명(非命)의 운명에 대해서나 전혀 분간을 못하고 있는 것이오. 그런 일이 그들의 코앞에 닥쳐왔고, 하루 동안에 모두가 죽임을 당한다는 사실조차 모르고 있는 것이오.

하지만 그대는 열심히 바라는 여행도 더 이상 방해를 받지는 않을 것이오. 내가 부친의 친구로서 그대 곁에 있으니 말이오. 빠른 배도 물론 마련해 주겠고, 또 나도 함께 따라가도록 하겠소. 그러니 그대는 지금 먼저 집으로 돌아가 구혼자들과 함께 있도록 하오. 그리고 식량 준비를 하되, 무엇이든 그릇에 담아 배에 싣도록 하오. 포도주는 두 귀가 달린 항아리에 담고, 무엇보다도 중요한 보릿가루는 탄탄한 가죽자루에 넣도록 하오. 나는 곧바로 거리로 나가 도와줄 동지들을 불러모으도록 하겠소. 그리고 배는 바다로 둘러싸인 이 이타카 섬에 새 것 낡은 것 할 것 없이 얼마든지 있으니까, 그 가운데서 어떤 것이 가장 알맞은가를 내가 조사해 골라내도록 하겠소. 곧 모든 준비를 마치고 넓은 바다로 떠나도록 합시다."

이렇게 제우스의 딸 아테나 여신이 말하자, 텔레마코스도 더는 꾸물대지 않았다. 신의 말씀이었기 때문이다. 그러나 그는 무거운 가슴을 안고 집으로 걸음을 재촉했다. 그는 집 안에서 무법천지의 구혼자들이 안뜰에서 산양의 껍질을 벗기고, 살찐 암퇘지를 불에 굽는 둥 제멋대로 행패를 부리는 모습을 마주했다. 그러자 안티노스가 크게 웃으면서 텔레마코스에게 곧바로 다가오더니, 그 손을 꽉 잡으며 말했다.

"텔레마코스, 이 성급한 젊은 열변가여. 그 맹렬했던 말과 생각만으로도 이젠 충분하겠지. 자, 다시 예전처럼 우리와 더불어 먹고 마시기나 하세. 하지만 그 일은 우리 모두가 자네 계획대로 해줄 걸세. 배 준비와 능숙한 뱃사람들의 뒷바라지 말이야. 한시바삐 신성한 필로스에 도착해서 훌륭한 아버지의 소식을 들을 수 있도록 말일세."

그에 대해 지혜로운 텔레마코스가 대답했다.

"안티노스 님. 당신네 같은 폭도들과는 조용히 식사를 함께 할 수 없습니다. 게다가 스스럼없이 자리를 같이하자고요? 지금 이것만으로 시원치가 않다는 말입니까? 구혼이란 그럴듯한 핑계 아래 내 재산을 온통, 그것도 가장 훌륭한 것만 축내고도 시원치가 않다 그 말씀인가요? 그러나 그것도 내가 아직 어린 시절일 때 말이지, 이제는 나도 완전히 자랐으며, 다른 분들 이야기도 충분히 듣고 하여 철도 들었답니다. 게다가 체력도 매우 좋아졌습니다. 나는 당신들한테 재앙스러운 죽음의 운명을 던져 줄 수 있을 때까지 가만히 주저앉아 있지만은 않을 거요. 필로스로 간 다음이든지, 아니면 바로 여기 이타카에서든지 말이오. 그리고 오늘 말씀드린 여행이 결코 헛되게 끝나지는 않을 것입니다. 아무튼 나는 떠나갑니다. 단 나그네로서 떠나지요. 배도 뱃사람들도 내게는 없을 뿐더러, 아마 당신들도 짐작했겠지만 그러는 편이 가장 좋을 테니까요."

이렇게 말하고는 안티노스의 손을 뿌리쳤다. 그들은 줄곧 그를 비웃으며 놀려 댔다. 그리고 교만한 젊은이들 중의 한 사람이 이렇게 떠벌렸다.

"정말이지 텔레마코스는 우리를 죽이려고 온갖 궁리를 하는 모양이군! 그렇지 않으면 모래 언덕이 많은 필로스에서 누군가 자기편 사람을 데려올 모양이든지. 아니면 스파르타에서 데려올 생각인 것일까. 아주 서둘러 댄단 말이야. 혹은 땅이 기름진 에퓌레로 갈 작정인지도 몰라. 거기서 생명을 해치는 독약을 얻어 와서는 술에 타서 우리를 모조리 죽일 계획인지도 몰라."

그러자 또 다른 젊은이가 끼어들었다.

"글쎄 누가 아나. 그가 가운데가 깊숙한 배를 타고 떠난 다음, 가족들로부터 멀리 떨어져서 방황하는 동안에 죽어 버릴지도. 마치 오디세우스처럼 말이지. 그렇게 되면 우리에겐 얼마나 귀찮은 일이겠나. 그의 재산을 여럿이서 나누어 갖느라고 온갖 번거롭고 복잡한 일이 생기겠지. 하지만 이 집만은 그 녀석의 어머니한테 주어야 할 거야. 아니면 누구든지 그녀와 결혼하는 사나이에게 주도록 하지."

이렇게 공론들을 하는 동안에 텔레마코스는 크고 높다랗게 지은 아버지의 광으로 갔다. 그곳에는 황금과 청동의 기구들이 잔뜩 쌓여 있었으며, 궤 속에는 옷들이 가득 들어 있었고, 좋은 향기를 풍기는 올리브 기름도 많았다. 거기엔 또 여러 해 묵은 달콤한 고급 포도주를 담은 통들도 즐비해 있었다. 질서 있게 벽을 향해 잘 정돈된 채, 마치 오디세우스가 많은 고생 끝에 언젠가는 고국에 돌아올 것을 기다리고 있는 듯했다. 그곳은 꼭 맞는 겹문짝으로 닫혀 자물쇠로 잠겨 있으며, 페이세노르의 후손인 옵스의 딸 하녀 에우리클레이아가, 지혜를 다해 분별 있게 이 물건들을 지키고 있었다. 이때 텔레마코스가 광 속으로 그녀를 불러들이며 말했다.

"잘 듣게, 유모. 자, 어서 포도주를 두 귀가 달린 항아리들에 따라 주게, 맛있는 걸로 말이야. 유모가 소중하게 모셔 놓았던 것 다음으로 좋은 걸로 말일세. 저 불운한 아버님, 제우스의 후손이신 오디세우스가 죽음의 운명을 벗어나 언젠가는 돌아오시겠지 하고, 유모가 아껴 둔 것 다음의 걸로 말일세. 12개의 항아리에 가득히 담아서 모두 잘 봉해 두게나. 그리고 탄탄히 꿰맨 가죽 자루에 보릿가루를 담는 거야. 두 말만, 맷돌로 간 보리를 말일세. 이 사실은 유모 혼자만 가슴속에 간직해 두고 누구한테도 알리면 안 되네. 그리고 지금 말한 물건을 모두 한 곳에 모아 두게. 저녁때가 되면 내가 가지러 올 테니까. 어머님이 2층 방으로 올라가 주무실 때쯤 해서 말이지. 나는 이제부터 스파르타와 모래 언덕이 많은 필로스로 떠날 작정이네. 그리운 아버님의 귀국 소식을 알아보기 위해서, 혹시나 무슨 이야기라도 들을 수 있을는지 모르니까 말이야."

이렇게 말하자 마음 착한 유모 에우리클레이아는 울음 섞인 목소리로 충고하며 말했다.

"도련님, 도대체 왜 그런 생각을 하셨습니까? 이 넓은 세계를 향해 귀하신 몸이 홀로 어디를 가신다는 말씀이십니까? 그분은 벌써 고국을 멀리 떠난 곳에서 돌아가셨는데요. 제우스의 후손이신 오디세우스 님, 그분은 보지도 듣지도 못한 낯선 고장에서 돌아가셨답니다. 저들은 도련님께서 떠나시자마자 바로 못된 짓을 꾸며 낼 거예요. 간사한 음모를 꾸며 도련님을 없애버리려고요. 그리고 이 보물들도 모두 저들이 나누어 가지고 말겠지요. 그러니 도련님은 이대로 그냥 재물 위에 턱 버티고 앉아 계셔 주십시오. 험난한 바다 같은 데로 일부러 재난을 만나려고 나가실 것까지는 없지 않습니까? 게다가 방랑의 길로 떠나시다니요."

그 말에 지혜로운 텔레마코스는 대답했다.

"힘을 내요, 유모. 이번 계획은 신의 도움 없이 무작정 한 일은 아니니까. 그보다도 자, 나한테 맹세해 주게. 어머님한테 절대로 이 일을 말하지 않겠다고. 아무튼 열흘째 아니면 열이틀째가 되기 전에는 말이야. 또는 어머님께서 먼저 나를 만나고 싶어져서 내가 없는 걸 알아차리시고, 이미 떠나 버렸다는 소식을 아실 때까지는 말일세. 지나치게 우시거나 해서 아름다운 얼굴이 상하지 않으시도록 하시오."

이렇게 말했으므로 늙은 하녀도 신들에게 엄숙한 맹세를 하고, 결코 그런 말은 하지 않겠노라고 다짐했다. 맹세와 서약이 끝나자, 그녀는 바로 포도주를 두 귀가 달린 여러 개의 단지에 담고, 또 탄탄히 꿰맨 여러 개의 가죽 자루에 보릿가루를 담았다. 그러고 나서 텔레마코스는 안채로 돌아와 구혼자들 속에 끼어들었다.

이즈음 빛나는 눈의 아테나 여신은 또 다른 일이 생각나서 텔레마코스의 모습으로 변장하고, 온 이타카 시를 돌아다녔다. 그리고 일일이 시민들 곁으로 가서는 말을 걸고, 저녁때가 되거든 훌륭한 배가 있는 곳으로 모이라고 말했다. 그러고 나서 이번에는 또 명예스러운 이타카인, 프로니오스의 아들 노에몬에게 재빠른 배를 한 척 요구했다. 그러자 그는 두말없이 승낙했다. 해가 저물고 거리에는 어둠이 내려덮였다. 그러자 여신은 훌륭한 배를 바다에 띄우고, 안에는 돛과 밧줄 등 장비가 뛰어난 배라면 갖춰야 할 도구들을 모두 조사해서 넣어 두었다. 그러고는 항구 맨 끝에 배를 매어 놓았다. 그 주위에는 무수한 사람들이 모여들었는데, 이들은 여신이 아까 권유한 사람들이었다.

그때 빛나는 눈의 여신 아테나는 또다시 다른 일이 생각났다. 그래서 존엄한 오디세우스의 성으로 가서 거기 모인 구혼자들에게 달콤한 잠을 부어 주었다. 그러자 술을 마시던 그들은 모두 흐느적거리면서 술잔을 손에서 떨어뜨렸다. 이윽고 그들은 곧 잠을 자기 위해 저마다 잠자리를 찾아 뿔뿔이 흩어져 버렸다. 눈꺼풀 위에 무거운 졸음이 내려덮었기 때문이다. 한편 빛나는 눈의 아테나는 텔레마코스를 훌륭한 궁전에서 밖으로 불러내어서 멘토르의 모습과 목소리를 빌어 이렇게 말했다.

"텔레마코스여, 지금 용감한 동지들이 노를 손에 잡은 채 자리를 잡고 그대가 나오기를 기다리고 있소. 그러니 어서 갑시다. 더 이상 꾸물거리고 떠날 길을 늦추어서는 안 되오."

이렇게 소리 높여 말하고, 팔라스 아테나는 앞장을 섰다. 그래서 곧바로 텔레마코스도 여신의 뒤를 따라갔다. 그들이 배가 놓여 있는 바닷가에 이르렀을 때, 거기 물가에는 머리를 길게 기른 뱃사람들이 모여서 젊은 영주의 명령을 기다리고 있었다. 그 무리를 향해 기운찬 텔레마코스가 말했다.

"그러면 여러분, 식량을 가져오도록 합시다. 성 안에 모든 걸 준비해 놓았소. 하지만 어머님은 이 일에 대해선 아무것도 모르고 계시며, 내가 가장 믿는 한 하녀 말고는 다른 시녀들도 모르고 있소."

이렇게 그가 높은 소리로 말하며 앞장서자, 모두 함께 뒤따라갔다. 그리고 광으로 가서 준비한 물건들을 날라다가 갑판이 훌륭한 배에 실었다. 오디세우스의 아들이 명령한 그대로. 그래서 그 길로 텔레마코스는 배에 올랐다. 그보다 앞서 아테나가 뱃머리로 걸어가 앉았다. 여신의 바로 옆에 텔레마코스가 걸터앉자, 모두 뱃고물의 밧줄을 풀어 버리고, 자기들도 배에 올라 노가 놓인 자리에 앉았다. 그 사람들에게 빛나는 눈의 아테나가 순풍을 보내 주었다. 포도줏빛 바닷물 위로 노래부르듯 속삭이는 서풍이 서서히 불어 왔다. 텔레마코스가 뱃사람들을 격려하며 뱃기구를 조종하도록 명령하자, 그들은 모두 그의 명령을 따랐다. 그들은 움푹 파인 돛대받이 구멍에 돛대를 맞춰 세우고 고정시킨 다음, 튼튼하게 꼰 쇠가죽 끈으로 흰 돛을 끌어올려 배의 이물을 바람 부는 쪽으로 향하게 했다. 돛의 한가운데로 바람이 불어 와서 부풀자, 용골양편으로는 검은 파도가 일어서 배가 거슬러 나아가면서 쉿쉿거리며 큰소리를 냈다. 배는 거친 물결을 헤치며 계속 속력을 내어 목적지로 달렸다. 이에 모두 돛줄을 빠른 검은 배에 잘 매어 놓고 나자 포도주를 가득 채운 희석용 술동이를 여러 개 차려 놓고는 영원한 불사의 신들, 그 중에서도 특히 제우스의 딸인 빛나는 눈의 아테나 여신을 위해 가득히 부어 바쳤다.

그렇게 밤새도록 새벽녘까지 배는 물결을 헤치며 나아갔다.

제3권
필로스 이야기

텔레마코스가 탄 배는 새벽녘이 되자 본토인 서해안 항구 필로스에 이른다. 이곳은 트로이 원정군에서 돌아온 노장 네스토르가 머무는 성이다. 노인은 아들들과 함께 텔레마코스를 환영하고 정중히 대접하지만, 아버지 오디세우스의 소식은 알지 못하기 때문에 그를 최근에 귀국한 스파르타 왕 메넬라오스에게 보내기로 하고, 아들 페이시스트라토스가 함께 가 이끌도록 한다.

이제 태양은 찬란한 동쪽의 아름다운 물가에서 떠나, 맑고 푸른 하늘로 솟아올랐다. 불사의 신들을 위해, 또한 끝내는 죽어야 할, 밭을 가는 인간들에게 빛을 가져다주기 위해서였다. 그들은 필로스에 있는 넬레우스의 장엄한 성채에 도착했다. 그곳에서는 필로스 사람들이 바닷가에서 새까만 황소들을, 대지를 뒤흔드는 검은 머리의 포세이돈 신 앞에 제물로 바쳐 제사를 지내고 있는 중이었다.

거기에는 아홉 줄로 나뉜 좌석이 마련되어 있었으며, 각 줄마다 500명씩 자리를 잡고, 각 줄 앞에는 9마리씩 황소가 준비되어 있었다. 마침 그들이 제물의 소 내장을 나누어 맛보고, 그 허벅지 살을 구워서 신의 제단 앞에 바치고 있을 즈음, 훌륭하게 장비를 갖춘 배가 그들을 향해 다가왔다. 그들은 곧바로 배를 바닷가에 대고는 돛을 거두고 닻을 내린 뒤 바닷가에 내려섰다. 텔레마코스는 맨 마지막으로 내렸고, 그 앞으로 아테나가 걸어갔다. 그때 빛나는 눈의 여신 아테나가 앞질러서 그에게 말했다.

"텔레마코스여, 이제 굳게 자신을 가지시오. 지금은 결코 우물쭈물할 때가 아니오. 아버지를 찾기 위해 모처럼 바다를 건너온 게 아닌가. 어느 곳에 묻혀 있는지, 어떻게 숨을 거두었는지를 알기 위해 말이오. 그러니 이제부터 곧바로 기사 네스토르에게 가 보시오. 우리는 그가 감추어 둔 사실을 알아내려고 이곳에 찾아왔으니. 그러나 그에게서 사실을 알아내려면, 그대가 직접 그를 만나야 하오. 아마도 거짓말은 안할 것이오. 그는 현명한 사람이니까."

이에 지혜로운 텔레마코스가 대답했다.

"멘토르여, 그럼, 어떻게 가는 것이 좋을까요. 어떻게 그분에게 말을 건네면 좋을까요. 아직 저는 빈틈없이 말하는 요령을 잘 터득하지 못했습니다. 그리고 또 젊은이로서 훨씬 손위의 훌륭한 분에게 꼬치꼬치 캐묻는다는 것도 송구스러운 일일 테니까요."

그러자 빛나는 눈의 여신 아테나가 말했다.

"텔레마코스여, 그대의 타고난 지혜로 부족함을 느낄 때엔 신의 보살핌이 그대를 따를 것이오. 그대가 태어나서부터 오늘에 이르도록, 신들이 까닭 없이 그대를 보살펴 주시는 것은 아니오."

이렇게 말하고, 팔라스 아테나는 어느새 앞장서서 나아갔다. 그래서 텔레마코스도 여신을 뒤따라 필로스 사람들이 모여 있는 회합 장소에 닿았다.

그곳에는 네스토르가 아들들과 함께 앉아 있었다. 그 가운데 그의 부하들은 잔치 준비를 하며 고기를 굽기도 하고 꼬챙이에 꿰기도 했다. 그들은 나그네들의 모습을 보자, 모두 한꺼번에 다가와 손을 잡고 인사를 하고는 앉기를 권했다. 그 선두에 있던 네스토르의 아들 페이시스트라토스가 바로 가까이로 다가와서, 두 손으로 그들을 잡고 환영하며 향연의 옆자리에 앉도록 했다. 형인 트라쉬메데스와 아버지와의 사이, 바닷가 모래 위의 부드러운 양털을 깔아 놓은 자리였다. 그리고 희생물의 허벅지 살코기와 황금 술잔에 포도주를 따라 주고는, 술잔을 들어 축배를 하면서 염소 가죽 방패를 가진 제우스 신의 딸인 팔라스 아테나에게 말했다.

"당신들은 포세이돈 신을 위해 제사를 올리려는 참에 이곳에 오셨습니다. 그러니 손님, 자, 포세이돈 신에게 기도를 드리시오. 그리고 신에게 바치는 술을 따라 기도를 하신 뒤에는 여기 당신 동료에게도 신께 술을 따라 바치도록 달콤한 포도주 잔을 넘겨주십시오. 이분 또한 불사의 신께 경배하도록 말씀입니다. 인간이라면 누구나 이 의무를 게을리할 수 없지요. 하지만 이분은 아직 젊어, 나하고 같은 연배인 것 같습니다. 그래서 먼저 당신께 이 황금 술잔을 드리렵니다."

이렇게 말하며 맛좋은 포도주 잔을 그의 손에 넘겨주었다. 그래서 아테나 여신은 분별이 있고 절도를 지킬 줄 아는 그를 가상하게 여겼다. 신께 먼저 황금 술잔을 드렸기 때문이다. 그리고 아테나 여신은 즉시 바다의 신, 포세이돈에게 열심히 기도를 드렸다.

"저희들의 소망을 들어주십시오, 대지를 뒤흔드시는 포세이돈이시여. 지금 기도를 드리는 저희들이 이제부터 다음과 같은 일을 하려는 것을 막지 마시기 바라옵니다. 첫째로 네스토르와 그의 아들들에게 명예를 주십시오. 그 다음에는 그 밖의 필로스에 계신 여러 사람들에게도, 이처럼 훌륭한 제물을 기꺼이 받아들이시어 가득 찬 축복을 내려주시기를. 또 텔레마코스와 제가 검은 칠을 한 빠른 배를 타고 이곳에 와서, 그 목적을 반드시 이루고 돌아갈 수 있도록 보살펴 주십시오."

이렇게 여신은 기도드렸다. 또한 그 일의 성취를 모두 여신이 직접 보살필 작정이었던 것이다. 이윽고 텔레마코스에게 아름다운 두 귀가 달린 술잔을 건네자, 오디세우스의 사랑하는 아들도 그와 똑같이 기도드렸다. 이윽고 여러 사람들은 바깥쪽 고기를 다 구운 뒤 불에서 내려놓고는, 베어낸 것을 접시에 담아 내놓고 훌륭한 잔치를 벌였다. 그리하여 실컷 먹고 마셨을 즈음, 모두에게 먼저 게렌의 기사 네스토르가 이야기를 시작했다.

"그럼, 이제부터 손님들에게 묻고 그분들의 이야기를 듣는 것이 가장 좋을 듯합니다. 어떤 분들인지 알 수 있겠지요. 이제는 식사도 충분히 즐기셨을 테니까요. 손님들, 당신들은 어떤 분이신가요. 어디서 뱃길을 항해해 오셨는지, 또 무슨 일로 오셨는지, 아니면 해적들처럼 바다 위를 정처 없이 떠돌고 계시는 분들인지. 해적들이야 목숨을 걸고 다른 나라 백성들에게 재앙을 입히면서 방랑을 이어가고 있지만 말입니다."

이에 지혜로운 텔레마코스가 용기를 내어 말했다. 아테나 여신이 그의 마음속에 대담성을 불어넣었기 때문이었다. 그는 싸움터로 나간 채 돌아오지 않는 아버지 일을 물어보기 위해 말을 꺼냈다.

"오, 넬레우스의 아드님이신 네스토르 님, 아카이아인의 큰 명예이신 당신이 우리가 어디서 왔느냐고 물으시니, 저도 모두 말씀드리지요. 우리는 네이온산 기슭에 있는 이타카 섬에서 찾아온 사람들입니다. 또 우리가 온 목적은 이제부터 말씀드리겠지만 개인적인 일이며, 나라 일, 공적인 일은 아닙니다. 바로 제 아버지에 대한 소문을 널리 찾아가는 길이지요. 혹시 무슨 이야기를 들을까 해서요. 존엄한 오디세우스의 일로서, 의협심 많으신 제 아버지는 소문에 따르면, 당신과 함께 전투에 나가 트로이 사람들의 도시를 공략했다 합니다.

그런데 트로이 사람들과 싸우고 있었던 다른 장군들은 모두 그 자리에서 무섭도록 비참한 운명 속에 목숨을 잃은 모양이지만, 제 아버님 오디세우스의 운명에 대해서는 크로노스의 아드님이신 제우스 신께서 그 죽음에 대한 소문조차 세상 사람들에게 일부러 퍼뜨리지 않도록 하셨습니다. 그래서 누구도 어디서 돌아가셨는지 확실히 말할 수 있는 사람이 없습니다. 땅 위에서 적의 무사들과 싸우다가 전사하셨는지, 아니면 바다로 나가 암피트리테의 물결 속에서 목숨을 잃으셨는지.

그러므로 오늘 당신 앞에 무릎 꿇고 부탁드리는 것이니, 혹시 제 아버지의 불행한 죽음을 이야기해 주실 생각은 없으신지요. 만일 당신 눈으로 직접 보셨거나, 또는 여러 나라를 돌아다니는 사람으로부터 무슨 이야기를 들으시지나 않으셨는지 말입니다. 아버지는 다른 사람보다 몇 배로 가엾은 운명에 놓이도록 태어나셨습니다. 그렇지만 결코 저한테 미안하게 생각하시거나 동정을 하시려는 뜻에서 사실대로 이야기하기를 꺼리지는 마십시오. 그보다는 당신 눈에 비친 제 아버지 모습에 대해서 모든 것을 남김없이 자세히 이야기해 주십시오. 간절히 바랍니다. 혹시 언젠가 제 아버지인 훌륭하신 오디세우스가 말 또는 행동으로 당신을 위해 하신 일이 있었다면, 그리고 그것으로 훌륭한 성과를 거두셨다면, 그런 일들을 모두 떠올리시어 상세하게 말씀해 주시기 바랍니다."

그때 게렌의 기사 네스토르가 대답했다.

"오, 그리운 분이여. 그대는 나에게 슬픈 추억을 되새기게 하는구려. 그 고장에서 걷잡을 수 없을 만큼 용맹심에 불타는 우리 아카이아인들의 아들들이 참고 견디었던 그 슬픈 추억을. 우리가 병사들의 배를 거느리고 안개 자욱한 바다 위를 헤매며 적을 찾아 무찔렀을 때, 그때엔 언제나 아킬레우스가 앞장섰지만, 그리고 프리아모스 왕의 훌륭한 도시에서 접전에 또 접전을 할 때였지. 거기서는 우리의 가장 훌륭했던 용사라고 불릴 만한 강한 자들 거의 모두 전사했다오.

그곳에는 군신 아레스의 반려인 아이아스도 잠들어 있지. 아킬레우스도, 꾀를 잘 꾸몄던 파트로클로스도, 사랑하는 내 아들로 무용이 뛰어나고 인품도 비길 바 없이 훌륭한 안틸로코스도, 달리기가 빠르기로는 누구보다도 뛰어난 용사였건만. 우리는 그 밖에도 많은 재앙을 입었던 거요. 그와 같은 모든 불행을 일일이, 어차피 죽어야 할 인간인 우리들 가운데 도대체 그 누가 다 이야기할 수 있겠소. 만일 5년이든 또 6년이든 오래 묵어가면서 묻더라도 모두 듣지는 못할 것이오. 얼마나 무서운 재난을 훌륭한 아카이아 사람들이 그곳에서 겪었는가를. 아마 다 듣기도 전에 가슴이 미어지는 듯한 고통 때문에 고국으로 돌아가 버릴 거요.

9년 동안 우리는 온갖 수를 써서 적에게 손해를 입히려고 애썼지만, 겨우 크로노스의 아드님께서 그것을 다 이뤄주셨소. 그때엔 누구 하나 슬기로운 꾀에 있어서는 그대 아버지와 맞서 겨루려는 자가 없었지. 훌륭한 오디세우스의 갖은 책략은 누구도 따를 자 없을 만큼 뛰어났으니까. 그대 아버님에 대해 말하고 있는 중이오, 만일 그대가 그의 아들이라면 말이오. 참으로 그대를 자세히 보니 두렵고 공경하고 싶은 마음이 나를 사로잡는구려. 정말 말하는 모습이 무척 닮았소. 또 누구든지 젊은 사람이 그처럼 훌륭하게 말할 줄 알리라고는 감히 생각지 못할 것이오. 그곳에서 그 기간 중에 나와 오디세우스는 장군들의 집회에서도, 또 영주들의 회의에서도 다른 의견을 말해 본 적은 한 번도 없었소. 언제나 마음을 모아 견해도 치밀한 방법을 잘 궁리하여 꾸미곤 했지. 아르고스 편을 위해 어떻게 하면 일이 가장 잘 될 것인가 하고.

그러나 프리아모스의 높이 솟은 도시 거리를 공략했을 때, 바로 그때 제우스 신은 마음속으로 아르고스 편에게 무서운 귀국 여행을 계획하셨지. 왜냐하면 우리 모두가 그리 생각이 깊지도, 도리에 합당하지도 않았거든. 때문에 그들 가운데 많은 사람들이 뜻밖의 재앙으로 죽음을 맞게 되었던 거요. 거룩한 아버지 신의 따님이신 빛나는 눈의 여신 아테나의 저주에 찬 분노 때문이었지만. 그 여신이 아트레우스 집안 두 형제 사이에 분쟁이 생기게 했던 거요. 그래서 두 사람은 황급히 아카이아 사람들을 모조리 회합에 불러들였지. 그러나 온전한 절차도 밟지 않았고, 해질 무렵이 되었을 때의 일이었소. 아카이아군은 잔뜩 술에 취한 상태였고, 거기서 둘은 군사를 모이게 한 이유를 여러 사람들에게 이야기해 주었소.

그때 메넬라오스는 아카이아 군사들이 모두 고국으로 돌아가기를 바라고 있으니 망망대해로 군선을 띄우자고 권했지만, 아가멤논은 그것이 전혀 마음에 들지 않았소. 그로서는 군사들을 붙들어 두고 성스러운 제물을 바치는 제사를 지내어, 아테나 여신의 무서운 노여움을 가라앉혀 드리기를 바라고 있었기 때문이었소. 하지만 어리석었지, 들어주시지 않을 게 뻔하다는 것을 전혀 모르고 있었으니 말이오. 왜냐하면 불사의 신들의 생각은 그렇게 갑자기 변할 리가 없기 때문이지. 두 사람은 그들의 병사들마저 의견이 엇갈리고 이루 말할 수 없는 소란 속에 집회가 해체될 때까지 이렇게 날카로운 언쟁을 벌이고 서 있었소. 그날 밤 잠자리는 서로에 대한 불쾌함과 앙심 때문에 편안치가 않았는데, 이는 이미 제우스 신께서 우리에게 운명의 손길을 뻗치셨기 때문이었소. 이튿날 아침, 우리 병사들의 반은 배를 반짝이는 바다에 끌어 내려놓고, 전리품과 허리에 띠를 두른 부녀자들을 배에 실었소. 나머지 절반의 병사들은 그대로 거기에, 용사들의 우두머리인 아트레우스의 아들 아가멤논 밑에 머물러 있게 되었소.

한편, 우리 배는 잘 달렸지. 돛을 부풀리지 않고도 잘 달릴 수 있게 된 것은 신께서 깊고 넓은 바다에 약하게 바람이 불게 하여 잔잔한 물결이 일게 해 주셨기 때문이었소. 그리하여 테네도스 섬에 이르러 고향으로 돌아가는 길을 재촉하며 신들께 제물을 바쳤지만, 제우스 신은 결코 그렇게 빨리 귀국을 허락하실 생각은 없으셨소. 그분은 잔혹한 목적을 이루기 위해 또다시 불길한 다툼질을 하게 했다오. 그 결과 한 떼는 이물이 젖혀진 작은 배를 그들이 오던 방향으로 되돌려서 돌아갔소. 지혜롭고 온갖 꾀를 잘 꾸미는 오디세우스 님을 둘러싼 사람들이었지만, 그것도 아트레우스의 아들 아가멤논에게 그들이 맹세한 충성 때문이었지. 뜻을 받들어서 한 일이었소.

그러나 나는 나를 따르는 배들을 모두 하나로 모아서 전진을 서둘렀소. 신께서 우리에게 재앙을 꾸미고 계시다는 사실을 깨달았기 때문이었소. 티데우스의 용감한 아들 디오메데스도 빠져 나와 우리 동료들을 독촉했지만, 훨씬 늦게 우리 둘 뒤로 금발의 메넬라오스 또한 우리를 따라왔소. 레스보스 섬에서 우리가 먼 항해에 대해 여러 궁리를 모색하느라고 지체하고 있는데, 뒤미처 쫓아 왔소. 그 궁리란 키오스 섬의 험난한 해협을 멀리 돌아갈 것인가, 아니면 프쉬리아 섬으로 가는 길을 택할 것인가, 아니면 키오스 섬 옆의 바람이 세차게 불어 대는 미마스 곶을 통해 지나갈 것인가 하는 것이었소. 이런 어려움에 처하자, 우리는 신께 조짐을 하나 보여 주시기를 기도드렸소. 그러자 신께서는 우리에게 뚜렷한 지시를 내리시어, 조금이라도 빨리 재난을 면하기 위해서는 큰 바다 한가운데를 뚫고 나가 에우보이아로 가도록 일러 주셨소. 때마침 바람이 소리 높이 불어오기 시작했으므로, 선단은 매우 빨리 물고기들이 많은 바닷길을 달려, 게라이스토스 곶(에우보이아섬의 북쪽 끝)에 그날 밤으로 닿았소.

그래서 포세이돈 신전에 우리는 드넓은 바다를 무사히 건너게 해주신 데 감사드리기 위해 황소들의 허벅지 살을 많이 구워서 바쳤던 거요. 그리고 트로이를 떠난 지 나흘째 되는 날, 아르고스 땅에 티데우스의 아들인 기사 디오메데스와 그 부하들의 훌륭한 배들이 닿았다오. 그 무렵 나는 필로스로 배를 저어 가고 있었소. 처음 출발 때 보내주신 뒤로 줄곧 순풍은 불어오고 있었지. 친애하는 젊은이여, 나는 어떤 이야기도 듣지 못한 채 돌아왔기 때문에, 아카이아 군사들 가운데서 누가 살아남았고 누가 죽었는지를 잘 알지 못한다오. 그러나 여기에 돌아온 뒤에 내가 들은 이야기는, 마땅한 일이지만 절대로 조금도 숨기지 않고 모두 들려 줄 테요. 굉장한 무용을 자랑하는 아킬레우스의 영예로운 아들이 거느리는, 미르미돈의 창으로 이름난 용사들은 무사히 귀국했다는 이야기였소. 또 포이아스의 훌륭한 아들 필로크레테스도 무사하고, 이도메네우스도 크레타 섬으로 부하들을 거느리고 돌아갔소. 싸움터에서 살아남은 사람들이지만, 바다에서 한 사람도 목숨을 잃지 않았다 하오. 또 아트레우스의 아들 아가멤논에 대해서는 당신들이 비록 먼 곳에 산다 하더라도 그가 돌아오자 바로 아이기스토스가 무서운 파멸을 꾸며 목적을 이룬 경위를 들었을 것이오. 하지만 그 사나이도 별 수 없이 비참한 꼴로 앙갚음을 받았지. 살해당한 사람의 아들이라도 살아남는다는 것은 정말 다행스러운 일이오. 바로 그 아들 오레스테스가 아버지를 죽인 간악한 아이기스토스에게 복수했거든. 명성도 높은 아버지를 살해한 그 사나이에게 말이오. 친애하는 분이여, 당신도 보건대 매우 훌륭하고 체격도 좋아 보이니 오레스테스 같은 용기를 내도록 하시오. 후세 사람들이 모두 당신을 칭송하도록 말이오."

이에 지혜로운 텔레마코스가 대답했다.

"오, 넬레우스의 아드님인 네스토르 님, 아카이아인의 큰 명예이신 당신 말씀대로, 확실히 그는 복수를 했습니다. 그러니 아카이아 사람들은 그의 명성을 후세에까지 노래로 널리 전할 것입니다. 바라건대 제게도 부디 그만큼 큰 힘을 신들께서 내려 주시도록, 난폭하고 무례하게 우리를 괴롭히는 구혼자들에게 그 벌을 가할 수 있을 만한 힘을 말입니다. 그들은 제게 무례한 짓을 할 뿐 아니라 이제 못된 수까지 꾸미고 있는 참입니다. 그러나 운명은 제 아버지에게도 제게도 그 같은 행복을 내려주시지 않았습니다. 그러니 지금으로서는 그저 그들이 하는 짓을 참고 있을 수밖에 없는 형편입니다."

이에 게렌의 기사 네스토르는 말했다.

"오, 친애하는 분이여, 다름 아니라 그 일을 내게 떠오르도록 하는 이야기가 있으니 말이지만, 소문을 들으니 구혼자들은 어머님 탓으로만 돌리고 여럿이서 댁으로 몰려가 당신 허락도 없이 못된 짓을 꾸미고 있다더군 그래. 그렇다면 말해 주시오. 당신은 그들을 어찌 하지도 못하고 그냥 밀려나기만 하고 있는 것인지, 그렇지 않으면 온 나라 사람들이 당신을 미워하고 있기라도 한단 말인지. 신의 뜻에 따르기 위해서라도. 누가 아는가, 언젠가 오디세우스가 귀국하여 그 무법자들에게 복수를 할는지도. 홀로, 아니면 부하 병사인 아카이아 사람들을 고스란히 데리고 돌아와서 말이오. 그대를 빛나는 눈의 아테나가 불쌍히 여겨 주신다면 고마운 일이겠지만. 예전에 아카이아 사람들이 줄곧 고난을 겪고 있었던 트로이에서 명예로운 오디세우스를 위해 각별히 배려해 주셨던 것처럼 말이오. 왜냐하면 이제까지 그처럼 신들께서 거리낌 없이 자비를 베푸시는 모습을 본 적은 없었으니까. 그를 보살피시느라 공공연히 팔라스 아테나가 곁에 계셨던 것처럼, 만일 그토록 당신을 불쌍히 여기시고 마음속으로 걱정해 주신다면, 그때는 그 난폭한 자들도 누구 할 것 없이 결혼 같은 것은 깨끗이 잊어버릴 텐데."

그러자 지혜로운 텔레마코스가 말했다.

"오, 네스토르 님, 잘 모르지만 아마 말씀대로는 이루어지지 못할 것이라고 생각합니다. 왜냐하면 말씀하시는 일이 너무나 엄청나서 두려운 생각이 듭니다. 나로서는 절대로 그렇게 되기를 기대조차 할 수 없습니다."

이에 빛나는 눈의 여신 아테나가 말했다.

"텔레마코스여, 어찌하여 그런 말이 그대에게 나올 수 있단 말이오. 그대에게 그것은 매우 쉬운 일이오. 신께서 그럴 뜻만 있다면 멀리서라도 생각하는 사람을 돕고 지켜주는 일이란, 아무튼 내 생각으로선 엄청난 괴로움을 겪은 뒤에라도 고국에 돌아갈 수만 있다면, 차라리 그때를 기다리는 편을 고를 것이오. 돌아와서 바로 자기 집에서 살해되기보다는. 마치 아가멤논이 아이기스토스와 자기 아내의 간사한 꾀에 죽은 것처럼 말이오. 하지만 막상 누구 할 것 없이 다같이 죽어야 할 운명에 있으니, 신일지라도 두려운 죽음의 저주스러운 운명이 닥쳐오면 불쌍히 여기시는 대장부를 위해서조차 막아 주지는 못하는 것이라오."

이에 지혜로운 텔레마코스가 말했다.

"멘토르 님, 이런 고통스러운 일에 대해서는 그만 이야기하십시다. 우리는 이제 제 아버지께서 이미 돌아오실 수 없는 분이라고 생각하는 수밖에 없습니다. 이미 불사의 신들이 그분에게 죽음의 검은 운명을 정해 주셨으니까요. 이제는 다른 이야기를 네스토르 님에게 묻고 싶습니다. 올바른 율법이나 분별력에 있어 따를 자가 없는 분이시니까요. 세상 사람들 말에 따르면, 인간 세상의 3대째까지도 군주로서 다스리고 계시는 것으로 알고 있으니까요. 그래서 제 눈에는 불사의 신처럼 우러러 뵈는 것입니다.

넬레우스의 아드님이신 네스토르 군주님, 제게 사실대로 다시 말씀해 주십시오. 아트레우스의 아들인, 드넓은 나라를 다스리던 아가멤논은 어떻게 돌아가셨던가요. 메넬라오스는 어디에 계셨던 것일까요. 간사하고 악한 마음을 가진 아이기스토스가 그에게 어떠한 파멸을 꾀했던 것인가요. 그토록 무용이 뛰어난 인물을 살해하다니. 메넬라오스는 아카이아인의 아르고스에 계시지 않고, 어느 곳인가 다른 나라를 떠돌아다니고 계셨던가요. 그래서 그들이 마음 놓고 그토록 거칠고 사나운 행동을 했던 것일까요."

그때 게렌의 기사 네스토르가 말했다.

"거기에 대해서는 젊은이여, 내가 사실대로 모두 이야기해 주겠소. 과연 그대도 어떤 사태가 벌어졌으리라는 것쯤은 아마 상상할 수 있을 거요. 만일 그의 형네 집에서 살고 있는 아이기스토스를 아트레우스의 아들인 금발의 메넬라오스가 트로이에서 돌아와 만났다고 하면, 무덤이 없는 것이 그의 시체에 대한 경의가 되었을 거요. 도시 밖 멀리 버려져 들개나 새들이 마구 먹어 치웠을 것이며, 또 아카이아의 부녀들 가운데 단 한 사람도 그를 위해 눈물 흘리는 이가 없었을 거요. 그토록 그는 엄청난 죄를 저질렀으니까.

포위된 트로이에서 우리가 영웅적 과업을 수행하기 위해 전쟁에 여념이 없는 동안, 그 시기에 그는 말을 풀어놓고 키우는 아르고스의 두메 산골에서 태평스럽게 지내며, 아가멤논의 아내를 달콤한 말로 괴롭히고 있었던 거요. 왕비

클리타임네스트라도 처음에는 그런 불명예스러운 꾀에 귀도 기울이지 않았지요. 그녀는 지각 있을 뿐만 아니라 음유 시인이 시를 가르치면서 그녀의 시중을 들고 있었소. 아트레우스의 아들은 트로이로 떠날 즈음, 그 사나이에게 자기 아내를 잘 보살피도록 여러 가지로 일러두었던 거요.

그러나 신들이 정한 운명이 그녀를 사로잡아 굴복시키게 되었을 때, 아이기스토스가 그 음유 시인을 사람 그림자라고는 하나도 없는 쓸쓸한 섬에 마치 새들의 먹이로 시체를 버리듯 떼어 놓고는, 제 발로 기꺼이 따라오는 여자를 몹시 기뻐하며 자기 집으로 데리고 갔소. 이런 대담한 계획을 이루자 그는 거룩한 제단에 소의 허벅지 살코기를 제물로 바치고, 그 신전에 직물과 황금 따위의 많은 물품을 올렸지. 자신의 가장 커다란 꿈을 성취시켜 준 데 대한 보답으로.

그런데 우리는 그 무렵 트로이에서 돌아오는 중이었소. 아트레우스의 아들 메넬라오스와 나는 가장 친한 사이였소. 그러나 우리가 바다 쪽으로 튀어나온 아티카의 신성한 수니온 곶에 이르렀을 때, 포이보스 아폴론이 그 부드러운 화살로 쏘아 메넬라오스가 탄 배의 키잡이 사나이를 죽여버렸소. 그는 오네토르의 아들인 프론티스라는 사나이로, 키를 조정하는 기술에는 누구보다 뛰어난 사람이었지.

그래서 메넬라오스는 수니온에 머물러 있게 되었소. 갈 길이 급하기는 했으나, 부하인 키잡이 사나이의 장례식을 관습대로 치르기 위해서 말이오. 그러나 드디어 그가 포도줏빛의 바다로 나가 훌륭한 배들을 거느리고 말레아의 험준한 곳에 이르렀을 때, 이를 보고 계시던 천둥을 울리시는 제우스 신께서 고생스러운 그의 여정을 무섭도록 고통스러운 것으로 만들어 주리라 마음먹으시고, 으르렁대는 질풍을 불러일으켜 산더미처럼 무겁고 큰 파도를 일으켰소.

그리고 선단을 둘로 갈라놓아 한쪽은 크레타 섬에 표류시켰소. 이아르타노스 강가, 퀴도니아 사람들이 사는 섬이오. 거기 고르티스 섬 끝에는 안개가 끼어 아스라한 바다 위로 솟아 나온 미끄럽고 험준한 바위가 있는데, 거기서는 남풍이 큰 물결을 왼쪽 바위 끝으로, 파이스토스를 향해 몰려오게 하오. 작은 바위가 큰 물건을 방해하는 것이지.

그리하여 배들이 거기에 이르자, 배에 탔던 사람들은 가까스로 죽음을 면했으나, 배는 물결 탓으로 암초에 부딪쳐 부서지고 말았소. 한편 푸른빛 이물을 한 5척의 메넬라오스 편 선단은 바람과 물결에 실려가, 아이귑토스(이집트)에 닿게 되었소. 그래서 그는 그곳에서 많은 재산과 황금을 긁어모은 뒤 다시 선대를 거느리고 여러 나라 온갖 인종 사이를 여행하고 있었소. 그러는 동안 아이기스토스는 고국에서 그런 몹쓸 짓을 저질렀던 거요.

아트레우스 아들 아가멤논을 죽이고 나서 7년 동안, 그는 황금이 풍부한 미케네에 군림하여, 그곳 백성들을 자기 손아귀에 넣고 다스리고 있었소. 그런데 8년째 되는 해에 젊은 용사 오레스테스가 아테나이에서 돌아와 그에게 재앙을 가져왔으니, 아버지를 죽인 자인 간악한 아이기스토스를 없애버렸던 것이오. 훌륭했던 그 아버지를 죽인 사나이를, 그렇게 해서 살인자를 죽였던 거요.

그는 그자를 없애버리자, 아르고스 사람들을 불러 향연을 베풀었소. 간사한 어머니와 비겁한 아이기스토스를 장사지내는 잔치였지. 같은 날에 노련한 용사인 씩씩한 메넬라오스가 많은 재물을 가지고 돌아왔소. 그의 배에 가득히 재물을 싣고 말이오.

이러하니 친애하는 젊은이여, 그대도 너무 오랫동안 집을 떠나 먼 곳을 떠돌고 있어서는 안 될 거요. 그처럼 난폭하고 무례한 이들에게 자기 집을 떠맡긴 채 재산도 돌보지 않고 말이오. 그야말로 그들이 그대의 집안 재산을 모조리 나누어 차지해 버리면 큰일이지. 그대도 아무 소용없는 여행을 하지 않도록 하오. 그리고 곧 메넬라오스를 찾아가도록 나로서는 권하고 또 충고하고 싶소. 그 사람은 다른 나라에서 이제 막 돌아왔거든. 도저히 돌아오기를 바랄 수 없을 만큼 먼 곳의 여러 나라로부터 말이오. 무서운 거센 바람의 힘에 밀려 망망대해를 거쳐 떠밀려 갈 정도의 곳이라면, 누구라도 감히 돌아올 수 없는 곳이었을 것이오.

그러면 이제부터 그대의 동행자들과 함께 떠나시오. 그리고 혹시 육지로 가기를 원한다면 수레와 말도 준비해 주겠소. 또 그대가 바란다면, 내 아들들이 금발의 메넬라오스가 살고 있는 라케다이몬으로 안내해줄 거요. 그리고 그대가 그에게 직접 알아보시오. 그에게서 확실한 사실을 알고 싶다면. 매우 분별 있는 분이므로 거짓말은 안 하실 거요."

이렇게 말하는 동안에 해는 저물어 어둠이 깃들었다. 그러자 사람들을 보고, 빛나는 눈의 여신 아테나가 말했다.

"네스토르 님, 참으로 훌륭한 말씀을 하셨습니다. 그러면 이젠 제물의 혀를 잘라 냅시다. 그리고 포도주에 물을 타서 포세이돈과 또 그 밖의 신들께 술을 따라 올리고 나서, 잠자리에 들 일을 생각합시다. 잠들 시간입니다. 벌써 햇빛은 서쪽 어둠 속으로 가라앉아, 더 오래 신들에게 바치는 제사에 머물러 있을 수가 없으니까요. 이제는 떠날 시간이에요."

제우스의 따님이 이렇게 말하자, 사람들은 모두 그 말을 따랐다. 그러자 전령들이 정화수를 그들의 손 위에 붓고, 젊은 시종들은 희석용 술동이에 술을 가득히 따라 부었다. 그리고 저마다의 술잔에 먼저 신에게 바치는 표시로 술을 몇 방울씩 떨어뜨린 뒤, 다시 술잔마다 술을 따랐다. 이윽고 그들은 제물인 혀를 불속에 던지고 일어서서 거기에 술을 뿌렸다. 제사를 끝내고 모두 마시고 싶은 대로 실컷 술을 마시자, 그때 드디어 아테나 여신과 신과도 같은 모습을 한 텔레마코스 두 사람은 곧장 배로 돌아가려고 했다. 그런데 네스토르는 그들을 큰 소리로 불러 세웠다.

"제우스 신은 이대로 그대들이 배로 돌아가는 것을, 즉 내게서 그대들의 배로 빈손으로 돌아가시는 일을 용서하지 않으실 것이오. 마치 처음부터 옷 한 벌도 가지고 있지 못한 가난뱅이한테서 돌아가는 것처럼, 외투도 이불도 변변히 가지고 있지 못하며, 자기나 손님이나 포근하게 덮고 잘 이불도 가지지 못한 사람에게서처럼 아무것도 없이 돌아가는 것을 신께서는 용서하지 않으실 거요. 내게는 훌륭한 외투도 이불도 넉넉하게 있다오. 당치도 않은 일이지. 나의 절친했던 오디세우스 님의 귀한 아들이 배의 갑판 위에서 자다니. 적어도 내가 살아 있는 동안에는 물론이거니와 죽은 다음에도 뒤에 남은 아들들이 손님들을 잘 대접하도록 일러 놓겠소. 누구든지 우리 집에 찾아오는 분들이라면."

이에 빛나는 눈의 여신 아테나가 말했다.

"정말 좋은 말씀을 하셨소, 고마운 분이시여. 텔레마코스도 당신 말씀대로 하는 것이 마땅한 일일 것이오. 그렇게 하는 것이 한결 좋은 일이니까요. 이 사람은 이제부터 당신을 따라갈 것이지만, 나는 동행자들을 안심시키고 자세한 이야기를 들려주기 위해 검은 배가 있는 데로 가기로 하겠습니다. 함께 온 사람들 중에서 내가 유일한 연장자이니까요. 그저 친구 사이의 정의로 해서 따라온 것뿐입니다. 모두 인품이 뛰어난 우리 텔레마코스와 같은 또래의 젊은이들이지요. 그러니 오늘 밤에 나는 검은 배의 선체에서 자도록 하겠습니다. 그리고 내일 아침 일찍, 무용이 뛰어난 카우코네스인 마을로 갈 작정입니다. 거기서 해

결해야 할 중요한 금전 관계상 청구 문제가 있기 때문입니다. 하지만 여기 이 젊은 친구는 당신의 손님으로 머무를 거요. 그러면 당신은 이 젊은이를 마차에 태워 아드님과 함께 떠나보내 주시고, 부디 그 말들은 특히 날렵하게 달리고 힘도 가장 센 뛰어난 놈으로 골라 주시기를 부탁드립니다."

이렇게 말하고는 빛나는 눈의 여신 아테나는 백로의 모습으로 변하여 물러갔다. 그것을 본 사람들은 모두 크게 놀랐다. 늙은 군주 네스토르도 놀라고 어리둥절해서 그 광경을 지켜보았다. 그리고 텔레마코스의 손을 잡고 그에게 경의를 표하며 말했다.

"오, 친애하는 분이여, 정말 그대가 비겁하거나 무용이 없는 젊은이라곤 생각할 수도 없는 일이오. 이렇게 젊은데도 신께서 따라오시기까지 할 정도이니. 조금 전 함께 있던 분은 올림포스의 궁전에 사시는 신들 가운데, 제우스의 따님이며 더없이 이름 높으신 트리토게네이아 아테나, 바로 그분임에 틀림없소. 그 여신은 무용이 뛰어난 그대 아버님을 아르고스의 군사들 중에서도 늘 소중히 여기고 계셨지. 여신이여, 부디 저희들에게도 훌륭한 명예를 내려 주십시오. 저와 아들들과 상냥한 제 아내에게도. 여신께는 감사한 마음에 이마가 넓은 한 살짜리 암소를 제물로 바치오리다. 아직 한 번도 멍에를 씌운 적이 없는, 길이 들지 않은 그런 송아지를 뿔에 황금을 입혀서 제물로 바치겠습니다."

팔라스 아테나는 그의 기도를 들었다. 그리고 그들의 앞장을 서서 게렌의 기사 네스토르는 아들들과 사위들을 거느리고, 훌륭한 저택으로 돌아갔다. 드디어 그 영주의 소문난 저택에 이르자, 차례로 긴 의자와 팔걸이의자 등에 모두 걸터앉았다. 손님을 위해 노인은 달콤한 포도주를 준비했다. 그 술은 10년 동안 보관되어 온 것으로, 하녀가 뚜껑을 따고 마개를 열었다. 그것을 늙은 왕이 희석용 술동이에 부어서 섞게 하여 염소 가죽 방패를 가지신 제우스의 따님이신 아테나에게 바치면서 기도드렸다.

그들은 신에게 술을 올리는 의식을 끝내고 마음껏 술을 마시고 나서, 잠자리에 들려고 저마다 숙소로 찾아갔다. 그러나 게렌의 기사 네스토르는 준엄한 오디세우스의 사랑하는 아들 텔레마코스를 위해 그의 궁전 안, 소리가 울리는 회랑에 나무 침대를 마련하고, 그 옆에서는 무사들의 우두머리로 물푸레나무 창의 명수 페이시스트라토스가 잤다. 그는 아들들 가운데 유일한 총각이었다. 한편 네스토르도 잠자리에 들고자 높다란 전각의 안방으로 돌아갔다. 그를 위해서는 왕비인 그의 아내가 잠자리를 마련했다.

부드러운 새벽의 여신이 장밋빛 손가락으로 하늘을 물들이며 나타날 무렵, 게렌의 기사 네스토르는 잠자리에서 일어나 바깥으로 나가, 흰 대리석으로 된 매끄러운 긴 돌에 앉았다. 그 돌은 높다란 문 입구에 있는 것으로, 광택이 나서 반짝이고 있었다. 여기는 한때 네스토르의 아버지인 신들에 못지않은 지혜를 가졌다는 넬레우스가 앉았던 곳이었다. 그러나 그는 이미 무덤 속에 든 지 오래 되었고 저승으로 가버렸다. 이제는 게렌의 기사 네스토르가 앉아 있다. 아카이아 군사의 우두머리로서 홀장을 손에 들고, 그 주위에는 아들들이 모두 한자리에 모여 있었다. 저마다 자기 방에서 나온 에케프론과 스트라티오스와 페르세우스와 아레토스, 신과도 견줄 만한 트라쉬메데스, 거기에 이번에는 여섯 번째로 젊은 페이시스트라토스가 왔다. 그리고 신과도 같은 모습을 한 텔레마코스를 데리고 와서 그 옆 자리에 앉히고는, 모두에게 먼저 게렌의 기사 네스토르가 입을 열어 말했다.

"사랑하는 아들들이여, 당장에라도 내 소원을 풀어 다오. 아무래도 신들 가운데 먼저 아테나 여신의 마음을 가라앉혀 드리고 싶구나. 여신은 내 눈에도 분명히 나타나셨다가 신들의 성대한 잔치 자리로 떠나셨다. 그러니 너희들 가운데 한 사람은 들판으로 가서 소몰이꾼에게 소들을 몰고 오게 하라. 그리고 한 사람은 인품이 뛰어난 텔레마코스의 검은 배에 가서 동행자들을 두 사람만 파수꾼으로 남겨 두고서 모두 데리고 오너라. 또 한 사람은 금세공을 하는 라에르케스를 이리 오도록 부르러 가거라. 쇠뿔에 황금을 둘러 입히기 위해서지. 다른 사람들은 이대로 여기 함께 남아 있도록 하고, 집 안에 있는 시녀들에게는 각별히 훌륭한 요리를 정성껏 마련하도록 이르라. 그리고 궁 안에 축제 준비를 시키고, 제단을 둘러싸고 자리마련하도록 하며, 또 신선한 물도 가져다 놓도록 하라."

이렇게 말하자 모두 서둘러 그 명령에 따랐다. 어린 암소를 들판에서 끌고 오자, 훌륭하고 빠른 배에서 인품이 뛰어난 텔레마코스의 동행자들도 왔고, 금속 세공인도 세공에 쓸 연장을 손에 들고 왔다. 세공의 마무리를 하는 모루와 쇠망치, 단단하게 만들어진 쇠집게 등, 황금 세공을 하는 데 필요한 기구와 재료 따위를 갖고 왔다.

그러자 아테나 여신도 당신에게 바쳐질 제물을 받으려고 참석했다. 그래서 늙은 기사 네스토르가 황금을 내리자, 쇠뿔 장식을 여신이 보고 기뻐하도록 세공사는 어린 암소의 두 뿔에 훌륭하게 금박을 입혔다. 그러자 그 암소 뿔을 붙잡고 스트라티오스와 고귀한 에케프론이 제단으로 끌고 가니, 아레토스는 꽃 무늬가 가득한 정화수 그릇을 받쳐 들고 광에서 나왔다. 또 한 손에는 보리 낟알을 넣은 바구니를 들고. 그러는 동안 날카로운 손도끼를 손에 들고, 싸움에 강한 트라쉬메데스가 제물을 내리치려고 서 있었다. 또 페르세우스는 피를 받을 대야를 받쳐 들었다. 그래서 늙은 기사 네스토르는 정화수로 의식을 시작했다. 먼저 정화수에 손을 적신 뒤 보리 낟알을 뿌리고는, 아테나에게 정성스럽게 기도드리면서 제물의 머리털을 잘라 내어 불 속에 던졌다.

그 다음에 기도를 끝내고 보리 낟알을 뿌리는 의식도 끝나자, 네스토르의 아들로 의기 왕성한 트라쉬메데스가 곧 가까이 다가서서 손도끼를 내리쳤다. 그 손도끼가 어린 암소의 목덜미 힘줄을 찍어 생명을 끊어 버리자, 네스토르의 딸들과 며느리들, 정숙한 부인으로 클뤼메노스의 큰딸인 에우리디케마저 한꺼번에 큰 소리로 함성을 올렸다. 한편 사람들이 제물인 어린 암소의 머리를 땅에서 들어올려 떠받치고 있자, 무사들의 우두머리인 페이시스트라토스가 소의 목을 찔렀다. 암소의 검은 피가 흘러나오고, 생명은 몸뚱이에서 곧 사라졌다. 그들은 재빨리 소의 몸뚱이에서 다리를 잘라 내고 의식대로 허벅지를 조각 내어서, 거기에 기름덩이를 두 겹으로 들씌웠다. 그리고 날고기 조각을 가지런히 그 위에 얹고는, 그것들을 존경할 만한 늙은 왕이 장작불 위에 구워 그 위에 반짝이는 붉은 포도주를 뿌렸는데, 그 옆에는 젊은이들이 다섯 갈래 난 쇠꼬챙이를 손에 들고 둘러서 있었다. 드디어 넓적다리살이 충분히 구워지자, 그 허벅지를 맛보고 나서는 나머지 부분을 잘게 잘라 날카로운 꼬챙이 끝에 꿰어, 완전히 익을 때까지 불 위에서 구웠다.

그러는 동안에 아름다운 폴리카스테가 텔레마코스를 목욕시켰는데, 그녀는 넬레우스의 아들 네스토르의 막내딸이었다. 목욕이 끝난 뒤 이번에는 올리브 기름을 듬뿍 몸에 발라 주고 깨끗한 엷은 겉옷을 입히고 어깨에 망토를 두르자, 텔레마코스는 불사의 신과도 같은 모습으로 욕실에서 나왔다. 그리고 백성들의 어진 군주인 네스토르 옆에 가서 걸터앉았다. 모두 고기를 다 굽자 그것을 불에서 내려놓고, 함께 앉아 잔치를 벌이기 시작했다. 시중드는 사람들은 바삐 돌아다니며, 황금 술잔에 포도주를 따르면서 여러 사람들의 시중을 들었다. 그리하여 모두 마음껏 먹고 마시고 나자, 그들 앞에서 게렌의 기사 네스토르가 말하고자 하는 이야기의 서두를 꺼냈다.

"내 아들들이여, 이제 텔레마코스 님을 위해 훌륭한 갈기를 가진 말들을 데려다가 수레에 매어 드려라. 길을 떠나시도록."

이렇게 말하자 아들들은 두말없이 분부를 따라 날쌘 말들을 수레에 매었다. 수레 안에는 하녀가 빵과 포도주, 부식 등 제우스가 보살피시는 왕후들이 먹을 것을 넣어 두었다. 텔레마코스가 그 훌륭한 마차 위에 올라앉자, 네스토르의 아들이며 무사들의 우두머리인 페이시스트라토스가 그 옆에 앉아 고삐를 잡고 채찍을 휘둘러 말을 재촉하니, 말 두 필은 기다렸다는 듯이 들판으로 달려가 높이 솟은 필로스 성을 점점 뒤로 했다.

말들은 온종일 멍에를 양쪽에 떠멘 채 목을 숙이고 열심히 달려갔다. 그러다 날이 저물어 길에 어둠이 내려 어둑어둑할 무렵, 페라이에 있는 디오클레스의 저택에 이르렀다. 그는 강물의 신 알페이오스를 아버지로 둔 오르실로코스의 아들이다. 거기서 그들은 하룻밤을 지냈는데, 그 집 주인에게서 모두 정중한 대접을 받았다.

부드러운 새벽의 여신이 장밋빛 손가락을 펴며 동편에 나타날 무렵, 그들은 또 말들을 수레에 매고 화려하게 잘 꾸며진 마차에 몸을 실었다. 그리고 소리가 울리는 주랑을 지나고 문을 지나 몰아댔다. 채찍을 휘두르자 한 쌍의 말은 유쾌하게 달려갔다. 이윽고 밀이 여문 평야에 다다랐는데, 거기가 바로 그들 여행의 최종 목적지로, 기세 좋은 훌륭한 말들이 기운차게 달려왔던 것이다. 이제 날도 저물고 어둠은 더욱 깊어가 길도 보이지 않게 되었다.

제4권
스파르타 메넬라오스 성 이야기

　이윽고 그들은 라케다이몬의 수도인 스파르타에 이르러 국왕 메넬라오스가 사는 성을 방문한다. 메넬라오스는 그를 환대하고, 왕비 헬레네도 나와서 얼마 동안 회포를 푼다. 왕비는 텔레마코스로부터 그의 부친 오디세우스의 모습을 알아보고는, 그가 누구인지를 짐작한다. 다음 날 왕은 텔레마코스에게 자기가 표류하던 동안 아이깁토스에서 바다 귀신 프로테우스한테서 들은 오디세우스의 이야기를 한다. 오디세우스가 큰 바다 한 가운데에 있는 한 섬에서 님프 칼립소의 포로가 되어 날마다 눈물로 지낸다는 것이다. 텔레마코스는 왕으로부터 많은 선물을 받고 돌아가는 배에 오른다. 한편 이타카 섬에서는 구혼자들이 텔레마코스를 제거할 것을 의논한다.

　그들은 높낮이가 심한 땅 라케다이몬에 도착해서, 언덕 깊숙이 자리잡고 있는 명예로운 메넬라오스의 성으로 수레를 몰았다. 때마침 왕은 성에서 인품이 뛰어난 아들과 딸의 결혼을 축하하기 위해, 많은 친척들과 함께 잔치를 베풀고 있었는데, 그 자리에 그들이 다다랐던 것이다. 전쟁 용사 아킬레우스의 아들에게 딸을 시집보내려는 참이었는데, 오래 전 트로이에서 시집을 보내기로 약속하고 승낙도 했던 터였는데다, 신들도 그들을 위해 결혼시켜주려 했기 때문이다. 그래서 왕은 이때에 맞추어서 그 딸에게 말과 훌륭한 수레를 딸려서 아킬레우스 아들 통치 아래 있는 미르미돈의, 세상에 널리 알려진 도시로 이제 막 보내려는 참이었다. 아들은 또 스파르타에서 알렉토르의 딸을 데려오려 하고 있었는데, 이 아들은 늘그막에 태어난 힘이 센 메가펜테스로, 그의 어머니는 노예였다. 말하자면 헬레네에게는 맨 처음에 낳은 귀여운 헤르미오네 이후로는 신들이 자식을 내려주시지 않았기 때문이었다. 이 공주는 황금의 아프로디테를 매우 꼭 닮은 모습이었다.

높이 치솟은 이 큰 성에서 매우 즐거워하며 연회를 베풀고 있는 사람들은 명예로운 메넬라오스의 이웃과 친척들이었다. 그 무리들 사이에서 훌륭한 가수가 하프를 뜯으며 노래하고, 한편에는 곡예사 한 쌍이 악사의 노래에 맞춰 공중제비를 하며 손님들 사이에서 재주를 부렸다.

한편 두 여행자, 즉 텔레마코스와 네스토르의 훌륭한 아들은 그 성 문 앞에 그들의 수레를 세웠다. 그러자 곧 나와서 이들을 맞은 사람은 에테오네우스라는 명예로운 메넬라오스의 충실한 시종이었는데, 민중들의 어진 군주 메넬라오스에게 이 사실을 알리려고 곧바로 성을 지나 군주 메넬라오스 가까이 다가가 황급하게 소식을 전했다.

"누구신지 손님 두 분께서 이곳에 오셨습니다. 제우스 님의 혈통이신가 봅니다. 그러니 먼저 분부를 내리십시오. 그분들의 훌륭한 말에서 마구를 풀어 놓도록 할까요? 아니면 친절하게 그들을 맞이할 다른 분에게로 보낼까요?"

그러자 이 말에 크게 분노한 금발의 메넬라오스가 말했다.

"전에는 분별없는 바보가 아니었는데, 그대 보에토스의 아들인 에테오네우스여, 그렇던 그대가 이제는 도대체 어린아이 같이 바보스러운 말을 하는구나. 생각해 보라. 우리 둘만 하더라도, 줄곧 나그네로서 번번이 사람들의 신세를 진 끝에 고국에 돌아오지 않았느냐. 어쩌면 제우스 신이 앞으로는 이런 괴로운 역경을 겪지 않도록 해 주실지도 모른다고 기대하면서. 그러니 어서 손님들의 말에서 마구를 풀어 놓고 그분들은 곧장 이리로 모셔 들여 식사를 하시도록 하라."

이렇게 말하자, 시종은 바삐 달려나가 다른 충실한 부하들을 불러, 자기를 따라오도록 명령했다. 그리고 모두 멍에 밑에서 땀에 젖은 말들을 풀어 마구간에 매어 놓고, 보리알이 섞인 흰 밀을 먹이로 갖다 주었다. 수레는 문 옆 번쩍이는 벽 쪽으로 세워 놓은 다음, 손님들을 장엄한 성 안으로 안내했다.

텔레마코스와 그의 친구는 제우스가 보살피는 군주의 궁전을 지나가면서 눈에 보이는 모든 것에 놀랄 뿐이었다. 태양이나 달을 보듯 찬란하게 번쩍이는 빛이, 명예로운 메넬라오스의 높다란 전각 주랑에서 빛나고 있었기 때문이다. 그들은 그 휘황함에 도취되어 광택이 나는 목욕탕으로 안내되어 목욕을 했다. 시녀들이 그들을 목욕시킨 다음, 올리브 기름을 몸에 발라 주고 어깨에 털로 짠 망토와 겉옷을 걸쳐 주었다. 그러고 나서 아트레우스 아들 메넬라오스의 옆에 있는 윗자리에 그들을 안내했다.

한 시녀가 아름다운 황금 물 항아리에 물을 담아 와서 그들이 손을 씻도록 은대야에 부었다. 그 다음 그들 곁에 나무탁자를 가져다 놓자, 먹음직한 빵을 비롯해서 하녀가 온갖 맛있는 요리를 풍성하게 차려놓았다. 거기다 또 요리사가 갖가지 종류의 고기를 요리해서 내오자, 그들 곁에는 황금 술잔이 놓였다. 두 사람을 환대하며 금발의 메넬라오스가 말했다.

"어서 식사를 드십시오. 그리고 즐겁게 마음껏 이야기를 들어 보도록 합시다. 과연 두 분께서는 어떤 분들입니까? 보아하니 당신들은 왕의 후손인 듯한데, 틀림없이 제우스 신께서 보살피시는 왕홀을 지닌 군주님들 가문에 속하는 분들이시겠지요. 적어도 비천한 집안에서는 이 같은 분이 자손으로 태어날 리가 없으니까요."

이렇게 말하면서 잘 구워진 살찐 쇠고기 등심조각을 집어서 그들 앞에 놓았다. 그 살코기는 주인의 영예로서 그에게 분배된 것이었다. 그 다음 그들은 잘 요리해 식탁으로 날라 온 맛좋은 음식들을 차례차례로 집어 들었다. 마침내 유쾌하게 마시고 마음껏 먹고 나자, 바로 그때 텔레마코스가 네스토르의 아들에게 다른 사람들한테는 들리지 않도록 머리를 맞대다시피 하고 말했다.

"주의해서 보십시오, 네스토르의 자제님, 내 귀중한 친구여. 이렇게 소리가 울려 퍼지는 넓은 성에다 청동과 황금, 백금과 은, 그리고 상아로 된 물건들이 찬란하게 빛나는 것을 보십시오. 올림포스에 계시는 제우스 신의 궁전인들 이러하겠습니까? 이 모든 것들은 정말 나를 압도할 만큼 놀라운 감동에 사로잡히게 하는군요."

그가 이렇게 말하는 것을 금발의 메넬라오스가 듣고, 재빨리 두 사람의 말을 가로막아 말했다.

"사랑하는 젊으신 분들이여, 제우스 신과는 죽어야 할 인간 어느 누구도 감히 겨룰 수 없습니다. 신의 궁전이나 재물은 모두 영원히 썩지도, 사라지지도 않을 물건들이니까요. 하지만 인간들 중에서는, 어떻든 재물에 있어서 나와 경쟁할 만한 사람은 아무도 없거나 아니면 몇 안 되겠지요. 그럴 수밖에 없는 것이 더없이 많은 고난을 이기고 참으로 많은 나라들을 떠돌은 뒤에 배에 실어 가지고 온 것이니까요. 그것도 8년 만에야 가까스로 돌아왔는데, 키프로스 섬과 페니키아, 아이깁토스에까지 헤맨 끝이었지요. 그리고 아이티옵스 사람들 나라에도 갔었소. 또 시돈과 '소아시아'의 에렘비와 리비아에도 갔었소. 그곳에선 새끼양이 태어나면 곧 뿔이 돋는다고 하더군요. 양은 2년에 3번 새끼를 낳는다는데, 거기서는 영주부터 목동에 이르기까지 치즈와 고기, 또 맛좋은 양젖 등의 부족함을 모른답니다. 늘 손쉽게 양젖을 얻을 수 있으니까요.

내가 그토록 여러 나라들을 많은 재산을 모으려고 떠도는 동안에, 다른 사람이 내 형님을 소문도 없이 죽였소. 뜻하지 않게 저주스러운 여자의 간사한 꾀 때문에. 마침내 이와 같이 많은 재산의 주인이 되기는 했지만, 결코 그리 기쁠 것도 없답니다. 당신들도 아버님들에게서 아마 이런 이야기를 들으셨을 테지요. 그분들이 어떤 분이시든간에. 나도 무척 많은 고난을 겪었고, 제법 훌륭히 마련했던 집안의 재산을 잃었으니까요. 그중에는 많은 귀중품도 들어 있었지요.

정말이지 그런 집 재산의 3분의 1만이라도 손안에 가지고 내 저택에서 살 수 있었더라면 얼마나 좋았을까요. 그리고 그때 그 광막한 트로이에서 목숨을 잃은 사람들이 죽지 않고 살아 있다면 말이오. 말을 치는 아르고스로부터 멀리 떨어진 곳에서 죽어 버렸지요.

그 사람들을 슬퍼하면서 나는 집안에 앉아서 몇 번이고 한탄도 했었지요. 어떤 때는 눈물을 흘리며 마음을 달래고, 또 어떤 때는 눈물조차 마른 채 말이오. 그러나 뼈에 사무쳐 오는 그 가슴 아픈 비탄도 오래 이어질 수는 없지요. 하지만 그 모든 죽은 사람들에 대해 똑같이 가슴 아파하긴 하면서도, 이 한 사람한테 만큼 뼈저리게 슬퍼지는 사람은 또 없답니다. 그 사람을 생각할 때면, 밤잠도 식사도 모두 시들해지지요. 그럴 수밖에 없는 것이 아카이아 군사 중 어느 누구도 오디세우스만큼 나를 위해 고생하고 애써 준 사람은 없었으니까요.

그런데도 그 사람에게는 아직도 온갖 재난이 덮쳐 올 운명이었답니다. 그 운명은 나에게는 친구를 잃었다는 비탄을 가져다주었지요. 정말이지, 그는 얼마나 오랫동안 돌아오지 않는 것인지. 죽었는지 살았는지조차 도무지 알 길이 없다오. 아마도 그를 생각하면 노인인 라에르테스도, 생각 깊은 페넬로페도, 텔레마코스도, 모두 비탄과 애도에 잠겨 있겠지요. 뒤에 남겨 놓고 출정하던 그 무렵의 텔레마코스는 갓 태어난 아기였었소."

메넬라오스의 탄식은 아버지 생각으로 비탄에 잠긴 텔레마코스의 가슴에 격렬한 쓰라림을 치밀게 했다. 아버지 이야기를 듣는 그의 두 뺨에 흘러내린 눈물이 땅 위에 떨어졌다. 자줏빛 망토를 두 손으로 들어올려 눈앞에 가린 채였다. 그 모습을 바라보면서 메넬라오스는 한참 동안 망설였다. 젊은이가 아버지를 생각하게 내버려둘까, 아니면 캐물어 일의 자초지종을 알아볼까 마음속으로 심사숙고했다.

이렇게 메넬라오스가 이런저런 궁리를 하고 있을 즈음에, 지붕이 높다랗고 향기로운 냄새가 가득한 내전에서 황금 활과 화살을 가진 아르테미스 여신을 닮은 헬레네가 나타났다. 시녀 아드라스테가 그녀를 위해 솜씨 있게 만든 안락의자를 가져다 놓자, 알키페가 보드라운 양털 융단을 날라 왔다. 또 필로는 폴리보스의 부인 알칸드레가 선물로 보내 온 은으로 만든 반짇고리를 가져왔다. 알칸드레는 아이귑토스의 테바이에 사는 사람으로, 그의 집에는 세상에서 가장 훌륭한 재물이 가득히 쌓여 있다고 했다. 이 인물이 메넬라오스에게 은으로 만든 욕조를 두 개, 발이 셋 달린 솥 두 개, 10탈란톤의 황금 등을 보내 주었다. 그 밖에 헬레네에게도 그 부인이 매우 훌륭한 물건들을 선물로 주었다. 바로 황금 실패와 밑바닥에 바퀴가 달린 황금 테를 두른 은바구니였다. 그 바구니를 시녀 필로가 헬레네 옆에 가져다 놓았는데, 거기에는 매우 가느다란 털실이 잔뜩 들어 있었으며, 그 위에는 보라색 털실이 감긴 실패가 놓여 있었다. 헬레네가 안락의자에 걸터앉자, 그 발밑에 발판이 놓였다. 그러자 헬레네는 곧 남편을 바라보며 일이 이제까지 어찌 되어왔는지 알고자 했다.

"제우스 님이 보살피시는 메넬라오스여, 여기 와 계신, 이제 막 이 궁전에 닿은 이 두 분 손님이 도대체 누구이신가 알고나 계신지요? 제가 그냥 모른 척하고 있을까요, 아니면 제가 생각하는 바를 말씀드릴까요? 제 마음이 조급하답니다. 이렇게 말씀드리는 것은 용사에게서건 부녀에게서건, 모습이 이처럼 똑같이 닮은 분을 아직껏 만나 뵈온 적이 없기 때문입니다. 너무나 놀라서 이 젊은 분에게서 좀처럼 눈길을 돌릴 수 없을 정도입니다. 틀림없이 이분은 슬기로우며 지혜가 뛰어나신 군주 오디세우스의 아드님이신 텔레마코스님입니다. 이분이 태어나신 지 얼마 안 되어 성에 남겨 둔 채 떠나셨었지요. 그때가 바로 철면피 같은 저로 인해 아카이아 군사가 트로이 성에 대담한 공격을 시도해 밀어닥쳤던 바로 그 무렵의 일이었답니다."

그 말에 금발의 메넬라오스가 대답했다.

"나도 지금 그렇게 생각하고 있었소, 부인. 그대가 가리켜서 말한 것처럼 과연 그분하고 똑같으니 말이오. 두 다리의 생김새라든가 손이라든가 눈매, 그리고 그의 이마와 덮고 있는 머리카락까지도. 게다가 방금 내가 오디세우스에 대해 추억담을 말했는데 말이오. 그분이 얼마나 나 때문에 어려움에 처해 가면서 애써 주었는가를. 그러자 이분이 자줏빛 망토로 두 눈을 가리면서 눈물을 흘리시는구려."

그 말에 네스토르의 아들 페이시스트라토스가 말했다.

"아트레우스의 아드님이시며 제우스 신께서 보살피시는 무사들의 우두머리이신 메넬라오스여, 말씀하신 대로 과연 이분은 그분 아드님이십니다. 그러나 매우 겸손한 분이라서, 보시는 바와 같이 뵙자마자 곧바로 당신 앞에서 자신에 대해 이러쿵저러쿵 이야기를 늘어놓는 것을 예의에 벗어난 짓이라고 생각하십니다. 우리는 당신 말씀을 마치 신께서 말씀하시는 거나 다름없이 고맙게 생각하고 있습니다. 저는 당신을 만나 뵐 일을 걱정하시는 이분을 위해, 게렌의 기사 네스토르께서 함께 가서 안내해드리도록 보내신 사람입니다. 부디 이분을 말씀으로나 행동으로나 잘 보살펴 주시길 바랍니다. 다시 말해서 아버지가 집을 떠나고 안 계신 경우, 그 아들로서는 여러 가지로 집 안에 고민이 많더라도, 아무도 힘을 합쳐 도와 줄 사람이 없는 경우가 있으니까요. 마찬가지로 지금 텔레마코스도, 아버지께서 나가신 채 돌아오시질 않으며, 그런데다 이타카 사람들조차 그를 위해 재난을 막아 줄 사람이 없는 형편입니다."

그 말에 금발의 메넬라오스가 말했다.

"허어, 이거 참. 그렇다면 나와 가장 가까운 분의 아드님이 우리 집엘 오셨군 그래. 나를 위해 그 영웅적 과업을 해내셨던 분 말이오. 무엇보다도 그분이 계신다면, 아르고스의 다른 누구보다도 특별히 소중하게 대접해 드리려고 늘 마음먹고 있었던 참이라오. 올림포스에 계시며 한층 멀리 천둥을 울리시는 제우스 신께서, 우리가 빠른 배를 이끌고 바다를 건너 귀국하는 것을 그에게도 허락하셨다면 말이오. 그러면 이타카 섬에서 모든 집안의 재산과 아드님과 부하들까지 모두 데려다가 이 아르고스에서 사시도록 하고, 성도 지어 드렸으련만. 내가 군주로서 다스리고 있는 이 주위의 마을 가운데 그 하나를 내드려서 말이오. 그렇게 된다면 가끔 이곳에 오셔서 함께 지낼 수도 있었을 것이오. 그리고 우리 두 사람이 서로 가깝게 즐기는 것을 아무도 떼어놓지는 못했을 터인데. 마지막에 죽음이라는 검은 어둠이 우리를 덮어 누를 때까지 말이오. 그러나 시기심 많은 신이 그렇게 생각하지 않아서 끝내 신의 뜻은 그분만을 불운하게도 돌아오지 못하게 하셨다오."

이렇게 말하자 그 자리에 있는 모든 사람들은 슬퍼서 목이 메는 듯했다. 제우스 신의 딸인 아르고스의 헬레네도 눈물을 흘리고, 텔레마코스도, 아트레우스의 아들 메넬라오스도 눈물에 젖었다. 네스토르의 아들 또한 눈물을 흘리지 않고는 견딜 수 없었으니, 그도 마음속에 인품이 뛰어난 형님 안틸로코스가 떠올랐기 때문이었다. 그 사람은 찬란한 새벽의 여신의 훌륭한 아들 멤논에게 죽임을 당했다. 그 일을 생각하며 페이시스트라토스는 메넬라오스에게 말했다.

"군주 메넬라오스 님, 제 늙으신 아버님 네스토르는 늘 당신을 세상 사람들 가운데서 가장 지혜로우신 분이라고 말씀하셨습니다. 당신이 우리들 화제에 오를 때면 언제나 말씀입니다. 그런즉 비탄의 마음을 좀 참으시고, 제 말씀을 들어주십시오. 이렇게 말씀드리는 것은 제가 만찬 뒤에 줄곧 비탄에 빠져 있기를 바라지는 않기 때문입니다. 그러기엔 새벽의 여신이 너무 일찍 찾아올 테니까요. 이미 죽어 버린 이나 그런 운명에 놓인 이를 위해 눈물 흘려주는 것에 인색하다고는 생각하지 않습니다.

머리를 잘라 영전에 바치고 양볼에 눈물 흘린다는 일은 불쌍한 사람에 대해 보상이기도 하며, 위로도 될 수 있지요. 제 형님도 그즈음에 전사하셨습니다만, 그렇다고 아르고스 군사 중 결코 뒤떨어지신 분은 아니었지요. 아마 당신도 아실 것입니다. 비록 나는 만나거나 본 적도 없습니다만, 사람들 소문에 따르면 안틸로코스는 뛰어난 용사로서 특히 달리는 데 있어 남보다 훨씬 앞서고, 전사로서도 훌륭한 사람이라는 이야기였지요."

그 말에 금발의 메넬라오스가 대답했다.

"오, 친애하는 분이시여, 참으로 그대 말씀은 모두가 분별 있는 무사의 언행이니, 마치 노련한 무사의 언행과도 같구려. 그럴 만도 한 것이, 그만큼 훌륭하신 아버님 아들이니 그같이 분별 있는 말씀을 할 만하지요. 출생에 행운을 지녔고, 결혼 생활에 행복했던 네스토르같이, 크로노스 아드님께서 처음부터 끝까지 행운을 내려 주시는 인물의 자손이란 참으로 훌륭한 혈통은 숨길 수가 없는 것이로군요. 지금도 그와 같이 훌륭한 창의 명수로서의 정신과 그 슬기로운 꾀를 갖추고 계신 네스토르 님은 유복하게 성에서 노후를 맞이하시고, 또 아들들은 훌륭한 무사로서의 기질을 갖추게 되도록 신께서 보살피고 계신 때문이지요. 자, 그러니 우리도 이제는 그만 비탄에서 벗어나도록 합시다. 그리고 한 번 더 저녁 식사를 하도록 마음을 돌립시다. 손을 다시 씻고 말이오. 의논할 일은 새벽녘부터 하는 게 좋겠소. 텔레마코스와 내가 둘이서 남김없이 충분히 이야기할 수 있도록 합시다.”

이렇게 말하자 아스팔리온이 그들의 손에 다시 물을 부었다. 그는 영예도 높은 메넬라오스의 충성스런 시종이었다. 그리하여 모두 이미 차려진 훌륭한 식사를 다시 유쾌하게 즐겼다.

이럴 즈음 이번에는 제우스 신의 딸인 헬레네가 또 다른 묘안을 생각해 냈다. 그녀는 재빨리 모두가 마시고 있는 포도주 병에 고뇌를 잊게 하고 분노를 지워 버리는 약을 넣었다. 제우스 신의 딸인 헬레네가 갖고 있는 이 약은 모든 재앙을 잊게 하는 약으로, 이것이 섞인 술을 마신 사람은 누구나 그날 아버지 어머니가 세상을 떠난다 하더라도, 또는 그 눈앞에서 형제나 사랑하는 자식이 청동 칼로 목이 잘리는 것을 생생하게 본다 하더라도, 두 볼에서 눈물을 떨어지지 않는다는 약이다. 그토록 놀라운 효험을 지닌 이 약은 아이귑토스 왕후이며 톤의 부인인 폴리다나가 준 것이었다. 그 나라의 땅은 매우 기름져, 많은 독성을 지닌 식물들도 자랐으나 효험이 좋은 약초가 많이 났다. 그래서 아이귑토스인들은 후세에 의학에 대한 지식을 남겨 놓았다. 그들은 사실 의술의 신 파이에온의 자손들이었기 때문이다. 헬레네는 약을 탄 술을 그들에게 가득 따르도록 분부하고는 다시 한 번 사람들을 돌아보며 말했다.

“아트레우스의 아드님인 메넬라오스여, 제우스가 보살피시는 당신과 또 여기 계신 훌륭한 군주님들의 자제분들에게 말씀드립니다. 이제는 고통스러운 아픔은 잊어버리고, 즐거운 시간을 가지시는 게 좋겠습니다. 물론 제우스께서는 당신의 권능으로 하실 수 있겠지만. 그러니 우리도 이곳에서 저녁 만찬을 즐기며, 즐거운 이야기로 마음을 위로하는 것이 좋겠습니다. 제가 이 자리에 알맞은 이야기를 해드릴 테니까요.

그렇지만 저로서도 그 일을 남김없이 모두 이야기해 드릴 수는 없습니다. 물론 그 공적을 이루 다 이야기하기란 제 힘에 겨운 일이지요. 그 배짱 두둑한 오디세우스가 세운 헤아릴 수도 없이 많은 그 과감한 공적에 대해서 말입니다. 그러나 참으로 이것만은 놀라운 업적이었어요. 아카이아 군사들이 죽을힘을 다해 싸우고 있을 때, 그 대담한 용사는 트로이 한가운데를 뚫고 들어오셨답니다.

오디세우스는 차마 볼 수 없는 상처를 스스로 자기 몸에 입히고서, 다 떨어진 누더기를 어깨에 걸쳐 메고, 마치 노예 같은 모습으로 트로이 시 한복판으로 몰래 숨어들었던 것입니다. 다시 말해서 자기 신분을 숨기고, 다른 사람인 비렁뱅이로 변장을 했었지요. 물론 아카이아 군사의 선단에 계실 때는 결코 그런 모습이 아니었어요. 그런데 이런 비렁뱅이 모습으로 트로이 사람들의 도시로 몰래 들어가신 것을, 그들은 아무도 눈치채지 못했답니다. 하지만 저만은 그 사람이 누구인가를 알아차렸기 때문에 어찌된 일인지 직접 알아보려 했었지만, 그분은 지혜롭게도 저를 피하여 만나지 않도록 하셨습니다.

그런데 끝내 제가 그분을 씻겨 드리게 되어 올리브 기름을 몸에 바르고 옷을 어깨에 걸쳐 드릴 즈음, 엄숙하게 맹세해 드렸지요. 절대로 오디세우스의 이름을, 적어도 그분이 빠른 배가 있는 진지에 이르기까지는 트로이 사람들에게 이야기하지 않겠다고요. 그분은 제게 아카이아군의 계획을 모조리 들려 주셨어요. 그 뒤 그분은 트로이 군사 여럿을 길고 날카로운 청동 칼로 죽여 없애고, 갖가지 정보를 잔뜩 가지고 돌아가셨습니다. 그래서 트로이의 다른 여자들은 탄식하며 크게 울부짖었지만, 저는 마음속으로 기쁘게 생각했었지요. 왜냐하면 이미 그때는 고향으로 돌아갈 생각을 하고 있었기 때문이었어요. 그리고 재앙을 가져온 내 어리석음을 깊이 뉘우치고 있었을 때였지요. 그것은 아프로디테가 저를 그리운 고국 땅에서 그곳으로 끌어갔을 때 이미 느낀 심정이었어요. 자기 딸을 버려두고, 궁전과 그 마음씨와 용모에 나무랄 점이 조금도 없었던 남편마저 버리게 한 미망을 한탄했었지요."

그 말에 금발의 메넬라오스가 대답했다.

"부인이여, 과연 그대 말은 하나하나 모두 조리에 맞는 말이오. 여태까지도 나는 무척 많은 영웅들의 분별력과 생각하는 것을 듣고 배워 왔지만, 아직껏 불굴의 오디세우스 님 같은 분은 나도 아직 이 두 눈으로 본 적이 없소. 이를테면 이런 계획도 저 용맹스러운 무사가 대담하게 계획하셨던 것이오. 반짝이는 목마에 아르고스 군사 중에서도 용감한 무사들을 골라 숨게 하여, 트로이 사람들에게 살육과 죽음의 운명을 갖다 주었단 말이오. 그때 그대도 그곳에 나왔었지. 분명 트로이 편에 영예를 주려고 생각하신 어느 신께서 그대를 나오도록 하셨을 거요. 아니 그뿐인가, 트로이 편 지휘자인 데이포보스 영주도 그대를 따라왔었지.

그리하여 그대는 세 번이나 목마 주위에 멈추어 서서, 모두가 숨어 있는 목마를 쓰다듬으며, 다나오스 편 대장들의 이름을 하나하나 조용히 불렀었지. 때마침 나와 티데우스의 아들 디오메데스와 그 존엄한 오디세우스는 한가운데 앉아 있어서 그대가 저마다의 이름을 불렀을 때 그 소리를 들었소. 그래서 우리 둘은 곧 일어나서 모두 밖으로 나갈까, 아니면 안에서 대답 대신 신호를 할까 서둘렀지. 그런데 오디세우스는 우리 둘이 나가고 싶어 하는 것을 말리면서 끌어 앉혔던 거요. 이때 또 다른 아카이아인 무사들은 모두 잠자코 있었는데, 안티클로스만이 그대에게 대답하려고 했소. 하지만 오디세우스가 손으로 그의 입을 사정없이 틀어 막아버려, 마침내 아카이아 편 사람들을 무사히 지켜 냈던 것이오. 참으로 팔라스 아테나가 그대를 저쪽으로 데려갈 때까지 줄곧 입을 막고 있었다오."

그 말에 지혜로운 텔레마코스가 대답했다.

"아트레우스의 아드님이시고 병사들의 우두머리이시며 제우스가 보살피시는 메넬라오스여, 그것이 한결 더 유감스러운 일입니다. 그런 일조차 제 아버지를 무참한 재앙으로부터 보호해줄 수는 없었으니까요. 그러한 용사도 자신을 지키는 데는 실패하고 말았습니다. 아무튼 그럼, 우리를 잠자리에 들도록 해 주십시오. 이젠 편안한 잠자리에서 쉬고 싶습니다."

아르고스 태생인 헬레네는 시녀들에게 분부하여 주랑에 침대를 놓고 거기에 아름다운 자주색 모포를 깐 다음, 다시 시트를 깔고서 또 몇 장의 두터운 담요들을 그 위에 더 놓도록 했다. 그리하여 시녀들이 횃불을 들고 방에서 나가 침대 준비를 했고, 시종이 손님들을 주랑으로 이끌어 갔다. 텔레마코스와 네스토르의 훌륭한 아들은 궁전의 정원 쪽 주랑에서 그대로 잠이 들었다. 한편 메넬라오스는 여인들 중에서도 가장 아름다운 긴 옷을 입은 헬레네와 함께 궁전 내전에서 잠자리에 들었다.

장밋빛 손가락을 펴며 새벽의 여신이 동편에 나타날 즈음, 무용이 뛰어난 메넬라오스는 잠자리에서 일어나 옷을 걸치고 날카로운 검을 어깨에 메고는 잘 생긴 그의 발에 훌륭한 샌들을 신었다. 내전에서 나서는 그 훌륭한 모습은 신과도 같았다. 그는 곧장 텔레마코스에게로 다가가 그 곁에 앉으며 물었다.

"텔레마코스 님, 도대체 무슨 용무가 있어 이곳에 오셨소. 이 거룩한 라케다이몬으로 넓은 바다를 건너서. 나랏일로 오셨는지, 개인적 일로 오셨는지, 부디 내게 사실을 들려주시구려."

그 말에 지혜로운 텔레마코스가 대답했다.

"아트레우스의 아드님이시며 제우스께서 보살피시는 군주 메넬라오스여, 제가 이곳에 찾아온 것은 혹시나 당신께서 제 아버지에 대한 소식이라도 들려주실까 해서입니다. 지금 제 집과 가정은 차츰 파멸되어 가고, 넉넉했던 재산마저 파산 직전에 있습니다. 집에는 악의를 품은 파렴치한 인간들이 잔뜩 몰려들어, 제 집 양 떼와 살찌고 훌륭한 소들을 날마다 잡아먹고 있습니다. 그들이 바로 제 어머니께 구혼하고 있는 오만무례한 자들입니다. 그러므로 지금 당신께 간절히 청하여, 혹시나 부친의 불운한 마지막 소식을 들을 수 있지나 않을까 해서 부탁드리는 것입니다. 혹 어쩌면 당신의 눈으로 보셨는지, 아니면 다른 나라를 떠도시는 분에게서 그런 이야기를 들어 알고 계시지나 않나 하고요. 참으로, 제 아버지는 남달리 비참한 운명을 타고 태어나셨습니다. 제발 제게 염려스럽다거나 동정하려는 생각에서 이야기를 좋게만 하지 마시고, 듣고 보신 그대로의 광경을 말씀해 주십시오. 제발 부탁드립니다. 만약에 조금이라도 제 아버지인 용감한 오디세우스가, 그 역경의 트로이 전투 속에서 말 또는 행동으로 당신을 위해 약속하고 또 이루신 것이 있다면, 그 일을 지금 떠올려주시고 제게 당신이 알고 계신 모두를 말씀해 주십시오."

그 말에 분노로 흥분한 금발의 메넬라오스가 말했다.

"괘씸한 것들 같으니! 참으로 용감무쌍한 대장부의 잠자리에, 그 겁쟁이 놈들이 기어 들어가려 하다니! 마치 사나운 사자의 잠자리에 어미사슴이 갓 난 젖먹이 아기사슴들을 재워 놓은 채, 산등성이며 풀이 무성한 계곡 사이로 풀을 뜯으러 나간 것과 같구나. 사자가 자기 잠자리로 돌아와 그들을 한꺼번에 참혹하게 죽여버리듯, 오디세우스도 그 악당들을 무참한 죽음으로 몰아넣을 것이다.

한 번은 훌륭한 레스보스 섬에서 레슬링 경기를 할 때, 그가 필로멜레이데스와 맞서서 무서운 힘으로 그를 내동댕이쳐 아카이아 친구들을 크게 기쁘게 해 주었던 적이 있었지. 바라건대 아버지 제우스 신과 아테나 신, 그리고 아폴론 신께서 그때와 다름없는 용맹으로 오디세우스가 구혼자들과 맞서게 해 주시기를 빕니다. 그렇게만 된다면 한 놈도 남김없이 바로 그 자리에서 죽음을 맞이하여 구혼의 쓴 맛을 맛보게 될 것이오. 그런데 그대가 물으시는 용건과 부탁하시는 일, 거기에 대해서 나는 조금이라도 진실에 어긋나는 말을 하여 얼버무리거나 속일 생각은 전혀 없다오. 저 바다의 노인이 이야기해주던 확실한 일, 그 일을 조금이라도 덮어 버리거나 숨기지 않고 그대로 전해 드리겠소.

여러 신들은 이곳으로 돌아오고 싶다는 나를 아이귑토스에 좀더 붙들어 두셨었소. 그것은 내가 신들께 그럴 듯한 큰 제물을 바치지 않았기 때문이었지요. 신들은 사람들이 늘 그 지시하시는 것을 잊어버리지 않기를 바라고 계시니까요. 그건 그렇고 나일강 하구 쪽으로, 큰 파도가 늘 일고 있는 바다에 섬이 하나 있소. 파로스라고 불리는 섬으로, 육지에서는 장비를 잘 갖춘 배로 꼬박 하루 걸려 닿을 만큼 떨어져 있지요. 그것도 포효하는 바람이 고물에 불어 닥칠 때에 말이오. 그 섬에는 배를 대기에 알맞은 포구가 있어, 그 포구에서 균형 잡힌 배에 물을 길어 올려 싣고는 바다로 나가는 습관이 있었는데, 신들께선 바로 그 섬에 나를 스무 날 동안이나 묵게 하셨다오. 그것은 아득히 넓은 바다로 배를 떠나보낼 순풍이 도무지 나타나지 않았기 때문이었지요. 만약 신들 중의 한 분이 나를 가련히 여기시어 인정을 베풀어 주시지 않았던들, 아마 식량도 모두 없어지고 사람들도 결국 지쳐 버렸을 것이오. 그 신이야말로 바다 노인이라고 하는 저 기세 당당한 프로테우스의 딸인 에이도테아인데, 마침내 이 님프의 마음을 내가 움직이게 했던 것이오. 동료들로부터 혼자 멀리 떨어져 있을 때 그 편에서 먼저 나를 찾아 주었소. 그럴 수밖에, 매일같이 우리는 섬 주변을 헤매어 돌아다니며 휜 낚싯바늘로 고기를 낚아서 굶주린 배를 채우고 있었으니 말이오. 그 여신은 내 곁에 다가와 말했지요.

'어째서 그렇게 어리석은가요. 혹시나 바보는 아닌지? 아니면 일부러 내버려 두고 고생을 사서 하려는가 보군요. 전우들의 마음이 풀어지고 있는데도 이토록 오래 이 섬에 갇혀 있으면서 도대체 뚫고 나갈 방도조차 찾질 못하다니.'

이런 말을 하기에 나도 그 말에 대답해 주었지요. '그렇다면 저도 한 마디 하겠습니다. 비록 당신이 어떤 여신이신지 모르나, 저도 결코 좋아서 매여 사는 게 아닙니다. 그러나 아무래도 저는 크고 넓은 하늘을 다스리시는 신들의 노여움을 산 모양입니다. 그렇다 하더라도 제발 가르쳐 주십시오. 신들은 무엇이나 다 알고 계실 테니까요. 신들 가운데 어느 분이 방해하셔서 우리 항로를 가로막고 계시는 겁니까. 귀국의 길을, 물고기들 노니는 바닷길로 건너가려는 것을 왜 막으시려 하신답니까?'

이렇게 내가 말하자 여신들 중에서도 특히 거룩한 그분이 곧 대답하기를 '그렇다면 내 그대에게 그대가 알고 싶은 모든 것을 뚜렷이 들려주기로 하지요. 이 섬에는 불사의 예언자, 바다 노인이 자주 나타난다오. 아이귑토스의 프로테우스라고 하는, 포세이돈의 부하로서 온 바다의 깊이를 알고 계시는 분인데, 바로 내 아버지이시며, 또 나를 낳으셨다고 하오. 만약 어떻게 해서든지 당신이 기다렸다가 붙들 수만 있다면, 갈 길이며 거기까지의 거리며 귀국에 대해서, 그리고 어떻게 하면 물고기 떼가 많이 지나는 바닷길을 건너갈 수 있는지 일러주실 것이오. 또 만일 희망하신다면, 제우스 신께서 보살피시는 분이시여, 그대에게 무엇이든지 모두 들려주실 거요. 나쁜 일이건, 좋은 일이건, 길고도 괴로운 여행길로 당신이 떠나신 뒤에 당신 집에서 일어난 모든 일들을 말입니다.'

이렇게 말씀하셨으므로, 나도 그 말에 여신에게 말했다오. '그럼, 제발 당신께서 어떻게 하면 그 노인 신을 만날 수 있는지 가르쳐 주십시오. 자칫하면 저편에서 먼저 저를 발견하고 알아차려 피하실지도 모르니까요. 신을 즐겁게 해드린다는 것은 인간들로서는 정말 쉬운 일이 아니니까요.'

이렇게 내가 말하자, 여신 중에서도 특히 거룩한 그분은 다시 친절하게 대답해 말하셨소. '그런 일이라면 자세히 설명을 해 드리지요. 태양이 한가운데에 높이 떠올랐을 무렵, 정확히 그때 바다 속에서 예언자인 바다 노인이 나오실 거요. 길바람의 숨결을 따라 거무스레한 잔물결의 물보라를 몸에 감고서 말이오. 그렇게 나오자마자 속이 텅 빈 동굴 밑바닥의 잠자리를 찾지요. 그 주위에는 바다표범들과 아름다운 바다의 딸들이 수없이 떼 지어 잠을 자는데, 잿빛 물거품에서 올라올 때 내쉬는 숨결은 아주 지독한 것으로, 몹시 깊은 바다 속 냄새가 난답니다.

새벽이 오면 그곳으로 내가 당신을 데리고 가서, 당신들 저마다가 있을 곳을 찾도록 하지요. 당신 편에서는 널빤지로 만든 좋은 배가 있는 곳에 가서 가장 힘이 센 사람을 셋만 골라서 데리고 오시오. 여하튼 그 바다 노인의 괴상한 행위를 모두 이야기한다면, 첫째로 바다표범의 수를 셈하면서 한 바퀴 도는 일이겠지요. 그리하여 모두 완전히 세어 보아 확인하고는, 이번에는 마치 양 떼를 지키는 양치기처럼 그 한가운데 드러눕는다오. 바로 이때입니다. 재빨리 여럿이 달려들어 온 힘을 다해 그 바다 노인을 꽉 붙잡으세요. 아무리 달아나려고 발버둥치더라도 놓치면 안 됩니다. 그야말로 각양각색으로 모습을 바꾸어 가며 도망치려고 할 테니까요. 이 땅 위에 살고 있는 모든 생물, 그 밖에 물 또는 무섭게 타오르는 불이 되려고 하실 겁니다. 하지만 당신들은 자연스럽게 버티면서 한결 더 힘을 죄어 붙잡으며 결코 놓쳐서는 안 되오. 그러나 끝내 저편에서 말을 걸어와 당신께 묻는다면, 처음에 보았던 그때의 모습으로 돌아간 뒤에 말이오. 그렇게 되거든 붙잡고 있던 바다 노인을 놓아 준 다음에 신들 가운데 어느 분이 당신을 괴롭히는지, 또 귀국길에 대해서도 어찌 해야 물고기 떼가 다니는 바닷길로 건너갈 수 있는지를 물어 보시오.'

그녀는 이렇게 말하고는 파도치는 바다 속으로 들어가 버렸소. 그래서 나는 백사장에 끌어올려 놓은 배가 있는 곳으로 갔지만, 가는 길에도 마음속은 온갖 생각으로 얽혀 있었다오. 그래서 이윽고 배가 놓인 바닷가에 이르러 여러 사람들과 함께 저녁 식사 준비를 시작했지요. 그러는 동안에 향기로운 밤이 되었소. 그때 우리는 넓고 큰 바다의 파도가 밀리는 백사장에 누운 채 잠이 들었소. 그리하여 아침 일찍 장밋빛 손가락의 새벽의 여신이 나타날 무렵에 일어나, 드디어 끝없는 바다의 해안으로 나아가 신들에게 끊임없이 기도를 올렸지요. 그러고는 부하 셋을 데리고 갔어요. 어떤 일에서나 내가 가장 믿고 맡기는 이들을 말입니다.

그때 바로 그 님프가 큰 바다의 넓은 품속으로 들어가, 네 마리의 바다표범 가죽을 바다 속에서 갖다 주었지요. 모두 금방 벗겨 낸 것으로, 그의 아버지 프로테우스를 속이기 위해서였지요. 즉 그녀는 해변의 모래를 파헤쳐 사람이 들어갈 수 있을 만한 구덩이를 만들고, 그 속에 들어앉아 우리를 기다렸던 거요. 바로 그 님프 옆으로 우리가 가까이 다가가자, 구덩이 속에 차례차례 우리를 눕힌 뒤, 그 위에 바다표범 가죽을 덮어 주었지요. 그때의 그 기다림이란 참으로 견디기 어려운 일이었소. 그도 그럴 것이, 바다 속에 서식하는 바다표범의 지독하고 구역질나는 악취가 우리를 괴롭혔던 것이오. 정말이지 그 어느 누구도 바다 속 괴물 곁에 눕고 싶어 할 사람은 없을 테니까요. 그러나 님프가 친절하게도 그것을 미리 막는 데 제법 잘 듣는 간편하고 손쉬운 방법을 가르쳐 주었소. 우리들 코 밑에 향기로운 냄새를 가져다 대주었던 것이오. 그것이 풍기는 향기로움 때문에 바다 짐승의 역겨운 냄새도 곧 사라지고, 그래서 우리는 참을성 있게 마음을 죄면서 아침 내내 기다렸던 것이지요.

그러는 동안에 바다표범들이 바다 속에서 한데 얽혀 가며 꾸역꾸역 올라와, 즐비하게 해안 근처에 드러누웠습니다. 한낮쯤 되어서는 늙은 신도 바다에서 올라와 제법 훌륭하게 자란 바다표범들을 보자, 모두를 검사하면서 그 수를 세었는데, 먼저 우리를 바다 짐승의 선두로 세기 시작했지요. 짓궂은 음모가 있으리라곤 조금도 생각지 못했으므로, 그는 수를 다 헤아리고 나서는 누워서 잠이 들었습니다.

그때 우리는 요란하게 소리치며 몰려갔지요. 그리고 그에게 달려들어 그 등을 우리 팔뚝으로 내리쳤다오. 바다 노인도 변신술을 쓰는 짓을 결코 잊지 않았다오. 그래서 처음엔 훌륭한 수염을 기른 사자로 변하더니, 다음에는 큰 뱀이 됐다가 표범이 되었다가 커다란 멧돼지가 되기도 했답니다. 또는 흘러가는 물이나 높이 치솟은 나무로까지 되려고 했습니다만, 우리는 조금도 굽히지 않고 참을성 있게 매달려 있었지요. 그래서 끝내 그의 마술력도 지치자 늙은 신도 마침내는 굴복했는데, 그때 비로소 말을 붙이며 물어보더군요.

'아트레우스의 아들이여, 도대체 신들 중에서 누가 그대를 도와 이런 공작을 꾸미게 했는가. 싫어하는 나를 잠복해서까지 붙잡으라고 말이야.'

이렇게 말씀하기에 나도 그 말에 대답했지요. '바다 노인이시여, 왜 그런 일을 얼버무릴 작정으로 물어보십니까. 정말 너무나 오래도록 이 섬에 붙들려 있다는 것을 다 아시면서. 또 이 일이 언제 끝날지 그 시기조차 알 수 없기에 제 마음은 어지러울 뿐입니다. 그러니 신들께서는 모든 일을 다 알고 계실 테니 제발 일러 주십시오. 불사의 신들 가운데 도대체 어떤 분이 방해해서 제 귀국 항로를 막고 계신지요. 그리고 귀국길만 하더라도, 어떻게 해야 물고기가 많이 다니는 바닷길로 건너갈 수 있는지요.' 이렇게 말하자 곧 바다 노인은 대답했지요. '하지만 그대는 배에 오르기 전에 제우스나 그 외 여러 신들께 반드시 훌륭한 제물을 바치고 떠났어야 했소. 한시라도 빨리 그대의 고국으로, 포도줏빛 바다를 건너 귀국하기 위해서 말이오. 왜냐하면 그대의 타고난 운명으로서는 그러지 않으면 결코 고국 땅을 밟는 일도, 가족을 만나는 것도 허락되지 못할 것이니까. 아이귑토스 하늘에서 내려받은 강물을 다시 한 번 찾아가, 넓고 높은 하늘을 지배하시는 불사의 신들께 큰 재물을 바치기 전에는 말이오. 그런 다음에라야 겨우 신들께선 그대가 그토록 갈망하는 여행을 허락해주실 것이오.'

이렇게 말씀하시기에 나로서는 고국에 대한 그리움으로 가슴속이 미어질 듯했다오. 또다시 안개 낀 바다를, 아이귑토스까지의 길고도 먼 괴로운 여행을 거듭하라는 명령이었으니까요. 하지만 어떻든 그에게 대답하기를 '바다 노인이시여, 물론 분부대로 하겠습니다. 그러나 이 한 가지 일만은 알려 주셔야 하겠습니다. 그리고 솔직히 사실대로 모든 이야기를 해 주십시오. 아카이아 군사들이 남김없이 무사하게, 재앙도 만나지 않고 배를 이끌고 귀국했는지요. 네스토르와 제가 트로이를 출발했을 무렵, 뒤에 남겨 둔 사람들은 모두 어떻게 되었나요? 아니면 누군가 자기 배 위에서나 동료들의 팔에 안겨, 뜻하지 않은 슬픈 죽음을 만난 이라도 있습니까? 비록 전쟁은 이미 끝났지만 말입니다.'

이렇게 내가 말하자 바다 노인은 곧바로 대답했소. '아트레우스의 아들이여, 무엇 때문에 그런 일들을 자꾸만 나에게 물어보는가. 그대가 그걸 알아야 되며, 내 생각을 알아야 할 필요는 그다지 없을 것 같은데. 게다가 만일 자세하게 듣고 모든 사정을 알게 된다면, 그대로서도 정말 오랫동안 눈물을 흘리지 않을 수 없게 될 것이오. 왜냐하면 그들 중 많은 사람이 생명을 잃었으니까. 물론 살아남은 사람도 많기는 하지만. 그러나 청동 갑옷을 입은 아카이아 군사의 대장 중에서는 단 두 사람만 귀국 도중에 생명을 잃었소. 싸움터에서는 그대도 함께 있었으니, 누가 죽었는지 잘 알고 있을 테지. 또 한 사람은 어떻게 겨우 목숨은 부지했지만, 넓고 깊은 바다에 붙잡혀 있는 중이오. 아무튼 아이아스는 기다란 노를 가진 함선들과 함께 파멸되어 사라졌지. 처음에 포세이돈이 귀라이의 커다란 암초에 부딪치게 했으나, 바다에서는 구출되었다오. 그래서 대부분 죽음의 운명을 모면할 수 있었을 게요. 아테나 여신의 미움을 사고 있었지만, 만약 지독한 착각을 하고 건방지게 큰소리만 치지 않았다면 말이오.

그 큰소리란 신들의 허락 없이도 자기는 큰 바다의 넓은 바닷길을 빠져 나왔노라는 것이었지. 이렇게 소리쳐 말하는 것을 포세이돈이 들으셨던 것이오. 그리고 곧 그 힘찬 손에 삼지창을 움켜쥐고, 귀라이의 바위를 내리쳐서 그것을 두 개로 갈라 놓으셨지요. 그 바위의 한쪽은 거기 남아 있었지만, 그 부서져 나간 다른 한쪽은 바다 속에 잠겨 버렸던 것이오. 바로 전에 아이아스가 그 자리에 앉아 지독한 폭언을 했던 쪽의 바위였지. 그래서 그를 용솟음치는 파도가 끝없는 바다 밑으로 삼켜 버렸던 것이오. 이렇게 해서 그는 찝찔한 바닷물을 잔뜩 들이키고서 여기서 세상을 떠나게 되었소.

그런데 그대의 형은 그 훌륭한 배를 타고 있는 동안은 죽음의 운명을 가까스로 모면하고 피할 수 있었지. 헤라 여신이 보호하셨던 것이오. 그런데 이윽고 이제 막 말레아의 험한 곳에 닿으려는 바로 그 순간, 거친 바람이 그를 사로잡고서 으르렁대는 바다로부터 물고기가 잘 다니는 바닷길로 데려갔던 것이오. 그런데 거기서도 무사히 귀국하려 할 때, 또다시 신들은 순풍의 방향을 바꾸어 옛날 티에스테스가 성을 가지고 있었던 변경 쪽에 배를 닿게 하셨지. 그곳에는 그 무렵 티에스테스의 아들 아이기스토스가 살고 있었소. 아가멤논은 행복에 벅찬 가슴으로 고국 땅에 발을 딛자, 너무도 좋아서 고국 땅을 둘러보고 또 보고하며 땅에 손을 대고 입을 맞추었지. 기쁜 듯 넓은 땅을 둘러보는 그의 눈에서는 뜨거운 눈물이 비오듯 했었소. 그런 그의 모습을 망루가 있는 언덕 위에서 파수를 보던 자가 발견했소. 이 사나이는 교활한 재주와 꾀에 넘친, 아이기스토스가 고용한 파수병으로서 4만금(2탈란톤)의 급료를 줄 약속을 했었지. 이 사나이는 2년간 파수를 보았는데, 왕이 돌아오는 것을 놓치지 않도록 엄중히 망을 보는 것이 그의 일이었지. 그래 그는 곧장 성으로 달려가서는 그 찬탈자에게 이 사실을 알렸소.

그 즉시 아이기스토스는 교활한 음모를 생각해 내었지. 온 나라 안에서 특히 힘이 장사인 스무 명의 장정을 뽑아내어 숨겨두고, 한편으로는 향연 준비를 하도록 일렀지. 그러고 나서 그는 아가멤논을 맞이하기 위해 말과 수레를 거느리고 떠났는데, 마음속으로 몹쓸 음모를 생각하고 있었소. 그리고 그의 집에서 그를 기다리는 파멸을 눈치채지 못하게 데리고 가서는 연회가 한창 무르익는 도중에 죽여버렸단 말이오. 마치 사람이 황소를 구유통 옆에서 죽이듯이. 그때 아트레우스의 아들을 따라온 부하 가운데 한 사람도 살아남은 자가 없었고, 아이기스토스의 부하 또한 아무도 없었소. 그들은 한 사람도 남김없이 죽임을 당했던 것이오.'

이 말을 듣자 나는 그만 가슴이 꽉 메어 백사장에 주저앉아 통곡했는데, 그 무렵 내 마음은 더 살아서 햇빛을 보기조차 귀찮을 정도였다오. 그러나 마구 눈물을 쏟으며 모래사장에서 몸부림치고 있을 때, 이윽고 늙은 바다의 예언자가 말해 주었소.

'아트레우스의 아들이여, 이제 이보다 더 오랜 시간을 이렇게 자꾸만 울기만 하면 안 되오. 그래서는 끝이 없는 법일세. 그보다도 어찌 하면 고국 땅으로 갈 수 있는지를 생각을 가다듬어 보게나. 하기는 그 아이기스토스가 살아 있는 동안에 만나게 되겠지. 아니면 오레스테스가 앞질러 복수하려고 죽여버린다면 그때 그대는 장례식에라도 참가하게 될 테지.'

이런 그의 말에 깊은 비탄 속에 있던 내 기력과 씩씩한 기상은 또다시 가슴 속에서 활력을 되찾았소. 그래서 다시 그에게 위엄 있는 소리로 말했지요. '두 사람에 대해서는 잘 알았습니다. 그럼 세 번째 사람 이름을 말씀해 주십시오. 아직 살아 있으면서 넓고 깊은 바다 어디엔가 얽매여 있는 그 사람 이름을 말씀해 주십시오. 나는 괴로워도 듣고 싶습니다.'

이렇게 말하자 바다 노인은 곧 내게 대답했소. '라에르테스의 아들 오디세우스라네. 이타카 섬의 군주인 그 사람이 마구 눈물을 흘리고 있는 것을 나는 섬에서 보았다네. 님프 칼립소가 사는 곳이었는데, 그녀가 억지로 붙잡는 바람에 고국으로 돌아갈 수도 없었다오. 그도 그럴 것이, 노를 갖춘 배라든지, 큰 바다의 넓은 바다 물결을 건네 줄 선원들도 없었거든. 그런데 신들의 말씀에 따르면, 제우스가 보살피시는 메넬라오스여, 그대는 말을 치는 아르고스 땅에서 생명이 다하도록 타고난 수명을 마칠 수는 없을 것일세. 세계가 끝난 곳에 있는 엘리시온으로 신들이 그대를 보내게 될 거야. 그곳에는 금발의 라다만티스가 왕으로 군림해 있으며, 그곳은 인간에게 최상의 안락한 고장인즉, 그곳은 눈도 세찬 바람도 큰 비도 없고, 늘 끊임없이 대양으로부터 불어오는 갈바람의 은은한 숨결이 인간들에게 생기를 되찾게 해줄 것이네. 그것도 그대가 헬레네를 왕비로 맞이해서, 제우스 신의 사위가 되었기 때문이지.'

이렇게 말하고 그는 파도가 용솟음치는 바다 속으로 돌아가 버렸소. 그래서 나는 배가 있는 곳으로 내 훌륭한 동료들을 데리고 갔는데, 그리로 가는 길에도 머릿속은 천 갈래 만 갈래로 생각이 헝클어져 있었지요. 드디어 배가 놓여 있는 해변에 다다랐지만, 우리 모두 저녁 식사 준비를 하는 동안에 신비스런 밤이 우리를 감싸 버렸다오. 이윽고 우리는 해변에 몸을 누이고 잠을 청했지요. 그리고 아침 일찍 장밋빛 손가락의 새벽의 여신이 나타나자, 무엇보다도 먼저 배들을 눈부신 바다로 끌어 내리고, 균형 잡힌 배에 돛대와 돛폭을 싣고 우리들도 올라타고는, 모두 노를 잡을 준비를 갖추었지요. 드디어 모두 나란히 제자리에 앉아 잿빛 바닷물을 계속 헤쳐 나갔소. 그리고 또다시 하늘로부터 내려받은 나일강으로 되돌아오자 배를 멈추고, 더할 나위 없이 완벽한 큰 제물을 바쳤던 것이오. 그리하여 영원히 존재하시는 신들의 노여움을 가라앉힌 다음, 아가멤논께 불후의 영예가 있으시도록 분묘를 쌓아올리고, 이렇게 모든 일을 끝낸 뒤 돌아가는 길에 접어들었는데, 신들께선 순풍을 보내 주시어 얼마 안 가서 그리운 고국에 닿게 해 주셨지요.

어쨌든 지금 형편으로는 한동안 우리 집에 묵도록 하시구려. 열하루나 열이틀 째가 되기까지는. 그럼 그때 가서는 틀림없이 보내 드리지요. 훌륭한 선물도 가지고 가시도록 해 드리고, 말 세 필에 두 사람이 탈 훌륭하게 빛을 낸 수레를 따르게 하고, 게다가 아름다운 술잔도 드릴 테니, 그것으로 불사의 신들께, 언제까지나 나를 생각하면서 술을 따라 드리도록 하시오."

그 말에 지혜로운 텔레마코스가 대답했다.

"아트레우스의 아드님이시여, 제발 저를 이곳에 오랫동안 묵도록 권유하지는 마십시오. 하기야 1년간이라도 저로서는 당신 곁에 앉아서 살고도 싶습니다. 그리고 집이나 부모님이 그립다는 마음에도 동요하지 않겠지요. 왜냐하면 당신의 이야기나 말씀이 저에겐 무척 즐겁게 여겨지니까요. 다만 아까부터 거룩한 필로스 마을에 남겨 두고 온 동료들이 제 마음을 괴롭히는군요. 당신께서는 이곳에서 오래 묵어가도록 만류하시고 선물도 주신다 하시는데 제발 그대로 광속에 잘 간직해 두십시오. 또 말도 이타카 섬에는 데려가지 않을 것이고, 당신을 위한 장엄한 표지로서 이곳에 두고 가도록 하겠습니다. 당신께서는 넓은 들판을 영지로 가지고 계시며, 거기에는 토끼풀도 많고, 등심초와 밀, 호밀 그리고 잘 자란 흰 보리가 있기 때문입니다. 그러나 이타카 섬에는 넓은 말터도 없거니와 목장도 없습니다. 다시 말해서 바다 위에 떠 있는 섬 중에서도, 말을 달리거나 좋은 목장이 있을 만한 곳이 아니고, 그 가운데서도 특히 염소 사육에 알맞은 섬이라서, 말을 치는 고장보다는 한층 즐거운 곳이지요."

이렇게 말하자 용맹스러운 메넬라오스는 미소를 지었다. 그리고 손으로 텔레마코스를 두드리며 이름을 불러 말했다.

"그대가 훌륭한 혈통의 분이시라는 건 하나의 행동만으로도 알겠소. 그대 말하는 품이 참으로 마음에 드는구려. 그런 사정이라면 아무튼 선물을 달리 하도록 하겠소. 그쯤은 쉬운 일이니까요. 무슨 물건이든 당신이 원하는 것이라면 우리 집에서 가장 값지고 귀한 것이라도 드릴 생각입니다. 먼저 정교한 금속 제품인 회석용 술동이가 있는데, 잔 가장자리는 황금으로 장식된 은으로 된 것으로 헤파이토스 신께서 손수 만드신 것이라오. 이걸 선사해 주신 분은 시리아의 시돈 왕 파이디모스님이신데, 마침 내가 그곳에서 돌아오는 길에, 그의 성에 신세를 졌을 무렵의 일이었지요. 당신께 그걸 드리리다.”

이렇게 그들의 이야기가 오고가는 도중에, 축하연을 위해 많은 손님들이 이 훌륭한 군주의 성으로 모여들었다. 산양을 데리고 오는 사람들이 있는가 하면, 그들을 흥겹게 해주는 포도주를 가지고 오는 사람도 있고, 또 그들의 아름다운 아내들이 만든 빵도 보내 왔다. 이렇게 이곳 메넬라오스의 성에서는 향연 준비를 위해 사람들이 바쁘게 움직였다.

한편 오디세우스의 성 앞에서는 구혼자들이 원반 던지기나 창 던지기를 하며 즐기고 있었다. 평평하게 닦아놓은 땅 위에서 그전과 다름없이 오만무례한 태도로. 그 가운데는 안티노스와 에우리마코스도 앉아 있었다. 그 둘은 구혼자들의 우두머리 격으로 능력도 특히 남보다 뛰어났다. 그 두 사람 바로 옆으로 프로니오스의 아들 노에몬이 다가와서는, 안티노스에게 물었다.

“안티노스여, 도대체 어떤 궁리라도 짜고 있는 건가? 언제 텔레마코스가 모래언덕의 섬 필로스에서 돌아오는지를 알고라도 있는가? 내 배를 그가 가져가 버렸는데, 이제 그 배가 필요한 일이 생겼다네. 넓은 무도장이 있는 엘리스 마을로 건너가야 하겠네. 그곳에 매우 큰 목초지가 있는데, 거기에 나는 암말 열두 마리를 기르고 있다네. 그 암말들에게는 아직 일하기에 좀 허약한 젖을 떼지 않은 노새가 몇 마리 딸려 있는데, 그들 중 한 마리를 골라 데리고 와서 단련시켜겠어.”

그에게 이런 말을 듣자, 그들은 크게 놀라 얼굴이 하얗게 질렸다. 왜냐하면 그들은 텔레마코스가 필로스로 갔으리라고는 전혀 생각지도 않고, 어딘가 이 섬 안에 있는 목장에 묻혀 양 떼나 돼지 치는 사람하고나 함께 있으려니 생각하고 있었던 것이다. 그래서 이번에는 그에게 에우페이테스의 아들 안티노스가 말했다.

“확실한 말을 해 주게나. 그가 언제 떠났고 젊은이들 누구누구가 따라갔는가? 이타카 섬에서 뽑혀 간 이들인지, 아니면 자신의 고용인이나 하인들이오? 그러면 쉬이 그렇게 할 수도 있을 법하니 말일세. 또 한 가지 일에 대해 거짓없이 말해 주게. 잘 이해가도록 말일세. 그가 자네 뜻을 거스르고 폭력으로 자네 배를 빼앗아 갔단 말인가, 아니면 자네한테 부탁했기에 자네가 허락하고 배를 내주었단 말인가?"

그 말에 프로니오스의 아들인 노에몬이 대답했다.

"내가 동의하여 내주었다네. 누구라도 하는 수 없었을 걸세. 만약 이 같은 군주의 자제되는 분이, 더구나 마음속으로 온갖 근심 걱정 끝에 부탁할 때 그것을 거절하기란 매우 어려운 일이지. 그리하여 온 이타카 섬에서 우리들 다음으로 뛰어난 젊은이들이 텔레마코스를 따라갔다네. 그리고 멘토르 님이 선장이지. 그분이 배에 오르는 것을 보았는데, 멘토르 그분 같기도 하고 어떤 신인 것도 같았다네. 아무튼 그분과 똑같았으니까. 그런데 아무래도 이상하거든. 분명 그날 밤 필로스로 떠나는 배에 타고 계셨는데, 여기서 그 존엄한 멘토르 님을 어제 새벽녘에 보았으니 말일세."

이렇게 말을 마치자, 노에몬은 분노로 가슴을 끓이고 있는 그 두 사람을 남겨 놓고 그의 아버지 집으로 가 버렸다. 그래서 그들은 구혼자들에게 운동 경기를 멈추게 하고 한 자리에 모여 앉게 한 다음, 그들에게 에우페이테스의 아들인 안티노스가 털어놓은 이야기에 대해 몹시 화가 나서 긴 연설을 했다. 노여움 때문에 그의 가슴은 격분으로 들끓고 있었으며, 두 눈은 마치 사나운 불길인 양 이글거렸다.

"정말 이게 무슨 꼴이람, 의기양양해 가지고 텔레마코스는 엄청난 일을 저질렀단 말이야. 이렇게 여행을 떠났다니, 우리는 설마 행동으로 옮기지는 못하려니 했는데. 우리 모두가 그를 방해했는데도 아직 젖냄새 풍기는 애송이인 주제에 당돌하게도 떠났단 말이야. 배를 여러 척이나 끌어내려서는 온 나라에서 뛰어난 젊은이를 모두 뽑아 가지고. 이걸 핑계로 삼아서 그 애송이는 큰 변을 우리에게 가져다주겠지. 신들이 우리를 도와서 어른이 되기 전에 그를 파멸시켜 주시면 좋겠다. 아무튼 어서 빨리 배와 20명의 동지를 모아 주게나. 그가 돌아오는 걸 숨어 기다릴 작정이니까. 이타카 섬과 험준한 사모스 섬 해협에 망을 계속 보게 하면서, 그가 아버지를 찾는 항해에 따끔한 맛을 좀 보여 주어야지."

이렇게 말하자 그야말로 모두 입을 모아 찬성하며 그를 부추겨 댔다. 그로부터 얼마 뒤에 다들 자리에서 일어나서 오디세우스의 성으로 몰려갔다.

그리하여 마침내 페넬로페도 오래지 않아 이러한 사실을 알게 되었다. 구혼자들은 이 일을 비밀로 할 작정이었지만, 전령 메돈이 그녀에게 털어놓았기 때문이다. 그는 안마당 밖에 있으면서 여럿이 모의하는 것을 엿들었던 것이다. 그는 페넬로페에게 알려 주려고 성 안을 가로질러 왔는데, 마침 그가 그녀 방 문턱을 막 넘어서려 할 때 페넬로페가 말을 걸었다.

"전령이여, 또 무슨 일로 당신을 그 무례한 구혼자들이 보냈단 말인가요? 아니면 존엄하신 오디세우스의 시녀들한테 하던 일을 그만두고 그 사람들을 위해 향연 준비를 시키기 위해서인가요. 정말 그들의 구혼에는 진저리가 나는군요. 이젠 단념하고 그만 좀 몰려들었으면. 여기서 향연을 베푸는 것도 오늘이 마지막이라면 좋겠군요. 걸핏하면 이곳에 모여들어서는 마음 착한 내 아들 텔레마코스의 재산을 자꾸만 갉아먹다니. 게다가 그대들도 아마 그대들 부친한테서 전혀 아무런 이야기도 듣지 못한 것 같군요. 그대들이 어렸을 때의 이야기를 말입니다. 오디세우스가 그대 부모들 사이에서도 얼마나 뛰어난 분이었던가를요. 정말 단 한 번도 그 누구에 대해서든 공정하지 않은 말과 행동은 해본 적이 없는 분이었지요. 그것이야말로 한 나라의 훌륭한 군주의 길이지요. 하지만 흔히 세상 군주들은 대부분 어느 누구는 미워하고 또 어느 누구는 사랑한다는 식이지요. 그러나 오디세우스만은 결코 한 번도 법에 어긋난 행동을 한 적이 없었습니다. 그런데 이제 그대들의 마음가짐이라든가, 도리를 벗어난 소행이라든가에서 예전에 입었던 은혜를 그대들이 깨끗이 잊어버리고 있다는 것이 모두 뚜렷하게 드러나고 있군요."

그 말에 분별 있는 메돈이 말했다.

"옳은 말씀이십니다, 왕비님. 정말로 그것만이 그들의 유일한 가장 큰 악덕이었다면 얼마나 좋겠습니까? 그러나 구혼자들은 훨씬 더 커다란, 가증스럽고 흉측한 죄악을 음모하고 있는 중이랍니다. 제발 크로노스의 아드님이신 제우스 신께서 그들의 계획이 이루어지지 않도록 해 주시기를 비는 바입니다. 그들은 텔레마코스 님이 고국으로 돌아오시면, 암살하려는 음모를 꾸미고 있습니다. 그분께서 아버님 소식을 찾아서 신성한 필로스와 거룩한 라케다이몬으로 떠나셨는데 말입니다."

이 말을 듣자 페넬로페는 심장이 멎은 듯 힘없이 주저앉았다. 한참 동안을 그녀는 말을 잊은 듯, 두 눈에는 눈물만 넘쳐흐르고 아무 말도 못하고 있더니, 가까스로 얼마쯤 지난 뒤에야 그에게 겨우 대답했다.

"전령이여, 어째서 또 내 아들은 그런 곳으로 떠났단 말이오? 모험을 해야 할 필요가 없을 텐데 말이오. 선원들이 수레처럼 즐겨 쓰는 망망대해를 헤쳐 가는 그런 배 따위를 타고, 도대체 자신의 이름마저 이젠 세상에서 잊게 할 작정이란 말인가요?"

그 말에 분별 있는 메논이 말했다.

"전혀 알지 못했습니다. 어떤 신께서 그분을 그렇게 시키셨는지, 아니면 그분 스스로 필로스로 갈 생각을 하셨는지. 하지만 그 목적은 그분이 아버님의 귀국 여부를, 그렇지 않으면 어떻게 마지막을 고하셨는가를 알아보시기 위함인 듯합니다."

그는 이렇게 말하고는 나가 버렸다. 그러나 그녀는 가슴을 쥐어짜는 듯한 비탄 때문에 가슴이 막혀 버려서 이제는 안락의자에 앉아 있기조차 견디기 어려워―그녀 방에는 그런 의자가 여러 개 있었다―비통하게 흐느끼면서 아담하게 꾸며진 내실 문턱에 주저앉아 버렸다. 그러자 흐느끼는 그녀 주위로 집 안 시녀들이 젊고 늙고 할 것 없이 모두 모여들었다. 페넬로페는 흐느끼면서 말했다.

"들어 봐요, 여러분. 올림포스에 계시는 신들께선, 모든 여자들 중에서도 특히 내게 가장 쓰라린 고뇌를 주셨소. 나와 같은 또래의 여자들 중에서 말이오. 내겐 몇 년 전에 남편이 있었지요. 그분은 사자 같은 용맹성을 지닌 다나오스의 후손 중에서는 가장 훌륭했고 누구보다 용감했던 대장부로, 그의 명성은 헬라스 전체에, 아르고스 중원에까지 널리 알려졌던 사람이었소. 그런 남편을 잃었지요. 그런데 이번에는 또 사랑하는 아들이 한 마디 말도 없이 떠나 버렸어요. 나는 아직껏 그가 떠난 일에 대해 어떤 말도 듣지 못했으며, 더구나 그대들까지도 내게 그런 사실에 대해서는 전혀 말이 없지 않았는가. 그 아이가 검은 큰 배를 타고 떠나갔을 때, 아무도 나를 잠자리에서 깨워 줄 생각조차 안 했다니, 그대들은 참으로 지독한 인간들이구려! 정말 그 아이가 이런 여행을 계획하는 것을 내가 진작 알았다면, 아무리 떠나고 싶더라도 그럴 수 없었든지, 아니면 이미 숨겨 버린 나를 두고야 떠나게 되었을 것을.

아무튼 누구든지 어서 돌리오스 영감을 불러 주오. 옛날 내가 이 집으로 시집올 때 아버님이 내게 딸려 주신 하인, 그리고 이제는 나무가 무성한 과수원을 돌보고 있는 그 사람을. 한시바삐 라에르테스 님에게로 가서 이 모든 일을 전하도록 말이오. 어쩌면 그분께서 마음속에 무언가 좋은 수를 생각하시고, 그곳 은둔처에서 나오셔서 시민들에게 탄원하여, 그 무리들이 당신의 후손이며, 또 신이나 다름없는 오디세우스의 혈통을 이을 사람을 멸망시키려고 음모를 꾸미는 것을 막아내게 하실 수도 있을 테니까요."

그 말에 충성스러운 유모 에우리클레아가 말했다.

"존경하는 왕비님, 부디 왕비님께서 사정없는 칼로 저를 죽여 주시든 살려 주시든 뜻대로 하십시오. 모든 사실을 숨김없이 말씀드리겠습니다. 저는 모두 알고 있었지요. 그리고 분부하시는 모든 물품도 챙겨 드렸습니다. 양식과 달콤한 술 등을. 하지만 제게 엄중하게 맹세케 하셨습니다. 결코 왕비님께 말씀드리지 않겠다는, 적어도 열이틀째가 되기 전에는. 아니면 왕비님께서 도련님이 떠나셨다는 것을 알게 되실 때까지는. 지나치게 우시거나 하셔서 고운 얼굴을 상하시게 해서는 안 된다고 말씀하셨지요. 그러니 제발 목욕을 하신 뒤 깨끗한 옷으로 갈아입으시고, 2층으로 시녀들 부축을 받아 올라가셔서, 염소 가죽 방패를 가지신 제우스의 따님이신 아테나 님께 기도를 드리십시오. 그러면 틀림없이 여신께서 도련님을 죽음으로부터 지켜 주시겠지요. 게다가 이미 너무나 많이 어려운 일을 당해 괴로워하시는 노인네를, 또 괴롭혀 드려서는 안 되겠어요. 이렇게 말씀드리는 것도 행복하신 신들의 미움을, 아크리시오스의 혈통을 받은 분이 모두 받으라는 법은 없으니까요. 틀림없이 누군가 어느 신이 아직 남아서, 이 훌륭한 저택과 멀리 드넓은 기름진 땅을 보호하고 계실 테니까요."

이렇게 말해서 왕비의 비탄을 가라앉히고, 두 눈에서 슬픔의 눈물을 거두게 했다. 그리하여 페넬로페는 목욕을 하고 깨끗한 옷으로 갈아입고는 2층으로 시녀들을 거느리고 올라갔다. 그러고는 제사용 곡식을 바구니에 담아 들고, 아테나 여신에게 정성껏 기도를 드렸다.

"굽어 살피옵소서, 염소 가죽 방패를 가지신 제우스의 따님이신 아테나 님. 만약에 언젠가 지혜로운 오디세우스가 집에 있을 때, 당신 앞에 암소와 양들의 살찐 넓적다리 살을 구워서 바친 적이 있다면, 그 일을 생각하시어 사랑스러운 제 아들을 도와주시옵소서. 그리고 구혼자들의 무례하고 간악한 음모로부터 지켜주시옵소서."

이렇게 기도를 끝내면서 페넬로페는 격렬하게 흐느꼈다. 여신은 그 기도를 들었다. 한편 구혼자들이 어두워진 저택 안에서 와자지껄하게 떠들어 댔다. 그러자 이 오만한 무리 가운데 한 젊은이가 이렇게 말했다.

"아마 많은 사람들에게서 구혼을 받고 있는 부인께서는 우리를 위해 혼례 축하 준비나 하고 계시겠지. 그리고 정녕 아드님을 죽이려는 음모가 꾸며지고 있는 것도 전혀 모르시는 것 같군."

그러자 모두 수군거렸는데, 사실 그들도 어떻게 되어 가리라는 추측이나 할 정도면서 그저 거들먹거리는 것뿐이었다. 그들을 조용히 하도록 하고 안티노스가 모두에게 말했다.

"어떻게 된 거요? 어리석은 친구들 같으니라고, 그렇게 허풍들이나 떨고. 어쨌든 간에 다른 말은 삼가서 피하는 게 좋겠소. 자칫 잘못해서 누군가 안에 알리거나 하면 안 되니까. 아무튼 이제 모두 나가서 아까 의견을 모았던 대로 행동으로 옮기는 것이 어떻소."

그래서 더 소동 없이 그는 20명의 뛰어난 사람들을 뽑아내어, 빠른 배가 놓여 있는 바닷가로 떠났다. 그리하여 무엇보다도 먼저 배를 바닷물 깊은 곳으로 끌어 내린 다음, 돛대와 돛을 검게 칠한 배 안에 싣고, 노를 가죽끈으로 꼭 묶어 놓았다. 그러는 동안 온갖 무기들을 시종들이 옮겨 왔다. 모든 준비가 갖추어지자 그들은 해변에서 멀리 떨어진 앞바닥에 배를 정박하고, 해안으로 올라가 거기서 저녁 식사를 마치고는 밤이 되기를 기다렸다.

그러나 한편 정숙한 페넬로페는 2층 방에서 식사도 들지 않고 물도 마시지 않은 채 누워 있었다. 혹시나 그녀의 훌륭한 아들이 죽음을 모면하고 돌아와 줄 것인지, 아니면 저토록 우쭐해서 날뛰는 구혼자들의 제물이 될 것인지 이리저리 근심에 싸여 있었다. 마치 암사자가 포수들 무리에 둘러싸여, 그들이 발소리를 죽여 가며 다가오고 있을 때, 공포심을 품고 여러 가지로 망설이듯 그렇게 심각하게 페넬로페가 이 궁리 저 궁리에 빠져 있을 때, 갑자기 부드러운 잠이 그녀를 엄습해 왔다. 그녀가 반듯이 쓰러진 채 잠에 빠져들자, 손발의 힘이 모두 풀렸다.

이 무렵 빛나는 눈의 아테나 여신은 또 다른 일을 생각해냈다. 마음이 너그러운 이카리오스의 딸로, 페라이에 저택을 가진 아도메토스의 아들 에우멜로스와 결혼한 이프티메의 환영을 만들었다. 여신은 그녀와 꼭 닮은 환영을 존엄한 오디세우스의 저택으로 보내 슬픔에 잠겨 눈물로 세월을 보내는 페넬로페가 우는 것을 멈추고, 비탄을 잊게 하려는 생각에서였다. 그 환영은 안쪽으로 문틈을 타고 들어와 그녀의 머리맡에 멈춰 서서 이렇게 말했다.

"잠이 들었느냐, 페넬로페, 얼마나 괴로움으로 고통스럽겠느냐? 하지만 안락하게 세상을 지내시는 신들께선 결코 그대가 울거나 한탄만 하고 있도록 하시지는 않는다. 이미 옛날부터 아들은 안전하게 돌아오도록 정해진 일인데 무얼 걱정하느냐. 그 까닭은 조금도 신들께 죄를 범한 적이 없기 때문이지."

그러자 무척 달콤한 잠의 꿈속의 문간에서 그 말에 정숙한 페넬로페가 대답했다.

"아, 언니가 어떻게 여기까지 오셨어요. 이제까지 한 번도 오시지 않더니. 하긴 그야 무척 먼 곳에 살고 계시니까요. 그런데 나더러 내 마음을 온통 괴롭히고 있는 이 고통스러운 불행을 그만 잊으란 말씀인가요. 마치 난 결혼하지 않은 거나 같아요. 지난번에는 훌륭하고 그토록 용맹했던 남편을 잃었지요. 다나오스의 후손 중에서도 가장 담대했던 훌륭한 대장부로, 그 명성은 온 헬라스에서 아르고스 구석구석에 이르기까지 널리 알려졌던 그분을. 그런데 이번에 또 사랑스러운 아들이 배를 타고 나갔답니다. 아직 분별없고, 행동이나 말하는 것조차 충분히 배우지 못했으면서도. 정말 나는 남편보다도 오히려 그 아이 때문에 한결 두려움으로 슬퍼진답니다. 찾아간 곳에서 혹시 어떤 재난을 당하지나 않을까, 아니면 바다 위에서. 간사하고 악한 마음을 품은 사나이들이 떼를 지어 그 아이를 죽일 음모를 꾸몄기 때문이지요. 그 아이가 이곳에 돌아오기 전에 말입니다."

그 말에 희미한 환영이 대답했다.

"걱정할 것 없으니 안심하거라. 대단한 수호자가 함께 떠나셨으니 결코 그토록 가슴을 죌 것까지는 없으니까. 그 어느 누구라 할지라도 곁에 함께 계셔 주기를 빌고 싶은 분 팔라스 아테나 님, 그분이란 말이야. 그런 분께서 보살피고 계시는데 걱정할 것 없단다. 게다가 그대가 슬퍼하는 것을 여신께서는 불쌍하게 여기시고, 오늘도 나를 이곳으로 보내셨단 말이야. 모든 일을 이야기해 주라고 말이지."

그 말에 또 지혜와 분별을 갖춘 페넬로페가 말했다.

"만약 정말로 당신께서 신이시라면, 그리고 신의 목소리를 들으셨다면, 그럼 어서 제발 그 아이의 불행한 아버지에 대한 이야기를 들려주십시오. 아직 살아서 햇빛을 보고 있는지, 아니면 이미 죽어서 저승으로 들어갔는지 말이에요."

그 말에 흐릿한 환영이 말했다.

"아니다. 오디세우스에 대해서 나는 자세하게 말할 수가 없다. 그가 살아 있는지, 죽었는지 바람과 같은 허황된 소문을 전하는 것은 좋지 못한 일이니까."

이렇게 말을 마치자 문 어귀의 빗장 틈바구니로 미끄러져 나가, 바람결에 사라져 버렸다. 한편 이카리오스의 딸 페넬로페는 환영이 사라짐과 함께 잠에서 깨어났지만, 초저녁에 꾼 꿈의 또렷한 기억에서 위안을 얻었기 때문에 마음은 따뜻하게 누그러져 있었다.

그 동안 구혼자들은 배에 올라타고 돛을 올려 거침없이 바다 위를 달렸다. 텔레마코스를 어떻게든 죽이려고 모두 마음속으로 조바심을 내면서. 해협을 벗어나자, 바위투성이 아스테리스 섬이 나타났다. 이타카와 사모스 섬 사이의 중간 지점이었다. 조그마한 이 섬에는 두 개의 포구가 나란히 있어서, 배를 세울 수 있었다. 이곳에 아카이아 영주들은 숨어서 텔레마코스를 기다리고 있었다.

제5권
여신 칼립소와 오디세우스의 뗏목

이쪽은 칼립소 섬, 헤르메스 신이 전령으로서 님프의 동굴을 찾아와 제우스신의 명령을 전한다. 불만에 가득찬 님프는 하는 수 없이 오디세우스에게 여러 가지로 떠날 채비를 해주며, 나무를 베어 뗏목을 만들고 식량과 술 등을 실어서 그를 태워 떠나보낸다. 얼마 동안은 순풍을 타고 나아갔으나, 이윽고 그를 미워하는 바다의 신 포세이돈에게 들켜, 삽시간에 폭풍의 엄습을 받아 뗏목은 부서지고 만다. 헤엄쳐서 스케리아 섬에 다다른 그는, 여신 레우코테아의 도움을 받는다. 지쳐 버린 오디세우스는 해변으로 올라 언덕 옆 나무숲 속의 낙엽더미에 파묻혀 잠이 든다.

새벽의 여신이 거룩한 티토노스와의 잠자리에서 일어났다. 죽지 않는 신들과 언젠가는 죽어야 할 인간들에게 빛을 가져다주기 위해서이다. 한편 신들은 집회를 가졌다. 멀리 천둥을 울리는 제우스 신과 함께 아테나 여신은 오디세우스의 불운에 대해 이야기하며 그들의 마음에 다시 그를 떠올렸다. 아직도 님프 칼립소의 저택에 사로잡혀 있는 그를 염려하는 것이다.

"아버지 제우스 신이시여, 그리고 그 밖에 영원히 존재하시는 축복받은 신들이여, 앞으로는 왕홀을 가진 국왕이라도 상대를 너그럽게 용서하거나 정의로운 마음도 가지지 말라고 하세요. 차라리 폭정과 불법을 일삼으라고 하세요. 저 훌륭한 왕 오디세우스를 생각해 보십시오. 그들의 군주로서 자애로운 아버지처럼 통치했건만 이제 와선 누구 한 사람도 그를 생각하는 이가 없는 걸요. 그런데 지금 그 본인은 어느 섬에서 불운 속에 지독한 고난을 슬퍼하고 있지요. 님프 칼립소의 손아귀에 들어서 말입니다. 님프가 그를 강제로 붙잡는 까닭에 조국으로 돌아가지도 못하고 있답니다. 왜냐하면 그를 바다 건너 고국에 데려다 줄 배도, 동료 선원도 없기 때문이지요. 그런데 이번에는 또 부친의 소식을 알기 위해 신성한 필로스와 거룩한 라케다이몬으로 떠났던 그의 사랑하는 아들이 고향으로 돌아오는 길인데, 그마저 암살하려고 살인자들이 서두르고 있는 형편입니다."

그러자 구름을 모으는 제우스가 말했다.

"내 딸아, 그게 무슨 소리냐. 이런 생각은 바로 네가 처음부터 꾸며 낸 꾀가 아니었더냐. 오디세우스가 돌아오자마자 그자들에게 복수하도록 말이다. 그러니 텔레마코스는 네가 잘 보살펴 주는 것이 좋겠다. 네가 그만한 힘은 가지고 있으니까. 조금도 피해 없이 이타카로 돌아가게 하는 것쯤은 어렵지 않겠지. 그리고 구혼자들은 헛수고만 하다가 되돌아가리라."

이렇게 대답하고 그는 사랑하는 아들 헤르메스 신에게 말했다.

"헤르메스야, 너는 이번에도 여느 때나 마찬가지로 사절 역할을 해야겠다. 아름다운 님프를 찾아가 담대한 오디세우스의 귀향이라는, 우리의 마지막 결의를 전달하고 오너라. 단 그 사람이 신이나 죽어야 할 인간들의 도움이 없이 오직 홀로 돌아가도록 말이다. 그 대신 많은 나무로 엮은 뗏목을 타고 온갖 고난을 겪은 뒤 스무날 만에 땅이 기름진 스케리아에 도착하게 되겠지. 신들의 핏줄을 받은 파이아케스인들이 사는 풍요로운 나라에. 그 사람들이 그를 신이나 다름없이 진심으로 환대하고 소중히 여겨 다시 배에 태워서 청동과 황금과 옷을 듬뿍 주어 그리운 고국 땅으로 보내 줄 것이니라. 오디세우스가 전쟁에서 얻은 자기 몫의 전리품을 트로이에서 고스란히 가지고 돌아왔다 해도, 그토록 많은 것을 가져오지는 못했으리라. 그의 운명은 이렇게 정해져 있단다. 이리하여 오디세우스는 사랑하는 가족들도 만나고, 지붕이 높다랗게 치솟은 성이 있는 자기 나라로 돌아가게 되리라."

이렇게 말하자, 거인 아르고스를 죽인 사절의 신 헤르메스는 아름다운 황금 샌들을 신고, 그 길로 곧장 드높은 물결이 출렁이는 바다와, 끝없는 땅 위를 바람과 같이 날아갔다. 이어서 인간의 눈을 잠재우기도 하고 깨우기도 하는 지팡이를 들고, 아르고스를 무찌른 신 헤르메스는 위세 당당히 날아갔다. 피에리아 산맥을 넘어서자 높은 하늘에서 사뿐히 내려와 파도 위를 갈매기처럼 미끄러져 갔다. 적막한 바다 그 깊은 곳에서 물고기를 잡으려고 날개깃을 물보라에 함빡 적셔 버리는 갈매기의 모습으로, 헤르메스는 출렁이는 파도를 타고 끝없이 날아갔다.

이윽고 멀리 바라보이는 오기기아 섬에 이르자, 님프가 사는 커다란 동굴에 다다를 때까지 걸어서 갔다. 동굴 안에는 마침 아름다운 님프가 있었다. 벽난로에서는 삼나무와 향나무 장작이 활활 타오르며 온 섬 안에 향기를 가득 불어 넣었다. 그 안에서는 님프 칼립소가 아름다운 목소리로 노래를 부르며 황금 바디로 베를 짜고 있었다.

동굴 주위에는 오리나무와 냇버들, 향기 높은 측백나무가 울창하게 자라 보기 좋게 나무숲을 이루었고, 나뭇가지 사이로 여러 종류의 새들이 둥우리를 짓고 있었다. 수리부엉이와 매, 시끄럽게 지저귀는 바다까마귀들이 먹이를 찾아 이리저리 바삐 날고 있었다. 동굴 입구 둘레에는 축축 늘어진 포도덩굴이 찬란한 빛을 뿜으며, 열매를 주렁주렁 매달고 있었다. 한편 네 갈래로 갈라져 수정 같은 맑은 물을 뿜어내는 샘 옆에는 보드라운 풀밭이 펼쳐져 있고, 제비꽃과 파슬리 등이 무성하게 자라 있었다. 이곳에 와서 이런 풍경을 바라보노라면, 불사의 신들마저 탄성을 지르며 마음의 위안을 느끼게 되리라. 사절의 신은 멈추어 서서 잠시 그 풍경을 바라보고 있었다.

그 아름다움을 실컷 누리고 나서 그는 비로소 넓은 동굴 안으로 들어갔다. 칼립소는 그를 보자마자 곧 누군지 알아차렸다. 불사의 신들은 아무리 머리 떨어져 있어도 서로 잘 알고 있었기 때문이다. 그러나 헤르메스는 슬기로운 오디세우스를 그 동굴 안에서 볼 수가 없었다. 그는 마침 바닷가에 나아가 여느 때처럼 탄식에 젖어 눈물을 흘리며 멀리 아득한 바다를 바라보고 있었다. 거룩한 칼립소는 번쩍이는 안락의자에 헤르메스 신을 앉히고 나서 그에게 찾아온 이유를 물었다.

"황금 지팡이를 가지신 헤르메스님께서 어인 일로 이렇게 오셨습니까? 나에겐 거룩하고도 귀중한 분이시지만, 이제까지는 그다지 자주 오시지도 않으셨는데. 마음속의 생각이 무엇인지 어서 말씀해 주십시오. 말씀하시는 것이 무엇이건 기쁘게 따르겠습니다. 불가능한 것만 아니라면 말입니다. 그러나 먼저 헤르메스 님께 환영의 뜻이나 표하게 해 주십시오."

이렇게 말하자 여신은 네 발 달린 식탁을 헤르메스 곁에 갖다 놓더니, 신들이 먹는 음식을 가져다 놓고, 또 신들이 마시는 진홍빛 신주(神酒)를 섞어서 받쳐 놓았다. 어느덧 식사도 끝나고 배가 든든하여 마음이 느긋해지자, 그제야 헤르메스는 여신에게 말했다.

"그대는 불사의 여신으로서 내가 찾아온 까닭을 물으시는군. 좋아요, 그러면 나도 그대의 말을 들어 틀림없는 확실한 이야기를 전하도록 하지요. 그대가 요구하니까. 제우스 님께서 내게 이곳에 다녀오도록 분부하셨소. 그러나 나로선 오고 싶지 않았소. 누가 스스로 물보라치는 끝없는 바다 위를 헤쳐가며 이렇게 먼 길을 달려오겠습니까. 더욱이 이 근처에 어디 한 군데 인간이 사는 마을이 있는 것도 아닌데. 인간이 있다면 신들께 제사도 지낼 테고, 특별히 큰 제물도 바치련만. 그렇긴 하오만 아무래도 염소 가죽 방패를 가지신 제우스 님의 뜻이라면, 다른 어떤 신이라 하더라도 피하거나 거역할 수 없는 일이지요. 그분께서 분부하신 말씀은, 다른 누구보다 더없이 불운만이 따라다니는 저 불쌍한 사나이를 그대 곁에서 놓아 주라는 것입니다. 그들은 프리아모스 성을 두고 9년 동안이나 전쟁을 하여 10년 만에 성을 함락시키고는 귀국길에 올랐던 자들이었건만, 돌아가는 길에 아테나 여신께 모두 죄를 지었지요. 그 때문에 강한 바람을 만나 큰 파도에 부딪치게 되었습니다. 이때 공로가 많은 용사들마저 모조리 죽고 말았습니다만, 저 사람만은 바람과 파도가 이 섬으로 날라다 주었소. 저 사람을 이제는 한시바삐 이 섬에서 돌려보내도록 하라시는 분부였소. 그에게 주어진 운명으로는 일가친척을 떠나 이곳에서 혼자 죽게는 되어 있지 않기 때문이며, 또 이제부터 사랑하는 사람들을 만나고, 지붕이 높다란 성이 있는 그의 고향땅을 밟도록 정해져 있기 때문이오."

이렇게 말하며 몸서리를 치면서 거룩한 칼립소는 헤르메스에게 위엄 있는 목소리로 말했다.

"참으로 무정하신 분들이군요. 신들께선 질투할 상대도 못 되는데 유별나게 질투를 하시고, 여신들이 인간 사내와 동침하는 것을 늘 시기하신다니까. 그 사람을 내 사랑스러운 남편으로 삼은 게 어떻단 말입니까? 이를테면 저 사냥꾼 오리온을 장밋빛 손가락을 가진 새벽의 여신이 데리고 계실 무렵에도, 안락하게 세상을 지내시는 신들께서는 줄곧 시기만 하셨지요. 끝내는 오르튀기아 섬에서 황금 옥좌에 계신 성스러운 아르테미스 님이 거룩한 활을 쏘아 죽이셨지요. 또한 이아시온과 아름다운 데메테르가 그리운 마음을 견디다 못해 논두렁에서 사랑의 잠자리를 함께 나누자, 이 일을 바로 알아차리신 제우스 님이, 그 사내를 번쩍이는 벼락으로 쳐 죽여버리셨지요.

이번에는 당신네 신들께서 내게 시기를 하시는군요. 죽어야 할 인간의 사나이가 나와 함께 있다는 이유로 말입니다. 그 사람은 내가 생명을 구해 준 사람입니다. 유일한 생존자로 배의 용골에 걸터앉은 채 흘러내려가고 있었지요. 타고 있던 빠른 배를 제우스 님이 번쩍이는 벼락으로 쳐서 갈라 버리신 그 포도줏빛 검은 바다 한가운데에서 말입니다. 그즈음에 다른 훌륭한 동지들은 한 사람도 남김없이 죽어버렸지만, 그 사람 혼자만은 파도와 바람이 이곳으로 날라다 주었던 것입니다. 나는 정말 그를 환영했습니다. 그리하여 내가 소중히 시중을 들어 왔으며, 늘 말해 온 일이지만, 언제까지나 죽지 않고 늙지 않게 해 주리라 했어요. 하지만 이제 염소 가죽 방패를 가지신 제우스 님의 뜻을, 어떤 신들도 피하거나 거스를 수 없다는 것을 알았으니 떠나보내는 게 옳겠지요. 만일 제우스 님께서 그렇게 명령하시어, 저 사람을 거친 바다 위로 가게 하시겠다면요. 그러나 나로선 그를 내보낼 힘이 없습니다. 보시다시피 이곳에는 노를 갖춘 배도 없거니와 저어 갈 뱃사람도 없으니까요. 넓디넓은 바닷길을 건너가도록 딸려 보낼 만한 그런 배가요. 하지만 아무튼 어떻게 해서든지 그 사람이 편안하게 이타카 섬으로 돌아갈 수 있도록 정성껏 모든 힘을 기울이겠다는 것만은 약속합니다."

그 말에 아르고스를 죽인 신 헤르메스가 말했다.

"그럼, 그대가 말한 대로 곧 그를 보내도록 하시오. 나중에 제우스의 노여움을 사서, 그 벌로 고통받는 일이 없도록 말이오."

이렇게 말하고서 위세 당당하게 아르고스를 죽인 신은 떠나갔다. 한편, 님프 칼립소는 곧바로 재주와 능력이 뛰어난 오디세우스를 찾아 나섰다. 제우스의 말씀을 받아들이지 않을 수 없었기 때문이다. 칼립소는 바닷가에 앉아 있는 그를 만났는데, 그의 두 눈은 여전히 눈물로 젖어 있었다. 언제나처럼 고향으로 돌아가고 싶어 하는 그의 마음은, 탄식과 슬픔으로 그의 즐거운 생명을 조금씩 갉아먹고 있었다. 이제는 도저히 님프로서도 즐거운 기분을 계속 유지할 수 없었다. 사실 밤이면 불길같이 뜨거운 여신과 더불어 이 냉담한 연인은 동굴 속에서 잠자리를 같이하지 않을 수 없었다. 그러나 날이 밝으면 바위 위나 백사장에 앉아서는 황량한 바다 위를 눈물에 젖어 바라보았다. 이러한 그의 곁에 다가서며 아름다운 님프는 말했다.

"불행한 분이군요. 제발 이제 그만 울고 그만 슬퍼하세요. 내가 염려해 주는 한, 이 섬에서 이제는 당신의 비참한 운명을 더 연장시키거나 당신의 생명을 더 이상 깎아 내리지 않아도 되니까요. 왜냐하면 이제 곧 내가 정성을 다하여 당신이 돌아갈 수 있도록 도와줄 테니까요. 그러니 빨리 시작하도록 해요. 자, 큰 나무를 베어 청동 도끼로 큰 거룻배를 만들도록 해요. 그리고 안개가 자욱한 바다 위를 당신이 타고 건널 수 있도록 거룻배에 높다랗게 갑판을 만드는 거예요. 그 동안에 나는 당신이 배고프지 않게 식량과 물, 진홍빛 포도주를 듬뿍 실어 드리도록 하지요. 또 옷도 입혀 드릴 테고, 무사히 당신이 고국으로 돌아가도록 배의 뒤를 따라 순풍도 보내드리지요. 저 크고 넓은 하늘을 지배하시는 신께서 마음속으로 그렇게 원하신다면요. 그분들은 계획하거나 실행시키는 힘에서나 나보다 훨씬 뛰어난 분들이시니까요."

이렇게 말하자, 참을성 있고 존엄한 오디세우스도 몸을 부르르 떨었다. 그리고 칼립소에게 위엄 있게 말했다.

"여신님, 무언가 다른 뜻을 당신이 품으신 게 분명하오. 돌려보낸다는 말과는 전혀 다른 또 하나의 수를 말입니다. 거룻배를 타고 큰 바다의 아득한 깊은 곳을 건너가라 하시니 말이오. 무섭도록 힘에 겨운 그 바닷길은 장비를 다 갖춘 빠른 배조차, 제우스가 보내는 순풍을 받으면서도 건널 수 없습니다. 게다가 나로서는 당신이 흔쾌히 허락하지 않는 한 절대로 배를 타지 않을 작정입니다. 여신께서, 나에 대해 무언가 다른 무서운 재앙을 결코 꾸미지 않겠다고 엄숙히 맹세해 주시기 전에는 말이오."

이렇게 말하자, 아름다운 님프 칼립소는 미소를 지으면서 손으로 그를 어루만지며 말했다.

"그런 말을 다 하다니, 정말이지 당신은 빈틈이 없군요, 오디세우스. 그렇다면 자, 넓고 큰 땅도, 머리 위에 있는 크고 넓은 하늘도, 떨어져내리는 스틱스 강물도—이 강물은 행복하신 신들에게 가장 엄숙하고도 무서운 맹세의 증인이라고 합니다만—굽어 살피시기를. 나는 결코 당신을 해치기 위해 다른 재앙을 꾸미지 않겠습니다. 오히려 내가 생각하는 것은, 내가 만일 당신과 같은 곤경에 빠졌다면 어떻게 할 것인가이지요. 왜냐하면 나도 무엇이 옳은지 알고 있으며, 내 가슴 또한 강철이 아닌 이상, 당신이 애처롭다는 것쯤은 알고 있으니까요."

이렇게 말하고 나서 거룩한 여신은 앞장을 섰고, 오디세우스도 여신의 뒤를 따라갔다. 여신과 인간 오디세우스가 함께 큰 동굴에 이르자, 오디세우스는 거기 있는 의자 위에, 조금 전에 헤르메스 신이 앉았다 일어섰던 그 의자에 걸터앉았고, 님프는 그의 곁에 장만해 두었던 모든 음식을, 죽어야 하는 인간이 먹을 수 있는 먹을 것, 마실 것을 빠짐없이 준비해 주었다. 그리고 자기는 존엄한 오디세우스의 맞은편에 자리를 잡자, 시녀들이 신이 먹는 음식과 신이 마시는 술을 갖다 바쳤다. 두 사람은 그들 앞에 차려진 음식을 한참 먹고 나서 충분히 포만감을 느끼자, 먼저 거룩한 여신 칼립소가 이야기를 시작했다.

"제우스 님이 보호하시는 라에르테스의 아들, 지혜가 많은 오디세우스여, 당신은 진정 이렇게 고국으로, 그리운 고국으로 떠날 생각이신가요. 좋습니다. 아무튼 기분 좋게 떠나시도록 하세요. 그러나 만일 당신이 얼마나 많은 고난을 고국 땅에 도착하기까지 겪어야 하는가를 조금이라도 짐작이나 할 수 있다면, 아마 틀림없이 여기 이대로 나와 함께 머물고자 할 텐데! 나와 더불어 이 집에서 불사의 신령한 몸이 되어 오래도록 살려고 하련만! 그대 부인을 만나고 싶어 애태우며, 언제까지나 그분을 그리워한다 하더라도 말입니다. 그러나 틀림없는 자신을 가지고 말하지만, 그분보다 내가 못하지는 않을 거예요, 용모라든지 몸매까지도. 왜냐하면 결국은 죽어야 할 인간이 용모나 그 우아함으로 우리 여신들과 겨룬다는 것은 아무튼 마땅한 일이라곤 할 수 없으니까요."

그 말에 지혜로운 오디세우스는 대답했다.

"여신님, 제발 그런 일로 나에게 노여움을 가지지 마십시오. 이미 나 스스로 충분히 알고 있으니까요. 정숙한 페넬로페가 그 자태에서나 몸매에서나 비교해 볼 때 당신보다 훨씬 못하다는 것을요. 왜냐하면 그녀는 죽어야 할 인간의 몸이지만, 당신은 늙지도 죽지도 않는 신이 아닙니까? 그럼에도 나는 언제나 집으로 돌아가게 될 행복한 날만을 바라고 있습니다. 또다시 어느 신께서 포도줏빛 검은 바다 위에서 내가 탄 배를 부숴 버리신다 해도, 고난을 견딜 마음을 굳게 가지고 꾸준히 참아 가겠습니다. 이미 이제까지 풍파 속에서도, 전쟁에서도 너무나 많은 고난과 쓰라린 역경을 헤쳐 왔으니까요. 앞으로 있을 재난도, 이제까지 내가 겪은 것에 한 가지 더 보태어지는 데에 지나지 않지요."

그러는 동안에 해가 저물어 어둠이 찾아왔다. 두 사람은 동굴 안으로 들어가 서로 상대방 옆에 몸을 누이고 사랑의 밤을 보냈다.

그러나 아침 일찍 장밋빛 손가락의 새벽 여신이 나타나자, 오디세우스는 곧 겉옷과 망토를 걸쳤다. 한편 님프는 매혹적인 은빛으로 빛나는 기다란 망토를 가볍게 걸치고, 허리에는 아름다운 황금 벨트를 졸라맨 다음, 머리 위에 베일을 썼다. 그리고서 재주와 능력이 뛰어난 오디세우스를 떠나보낼 채비를 시작했다. 먼저 그에게 커다란 청동 도끼를 건네주었다. 손에 알맞게 잡히는 것으로 양쪽에 날카로운 날이 서 있으며, 게다가 훌륭한 올리브나무 자루가 꽉 박혀 있었다. 그리고 또 날이 잘 선 자귀 한 자루를 건네주자, 앞장서서 섬의 가장 변두리인 울창한 숲속으로 그를 안내해 갔다. 오리나무와 포플러나무, 하늘 높이 치솟은 전나무 등, 이미 오래 전에 말라 버려 가볍게 물 위를 떠날 것 같은 배의 재료로서 훌륭한 나무들을 보여 주고 나서, 아름다운 님프 칼립소는 집으로 돌아갔다. 그곳에 홀로 남은 오디세우스가 나무들을 자르기 시작하면서 일은 매우 빨리 진행되었다. 그는 모두 20그루의 나무를 잘라 놓고, 청동 도끼로 가지를 치고, 솜씨 좋게 깎아서 먹줄로 똑바르게 균형을 잘 잡아 놓았다.

그 동안에 칼립소가 송곳을 가져와, 오디세우스는 널빤지에 모두 구멍을 파고 얼키설키 가지런히 맞추어 놓은 다음, 나무 토막과 나무못을 튼튼히 박아 넣어서 이들 널빤지들을 끼워 맞추었다. 그러고 나서 마치 배를 만드는 숙련공이 바닥 넓은 짐배의 몸체를 잡듯, 오디세우스는 이 거룻배 위를 널찍하게 만들었다. 그리고 다음에는 갑판을 놓고, 짧은 간격으로 배의 늑골을 맞춰 놓고, 그 옆에 긴 뱃전을 가져다 댐으로써 마지막 손질이 끝났다. 그는 거룻배 안에 돛대를 세우고, 활대를 꼭 끼웠다. 그리고 배의 방향을 다스리기 위해 키를 달았다. 이물에서 고물에 이르기까지 빙 돌아가며 배 옆구리 둘레에 잔 나뭇가지와 버들고리 가지들을 둘러쳐서 거센 파도를 막게 했다. 그러는 동안에 여신 칼립소가 큼직한 천조각을 가져와서 오디세우스는 그것으로 훌륭한 돛대를 만들었다. 또 배에 활대를 올리고 내리는 밧줄과 돛의 용총줄도 모두 갖추어 비끄러매어 놓은 다음, 다시 굴림대를 사용해서 그 배를 빛나는 바다로 끌어내렸다.

나흘째 되던 날에는 드디어 모든 준비가 끝났다. 닷새째 되던 날 거룩한 칼립소는 섬에서 그를 떠나보내기로 했다. 먼저 목욕을 하게 한 다음, 몰약 향기가 밴 옷을 입혀 주고, 한편으로는 검은 빛이 나는 포도주를 담은 가죽자루와 물을 담은 자루, 그리고 옥수수 가루가 든 자루를 실어 주었다. 또 많은 부식품을 풍성히 싣고 나서는, 따스하고 부드러운 순풍을 실어 주었다. 가슴이 행복으로 가득 찬 존엄한 오디세우스는 순풍에 돛을 올리고, 키를 잡아 곧장 배를 달려 나갔다. 교묘하게 배의 방향을 찾아 조종해 나가며, 졸음도 없이 계속 앉아서는 밤하늘의 플레이아데스 자리를 지켜보기도 하고, 늦게 기우는 목동자리(牧童座), 또한 짐수레(북두칠성)라 불리는 큰곰을 지켜보며 앞으로 나아갔다. 이 큰곰은 언제나 같은 위치에서 방향을 바꾸면서 사냥꾼 오리온을 맞은편에서 감시한다. 이것은 대양의 물에 결코 목욕하지 않는 유일한 별자리로서, 지혜로운 여신 칼립소는 그에게 바다 위를 항해하는 동안 언제나 이 별을 왼편으로 하고 가라고 일러 주었다. 이렇게 해서 그는 17일 동안 앞으로 앞으로 나아갔다. 그리하여 18일 만에 파이아케스인이 사는 나라의 그늘진 산의 모습이 보이기 시작했다. 이것이 가장 가까운 육지였는데, 그 섬을 안개 자욱한 바다 위에 마치 평평하게 놓인 가죽 방패 모양으로 나타나기 시작했다.

이 모습을 아이티옵스인의 연회에서 막 돌아오던, 넓고 큰 땅을 뒤흔드는 신 포세이돈이 멀리 솔뤼모이 산봉우리에서 지켜보고 있었다. 바다 위를 달려가는 오디세우스의 배를 발견하자 포세이돈은 분노하여 머리를 흔들면서 혼자 중얼거렸다.

"아니, 이게 무슨 짓이람. 이건 신들이 분명 오디세우스에 대해 생각을 달리한 게 틀림없어. 내가 아이티옵스 고장에 가 있는 동안에 말이야. 게다가 그는 벌써 파이아케스인 땅 바로 가까이 다가오지 않았는가. 여기는 그가 큰 고난의 고비를 넘기기로 되어 있는 마지막 땅인데. 하지만 안 되지, 아직은 듬뿍 재앙을 맛보게 해줄 테다."

이렇게 말하고는 두 손에 삼지창을 집어들고 구름을 모으며 바다를 마구 휘저어 놓았다. 그리고 모든 방향의 바람과 태풍을 있는 대로 불러일으키며 대륙과 바다를 구름으로 뒤덮어 버리자, 어두워졌다. 그리하여 동풍과 남풍이 거칠게 불어대는 서풍과 맑은 하늘에서 생겨나는 북풍을 동반하여 함께 몰아치면서 큰 파도를 굴려 갔다. 이 때에는 제법 용감한 오디세우스도 두 다리가 맥이 빠져 후들거리고, 심장도 마구 터질 것만 같아, 자신의 마음에 대고 이렇게 말했다.

"아, 참으로 딱도 하구나. 도대체 이 일이 어떻게 되는 것일까. 정말이지, 여신께서 하신 말씀이 모두 사실인 것 같군. 고향땅을 밟기 전에 바다에서 끝없는 고난을 맛보지 않으면 안 된다고 말씀하시더니, 그 일이 이제 실제로 닥쳐오는가 보구나. 참으로 제우스 신께서는 무슨 저런 구름을 가지고 넓은 하늘을 빙 둘러 쳐 버리셨단 말인가. 바다 벌판을 마구 휘젓고 온갖 방향에서 바람이 몰려드니, 이제 파멸이 가까워졌나 보다. 다나오스의 후손들은 세 겹으로 행운을 누렸군. 아니, 네 겹이란 말이야. 드넓은 트로이의 널따란 싸움터에서 아트레우스의 자손들 '메넬라오스와 아가멤논'에 대한 의리를 존중해서 나도 그날 죽어버렸다면 좋았을 것. 많은 트로이 무사들이 떼를 지어 나를 목표로 청동 날이 박힌 나무창을 던졌었지. 저 펠레우스의 아들 아킬레우스의 시체를 둘러싸고 싸웠을 때 세상을 떠났더라면 훌륭하게 장례식도 치러주고, 내 명예를 아카이아 사람들에게 널리 전했을 텐데. 그런데 지금 나는 비참하기 짝이 없는 개죽음을 당하는 운명에 놓였지 뭔가."

그가 이렇게 말했을 즈음부터 커다란 파도가 꼭대기에서 무서운 기세로 떨어져내려 뗏목을 뱅글뱅글 휘둘러 놓았다. 그리하여 그는 뗏목에서 멀리 나가 떨어졌으며, 키도 손에서 놓쳐 버렸다. 그리고 한데 얽힌 여러 가지 바람의 심한 숨결이 무서운 기세로 덮쳐와 돛과 활대가 모조리 떨어져 나갔다. 말할 것도 없이 그도 오래도록 바다 밑으로 빨려 내려가며, 커다란 파도가 돌진하는 기세 때문에 쉽사리 떠오를 수가 없었다. 떠날 때 거룩한 칼립소가 입혀 준 옷이 무게를 더했던 것이다. 그는 겨우 물 위에 떠올라 입에서 짜디짠 바닷물을 토해 내었으며, 머리에서도 함빡 물을 털어냈다. 그런데 이렇게 처참한 처지에 있으면서도 뗏목을 잊지 않고 파도 사이로 내달아 뗏목을 붙잡고는 그 한가운데에 올라앉아, 닥쳐오는 죽음을 피하려 했다. 그 뗏목은 커다란 파도를 따라 이리저리로 끌려 다녔다. 마치 가을 북풍이 바싹 말라붙은 엉겅퀴 열매를 들판 위로 수없이 굴려가듯이, 서로 엉겨 붙어 날아가는 듯한 모양으로 바다 벌판 위를 여러 방향의 바람이 이쪽저쪽으로 뗏목을 끌고 갔다. 어느 때에는 남풍이 북풍에게 뗏목을 가져가라는 듯 던져 주고, 또 어느 때에는 동풍이 서풍에게 뗏목을 쫓아가라고 양보하는 것이었다.

이런 광경을 마침 카드모스의 딸인 복사뼈가 아름다운 이노, 즉 레우코테아가 목격했다. 이 님프는 예전에 인간의 소리를 내었으나, 이제는 물결치는 바다에서 신들로부터 존경을 받고 있었다. 이 님프는 오디세우스가 허둥지둥 숱한 고난을 겪는 것을 불쌍히 여겨 갈매기 모습으로 몸을 바꾸어 날아가서는 포구 위로 떠올라 뗏목 끝에 앉아, 그에게 말했다.

"불운한 분이여, 대지를 흔들어 대시는 포세이돈 님이 당신에게 왜 그렇게도 대단한 화를 내십니까? 이렇게 굉장한 재난을 일으키시다니. 하지만 무척 기세는 부리시지만, 당신의 생명을 빼앗지는 못하실 겁니다. 그러니 부디 이렇게 하세요. 아무래도 당신은 바보는 아닌 것 같으니 말이에요. 먼저 그 옷을 벗고 뗏목은 바람이 가는 대로 내버려 두세요. 그리고 손으로 헤엄쳐 가서, 파이아케스 사람들 나라로 가는 길을 찾는 것입니다. 거기서 당신은 그 못살게 구는 손에서 벗어나도록 정해져 있으니까요. 그리고 옳지 옳지, 이 베일을 가슴 밑에 졸라매야 합니다. 절대로 없어지지 않는 물건이니까요. 어떤 일을 당하더라도 두려워할 건 없습니다. 죽을 염려는 없으니까요. 그러나 만일 손으로 육지를 만지게 되거든, 그 베일을 다시 풀어서 포도줏빛 바다로 던져 버리세요. 육지에서 훨씬 먼 곳으로, 당신은 다른 방향을 보면서요."

이렇게 높은 소리로 말하고 나서 여신은 머리에 쓰는 베일을 건네주고, 자신은 갈매기를 닮은 모습으로 파도치는 바다로 들어가 버렸다. 검은 파도가 그 모습을 숨기고 난 뒤에, 참을성 있는 존엄한 오디세우스는 무언가를 깊이 생각하더니 자신의 마음에 대고 말했다.

'아, 야속한지고. 또다시 누군가 불사의 신들 중에 어느 분이 짓궂은 수를 내게 꾸며 대고 뗏목을 떠나가라고 명령이시군. 하지만 결코 고분고분 따르지는 않으리라. 육지는 아직도 아득히 멀다는 걸 이 눈으로 똑똑히 보았으니까. 그곳으로 가면 벗어난다고는 하셨지만. 그보다도 먼저 이렇게 해 보자. 나무들이 하나로 붙어 있는 한은 그대로 여기 머물러 있으면서, 재난을 당하더라도 참고 견디자. 그러나 끝내 파도가 뗏목을 산산조각을 낸다면, 그때는 헤엄을 치도록 하자. 이보다 더 좋은 방책은 생각할 수 없으니 말이다.'

그가 마음속으로 이렇게 생각했을 즈음 대지를 뒤흔드는 포세이돈이 또다시 커다란 파도를 불러일으켰다. 무서운 재난의 파도를 높은 곳에서 내려덮치게 하고, 그를 향해 밀어 보냈다. 마치 힘차게 불어대는 바람이 산처럼 쌓인 왕겨더미에 불어 흔들어대자 왕겨가 여기저기 흩어지는 듯, 그런 모습으로 바다의 신은 뗏목의 재목들을 산산이 흩어 놓았다. 그래서 오디세우스는 마치 한 필의 말을 몰고 가는 듯이 나무 하나 위에 타고 앉아 흘러갔다. 곧 그는 칼립소가 준 옷을 벗어 던지고 베일을 가슴 밑에 비끄러맸다. 그리고 똑바로 엎드린 채 두 팔을 벌려 헤엄쳐 가려고 서두르면서 바다 속으로 뛰어 들었다. 넓은 땅을 흔들어 대는 신이 보고는 머리를 저으며 중얼거렸다.

"그럼, 그런 식으로 이제부터 온갖 재난을 겪으면서 제우스가 기르고 보호하는 놈들과 만나기까지는 바다 위를 헤매어 다니거라. 하지만 그렇다 하더라도 아직도 네가 재난이 이 정도라면, 하고 가벼이 본다는 것은 용서할 수 없다."

이렇게 소리 높여 말하고 그는 갈기털이 훌륭한 말들에게 회초리를 휘두르며 수레를 달려, 세상에서 이름 높은 전당이 있는 아이가이로 갔다.

한편 제우스의 딸인 아테나 여신은 또 다른 일을 생각해 냈는데, 바로 다른 바람들의 진로를 모두 막아 불기를 그치도록 명령했다. 그리고 거친 북풍을 일으켜 오디세우스가 가는 길 앞의 파도를 부숴 버렸다. 그렇게 해서 노젓기에 익숙한 파이아케스 사람들을 만날 때까지 오디세우스가 죽음과 비참한 운명을 벗어날 수 있게 했다.

이즈음 오디세우스는 이틀 낮과 이틀 밤 동안을 파도의 물굽이에 몸을 맡긴 채 헤매면서, 번번이 죽음에 빠져들 것만 같은 생각이 들었다. 그러나 사흘째 되던 날 아름답게 머리를 땋아 올린 새벽 여신이 밝음을 퍼뜨렸을 때, 그제야 겨우 바람이 자고, 잔잔한 물결이 찾아왔다. 그리고 그는 바로 가까운 육지를 바라보았다. 커다란 파도에 떠밀려 올랐을 즈음 그는 재빨리 주위를 둘러보았다. 마치 어린 자식들에게 부친의 생명이 기쁘고 고맙게 여겨지듯이—그 아버지가란 병으로 자리에 누운 채 심한 고통을 맛보면서 오랫동안 괴로움을 받아 온 분이다. 어떤 신이 악의로 그를 공격한 탓이었는데, 그것을 이번에는 기쁘고 고맙게도 신들이 그 질병에서 풀어 놓아 주신 것이다.—오디세우스는 육지와 숲이 기쁘고 고맙게 보였다. 그래서 육지를 향해 제 발로 걸어 오르리라 마음먹고 힘차게 헤엄쳐 갔다. 그러나 해안에서 사람이 소리쳐 부르면 들릴 만한 곳에까지 헤엄쳐 왔을 때 바로 바다 속 해안 가까운 곳에 있는 암초에서 울리는 파도 소리를 들었다. 커다란 파도가 메마른 육지를 향해 밀려가서는 큰 소리로 울리며 거품이 되어 부서지고, 닿는 대로 물보라로 휩싸 버리곤 했기 때문이었다. 더구나 배를 매어 둘 포구나 파도를 피할 부두도 전혀 없고, 툭 불거진 곳과 암초, 칼날같이 솟은 절벽만 있을 뿐이었다. 그때는 오디세우스의 무릎도 덜덜 떨리고 용기마저 사그라져 버렸으며, 가슴이 답답해진 그는 자신의 마음을 향해 말했다.

'아, 이게 무슨 운명일까. 뜻밖에도 육지를 바라보도록 제우스 님이 마련해 주셨건만. 더구나 이렇게 넓은 바다 위를 끝내 타고 넘어왔는데, 잿빛 바닷물에서 밖으로 빠져 나갈 길이 아무 데도 보이지 않다니. 저것 봐, 저렇게 겉은 모두 날카롭게 서 있는 절벽뿐이고, 그 주위에는 파도가 산산이 부서지면서 울려 퍼지고, 바위도 미끌미끌하게 솟아 있는데다가 바다는 해안 쪽이 깊어서 아무리 해도 두 발로 꼭 딛고 서서 재앙을 면할 수 있는 방법은 보이지 않는구나. 내가 해안으로 올라가는 것을 큰 파도가 밀려 와서 붙잡아 간다면, 잘못하다간 뾰족한 바위에 내동댕이칠까 두렵다. 그렇게 된다면, 내 노력도 비참한 결과가 되고 말겠지. 그런데 좀더 앞으로 해안을 끼고 헤엄쳐 간다면, 바다로 불거져나온 모래사장이라든가 바다의 포구 같은 데가 발견될지도 몰라. 한 가지 걱정스러운 것은 또다시 거센 바람이 나를 사로잡아 물고기 떼가 우글우글한 바다 위로 날려 가지나 않을까 하는 것이지, 탄식만 계속하게 하면서. 아니면 커다란 괴물이 바다 밑에서 헤엄쳐 올라와 나에게 덤벼들도록 신이 시킬지도 몰라. 그런 놈들을 악명 높은 암피트리테(포세이돈의 아내)는 잔뜩 기르고 있다니까. 이제는 속속들이 악명 높고 대지를 흔들어 대는 신이 내게 얼마나 미움을 품고 있는지를 알아차렸단 말이다.'

그가 이렇게 마음속으로 이 궁리 저 궁리 생각에 잠겨 있을 때, 커다란 파도가 그를 날려 마구 날뛰는 해안으로 몰고 갔다. 이때 하마터면 바위 때문에 피부가 벗겨지고 뼈가 몽땅 부서졌을지도 모른다. 만약에 빛나는 눈의 여신 아테나가 그의 마음속에 이런 생각을 일게 해주지 않았다면 말이다. 그는 두 손을 뻗쳐서 바위에 달려들어 붙잡은 채, 큰 파도가 지나갈 때까지 안간힘을 쓰면서 바위에 매달렸던 것이다. 이렇게 해서 그 파도를 운 좋게 피하자, 그 다음에는 또 되돌아오는 파도가 밀어닥쳐서는 먼 바다로 그를 끌어갔다. 마치 문어가 살고 있는 굴 속에서 끌려나올 때 그의 빨판에 조약돌이 잔뜩 붙어 있는 것처럼, 그의 건장한 팔에서는 피부가 여기저기 벗겨져 바위에 달라붙었다. 그리곤 커다란 파도가 몽땅 그를 덮쳐 버렸다.

이때 그는 불행하게도 그 운명을 넘어서 생명을 잃어버릴 뻔도 했다. 만약에 빛나는 눈의 아테나가 특별하고 뛰어난 지혜의 힘을 내려주지 않았으면 말이다. 그는 해안으로 밀려서 부서지는 파도의 바깥으로 뚫고 나와, 육지를 바라보면서 곧장 헤엄쳐 갔던 것이다. 혹시 파도가 모로 치는 밖으로 비어져 나온 모래펄이라든가, 바다의 포구가 보이지나 않을까 하고. 그리하여 헤엄쳐 가는 동안 맑게 흐르는 냇물 어귀에 다다랐을 때, 그곳이야말로 가장 좋은 장소라고 그가 느낀 것은 바위도 없거니와 평탄하여 바람을 막는 아늑한 곳이었기 때문이다. 거기서 냇물이 흘러나오는 것을 느끼자 그는 마음속으로 기도를 드렸다.

'신이시여, 부디 제 청을 들어주소서. 당신이 무슨 신이신지는 알 수 없지만 몇 번이고 기도를 드리며 당신 앞에 무릎 꿇겠습니다. 이제 막 바다를 벗어나 포세이돈 신의 꾸지람을 벗어나는 데 성공했습니다. 불사의 신들조차도 인간들 중에서 여러 곳을 헤매어 다닌 끝에 신 앞에 와서 무릎 꿇어 기도드리는 사람은 소홀히 하지는 못한다고 합니다. 제가 지금 엄청난 고생 끝에 당신의 냇물과 당신의 무릎에 와서 간청드리는 것도 마찬가지입니다. 제발 그런 까닭이오니 동정을 베푸소서. 황송하오나 저는 신이여, 당신께 비옵는 기원자입니다.'

이렇게 말하자 그 냇물의 신은 바로 냇물을 멈추고 파도를 눌러, 그의 훨씬 앞쪽에다 바람결을 만들어서 무사히 그를 냇물이 흐르는 길로 안내해 주었다. 그래서 그는 양쪽 무릎과 억센 팔을 구부렸다. 왜냐하면 바닷물 때문에 피부는 온통 부풀어 오르고, 입과 코에서 숱하게 짠물이 콸콸 뿜겨져 나왔기 때문이다. 이제는 숨도 쉴 수 없고 소리도 낼 수 없으며, 거의 몸조차 가누지 못한 채 누워 있었다. 무서운 피로가 덮이켜 왔다. 그런데 숨을 돌이키고 다시 기운을 되찾은 바로 그때, 그는 거룩한 베일을 목에서 풀고, 그것을 바다로 흘러내리는 냇물에 던져 주었다. 그러자 커다란 파도가 거꾸로 냇물의 하류로 날아가더니, 곧 님프인 이노가 자기 손에 그걸 받아 들었다. 한편 오디세우스는 냇가에서 떨어진 갈대 숲 아래 몸을 내던지고는, 곡식을 무르익게 하는 넓고 큰 땅에 입을 맞추었다. 그리고 근심으로 가슴이 가득 차서 자신의 마음을 향해 말했다.

"아, 야속한지고. 이게 무슨 꼴인가. 도대체 이젠 어떻게 된다는 것일까. 냇물 옆에서 이렇게 걱정스러운 밤을 앉아서 보내게 된다면, 심한 한기와 차가운 이슬이 함께 모여서 몸도 움직일 수 없는 처지에서 방금 빠져 나와 거의 숨이 끊어질 지경인 이 나를, 아주 쓰러뜨려 버릴지도 몰라. 게다가 새벽녘에는 냇가에서 불어오는 바람이 차가우니 말이지. 그러나 또 둑을 올라가서 울창한 숲속으로 들어가 꽉 들어찬 나무 아래 숨어서 잠을 청한다면, 다행히 추위와 피로를 피하고 상쾌한 잠에 빠져들 수도 있겠지만, 혹시나 들짐승들이 나와서 나를 잡아먹을지도 모르니 그게 또 문제로군."

이처럼 궁리를 하는 중에 다음처럼 하는 것이 최선이라는 생각이 들어 그는 숲속으로 들어갔다. 그 숲은 냇가에서 멀지 않으며, 주위가 깨끗한 곳이었다. 한 쌍의 관목이 같은 나무의 뿌리에서 돋아났는데, 그 하나는 야생의 올리브이고 또 하나는 재배하는 올리브 나무였다. 이 숲은 바다에서 불어오는 습기 찬 바람의 기세에도 끄떡없고, 태양도 그 이글거리는 빛의 화살을 던질 수 없으며, 비도 뚫고 들어가지 못했다. 그만큼 서로 빈틈없이 가지를 꼭 얽어대고 무성하게 자라 있었다. 그 아래로 오디세우스는 들어갔다.

　그리고 손으로 낙엽을 긁어모아 잠자리를 널찍하게 만들었다. 떨어진 잎더미가 무척 많았던 것이다. 그건 두 사람, 아니 남자 셋이라도, 겨울철에 더구나 몹시 추위가 심한 때에라도 몸을 감싸주기에 넉넉할 정도였다. 그걸 보고 참을성 있는 오디세우스는 기뻐하며 좋아서 그 한가운데에 몸을 누이고는, 몸 위에 낙엽을 잔뜩 끌어다 덮었다. 마치 사람들이 불씨를 거무스름한 재 속에 묻어 두듯이. 외진 변두리에 살면서 근처에는 다른 이웃도 없는 사람이, 어딘가 다른 데서 불을 얻어 오지 않더라도 괜찮도록 불씨를 살려 두려고 할 때처럼, 오디세우스는 나뭇잎 속에 누워 있었다. 그의 눈 위에 아테나 여신은 잠을 쏟아 넣어 주었다. 부드러운 눈꺼풀에 포근히 잠을 덮어 씌워서 쓰라림과 고되어 견디기 힘들었던 일들로부터 조금이라도 일찍 회복되게 하려는 것이었다.

제6권
스케리아 섬 왕 알키노스와 왕녀 나우시카 이야기

이야기는 바뀌어, 스케리아의 왕 알키노스는 반신인(半神人)인 파이아케스족을 다스리며, 왕비 아레테와의 사이에 자녀 여럿을 두었다. 그 가운데 나우시카는 아직 처녀로 그 얼굴 생김새가 빼어나게 아름다웠다. 그녀는 이날 새벽, 꿈자리가 좋아서 외출할 생각으로 부모를 졸라 수레를 준비시키고, 강기슭으로 옷가지를 가지고 빨래하러 나간다. 여러 시녀들이 그녀를 뒤따랐는데, 얼마 뒤 이들은 강기슭 가까운 빨래터에서 옷을 빨아 강변에 널고, 그 사이에서 공 던지기를 하면서 즐거운 시간을 보낸다. 그러다가 문득 공이 빗나가 강 언덕 숲 속으로 들어갔고, 그 때문에 거기서 잠자던 오디세우스가 눈을 뜬다. 그는 일어나서 입을 것과 먹을 것을 청하는데, 나우시카는 부왕의 궁전으로 오라고 한다.

참을성 많은 고귀한 오디세우스는 이처럼 졸림과 피로에 사로잡혀서 줄곧 자고 있었다. 그러나 아테나 여신은 파이아케스족 나라와 도시로 갔다. 그들은 이전에 한때는 넓은 무도장이 있는 히페레이아에서 살고 있었는데, 교만하고 건방진 키클롭스족(외눈박이 거인족) 근처였으므로, 더 힘센 퀴크로페스족들이 그들에게 난폭한 짓을 했던 것이다. 그리하여 이들은 신과도 같은 모습을 한 나우시토스를 따라서 그 고장을 떠나 인간들에게서 멀리 떨어진 이곳으로 옮겨왔다. 그리고 마을 둘레에 성벽을 돌려쌓고 집이나 사원을 짓고 밭을 나누어 가졌다.

그런데 그 나우시토스는 이미 피할 수 없는 죽음의 운명을 따라 저 세상으로 떠나갔기 때문에, 이즈음에는 알키노스가 왕이 되어 다스렸다. 신들로부터 물려받은 뛰어난 지혜로 말이다. 빛나는 눈의 여신 아테나는 고귀한 오디세우스가 고향으로 돌아갈 수 있도록 도와주려고 알키노스 왕의 궁전 쪽으로 갔다. 먼저 가지각색으로 장식된 궁전 안으로 들어갔는데, 거기에는 불사의 여신처럼 키가 크고 아름다운 공주가 누워 있었다. 마음이 너그러운 알키노스 왕의 딸인 나우시카였다. 그 곁에는 시녀 둘이 있었는데, 예의바르고 아름다운 여신들이 아름다움을 내려 준 그녀들은, 한 사람씩 문의 양쪽에서 대기하고 있었다. 반짝이는 그 문들은 닫힌 채였다.

그러나 여신은 바람의 숨결처럼 소리 없이 문을 빠져 나아가 공주의 침대로 다가가서 머리맡에 서서 공주를 향해 말을 걸었다. 이름 높은 선장 뒤마스의 딸로 모습을 바꾸고서. ─그녀는 같은 또래로 무척 가까운 친구 사이였다. 그 아가씨로 모습을 바꾼 뒤 빛나는 눈의 여신 아테나는 말을 걸었다.

"나우시카 님, 어쩌면 어머님은 당신을 이렇게 태평스러운 나날을 보내도록 내버려두시는 걸까요. 반질거리는 옷들을 손질도 안 하고 내버려 두고 있는데 혼인날은 다가오고 있어요. 그때는 당신께서도 고운 옷을 입고 가셔야 하겠고, 또 함께 따라갈 여인들한테도 옷을 입혀야 하지 않겠습니까. 좋은 평판이란 이런 일에서부터 세상 사람들에게 퍼지게 마련이니까요. 그래서 아버님이나 어머님이 기뻐하시게 되는 거지요. 그러니 자아, 밤이 가고 아침 햇빛이 비쳐들기 시작하거든 곧 빨래를 하러 가세요. 조금이라도 빨리 준비를 마칠 수 있도록 말이에요. 이젠 처녀 시절도 그리 오래 남지는 않았으니까요. 이미 오래 전부터 온 나라 안의, 파이아케스족을 통틀어 뛰어난 젊은이들이 당신을 아내로 맞아들이기를 고대하고 있는걸요. 당신 댁의 혈통이 속해 있는, 그 나라에서 말입니다. 그러니 자, 내일 아침 일찍부터 고귀하신 아버님께 졸라서 당나귀와 수레를 마련하도록 부탁드리십시오. 그 수레에 띠와 옷, 빛깔이 좋은 홑이불 등을 실어 나르도록 말이에요. 그렇게 하면 당신께서도 걸어가시기보다는 한결 수월하실 게 아닙니까? 빨래터는 마을에서 떨어진 곳에 있으니까요."

빛나는 눈의 여신은 이렇게 말하고 그대로 올림포스 봉우리를 향해 떠나갔다. 그곳에는 신들의 영원불변한 옥좌가 마련되어 있으며, 어떤 바람에도 흔들리는 일이 없고, 큰 비도 적시지 못하며, 차가운 눈도 가까이 내리기를 꺼렸다. 언제나 구름 한 점 없이 맑은 하늘이 펼쳐져 있고, 대기는 반짝이는 빛들로 넘쳐 있었다. 그런 행복에 넘친 신들이 어느 날이든 변함없이 즐거운 때를 지내는 그곳으로, 빛나는 눈의 여신은 소녀에게 모든 지시를 내린 다음에 떠나갔다.

이윽고 훌륭한 대좌에 앉은 새벽의 여신이 다가와, 고운 옷을 입은 나우시카의 눈을 뜨게 했다. 그녀는 조금 전에 꾼 꿈을 이상하게 여기어 이를 알리려고, 궁전의 회랑들을 지나 아버님과 어머님이 있는 곳으로 갔다. 어머니는 이제 막 화로 옆에 앉아서 시녀들과 자줏빛으로 물들인 실을 잣고 있었다. 또 아버지는 마침 이름 높은 제후들 모임에 나가려고 문을 열고 나서는 참이었다. 인품이 훌륭한 파이아케스 나라 사람들이 왕을 모시는 그 회의에 참석하려는 것이었다. 거기서 공주는 곧 옆으로 다가가서는 아버지에게 말했다.

"아버님, 짐수레를 한 대 마련해 주시지 않으시겠어요? 높다랗고 바퀴가 좋은 것으로요. 지금 냇가로 고운 옷들을 빨러 갈 작정이에요. 모두 더러워진 채 놓아두었기 때문이지요. 그리고 아버님만 하더라도 뛰어난 분들 사이에 계시면서 여러 나랏일들을 계획하시려면, 깨끗한 옷을 몸에 걸치시는 게 좋겠지요. 또 이 궁전 안에는 다섯 명의 사랑스러운 아드님이 계시는데, 그 가운데 두 분은 결혼하셨지만, 세 분은 아직도 한창 피어나는 젊은 분들로, 언제나 새로 깨끗하게 빤 옷을 입고 춤추는 곳에도 가고 싶다고 해요. 그런 일들을 보살피는 게 제가 맡은 일이지요."

이렇게 말한 까닭은 화려한 결혼에 대해 아버지에게 말하는 것이 부끄럽고 쑥스러웠기 때문이었다. 그러나 왕은 이미 모든 것을 짐작하고 대답했다.

"그러려무나. 너를 위해 당나귀 따위는 물론 다른 무엇이든지 결코 아까울 게 없으니, 자 어서 떠나거라. 그리고 하인들이 짐수레도 높다랗고 좋은 바퀴가 달린 것으로 마련해 주겠다. 수레 주위에다 울을 둘러친 걸로 말이지."

이렇게 말하고 시종들에게 명령하자 그들은 문 밖에 바퀴도 튼튼한 수레를 낼 채비를 하고, 그곳으로 노새를 끌어내어 멍에에 매어 놓았다. 그러자 소녀는 궁전 안에서 호화찬란한 옷들을 날라다가, 깨끗이 손질한 짐수레 위에 올려놓았다. 어머니가 바구니 속에 온갖 맛있는 음식을 담고, 포도주를 염소가죽 주머니에 따라 넣자, 소녀는 짐수레 위에 올라탔다. 어머니는 그 손에 황금으로 만든 홀쭉한 병에 담긴 자르르한 올리브 기름을 건네주었다. 목욕 뒤에 공주가 시녀들의 도움을 받아 살갗에 바르기 위한 것이었다. 소녀가 윤기 도는 가죽 고삐와 채찍을 손에 잡고 노새를 달리게 하자, 노새들은 발굽 소리를 울리며 부지런히 길을 달려 옷가지와 공주를 실어갔으며, 시녀들도 함께 따라갔다.

그리하여 그들은 마침내 맑은 물이 흐르는 강가에 이르렀다. 그곳에는 언제나 물이 마르지 않는 빨래터가 있어서, 깨끗한 물이 가득하게 밑바닥에서 넘쳐 흘러나왔고, 아무리 더러운 것도 깨끗해지는 곳이었다. 그곳에서 그녀들은 노새를 멍에에서 풀어, 소용돌이치는 강 언덕의 꿀처럼 달콤한 들풀을 뜯게 하고, 자신들은 짐수레에서 옷가지를 꺼내서는 검푸른 깊은 물 속에 담가 놓았다. 서로 누가 빠른가를 내기하면서, 강바닥의 움푹한 곳에 옷을 담그고는 발로 밟아서 물이 배어들게 했다. 그러고는 빨래들을 비벼 빨아서 때가 깨끗이 빠지자, 옷들을 바닷가에 펼쳐 널었다. 그곳은 특히 파도가 육지로 밀려 올라오며 자갈을 깨끗하게 씻어 놓은 곳이었다. 이들 함께 물 속으로 들어가 몸을 씻고 매끄러운 올리브 기름을 바른 뒤, 이번에는 강둑에서 식사를 하기로 했다. 그 동안에 옷가지들은 눈부신 태양빛에 마르게 될 터였다.

공주와 시녀들은 충분히 식사를 즐긴 다음에는 공던지기 놀이를 시작했다. 머리 위로 서로 공을 던지는 놀이였다. 흰 팔의 나우시카가 노래 부르는 모습은, 마치 활쏘기의 명수인 아르테미스 여신이 이 산 저 산 거니는 모습과 같았다. 특히 그 여신이 높이 솟은 타유게토스 봉우리나 엘리만토스 산맥을 멧돼지들과 재빠른 수사슴들을 쫓으며 달리는 것을 보고 모신(母神) 레토가 마음속으로 흐뭇해했는데, 마치 그 광경과도 같았다. 여신에게는 들의 님프들이 따르면서 들과 산을 돌아다니며 함께 어울려 놀았다. 그럴 때 그들 가운데서 여신은 특히 머리나 얼굴이 빼어났으므로, 본디 모두 아름다운 님프들이기는 하지만 누가 여신인지 쉽게 알아차릴 수 있었다. 그와 마찬가지로, 아직 남자를 모르는 이 순진한 공주는 시녀들 사이에서도 매우 두드러져 보였다.

그런데 공주가 다시 집으로 가려고 노새들을 수레에 매고 아름다운 옷가지들을 정리한 다음, 이제 곧 떠나려 할 때 빛나는 눈의 여신 아테나는 또다시 재미난 일을 생각해 내었다. 오디세우스를 깨워서 아름다운 처녀를 보게 하고, 그래서 공주에게 그를 파이아케스 사람들의 수도로 안내하게 하려는 것이었다. 그때 공주가 시녀 하나를 향해서 공을 던졌는데, 그 시녀한테는 맞지 않고, 겨냥을 벗어나 깊게 소용돌이치는 강물 속으로 떨어지고 말았다. 시녀들은 모두 함성을 올렸다. 그 소리에 존엄한 오디세우스는 눈을 뜨고 몸을 일으켜 앉은 채 가슴속으로 이것저것 궁리를 했다.

"무슨 일일까. 이번에는 또 어떤 인간들이 사는 고장으로 왔단 말인가. 틀림없이 이곳 사람들도 난폭하고 야만적이어서 올바른 것을 분간할 줄 모르는 자들일 거야. 아니면 손님에게 친절하고 신들에 대한 두려운 마음을 가지고나 있을지. 소녀 같은 아가씨들 목소리가 근처에서 들려오는데, 님프들의 함성 소리인가. 산과 산의 가파른 봉우리와 강물의 원천인 샘이며, 풀이 무성한 들에 사는 님프들 말이야. 아니 어쩌면 서로 말을 나눌 수 있는 인간들이 바로 근처에 와 있는지도 모르겠군. 아무튼 이제 나가서 실제로 알아보기로 할까."

이렇게 중얼거리면서 존엄한 오디세우스는 나무 밑에서 기어나왔다. 나무가 빽빽하게 들어찬 숲 속에서, 잎사귀가 빈틈없이 붙은 가지를 억센 손으로 꺾어 알몸의 하반신을 덮어 숨기듯이 하면서 나오는 그 모습은, 마치 산중에서 자라난 사자가 자기 힘에 자신을 가지고 비가 오건 바람이 불건 상관하지 않고, 그 두 눈은 번쩍번쩍 타오르는 듯하며, 암소들과 양 떼에게, 또는 들의 사슴에게 덮쳐드는 것과도 같았다. 배고픈 창자가 사자에게 가축과 인간들의 튼튼한 집을 습격하게 하는 것과 마찬가지로 그와 같은 절박한 필요 때문에 오디세우스는 알몸이면서도 올린 머리가 아름다운 아가씨들 사이에 끼어들려고 했다. 그런데 바닷물로 몹시 축난 그의 모습은 아가씨들 눈에는 어처구니없이 무서운 것으로 비쳤기 때문에, 모두 가슴이 서늘해져서 뿔뿔이 쫓겨 바닷가로 달아났다. 그런데 단 한 사람, 알키노스의 딸만은 그곳에 멈추어 서 있었다. 아테나 여신이 그 가슴속에 대담한 생각을 불어넣고, 팔다리에 두려움을 없애 주었기 때문이다. 그녀는 단단히 버티면서 그를 향해 우뚝 서 있었는데, 한편 오디세우스는 어떻게 할까 망설이고 있었다. 무릎에 매달려 아름다운 처녀에게 무작정 사정을 할 것인가, 아니면 이대로 떨어져 선 채로 부드러운 말로 마을로 가는 길을 묻고, 입을 옷가지를 청할 것인가. ─이렇게 궁리하다가 멀찌감치 선 채로 부드러운 말로 부탁하는 게 좋겠다고 마음먹었다. 섣불리 무릎에 매달리면 소녀의 가슴에 반발심을 일으킬 지도 몰랐다. 그래서 조심스럽게 빈틈 없는 말로 이야기를 시작했다.

"당신의 자비 앞에 이 몸을 맡깁니다. 당신은 여신이십니까, 아니면 인간이십니까? 만일 크고 넓은 하늘을 다스리시는 신이시라면, 제우스 신의 따님이신 아르테미스 님과 모습과 키, 아름다움이 가장 닮은 것처럼 보입니다마는, 인간 세계의 분이시라면, 이 땅 위에 사시는 아버님께서도 어머님께서도 세 배나 행복한 분들이심에 틀림없습니다. 형제분들도 세 배나 행복한 분이시겠지요. 아마도 틀림없이 그분들의 마음은 당신이 있어 늘 즐겁고 명랑하며 화목한 분위기에 싸여 계실 겁니다. 이런 젊음의 꽃이 가무(歌舞)의 무리 속에 어울리는 것을 늘 바라보고 계실 테니 말입니다. 그리고 당신의 남편도 여러 사람 가운데 최고의 행운을 차지하는 분이 되시겠지요. 혼수품을 듬뿍 쌓아 놓고 당신을 집에 맞아들일 그 젊은 분 말입니다. 일찍이 인간으로서 이러한 분은 남성이든 여성이든 만나 본 적이 없습니다. 그래서 지금 이렇게 뵈옵기만 해도 황공한 마음이 이 가슴에 넘치는 것입니다.

언젠가 한 번 델로스섬에서 아폴론 신의 제단 옆에, 당신처럼 싱싱하고 젊은 종려나무의 어린 싹이 땅 속에서 돋아나오는 것을 본 적이 있습니다. 그 고장으로 많은 군사를 거느리고 나도 갔었기 때문이지요. 그 뒤 내가 말할 수 없이 지독한 고난을 겪게 된 그 원정 도중이었습니다. 그 어린 나무를 바라보고 오랫동안 마음에 감동을 받고선, 그대로 그 자리에 멍하니 넋을 잃고 서 있었지요. 왜냐하면 이제까지 그처럼 멋진 나무가 땅에서 피어난 적은 없었으니까요. 마찬가지로 당신의 모습에 감동받아 넋을 잃은 나머지, 당신의 무릎에 손을 대는 것조차 황송하게 생각합니다. 그러나 나는 지금 말할 수 없이 괴로운 처지에 몰려 있습니다. 겨우 어제서야 스무 날 만에 포도줏빛 바다를 빠져나왔는데, 파도와 날쌘 질풍이 오기기아 섬에서 나를 이곳으로 실어다 준 것입니다. 그리고 어떤 신께서 나를 이곳에 던지셨는데, 아마 여기서도 무슨 재난을 또다시 겪게 하려는 뜻이겠지요. 아직 재난이 끝난 게 아니니, 그 전에 신들은 많은 재앙을 나에게 겪게 하시려는 의도이신 것 같습니다.

그러니 부디, 당신께서는 나에게 동정과 연민을 베풀어 주십시오. 나는 숱한 재난을 겪은 끝에 처음으로 기댈 수 있는 분인 당신을 찾아 이곳에 온 것이랍니다. 또 나는 이 고장에 사시는 분이라곤 단 한 사람도 알지 못하기 때문이지요. 그러니 마을로 가는 길을 알려 주시고, 몸에 걸칠 누더기라도 좀 베풀어 주십시오. 옷가지를 싸는 보자기 같은 거라도 이곳에 오실 때 가지고 오셨다면요. 그리고 당신에게는 마음속에 원하시는 것은 무엇이든지, 남편이든 저택이든 또는 마음의 화합이든 모두 신들께서 내려주시길 바랍니다. 이보다 더 훌륭하고 필요한 것은 없을 것이니 말입니다. 남편과 아내가 마음이 하나가 되어 가정을 꾸려 가는 게 가장 고귀한 일이지요. 그것은 정말 심술궂은 적에게는 몹시 못마땅한 일이겠지만, 자기편에 있어서는 기쁘고 경사스러운 일로, 그것을 가장 잘 아시는 분은 바로 당신들 자신이 아니겠습니까?"

그 말에 흰 팔의 나우시카는 대답했다.

"낯선 분이시지만, 당신은 나쁜 사람도 어리석은 바보도 아닌 것 같군요. 그리고 올림포스에 계시는 제우스 님께서는 인간들에게 좋은 사람이든 나쁜 사람이든, 생각나시는 대로 그 나름의 행복이라는 것을 나누어 주시는 분이니, 아마 당신에게도 그렇게 내려 주셨을 것입니다. 그러니 당신은 무엇이든 꾹 참고 지내지 않으면 안 되시겠지요. 그런데 우리나라에 그리고 윗마을에 오신 다음에는, 입을 것이든 또 다른 무엇이든 갖게 되실 겁니다. 불행한 분이 우리를 만나 마땅히 가질 수 있는 물건이라면 말이지요. 그리고 마을로 가는 길은 내가 가르쳐 드릴 터이고, 주민들의 이름도 말씀드리겠습니다. 이 마을, 또 이 나라에 살고 있는 사람은 파이아케스라는 족속들로, 나는 마음이 너그러우신 알키노스의 딸이며, 그분에게 모든 파이아케스 사람들의 힘과 권세가 달려 있습니다."

그녀는 이렇게 말하고 나서 머리를 곱게 땋아 올린 아름다운 시녀들에게 명령했다.

"거기에 서 있거라. 어디로 도망가려는 것이냐? 남자분을 보았다고 해서? 설마 이분이 적국의 어떤 사람이라는 건 아닐 테지. 이 파이아케스 사람들이 사는 고장에 적의를 품고 오는 이는 살아 있는 인간 중에는 있지도 않을 터이고, 또 앞으로도 나타나지 않을 것이다. 우리는 영원히 죽지 않으실 신들과는 아주 가까운 사이니까. 또 우리는 인간 세계와는 동떨어진 파도가 일렁이는 넓은 바다 세계의 한끝에서 살고 있으니, 죽어야 할 모든 인간 중의 한 사람으로서, 우리와 관계를 가진 자는 아무도 없다. 하지만 여기 계시는 이분은 불행한 분으로서, 거친 파도에 떠밀려 다니다가 이 마을에 닿은 분이시다. 그러니 지금은 이분을 돌보아 드리지 않으면 안 되는 거야. 다른 나라에서 건너오신 손님이나 도움을 청하는 사람은 모두 제우스 신께서 보내신 분들인 까닭에, 그분들에게 줄 선물로선 변변치는 못하나마 정성어린 마음이라야 드려야겠으니, 자, 어서 시녀들아, 이 손님을 바람을 피할 수 있는 곳으로 모시고 가서 먹을 것과 마실 것을 드리고, 강물에 목욕을 시켜 드려라."

이렇게 말하자 시녀들은 모두 멈춰 서더니, 서로 북돋워 가며 공주의 분부대로 바람이 없는 곳에 오디세우스를 데려다 앉혔다. 마음이 넓은 알키노스의 딸 나우시카의 분부대로. 그리고 그의 옆에 망토와 내의, 입을 것을 갖다 놓고, 올리브 기름이 들어 있는 항아리를 건네주고는, 강물에서 목욕을 하고 오도록 권했다. 바로 그때 존엄한 오디세우스는 시녀들 사이에서 말했다.

"시녀들이여, 그럼 그동안에 저쪽에 가서 계십시오. 그 사이에 내 손으로 소금기를 어깨에서 씻어 내고 올리브 기름을 바르겠습니다. 아주 오랫동안 피부에 기름도 바르지 못했답니다. 그러나 나는 여러분 앞에서는 목욕하기가 망설여집니다. 아름다운 아가씨들 앞에서 알몸을 보이는 건 부끄럽기 때문입니다."

이렇게 말하자 여자들은 좀 떨어진 곳으로 가서 그 사실을 공주에게 말했다. 한편 존엄한 오디세우스는 강물을 퍼서 그의 등과 넓은 어깨에 묻은 소금기를 씻어 내렸다. 그리고 거친 바다의 소금기가 말라붙어 있는 머리카락도 말끔히 씻어 냈다.

이렇게 몸을 깨끗이 씻은 다음에 기름을 바르고, 아직 결혼하지 않은 처녀가 주는 옷을 몸에 걸쳤을 때, 제우스 신의 따님인 아테나 여신은 그를 한층키가 늘씬하고 씩씩한 모습으로 만들었으며, 머리에 늘어진 머리카락도 히아신스 꽃처럼 탐스럽고 훌륭한 모습으로 바꾸어 놓았다. 마치 헤파이스토스신과 팔라스 아테나 두 신으로부터 갖가지 기술을 익힌 뛰어난 장인이 은그릇 둘레에 황금을 빙 둘러 입힐 때처럼, 그리고 그 마무리를 참으로 섬세하고 치밀하게 하듯, 여신은 오디세우스의 머리와 두 어깨에 우아한 풍취를 덧붙여 주었다. 그리하여 그는 모두에게서 떨어져 바닷가로 가서는 아름답고 우아함에 빛나는 모습으로 앉아 있었다. 그런 모습을 아가씨들은 감탄하면서 바라보았는데, 땋아올린 머리가 아름다운 시녀들에게 공주가 말했다.

"내 말을 좀 들어 보아라, 흰 팔의 시녀들아, 잠깐 할 말이 있단다. 이분이 신과도 비길 만한 파이아케스 사람들과 어울린다는 것은 결코 저 올림포스에 계신 신들의 뜻에 거슬리는 일은 아닐 거야. 조금 전까지만 해도 볼품없던 모습이었는데, 이제는 저 넓은 하늘을 지배하시는 신들과 똑같은 모습이니까. 만약에 이런 분이 내 남편이라 불리며, 이 고장에 살게 되신다면 정말 기쁜 일이련만, 이대로 저분이 기꺼이 여기에 머물러 계시게 되신다면 말야. 아무튼 시녀들아, 손님에게 마실 것과 드실 것을 드리도록 해라."

이렇게 말하자, 시녀들은 바로 명령을 따라 오디세우스 옆에 먹을 것과 마실 것을 가져다 바쳤다. 그리하여 참을성 있는 오디세우스는 정신없이 마시고 또먹고 했다. 그도 그럴 것이, 벌써 오랫동안 음식을 먹지 못하고 있었기 때문이다. 그런데 흰 팔의 나우시카는 또 다른 생각을 떠올렸다. 그녀는 옷가지를 개

켜서 커다란 수레 위에 올려놓은 다음, 튼튼한 발굽을 가진 노새들에게 멍에를 씌우고, 그 수레 위에 자기도 오른 다음, 오디세우스를 보고 말했다.

"그럼, 일어서서 마을로 함께 가실까요. 이제부터 지혜로우신 우리 아버님의 저택으로 당신을 모셔다 드릴 테니까요. 거기서는 아마 모든 파이아케스족 중에서도 가장 훌륭한 사람들을 빠짐없이 만나시게 되겠지요. 그런데 먼저 이렇게 하시는 게 좋겠어요. 당신께선 결코 눈치 없는 분이 아니라고 여겼기 때문에 말씀드립니다만, 우리가 시골 땅을, 다시 말해 사람들의 밭이 있는 곳을 지나는 동안에는 시녀들과 함께 노새나 수레를 재빨리 뒤따라 오시도록 하세요. 그러면 내가 길을 안내해 드리지요. 그러나 시내에 접어들면, 그 주변에는 높다란 벽을 두른 탑이 서 있고 마을 양쪽에는 아름다운 항구가 보이며, 그 입구는 좁은 편이지요. 그리고 양끝이 흰 배들이 수없이 길 쪽으로 끌어올려져 있습니다. 시민들 저마다의 배를 놓아두는 선착장이 있기 때문이지요. 그리고 또 거기에는 훌륭한 포세이돈의 신전 옆에 시민들의 집회소가 있는데, 커다란 돌들을 끌어다가 튼튼하게 지어 놓았습니다. 그 근처에서는 사람들이 검은 배의 밧줄과 돛, 여러 도구를 손질하고 노도 손질하고 있습니다.

파이아케스 사람들은 활과 화살, 그리고 화살통 같은 것은 사용하지 않고, 오로지 돛대라든가 균형 잡힌 배를 사용하는 일에 몸담으며 배 타는 것을 기쁨으로 삼으며 잿빛 바다를 건너다닌답니다. 하지만 그 사람들 입에 오르내리는, 마음에도 없는 뜬소문을 나는 피하고 싶습니다. 누군가 나중에 나쁜 소문을 퍼뜨리면 안 되니까요. 시민들 중에는 무척 경망스러운 사람도 있기 때문에, 자칫 짓궂은 사나이가 우리를 만나 그런 짓을 하지 않으리라고는 단정할 수 없으니까요. '누구야, 저 나우시카를 따라가는 제법 사나이답고 훤칠한 낯선 손님은? 어디서 저런 사나이를 찾아냈는지, 어쩌면 공주의 신랑감인지도 모르지. 아니면 누군가 어찌어찌하다가 헤매고 있는 놈을 배에서 데려왔는지도 몰라. 먼 나라의 어떤 놈팡이 하나를 말야. 아무래도 근처 사람 같지는 않은걸. 아니면 공주의 기도로 자꾸만 기원을 받은 신이라도 하늘에서 내려오신 건지, 그래서 이제부터 오래오래 함께 살게 됐다는 건지도. 공주가 나가서 어느 다른 고장에서 남편감을 찾아왔다면 한층 다행스러운 일이렷다. 정말이지 공주는 이곳에 있는, 온 나라 안의 파이아케스족을 우습게 여기고 있단 말이야. 너무나 훌륭한 젊은이들이 그토록 구혼하고 있는데도 말이야.' 모두 이렇게 말하겠지요. 이런 건 내 실수가 될 수도 있으니까요. 더구나 나만 해도 다른 여자가 이런 짓을 한다면 건방지다는 생각이 들 테고요. 만일 그 여자가 소중한 아버님과 어머니가 계신데도 허락도 없이 버젓하게 결혼식도 올리기 전에 남자들과 교제를 한다면요.

그러니 당신께서는, 우리 아버님에게 곧바로 귀국을 위한 여행 준비를 부탁드리고 싶다면 내 말을 잘 기억해야 합니다. 가시는 길에 이제 곧 아테나의 훌륭한 숲을 보시게 될 겁니다. 갯버들이 여러 그루 서 있고 그곳에는 샘물이 흐르고 있는데, 그 둘레에 들이 펼쳐져 있고 우리 아버님의 장원(莊園)이 있어요. 풍성하게 열매를 맺은 과수원이 있는데, 마을에서 사람이 소리칠 때 그 목소리가 들릴 정도의 거리지요. 당신은 그곳에 닿을 때까지 잠시 기다려 주십시오. 그러나 우리가 거의 궁전에 도착했으리라고 짐작될 즈음, 파이아케스 마을로 오셔서 우리 아버님이신 마음이 너그러우신 알키노스의 저택이 어디냐고 물으십시오. 알키노스의 저택은 바로 사람들 눈에 띄는 곳이라, 아무것도 모르는 어린아이라도 길 안내는 할 수 있을 겁니다. 파이아케스 사람들 나라에는 알키노스 영주님의 저택과 같은 식으로 만들어진 집은 없으니까요. 그리하여 당신이 그 건물이나 뜰 안에 들어서시거든, 곧바로 회랑들을 지나서 어머님이 계신 곳으로 들어가시는 겁니다. 어머니는 화로 옆의 불빛이 눈부신 곳에 앉으셔서, 큰 기둥에 몸을 기대시고 보기에도 화려한 자줏빛 털실을 잣고 계실 거예요. 그 뒤에는 시녀들이 앉아 있답니다. 그곳에는 또 우리 아버님의 옥좌가 어머니의 것과 나란히 놓여 있고, 그 위에 아버님이 앉으셔서 포도주를 드시는 모습은 꼭 불사의 신을 닮으셨는데, 그 곁을 지나서 당신은 우리 어머니 무릎을 꼭 끌어안으십시오. 아주 먼 나라에서 오셨으니 귀향의 기쁨을 하루라도 빨리 맛보고 싶다면 말이에요. 만일 어머니가 당신에 대해 좋은 감정을 가지시게 된다면, 가족들과도 다시 만나실 수 있고, 훌륭한 저택과 귀향의 소망도 이루어질 테니까요."

이렇게 소리 높여 말하고 나서, 그녀는 번쩍이는 채찍을 들어 노새들을 몰았다. 그러자 노새는 재빨리 강물의 흐름을 뒤에 남긴 채, 신나게 달리며 두 발을 멋지게 움직여 갔다. 공주는 능숙하게 고삐를 놀리며, 걸어오는 시녀들과 오디세우스가 따라올 수 있도록 조심스레 가죽 채찍을 휘두르면서 나아갔다. 이윽고 해는 저물고 그들은 세상에 이름 높은 아테나의 신성한 숲에 이르렀다.

존엄한 오디세우스는 그곳에 앉아, 제우스 신의 따님인 아테나에게 기도를 드렸다.

"부디 제 기도를 들어주십시오. 염소 가죽 방패를 지니신 제우스 신의 따님이신 아테나 여신이여, 이번에야말로 제 부탁을 들어주시기를. 전에 제 배가 마구 부서졌을 때에는 결코 들어주시지 않으셨으니까요. 저 이름 높으신, 대지를 뒤흔드는 지진의 신께서 제 배를 산산조각을 내신 그 일 말입니다. 제발 제가 파이아케스 사람들에게로 가서, 친절과 동정을 얻을 수 있도록 해주십시오."

이렇게 말하며 그는 기도를 드렸다. 팔라스 아테나는 그 소리를 들었지만, 포세이돈 신을 두려워하는 마음에서 오디세우스 앞에 모습은 보이지 않았다. 아버지 신의 형제인 포세이돈 신은 거룩한 오디세우스가 자기 고향에 돌아갈 때까지도 몹시 화를 내고 있었기 때문이다.

제7권
알키노스 왕 궁전 이야기

왕녀와 헤어진 오디세우스는 홀로 왕국으로 떠난다. 아테나 여신이 나타나 그를 격려하고, 사람들의 눈에 띄지 않게 안개를 뿜어 그의 몸을 숨겨 준다. 그는 왕궁으로 들어가 궁 안에서 왕비 아레테 앞에 다가가서 도움을 청한다. 왕과 왕비는 그를 후하게 대접하고 고향으로 돌려보내 주겠다고 약속한 다음, 여러 가지 선물을 준다. 오디세우스는 칼립소 섬을 떠난 뒤 폭풍을 만나 가까스로 이 섬에 닿게 된 과정을 이야기한다.

참을성 많고 존엄한 오디세우스는 이곳에서 계속 기도를 드렸다. 그동안에 튼튼한 한 쌍의 노새는 공주를 마을로 날라 왔다. 이윽고 그녀가 부왕의 훌륭한 성에 이르러 수레를 현관 앞에 세우자, 불사신들과도 같은 오라비들이 몰려와서는 그 주위에 둘러서서 노새들의 멍에를 풀어 주기도 하고, 옷가지를 안으로 나르기도 했다. 공주는 자기가 머무르는 안채로 걸어갔는데, 아페이레 태생의 시녀로서 침실 시중을 드는 늙은 에우리메두사가 공주를 위해 불을 활활 피웠다. 그녀는 그 옛날 아페이레에서 앞뒤가 젖혀진 배에 실려왔는데, 사람들이 이 여자를 알키노스에게 명예로운 선물로 바쳤던 것이다. 그가 모든 파이아케스 사람들을 다스리며 모든 백성들에게서 신처럼 존경을 받고 있었기 때문이다. 이 늙은 시녀는 흰 팔의 나우시카를 성 안에서 길러 낸 사람으로, 이제 공주를 위해 불을 피우고 저녁 식사 준비를 했다.

마침 그즈음 오디세우스는 성 안으로 들어가기 위해서 일어섰다. 그의 주위에 아테나 여신이 아주 많은 안개를 내리신 것은 오디세우스에게 좋은 일이 있도록 배려했기 때문이었다. 만약에 의기 왕성한 파이아케스족의 누구라도 길에서 만나면 그에게 어디에서 온 누구냐고 물어보거나 시비를 걸어오는 일이 없도록 하기 위해서였다. 그러나 아름다운 성으로 막 들어서려 할 때, 그곳에서 빛나는 눈의 여신 아테나가 물병을 손에 든 젊은 처녀의 모습을 하고 그에게 걸어왔다. 그러고는 그의 바로 앞에서 멈추어 섰다. 존엄한 오디세우스가 그녀에게 물었다.

"아가씨, 잠깐만. 알키노스라는 분의 성으로 가는 길을 안내해 주지 않으시렵니까? 그분께서 이 고장 사람들을 다스리신다고 들었습니다. 나는 다른 나라 사람으로 심한 고생 끝에 이곳에 막 도착했습니다. 아득히 먼 나라에서 왔기 때문에 이 마을이나 이 나라에 살고 있는 사람 가운데서 하나도 아는 사람이 없으니 말입니다."

그러자 빛나는 눈의 여신 아테나가 말했다.

"그러시다면 다른 나라에서 오신 분이여, 제가 당신이 말씀하시는 성을 가르쳐 드리도록 하지요. 그분은 제 훌륭하신 아버님 댁 근처에 사시니까요. 그런데 제발 아무 소리도 마시고 잠자코 계세요. 제가 길 안내를 할 테니까요. 그리고 어떤 사람에게도 눈을 돌리거나 무엇을 물어서는 안 됩니다. 이 나라 사람들은 다른 나라 사람들을 절대로 받아들이지 않기 때문에, 다른 나라에서 온 사람이라면 친절하게 대접하는 일이 없으니까요. 다시 말해서 그들은 넓은 바다를 건네주는 잘 달리는 배들만을 의지한답니다. 이 또한 넓은 땅을 뒤흔드시는 포세이돈 신의 덕분이라고들 하는데, 이 나라 사람들의 배는 새의 날개나 사람의 생각처럼 재빠르답니다."

이렇게 말하며, 팔라스 아테나는 곧바로 앞장서서 안내했다. 그리하여 오디세우스도 여신의 발자국을 따라 걸음을 서둘렀는데, 사람들 틈을 헤치면서 길거리를 걸어가는 그 모습을, 배로 이름 높은 파이아케스족은 누구도 보지 못했다. 땋아올린 머리가 아름다운 아테나 여신이 마음속으로 오디세우스가 잘 되기를 간절히 바라면서 짙은 안개를 내렸기 때문이다. 오디세우스는 걸어가면서 항구와 균형잡힌 배, 마을 사람들의 집회소와 말뚝을 박아놓은 긴 성벽 등을 감탄하면서 바라보았다. 마침내 훌륭한 알키노스왕의 성에 이르렀을 때, 빛나는 눈의 아테나 여신이 말을 꺼냈다.

"다른 나라에서 오신 분이여, 이 댁이 당신께서 말씀하신 그 성입니다. 제우스 님이 보호하시는 영주님들이 잔치를 벌이고 있는 광경이 보이지요. 그럼 안으로 들어가 보십시오. 조금도 망설이실 건 없습니다. 꿋꿋한 기상을 가지신 분이시라면 무엇이든 하는 일마다 순조로운 법이니까요. 비록 어느 나라에서 오신 분이라 하더라도요. 그리고 성에서는 맨 먼저 왕비님을 뵙도록 하세요. 아레테라는 이름인데, 알키노스 왕을 낳으신 어른들과 같은 혈통이시랍니다. 말하자면 처음에는 이 넓고 큰 땅을 뒤흔드시는 포세이돈과 페리보이아 님이 나우시토스를 낳으셨지요. 이분은 여성 중에서도 그 용모가 뛰어나게 아름다우며 마음이 너그러운 에우리메돈의 막내딸로서, 이 왕께서는 옛날에 마음이 오만하기 짝이 없던 거인들을 다스리시다가 난폭하고 못된 그들을 멸망시켜 버리고, 자신도 그만 돌아가셨습니다. 그분의 딸과 포세이돈 님이 만나 용모가 빼어난 나우시토스를 낳으신 것이지요. 이분이 파이아케스족을 내내 다스리셨는데, 이분은 렉세노르와 알키노스 두 자녀를 두셨습니다. 그 중에 렉세노르가 갓 결혼해서 아들도 생기기 전에 은 활(銀弓)을 가진 아폴론 신이 활을 쏘아서 죽여버리셨던 거지요. 집에는 외동딸 아레테만이 남게 되었답니다. 그 공주를 알키노스가 왕비로 삼으신 다음, 소중하게 여기심이란 이 땅의 여인도, 그리고 남편을 섬기는 온 세상의 아내 가운데 어떤 여인도 이토록 귀중한 대접은 받지 못할 겁니다. 왕비는 그만큼 자녀들로부터 알키노스 왕으로부터, 그리고 마을 사람으로부터 대우를 받았으며, 지금도 거리를 지나실 때면 모두 신처럼 우러러 인사를 드린답니다. 그럴 만도 한 것이 왕비는 훌륭한 지혜와 분별을 빠짐없이 갖추신 데다, 남들을 위한 일이라면 여인들뿐 아니라 남자들 싸움까지도 말려 주실 정도이니까요. 그러니 왕비님이 당신에게도 마음속에 호의를 가지신다면, 당신은 고향으로 돌아가 높이 솟은 저택에서 가족들을 만날 것을 기대하실 수도 있겠지요."

이렇게 말하고 나서, 빛나는 눈의 아테나 여신은 아름다운 스케리아 섬을 떠나 거친 바다 위를 지났다. 그리고 마라톤과 통로가 널찍한 아테나이로 가서 에레크테우스의 으리으리한 궁전으로 들어갔다.

한편 오디세우스는 말로만 들었던 알키노스의 궁전으로 갔다. 그런데 청동으로 만든 그 문 앞에 다다르자 놀라서 머뭇거렸다. 마치 햇빛이나 달빛처럼 밝은 빛이 마음이 너그러운 알키노스 왕의 궁전 전체에 비쳐들고 있었는데, 벽둘레는 입구의 문에서부터 안채에 이르기까지 온통 청동으로 발라졌고, 그 위쪽은 푸른 에나멜로 장식되어 있었기 때문이었다. 그리고 화려한 저택의 안채와의 사이에 순금의 겹문짝이 칸막이로 되어 있으며, 은으로 만든 기둥이 청동 문지방 위에 서 있었다. 문짝 위 상인방은 은인데다 손잡이는 황금으로 만들고, 양쪽에는 저마다 금과 은으로 만든 개들이 죽 있었는데, 헤파이토스 신이 묘한 솜씨로 마음이 넓은 알키노스 왕의 궁전을 지키라고 만든 것으로, 언제까지라도 죽지도 않고 늙지도 않는 개들이었다. 그리고 홀 안에는 팔걸이의자가 사방 벽 쪽으로 입구부터 방에까지 잇따라 놓였는데, 여인들이 곱게 짜낸 덮개가 덮여 있었다.

이 자리에는 파이아케스의 지도자들이 늘 모여 앉아서 술을 마시거나 식사를 하는 풍습이 있었는데, 그런 음식들은 언제든지 부족함이 없도록 잔뜩 준비되어 있었다. 그리고 훌륭한 제단에는 황금으로 만든 젊은이들이 두 손에 타오르는 횃불을 받쳐 들고 서서, 향연에 모여드는 사람들을 밝게 비추고 있었다. 그리고 성에는 50명의 시녀들이 있었는데, 그 가운데 일부는 황금빛 곡식을 맷돌로 가루를 내거나 베를 짜고 실을 뽑는 일을 하고 있었는데, 이런 모습은 마치 키가 늘씬한 냇버들 잎들이 바람에 흔들리는 것처럼 보였으며, 빈틈없이 짜놓은 베 폭에서는 윤기 도는 기름방울이 뚝뚝 떨어지고 있었다.

파이아케스 남자들이 다른 나라 사람들보다도 바다 위를 달리는 빠른 배를 만드는 일에 능숙한 것처럼, 여자들은 베 짜는 재주가 뛰어났다. 아테나 여신이 특별히 그들에게 아름다운 손재주와 뛰어난 지혜를 가르쳐 주었기 때문이었다. 안마당 바깥쪽에는 대문 가까운 곳에 4에이커나 되는 널따란 과수원이 있고, 거기에는 배나무와 석류나무, 그리고 훌륭한 사과나무와 달콤한 무화과나무, 무성하게 자란 올리브나무 등, 온갖 과일 나무들이 높이 솟아 우거져 꽃을 피우고 있었다. 그런 나무들의 열매는 결코 썩는 일이 없고, 겨울이건 여름이건 일 년 내내 과일 없는 철이 없었다. 그리고 늘 부드러운 갈바람이 불어오므로 여기서 꽃봉오리가 피면 저기서는 열매를 맺고 있었다. 그리하여 배는 배, 사과는 사과대로 익어가고, 한쪽에서는 포도송이들이 다른 송이들 뒤로, 무화과 열매들은 무화과 열매 위에서 끊임없이 익어갔다.

또 그곳에는 수확이 많은 포도밭이 있었는데, 한쪽에서 포도송이가 햇볕에 말려지고 있는가 하면 한편에서는 이제 막 거두어들이기에 바빴고, 다른 한편에서는 쉼 없이 열매를 밟아 즙을 짜내고 있었다. 또 앞쪽으로는 미처 열매가 영글지도 못한 채 꽃이 남아 있었는데, 바로 그 옆에서는 벌써 거무스름하게 익기 시작했다. 가장 아래쪽 이랑에는 채소들이 곱게 줄지어 심어졌고 온갖 채소가 1년 내내 풍성하게 자라고 있었다. 그 사이를 두 갈래의 샘물이 흐르고 있었는데, 그 가운데 하나는 과수원 전체에 물을 대어 주고, 또 하나는 반대편에서 안마당으로 들어가는 문턱 밑을 뚫고 나가 높이 솟은 성 안에 물을 보내 주었다. 거기서 마을 사람들은 물을 길어 가는 관습이 있었다. 알키노스 궁전에는 이만큼 신들의 풍성한 혜택이 있었던 것이다.

그런 장소에 멈추어 선 채 참을성 있고 존엄한 오디세우스가 감탄에 잠겨 바라보다가, 마침내 충분히 그 아름다운 광경을 돌아본 다음, 성의 문턱을 넘어 부지런히 안으로 들어섰다. 그리하여 파이아케스의 장로들과 우두머리들(장군과 참모들)이 잔을 들고 아르고스를 죽인 날카로운 눈의 헤르메스 신에게 술을 부어 올리는 바로 그 자리에 다다랐다. 이 신에게는 잠자리에 들 때면 언제나 술을 올리는 습관이 있었는데, 마침 그때 참을성 있고 존엄한 오디세우스가 자욱한 안개에 둘러싸인 채 그 성 안에 들어섰던 것이다. 이 안개는 아테나가 그의 주위에 뿌려 준 것인데, 이렇게 해서 드디어 아레테와 알키노스 왕의 바로 앞에까지 가자, 오디세우스는 왕비의 무릎에 두 손을 얹고 매달렸다. 그러자 바로 그때 그 신기한 안개가 오디세우스의 주위에서 말끔히 걷혀 버렸기 때문에, 그 자리에 앉아 있던 사람들은 모두 난데없이 사람이 나타난 것을 넋을 잃고 바라볼 뿐, 아무 말도 못하고 엉거주춤 서 있었다. 그러자 오디세우스는 애원하듯 말했다.

"신과 같으신 렉세노르 왕의 따님이신 아레테 님이시여, 당신의 부군과 당신의 무릎에 의지하려고, 온갖 고난을 겪은 끝에 나는 이곳을 찾아왔습니다. 그리고 이 연회에 참석하신 여러 손님들께도 간청 드립니다. 이 모든 분들께 살아 계시는 동안은 신들이 복과 덕을 베풀어 주시도록, 그리고 여러분의 자녀들에게 궁전의 모든 재산과 명예롭고 영광스러운 지위와 함께 모든 국민에게서 받으신 덕도 물려주실 수 있으시기를. 또 저에게는 한시바삐 조국으로 돌아가도록 도와주십시오. 얼마나 오랫동안 가족과 멀리 떨어진 채 고난을 겪어 왔는지 모른답니다."

이렇게 말하고 난롯불 옆에 있는 재 속에 주저앉아 버렸는데(이것은 탄원자의 관습임), 사람들은 모두 입을 다문 채 조용해졌다. 그러자 한참만에야 여러 사람 가운데 에케네오스가 입을 열었다. 이 사람은 파이아케스의 남자들 가운데에서도 가장 나이가 많은 사람으로서 말솜씨가 능숙한데다 과거 일들을 많이 알고 있었는데, 이제 모두를 생각해 입을 열어 말했다.

"알키노스 왕이시여, 결코 이런 처사는 마땅한 것이 못 되거니와 정당하다고도 할 수 없습니다. 손님을 땅바닥에, 그것도 난로의 재 속에 앉혀 두다니요. 여기 계신 분들은 모두 당신의 분부를 기다리고 있을 따름입니다. 아무튼 자, 어서 손님을 일어서게 하시고, 은으로 꾸민 팔걸이의자에 앉으시도록 하는 게 좋겠습니다. 그 동안에 왕께서는 시종들에게 명령하시어 포도주를 한 잔 따르도록 하시고, 천둥을 울리시는 제우스 신께 술을 부어 올리도록 합시다. 이 신께서는 경건한 탄원자들과 함께 계시니까요. 살림살이를 맡은 시녀에게 명하여 빨리 저녁 식사를 내오도록 하심이 좋겠습니다. 식품 저장실의 것들도 꺼내도록 하시고요."

그리하여 존엄하고 거룩한 알키노스 왕은 이 말을 듣자, 지혜로운 오디세우스의 손을 잡아 난로에서 끌어올리고 훌륭한 팔걸이의자에 앉혔다. 그리고 자기 바로 옆에 걸터앉은 상냥한 아들 라오메돈을 일어서게 했다. 이 왕자는 왕이 특히 사랑하는 아들이었다. 그러는 동안 시녀가 손 씻을 물을 아름다운 황금으로 된 주전자에 담아 와서 은대야 위에 손을 씻도록 부어 주었다. 그리고 한쪽 옆에 깨끗이 닦은 네발 탁자를 펼쳐 놓자, 우두머리 시녀가 공손하게 먹을 것을 가져다가 차려 놓았다. 이는 모여 있는 손님들의 성의에 대한 인사였다. 참을성 있고 존엄한 오디세우스는 푸짐한 요리들을 마시고 먹었다. 그러자 알키노스 왕은 전령에게 명령했다.

"폰토노스여, 희석용 술동이에 술과 물을 섞어서 이 안에 계시는 여러분들에게 빠짐없이 따라 드려라. 이제부터 천둥을 울리시는 제우스 신께 술을 올릴 수 있도록. 이 신께서는 언제나 귀중한 탄원자는 비호해 주고 계시니까."

이렇게 말하고 폰토노스는 마음을 황홀하게 하는 포도주를 섞었다. 그리고 먼저 잔에 첫 방울을 부어 신에게 올리고 나서, 돌아가면서 모두에게 따랐다. 이제 신들에게 술도 올렸으니 모두들 마음껏 술을 마신 뒤에 알키노스는 사람들에게 이야기했다.

"들어주시오, 파이아케스족의 장군들이며 참모들이여, 내가 마음속에 생각한 일을 이야기하려 하오. 이젠 이만 잔치를 끝내기로 하고 모두 집으로 돌아가 주무시도록 하시오. 그리고 아침이 되거든 좀더 많은 장로들을 불러모아 회의를 열고, 손님을 성에서 대접하기로 한 다음, 신들께도 훌륭한 제물을 바치도록 합시다. 그런 다음에 손님을 돌려보낼 절차를 의논합시다. 이 손님이 또다시 고생이나 괴로움 따위를 받는 일 없이, 제아무리 먼 곳에서 오셨다 해도 우리가 안전하게 도와주어 즐겁게 자기 고향으로 돌아갈 수 있도록 도와줍시다. 더구나 자기 나라 땅을 밟기 전에 무슨 재난이나 재앙 따위를 도중에 겪어서는 안 되니까요. 하지만 그 다음부터 앞일은, 손님을 어머님께서 낳으셨을 때, 타고난 운명과 엄중한 운수를 점치는 사람들이, 태어난 그를 위해 신수점의 실 끝을 뽑아 넘겨주었던 그대로, 하나도 빠짐없이 그 몸에 받게 되겠지요. 하지만 만약에 이분이 하늘에서 내려오신 불사인 신 가운데 한 분이시라면, 이번에는 여느 때와는 다른 의도를 신들께서 꾸미고 계시는 셈이 되겠지요. 이제까지 신들이 우리에게는 뚜렷이 그 모습을 드러내시는 게 예사였으니까요. 그래서 훌륭한 백 마리의 소를 큰 제물로 우리가 바칠 때에는, 언제나 우리 둘레에 앉으셔서 바로 한자리에서 식탁을 마주하셨던 거지요. 만일 누군가 여행길에서 홀로 걸어갈 때 신들을 만났다 해도, 결코 그 모습을 감추시지는 않지요. 우리는 그분들하고 가까운 사이니까."

그 말에 지혜 넘치는 오디세우스가 대답했다.

"알키노스 님, 부디 그런 생각은 하지 마십시오. 저는 아무래도 저 넓디넓은 하늘을 지배하시는 신들과는 키로 보나 몸의 생김새로 보나 조금도 닮지 못한 사람이니까요. 참으로 죽어야 하는 인간임에 틀림없습니다. 세상 사람들 가운데에서도 가장 무거운 고난의 짐을 짊어졌다는 사람들과 저는 똑같은 처지일 겁니다. 더 많은 온갖 재앙을 받아 온 내력을 말씀드릴 수도 있습니다. 참으로 신들의 뜻에 따라 제가 겪어 온 일을 모두 털어놓자면. 그렇게 여러 가지로 괴롭기는 합니다만 지금은 먼저 저녁 식사부터 드는 것을 용서하십시오. 정말 못 돼먹은 뱃속의 창자만큼 염치없는 것이란 또 없을 겁니다. 글쎄 이 사람이 아무리 괴로워하며 가슴에 고민을 품고 있다 해도 옳고 그름을 묻지 말고 그저 제 생각만 해 달라고 하니까요. 바로 지금 이 가슴에 고민을 안고 있는 이 경우에도 말입니다. 그리고 늘 먹고 마시라고 자꾸만 졸라대면서, 이제까지의 모든 고난도 모두 잊어버리고 그저 배만 불리라고 충동질합니다. 그럼 부디 당신들께선 날이 새고 아침이 되면, 이 불행한 제가 조국 땅을 밟을 수 있도록 서둘러 준비하게 도와주십시오. 이제부터 아무리 많은 고난을 거듭하고 나서라도 고향에 돌아간 다음엔, 그 자리에서 죽는다 해도 여한이 없겠습니다."

이렇게 말하자 사람들은 모두 예의바른 그 말에 동의하여 이 손님을 돌려보내도록 재촉했다. 그리하여 신들에 대한 의식도 끝나고 마음이 흡족할 만큼 술도 충분히 마신 다음, 모두 잠자리에 들기 위해 뿔뿔이 집으로 돌아갔다.

그래서 홀에는 존엄한 오디세우스가 남고 그 옆에는 아레테와 신 같은 모습의 알키노스만이 앉아 있었다. 그리고 시녀들은 잔칫상의 그릇들을 챙겨서 날랐다. 그때에 흰 팔의 아레테는 모두에게 먼저 입을 열어 말을 꺼냈다. 오디세우스가 입고 있는 엷은 옷과 속옷을 한 번 보자 바로 짐작이 갔기 때문이었다. 그 옷들은 왕비가 손수 시녀들과 함께 만든 것이기에. 그래서 그에게 말을 건넸다.

"손님이시여, 내가 맨 먼저 묻고 싶은 말은 이것입니다. 당신은 도대체 누구이시며 어디서 오셨습니까? 도대체 누가 그 옷들을 당신한테 드렸는지요. 아까는 분명히 바다 위를 헤맨 끝에 이곳에 닿았노라고 하시지 않았습니까?"

그 말에 슬기로운 오디세우스가 대답해서 말했다.

"쉽지 않은 일이군요, 왕비님. 모든 걸 자세히 말씀하라고 하시니까요. 하늘에 계신 신들은 너무도 많은 어렵고 고생스러운 일을 내게 주셨습니다. 하지만 물으시는 데 대해서는 이제 모든 것을 말씀드리기로 하지요. 아득히 먼 바다 한가운데에 오기기아라는 섬이 있습니다. 그 섬에는 아틀라스의 딸로 교활한 꾀를 품은 칼립소가 살고 있습니다. 올린 머리는 아름다우나 무서운 여신이지요. 신들이나 또 죽어야 하는 인간, 그 누구도 그녀와는 사귀지를 않았습니다. 그런데 신은 불행한 나를 그녀 가까이로 데려갔습니다. 내 빠른 배를 희고 눈부신 번갯불로 제우스 신이 내리치셔서, 포도줏빛 바다 가운데서 부수어 버리셨지요. 그 바람에 다른 훌륭한 동지들은 모두 죽었습니다만, 저만은 균형이 잘 잡힌 배의 용골에 매달려 9일 동안을 물 위에 떠 있었답니다. 그리하여 열흘째 되던 어두운 밤에, 오기기아 섬으로 신들께서 저를 보냈습니다. 바로 거기가 올린 머리도 아름다운 칼립소가 사는 섬입니다만, 그 무서운 여신이 맞아들여 융숭히 대접해 주고 소중히 보호해 주며, 언제까지나 늙지도, 죽지도 않게 하도록 해 주겠다고 했습니다. 그러나 결코 깊은 마음속까지는 저를 설득하지는 못했습니다.

그곳에 7년 동안이나 머물러 있게 되었습니다만, 늘 옷자락은 눈물로 젖어 있었지요. 그 옷도 칼립소가 준 것이었는데, 신이 입는 옷이었지요. 그런데 세월이 8년째로 접어들자, 여신은 저를 재촉하여 돌아가라고 명령했는데, 이것도 제우스 님의 지시에 따른 것인지, 아니면 그녀가 생각이 달라진 탓이었는지 모르겠습니다. 아무튼 그 결과 숱한 나무를 비끄러매어서 만든 뗏목에다 저를 태워 보내면서, 식량과 달콤한 꿀술 등을 듬뿍 주고, 신의 옷도 입혀 주었답니다. 그리곤 근심 걱정을 가라앉히는 따스한 순풍을 일으켜 보내주었기 때문에, 17일 동안 바다 위로 돛을 달려갔습니다. 그래서 18일 만에는 우리나라의 산이 보였지만 슬픔 속에서 내가 좋아했던 것도 한심한 일이었으며, 그때부터 또다시 산더미처럼 고난을 겪어야만 했습니다. 그건 넓고 큰 땅을 뒤흔드시는 포세이돈 신이 내게 하신 일인데, 그 신께서는 온갖 바람을 모두 일게 해서는 갈 길을 막아 버리고, 갈피를 잡을 수 없도록 바다를 들끓게 할 뿐만 아니라, 애를 태우며 탄식하는 제가 뗏목을 타고 가는 것을 파도가 그대로 버려두지 않게 했습니다. 그 뗏목도 거친 바람 때문에 그 길로 산산조각이 나고, 아무튼 저는 헤엄을 치는 수밖에 도리가 없었으며, 마침내 바람과 파도에 밀려 여러분의 나라까지 넓디넓은 바다를 건너왔습니다.

그리하여 제가 육지에 오르려는 순간, 파도가 큰 바위에 마구 밀어붙였다가 또다시 위험한 곳에 내던지고는 해서 어쩌지도 못하는 참이었는데, 밀려갔다 밀려왔다 하면서 다시 제자리로 헤엄쳐 돌아와, 마침내 강 입구를 찾아냈습니다. 거기가 훨씬 알맞은 곳 같아서, 바위도 없고 평평해서 바람도 피할 수 있는 곳이었지요. 겨우 정신을 가다듬어서 바다를 빠져 나가는 동안에 향기로운 밤이 다가왔습니다. 저는 하늘에서 내린 물을 모아 놓은 가에서 뭍으로 올라와, 나무 숲 낙엽이 쌓인 곳에서 선잠이 들었습니다. 신은 그대로 그 자리에 깊은 잠을 뿌려주셨기 때문에, 거기서 나뭇잎에 묻힌 채 마음엔 갖가지 고민을 안고서도 밤새도록, 아니 이튿날 아침 한나절까지도 그대로 자고 있었습니다. 그러는 동안에 해질 무렵이 되자, 겨우 상쾌한 잠은 저에게서 떠나버렸습니다.

마침 그때 강기슭에서 공주님의 시녀들이 장난치며 노는 모습이 눈에 띄었던 것인데, 그 가운데에서도 공주님은 여신과도 같은 모습이셨습니다. 그래서 그분께 구해달라고 부탁을 드렸더니, 공주님은 젊으신 분으로선 사람을 대할 때의 태도가 예상할 수 없을 만큼 훌륭하셨습니다. 젊은 사람이란 늘 생각이 모자라는 행동을 하기가 예사지요. 공주님은 충분한 음식과 빛나는 포도주를 주셨을 뿐만 아니라 강물에 나를 목욕까지 시킨 다음, 입고 있는 이 옷까지 주셨습니다. 이것으로 먼저 있었던 사실을 마음 아파하면서도 대략 말씀드렸습니다."

그 말에 이번엔 알키노스 왕이 대답해서 말했다.

"손님이시여, 그렇다면 내 딸로서는 전혀 법에 마땅한 처사를 했다곤 할 수 없습니다. 다시 말해서 당신을 시녀들과 함께 우리 집에까지 모셔오지 않았다는 말입니다. 당신은 처음으로 내 딸을 보고 보호해 달라는 말씀을 하셨다면서요."

그 말에 지혜로운 오디세우스가 대답했다.

"왕이시여, 그 일로 훌륭한 따님을 나무라지는 마십시오. 왜냐하면 공주님은 시녀들과 함께 저를 따라오라는 분부셨지만 너무나 황송해서 제가 거절했습니다. 비난을 받으시면 어쩌나 싶어서요. 그리고 만일 왕께서 그런 꼴을 보시고 기분을 상하신다든지 해서는 안 된다고 생각했지요. 그럴 수밖에요, 이 땅 위에 사는 인간들이란 아무튼 짓궂은 데다 시기심이 많으니까요."

그 말에 알키노스가 대답했다.

"손님이시여, 결코 그 만한 일로 내 마음이 무턱대고 화를 내는 건 아닙니다. 무슨 일에서나 정도를 아는 것이 최선이니까요. 참으로 아버지 신이신 제우스 님이나 아테나 여신이나 또 아폴론께서도 당신만큼 훌륭한 분, 그리고 나와 똑같은 생각을 가지신 분, 그 만한 분을 이대로 이곳에 머물러서 내 딸을 받아주고, 내 사위로 부르게 해 주신다면 고마운 일이겠는데. 만일 당신께서 기꺼이 이곳에 있어 주신다면 궁전도 재산도 드리겠소만, 거절한다 하더라도 파이아케스족의 그 누구라도 당신을 붙잡게 하지는 않겠소. 그러는 것을 어버이 신이신 제우스 님께서 결코 용서치 않을 것입니다.

그 때문에 당신을 돌려보내 드릴 때를 나는 미리 정해 놓았지요. 당신이 충분히 이해하시도록, 바로 내일로 말입니다. 그때는 당신은 세상모르게 잠이 들어 누워 계실 겁니다. 그 동안에 뱃사람들은 바람이 잔잔한 날씨에 노를 저어서, 당신을 고향과 댁에까지 모셔다 드리게 되겠지요. 또 바라신다면 어디에라도 말이지요. 만일 그곳이 에우보이아 섬보다도 훨씬 먼 곳이라 하더라도요. 그 섬은 우리 고장 사람 중에 누군가가 가본 적이 있었는데, 그의 말로는 가장 먼 곳이라고 들었소. 마침 그때는 금발의 라다만티스가 가이아의 아들인 티티오스를 만나고 싶다고 해서, 그를 그 섬으로 실어다 준 적이 있었지요. 그리고 그들은 다시 돌아왔는데, 그러면서도 피로한 기색 하나 없이 무사히 목적지에 닿은 다음, 그날로 되돌아왔던 것이오. 그러니 당신께서도 충분히 마음에 납득이 되시겠지요. 우리 선대(船隊)며 뱃사공인 젊은이들이 바다를 항해하는 데 얼마나 뛰어난가를 말이오."

이렇게 말하자, 참을성 있고 존엄한 오디세우스는 기쁜 생각에 그 이름을 불러 진심으로 칭찬하면서 말했다.

"아버지 신이신 제우스 님이시여, 바라건대 알키노스 왕께서 이제 방금 말씀하신 것을 그대로 실천에 옮겨 주시기를 바랍니다. 이분에게는 곡식이 무르익는 이 땅 위에서 영원히 사라지지 않을 영광스러운 명예를 주시도록, 그리고 저에게는 고향으로 돌아가게 해 주십시오."

이렇게 두 사람은 이런 일을 서로 이야기 나누었다. 한편 흰 팔의 아레테는 시녀들에게 명령해서 침상을 기둥마루에 마련하게 하고, 거기에 아름다운 보랏빛 담요를 깔아 놓았다. 또 그 위에 두꺼운 이불을 펴놓아 덮을 수 있도록 해 두었다. 그리고 시녀들은 홀에서 횃불을 들고 나아가 부지런히 서둘러 훌륭한 침상을 마련하고 나서, 오디세우스 곁으로 가서 재촉했다.

"그럼 손님, 주무시러 가십시오. 침상 준비가 다 되었습니다."

이렇게 시녀들이 말하기에, 오디세우스도 잠이 드는 게 좋겠다는 생각이 들었다. 그래서 참을성 있고 존엄한 오디세우스는 높이 울려 퍼지는 기둥마루 안쪽에 놓인 구멍 뚫린 침상으로 들어가 잠을 청했다. 그리고 알키노스 왕은 왕비와 함께 지붕이 드높이 솟은 그의 궁전에서 잠자리에 들었다.

제8권
파이아케스족 나라

알키노스는 섬 사람인 파이아케스족을 모아 오디세우스를 위해 배를 정비할 것을 의논하는 한편, 저마다 그에게 줄 선물을 가져올 것을 당부한다. 그리고 경기 대회를 열었는데, 오디세우스는 몸을 사리고 이에 깊이 끼어들기를 거절한다. 이윽고 저녁때가 되어 향연이 베풀어지고 데모도코스가 하프를 연주하면서 트로이 낙성(落城)을 읊자, 오디세우스는 옛일을 떠올리고 눈물을 그치지 못한다. 그 모습을 눈여겨본 왕은 오디세우스에게 출신과 조국, 경력 등을 물어본다.

장밋빛 손가락의 새벽 여신이 동녘을 물들이며 나타났을 때, 거룩한 알키노스가 잠자리에서 일어나자, 제우스의 후손인 도시의 파괴자 오디세우스도 일어났다. 알키노스는 앞장서서 파이아케스족의 집회장으로 그를 안내했다. 그들은 부두가 옆에 있는 그곳에 이르자, 매끈한 돌 위에 나란히 걸터앉았다. 한편 팔라스 아테나는 총명한 알키노스의 전령으로 그 모습을 바꾸고 길거리를 쉴 새 없이 돌아다녔다. 그것도 고매한 오디세우스의 귀국에 대한 일을 의논한다면서, 시민 한 사람 한 사람의 옆으로 다가가 이렇게 말했다.
"어서 빨리 집회장으로 가 보세요. 파이아케스족을 이끌며, 나랏일을 맡아보시는 분들이시여, 다른 나라에서 오신 그 손님의 이야기를 들으러 가세요. 그분은 바다를 떠돌아다니다가 방금 총명한 알키노스 왕 궁전에 왔답니다. 그분은 마치 불사신과도 같답니다."
이런 말로 여신은 그들의 마음을 움직이고 용기를 돋우었다. 그러자 집회장은 모여든 사람들로 꽉 들어찼다. 사람들은 지혜로운 라에르테스의 아들 오디세우스를 보고는 모두 감탄했다. 그것은 말할 것도 없이 아테나 여신이 그의 머리와 두 어깨에 우아한 아름다움을 부어 주었으며, 또 한층 키도 크고 몸집도 억세게 해 주었기 때문이다. 그것은 파이아케스족에게 그가 호감을 얻도록 하려는 배려에서였다.

사람들이 모두 한자리에 모였을 때, 알키노스가 그들에게 말했다.

"자, 이제부터 내가 말하는 것을 잘 들어주시오. 파이아케스족을 지휘하며 나랏일을 맡은 사람들이여, 나는 내 가슴에서 명령하는 바를 말하려고 하오. 여기 계신 이 손님은 아직 어떤 분인지는 잘 모르겠지만, 바다를 떠돌아다니다 내 집으로 오신 분이시오. 동쪽 또는 서쪽 어느 나라에서 왔는지, 고향으로 돌려보내 달라며, 그것도 틀림없이 그렇게 해주기를 간청하고 있소. 그러니 우리도 전과 다름없이 빨리 보내드리도록 합시다. 이제까지 내 집에 온 사람 중에 보내 주지 않아 슬퍼하며 오래 머무르게 한 사람은 없었기 때문이오. 그러니 항해를 위해 검게 칠한 배 한 척을 눈부신 바다로 끌어내리도록 합시다. 그리고 훌륭한 젊은이 52명을 나라 전체에서 가려 뽑도록 합시다.

그래서 다같이 노걸이에 노를 튼튼히 잡아맨 다음, 배에서 내려 이 자리로 오시오. 그러고 나서 우리 집으로 와서 서둘러 식사하도록 합시다. 모두에게 넉넉히 음식을 대접할 것이오. 젊은이들에게는 이상의 것을 말해 두겠고, 한편 홀을 가진 영주들은 내 성으로 가서 손님을 환대해 주시오. 모두 빠짐없이 참석해 주기 바라오. 그리고 저 노래하는 데모도코스를 불러 오시오. 신께서는 남보다 뛰어난 재능을 그 사람에게 내리셨소. 그는 무슨 가락이든 마음 내키는 대로 노래 불러 사람들을 즐겁게 해 주는 그런 재주를 가졌소."

이렇게 큰 소리로 말하고 앞장서서 가는 그를 홀을 가진 영주들이 뒤따르는데, 시종은 존경받는 가인(歌人)을 부르러 갔다. 한편 52명의 젊은이들이 뽑혀서 명령대로 황량한 바닷가로 향했다. 배가 놓인 바닷가에 이르자, 검게 칠한 배를 여럿이서 바닷물 깊은 곳까지 끌어 내리고, 돛대와 돛을 검은 배 안에 놓아 둔 다음, 노를 가죽 끈으로 튼튼히 매어 놓았다. 모든 것을 정해진 대로 하고 흰 돛을 펼쳐 올리고 모래사장에서 훨씬 떨어진 바다 위에 띄워 정박시켜 놓고, 다시 총명한 알키노스의 큰 궁전으로 향했다. 양쪽 주랑과 울 안은 사람들로 꽉 들어찼는데, 젊은이 늙은이 할 것 없이 모두 모였기 때문이다. 그 사람들을 위해 알키노스는 12마리의 양과 흰 엄니의 돼지 8마리, 그리고 걸음이 둔한 황소 2마리를 제물로 바쳤다. 그것을 여럿이서 가죽을 벗긴 다음 손질해 맛있는 요리를 만들었다.

그때 거기에 시종이 뛰어난 가인을 데리고 들어왔다. 이 가인을 특히 노래의 여신이 귀엽게 여기시어 복과 재앙 두 가지를 내려주셨으니, 바로 두 눈을 멀게 한 대신 즐거운 노래 재주를 주신 것이다. 이때 시종 폰토노스는 그를 위해 은장식을 한 의자를 잔치 자리 한가운데 높은 기둥에 기대 놓고 그를 앉혔다. 그리고 높이 울리는 커다란 하프를 그의 머리 위쪽에 있는 기둥 못에 걸어 놓고 손으로 잡으라고 일러 주었다. 또 그 옆에는 훌륭한 네 발 탁자와 빵 바구니, 그리고 포도주를 가득 따른 술잔을 자유로이 먹고 마시게 놓아두었다.

사람들은 조리해 내온 요리에 저마다 손을 내밀어 실컷 먹었다. 어지간히 먹고 마시는 것에 포만감을 느꼈을 때, 노래의 여신이 가인을 부추겨 무사들의 명예를 엮은 노래 중 한 구절을 부르게 했는데, 그 무렵 이 노래의 평판은 넓디넓은 하늘에까지도 떨칠 만큼 유명했다. 그것은 바로 오디세우스와 펠레우스의 아들인 아킬레우스가 말다툼을 벌이는 대목이었다. 언젠가 신들에게 바치는 요란스러운 잔치가 있었을 때, 이 두 사람이 다투기 시작하여 서로 심한 말을 주고받았는데, 병사들의 군주인 아가멤논은 아카이아군의 대장들이 그렇게 심하게 다투고 있자 속으로 은근히 좋아했다. 왜냐하면 포이보스 아폴론의 신탁이 생각났기 때문이다. 그가 신성한 퓌토 마을 델포이에 가서 신탁을 물어보고자 돌 문지방을 넘어 사당 안으로 들어섰을 때, 아버지 신 제우스의 꾀에 의해, 트로이 사람들과 다나오스의 후손(그리스군)들에게 재앙이 시작되었던 것이다. 그 이야기 줄거리를 뛰어나게 이름 높은 이 가인이 지금 노래로 부르고 있다.

그러나 오디세우스는 자줏빛 커다란 망토를 억센 두 손으로 잡더니 머리 위로부터 내려쓰고는 우아한 그 얼굴을 가려 버렸다. 눈꼬리에서 눈물이 흐르는 모습을 파이아케스 사람들에게 보이기가 쑥스러웠기 때문이다. 거룩한 가인이 한 구절을 끝낼 때마다 눈물을 닦고는 머리에서 망토를 벗은 다음, 두 귀가 달린 술잔을 들어 신들께 제주를 바치곤 했다. 또다시 가인이 노래를 시작하고, 파이아케스의 주요 인물들이 노래 구절이 흥겨워 계속하기를 재촉하면, 오디세우스는 또다시 망토로 얼굴을 감추고는 소리 없이 눈물을 흘렸다. 이때 다른 사람들은 누구도 그가 눈물을 흘린다는 것을 눈치 채지 못했지만, 알키노스 한 사람만은 알아차렸는데, 그것은 바로 그가 옆에 있어 그의 한숨 소리를 들었기 때문이다. 그래 그 길로 노젓기에 익숙한 파이아케스 사람들을 향해 말했다.

"똑똑히 들으시오, 파이아케스를 지휘하는 사람들과 나랏일을 맡은 사람들이여. 이제 우리는 충분히 음식과 하프를 즐겼다. 이런 음악은 요란한 잔칫상에는 으레 따르게 마련이지만, 이제 그만 밖으로 나가 갖가지 재미있는 경기를 하는 게 어떻겠소. 손님께서 고향에 돌아가신 다음 가족들한테 이야깃거리가 되도록 말이오. 우리가 얼마나 권투와 씨름 또는 넓이뛰기 같은 데서 다른 나라 사람들을 능가하는가를 알려 주도록 말이오."

이렇게 큰 소리로 말하고 앞장서자, 모두 그를 뒤따랐다. 한편 시종은 기둥의 못에 우렁차게 울리는 하프를 걸어놓고, 데모도코스의 손을 잡고 밖으로 데리고 나갔다. 그리고 방금 파이아케스의 주요 인물들이 경기 구경을 하려고 나간 바로 그 길을 따라 안내해 갔다. 모두들 집회 장소로 가자, 그들을 따라 헤아릴 수 없이 많은 군중이 모여들었다. 그래서 유능한 여러 젊은이들이 경기를 하기 위해 일어섰다. 아크로네오스·오퀴알스·엘라토레우스·나우테우스·프림네우스·앙키알로스·에레토메우스·폰테우스·톤·아나베시네오스·테크톤의 손자이며 폴리네오스의 아들인 알피알로스 등등. 그리고 나우알로스의 후손인 인류의 재앙거리 아레스와도 같은 에우리알로스도 일어섰다. 이 사람은 얼굴 생김새나 키나 파이아케스족 전체에서 인품이 뛰어난 라오다마스를 제쳐놓고는 따를 사람이 없는 무사였다. 그리고 인품이 뛰어난 알키노스의 세 아들들도 일어섰다. 라오다마스와 할리오스와 신과도 같은 클뤼토네우스 세 사람이었다.

경기는 맨 먼저 달리기부터 시작했다. 사람들은 모두 한 덩어리가 되어 벌판에 뽀얀 먼지를 일으키면서 나는 듯이 달려갔다. 그 중에서도 특히 재빠르게 달리는 사람은 인품이 뛰어난 클뤼토네우스로, 노새들이 하루 종일 밭을 가는 그만한 거리를 다른 사람보다 앞질러 단숨에 달려 결승점에 도착했는데, 다른 사람들은 모두 한참 뒤떨어졌다. 그들은 또 힘이 드는 씨름을 해 보았는데, 이번에는 에우리알로스가 그 중에서 으뜸이었다. 다음에 벌어진 원반던지기에서는 엘라토레우스가 여럿 중에서 빼어나게 뛰어난 재주를 보였고, 권투에서는 알키노스의 씩씩한 아들 라오다마스가 승리를 거두었다.

모두 경기로 어지간히 마음이 풀렸을 때, 사람들에게 알키노스의 아들 라오다마스가 제의했다.

"그럼 자, 여러분. 손님에게 한번 여쭈어 보는 게 어떻겠소. 어떤 경기를 좋아하며 또 어떤 경기에 자신이 있으신가를. 몸집으로 봐서는 결코 나약한 것 같지는 않은데. 양쪽 허벅지와 장딴지, 상체의 두 팔, 그리고 목덜미도 탄탄한데다 팔심도 셀 것 같소. 게다가 아직 젊음도 한창때를 벗어났다고는 할 수 없으며, 다만 많은 고난을 겪은 탓으로 좀 수척하셨을 뿐이오. 비록 아무리 튼튼하다 하더라도 대장부를 해치는 데 바다보다 더 심한 것은 없을 것이오."

그 말에 이번에는 에우리알로스가 대답했다.

"라오다마스여, 과연 자네가 한 말은 시기적절한 말이었네. 몸소 가서 자네가 한 말을 들려주고 오게나."

알키노스의 씩씩한 아들 라오다마스는 그 말을 듣자 곧 한가운데로 나가서 오디세우스에게 말했다.

"손님이시여, 이 자리로 나오셔서 경기를 한번 해보는 것이 어떨까요? 혹시 어떤 자신 있는 재주를 가지셨다면요. 그리고 당신께서 여러 경기들을 아신다면 참 좋은 일이지요. 사나이의 명예로서 이 세상에 살아 있는 동안은, 자기 팔다리로 이룩한 공명보다 더한 것은 없으니까요. 그러니 어서 한번 해 보시지요. 그리고 마음의 근심걱정 같은 건 내쫓아 버리십시오. 이젠 당신이 바라는 귀국의 길도 그리 먼 것은 아닐 테니까요. 이미 배를 내려놓았고 뱃사람들도 모든 준비가 끝났답니다."

그 말에 지혜 넘치는 오디세우스가 대답했다.

"라오다마스여, 어째서 그런 일로 나를 나무라듯 권하십니까? 정말이지 경기 같은 것보다는 근심거리가 훨씬 더 내 마음을 차지하고 있는 참이오. 이제까지도 헤아릴 수 없을 만큼의 재난을 만나 갖가지 고생을 해 왔으니 말입니다. 이젠 당신들이 모여 있는 그 속에서도, 오직 귀향만을 애타게 바라며 앉아 있는 참입니다. 국왕님과 모든 시민 여러분께 애원하면서 말이지요."

그 말에 이번에는 에우리알로스가 맞대놓고서 비난했다.

"하지만 손님이시여, 당신은 도무지 경기에 자신이 없는 것 같군요. 그렇지 않아도 세상 사람 중에는 별별 종류가 다 있습니다만. 그보다도 노걸이가 많이 달린 배를 타고 가끔 오가는 뱃사람들의 우두머리 같은 장사치들 말입니다. 그래서 배에 실은 짐을 늘 염려하여, 돌아갈 때에 짐과 돈벌이 할 생각만 가진 사람처럼 보입니다. 아무래도 경기를 할 분 같지는 않군요."

그러는 것을 치켜뜬 눈으로 슬그머니 노려보면서, 지혜로운 오디세우스가 말했다.

"젊은 분이여, 방금 하신 그 말씀은 잘못 보신 말씀입니다. 난폭한 인간들의 말투 같군요. 그래서 신께서는 좋은 것을 모든 사람들에게 듬뿍 주시지는 않는가 봅니다. 얼굴 생김새나 분별이나 말솜씨 같은 것 말입니다. 어떤 사람은 보기에는 그다지 훌륭하다고는 할 수 없는 대신, 신께서는 그의 말솜씨를 훌륭하게 꾸며 줌으로써 사람들은 그를 흐뭇하게 바라봅니다. 그래서 그는 말솜씨만은 매력 있는 조심성을 가지고 당당하게 나가 모임에서는 광채를 띠고 거리를 지나가노라면 신처럼 존경받게 되는 것이지요. 또 어떤 자는 용모는 훌륭하고 불사신과도 다름없이 보이지만, 그 말하는 품에는 전혀 아름다운 풍취라곤 없지요. 바로 당신의 얼굴 생김새가 남보다 훌륭한 것은, 그 이상으로는 신께서도 도저히 만들 수 없을 정도지만, 분별이라는 점에서는 부족함이 있는 것과 똑같은 것입니다. 당신은 내 가슴을 들끓게 하는 조리에 닿지 않은 말씀을 하셨습니다. 나는 결코 당신이 말한 것처럼 경기를 못하는 사람은 아닙니다. 내가 젊어서 실력에 자신이 있었던 무렵에는, 제법 으뜸으로 손꼽혔다고 생각합니다. 이제는 물론 재앙과 고난 때문에 좌절되고 말았지만요. 그럴 수밖에요, 너무나 여러 번 무사들의 전쟁이나 괴롭고 고통스러운 풍파에 시달려 왔으니까요. 하지만 그런 일로 몹시 심한 꼴을 당한 끝이기는 하지만, 경기에 참가해 보기로 합시다. 당신 말씀은 내 마음에 충격을 주었지만, 그로 인해 나에게 용기를 주신 셈이니까요."

이렇게 말하고 망토를 걸친 채 뛰어나가서는 한층 크고 두꺼우며 묵직한 원반을 집어들었다. 그것은 파이아케스 사람들이 서로 던지기 내기에 쓰는 것보다도 훨씬 큰 것이었다. 그것을 빙글빙글 휘둘러 억센 팔로 던지자, 그 돌원반은 위잉 소리를 내며 날아갔다. 기다란 노를 사용하는 뱃사람으로 이름난 파이아케스 사람들도 날아가는 그 돌 밑의 땅에 납작하게 엎드렸다. 원반은 팔에서 굉장한 속도로 날아가 이제까지 던진 사람들의 표지(標識)를 넘어섰다. 그러자 아테나 여신이 한 사나이로 변신해 나타나, 떨어진 지점에 표시를 하고는 이렇게 말했다.

"손님이시여, 당신이 장님이라 하더라도 이 표지를 손으로 더듬어 알아 낼 수 있을 겁니다. 이건 결코 다른 많은 표지와 섞여 있지 않고, 훨씬 앞에 나와 있으니까요. 그러니 이 팔심겨루기에서는 안심해도 좋아요. 파이아케스족의 누구도 이 지점까지는 던지지 못했으며, 또 더 멀리 던질 사람은 없을 겁니다."

이런 말을 듣자 참을성 있고 존엄한 오디세우스는 기쁨을 느꼈으며, 한편 자기에게 호의를 가진 동지를 이 경기장에서 발견한 것을 기쁘게 생각했다. 그래서 한층 마음이 가벼워져서 파이아케스 사람들 사이에서 말했다.

"젊은 분들이여, 그럼 이제 저 원반만큼 던져 보시지요. 곧이어 저 만한 것이 든지, 아니면 좀더 큰 것을 던져 볼 작정이니까요. 다른 누구든지 자진해서 해볼 생각이 있는 젊은이는 어서 이 자리에 나와 겨루어 보시오. 나를 무척이나 화나게 했으니 말이오. 권투든 씨름이든 아니면 달리기라도 결코 거절하지 않을 테니까. 라오다마스 그 젊은이 말고 모든 파이아케스 분들 중에서 말이오. 왜냐하면 그분은 내가 묵고 있는 숙소의 주인이시니까요. 누가 친애하는 사람과 싸우기 바라겠습니까? 분별없고 덜 되어먹은 사나이가 아니고서야. 누구나 신세를 지고 있는 주인 측과 경기를 하는 자리에서 말다툼을 벌이려고 하지 않을 것이오. 더구나 남의 나라에서 말이오. 자신의 이익이 모든 일에 손해를 볼 따름이니까요. 그 밖의 사람하고라면 누구든 거절하지는 않겠으며, 상대자로서 부족할 것은 없다고 생각하오.

일대일로 승부를 겨룰 셈치고 팔씨름을 해 보려는 생각이오. 대장부가 하는 경기라면 무엇이든 각오가 되어 있소. 훌륭한 빛을 낸 활에 화살을 메겨 당기면, 화살이 명중하는 데도 으뜸이었소. 아무리 많은 우리편 군사와 북적대며 싸우고 있는 적을 쏜다 해도 영락없이 적중했지요. 정말 꼭 한 사람 필로크레테스만이 궁술에서 나보다 뛰어났지요. 트로이에서 우리 아카이아 동지들이 활쏘기 연습을 할 경우에는요. 지금 이 땅 위에서 곡식을 축내는 사람들 중에서는 내가 으뜸이었다는 것을 감히 말하겠소.

하지만 그 이전의 옛날 무사와는 재주를 겨루려곤 감히 생각지 않겠소. 이를테면 헤라클레스나 오이칼리아 사람 에우리토스와도 그렇소. 아닌 게 아니라 이 사람들은 신들과도 궁술을 겨루었다고 했소. 그랬기 때문에 위대한 에우리토스는 갑자기 숨이 끊어져 자기 집에서 늙을 때까지 살지를 못했던 거요. 왜냐하면 아폴론 신이 화가 나서 그를 죽였던 것이니, 그것은 신에게 궁술을 겨루려고 도전했기 때문이오. 또 창던지기에서는 아무도 화살을 쏘아도 나를 따르지 못할 거요. 다만 다리를 사용해서 달리는 것만은 파이아케스의 누군가가 나를 넘어설 수 있을 테지요. 왜냐하면 한심할 정도의 엄청난 풍파 때문에 너무도 심하게 상처를 입었으니 말이오. 그리고 배에는 늘 생활 물자가 넉넉하다고는 할 수 없는 노릇이오. 그 때문에 내 손발은 축 늘어져서 어쩔 수 없게 되었단 말이오."

이렇게 말하자 그 자리에 모인 사람들은 모두 잠잠해졌다. 그 가운데 단 한 사람 알키노스만이 그에게 대답했다.

"손님이시여, 그처럼 말씀하신 것은 결코 우리에 대한 호의를 벗어난 것은 아닙니다. 다만 당신의 힘과 실력을 보여 주려는 생각이시겠지요. 이 젊은이가 군중들 앞에서 곁에 앉아 비난한 것에 화가 난 모양입니다만. 그래서 도리에 맞는 말을 할 줄 아는 사람이라면, 당신 솜씨를 함부로 깎아내리지 말라는 생각을 하신 것 같군요.

그렇긴 하지만, 이번에는 내 말을 들어 보시오. 앞으로 다른 분들한테 이야기하도록 말입니다. 댁으로 돌아가 부인과 아드님들과 함께 식사 때라도, 우리의 훌륭한 솜씨를 추억하시게요. 우리한테도 제우스 신이 할아버지 대대로 이제까지 많은 재주를 내려주셨다는 것을요. 우리가 뭐 특별한 권투사(拳鬪士)나 씨름꾼이라는 건 아닙니다. 하지만 빨리 달린다는 것과 뱃일에 대해서만은 누구도 따르지 못하리라고 자부합니다. 그리고 우리는 잔치나 하프나 노래나 춤을 사랑합니다. 그리고 새 옷 입는 일이나 따뜻한 목욕, 잠자리에 대해서도 애착을 갖고 있지요. 그러니 파이아케스 사람 가운데 춤솜씨가 뛰어난 분들, 어서 놀이를 시작하시오. 이 손님이 고향에 가서 가족들과 이야기하실 수 있도록, 얼마만큼 우리가 다른 나라 사람들보다 뛰어난가를 말이오. 항해 솜씨에 있어서나 달리기와 춤과 노래를 부르는데 있어서도. 그리고 누구건 빨리 달려가 높은 소리가 나는 하프를 데모도코스한테 가져다주게나. 아마 궁전 어딘가에 있을 것이오."

신과도 같은 알키노스가 이렇게 말하자, 시종이 국왕의 성에서 속이 빈 하프를 가져오려고 일어섰다. 그리고 경기에서 모든 일을 감독하는 아홉 사람의 장로들도 일어섰다. 그들은 경기를 할 때면 무슨 일이나 순조롭게 처리하는 것이 습관이었다. 그래서 땅바닥을 평평하게 만들어 경기장을 춤추기에 알맞도록 아담하게 다져 나갔다. 때마침 시종이 높은 소리가 나는 하프를 가지고 데모도코스한테로 다가오자, 그는 한가운데로 걸어나갔다. 그 양쪽에는 아직 앳된 젊은이 둘이 함께 서 있었다. 익숙한 춤솜씨로 성스러운 땅바닥을 박자를 맞추어 밟아 나갔다. 그동안에 오디세우스는 갖가지로 움직이는 발놀림을 속으로 감탄하며 바라보고 있었다.

그리고 가인은 하프를 타며 아름답게 아레스와 아름다운 화관(冠)을 쓴 아프로디테와의 사랑 이야기를 노래하기 시작했다. 처음에 둘이서 몰래 헤파이스토스 궁전에서 정을 통한 데서부터, 아레스가 아프로디테에게 많은 선물들을 한 이야기, 헤파이스토스의 잠자리를 더럽힌 사연을 노래했다. 이어서 헤파이스토스에게 이 사실이 알려 지게 되었으니 두 신이 사랑으로 동침하는 모습을 헬리오도스가 발견한 것이다.

헤파이스토스는 이 가슴 아픈 소식을 듣자, 재앙을 가슴 깊이 궁리하면서 대장간으로 향했다. 그래서 모루대 위에 모루를 놓고는 결코 부서지지 않고 풀어지는 일이 없는 사슬을 만들었다. 그 둘이 꼼짝 못하고 묶여 있게 하기 위해서. 드디어 아레스 신에 대한 노여움 때문에 이런 교묘한 올가미를 만들자, 자기 침상이 놓인 내전으로 들어갔다. 그리고 침상 기둥 둘레에 빙 돌려 경계망을 치고 보니, 대들보에서부터 드리워진 것이 무척 많아 보였다. 마치 거미줄처럼 촘촘했지만, 축복받은 신들조차도 알아볼 수 없을 만큼 아무도 알아채지 못할 정도였다. 교묘하게 만들어졌기 때문이다. 마침내 침상 둘레에 교묘하게 만든 사슬을 모두 둘러치고, 렘노스 섬의 보기 좋게 가꾸어 놓은 거리로 나가는 척했다. 이 섬은 모든 장소 중에서도 가장 신들의 마음에 드는 곳이었다. 그런데 황금 고삐를 가진 아레스도 공연히 파수를 선 것이 아니므로 이름난 대장장이인 헤파이스토스가 저쪽으로 가버린 것을 보자, 아름다운 관을 쓴 퀴테라 여신 아프로디테의 사랑을 애타게 요구하면서 영예도 드높은 그 헤파이스토스의 성으로 향했다. 그런데 여신은 힘찬 권위를 가진 크로노스의 아들인 아버지 신 제우스 곁에서 금방 오는 길이라서 이제 막 그곳에 앉으려는 참이었다. 그러자 때마침 아레스 신도 성 안으로 들어와 여신의 손에 매달려 이름을 부르면서 말했다.

"사랑스러운 분이여, 어서 잠자리로 갑시다. 그리고 침상에서 즐기도록 합시다. 이미 헤파이스토스는 이 안에는 없으니까요. 지금쯤은 아마 렘노스 섬의 상스러운 말을 지껄이는 신티에스족한테 가 있을 겁니다."

이렇게 말하자 여신은 그와 눕는 것이 좋을 것 같았다. 두 신은 침대로 가서 누웠다. 그러자 그 주위에 교묘하게 만들어진 사슬들이 마구 쏟아들었다. 물론 꾀가 많은 헤파이스토스가 쳐 놓은 것으로, 손발을 움직일 수도 치켜들 수도 없었다. 그제야 두 신은 이제 도저히 달아날 수 없다는 걸 깨달았던 것이다. 그러자 바로 그 옆에, 참으로 유명한 두 다리가 굽은 헤파이스토스 신께서 다가왔다. 렘노스 섬으로 가기 전에 되돌아왔던 것이다. 왜냐하면 헬리오스가 파수역을 하고는 그런 이야기를 전했기 때문이다. 그래서 대문 앞에 버티고 서서, 심한 분노로 가슴을 태우면서 무서운 소리로 외쳤기 때문에 어느 신에게나 모두 들리고 말았다.

"아버지 신이신 제우스 님도, 그 밖에 영원히 계시는 축복받은 신들도 자아, 어서들 나오십시오. 우스꽝스럽고도 흉측스럽기 짝이 없는 소행을 구경하시도록. 내가 절름발이라는 걸 제우스의 딸인 아프로디테가 늘 얕잡아보고, 위세 등등한 아레스 신을 사랑하고 있답니다. 그 사나이가 모습이 아름답고 걸음이 빠르다는 이유입니다만, 나는 다리가 약한 것뿐이지 그 밖에는 결코 다른 결점은 없습니다. 오히려 제 부모님이 나쁘답니다. 그렇다면 처음부터 나를 낳지 말았다면 좋았을 텐데. 그러나 보시는 바와 같이 이 두 신은 내 침대에 올라 누워, 애정에 묻혀서 자고 있었습니다. 그 꼴을 보고 어찌 내 가슴이 뒤집히지 않겠습니까. 정말이지 잠깐 동안이라도, 또 아무리 사랑한다 하더라도, 그들은 이런 꼴로 계속 누워 있고 싶지는 않겠지요. 그들 둘은 곧 싫증을 낼 것이니까요. 하지만 아버지 신께서 혼수품들을 모두 나에게 되돌려주실 때까지는 이 사슬이 그들을 붙들어 놓을 겁니다. 내가 이 짐승의 탈을 쓴 파렴치한 계집을 위해 보내 드린 것들을 말입니다. 그 따님의 용모는 그럴 듯하지만 참으로 파렴치한 여자로군요."

이렇게 말하자 신들은 청동 바닥을 깐 성으로 모여들었다. 넓고 큰 땅을 뒤흔드는 포세이돈도 왔고, 행운을 가져다주는 신 헤르메스도 왔으며, 활을 멀리 쏘는 아폴론 신도 왔다. 그러나 여신들은 부끄러운 생각에서 모두 집에 남아 있었다. 그 신들, 복을 내리는 남자 신들은 대문 앞에 멈추어 섰는데, 이 꾀에 능숙한 헤파이스토스의 교묘한 사슬을 바라보고 그칠 줄 모르는 높은 웃음소리가 그 신들 사이에서 터져 나왔다. 그러고는 서로 옆에 있는 신과도 얼굴을 마주 보면서 이렇게 소곤거렸다.

"못된 짓은 오래 가지를 못하는 것이군요. 느림보가 오히려 걸음 빠른 이를 따라 잡지요. 여기서도 헤파이스토스는 느리기는 하지만, 아레스를 붙잡고 말았거든요. 아레스는 올림포스를 지배하는 신들 중에서도 가장 걸음이 빠른 남자 신인데도 말이지요. 한편은 절름발이지만 교묘한 수단을 썼단 말이에요. 게다가 몰래 정을 통한 벌금도 물어야겠지요.”

이렇게 신들은 서로 이야기하는 것이었다. 그리고 헤르메스를 보고 제우스의 아들인 아폴론 신이 말했다.

“헤르메스, 제우스의 아들이자 전령의 신이며 복을 내리는 신인 그대는, 도대체 저런 짓을 바라겠는가. 빈틈 없는 사슬에 묶여 거북한 꼴을 당하면서도, 침대에 드러누워 황금의 아프로디테 옆에 동침할 것을 말일세.”

그러자 그 말에 전령신이며 아르고스를 죽인 신이 대답했다.

“제발 그랬으면 좋겠군. 활을 멀리 쏘는 아폴론이여, 철망 따위는 저 세 배만큼 칭칭 몸을 휘감는다 해도 상관없겠고, 그대들 남자 신들과 여신들 모두 구경을 한다 해도 상관이 없으니, 나로서는 황금의 아프로디테와 동침해 봤으면 좋겠네.”

이렇게 말하자 불사신들 사이에는 큰 웃음이 터져 나왔다. 그러나 포세이돈만은 그 웃음에 휩쓸리지 않고, 늘 일하기로 유명한 헤파이스토스에게 아레스 신을 풀고 용서해 주기를 권했다. 그리고 그를 향해 위엄 있게 말했다.

“풀어 주게나. 내가 그대에게 약속하겠네. 그대가 요구하는 대로 저 자가 불사신들 앞에서 마땅한 보상금을 깨끗이 그대에게 치르게 할 테니까.”

그러자 이번에는 그 말에 대해 이름 높은 신이 말했다.

“넓고 큰 땅을 뒤흔드는 포세이돈이여, 부디 나에게 그런 것을 요구하지 마시오. 형편없는 놈들에 대한 보증이란, 보증으로서도 형편없는 것이 됩니다. 어떻게 내가 불사신들 앞에서 당신을 결박할 수가 있겠습니까. 만약 아레스가 빚과 사슬에서 벗어나 도망쳐 버릴 경우에 말입니다.”

그 말에 이번에는 넓고 큰 땅을 뒤흔드는 포세이돈이 말했다.

“헤파이스토스여, 만일 아레스가 진 빚을 갚지 않고 달아나 버릴 경우에는, 내가 그 빚을 그대한테 갚도록 하겠네.”

그 말에 유명한 절름발이 신이 대답했다.

“아무래도 당신 말씀은 거절할 수가 없을 것 같군요.”

이렇게 말하자 힘찬 헤파이스토스는 그 사슬을 풀어 주었다. 두 신은 참으로 튼튼하던 그 사슬에서 풀려나오자 곧바로 날아올라, 남자 신은 트라키아를 향해 달려가고, 미소를 잘 짓는 아프로디테는 키프로스 섬의 파포스로 향했다. 그곳에는 여신을 위한 신성한 성역과 향내 풍기는 제단이 있기에, 그곳에 온 여신을 카리스 여신들이 목욕시키고, 고귀한 기름을 발라 주었다. 영원한 신들의 살갗에서 빛나는 그런 기름이었다. 그러고는 참으로 아름다운, 눈이 번쩍 뜨일 듯한 옷을 입혀 주었다.

이런 노래를 이 세상에 이름 높은 가인이 불러 나갔다. 오디세우스는 이 노래를 듣고 마음속으로 즐거운 생각을 했으며, 긴 노를 젓는 파이아케스 사람들 또한, 그들은 배로 이름을 얻은 사람들이었지만 마찬가지였다.

그리고 알키노스 왕은 하리오스와 라오다마스를 향해 둘이 춤을 추도록 명령했다. 춤에서 이 둘과 겨룰 사람은 달리 없었기 때문이다. 두 사람은 아름다운 공을 두 손에 집어 들었다. 자줏빛 그 공이야말로 현명한 폴리보스가 그들을 위해 만든 것이었다. 그것을 한쪽 무용수가 몸을 뒤로 젖히고 그늘진 구름을 향해 던지자, 다른 쪽이 땅에서 높이 뛰어올라 발이 땅에 닿기도 전에 쉽사리 받아들였다. 그리하여 공을 위로 던지는 재주를 끝내자, 이번에는 풍부한 수확을 가져오는 넓은 땅에서 서로 번갈아가며 춤을 추었다. 그동안 다른 젊은 이들은 이 경기장에 서서 계속 박자를 맞추었기 때문에 요란한 소리가 일어났다. 바로 이때 알키노스에게 존엄한 오디세우스가 말을 걸었다.

"알키노스 왕이시여, 수많은 사람 중에서도 특히 뛰어난 당신은 과연 아까 자랑을 하셨습니다. 우리는 남달리 우수한 춤의 명수라고요. 그 말씀이 이제 증명된 것입니다. 이렇게 보기만 해도 깊은 감명을 받게 됩니다."

이렇게 말하자 거룩하고 위대한 알키노스 왕은 매우 기뻐하고, 즉시 노젓기에 익숙한 파이아케스 사람들을 바라보며 말했다.

"똑똑히 들어주시오, 파이아케스족을 지휘하며 또 국사를 맡으신 분들이여. 이 손님은 매우 아량이 있는 분 같소. 그러니 이분한테 부끄럽지 않을 만큼의 선물을 드리도록 하는 게 어떻겠소. 이를테면 열두 지구(地區)마다 훌륭한 영주가 우두머리로서 지배하여, 나는 그 열세 번째가 되는 셈이오. 우리 모두 저마다 손님에게 새 망토와 속옷과 값진 황금 탈란톤을 기증해 드리도록. 그렇게 속히 한데 모아 가지고 오는 게 어떻겠소. 손님이 그 선물을 손에 들고 마음으로 기뻐하면서 저녁상을 받으시도록 말이오. 그리고 에우리알로스는 손님에게 친절한 말과 선물로 화해를 청하도록 하는 게 좋겠네. 아무튼 말 실수를 한 것만은 사실이니까."

이렇게 말하자 사람들은 모두 그 말에 찬성하고, 그렇게 하기를 바랐다. 그들은 제각기 선물을 가져오도록 심부름꾼을 집으로 보냈다. 한편에서는 에우리알로스가 왕에게 말했다.

"알키노스 왕이시여, 모든 사람들 중에서도 으뜸으로 뛰어나신 당신께서 명령하시는 대로, 저는 이 손님께 화해를 청하도록 하겠습니다. 그 선물로 이 검을, 날은 순전히 청동이며 게다가 은자루가 달렸고, 칼집은 새로 잘라 낸 상아로 만든 것을 드리지요. 꽤 값어치가 있는 것입니다."

이렇게 말하면서 그의 손에 은자루가 박힌 검을 건네주고, 그를 향해 정중하게 말을 걸었다.

"인사드립니다, 다른 나라에서 오신 손님이시여, 제가 실례의 말씀을 드렸다면, 냉큼 거친 바람이 그 말을 채어 가기 바랍니다. 그리고 바라건대 신들께서 당신이, 부인과 다시 만나고 고국에 돌아가실 것을 허락해 주시기를. 참으로 오랫동안을 가족들과 헤어져서 갖가지 재난을 겪으셨으니까요."

그 말에 지혜 많은 오디세우스가 대답했다.

"친애하는 분이여, 당신도 늘 안녕하시기를, 그리고 또 신들께서 복과 덕을 내리시기를 바랍니다. 그리고 나중까지라도 검이 아쉬워하는 일이 없기를 바랍니다. 화해 말씀과 함께 지금 주신 이 검 말입니다."

이렇게 말하면서 두 어깨에 은자루가 박힌 검을 둘러메었다. 그러는 동안 해도 저물고, 그의 손에는 훌륭한 온갖 선물이 주어졌다. 그 선물들을 알키노스 궁전으로 시종들이 날라 왔다. 그리고 거룩한 알키노스의 아들들이 그 훌륭한 선물들을 예의바른 어머니 곁에 맡겨 놓았다. 그들의 앞장을 서서 거룩한 알키노스 왕이 걸어갔는데, 성에 이르자 높다란 자리에 앉았다. 그때 아레테 왕비를 향해 알키노스 왕이 말했다.

"그럼 왕비여, 궤짝을 이리로 가져오시오, 가장 좋은 궤짝을 골라서. 그 함에 왕비가 손수 손질한 옷과 속옷들을 챙겨 넣도록 하시오. 그리고 손님을 위해 청동솥을 불에 걸고 물을 데우시오. 손님이 목욕을 하고 이 선물들이 아담하게 챙겨진 것을 보게 말이오. 그 물건들은 우수한 파이아케스 사람들이 가져온 것이오. 그리고 맛있는 요리와 노래를 들으시며 즐기도록 하시오. 또 나도 이렇게 황금으로 만든 훌륭한 내 소유물인 이 술잔을 드리도록 하겠소. 언제까지고 나를 추억하면서, 그의 집에서 제우스와 그 밖의 신들께 제주를 올리시도록 말이오."

이렇게 말하자 아레테는 시녀들에게 분부해서 커다란 세 발 무쇠솥을 얼른 불에 걸어 놓게 했다. 그래서 시녀들은 세 발 무쇠솥을 활활 타오르는 불 위에 걸고, 솥에는 물을 붓고 장작을 더 가져와 지폈다. 배가 불룩한 무쇠솥은 불길이 둘러싸자 곧 물이 데워졌다. 그동안에 아레테는 손님을 위해 훌륭한 궤짝을 안에서 가져와, 그 속에 특별히 훌륭한 선물들을 챙겨 넣었다. 그것은 파이아케스 사람들이 그에게 보내온 것이었다. 또 왕비도 궤짝 속에 아름다운 옷과 속옷을 곁들여 넣었다. 그러고는 그에게 거침없이 말했다.

"자 그럼, 손수 뚜껑을 살펴보시오. 그리고 가는 길에 혹시 손해 보는 일이 없도록 그것을 잡아매시오. 검은 칠을 한 배로 귀국하시는 도중에나 또 혹시 상쾌한 잠이 드신 사이에라도 말입니다."

참을성 있고 존엄한 오디세우스는 이 말을 듣자, 바로 뚜껑을 덮고 단단히 매듭을 지었다. 까다롭고 교묘하게 묶는 그 방법은, 전에 키르케 여신이 정성들여 그에게 가르친 것이었다. 묶기가 끝나자 시녀가 그에게 욕탕에 들어가 목욕을 하도록 권했기 때문에, 그는 참으로 기쁜 듯이 따뜻한 목욕물을 바라보았다. 머리가 탐스러운 칼립소의 집을 떠나온 뒤로, 그는 이제까지 이토록 사치스러운 대접을 받아본 일이 없었기 때문이다. 그 무렵에는 마치 신이나 되는 듯이 언제나 정중한 대접을 받았지만 말이다.

시녀들은 그에게 목욕을 시키고 올리브 기름을 몸에 발라 주고는, 아름다운 망토와 속옷을 입혀 주었다. 목욕을 끝내자 그는 술잔치를 벌이고 있는 사람들에게 갔다. 나우시카는 신들이 내려 준 아름다운 그 모습으로, 튼튼히 만들어진 지붕을 떠받치고 있는 기둥 옆에 가서 섰다. 그러고는 오디세우스를 바로 눈앞에 보자 따뜻하게 인사하며 말했다.

"안녕하세요, 손님. 고향에 가시거든 가끔 저를 추억해 주세요, 가장 먼저요. 우선 저에게 생명을 되찾으신 빚을 지고 계시니까요."

그 말에 참을성 있고 존엄한 오디세우스가 말했다.

"나우시카여, 마음이 너그러운 알키노스의 따님이시여. 이제는 정말로 빈답니다. 헤라 여신의 배우자이며 천둥을 울리는 제우스 신께서, 고향에 돌아가 귀향의 날을 볼 수 있게 해주시기를 바랍니다. 그리고 그곳에서도 나는 언제까지나 신께 기도하듯 그대에게 경배하겠습니다. 당신은 내 생명의 은인이십니다."

이렇게 말하고는 알키노스 왕 옆의 팔걸이의자에 앉았다. 그때 사람들은 이미 잘라 놓은 고기를 각자에게 나누어 주고, 포도주를 섞는 참이었다. 또 시종은 으뜸가는 가인을 데리고 왔다. 국민들에게 존경받는 데모도코스였다. 그를 잔치에 모여 있는 사람들 가운데 앉히고 높다란 기둥에 기대도록 했다. 마침 그때 시종에게 지혜로운 오디세우스가 자기 몫의 등심살 한 조각을 자르면서 말했다. 고기의 대부분은 아직 남아 있었다. 뾰족한 엄니를 가진 멧돼지의 살점이었는데 양쪽에는 푸짐한 비계가 붙어 있었다.

"시종이여, 자, 이 살점을 가져다 데모도코스한테 드시라고 해요. 고생은 겪었지만 저분한테 인사를 하고 싶소. 참으로 이 땅 위에 사는 모든 인간 중에서도, 가인은 명예와 존경을 받아 마땅하오. 그 까닭은 예술의 신이 그들에게 노래의 길을 가르쳐주고 가인 종족을 감싸 보호해 주고 계시기 때문이오."

이렇게 말했으므로 시종은 그 고깃점을 가져다 데모도코스의 손에 놓았다. 그는 그것을 받아들고 크게 기뻐했다. 그러고 나서 사람들은 그 자리에 나온 요리에 각각 손을 내밀었다. 이윽고 먹고 마시는 데 어지간히 포만감이 들었을 때, 데모도코스에게 지혜로운 오디세우스가 말했다.

"데모도코스여, 정말이지 많고 많은 사람들 중에서도 특히 당신을 나는 찬미합니다. 당신을 제우스의 따님이신 예술의 신께서 가르치셨습니까? 아니면 아폴론 신께서 가르치셨습니까? 특히 조리 있게 아카이아 사람들 내력을 노래하시니 말이오. 그들의 소행, 그들의 짊어진 운명, 그리고 아카이아 사람들이 겪어 온 고난을 하나도 빠짐없이, 마치 그 자리에 당신이 함께 있었던 것처럼, 아니면 그 자리에 있었던 사람들한테 전해 듣기라도 한 것처럼요. 하지만 그건 그렇다 치고, 이제는 다른 구절로 노래를 옮겨, 목마를 만들던 구절을 불러 주시구려. 에페이오스가 아테나 여신의 도움으로 만들었다는 그 말의 배 속에 무사들을 가득 숨기고, 내가 꾀를 써서 ―들을 트로이 성으로 끌어 들이고, 그들이 일리오스를 공략했던 것이오. 만약에 실제로 그 내력을 빈틈 없는 사연으로 올바르게 이야기해 준다면, 지금 당장이라도 모든 사람들에게 말해 주겠소. 과연 신께서 진심으로 당신에게 신성한 노래의 힘을 내려주셨다고."

이렇게 말하자 데모도코스는 신의 부추김을 얻어 노래를 불러갔다. 바로 아르고스 군사 대부분은 막사에 불을 지른 다음 놋자리가 갑판이 갖추어진 배들을 타고 출항했다는 그 대목부터 시작했다. 한편에서는 이미 오디세우스를 비롯한 무사들이 그 목마 속에 숨어서 트로이 광장에 잠복해 있었다. 트로이 사람들 스스로가 목마를 성채 안으로 끌어들였기 때문이다. 이렇게 목마가 서 있는 한편에서는, 트로이 사람들이 말을 둘러싸고 앉아 왁자지껄 떠들어 대고 있었다. 의견의 취지는 세 갈래로 갈라져 있었다. 첫째로는 속이 빈 목마를 무자비한 청동 칼로 배를 갈라 보느냐, 아니면 요새 꼭대기로 끌고 가 바위 위에서 던져 버리느냐, 또 아니면 이대로 거대한 제물로 그대로 두고 신들의 마음을 위로해 드릴 것이냐 하는 것이었다. 그때는 결국 세 번째 방법이 결정되는 운명에 놓여 있었다. 이를테면 이 성은 커다란 목마를 성 안에 있게 함으로써 멸망하는 운명에 놓여 있었던 것이다. 바로 그 목마 속에 아르고스 용사들이 트로이 사람들을 향해 살육과 죽음의 운명을 가져다주기 위해 숨어 있었던 것이다.

그 다음으로 가인은 아카이아 사람의 아들들이 목마에서 쏟아져 나와 일리오스 도시를 함락시켰던 내용을 노래로 불러 나갔다. 노래에 따르자면, 텅 빈 매복처인 목마를 떠나 모두 저마다 미리 생각해 두었던 장소로 가서 높고 험준한 성을 무찔러 나갔다. 그동안에 오디세우스는 데이포보스의 성으로 걸음을 서둘렀는데, 그 모습은 군신 아레스와 같았다. 더구나 신과도 같은 메넬라오스와 함께 거기서 말할 수 없이 격심한 싸움을 감행함으로써, 마음이 넓은 아테나의 힘을 빌려 승리를 거두었다는 것이다.

이런 줄거리를 널리 이름 높은 가인이 노래로 불러 나갔다. 한편 오디세우스는 몹시 풀이 죽어, 마치 사랑스러운 아내가 남편에게 매달려 울음을 터뜨릴 때처럼 눈물이 흘러내려 두 볼을 적시고 있었다. 남편이 자기 마을과 자식들을 위해 무참한 재난을 막아 내려고 성벽 앞에 또는 병사들 앞에 쓰러졌는데, 그 부인은 죽어 가는 남편이 허덕이는 모습을 보고, 그 옆에 주저앉아 소리내어 울부짖는 것이다. 그러면 적병들은 뒤에서 나무 창으로 그 어깨와 등을 마구 찔러 대면서 노예로 끌고 간다. 더없이 애절한 슬픔에 여자의 볼은 초췌해 간다. 그와 마찬가지로 오디세우스는 속눈썹 아래로 애처로운 눈물을 흘리고 있었다. 이때 다른 사람들은 모두 그가 눈물을 흘리는 것을 알아채지 못했는데, 알키노스만은 바로 그 옆에 앉아 있었기 때문에, 침통하게 신음하는 소리를 귀 기울여 들었던 것이다. 그래서 곧바로 노젓기에 익숙한 파이아케스 사람들에게 말했다.

"똑똑히 들어주시오, 파이아케스족을 이끌며 나라일을 맡으신 분들이여. 데모도코스한테는 이제 높은 소리로 울리는 하프를 그만두게 하시오. 왜냐하면 저 노래가 누구한테나 즐거운 것이라고는 할 수 없으니. 우리가 만찬을 시작하고 신성한 가인이 노래를 시작한 뒤로, 줄곧 이 손님께서는 애처로운 비탄에 빠져 있었소. 아무래도 무척 심한 슬픔이 가슴에 꽉 차 있는 모양이오. 그러니 이제 노래는 그만두는 게 좋겠소. 모두 함께 즐겁게 지낼 수 있도록. 주인 측도 손님께서도 그렇게 하는 편이 훨씬 좋을 것 같소. 이런 일들은 모두 현명하신 손님을 위해 베푼 자리이니까요. 여행 준비도 선물로 드리는 선사품도 호의로 드린 물건이란 말이오. 아무리 이해심이 없는 사람이라 할지라도 다른 나라 사람과 구원을 청하는 사람과는 형제나 마찬가지요. 그런 까닭에 이제 와서는 당신께서도 내가 물어보는 말에 대해 그럴 듯하게 꾸며낼 생각을 버리고, 더는 숨기지 말기를 바라오. 진실을 말해 버리는 게 한결 옳은 일이 아닐까 하오. 그러니 당신의 이름부터 말하시오. 고향에서는 아버님이나 어머님이나 그 밖의 여러분들이 당신을 무엇이라고 불러 왔는지, 그 마을과 이웃에 사는 여러분들이 말이오. 누구든 이 세상에 전혀 이름 없는 사람이란 있을 수 없으니까요. 천한 사람이건 거룩한 사람이건, 부모에게서 이름을 받는 법이니까요. 그리고 당신네 나라와 마을 이름도 말해 주시오. 그래서 그곳을 목표로 배를 태워 당신을 모실 수 있도록. 파이아케스족에게는 삿대를 잡을 줄 아는 사람이 없습니다. 또 다른 배들이 가지고 있는 키라는 것도 없습니다. 다만 배 자체가 타고 있는 사람들의 의향이나 생각을 분간하는 것입니다. 그리고 모든 사람의 도시라든가 풍성한 논밭을 구별하고는, 아주 빠르게 구름이나 안개에 자욱이 묻혀서 넓디넓은 바다를 건너갑니다. 그래도 결코 그 배들이 재난을 당하거나 실종되거나 할 걱정 조금도 없다오.

오히려 언젠가 나는 아버님이신 나우시토스가 이렇게 경고하시는 것을 들은 적이 있다오. 아버님 말씀으로는 포세이돈이 우리에게 좋지 못한 감정을 품고 계시는데, 그 까닭은 우리가 모든 사람들을 거리낌 없이 확실하게 돌려보내 주기 때문이라는 것이오. 또 예언하시기를 포세이돈은 언제나 파이아케스 사람들의 잘 만들어진 배가 본국으로 돌아갔던 길에서 다시 돌아오는 것을, 안개

긴 앞바다에서 마구 부숴 버리는가 하면, 커다란 산으로 우리 마을 주위를 덮어 버릴 것이라고요. 노왕은 그렇게 말씀하셨지만, 그런 것들은 신께서 이룩하시거나 실현시키지 않은 채 버려두시거나, 어느 쪽이건 뜻대로 하시겠지요. 아무튼 어서 나에게 확실하게 말해 주시오. 어디를 향해 당신은 바다를 떠다니셨는지, 이 세계 어느 고장에 갔었는지, 그 사람들 이야기며 또는 그럴 듯하게 꾸며진 마을들의 이야기 등을, 혹은 적의를 품고 난폭한데다 올바른 법을 지키지 않는 사람들이나 다른 나라 사람들에게 친절하고 신을 두려워하며 받들어 모시는 사람들의 이야기 같은 그러한 모든 것을 말이오. 또 아르고스군이나 다나오스 후손에 대한 일, 또는 일리오스의 현실 이야기를 들으면서 당신은 왜 우시는지, 또 마음속에 무엇을 그리 슬퍼하시는지 말해 주시오. 그 성을 만드신 것은 신들이라오. 그러고는 인간들에게 파괴되어 없어질 운명을 빚어 놓으신 거요. 후세 사람들을 위해 노래 구절을 만드시려고. 그래 누군가 당신 친척이 일리오스 성 안에서 전사라도 하셨단 말이오? 용맹했던 사위나 장인 같은 분이라도? 그런 사람들이 그 중 특히 자신의 혈통이나 씨족에 대해서는 가장 가깝고 소중한 분이니까. 아니면 혹시 누군가 뛰어난 인물이면서 친구로서도 다정했으며 가깝게 지내시던 분이라도? 친구로서 서로 마음이 맞고 이해심이 있는 사람은 형제나 다름없는 것이니까요."

제9권
키클롭스 암굴 이야기

오디세우스는 이타카 섬의 왕인 자기 신분을 밝히고, 트로이 성이 함락된 뒤의 경위를 이야기한다. 12척의 요선(僚船)*¹을 이끌고 트로이 해안을 떠난 다음, 그들은 서쪽 이스마토스의 키코네스족의 땅에 상륙, 그 가까운 주변을 약탈했다. 그곳을 출범한 지 사흘째 되는 날부터 폭풍이 일어, 말레아 곶을 넘어서면서 아흐레 아홉 밤을 폭풍에 휘말린 끝에, 그들이 닿은 곳은 로토스(蓮實)를 먹는 족속의 나라였다. 로토스란 아편과 같은 것으로 이것을 먹은 사람은 환각 상태에 빠지며, 친구도 조국도 잊어버리고 흐리멍덩하게 나날을 보내게 된다. 오디세우스는 크게 놀라서 출발, 다음으로는 외눈박이 거인 키클롭스의 나라에 닿게 된다. 그들은 산 중턱의 동굴 속에 살며 거대한 몸집을 가졌는데, 양치기를 벌이로 하고 있었다. 그들이 없는 틈에 동굴로 들어선 일행은 키클롭스인 폴리페모스에게 사로잡혀, 두 사람씩 그의 먹이가 된다. 가까스로 그를 몹시 취하게 한 다음, 하나밖에 없는 그 눈알을 불로 지지고, 양의 배를 붙잡고서 동굴을 빠져 나온다. 그러나 배를 타기 직전에 그를 매우 심하게 꾸짖고, 오디세우스라는 이름을 밝혔기 때문에 거인은 아버지인 바다의 신 포세이돈에게 복수해줄 것을 기원하여, 이후 포세이돈의 노여움과 미움을 받아 오랜 고난을 겪기에 이른다.

그러자 지혜 넘치는 오디세우스가 말했다.

"알키노스 왕이여, 모든 사람들 중에서도 가장 뛰어난 분이여. 참으로 이같이 뛰어난 가인의 낭송은 듣기가 좋습니다. 그 목청은 신들에 못지않은가 합니

---

*1 함대 대열에 딸린 배.

다. 나로서는 환락이 온 나라에 넘쳐흐르고 향연에 참석한 이 궁전 안에 있는 모든 사람들이 저 노랫소리에 황홀해하면서 질서 있게 자리에 앉아 있을 때, 그런 상태보다 더 복되고 고마운 일은 없다고 생각합니다. 식탁에는 빵과 고기를 담은 접시가 가득 놓였고, 시종들은 희석용 술동이에서 좋은 술을 퍼다가 술잔마다 따라 주는데, 이러한 즐거움은 더없이 좋은 일인 줄 생각합니다. 하지만 당신은 내 슬픔에 넘친 재난에 대해 캐물으려 하셨지요. 그 때문에 한결 아픔을 느끼고 탄식하는 것입니다만. 그런데 무엇을 먼저, 또 무엇을 나중에 이야기하면 좋을까요. 하늘에 계신 신들께서는 이만저만한 재난을 저에게 내려 주신 것이 아니랍니다.

그럼 이제부터 당신들이 아시도록 내 이름을 맨 먼저 말씀드리지요. 또 나로 말하더라도 죽을 뻔한 지경에서 빠져 나와 먼 곳의 내 집에 있다 하더라도 당신들의 친구로서 기억될 수 있도록 말입니다. 나는 라에르테스의 아들이며, 오디세우스가 내 이름으로, 온갖 빼어난 재주와 지혜로써 인간 세계에서 소문난 자이며 내 이름은 하늘에까지 알려져 있답니다. 눈에 잘 띄는 이타카 섬에 살고 있습니다만, 그곳에는 숲의 나무 그림자를 흔들어 대는 네리톤 산이 한결 뚜렷이 보이며, 그 언저리에는 여러 섬들이 무척이나 서로 가까이 마주보고 있지요. 둘리키온과 쉬메, 숲이 많은 자퀸토스 같은 섬들이 그것들이지요. 이타카 섬은 지세가 낮고 서편에 있으며 바다에서 가장 앞쪽에 위치합니다. 지금 말한 섬들은 해 돋는 동쪽에 떨어져 있는데, 바위가 많아 험준하기는 합니다. 그러나 훌륭한 젊은이들의 어버이 같은 존재로 나에게는 내 나라보다 더 좋고 즐거운 땅은 달리 또 없으리라 여겨집니다.

여신 가운데서도 존엄하기 그지없는 칼립소가 자기 곁에 나를 붙들어 두었지요. 텅 빈 널따란 동굴 속에 나를 남편으로 삼으려고요. 또 그와 똑같이 키르케, 저 아이아이에의 요사스러운 꾀 많은 여자가 자기 저택에서 남편을 삼으려고 했었지요. 그러나 결코 내 가슴 속 진심은 설득하지 못했다오. 그토록 조국이나 또 어버이보다 더 반가운 것은 없는 법이니까요. 비록 그가 어버이 곁을 떠나 다른 나라에 살며 부귀영화를 누린다 하더라도, 그 점에서는 다름이 없답니다.

그럼 이제부터 재난에 가득 찼던 내 귀국 여행에 대해 이야기하지요. 그것은 트로이를 떠날 때부터 제우스가 내게로 보내주신 것이며, 일리오스에서 바람은 나를 키코네스 나라로 보냈답니다. 아스마로스 마을이지요. 그래서 나는 그 성을 공략하고 시민들을 쳐부순 다음, 그 마을에서 여자들과 물자를 듬뿍 빼앗아 동지들과 나누었답니다. 아무도 훌륭한 제 몫을 차지하지 못하고는 떠나지 않도록 말이지요. 사실은 나는 얼른 그곳을 빠져나오도록 명령했던 것인데, 사람들은 어리석게도 내 말을 들으려 하지 않더군요. 그러고는 그 자리에서 진탕 술을 퍼마셔 대며, 양도 숱하게 도살하고 다리를 비비꼬며 구부러진 뿔을 가진 암소도 마구 죽이는 등, 그렇게 바닷가에서 행패를 부렸지요. 그러는 동안에 키코네스 사람 가운데 하나가 가까이에 사는 키코네스족에게 호소했습니다. 그들은 숫자도 많으며 무용도 뛰어났는데, 본토에 사는 이들로, 말을 타고 적군의 무사와 싸우는 재주와 솜씨를 터득했으며, 또 필요에 따라서는 걸어서도 싸운다는데, 그들이 이번에는 함께 몰려오더군요. 그 숫자란 마치 봄철에 꽃과 잎이 함께 돋아나는 듯이 요란했다오. 참으로 제우스 신께서 그때에 정해 주신 불행이, 아침 일찍이 우리 비참한 운명을 가진 사람들에게 갖가지 고난을 숱하게 맛보라고 달라붙었던 거지요. 그래서 우리는 빠른 배들 옆에 진을 치고 서로 청동 창을 던져 대면서 싸움을 계속했답니다. 이렇게 해서 아침나절 성스러운 햇살이 높아가는 동안은 적군이 우세했지만, 잘 견디어 막고 싸웠지요. 그러나 해가 서편으로 기울기 시작할 무렵, 그 무렵에 바로 키코네스족은 아카이아 사람들(그리스 군사)을 무찌르고 결판을 냈던 것이라오. 그래서 각 배에서 여섯 명씩의, 맵시 있게 정강이받이를 댄 전우들이 전사하고, 다른 사람들은 죽음의 운명을 모면했던 것이지요.

우리는 거기서 다시 배를 몰아 나갔지요. 친한 전우들이 죽었기에 가슴이 아프기는 했습니다만, 죽음을 면한 것을 기쁘게 여기면서요. 또 양끝이 휘어진 배들은 불쌍한 전우들의 이름을 일일이 세 번씩 소리 높여 불러보기 전에는 앞으로 나아가지 않았답니다. 그들은 키코네스족의 칼에 맞아 그곳 들판에서 죽은 사람들이었지요. 그런데 이번에는 우리 함선들을 향해 뭉게구름을 부르시는 제우스 신께서 심한 북풍을 불러일으켰습니다. 무시무시한 돌풍과 더불어 넓은 땅과 태양도 다 함께 구름으로 덮을 만큼 하늘로부터 어둠이 쏟아져 내려왔습니다. 그로부터 우리 함선들은 뱃머리를 파도에 파묻은 채 끌려갔으며, 돛은 바람의 힘으로 세 갈래 네 갈래로 갈가리 찢어졌지요. 우리는 파멸이 두려워 돛을 모두 내려 배 안에 두었습니다. 그러고는 재빨리 노에 매달려 배를 육지로 저어갔던 것이지요.

그곳에서 이틀 낮 이틀 밤을 줄곧 우리는 피로와 고민 때문에 시달리면서 드러누워 있었습니다. 그러나 마침내 올린 머리도 아름다운 새벽의 여신이 세 번째 날을 가져왔을 때, 다시 돛대를 세우고 흰 돛을 올리고 배에 들어앉았지요. 배는 바람과 키잡이들이 올바르게 이끌어 나갔다오. 그래 어쩌면 별 탈 없이 고향 땅을 밟을 수도 있었겠습니다만, 말레아 곶(펠로폰네소스 반도의 남쪽 끝)을 돌아들려 할 무렵, 파도와 조류가 북풍과 힘을 합쳐 멀리 배를 밀어 내는 바람에 퀴테라 섬 옆을 표류하게 되었습니다.

거기서부터 9일 동안을 저주받은 바람에 날려 물고기가 많은 한 바다 위를 건너갔는데, 열흘째에는 로토스를 먹는 나라에 상륙했지요. 그 사람들은 로토스을 먹는 게 습관인 민족이었소. 우리는 육지에 올라 물을 퍼서 실었습니다. 그리고 동지들은 빠른 배 옆에서 곧바로 저녁 식사를 하기 시작했지요. 식사를 마치고 음료도 마시고 나자, 그때 나는 동지들을 보내 어떤 인간들이 이 땅에서 곡물을 먹고 사는지 조사해 오도록 명령했소. 두 사람을 골라내고, 세 번째 사람은 전령으로 딸려 보냈습니다. 그들은 바로 출발해서 로토스를 먹는 사람들 사이로 파고들었습니다. 하기는 로토스를 먹는 그들은 우리 동지들에게 파멸을 꾀하는 수를 쓰려고 하지는 않았소만, 아무튼 그들은 로토스를 먹어 보라고 하는 것이었습니다.

그런데 이 꿀처럼 맛있는 로토스를 먹은 부하는 다시는 돌아오려고도 또 보고하기 위해 귀환하려고도 하지 않았으며, 그저 그렇게 거기서 로토스를 먹는 사람들과 함께 어울려 로토스를 계속 먹기만을 바라고, 고향으로 돌아갈 생각은 전혀 하지 않게 되어 버렸던 것이었소. 그런 사람들을 우리 배가 있는 곳으로, 울고불고하는 것을 억지로 끌고 왔습니다. 그러고는 움푹한 배 속의 노젓는 자리 밑에 끌어넣고 묶어 놓았지요. 그러는 한편, 다른 충성스러운 동지들을 격려해서 재빨리 빠른 배에 태웠다오. 또다시 누가 자칫 로토스를 먹고 고향으로 돌아갈 것을 잊어버릴까봐 겁이 났던 거지요. 우리는 서둘러 배를 타고 노걸이에 질서 정연하게 자리를 잡고 앉자, 잿빛 바다로 노를 저으면서 나아갔습니다.

그런데 거기서부터 다시 앞으로 앞으로, 마음을 괴롭히면서도 항해해서 닿은 곳이 난폭하고 법도 없는 키클롭스 사람들의 나라였던 것이오. 이들은 불사신들의 도움을 믿고, 식물도 손수 심으려 하지 않고 밭도 갈지 않는데, 무엇이든 씨를 뿌리거나 갈지 않아도 무성해지므로, 밀도 보리도 포도주를 빚는 포도송이가 열리는 포도나무도 제우스의 빗물이 키워 주는 것이었소. 이들은 일을 도모하는 집회도 법칙도 없었기 때문에, 높은 산꼭대기의 동굴 속에서 살며 각자가 자기 처자들을 처벌하므로, 서로 간에는 아무런 관계도 가지지 않고 살고 있었다오.

거기서부터 비탈진 섬이 포구 둘레를 끼고 길게 뻗어 있지요. 키클롭스가 사는 데서 그리 멀지도 가깝지도 않으며 숲이 우거진 그곳에는 야생 염소가 수없이 살고 있었소. 그럴수밖에, 거기에는 인간의 왕래를 방해하는 것도 없고, 사냥꾼들이 자주 올 까닭도 없었으니까요. 사냥꾼은 숲 속에서 이 산 저 산 산등성이를 찾아다니며 고생하는 법인데, 이 섬은 목축에나 농경에나 제한을 받지 않고, 씨도 뿌리지 않고 갈지 않아 1년 내내 인기척 하나 없는 상태로, 그저 마음대로 우는 염소들이 나서 자라는 곳으로 되어 있었지요. 이 키클롭스들은 뱃머리에 주홍빛 칠을 한 배도 가지지 않았으며, 노젓는 자리를 갖춘 배를 만드는 나무도 없었기 때문이오. 아마 배가 있었다면, 몇 번이고 인간들은 배를 타고 바다를 건너 온 세계의 마을을 서로 오고가면서 무슨 일이나 바라는 일을 이루기도 했을 것이고, 예컨대 이 섬을 황무지로 내버려두지는 않았을 것입니다. 왜냐하면 그곳은 결코 나쁜 섬이 아니기 때문에, 철을 따라 곡식을 무엇이든 넉넉히 수확할 수 있을 겁니다. 다시 말해서 거기에는 잿빛 바닷가에 부드러운 습지대가 있어 포도나무는 늘 마르지 않고 열매를 맺으며, 땅이 평평해서 밭갈이에도 알맞았습니다. 땅이 어찌나 기름진지 참으로 잘 자란 보리 농작을 철마다 거두어들일 수도 있을 것 같았소.

또 정박하기에 꼭 좋은 포구가 있어 구태여 배를 밧줄로 매어 둘 필요가 없고, 닻을 던지거나 뱃머리로부터 밧줄로 비끄러매지 않아도, 그저 바닷가에 밀어올리고 며칠이든 간에 뱃사람들이 마음 내킬 때까지, 순풍이 불어올 듯할 때까지 기다리고 있다는 그런 식이랍니다. 또 포구 앞끝에 맑은 물이 흐르고 있는 것은 동굴 밑에서 나는 샘물인데, 그 둘레에는 황철나무가 빽빽이 자라고 있었지요. 그곳에 우리는 배를 대었는데, 이것은 어떤 신께서 안내해 주신 것이었다오. 왜냐하면 밤의 어둠 속에서는 한 치 앞도 보이지 않았으니까요. 배들을 둘러싸며 자욱한 안개가 끼고, 하늘에는 달 그림자도 구름에 덮여 보이지 않았기 때문에, 그때 누구도 그 섬을 본 사람은 없었지요. 또 눗자리 갑판이 잘 갖추어진 배들을 육지에 붙일 때까지는, 거친 파도가 육지로 굴러든다는 것도 알지 못했답니다. 그래서 우리는 배를 상륙시키자 돛을 모두 챙겨 놓고, 배에서 내려 바닷가로 올라가, 거기서 얼마동안 누워서 새벽이 밝아오기를 기다리기로 했습니다.

이른 아침에 장밋빛 손가락을 가진 새벽의 여신이 동녘 하늘을 물들이기 시작했을 때, 우리는 온 섬을 신기하게 여기면서 돌아다녔지요. 그랬더니 염소 가죽 방패를 가지신 제우스 신의 따님이신 산과 들을 서성거리는 님프들이, 우리 동지들이 식사할 수 있도록 언덕에 엎드려 있는 염소들을 잡아 주셨습니다. 우리는 곧 배로 가서 구부러진 활과 기다란 자루가 박힌 창을 가지고 세 무리로 나뉘어 사냥을 했는데, 순식간에 신께서는 만족할 만큼의 수확을 얻게 해 주셨습니다. 나를 따라온 배의 숫자는 열두 척이었는데, 그 하나하나에 아홉 마리씩의 염소가 나눠 주어진 셈이었고, 더구나 나한테만은 열 마리를 골라 주셨습니다. 이렇게 해서 그날은 하루 종일 해가 저물 때까지 다 못 먹을 만큼의 고기며 또 술 같은 맛있는 음식을 대접받았지요. 붉은 술이 배에선 아주 끊기는 법 없이 넉넉하게 있었기 때문이지요. 키코네스족의 성스러운 마을을 공략했을 때, 저마다 두 귀 달린 술병에 잔뜩 담아서 배에 실었기 때문이지요. 우리는 근처에 살고 있는 키클롭스의 땅을 바라보고 있었습니다. 그들의 소유물인 양과 염소의 울음소리도 들리고, 그들이 피워 올리는 연기도 보였지요. 그리고는 마침내 해가 저물어 어둠이 다가왔을 때, 바로 그때에 우리는 파도치는 바닷가에 몸을 뉘었답니다. 장밋빛 손가락을 가진 새벽의 여신이 나타났을 때, 그때 나는 집회를 열고 모두에게 이렇게 제의를 했지요.

'다른 사람들은 얼마 동안 남아있어 주게, 내 훌륭한 동지들이여. 그리고 나는 배와 동지들을 떠나서, 저들을 살펴보고 올까 하네. 어떤 사람들인지, 과연 무도하고 난폭한 사람이며 또 우악스럽고 법을 지킬 줄 모르는 사람들인지, 아니면 다른 나라에서 온 사람한테 친절하며 신을 두려워할 줄 아는 사람들인지를 말일세.'

이렇게 말하고 다른 배에 올라, 동지들에게도 저마다 배를 타고 닻줄을 풀도록 명령했습니다. 그들도 바로 배에 올라 눗자리에 들어앉자, 질서정연하게 자리를 잡고 잿빛 바다를 노저어 나갔다오. 그러나 막상 그 장소 가까이에 이르자, 바다 끝으로 가장 접근해 있는 높다란 동굴을 덮어씌우고 있는 게 보였소. 거기에는 가축이 우글우글한데 양이며 염소도 울 속에 갇혀 있더군요. 그 둘레에는 깊이 파고 묻은 돌과 키 큰 소나무, 가지가 솟구친 떡갈나무 숲으로 높다란 울타리가 만들어져 있었습니다. 바로 거기에 엄청나게 큰 거인이 살고 있었답니다. 그가 물론 양과 염소를 홀로 돌보고 있는데 다른 거인들과는 왕래가 없고, 외따로 사는 무법자였지요. 아닌 게 아니라 놀랍게도 그들의 거대한 모습은 곡식을 먹고 사는 인간과는 딴판이었습니다. 그들이 사는 곳은 높은 산 가운데서도 다른 산보다 동떨어지게 치솟아 보이는, 그것도 숲이 우거진 봉우리라는 느낌이었습니다.

그때에 다른 훌륭한 동지들은 그대로 배 있는 곳에 머물러 배를 지키도록 명령해 두고, 특별히 힘이 센 12명을 뽑아 함께 떠났는데, 염소 가죽 자루에 검고 달콤한 포도주를 가득 담은 걸 가지고 갔지요. 이 술은 앞서 아폴론 신의 제사장인 에우안테스 아들인 마론이 준 것으로, 이분께서는 이스마로스 마을 일대를 영지로 가지고 계셨는데, 그를 그 아이들과 부인과 함께 경배하며 보호해 주고 있었던 거지요. 왜냐하면 포이보스 아폴론 신께 바친 나무가 많은 숲 속에 살고 있었으니까요. 그래서 나한테 여러 훌륭한 물건들을 선사해 주었습니다. 첫째 황금으로 만든 충분히 단련한 것을 7탈란톤 무게만큼 주었으며, 또 순은으로 만든 희석용 술항아리도 주었습니다. 그리고 포도주는 두 귀 달린 단지에 넣은 것을 12개, 그것도 모두 가득가득 진국으로 달콤한 것을 담은 것이지요. 신선의 음료라고나 할까, 그것도 그 저택에 있는 하인이나 시녀는 누구도 이 술에 대해 알지 못하며, 다만 그 자신과 아내와 매우 은밀한 술 담당 하녀 한 사람만이 알고 있었지요. 이 꿀 같은 단맛을 가진 진홍빛 술을 마실 때면, 꼭 한 잔은 이 술로 채우고 20잔의 물과 혼합하는 습관으로, 그러면 황홀하고 감미로운 향긋한 냄새가 희석용 술항아리로부터 풍겨 오른답니다. 그때쯤 되면 이미 손을 떼는 것조차 귀찮아지게 되는 것이지요. 이런 술을 가득히 채운 커다란 자루와, 게다가 곡식 따위도 큰 자루에 넣어 가지고 갔다오. 왜냐하면 바로 내 씩씩한 마음에는 이런 생각이 들었기 때문이지요. 우리가 상대해야 할 사람은 대단한 체력을 가진 사나이인데다가, 난폭하고 법이나 규율도 제대로 지킬 줄 모르는 자일 것이라고.

얼마 뒤 우리는 그 동굴에 다다랐는데, 때마침 그 거인은 거기에 없고, 바깥

목장으로 살찐 양과 염소를 데리고 풀을 뜯기 위해 나갔습니다. 우리는 동굴 속으로 들어가 구석구석까지 남김없이 수색했지요. 숱한 바구니에는 치즈가 가득 들어 있고, 무수한 울 속에는 새끼양과 새끼염소가 잔뜩 들어찼는데, 그 것이 종류별로 나뉘어 갇혀 있었소. 이른 봄에 난 새끼들과 여름에 난 새끼들을 서로 다른 곳에, 갓난 것들은 또 다른 울에 갇혀 있었던 거지요. 그리고 그 릇마다 생젖이 넘치도록 가득하고, 젖을 담는 나무통이나 큰 대야는 젖을 짤 때 쓰기 위해 튼튼하게 만들어졌는데, 그것들이 모두 가득 차 있는 것이었소. 이때 동지들이 나를 향해 여러 말을 하면서 부탁하는 것이었습니다. 우선 치즈를 얼마만큼 배로 가지고 가자고요. 그리곤 다음에는 새끼염소들과 새끼양들을 울에서 꺼내 가지고 빠른 배로 물결치는 바다를 건너가자고 자꾸만 졸라대는 것이었습니다. 나는 그렇게 했었더라면 좋았을 것을 귀담아 들으려고 하지 않고, 그 거인을 보고 싶은 생각에서, 또는 어쩌면 무슨 선물이라도 얻을까 싶어서 마음이 들떠 있었지요. 하지만 아닌 게 아니라 막상 와 보니, 그 사나이는 우리 동지들에게는 고마운 존재는 아니었지요.

우리는 계속 불을 피워 대고 신들께 구운 제물을 바치고, 또 우리도 치즈를 집어 먹으면서 동굴 속에 앉아서 마침내 그가 양을 데리고 올 때까지 기다리고 있었다오. 그 사나이는 매우 큰 재목을 날라 왔는데, 그것은 아주 말라 버린 숲 속의 나무로 저녁 밥 지을 땔감으로 쓸 작정인 듯, 그걸 동굴 속으로 던져 요란한 소리를 내었지요. 그래서 우리는 크게 겁을 먹고 동굴 속으로 재빨리 도망쳐 들어갔지요. 그리고 그는 넓은 동굴 속으로 살찐 양들을 모두 몰아넣었는데, 그것들은 모두 젖을 짜는 암컷뿐이고, 수컷들은 밖에 남겨 두는 것이었소. 높다란 울타리를 친 봉당 쪽에 말입니다. 그리고 이번에는 문 대신에 커다란 돌을 들어다가 놓았는데, 그 육중함이란 22대의 튼튼한 네바퀴 짐수레로 달라붙는다 하더라도, 도저히 지렛대로도 땅에서 들어 올릴 수 없을 만큼, 그만큼 크고 울퉁불퉁한 바위를 문 어귀에 갖다 놓았습니다. 그런 다음 자리에 앉더니만 양과 매애애 우는 염소의 젖짜기를 끝까지 정한 대로 마친 뒤, 양과 새끼들을 어미 배 밑에 갖다 놓아 주더군요. 그리고 바로 흰 젖의 절반을 응고시켜 그것을 바구니 속에 넣고, 나머지 절반은 그대로 두었는데, 이것은 저녁 식사로 남겼다가 마실 작정이었던 것이지요. 그리고 나서 서둘러 이런 일들을 끝마치고는, 그제야 불을 피우면서 우리를 알아보고 물었습니다.

'야, 너희들은 처음 보는 놈들인데 어떤 녀석들이냐? 어디서 이 먼 바다를 건너 왔느냐? 무슨 볼일이라도 있어서 왔냐 아니면 목적도 없이 방황하고 있는 거냐. 목숨을 걸고 남의 나라 사람들한테 재앙을 안겨 주면서 바다를 돌아다니는 해적들처럼 말야.'

우리는 참으로 두려워서 마음이 오그라들 것만 같은 느낌이었지요. 굵다란 목소리와 산과도 같은 거인의 모습에 겁을 먹었지만, 나는 가까스로 그를 향해 대답했다오.

'우리는 트로이로부터 길을 잘못 들어오게 된 아카이아 군사입니다. 온갖 방향으로부터 부는 바람 때문에 넓고 깊은 바다의 넓은 벌판을 밀려 흐르다가, 고향으로 돌아가려고 하면서도 다른 길 다른 방향으로 와 버린 것입니다. 아마 이렇게 제우스님께서 계획하신 것 같습니다. 우리는 영예로운 아트레우스 아들 아가멤논의 부하입니다만, 그분으로 말하자면 천하에 둘도 없는 분이지요. 왜냐하면 저토록 대단한 도성을 함락시키고 숱한 병사들을 쳐서 무찔렀으니까요. 그런데 우리가 이곳에 와서 당신 무릎에 매달려 부탁드리려는 말씀은, 무엇이든 손님에 대한 기념품이라든지 아니면 선물이라든지를 주시지 않겠는가 하는 것이지요. 그것은 다른 나라에서 온 손님에 대한 정해진 관습입니다. 그런즉 부디 훌륭하신 주인님께서도 신들을 알아 모시도록 하십시오. 우리는 당신에 대한 탄원자이며, 탄원자나 다른 나라에서 온 사람을 위해 보복해 주시는 신이라고 제우스 신이 불리는 건, 다른 나라에서 온 신을 존중하는 이들을 지켜주시기 때문인 것입니다.'

이렇게 말했더니 거인은 바로 인정사정도 없는 악의로 대답했다.

'넌 얼빠진 녀석이로구나. 다른 나라에서 온 주제에. 아닌 게 아니라 먼 나라에서 찾아왔구나. 나보고 신들을 두려워하라느니 알아모시라느니 명령하는 걸 보니. 키클롭스는 염소 가죽 방패를 가진 제우스 따위는 관심도 없단 말이야. 축복받은 신들도 그렇고, 우리가 훨씬 더 힘이 세단 말이야. 그렇기 때문에 나만 하더라도 제우스의 미움을 사지 않기 위해서 너나 너의 동지들을 용서해줄 수는 없어. 내 마음이 내키지 않는다면 말이다. 아무튼 말해 보아라. 너희들이 왔을 때 잘 만들어진 배를 어디다 매어 두었는지, 육지의 맨 끝인지, 아니면 이 근처인지, 그걸 알고 싶단 말이다.'

이렇게 말하면서 달래려 들었습니다만, 모든 일을 알고 있는 나를 속일 수는 없었지요. 오히려 간사한 말을 늘어놓아 대답해 주었답니다.

'그 배는 대지를 뒤흔드는 포세이돈 신께서 바위에 부딪쳐 부수어 버렸답니다. 당신들 나라와의 국경 지대였는데, 곶으로 바짝 다가세우고 그것을 앞바다로부터 바람이 날라다 주었던 거예요. 나는 여기에 있는 우리 동지들과 함께 무시무시한 파멸에서 겨우 빠져나왔답니다.'

이렇게 말했더니 인정사정없는 거인은 아무 대답도 않고 훌쩍 일어서더니 우리 동지들 쪽으로 손을 내밀어, 두 사람을 붙잡아 강아지처럼 땅위에 내동댕이쳤답니다. 그들의 뇌수가 땅에 흘러 흙을 적셨습니다만, 그들의 손발을 다시 토막을 내어 저녁 식사 채비를 하지 않겠습니까. 그러고는 마치 산 속에서 자란 사자처럼 그것을 먹는데, 내장과 살, 뼈를 모조리 먹어 치우는 것이었습니다. 우리는 울부짖으며 제우스 신을 향해 두 손을 들고 빌었고, 끔찍한 그 소행을 바라보면서도 어찌할 바를 모르고 가슴만 졸이고 있었지요. 그런데 키클롭스는 인간의 고기를 먹고 방금 짠 젖을 마시더니 커다란 배가 부르자, 동굴 속의 양들 사이로 몸을 길게 뻗고는 드러누웠습니다. 그때 나는 기운이 용솟음치는 마음으로 생각했지요. 그놈의 곁에 다가가서 날카로운 검을 옆구리에서 뽑아 들고 가슴을 향해 찔러 주리라. 횡격막이 간을 떠받치고 있는 언저리를 손으로 쓰다듬으면서 그렇게 생각했습니다만, 또 다른 생각이 그 손을 막았습니다. 그럴 수밖에요, 내가 그렇게 했다면 우리는 그곳에서 덧없는 죽음을 당하고 말았을 것이니까요. 왜냐하면 높다란 문 어귀에 그가 갖다 막아놓은 육중한 바위는, 우리 힘으로는 도저히 비켜 놓을 수가 없었으니 말입니다.

그런 까닭으로 그때에는 그저 한숨만 쉴 뿐, 밝은 아침이 오기만을 기다렸는데, 마침내 장밋빛 손가락을 한 새벽의 여신이 동녘 하늘을 물들이기 시작하자, 그때에 거인은 또다시 불을 피우고 양들의 젖을 짜며 모든 일을 정해진 대로 하고 난 뒤, 새끼양을 저마다 어미양에게 붙여 놓았습니다. 그러고는 더욱 바쁘게 그 일들을 마치고 나서, 거인은 또다시 우리 중 두 사람을 붙들어서 식사 채비를 하는 것이었습니다. 그러고는 식사를 마치자 동굴에서 살찐 양과 염소를 몰아 낸 것은, 문 어귀의 커다란 바위를 아주 손쉽게 비켜 놓은 다음이었지요. 그러고는 이번에는 다시 전과 다름없이, 마치 화살통에 뚜껑이라도 닫듯이 문 어귀를 손쉽게 막아 놓았습니다. 그리곤 씩씩거리면서 키클롭스는 살찐 양들을 산 쪽으로 몰아냈습니다. 한편 나는 어쩌고 있었느냐 하면, 그곳에 남겨진 채 가슴속으로 꾀를 꾸미고 있었습니다. 어떻게든지 복수를 할 수는 없을까, 그러면 아테나 신이 명예를 내려 주실 거라고요.

그리하여 이것이 가장 좋은 방법이 아닐까 마음속으로 생각한 일이 있었습니다. 키클롭스가 가져온 커다란 몽둥이가 양 우리 옆에 떨어져 있었는데, 그것은 아직도 푸른 올리브나무였지요. 그걸 말려서 가지고 다니려고 베어 온 모양입니다. 그것을 우리가 처음 보았을 때, 20개의 노로 젓는 검은 칠을 한 배, 넓고 넓은 바다를 건너서 항해하는 큰 상선 돛대에 견줄 만 했습니다. 그만큼 길고 그만큼 굵고 탄탄해 보였습니다. 나는 가까이 가서 그 나무를 여섯 자 가량의 길이로 잘라 내어, 우리 동지에게 주어 매끄럽게 닦으라고 했습니다. 그래서 모두 그것을 매끄럽게 다듬어 내자, 나는 옆에 서서 그 나무 끝을 뾰족하게 깎도록 했습니다. 그리고 그것을 받아 들고 활활 타는 불에 대고 그슬렸습니다. 그런 다음 그것을 거름 밑에 감추어 소중히 간직했습니다. 이 거름은 동굴 속에 제법 많이 쌓여 있었지요. 그런 다음에는 다른 동지들한테 제비를 뽑게 하여, 누가 나와 힘을 합치고 용기를 내어 거인이 단잠에 빠졌을 때 그 몽둥이를 치켜들고, 그 외눈박이 눈을 찌를 것인가를 결정하게 했습니다. 다들 제비를 뽑았더니, 내가 뽑고 싶었던 동지 네 사람이 뽑혔으므로, 나도 다섯 번째 동지로서 그들과 함께 참가하기로 했습니다.

저녁때가 되자 거인은 다시 아름다운 털을 가진 양과 염소를 거느리고 돌아왔습니다. 그리곤 바로 넓은 동굴로 살찐 양들을 모두 몰아넣고, 높다란 울을 친 봉당에는 한 마리도 남기지 않았습니다. 무슨 다른 생각이 있었든지, 아니면 신께서 그렇게 시키셨는지는 알 수 없었지요. 그러고는 이번엔 그 커다란 문어귀의 바위를 막아 놓더니, 걸터앉아서 양과 매애애 우는 염소들의 젖을 짜는 것이었소. 모든 일을 정해진 대로. 그리고 그 일이 끝나자 어미양 밑에 어린 새끼양을 붙여 놓았습니다. 그리고 더욱 바쁘게 그 일들을 마치고 나더니, 또 다시 거인은 우리 중 두 사람을 붙잡아 저녁 식사 채비를 하는 것이었지요. 바로 그때 나는 키클롭스한테 바싹 다가가서 이렇게 말했습니다. 검은 포도주를 담은 담쟁이덩굴 무늬가 있는 보시기를 두 손에 받쳐 들면서요.

'키클롭스 님, 인간의 고기를 먹은 다음엔 포도주를 드세요. 보세요, 얼마나 맛있는 술을 우리 배가 가지고 있었는지를 아셔야 합니다. 게다가 당신한테 드릴 술도 가지고 왔습니다. 나를 불쌍히 여기시고 고향으로 돌려보내 주십사 하고요. 하지만 당신의 그 미친 듯한 행동은 이제 더 참을 수가 없군요. 그런 무도한 짓을 하신다면, 이후 어떻게 다른 사람들이 또 당신한테 찾아올 수 있겠나요. 오고 싶은 사람이 아무리 많다 하더라도, 하시는 행동이 그렇게 정도에서 벗어나서야 어디 되겠습니까.'

이렇게 말했더니, 그는 그 보시기를 받아 마셨습니다. 그런데 그 맛있는 술을 맛보자 무척 좋았던지, 한 그릇만 더 달라고 요구하는 것이었습니다.

'조금 더 다오, 한 그릇만 더 선심 쓰라고. 그리고 네 이름을 알려다오, 이제 곧 너에게 선물을 줄 작정이야. 네가 좋아하게시리. 그럼 키클롭스를 위해서도 이 오곡을 무르익게 하는 넓고 큰 땅은 커다란 송이에서 따낸 포도주를 만들어 줄 거야. 그걸 제우스의 비가 자라게 할 테지. 그런데 이 술은 정말 신이 먹는 음식이며 신선이 마시는 술 같은걸.'

그렇게 말하기에 나는 다시 반짝반짝 빛나는 포도주를 따라 주었지요. 이렇게 해서 세 번이나 갖다 주었더니, 그는 세 번 다 별 생각도 않고 받아 마시는 것이었습니다. 키클롭스 몸 속에 포도주 기운이 돌기 시작했는데, 그때 나는 부드러운 목소리로 이렇게 말해 주었지요.

'키클롭스 님, 당신께서 내 세상에 알려진 이름을 물으니 대답하겠습니다만, 그럼 어서 선물을 약속대로 내주시도록 하시오. 우테이스(아무것도 않는다는 뜻)라는 것이 내 이름이며, 나를 가리켜 부모나 다른 동지들이 모두 우테이스라고 부른답니다.'

그렇게 말하자 거인은 바로 무서운 몸짓을 하며 나한테 대답했다.

'그럼 나는 우테이스를 맨 나중에 잡아먹기로 하지. 너의 동지들보다 나중에 말이야. 다른 놈들은 먼저 잡아먹는 것이 네게 주는 선물이다.'

그렇게 말하자마자 쓰러져 위를 보고 드러누웠는데, 이번에는 두툼한 목을 비스듬히 구부린 채 그대로 쿨쿨 잠이 들고 말았습니다. 그 목구멍에서는 포도주와 사람의 살 토막이 밀려 나왔는데, 술을 너무 많이 먹었기 때문에 토해 낸 것이었지요. 그때 나는 아까 그 몽둥이를 산더미 같은 불탄 재 속에 들이밀었습니다. 뜨거워질 때까지 그대로 두고선, 이런저런 말로 동지들을 격려했습니다. 함부로 겁을 먹고 물러서면 안 되니까요. 드디어 얼마 뒤 그 올리브 몽둥이가, 아까는 생나무였던 것이 이제는 무시무시하리 만큼 새빨갛게 달아올랐지요. 그때 나는 불에서 그 몽둥이를 꺼내 바로 옆까지 가지고 가자, 양쪽에 동지들이 나란히 섰습니다만, 아주 커다란 용기를 신께서 모두들에게 불어넣어 주셨습니다. 우리는 올리브 몽둥이를 바로잡아 쥐고는, 그 뾰족한 끝을 거인의 하나밖에 없는 눈알에 콱 찔러넣었습니다. 그때 나는 위에 올라타고 앉아 그것을 빙글빙글 돌려놓았지요. 마치 배를 만드는 재료에다 송곳으로 구멍을 뚫는 것처럼. 그러자 다른 동지들은 밑에서 가죽 끈으로 양쪽에 달라붙어, 그것을 오른쪽으로 돌려서 움직이니, 송곳은 더욱 더 탄탄히 박혀 들어갔지요. 그렇게 해서 거인의 눈에 찔러 넣은, 벌겋게 달아오른 뾰족한 몽둥이에 달라붙어 빙빙 돌렸기 때문에, 밀려들어가는 몽둥이 둘레에서 피가 흐르기 시작했습니다. 또 그 둘레의 눈썹과 눈꺼풀도 눈알이 타는 뜨거운 기운으로 타 버리고, 그 몽둥이도 한쪽 끝이 불 때문에 지글지글 타 버렸습니다. 마치 대장간 사나이가 커다란 도끼나 자귀를 불에 달구어 찬물에 넣을 때처럼, 커다란 소리를 내며 불을 튀겼습니다. 그렇게 거인의 하나밖에 없는 눈은 올리브 몽둥이 둘레에서 지익직 소리를 내었던 것이오. 그는 곧 무시무시한 소리로 비명을 지르기 시작했는데, 마치 주위의 바위마저 쩡쩡 울리며 고함을 치는 것 같아, 우리는 겁을 집어먹고 도망쳤소. 거인은 눈에서 피투성이 몽둥이를 뽑아내었는데, 그것을 이번에는 제 손으로 멀리 내동댕이치는 것이었지요. 미치광이처럼 손을 내저으면서요. 그리고 또 다른 키클롭스한테 소리쳐서 호소했는데, 그들은 그 근처의 바람이 휘몰아치는 높은 봉우리에 있는 동굴 속에 살고 있었으므로, 그 소리를 듣고 이곳저곳에서 제각기 모여들어 동굴 주위에 죽 늘어서더니, 도대체 무슨 일이 벌어졌느냐고 물었습니다.

'폴리페모스여, 이 성스러운 밤에 대체 무슨 꼴을 당했기에 그렇게 소리소리 지르는 거야. 우리를 잠도 자지 못하게 하다니. 설마 어디에 사는 인간이 너의 허락도 없이 염소나 양을 몰고 간다는 건 아닐 테지. 아니면 누가 너를 때려죽인다는 거냐, 속이거나 폭력으로서 말이다.'

그러나 이번에는 이쪽 동굴에서 힘이 억센 폴리페모스가 이렇게 말하는 것이었습니다.

'여보게 형제들, 우테이스가 나를 죽이려는 거야. 속여서 죽이려는 거고 폭력은 아니다.'

그러자 모두 일의 해결 지으려는 듯이 대답하는 것이었습니다.

'만일 정말 네가 혼자 있으며 아무도 폭력 행위를 가하지 않았다면, 그건 무슨 병에 걸린 것이고 제우스 대신이 내려주신 벌이니, 별 도리가 없지 않느냐. 그러니 너도 아버지인 포세이돈 신한테 열심히 빌도록 하는 게 좋겠어.'

이렇게 모두 그 자리를 물러가면서 말했기 때문에 나는 마음속으로 크게 웃었습니다. 내 이름만 하더라도 그를 보기 좋게 속여 넘겼던 것이지요. 그래서 키클롭스는 신음하며 또 아픔에 몸부림치면서, 손으로 더듬어 이쪽저쪽을 찾아다닌 끝에, 문 어귀의 바위를 비켜 놓았습니다. 그러고는 그 대신 자기가 문 어귀에 들어앉아 두 손을 펼치고, 누가 양들과 함께 밖으로 나갈라치면 붙잡으려는 자세를 취하고 있었지요. 말하자면 그렇게 내가 어리석은 사람인 줄 알고 있었던 모양이지만, 나는 나대로 여러 가지 수를 꾸미고 있었던 거지요. 어떻게 하면 가장 그럴 듯하게 동지들에게나 나 자신에게, 죽음을 벗어나는 길을 찾아 낼 수 있을까 하고요. 그래서 온갖 교활한 꾀와 또 현명한 방책을, 생사에도 관계되는 일이라서 열심히 궁리했는데, 그럴 수밖에요, 커다란 재난이 닥쳐온 셈이니까요. 그러는 중에 이게 가장 좋은 방법이 아닐까 하는 생각이 떠올랐습니다. 바로 수놈 양들은 살이 많이 찌고 털이 굵고 빽빽하게 났으며, 게다가 훌륭하고 덩치도 크고, 짙은 보랏빛에 거무스레한 북슬북슬한 털을 가지고 있었습니다. 그놈을 소리를 내지 않도록 가만가만히 단단히 꼰 덩굴로 붙들어 매었지요. 이 덩굴은 법도 규율도 지킬 줄 모르는 거인인 키클롭스가 잠자는 침대에서 빼내 온 것으로, 그것을 가지고 세 마리를 한데 묶고, 가운데 양의 배 밑에 동지들을 나르게 하고, 다른 두 마리가 그 양쪽에서 그 동지를 무사히 보호해 가도록 한 것이지요. 바로 세 마리의 양이 한 사람을 옮겨 가는 셈이지요. 그 다음에 나는 한 마리의 숫양, 양과 염소 무리 전체 중에서도 특별히 훌륭한 놈의 잔등을 붙잡고, 긴 털이 북슬북슬한 그놈의 배 밑으로 구부리고 옆으로 누웠지요. 그러고는 지독하게 무성한 털에 매달려 단단히 몸을 비틀고 참을성 있게 있었지요.

이렇게 해서 떨면서도 빛나는 아침이 오기를 기다리고 있었지요. 이윽고 장밋빛 손가락을 한 새벽의 여신이 동녘 하늘을 물들이기 시작하자, 그때 목장으로 여느 때처럼 숫양들은 급히 달려나가고, 암양들은 울 언저리에서 아직 젖을 짜지 않았기 때문에 젖이 불어 터질 듯해서 괴로워 울고 있었습니다. 한편 주인인 키클롭스는 아직 몹시 고통을 겪으면서도 남아 있는 양들의 잔등을 손으로 만지고 있었지요, 서 있는 양의 잔등을 말입니다. 그러면서도 어리석게도 우리 동지들이 잔뜩 털이 북슬북슬한 양의 가슴께에 꼭 매달려 있다는 사실을 눈치채지 못하더군요. 양들의 맨 뒤에서 문제의 숫양이 밖으로 나갔습니다. 솜 같은 털을 잔뜩 짊어지고, 그리고 나와 꾀로 가득 찬 머릿골이 든 내 머리를 껴안은 채. 그 숫양의 잔등을 만지면서 힘센 폴리페모스는 이렇게 말하는 것이었지요.

'이봐, 숫양아, 어째서 그렇게 이 동굴에서 양들의 맨 뒤에 나가느냐? 전에는 다른 양한테 처지는 일이 없었는데. 전에는 훨씬 앞장서서 성큼성큼 걸으며, 잔디의 부드러운 싹을 먹곤 하지 않았느냐? 그리고 가장 먼저 냇가까지 가곤 했지 않았느냐? 또 저녁때면 가장 먼저 집으로 돌아오고 싶어했었는데, 오늘은 전혀 딴판으로 가장 처져서 가다니. 과연 너는 주인의 눈말을 슬퍼하는가 보구나. 못된 놈들이 와서 장님으로 만들어 놓은 것이야. 하찮은 동지들과 힘을 합쳐서 내 마음을 술로 흐려 놓고서 말이야. 우테이스라는 놈인데, 그놈은 아직 파멸을 벗어나지는 못했을 거야. 만일 참으로 네가 나하고 마음을 합치고, 말을 할 줄 아는 능력이 있어서, 그가 내 노여움을 피해 어디로 달아났는지를 말할 수 있다면 얼마나 좋겠니. 그러면 그놈을 죽여 그 뇌수를 이 동굴 전체에, 이쪽저쪽 땅바닥에 흩뿌려 놓으면 좋겠는데. 그러면 내 마음도 그놈의 엉터리 같은 우테이스가 들씌워 둔 재앙으로부터 회복되련만.'

이렇게 말하고는 그 숫양들을 놓아주어 밖으로 내보냈던 것이오. 우리는 동굴에서 다시 조금 더 간 곳에서, 우선 내가 숫양에게서 떨어진 다음, 동지들을 풀어놓았지요. 그러고는 바로 번번이 뒤돌아보면서 그 다리가 가냘픈 양들을 배 있는 곳으로 이르기까지 몰고 갔습니다. 정다운 동지들은 우리를 보고 크게 기뻐하더군요. 우리들, 죽음을 면한 동지들을 반기는 것이었는데, 다른 죽은 동지들에 대해서는 울고불고하면서 슬퍼했다오.

그러나 나는 눈썹을 치키고 고개를 저으며 다들 울고불고하는 것을 말리고는, 털이 아름다운 양과 염소들을 재빨리 배로 몰아넣고, 물결치는 바다 위로 배를 몰도록 명령했습니다. 모두 얼른 배에 올라타고, 놋자리 갑판에 자리를 잡고 질서 정연하게 앉아서, 잿빛 파도 위를 노저어 나갔습니다. 그러나 사람이 소리를 쳐서 그 소리가 닿을 만큼 바닷가에서 멀어졌을 때, 그때 나는 키클롭스를 불러 이렇게 비난의 말을 던졌습니다.

'야, 키클롭스야. 아무래도 넌 겁 많은 인간 무리들을 그 동굴에 들어앉아서 먹을 것은 아니었구나. 그런 대단한 폭력을 휘둘러 가면서 말이다. 그리고 너는 충분히 못된 소행의 보답을 받아 마땅했단 말이다. 무도한 놈이구나, 네 집으로 찾아온 손님을 사정없이 잡아먹다니. 신들이 무섭지도 않느냐. 그렇기 때문에 제우스 님이나 다른 신들이 너한테 벌을 주신 거야.'

이렇게 말해 주었더니, 거인은 한층 더 펄펄 뛰면서 커다란 산봉우리 꼭대기를 잡아 뜯어 던지는 것이었습니다. 그것이 검푸른 푸른 빛깔을 한 뱃머리 바로 앞 언저리에 떨어졌으므로, 떨어지는 바위 때문에 바다에는 큰 파도가 일고 되밀려오는 파도 때문에 배는 다시 육지 쪽으로 끌려갔습니다. 그것은 앞바다로부터의 물 흐름 때문에 다시 육지에 닿게 되었던 것이오. 그래서 나는 두 손에 특별히 긴 작대기를 들고 옆으로 흘러가도록 밀어 내는 한편, 동지들을 격려해서 이 재난을 별일 없이 빠져 나가도록, 확실히 노를 저어 나가도록, 고개를 흔들어대며 신호를 하고 명령했습니다. 그 말을 따라 모두 몸을 앞으로 굽히고 열심히 저어 나갔습니다만, 조금 전의 두 곱만큼 큰 파도를 헤치고 나아가 육지에서 떨어졌을 때, 다시 키클롭스를 향해 소리 높이 외쳤습니다. 동지들은 저마다 양쪽에서 나한테 매달려, 곳곳에서 꿀처럼 달콤한 말로 막으려고 애썼지요.

'무정한 이여, 무슨 짓을 하시오. 왜 저 난폭한 사나이를 성나게 하려고 하시오? 지금도 바다로 돌을 던져 배를 다시 육지로 끌어들이려 하지 않았소. 참으로 우리는 여기서 그냥 죽는 줄로만 알았지요. 만약에 누가 또 소리를 내거나 무슨 말을 하는 것을 듣는다면, 모난 날카로운 돌을 던져 반드시 우리 머리나 배의 재목을 모두 쳐부수고 말 것이오. 아무튼 무시무시하게 던져 오니까요.'

모두 이렇게 말했습니다만, 아무래도 흥분한 내 마음을 설득할 수는 없었지요. 나는 또다시 말을 던졌습니다.

'키클롭스여, 혹시 만약에 죽어야 하는 인간들 가운데 누군가 그렇게 몰골이 사납게 눈이 먼 까닭을 묻거들랑, 도시를 무너뜨리는 저 오디세우스, 라에르테스의 아들로 이타카 섬에 살고 있는 그 사람 때문에 장님이 되었노라고 하란 말이다.'

내가 이렇게 말하자, 그는 탄식하면서 대답했다.

'아 그게 정말이냐. 마침내 그 옛날에 들었던 예언이 사실이 되어 들어맞았구나. 전에 어떤 점쟁이가 이곳에 있었지. 의젓하고 키가 큰 사나이였는데, 에우리모스의 아들인 텔레노스라는 이름으로 음양술에 통달해서, 외눈박이 거인들에 대해 점을 치면서 세월을 보냈었지. 그 사나이가 말했지. 이런 일이 앞으로 반드시 내게 닥쳐올 것이라고. 바로 오디세우스란 자에게 눈을 잃게 될 것이라고 말이야. 나는 언제나 키가 크고 훌륭한 사나이가 이곳에 올 것이라고 기대하고 있었지. 대단한 무용을 가진 대장부가 말이다. 그런데 지금, 작달막하고 볼품도 없으며 힘도 얼마 없는 녀석이 내 눈을 멀게 했구나. 나를 술을 먹여 힘없이 만들어 놓고는 말이다. 하지만 이리 좀 오너라, 오디세우스여, 내 너에게 선물을 줄 터이니. 그리고 세상에 이름 높은, 넓고 큰 땅을 뒤흔드는 큰 신한테 너를 호송해 주십사고 부탁해줄 테니까. 나는 그 신의 아들이란 말이다. 적어도 내 부친이라고 자칭하는 그 신만이, 만일 그 신께서 그렇게 원하신다면 몸소 나를 고쳐 주실 게다. 다른 자들은 축복받은 신들도, 죽어야 할 인간들도, 아무도 그렇게는 하지 못하는데 말이다.'

그런 소리를 하는 것이었습니다만, 나는 그를 향해 이렇게 대답해 주었지요.

'정말 내가 너를 목숨도 넋도 없도록 만들어, 저승으로 보낼 수만 있다면 얼마나 고맙겠니. 이젠 더 넓고 큰 땅을 뒤흔드는 신조차 그 눈을 고칠 수 없도록 말이다.'

이렇게 내가 말해 주자, 그제야 그는 별이 가득히 반짝이는 하늘에 두 손을 내밀고, 포세이돈 신께 이렇게 비는 것이었지요.

'넓고 큰 땅을 떠받치시는 검은 머리의 포세이돈이여, 제 말씀을 들어주시오. 참으로 내가 당신의 아들이며, 적어도 당신이 내 아버지라고 하신다면, 부디 도시를 함락시키는 오디세우스가 자기 나라로 돌아가지 못하도록 해 주십시오. 하지만 만약에 신의 뜻에 따라 가족들과 다시 만나고, 호화로운 자기 성과 고향 땅으로 돌아가도록 운명 지어졌다면, 하다못해 늦게라도, 지독한 고생을 겪고서 돌아가도록, 그 동지라는 사람들마저 모두 잃어버리고, 다른 나라의 배를 타고 돌아가되, 집에서도 귀찮은 일들이 벌어지도록 해주소서.'

그렇게 그가 비는 말을 검은 머리의 신께서는 들어주셨습니다. 거인은 또다시 훨씬 거대한 바위를 들더니 빙빙 휘둘러 내던졌는데, 온 힘을 다해 던졌기 때문에, 그 바위는 검푸른 뱃머리를 가진 배의 뒤편에 떨어져, 하마터면 배의 키 끝에 맞을 뻔했다오. 그래서 바다는 떨어져 오는 바위 때문에 큰 파도가 일고, 그 파도가 배를 앞으로 밀고 나갔기 때문에 저쪽 해안의 육지에 닿는 결과가 되고 말았답니다.

그런데 드디어 그 염소의 섬으로 되돌아와 보니, 거기에는 다른 놋자리가 좋은 배들이 한군데에 모여 있었는데, 동지들이 슬프게 탄식하며 그 언저리에 앉아서 우리를 기다렸습니다. 그곳에 이르자 먼저 배를 모래사장에 끌어올리고, 우리도 바닷가에 내려섰습니다. 그런 다음에 키클롭스의 양과 염소를 안아 움푹한 배에 데려다가, 어느 한 사람도 공평한 자기 몫을 받지 못하는 이가 없도록 똑같이 나누어 주었습니다. 그러나 문제의 그 숫양은, 훌륭한 정강이받이를 한 동지들이 양들을 나눌 때 나한테 특별히 분배해 주었습니다. 나는 그 양을 바닷가에서 모든 것을 다스리시는 제우스 신, 검은 구름을 몰아오시는 크로노스의 아드님이신 신께 제물로 허벅지 고기를 구워서 바쳤습니다. 그러나 신께서는 이 제물을 받아들이지 않으시고, 다만 어떻게 하면 놋자리도 좋은 모든 배들과 내 충성스러운 동지들을 잃게 할까 여러 가지로 궁리하고 계셨습니다.

이렇게 해서 우리는 하루 종일 꼬박 해가 저물 때까지 듬뿍 있는 고기며 달콤한 술을 먹고 마시면서 앉아 있었지요. 마침내 해가 지고 어둠이 닥쳐왔을 때, 바로 그때 우리는 바닷가에 드러누워 잠이 들었습니다. 그러고는 장밋빛 손가락을 가진 새벽의 여신이 나타났을 때, 나는 동지들을 재촉해서 배에 올라타고 닻줄도 끄르도록 명령했습니다. 모두 곧 배에 올라타고 노걸이 옆에 가지런히 자리잡고, 잿빛 바다를 노저어 나아갔습니다. 그렇게 더욱 앞으로 배를 몰아나가면서도 가슴이 아팠던 까닭은, 죽음을 벗어난 것은 고마웠으나 친한 동지들을 잃어버렸기 때문이었습니다."

제10권
아이올로스/라이스트리고네스족/키르케

외눈박이 거인 키클롭스의 손에서 탈출한 그들은 다음으로 바람의 신인 아이올로스의 섬으로 간다. 그곳에서 깍듯한 대접을 받고 떠난다. 그러나 바람의 신이 보내준 가죽 부대를 절대로 열지 말라는 당부에도 오디세우스가 피곤해서 잠든 동안에 누군가 열어 보았기 때문에, 몹쓸 바람이 나와서 되밀려가게 된다. 사나운 날씨로 11척은 침몰하고, 그가 탄 배만 도망쳐서 키르케의 섬에 닿게 된다. 탐색에 나선 한 무리는 마녀 키르케의 전당으로 들어갔으나 꾐에 넘어가 마법에 걸려 돼지가 된다. 그들을 찾으러 간 오디세우스는 헤르메스의 가르침으로 마술을 면하고, 키르케를 벌준 다음 대접을 받고 동지들과 함께 그곳에서 지낸다. 그 뒤 귀국 길에 오르는데, 그러기에 앞서 키르케의 권유로 저승에 가서, 예언자 테이레시아의 영혼에게 앞날을 물어 보기로 한다.

"그런 다음 우리는 바람의 신 아이올로스의 섬에 이르렀지요. 여기에는 히포테스의 아들 아이올로스가 살고 있는데, 불사의 신들과 가깝게 지내는 이입니다. 그곳 또한 바다에 떠 있는 섬이라서 그 주위를 빈틈없이 청동 성벽이 빙 둘러싸고, 그 아래에는 손 잡을 곳도 없는 매끄러운 바위벼랑이 솟구쳐 있었소. 이 성 안에는 아이올로스의 아이 열둘이 있었는데, 그 가운데 나머지는 딸, 여섯은 지금 한창 나이인 아들이었다오. 그는 딸들을 아들들의 아내로 맞아들이게 했으므로, 그들은 언제나 친애하는 아버지와 정다운 어머니 곁에 있으면서 향연으로 나날을 보내고 있었습니다. 온갖 맛난 음식이 그들 곁에 차려졌고, 고기 굽는 연기는 성 안에 가득 찼으며, 안마당 일대에까지도 잔치로 떠들썩한 소리가 울려 왔지요. 밤이 되면 사랑하는 아내 곁에서 잘 만들어진 침상에 두꺼운 천으로 싸여 잠들었지요. 그런 분들이 사는 도시와 훌륭한 성에 우리는 이르렀던 것이지요.

　꼬박 한 달 동안, 아이올로스는 나를 소중히 대접하고 자세하게 하나하나 묻는 것이었습니다. 일리오스에 대한 이야기와 아르고스 배들에 대한 이야기, 그리고 아카이아 사람들의 귀국에 대한 이야기 등. 나도 모든 것을 남김없이 순서대로 이야기해 드렸지요. 마침내 내가 여행을 떠날 것을 말하고 잘 돌봐 주기를 부탁했을 때에도, 그는 쾌히 승낙하고 보낼 채비를 해 주었습니다. 그리고 내게 9살짜리 암소 가죽을 벗겨 만든 가죽 부대를 선물해 주었으며, 거기에 휘몰아치는 온갖 바람의 길을 봉해 넣어 주었습니다. 크로노스의 아드님 제우스 신께서 그에게 온갖 바람을 지키는 일을 맡겼기 때문이었지요. 그리고 조금도 새어 나가지 못하도록 그 가죽 부대를 속이 텅 빈 배 안에 반짝이는 은 끈으로 붙들어 매어 주었습니다. 나한테는 서풍을 불어 보내었으니, 이는 배들이나 뱃사람들을 올바르게 보내 주려 한 것인데, 실제로 그렇게 되지는 않았습니다. 왜냐하면 우리가 분별이 없었기 때문에 스스로 파멸에 빠졌던 것이지요.

　그런대로 어떻든 아흐레 동안을 밤낮없이 우리는 배를 몰아갔으며, 열흘째는 어느덧 고국 땅이 보였습니다. 그리고 아주 가까워지자 신호 불을 피우고 있는 사람들이 보일 정도였는데, 때마침 너무나도 피곤했던 나에게 단잠이 갑자기 찾아왔습니다. 나는 늘 배의 항로를 내 손으로 정하고, 결코 다른 사람에게는 넘겨주지 않았는데, 조금이라도 일찍 고향 땅에 닿고 싶은 생각에서였지요. 그러나 뱃사람들은 서로 이야기할 거리조차 없었던지, 내가 저 도량 넓은 히포테스의 아들인 아이올로스한테서 금과 은을 선물로 받아 집으로 가져오는 참이라는 소리들을 하고 있었습니다. 그들은 너 나 할 것 없이 가까이에 있는 사람과 눈이 마주치기만 하면 이렇게 말하고는 했지요.

　'아아, 어쩌면 저 분은 어느 도시 어느 나라에 가건, 누구한테서나 호감을 받고 소중하게 대접을 받을까. 저 분은 트로이에서 빼앗은 보물과 훌륭한 물건들을 꽤 많이 가져왔는데, 우리는 똑같은 여행을 하고 이제 고향에 함께 돌아가면서도, 전혀 손에 쥔 것이 없고 선물도 없단 말이야. 이번만 하더라도 아이올로스는 이분한테만 우정을 보여 이러한 물건들을 선물하지 않았겠나. 어떻든 말이지, 먼저 한번 보도록 하자. 이게 어떤 물건인지, 얼마나 많은 황금과 은이 부대 속에 들어 있는지.'

　이렇게 서로 쑥덕거리고 있다가 나쁜 의견이 그 친구들을 지배하여 마침내

가죽 부대를 풀어 헤치자, 온갖 방향에서 바람이 불어나와, 당장 모두 울고불고하는 것도 아랑곳없이 거친 바람이 고국 땅으로부터 멀리 큰 바다를 향해 휩쓸어갔습니다. 한편 나는 잠이 깨자 이 광경을 보고 온갖 궁리를 했습니다. 배에서 뛰어내려 바다 속에 빠져 죽어 버릴까, 아니면 꾹 참고 목숨을 부지할 것인가 하고요. 하지만 결국은 참고 견디기로 하고, 옷을 뒤집어쓰고 배 안에 누워 있었지요. 함선들은 거슬러 부는 폭풍에 밀려 또다시 아이올로스 섬에 왔으므로, 동지들은 한숨을 쉴 뿐이었습니다.

그래서 아무튼 우리는 육지에 오르고, 동지들은 물을 길어다가 우선 빠른 배 곁에서 식사를 하기로 했습니다. 그리곤 빵을 먹고 음료를 마시고 나자, 나는 전령과 동지 한 사람을 데리고 세상에 널리 알려진 아이올로스 궁전을 향해 떠났습니다. 때마침 그는 아내와 아이들과 함께 식사 중이라서, 우리는 성에 이르자 문 어귀의 기둥 옆 문턱 위에 주저앉았지요. 그랬더니 모두 깜짝 놀란 눈으로 이렇게 묻는 것이었습니다.

'오디세우스 님, 이게 어찌 된 일이지요? 대체 무슨 악령이 당신을 덮쳤단 말인가요? 우리는 당신을 당신 고향이든 집이든 어디로든 희망하시는 곳에 무사히 닿으시도록 모든 면에서 소홀함이 없이 해서 보내 드렸는데요.'

이렇게 그들이 말하기에 나도 마음속으로는 거북했습니다만, 그들에게 말했지요.

'괘씸한 내 동료들과 심술궂은 잠이 가담해 나를 불행에 빠뜨린 것이랍니다. 아무튼 여러분, 부디 어떻게 잘 좀 처리해 주십시오. 여러분은 그만한 힘을 가지고 계시니까요.'

이렇게 나는 부드러운 말투로 부탁했습니다만, 그들은 그저 잠자코 있을 뿐이었습니다. 그러는 중에 아버지인 왕이 대답했습니다.

'어서 빨리 이 섬에서 물러가도록 하라. 목숨을 지닌 온갖 것 중에서도 가장 괘씸한 놈들 같으니라고. 나로서도 축복받은 신들의 미움을 받는 사나이를 돌봐 주고 보내 준다는 것은 허용할 수 없는 노릇이란 말이다. 썩 나가지 못해! 물론 신들의 미움을 받아, 이런 방문밖에는 못하는 자들이니까.'

그렇게 말하고는 크게 탄식하고 있는 나를 궁정에서 내쫓았습니다.

그래서 거기서부터 다시 앞으로 무거운 마음을 안고 배를 몰아갔는데, 고단했던 노젓기로 해서 동지들의 기력도 많이 소모되었던 것이지요. 우리의 어리석음 때문에 이미 순풍도 불어오지 않았고요. 이렇게 해서 6일 동안을 밤낮없이 쉬지 않고 배를 몰아갔는데, 이레째에 닿은 곳이 라모스라는 험준한 성채로, 라이스트리고네스 사람들이 사는 텔레피로스라는 마을이었다오. 이곳에서는 목자가 가축을 몰고 돌아올 때, 다른 한편의 목자에게 인사말을 건네면, 나가는 편의 사람이 그 말을 받아 응수를 합니다. 또 이 나라에서는 잠자지 않고 일하는 사람은 두 배의 품삯을 받을 수 있다오. 한편으로는 소치는 대가로서, 또 한편으로는 새하얀 양 떼를 치는 대가로서인데, 그만큼 밤과 낮의 진행이 가까이 있었습니다. 그곳에서 우리가 세상에 유명한 그 항구로 가자, 주위에는 깎아지른 듯한 낭떠러지가 양쪽에 끊기지 않고 이어졌으며, 그 입구에는 양쪽에서 마주 선 곳이 내밀고 있었지요. 항구로 들어서는 통로는 매우 비좁았는데, 그곳을 지나서 우리는 양쪽이 휘어진 배들을 안으로 몰고 들어가, 깊숙한 포구 안에 매어 놓았습니다. 왜냐하면 항구 안에서는 크고 작은 어떠한 파도도 이제까지 일었던 적이 없고 언제나 그 일대는 화창한 평온이 머물고 있었기 때문이지요. 그런데 나는 혼자서 검은 배를 바깥에 놓아두었지요. 바로 항구의 맨 끝 바위에다 굵은 밧줄로 매어 놓았습니다. 그러고는 전망 좋은 언덕으로 올랐으나, 주위에는 소가 움직이는 밭도, 사람이 경작한 농작물도 전혀 보이지 않고, 오직 한 줄기 연기가 솟아오르는 것이 눈에 띄었을 뿐입니다. 나는 동지들에게 어떤 인간들이 이 땅 위에서 오곡을 먹으며 살고 있는지를 조사해 보라고 했습니다. 두 사람을 골라내고, 셋째 사람은 전령으로 덧붙여서요. 그들은 배를 떠나서 평탄한 길을 나아갔는데, 그 길은 숲의 나무들을 수레에 실어 높은 산들을 넘어서 마을로 날라 가기 위해 만들어진 길이었습니다. 그들은 마을 바로 앞에서 물을 긷는 처녀를 만났는데, 그 처녀는 라이스트리고네스 왕 안티파테스의 몹시 건강하게 생긴 딸로, 맑게 흐르는 아르타키에 샘터로 와 있던 참이었지요. 바로 이 샘이 마을에서 쓰는 물을 모두 대고 있었습니다.

그래서 그들은 처녀 옆으로 다가가서 말을 걸고, 이곳 사람들의 왕으로 국민을 다스리고 있는 분은 어떤 분이냐고 물었답니다. 그러자 처녀는 곧 자기 아버님의 지붕이 높이 솟은 궁전을 가리켰습니다. 셋은 그 훌륭한 궁전으로 들어가 왕비를 만났는데, 쳐다보니 산봉우리만 한 크기에 다들 놀라고 기가 막힐 뿐이었습니다. 그러자 왕비는 집회를 하는 광장에서 남편인 유명한 안티파테스 왕을 불러 왔는데, 그가 우리 동지들에게 저주스럽고 끔찍한 파멸을 꾸며 놓았습니다. 다짜고짜 동지 가운데 한 사람을 붙잡아 식탁에 올리고 말았으므로, 다른 두 사람은 깜짝 놀라 배 있는 데까지 도망쳐 왔습니다. 그러자 왕은 마을 전체에 소리 높이 명령했기 때문에, 그 명령을 듣고 힘센 라이스트리고네스 사람들은 이곳저곳에서 달려들었습니다. 그 수도 헤아릴 수 없을 만큼 많았으며, 모습 또한 인간으로는 보이지 않을 만큼 거인이었지요.

그들은 인간이 겨우 들어올릴 정도의 큰 돌덩이를 벼랑 위에서 내던지므로, 순식간에 모든 배에서 요란한 소리가 솟아올랐습니다. 그 돌덩이에 맞아서 죽는 사람들과, 또는 그와 함께 배들이 부서지는 요란한 소리와 울림이란! 그리고 그들은 물고기처럼 우리 동지들을 작살로 찔러 대고는 끔찍스러운 식사를 하기 위해 갖고 가는 것이었습니다. 그들이 깊은 항구 안에서 동지들을 죽이려 하고 있는 동안에, 나는 날카로운 검을 옆구리에서 빼어들고, 그것으로 검은 뱃머리에 매인 밧줄을 끊어 버렸습니다. 그러고는 곧 우리 동지들을 재촉해서 어떻게든 이 재난을 빠져 나가기 위해 있는 힘을 다해 노를 저으라고 명령했지요. 그래서 모두 죽음이 무서워서 열심히 노를 저었으므로, 내 배가 위로부터 덮쳐 오는 바위를 피해 가까스로 앞바다까지 나왔을 때엔 안도의 숨을 내쉬었지요. 그러나 다른 배들은 모두 하나같이 그대로 거기서 가라앉고 말았습니다.

거기서부터 다시 앞으로, 괴로운 생각에 가슴을 썩이면서도 배를 몰고 가는 중, 친숙했던 동지들은 잃었을망정 죽음을 면한 것만은 다행이라고 여기면서, 가까스로 아이아이에 섬에 이르렀습니다. 이곳에는 올린 머리도 아름다운 키르케가 살고 있었는데, 이 신은 사람 목소리로 말하는 무서운 여신으로, 못된 마음을 가슴에 품은 아이에테스와 자매간이었지요. 이 두 여신은 인간에게 빛을 주는 태양신(太陽神) 헬리오스를 아버지로, 대양신(大洋神)인 오케아노스의 딸 페르세를 어머니로 하여 태어난 것입니다. 이 섬 바닷가에 배를 감추어 두는 포구 안으로 우리는 살그머니 배를 대었는데, 그것도 어느 신의 인도를 받은 것임에 틀림없습니다. 이 곳에 상륙해서 이틀 낮 이틀 밤을 피곤과 고민에 잠겨 다같이 가슴을 썩이면서 누워 있었습니다만, 마침내 머리도 아름다운 새벽의 여신이 밝게 사흘째 아침을 알리었을 때, 나는 창과 날카로운 단검을 잡기가 무섭게 곧 배 옆에서 앞을 내다볼 수 있는 높은 곳으로 올라갔지요. 혹 인간이 경작한 밭도 볼 수 있고 소리도 들을 수 있을까 해서요. 가파르게 깎아지른 듯한 높은 곳으로 올라서자, 길이 널따란 육지에서 연기가 피어오르는 것이 눈에 띄었습니다. 그것은 키르케의 궁전이 있는 곳으로 무성한 나무들과 수풀 사이에서였는데, 그때 내가 마음속에서 여러 가지로 궁리한 것은, 불붙어 피어오르는 연기를 본 이상은 가서 물어 보기로 하자는 것이었습니다. 그래서 궁리를 해 보니, 우선 이렇게 하는 게 좋지 않겠느냐 하는 생각이 들었지요. 먼저 빠른 배가 바닷가에 머물러 있는 데로 가서 동지들에게 식사를 하게 한 다음, 정보를 얻으러 내보내는 것입니다. 그러나 양쪽이 휘어진 배 가까이까지 가 보니, 그때 신들 중 어느 분이 홀로 있는 나를 불쌍하다고 여기셨는지, 높이 뿔을 흔들어 대는 커다란 사슴을 바로 내가 가려는 길 앞으로 보내 주셨습니다. 사슴은 초지에서 강으로 물을 먹으러 내려오는 참이었지요. 뜨거운 뙤약볕에 아주 지쳐 버렸기 때문인데, 그 사슴이 나서려는 그때 나는 그놈의 잔등 한가운데 등뼈 있는 부분을 겨냥해서 내리쳤습니다. 그랬더니 청동 창에 쿡 찔려, 사슴은 비명을 지르고 흙먼지 속에 쓰러져 바로 숨이 끊어졌습니다. 나는 그 사슴을 발로 꽉 밟고 청동 창을 상처에서 뽑아내고서는 그대로 그 땅 위에 사슴을 뉘어 두었습니다. 그리고 이번엔 작은 나뭇가지와 버드나무 가지를 꺾어다가 여섯 자 가량의 길이로 단단히 꼬아서, 그 밧줄로 무섭게 큰 짐승의 네 다리를 묶었습니다. 그러고는 어깨에 둘러메고 검은 배가 있는 곳으로 돌아왔습니다. 그것도 창을 지팡이 삼아 의지하고서요. 어깨에 메고 한쪽 손으로 나르는 것은 아무래도 힘들었기 때문인데, 그만큼 이 짐승은 몹시 컸습니다. 배 있는 데에 이르자 배 앞에 그 짐승을 던져놓고는, 일일이 옆에 다가서서 다정한 말을 걸어 동지들에게 기운을 되찾게 해 주었습니다.

  '여보게 모두들, 우리는 아직도 저승에 갈 필요는 없지 않은가. 비록 아무리 고생을 하더라도 말이야. 마지막 날이 올 때까진 말일세. 자아, 그러니 빠른 배에 먹을 것과 마실 것이 있는 동안은 식사를 하세. 배고픔과 목마름 때문에 고심하는 건 이제 그만 두기로 하지.'

  이렇게 말하자 모두 내 말을 들어주고, 뒤집어쓰고 있던 옷은 내동댕이치면서, 황량한 바닷가에 쓰러져 있는 사슴을 보고 깜짝 놀라는 것이었습니다. 그만큼 큰 짐승이었기 때문입니다. 실컷 이것을 보게 하고 위로한 다음, 손을 씻고서는 훌륭한 요리 준비를 시작했습니다.

  이렇게 그날은 하루 종일 해가 지기까지 앉아서 산더미 같은 고기와 달콤한 술로 식사를 계속했습니다만, 마침내 해도 지고 어둠이 덮쳐오자 우리는 바닷가에 쓰러져서 잠이 들어 버렸습니다. 이윽고 장밋빛 손가락을 가진 새벽의 여신이 나타났을 때, 나는 모두 불러 놓고 이렇게 말했지요.

'여보게들, 결국은 우리는 아무것도 모르고 있단 말이야. 어느 쪽이 서쪽이고 어느 쪽이 동쪽인지, 또 어느 방향으로 인간에게 빛을 주는 태양이 땅속으로 떨어지는지, 또 어느 방향으로 솟아오르는지도. 그러니 이제 궁리를 해 보자고. 무슨 좋은 방도가 없을까. 나는 어쩐지 그런 방도는 없다고 생각하네. 왜냐하면 아까 가파르게 깎아지른 언덕에 올라 이 섬을 둘러보았지만, 그 주위는 끝없는 바다로 빙 둘러싸여 있더란 말이야. 섬 자체는 훨씬 나지막하게 누워 있지만 말이야. 그리고 이 섬 한가운데에 이 눈으로 연기를 보았지. 나무들과 숲 속으로부터 피어오르는 연기를.'

이렇게 말했더니 모두 그만 가슴이 메어지는 느낌인 듯했습니다. 그럴 수밖에요. 라이스트리고네스의 왕 안티파테스와 저 교만하기 짝이 없는, 사람을 잡아먹는 키클롭스의 폭력을 떠올렸기 때문인데, 모두 눈물을 뚝뚝 흘리면서 슬퍼하는 것이었습니다. 그러나 이렇게 울고불고해도 소용이 없는 노릇이라, 나는 정강이받이를 맵시 있게 찬 동지들을 모두 세어 보고 둘로 나누고는, 저마다의 분대에 대장을 지명해 주었습니다. 한쪽 부대의 대장은 내가 맡고, 또 한쪽 부대는 신과도 비길 만한 모습을 가진 에우륄로코스한테 지휘를 하게 했습니다. 그러고는 곧 청동을 댄 가죽 투구에 제비를 넣어 흔들어 보니, 용모가 잘생긴 에우륄로코스의 제비가 튀어나왔습니다. 그래서 그가 떠나게 되자 그를 따라서 22명의 동지들이 슬퍼서 한탄하는 우리를 뒤에 남겨 놓고 울면서 떠났습니다.

그들은 한참 가다가 숲이 나직한 곳에 잘 깎은 돌로 만든 키르케의 성을 찾아냈습니다. 주위가 텅 빈 전망 좋은 장소로, 그 언저리에는 산에 사는 늑대와 사자들이 많이 있었는데, 키르케가 이상한 약초를 먹이고 자신에게 마술을 걸어 모습을 변하게 한 것이었습니다. 그래서 그 야수들도 인간에게 덤벼드는 일은 없고, 오히려 긴 꼬리를 흔들면서 일어서는 것이었습니다. 그것은 마치 주인이 식탁에서 돌아설 때에 개들이 꼬리를 흔들면서 재롱을 부리는 꼴인데, 그 까닭은 주인이 언제나 개들이 좋아할 만한 맛있는 것을 갖다 주기 때문이지요. 그렇게 오는 사람들 둘레에 와서는 억센 발톱을 가진 늑대들이나 사자들이 꼬리를 흔드는 것이었습니다. 그래서 그들은 이 무서운 짐승들을 보고 두려움을 느끼며, 올린 머리도 아름다운 여신의 문 어귀에 서 있노라니까, 안에서 키르케가 고운 목소리로 노래를 부르는 것이 들려왔습니다. 마침 그때 베틀에서 베를 짜고 있었는데, 그것은 여신들이 짜는 폭이 넓고 성스러운 천으로, 날씬하고 고상한 것이 이루 말할 수 없이 훌륭한 솜씨였습니다. 그들 중에서 맨 먼저 말을 꺼낸 사람은 폴리테스라고 하는 무사들의 우두머리로, 동지들 가운데서도 내가 특별히 아끼고 믿던 유능한 사나이였습니다.

'이것 봐, 동지들. 성 안에서 누군지 커다란 베틀 앞을 왔다 갔다 하면서 좋은 목청으로 노래를 부르고 있네. 그 소리가 이 마루 전체에 찌렁찌렁 울려오는데, 여신인지 아니면 인간 여자인지 모르겠지만, 아무튼 먼저 말이나 걸어 볼까.'

이렇게 그가 말하자 모두 소리를 높여 불렀습니다. 그랬더니 그 여자는 바로 나와서 빛나는 쌍여닫이문을 밀어 열고는 불러들였으므로, 그와 동시에 그들은 아무 생각 없이 따라갔습니다. 다만 에우륄로코스는 이거 어째 수상하구나 하는 생각에 뒤에 앉아 있었습니다. 그러자 키르케는 모두를 궁전 안으로 데리고 들어가서 소파와 팔걸이의자에 앉게 하고는, 모두에게 치즈와 보릿가루에 노란 벌꿀을, 프람네스 산(産) 빨간 포도주에 타서 내놓았습니다. 그런데 그 음식물에는 야릇하고 무서운 마법의 약을 섞어 놓았던 것으로, 그것은 고향 생각을 모두 잊어버리게 하려는 것이었습니다. 이것을 모두에게 주고 그들이 마시자, 이번에는 바로 지팡이를 휘둘러 내리치고는 돼지 울에 가두어 넣은 것입니다. 그러자 그들은 돼지와 같은 얼굴이 되고, 목소리와 살갗의 털과 몸집마저도 아주 돼지가 되어 버렸는데, 정신만은 전과 다름없이 인간 그대로였습니다. 모두 이렇게 울에 갇히어 울고만 있으니, 키르케는 산딸기나무와 도토리나무 열매를 먹이로 던져 주는 것이었습니다. 흙 위에서 자는 돼지들이 늘 먹는 그런 먹이였지요.

한편 에우륄로코스는 재빨리 검은 칠을 한 빠른 배가 있는 곳으로 돌아왔습니다. 동지들이 어처구니없는 변을 당했다는 사실을 알리기 위해서요. 마음은 급한데도 한 마디 말도 입에서 나오지 않을 만큼 그렇게도 그는 심한 슬픔에 가슴이 꽉 메었습니다. 그 두 눈에는 눈물이 넘쳤으며 비명을 지르고도 싶은 심정이었습니다만, 우리가 그것을 수상히 여기고 따져 물었더니, 그제야 가까스로 입을 열고는, 다른 동지들이 변을 당한 이야기를 하더군요.

'저희들은 분부하신 대로 숲 속을 나아갔습니다, 지혜로우신 오디세우스 님. 숲의 나지막한 곳에 훌륭하게 지은 궁전을 발견했지요. 거기에서 누군지 커다란 베틀 앞을 왔다 갔다 하면서 소리 높이 노래를 부르고 있었지요. 여신인지 인간인지 분간할 수 없었기에 여럿이서 소리를 높여 불러 대었지요. 그랬더니 여자는 곧장 나와서 눈부신 쌍여닫이문을 밀어 열고는 우리를 불러들이더군요. 그래서 모두 함께 아무런 생각도 없이 그 뒤를 따라 들어갔는데, 나만은 어쩐지 수상쩍어 뒤에 남아 있었습니다. 그랬더니 그들은 그대로 모두 자취를 감추고서 그 중 한 사람도 밖으로 나오지 않더군요. 오랫동안 저는 걸터앉아서 나오기를 기다리고 있었는데요.'

그렇게 그가 말했으므로 나는 곧 청동칼을 어깨에 둘러메고, 또 활과 화살을 걸치고는 에우뤼로코스한테 그 길을 안내하도록 명령했습니다. 그런데 그는 두 손으로 내 무릎에 매달려 이렇게 간청하는 것이었습니다.

'부디 저는 거기로 가지 말게 해 주십시오. 아무래도 마음 내키지 않습니다. 제우스께서 보호해 주시는 오디세우스 님, 여기에 그냥 있게 해 주십시오. 저는 이미 다 알고 있습니다. 만일 가게 되면 당신도 다시는 못 나오게 되실 것이고, 다른 동지들도 아무도 데리고 오실 수는 없을 것이니까요. 그러기보다는 이 친구들을 데리고 재빨리 달아나도록 합시다. 아직 재앙을 피할 수 있을지도 모르니까요.'

그가 이렇게 말하기에 나는 대답했다.

'에우뤼로코스여, 그렇다면 자네는 그냥 여기에 남아 검은 칠을 한 배에서 식사도 하고 마시기도 하면서 있게. 하지만 나는 가 보아야겠어. 아무래도 가볼 필요가 있네.'

이렇게 말하고 배 옆을 떠나 바닷가에서 섬 안쪽으로 갔습니다. 그런데 차츰 앞으로 나아가 신성한 숲의 나지막한 곳, 마법 약을 잔뜩 가진 키르케의 커다란 궁전에 막 닿으려는데, 거기로 황금 지팡이를 가진 헤르메스 신이 내가 그 궁전으로 가려는 참에 저쪽에서 왔습니다. 그 모습은 이제 겨우 수염이 나기 시작한 또래의 젊은이로 보이더군요. 청춘이 황홀하게 가장 아름다워 보이는 나이 또래 말이에요. 그는 내 손을 꽉 잡고 이름을 부르면서 이렇게 말하는 것이었습니다.

'어허, 이번에는 또 어디로 가시는가. 운이 나쁜 당신이 더구나 홀로 언덕길을 오시다니. 이곳 지리에 어두우면서도. 당신 부하들은 돼지 모습으로 바뀌어 우리에 갇혀서 저기 저 키르케의 성에 갇혀 있다네. 옳거니, 그들을 구출하러 이리로 오셨군 그래. 하지만 당신 혼자만 해도 돌아오기는 아주 힘들어. 당신도 틀림없이 다른 사람들과 마찬가지로 이곳에 남아 있게 될 거야. 하지만 내 말을 들어요. 재난에서 당신을 구해 내고 무사히 지켜 드리도록 하지. 자, 이 효험이 큰 약초를 가지고 키르케의 성으로 가게. 그 힘이 재앙의 날을 막아 줄 것이니까. 그럼 키르케의 요술에 대해 모두 말해 드리지. 먼저 여러 가지 물건을 섞은 즙을 만들어 줄 걸세. 그 음식물에는 마법의 약도 섞어 넣을 거야. 하지만 그렇게 한대도 당신을 마법에 걸 수는 없겠지. 왜냐하면 이 효험이 큰 약초가 그렇게는 못하게 할 것이니까. 이걸 받게. 그리고 자세히 가르쳐 드리지. 키르케가 당신을 향해 긴 지팡이를 들고 덤벼들거든, 그때를 놓치지 말고 날카로운 검을 허리에서 빼어들고 키르케한테 덮치는 거야. 죽여버리겠다는 듯이 서슬이 푸르게 말이야. 그러면 그녀는 당신한테 겁을 먹고 자기 침대로 이끌 걸세. 그때 당신은 여신과 함께 자는 것을 결코 거절하면 안 되네. 그녀가 동지들을 마법에서 풀어주고, 당신한테도 대접을 잘하게 하기 위해서지. 그러나 그러자면 그녀에게 신들에 대한 중대한 맹세를 하도록 우선 요구해야 하네. 당신한테 결코 몹쓸 재앙을 꾸미지 말 것, 당신 몸에서 무기마저 빼앗은 벌거숭이로 만들고 나서, 쓸개 빠지고 남자답지 못한 사람으로 만들어 버리려는 생각을 품지 않도록 할 것을 말이야.'

이렇게 이야기를 하자 아르고스를 죽인 헤르메스 신은 땅에서 그 약초를 뽑아 나에게 주고, 그 성질에 대해 설명해 주었습니다. 그것은 검은 뿌리를 가졌으며 젖 같은 흰 꽃을 피우는 풀로, 신들은 이를 몰리라고 부르는데, 죽어야 하는 인간으로서는 이를 파내기도 어려운 것이지만, 신들은 무슨 일이나 하실 수 있지요.

그러고 나서 헤르메스 신은 높은 올림포스 산을 향해 숲이 우거진 섬의 하늘을 날아가시고, 나는 키르케의 성으로 갔습니다만, 가는 길에도 마음은 이것저것 생각하느라고 어수선했습니다. 그런데 올린 머리도 아름다운 여신의 성 입구로 가 서서 외치자, 여신은 내 소리를 듣고 얼른 나와서, 빛나는 쌍여닫이 문을 열고는 불러들이는 것이었습니다. 그때 나는 마음이 매우 괴로우면서도 뒤를 따라가 보니, 나를 안으로 안내하여 은으로 장식한 팔걸이의자에 앉혔습니다. 그러고는 황금 술잔에 혼합한 음료를 나한테 마시게 하겠다고 만들어주었는데, 그 속에 못된 꾀를 꾸며서 마법의 약을 넣었습니다. 그리고 그것을 주기에 나는 마셔 버렸습니다만 마법은 걸리지 않았습니다. 키르케는 지팡이로 나를 마구 치면서 나를 보고 말했습니다.

'자, 너도 돼지우리로 가서 다른 동지들과 함께 자도록 하려무나.'

이렇게 말할 때 나는 날카로운 칼을 허리에서 빼어들고, 키르케에게 펄쩍 덤벼들었답니다. 죽여버리겠다는 듯이 서슬이 푸르게요. 그랬더니 여신은 비명을 지르면서, 단검 밑으로 빠져 나와 내 무릎에 매달렸습니다. 그러고는 겁먹은 소리로 눈물을 흘리며 말했습니다.

'당신은 이름이 무엇이며 어디에서 오셨나요? 당신 고국은 어디며 부모님은 어디에 계신가요? 이 약초를 마셨는데도 조금도 마법에 걸리시지 않으니 그저 놀라울 따름입니다. 다른 분은 이 요사스러운 약의 작용을 받지 않고는 버티지 못하니까요. 누구건 일단 이 약초를 타서 만든 술을 마시고 난 이상은요. 틀림없이 당신은 오디세우스 그분이로군요. 온갖 꾀를 잘 알고 계신 바로 그분. 황금 지팡이를 가진 아르고스를 죽인 신께서, 그분이 조만간에 올 것이라고 늘 나한테 말씀하셨지요. 트로이로부터 검은 칠을 한 빠른 배를 타고 귀국하는 길에 들를 것이라고요. 어쨌든 이젠 칼집에 칼을 도로 꽂으세요. 그리고 함께 내 침대에 오릅시다. 사랑과 잠 속에서 서로 믿는 법을 배울 수 있겠지요.'

그렇게 말했습니다만, 나는 그녀에게 이렇게 대답해 주었지요.

'아니 키르케 님, 어째서 새삼스레 당신에게 친절하게 하라고 요구하시는 거지요? 내 동지들을 당신 댁에서 돼지로 변신시켜 놓고서. 게다가 나마저 이곳에 끌고 와 야릇한 꾀를 꾸며서는 그런 말을 하다니요. 침실로 가서 당신 침대에 오르라니요. 그것도 다른 아무 무기도 가지지 않은 벌거숭이로 만든 다음, 쓸개 빠진, 사내답지 못한 사람으로 만들기 위해서요? 천만의 말씀, 나는 만일에 당신이 감히 큰 맹세를 해 주시지 않는 이상은 결코 당신 침대 따위에는 오를 생각이 없답니다. 이후로는 결코 못된 재앙을 꾸미지 않겠다는 맹세를 나한테 해 주시지 않는다면 말입니다.'

이렇게 내가 말했더니 여신은 곧 내가 요구한 대로 맹세를 해 주었습니다. 서약을 하고 그 서약을 제대로 마치고 나자, 그때서야 나는 키르케의 훌륭한 침상에 올랐습니다. 그러는 동안 궁전 안에서는 시녀 넷이 바쁘게 일을 하고 있었습니다. 그 여자들이 집안일을 여러 가지로 서둘러 하는 것이었지요. 그들은 샘물과 신원(神苑), 또는 바다로 흘러들어가는 성스러운 강물에서 태어난 이들이었는데, 그 중 한 여자가 아름다운 자줏빛 깔개를 의자 위에 덮고, 그 밑에 삼베를 깔아 놓자, 다른 여자가 의자 앞에 은으로 만든 네 발 탁자를 펴 놓고 그 위에 황금 바구니를 놓는 것이었습니다. 그러자 세 번째 여자는 은으로 만든 희석용 술동이에 마음을 녹이는 달콤한 술을 섞어 황금 술잔을 나누어 주었으며, 거기에 네 번째 여자가 물을 가지고 와 커다란 세 발 솥 밑에 불을 잔뜩 피워 놓으니, 이윽고 물이 따스해졌습니다. 물이 그 반짝이는 청동 그릇 속에서 펄펄 끓기 시작하자, 키르케는 나를 목욕통에 앉히더니 커다란 세 발 솥 물을 알맞게 찬물에 타서 목욕을 시켜 주었습니다. 따뜻하고 기분 좋은 물을 내 팔다리에서 기력을 깎아 내는 피로가 말끔히 씻겨 내릴 때까지 머리와 두 어깨에 부어 주었습니다. 목욕을 끝내고 올리브 기름도 다 바르고 나자, 내 몸에 아름다운 웃옷과 속옷을 걸쳐 주었습니다. 그리고 나를 앞으로 안내해 은 못을 박은 팔걸이의자에, 여러 가지 조각이 된 아름다운 의자에 앉히고는, 발 밑에 발판을 갖다 놓게 했습니다. 그러자 시녀가 손 씻을 물을 가지고 와서, 황금으로 만든 아름다운 물주전자에서 은대야에 손을 씻게 부어 주었으며, 그 옆에 반들반들한 탁자를 펴놓았습니다. 우두머리 시녀는 음식을 가져왔으며, 그뿐만 아니라 간직해 두었던 여러 가지 맛있는 음식물을 성심껏 갖추어 주었습니다. 그러고는 식사를 하라고 권하는 것이었지만, 나는 아무래도 마음이 내키지 않아 다른 일을 생각하고 앉아 있었습니다. 그 까닭은 마음속으로 재앙을 기다리고 있었기 때문입니다.

그러나 내가 다만 앉아 있을 뿐으로 먹을 것에는 손도 내밀지 않고 저주스러운 어두운 생각에 빠져 있는 것을 보자, 키르케는 가까이 와서 위엄 있게 말했습니다.

'오디세우스 님, 어째서 벙어리처럼 앉아만 계시는 건가요? 괴로워하며 음식에 전혀 손도 대지 않으신 채로요. 무슨 또 다른 야릇한 꾀라도 있는 줄 아시나요? 결코 아무 걱정도 하실 필요는 없습니다. 당신께 아무 나쁜 짓도 않겠다고 나는 벌써 아주 굳은 맹세를 해 드렸으니까요.'

이렇게 말하기에 나도 그 말에 대답했습니다.

'예, 키르케 님, 올바른 사람인 이상은 자기 동지들을 자유의 몸으로 해 주었다는데, 그것을 직접 눈으로 확인하지 않고서 어떤 사나이가 음식물을 감히 맛보려 하겠습니까. 그러니 만일 진심으로 내가 먹고 마시기를 바라고 권하신다면, 충성스러운 동지들을 이 눈으로 꼭 볼 수 있도록 부디 그들을 자유롭게 해 주십시오.'

내가 이렇게 말하자 키르케는 홀을 가로질러 나가더니, 손에는 지팡이를 들고 돼지울 문을 밀어젖히고, 아홉 해를 묵은 수퇘지 모습을 한 이들을 밖으로 내몰았습니다. 그리고 모두 서로 마주보고 서 있으려니까, 키르케가 그들 사이에 들어서서는 무엇인지 색다른 마법의 약을 모두에게 발라 주었습니다. 그러자 모두의 손발에서 이전에 키르케가 그들에게 먹인 마법의 약 때문에 돋아났던 센 털이 말끔히 빠져 버렸습니다. 그리고 이번에는 전보다도 한결 젊은 남자들로 되살아났습니다. 뿐만 아니라 얼핏 보아 훨씬 훌륭하며 몸집도 커진 것 같았습니다. 이윽고 나를 알아보더니 모두 내 손에 매달리는 것이었습니다. 그래서 너무 반가운 나머지 울고불고해서, 온 궁전이 떠나갈 듯이 요란한 소리로 울려 퍼졌습니다. 그것은 여신마저 딱한 마음을 느끼게 했을 정도였습니다. 그래서 내 바로 옆에 바싹 다가서면서 여신 중에서도 거룩한 키르케는 말했습니다.

'제우스 신께서 탄생시킨, 라이스트리고네스 아들인 많은 꾀를 가지신 오디세우스 님, 그럼 먼저 배를 뭍으로 끌어올리십시오. 그리고 소지품을 뱃기구와 함께 고스란히 동굴 속에 넣으십시오. 그런 뒤에 당신께서는 충성스러운 동지들을 데리고 돌아오십시오.'

그렇게 말함으로써 어떻든 간에 내 모험심 많은 마음을 설득했습니다. 그래서 나는 빠른 배가 있는 바닷가로 나간 다음, 그 배가 있는 곳에서 충성스러운 동지들이 눈물을 글썽이며 서로 슬퍼하고 있는 장면을 보게 되었지요. 마치 시골의 목장 울타리 안에서 송아지들이 떼를 지어 몰려드는 참에, 그 어미소가 배가 부르도록 풀을 뜯고 나서 울타리 안으로 돌아왔을 때, 모두 한결같이 그 어미소를 향해 기뻐서 날뛰며 이제는 울타리라는 방해물도 거추장스러워 자꾸만 울음을 터뜨리면서 어미소 곁을 뛰어다니는 것처럼, 그들이 나를 실제로 눈으로 보았을 때 모두 눈물을 머금고 몰려들었습니다. 그들은 마치 고국에 돌아온 것 같은, 바위투성이 이타카 섬에 다다른 때와 똑같은 심정이 되었던 것이지요. 그래서 나를 향해 슬프게 울면서 말했습니다.

'제우스가 길러내신 오디세우스 님, 당신이 돌아오신 것을 참으로 우리는 기쁘합니다. 마치 고향인 이타카로 돌아오신 때처럼요. 그건 그렇고 다른 동지들의 마지막에 대해서 자세히 들려주십시오.'

그렇게 말하기에 나도 다정하게 말했습니다.

'그러면 먼저 배를 육지로 끌어올리도록 하게나. 소지품과 뱃기구를 모두 동굴 속에 넣어 두기로 하세. 그리고 모두 서둘러 나를 따라오도록 하게. 동지들과 키르케의 존엄한 궁전에서 만나도록 하고, 다들 마시고 먹고 하는 참인데 얼마든지 맛있는 음식이 있단 말일세.'

이렇게 말하자 그들은 바로 내 말을 따랐는데, 또 한 사람 에우륄로코스만은 동지들을 못 가게 말리려는 듯 이야기했습니다.

'아이고 불쌍해라, 어디로 가겠다는 말들이냐. 어째서 자네들은 그 같은 재앙 속으로 자청해서 가겠다는 거야. 키르케의 집으로 내려가다니, 그 여자는 자네들을 한 사람도 남기지 않고 돼지나 늑대 아니면 사자 같은 걸로 만들어 버릴 것이고, 그러면 우리는 그녀의 커다란 성을 지키고 있어야 된단 말이야. 전에도 이런 일이 있었지. 저 키클롭스가 우리를 가두었던 그때 말이야. 이 무모한 오디세우스를 동지들이 따라갔었는데, 그 친구들도 이 사람의 앞뒤 생각 없는 행동 때문에 신세를 망쳤잖느냐 말이야.'

이렇게 말했으므로 나는 마음속으로 온갖 생각을 했지요. 기다란 날카로운 칼을 튼튼한 옆구리에서 뽑아들고, 그 칼로 이 젊은이의 머리를 쳐버려 땅을 피로 물들여 줄까 하고요. 무척 가까운 인척이긴 합니다만. 그러나 다른 동지들은 저마다 나를 부드러운 말로 막으려 들었습니다.

'제우스의 자손이신 오디세우스 님, 이 사람은 배 곁에 머물면서 배나 지키도록 그냥 여기에 두고 갑시다. 그리고 당신은 키르케의 존엄한 궁전으로 가는 길에 우리의 안내를 맡아 주십시오.'

이렇게 말하고는 배 있는 데와 바닷가에서 섬의 안쪽으로 올라갔는데, 에우륄로코스 또한 텅 빈 배 옆에는 남아 있지 않고 따라왔습니다. 그럴수밖에 없는 것이, 내가 어쩌나 화를 냈는지, 그는 벌을 받을까 봐 잔뜩 겁을 집어먹었기 때문입니다.

그러는 동안에 키르케는 궁전 안에 있는 다른 동지들에게 목욕을 시키고 올리브 기름을 바르게 한 다음, 부드러운 털 겉옷과 속옷을 걸쳐 주었습니다. 그리고 우리는 모두 그 성에서 음식 대접을 받고 있는 곳으로 돌아왔던 것이지요. 다들 서로 만나게 되어 얼굴을 맞대고 누가 누군지 알아보게 되자, 모두 통곡을 하는 바람에 온 집안이 울음바다가 되었습니다. 여신 중에서도 거룩한 키르케가 바로 내 옆에 와서 말했습니다.

'이제는 여러분이 그렇게 울고불고할 것은 없지 않습니까? 나도 물고기가 가득한 바다에서 당신들이 얼마나 고난을 겪었는지 잘 알고 있답니다. 또 성질 고약한 사람들이 육지에서 당신들한테 얼마나 많은 손해를 끼쳤는지도. 그러니 자아, 다시 한 번 가슴속에 기운이 솟구칠 때까지, 먼저 요리를 드시고 포도주도 마시세요. 처음에 바위가 많은 이타카 섬의 고향 땅을 떠날 때만큼요. 지금 당신네들은 지쳐서 기운이 없고, 늘 고달픈 유랑만을 걱정하느라고 전혀 명랑한 기분은 갖지 못하는군요. 그야 무척이나 여러 가지 고생을 겪으셨으니까요.'

이렇게 말하여 또다시 우리를 쉽사리 설득했습니다. 그래서 그곳에 들어앉아서는 많은 고기와 맛있는 술로 향연을 이어가면서 꼬박 1년이 지나도록 그러고 있었지요. 마침내 1년이 지나고 계절이 한 바퀴 돌았을 즈음, 그때 충성스러운 동지들은 나를 불러내어 이렇게 말하는 것이었습니다.

'이게 웬일입니까. 이제는 고향 생각도 하실 만한데요. 만일 신탁에 따라 당신이 무사히 몸을 보존하고, 훌륭하게 지어진 성과 고국으로 돌아갈 수 있는 운명이라면 말이지요.'

이렇게 말하기에 내 마음도 곧 설득되었지요. 그 무렵에는 여느 때나 다름없이 하루 종일 날이 저물 때까지 들어앉아서 많은 고기와 맛있는 술로 향연을 계속했습니다만, 마침내 해가 지고 어둠이 덮쳐 오게 되면 우리는 어둑어둑한 홀에 누워 잠이 들곤 했지요. 나는 키르케의 훌륭한 침대에 오르면서 그 무릎을 붙잡고 간청했는데, 여신도 내가 하는 말에 귀를 기울여 주더군요. 그래서 그녀에게 열렬히 말했습니다.

'키르케 님, 전에 나에게 맹세한 그 약속을 실천에 옮겨 주십시오. 고향으로 보내 주시겠다던 그 약속 말입니다. 이젠 나도 무척 고향에 가고 싶답니다. 다른 동지들도 마찬가지입니다. 내 주위에 몰려들어서는 울고불고하면서 소중한 목숨을 깎아먹고 있는 형편이랍니다. 당신이 자리를 떠나기만 하면 그러지요.'

내가 이렇게 말하자, 여신 중에서도 거룩한 키르케는 바로 대답했습니다.

'제우스의 후손인 라에르테스의 아들로 지혜가 많으신 오디세우스 님, 이제는 결코 당신들이 마음에도 없이 우리 집에 오래 머무르실 필요는 없습니다. 하지만 그러자면 먼저 다른 곳으로 여행할 필요가 있어요. 하데스(저승의 왕)와 무서운 페르세포네의 궁전으로 가, 테바이 사람으로서 장님 예언자인 테이레시아스의 혼령에게서 신탁을 받아야 합니다. 그 사람의 사물을 헤아리는 능력은 아직도 틀림없으니까요. 그 사람이 죽어버린 뒤로도 페르세포네가 분별심을 내려 주셨기 때문에, 다른 이들은 그저 그림자처럼 날아다닐 뿐이지만, 그 사람 하나만은 지혜의 능력을 가지고 있는 셈이지요.'

그녀가 이렇게 말했으므로 나는 넋을 잃고 침상에 들어가서 앉은 채 울고만 있었습니다. 이제 더 살아서 햇빛을 우러러 볼 희망도 사라졌기 때문이지요. 그러나 실컷 엎치락뒤치락 몸을 뒤척이면서 울고불고한 다음, 마침내 그녀에게 여러 말로 물어 보았습니다.

'키르케 님, 그러면 대체 누가 그 길잡이가 되어 주는 건가요? 하데스에게는 여태껏 누구도 검은 칠을 한 배로 가 본 사람은 없지 않습니까.'

내가 이렇게 말하자 여신 중에서도 거룩한 키르케는 대답했습니다.

'제우스의 후손인 라에르테스의 아들로 지혜가 많으신 오디세우스 님, 배 곁에 안내자가 없다 해서 결코 걱정하실 것은 없습니다. 돛대를 세우고 그 돛대에 흰 돛을 펼쳐서 달고 앉아 계십시오. 그 배를 북풍의 입김이 날라다 줄 거예요. 그러나 배로 세계 끝의 큰 강물인 오케아노스를 건너고 나면, 그곳이 풀도 무성한 페르세포네 강변과 동산이 있는 곳입니다. 키 큰 갯버들과 열매가 뚝뚝 떨어지는 버드나무가 우거져 있지요. 깊은 소용돌이가 굽이치는 그곳 오케아노스 강가에 배를 끌어올리는 것입니다. 그리고 당신은 어둡고 음산한 하데스의 궁전으로 가십시오. 거기에는 아케로스 강으로 불타는 강물과 비탄의 강물이 흘러 들어가는데, 이 강물은 스틱스(증오) 강의 지류로, 바위가 있는 언저리에서 두 강물이 요란한 소리를 내면서 합류하지요.

그리고 그 다음엔 그곳에, 내가 말씀드리는 대로 바싹 다가서는 구멍을 파십시오. 길이나 너비를 한 발쯤의 크기로요. 그리고 그 둘레에 죽은 사람의 영혼을 위한 공양의 제주(祭酒)를 부어 주되, 처음엔 꿀을 탄 것, 그 다음에는 달콤한 포도주를, 세 번째에는 물, 그리고 그 위에 빻은 흰 보리 가루를 뿌립니다. 그 다음에는 죽은 자의 힘 빠진 영혼에게 열심히 기원을 하세요. 이타카 섬으로 돌아가게만 해 준다면, 새끼를 낳지 않은 암소 중에서도 가장 훌륭한 것을 제물로 바치겠으며, 그것을 구울 불로는 온갖 좋은 물건으로 잔뜩 해 드리겠노라고 말하면서요. 그리고 테이레시아스를 위해서는 또 다른 곳에서 새까만 숫양을 그 한 분에게만 바치겠다고 하세요. 당신들의 양 중에서도 특별히 훌륭하게 보이는 놈으로요.

이렇게 해서 맹세와 기도로 죽은 이의 영혼들의 세상에서도 소문난 무리들에게 충분히 빌고 나면, 그때 암컷 검정 새끼양을 어둠 속에서 그 목을 비틀어 제물로 바치는 거예요. 그러는 동안에 당신은 강물이 흐르는 방향을 찾아, 되도록 멀리 떨어진 방향으로 얼굴을 돌리고 있어야 해요. 그렇게 하면 그때는 이승을 떠난 영혼이 우르르 몰려들 것입니다. 그렇게 되면 때를 놓치지 말고 동지들을 일깨워 이렇게 하도록 명령하세요. 바로 사정없는 청동 칼날에 목줄기를 잘리고 쓰러져 있는 양들 가죽을 벗겨 불태워 제물로 바치고, 능력이 위대한 하데스와 성스런 그 왕비인 페르세포네한테 기원을 드리라고요. 한편 당신은 날카로운 검을 허리에서 뽑아들고 앉아서, 힘 빠진 죽은 영혼들이 피 가까이에 접근하지 못하게 하십시오. 테이레시아스한테서 이야기를 듣기 전에는. 그 장소로 곧 점쟁이가 찾아올 테니까요. 여러 사람의 우두머리인 그분은 여행에 관한 일과 가는 길의 일, 귀국 절차 등에 대해 가르쳐 줄 겁니다. 물고기 떼가 가득한 바다 위를 당신이 어떻게 건너가면 좋겠는가를 말이지요.'

이렇게 말하고선 얼마 뒤 황금 의자에 앉은 새벽의 여신이 나타나자, 키르케는 내게 웃옷과 속옷을 입혀 주고 그녀는 하얗게 빛나는 폭이 넓은 천을 걸쳤습니다. 바탕이 얇은 아름다운 천이었지요. 그리고 허리둘레에는 반짝이는 금 띠를 두르고 머리에는 베일을 썼지요. 나는 궁전 안을 지나 동지들에게로 가서, 한 사람 한 사람 옆에 다가서서 마음을 위로하는 말로 일깨워 주었습니다.

'자, 이제는 한가하게 단잠을 즐기며 코를 골고 있을 때는 아니야. 그보다는 이제 떠나기로 하세. 키르케 여신 님이 이렇게 지시해 주었으니까.'

이렇게 내가 말하자, 씩씩한 그들은 모두 내 말을 따랐습니다. 그러나 이곳에서조차도 동지들을 모두 안전하게 데리고 올 수는 도저히 없었습니다. 그 중에 가장 나이 어린 엘페노르라는 자가 있었습니다. 싸움에 나가면 그다지 용감하지도 못했고, 또 충분히 분별이 있다고도 할 수 없는 젊은이였는데, 이때도 다른 동지들과 떨어져서 술을 너무 마시고, 시원한 곳을 찾아 키르케의 궁전 지붕 위에서 잠이 들고 말았습니다. 그가 동지들이 바쁘게 움직이면서 시끄럽게 떠드는 소리와 어수선한 물건 소리를 듣고 별안간 뛰어 일어나 그만 기겁을 한 끝에, 지붕에서 거꾸로 굴러 떨어졌습니다. 그래서 목뼈가 부러지고 그 혼령은 저승으로 가고 말았던 것이지요.

모두 찾아오자 그들에게 나는 이야기해 주었습니다.

'아마도 자네들은 고향으로, 그리운 고국 땅으로 떠난다고 생각할 테지만, 키르케 님이 우리한테 지시한 길은 다르다네. 하데스와 무서운 페르세포네의 궁전으로 가야 한다네. 테바이 사람인 테이레시아스한테 점을 치도록 하기 위해.'

내가 이렇게 말했더니, 그들은 안타까운 마음에 가슴이 메어 그 자리에 털썩 주저앉아 울부짖으며 머리털을 쥐어뜯는 것이었습니다. 그러나 아무리 울고불고한다 해도 무슨 소용이 있겠습니까. 그렇지만 막상 빠른 배가 있는 바닷가로 나와 보니, 우리가 가슴을 쥐어뜯으면서 눈물을 흘리고 있는 동안에 키르케는 검은 칠을 한 배 옆으로 나와, 검은 암컷 새끼양을 매어 놓았습니다. 우리를 손쉽게 앞질러 가 있었는데, 신께서 그 모습을 남에게 보이고자 하지 않을 때에는 누구도 그가 가는 것을 볼 수 없는 법이니까요."

제11권
오디세우스가 저승을 찾아가다

키르케한테 자세한 가르침을 받은 오디세우스는 세계의 끝에 있는 대양의 흐름을 타고 북쪽으로 항해한 끝에 키르케가 지시한 저승에 다다른다. 여기서 구덩이를 파고 술을 붓고 제물을 바쳐, 죽은 사람의 영혼을 불러낸다. 테이레시아스를 위해서는 따로 검은 숫양을 제물로 바쳤다. 생피를 구멍에 붓자 죽은 자의 영혼들이 우르르 모여 온다. 테이레시아스의 영혼도 나타나 그에게 앞일을 알린다. 그리고 그의 죽은 어머니를 비롯하여 이승을 떠난 여러 이름 높은 여성들이 잇따라 나타난다. 또 아가멤논의 영혼도 와서 몰래 사람을 죽인 일을 털어놓자, 아킬레우스와 아이아스도 나온다. 또 미노스와 타르타로스 주민들의 모습도 보이고, 헤라클레스도 찾아와서 이야기를 한다.

"그리하여 배가 놓인 바닷가로 내려와 먼저 배를 빛나는 바다로 끌어내리고, 돛대와 돛을 검은 칠한 배 안에 장치한 다음, 양과 염소를 데려다 싣고는 우리도 올라탔습니다만, 그러는 동안에도 마음이 괴로워 끝없이 눈물이 흘렀습니다. 그러나 키르케는 검은 뱃머리 뒤쪽에서 고마운 동지나 다름없는 순풍을 돛에 잔뜩 보내 주었습니다. 올린 머리도 아름다운, 인간의 목소리를 가진 무서운 여신입니다만. 그리하여 우리는 용총줄을 일일이 배 안에 정비하고 나서 앉아 있었습니다만, 그 배를 바람이 키를 잡는 역할을 맡아 정확하게 항해해 갔습니다. 그래서 배가 하루 종일 바다를 달려가는 동안, 돛은 줄곧 팽팽해 있었으며, 이윽고 해가 지고 모든 길들이 그늘질 무렵, 우리 배는 물 속이 깊은 오케아노스 끝에 이르렀습니다. 그곳은 킴메리오이족의 나라와 도시가 있는 곳으로, 늘 안개나 구름에 덮여 있어, 언제고 빛나는 태양이 그 빛살로 그들 지하 세계의 사람들을 비추는 때는 결코 없습니다. 그래서 별이 총총히 빛나는 넓은 하늘로 올라갈 때도, 그리고 또다시 하늘에서 지상으로 돌아올 때도 비참한 인간들에게는 흉측스러운 밤이 가득히 덮여 있을 따름입니다. 우리는 그곳에 이르자마자 배를 육지에 대고 양들을 끌어 낸 뒤, 또다시 오케아노스의 흐름을 따라 키르케가 지시했던 그 지점에 이르기까지 걸어갔습니다. 그곳에서 페리메데스와 에우륄로코스가 제물인 짐승들을 멈추게 하자, 나는 날카로운 단도를 허리에서 뽑아 깊은 구덩이를 팠습니다. 길이도 넓이도 한 발 정도의 크기로 그 구덩이를 따라 공양 제물을 모든 망령들에게 바쳤던 것이지요.

처음에는 꿀을 섞은 것, 그 다음에는 달콤한 포도주, 세 번째로는 물, 이런 식으로 하고, 그 위에 흰 보릿가루를 뿌리고는, 맥 빠진 망령들에게 열심히 기원을 했습니다. 만일 이타카 섬으로 돌아가면 새끼를 낳지 않은 염소 중에서도 가장 훌륭한 놈을 제물로 바치고, 온갖 좋은 것으로 그 태울 불을 만들겠다고요. 그리고 테이레시아스를 위해서는 또 다른 새까만 숫양을 그만을 위해 바친다는 것도 말이지요. 우리의 양 중에서도 특히 훌륭한 놈을 말합니다. 이런 맹세와 기도로 망령들에게 충분한 기도를 마친 다음, 양들을 잡아서는 파놓은 구덩이 속에 잘라 떨어뜨리자, 거무스름한 피가 흐른 곳에 이 세상을 떠난 자들의 망령이 저승 밑바닥에서 모여 왔습니다.

새색시들과 총각들, 몹시 고생을 거듭한 노인과 착하디착한 처녀로서 새로운 슬픔을 가슴에 품은 아가씨, 또 청동 창에 찔려 죽은 많은 사람들, 혹은 전쟁터에서 칼에 맞아 피투성이 갑옷을 몸에 걸친 무사들, 그러한 자들이 구덩이 주위에 곳곳에서 떼 지어 몰려와 굉장한 아우성을 치기에, 나는 얼굴이 창백해지고 공포에 사로잡혔습니다.

그래서 나는 그때 이번에는 동지들을 격려하면서 말했습니다. 무자비한 청동 칼에 목을 잘리고 누워 있는 양들을 껍질을 벗겨 구워 제물로 바쳐 올리고 신들께 기원을 드리도록, 강대한 하데스와 성스러운 페르세포네에게 말입니다. 한편으로 나는 날카로운 검을 허리에서 뽑아 들고 앉아서 망령들이 피 바로 옆으로 다가오는 것을 허락하지 않았습니다. 테이레시아스한테서 이야기를 듣기까지는 말입니다.

맨 먼저 찾아온 것은 동지였던 엘페노르의 망령이었습니다. 아직 길이 넓은 땅 밑에 매장되지 못하고 있었기 때문입니다. 그 시체를 우리는 키르케의 성에, 울어 주지도 못하고 장례도 지내 주지 못한 채 내버려 두었기 때문입니다만,

그것도 다른 급한 일이 밀어닥치는 바람에 하는 수 없었던 것이지요. 그 모습을 보고 나는 눈물을 흘리고, 측은한 생각이 들어 그를 향해 말했습니다.

'엘페노르여, 어째서 자네는 어두운 저승으로 왔단 말인가. 자네는 맨발로 걸어왔는데, 검은 칠을 한 배를 타고 온 나보다도 먼저 다다르다니.'

이렇게 내가 말하자, 그는 탄식하며 말했습니다.

'내게 이런 잘못을 저지르게 한 것은 신이 내리신 사나운 운명과 무서운 포도주입니다. 키르케의 성 위에 누워 있으면서 높다란 사닥다리가 걸쳐졌을 때, 아래로 내려간다고는 미처 생각지 못하고 거꾸로 지붕에서 떨어졌답니다. 그래서 목뼈가 부러져 넋은 저승길로 떨어져 버렸던 것이지요. 그리하여 이제는 뒤에 남아 있는 사람들 이름과 이 자리에 없는 사람들 이름을 빌어 당신께 부탁합니다. 그리고 당신 부인과 당신을 어렸을 때 길러 주신 당신 아버님과, 또 성에 홀로 두고 오신 텔레마코스 님께 맹세해서라도. 왜냐하면 나는 이 하데스의 집을 떠나 아이아이에 섬으로 다시 잘 만들어진 배를 정박시키게 되리란 사실을 알고 있으니까요. 그러나 거기서 왕이시여, 당신께서 내 생각을 더듬어 주십사 하고 청을 드리는 것입니다. 제발 저를 불쌍히 여기지도, 장사를 지내 주지도 않고 떠나심으로 신들의 노여움을 사는 일이 없으시기를 바랍니다. 그보다도 아직 내 몸에 남아 있는 갑옷들과 함께 나를 화장해서, 잿빛 바닷가에 나를 위한 무덤을 만들어주십시오. 후세 사람들도 불운했던 사나이를 전해들을 수 있도록. 그리하여 이상의 일을 끝내시거든 무덤 위에는 노를 세워 주십시오. 내가 살아 있을 때 동지들과 함께 늘 쓰던 노를 말입니다.'

이렇게 말했으므로 나도 그 말에 말했습니다.

'불행한 친구여, 그런 일은 어김없이 내가 행동으로 옮겨 보이겠네.'

이렇게 우리 둘은 음산한 말들을 주고받으면서 앉아 있었습니다. 나는 좀 떨어져서 피 위에 단도를 갖다 대면서, 그리고 망령은 친구들이 있는 저쪽에서 여러 이야기들을 하고 있었습니다. 그러는 동안에 돌아가신 나의 어머님 영혼이 찾아왔습니다. 도량이 넓은 아우톨뤼코스의 딸인 안티클레아로, 내가 성스러운 일리오스로 떠났을 때, 아직 살아 계신 채 헤어졌습니다. 그 모습을 보고 나는 눈물이 고이고 측은한 생각이 들었습니다만, 그리고 더욱 엄숙한 비탄에 빠지면서도, 테이레시아스한테서 이야기를 듣기 전에는 먼저 피 있는 곳에 다가오는 것을 용서하려 들지 않았습니다.

그러자 테바이 사람 테이레시아스의 망령이 찾아왔습니다. 황금 지팡이를 짚고 나를 알아보고서 말을 걸었습니다.

'제우스의 후손 라에르테스의 아들로 지혜가 많으신 오디세우스여, 그리고 불행한 사나이여, 왜 또 태양빛을 버리고 찾아왔는가. 망령들과 이 꼴사나운 고장을 보려고. 하지만 아무튼 그 구덩이에서 비켜나게나. 그리고 내가 피를 마시고서 틀림없는 신탁을 말할 수 있도록 그 날카로운 검을 치워 버리게나.'

이렇게 말했으므로 나는 은못을 아로새긴 검을 거두어 칼집 속에 넣었습니다. 그러자 거무튀튀한 피를 마신 다음 비로소 그 훌륭한 예언자는 말했습니다.

'달콤하고 즐거운 귀국을 그대는 요구하는군 그래. 명예로운 오디세우스여, 그러나 신이 그걸 괴롭고 어려운 일로 만드실 게다. 넓고 큰 땅을 뒤흔드는 신 포세이돈이 좀처럼 잊으려 하지는 않을 테니까. 사랑하는 아들 외눈박이 키클롭스를 그대가 장님으로 만든 일이 화가 나서, 그대에게 깊은 원한을 품게 된 때문이지만, 그렇다 해도 갖가지 재난을 무릅쓰고라도 돌아갈 수는 있겠지. 만일 그대가 자신과 동지들의 마음을 억누르고 정신을 바짝 차린다면 말이야. 그건 먼저 짙푸른 바다를 무사하게 빠져 나가 만듦새가 좋은 배를 트리나키에 섬에 머물게 할 때의 일인데, 태양신의 암소들과 훌륭한 양 떼가 풀을 뜯고 있는 것을 보게 될 것이다. 만물을 살피시고 온갖 사물의 형상에 귀를 기울이시는 신의 가축들이지. 그 소나 양들을 혹시 그대가 해하지 않고 무사히 버려두고서 귀국에 대한 것만 생각한다면, 그런대로 재난을 무릅쓰고라도 이타카 섬으로 돌아갈 수 있을 것이다. 하지만 만약에 소나 양에게 해를 끼친다면, 그때는 그대의 배나 동지들이나 반드시 파멸을 면치 못할 것이다. 그대는 난을 피할 수 있다 하더라도, 시기도 늦거니와 형편없는 꼴로 돌아가게 될 것일세. 동지들도 모두 잃은 다음 다른 나라 배에 실려서 말이지. 그래서 집에 돌아간다 해도 거기에 또 재난이 기다리고 있을 것이니, 바로 오만한 사나이들이 신과도 견줄 만한 그대의 아내에게 구혼하며, 구혼 선물을 가지고 와서는 그대 재산을 털어먹고 있을 것이다.

그러니 꾀를 쓰든 버젓하게 날카로운 청동 칼을 쓰든 구혼자들을 그대가 집에서 죽인 다음에는, 그때야말로 손에 착 붙는 쓰기 좋은 노를 잡고, 바다라는 걸 모르는 인간들에게로 가야 하네. 그 무리들은 아직 소금을 섞지 않은 음식을 늘 먹으며, 물론 붉은빛 볼을 가진 배라는 것도, 배로서는 날개나 다름없는 꼭 들어맞고 다루기 좋은 노가 있다는 것도 알지 못하네. 결코 못 보고 말리 없는 아주 뚜렷한 표시를 일러 주기로 하지. 이를테면 낯선 길손을 만났을 때, 그 사나이가 그대에게 겨를 까부르는 키를 그대의 훌륭한 어깨 위에 짊어졌다고 말하거든, 그때야말로 틀림없이 꼭 들어맞고 다루기 좋은 노를 넓은 땅 위에 꽂아 놓고, 훌륭한 제물을 포세이돈 님께 바쳐 올려야 하네. 새끼양과 황소와 암돼지 배우자인 수돼지를 말이야. 그러고 나서 고향으로 돌아가 거룩한 큰 제물을 불사의 신들께 바치도록 하게. 크고 넓은 하늘을 다스리시는 모든 신들께, 절차도 아주 정확하게 말일세. 그리고 그대에게도 바다로부터 죽음이 찾아올 것이네. 조용하고도 참으로 다정한 죽음이 말이야. 그런 죽음이 그대가 늙어서 아주 쇠약해졌을 때 찾아올 것일세. 주위는 온통 행복한 자들로 둘러싸여서 말일세. 이상과 같이 틀림없는 예언을 그대에게 해 두는 바이네.'

이렇게 말하기에 나도 그 말에 대답했습니다.

'테이레시아스여, 그런 일은 모두 신들이 생각해서 정해 버린 것이겠지요. 그런데 참, 이걸 나한테 말해 주십시오. 확실하고 자세하게 말이오. 여기 옛날에 세상을 떠나신 어머님의 망령이 보입니다만, 바로 피 옆에 말없이 앉아 있습니다. 그런데 자기 자식을 바로 쳐다보려고도, 이야기하려고도 하지 않습니다만, 일러 주십시오. 어떻게 하면 나라는 사실을 당신께서 알아볼 수 있겠는지 말입니다.'

이렇게 말하자 그는 바로 내게 대답했습니다.

'그야 쉬운 일이지. 내 말을 명심해 두는 게 좋을 거야. 이 세상을 떠난 망령 중에서 그대가 바로 피 옆에 가까이하는 짓을 허용한 자, 그 자만이 그대와 확실한 말을 주고받을 것이다. 그대가 접근하는 것을 달갑게 여기지 않는 자는 그대로 물러가고 말 것이지만 말일세.'

이렇게 말하더니 테이레시아스 님의 망령은 신탁을 모두 털어놓고 하데스 궁전으로 가 버렸습니다. 그러나 나는 그대로 그 자리에 굳게 버티고 서 있었지요. 어머님께서 오셔서 거무칙칙한 피를 마셨을 때까지 말입니다. 그러자 바로 나를 알아보시고 울먹거리시면서 급히 말을 걸어오셨습니다.

'내 아들아, 어째서 그대는 이 자욱하게 어두운 저승으로, 살아 있는 몸으로 왔단 말인가. 살아 있는 자들이 이곳을 볼 수 있다는 것은 매우 어려운 일인데.

왜냐하면 그 도중에는 어마어마한 강이며, 무서운 흐름이 수없이 있고, 첫째 오케아노스가 있다. 그 흐름은 걸어서는 도저히 건널 수 없는 것이거늘. 혹시 튼튼하고 빈틈 없는 배를 가지고 있지 않는 한 말이야. 그런데 이제 트로이에서 헤맨 끝에 이곳에 이르렀단 말인가? 배와 동지들과 함께 오랜 세월이 걸려서. 이제까지 이타카에는 전혀 가지를 못했구나. 그리고 집과 아내도 보지 못했겠군.'

이렇게 말했으므로 나도 그 말에 대답했습니다.

'어머님, 부득이한 일로 테바이 사람 테이레시아스의 망령에게서 신탁을 받으러 이곳에 내려온 것입니다. 왜냐하면 아직껏 아카이아 근처에도 못 가고, 우리나라에 상륙할 엄두도 못 낸 채 늘 비탄에 싸여 방랑을 계속하고 있습니다. 처음부터 거룩한 아가멤논을 따라 트로이 사람들과 전쟁을 하기 위해 말이 훌륭하기로 유명한 일리오스로 떠났던 이후로요. 그러니 어서 이 일에 대해 말씀을 해 주십시오. 도대체 어떤 슬픈 죽음의 운명이 어머님의 생명을 앗아갔습니까. 혹시 긴 병환 때문이었나요, 아니면 화살을 쏘아 대는 아르테미스 여신께서 그 우아한 화살을 보내시어 죽게 하신 겁니까. 또 아버님과 아들에 대한 이야기도 들려주십시오. 고향에 남겨 두고 왔습니다만. 그리고 고향 사람들에게 아직도 내 영광스런 명예가 보존되고 있는지, 아니면 이미 누군가 다른 사나이가 그 왕권을 손아귀에 넣어 버렸는지, 내가 다시는 돌아오지 않으리라고 생각할지도 모르니까요. 그리고 예절이 바른 제 아내의 마음과 걱정이 어떤 것인지를 일러 주시기 바랍니다. 아들과 함께 있으면서 모든 것을 빈틈없이 지켜 가고 있는 것인지, 아니면 이미 아카이아 사람 중에서도 가장 뛰어난 사람에게로 시집 가 버렸는지 그런 모든 일을 말입니다.'

이렇게 말하자 어머님은 바로 대답해 말씀하셨습니다.

'아무렴 물론이고말고. 그녀는 그대 성에서 흔들림 없는 의지로 버티고 있기는 하지만, 밤이면 밤마다 날이면 날마다 눈물로 세월을 보내고 있단다. 그리고 그대의 훌륭한 왕위는 아직 누구한테도 빼앗기지는 않았단다. 텔레마코스는 편안하게 누구의 방해도 받는 일 없이 왕위에 딸려 있는 영지를 지배하면서 부족함이 없는 생활을 하고 있어. 법과 질서를 다스리는 인물이 누리기에 알맞을 만큼 말이야. 그리고 이런저런 분들이 초대해 주는 식사에 참석하면서 말이다. 그리고 아버님도 전과 다름없이 시골에 계시면서 거리에는 나오지 않으신단다. 주무시기에 훌륭한 침대나 털외투나 윤이 나는 깔개 같은 건 없지만, 그런대로 겨울 동안에는 집에서 하인들과 함께 주무신단다. 불 옆 재 속에서 말이다. 몸에는 값싼 옷만 입으시고. 그리고 또 여름이 오고, 나무 열매가 무르익는 가을이 오면, 포도밭 비탈진 모서리에 떨어져 쌓인 나뭇잎더미가 땅 위에 깔려 잠자리가 되는 것이지. 그곳에 탄식하시면서 아무튼 눕기만 하시면, 그대의 귀국을 기다리다 지쳐서, 가슴속 비탄은 한층 더해 가니, 이젠 어쩔 수 없이 괴로운 늘그막에 접어드신 거야. 이를테면 그와 마찬가지로 나도 마지막 때가 되어 죽었던 거지. 결코 파수 보는 화살을 쏘는 여신들이 우아한 화살을 퍼부어 그 성에서 나를 죽인 것도 아니고, 그렇다고 어떤 병에 걸린 것도 아니다. 그저 언제나처럼 어리석게도 몸을 야위게 하고, 온몸에서 생명을 빼앗아 가도록 한 것이었지만. 그보다도 돌아오지 않는 너를 애타게 기다리는 마음에서, 너의 분별, 너의 다정한 마음씨, 그런 것들이 즐거운 생명을 빼앗아간 것이란다.'

이렇게 말하자, 나로서도 마음의 갈피를 잡지 못했던지, 이미 저 세상에 가버리신 어머님의 망령을 붙잡으려고 세 번이나 달려들었지요. 그것도 내 마음이 그렇게 명령했기 때문에. 그러나 세 번 다 내 손에서 그림자처럼 혹은 꿈처럼 가볍게 날아 달아나 버리고, 그럴 때마다 가슴속에는 한결 뼈아픈 비탄만이 밀려오는 것이었습니다. 그래서 나는 어머님에게 절망에 잠긴 목소리로 외쳤습니다.

'어머님, 어째서 이렇게 내가 열심히 잡으려는데 기다려 주시지 않습니까. 저승길에서나마 그리운 두 팔로 얼싸안고, 어머님과 함께 가슴이 찢어지는 슬픔을 나누어 보려는 생각인데요. 그렇다면 이것은 거룩한 페르세포네 님이 더욱더 나를 비탄에 젖어들게 하려고 보내신 단순한 환상에 지나지 않는 것인가요.'

이렇게 말씀드리자 어머님은 곧 대답하셨습니다.

'아아, 당치도 않은 소리, 내 아들아, 온갖 인간 중에서도 남달리 너는 불행한 사람이구나. 결코 제우스의 따님이신 페르세포네 님이 너를 괴롭히려는 게 아니라, 이것이 죽어야 하는 인간으로서 누구나 죽은 다음에는 이렇게 되는 정해진 법칙과 운명이란다. 말하자면 이미 힘줄이 살과 뼈를 붙여 두지 않고 타오르는 불길의 맹렬한 힘이 그것을 파괴시켜 버리기 때문이란다. 일단 생기가 흰 뼈를 떠난 다음에는 영혼은 꿈이나 마찬가지로 날아가 버리는 것이란다. 그러니 그대는 한시바삐 빛의 세계를 찾아가라. 이런 일을 잘 알아 두어야 하느니라. 이 다음에 그대가 아내한테 말할 수 있도록 말이야.'

우리 둘이서 이렇게 이야기를 주고받는 동안에 존엄한 신분의 부인이며, 따님이라는 여성들의 망령이 몰려왔습니다. 그들은 거무칙칙한 피를 둘러싸고, 떼를 지어 몰려들었습니다만 나로서는 어떻게 그 저마다에게 질문을 할 수 있을까 생각을 짜내고 있었지요. 그래서 속으로 가장 좋은 방법이라고 느낀 것은 이런 것인데, 바로 긴 칼을 억센 허리에서 뽑아 들고, 모두 다 같이 피를 마시지 못하게 하는 것이었지요. 그래서 그들은 한 사람씩 차례차례로 와서는 각각 자기 신분을 말하게 되었습니다. 이래서 나는 망령들 모두에게 질문을 할 수 있었던 것이지요.

그때 맨 처음 만난 자는 훌륭한 아버지를 가진 튀로인데, 그의 이야기로는 거룩한 살모네우스의 자손이라는 것, 그리고 아이올로스의 아들인 크레테우스의 아내였다고 했습니다. 그런데 그녀가 거룩한 에니페우스 강의 신을 사모했는데, 이 강은 모든 강 중에서도 으뜸으로 아름다운 강이었기 때문이지요. 그래서 이 에니페우스의 아름다운 강기슭을 가끔 찾아오면, 넓고 큰 땅을 둘러싸고 그것을 뒤흔드시는 신 포세이돈이 그 강의 신 모습을 빌려 용솟음치는 그 강가에서 동침을 하셨는데, 끓어오르는 파도는 그 주위에 산과 같은 활 모양으로 둘러싸고, 신과 죽어야만 하는 인간의 처녀를 숨겨 주었던 것이지요. 그녀가 처녀로서의 띠를 풀었을 때 잠이 덮쳐 왔는데, 그리하여 신께서 사랑의 행위를 모두 끝내시자, 그녀의 손을 꼭 잡으시고 이름을 불러 말하셨답니다.

'아내여 기뻐하거라, 사랑의 마음을. 돌고 도는 세월로 1년이 가면 그대는 눈부신 아기를 얻으리라. 신들과의 인연이란 결코 헛된 것이 아니니까. 그대는 그 어린것들을 보살펴 기르라. 지금은 집에 돌아가 남에게 말하지 말고 이름도 밝히지 말도록 하라. 나야말로 큰 땅을 뒤흔드는 포세이돈이다.'

이렇게 말씀하시자 파도가 일렁이는 바다로 들어가 버리셨습니다. 한편, 처녀는 잉태한 다음 펠리아스와 넬레우스를 낳았는데, 둘이 다 제우스 신의 씩씩한 몸집처럼 자라났습니다. 펠리아스 쪽은 넓디넓은 고장 이올코스에 살며 많은 양을 가졌고, 또 한 사람 넬레우스는 모래사장이 계속되는 필로스에 살고 있습니다. 또 여성들 사이에서 여왕으로 군림한 튀로는 크레테우스에게서 다른 아이들을 낳았습니다. 바로 아이손과 페레스, 마차를 몰기 좋아하는 아미타온이었습니다.

그 다음에는 아소포스 강의 신 딸인 안티오페를 만났습니다만, 이 여자는 참으로 황송하게도 제우스의 팔에 안겨 밤을 지냈다고 했습니다. 그래서 태어난 두 아들이 암피온과 제토스로, 그들이 처음으로 일곱 문이 있는 테바이 나라를 세우고 성벽을 둘러쌓았다고 합니다. 왜냐하면 성벽이 없이는 아무리 강한 장사라 하더라도 넓디넓은 테바이에 살 곳을 정하고 있을 수는 없었습니다.

그 다음에는 암피트리온의 아내인 알크메네를 만났지요. 이 여자는 제우스 신의 팔에 안겨서, 기상이 열렬하고 사자 같은 기개를 가졌던 헤라클레스를 낳은 사람입니다. 그리고 고매한 기상을 가진 크레이온의 딸 메가라를 만났는데, 그녀는 암피트리온의 아들이며 언제나 조금도 힘이 없어지지 않는 헤라클레스의 아내였던 사람이지요.

또 오이디푸스의 어머니인 아름다운 에피카스테도 만났지요. 이 여성은 아무것도 모르고서 자기 아들을 남편으로 갖게 되는 어처구니없는 행동을 했는데, 그 아들 오이디푸스는 자기 아버지를 살해하고 어머니와 결혼한 자로서, 신들은 그 사실을 얼마 안 가서 사람들 사이에 널리 알려 주었습니다. 그에게 가혹한 벌을 꾸몄던 거지요. 그래서 그는 괴로운 회한으로 고통 받으며 카드메이아 사람들(테바이 시민들)을 다스려 나갔던 것이지요. 하지만 에피카스테는 높은 천장에서 곧추 드리워 놓은 새끼줄에 매여, 힘찬 문을 닫아 버리는 하데스에게로 가는 수밖에 없었습니다. 비탄에 사로잡힌 채. 그리고 아들에게 참으로 큰 고뇌를 남겨 놓고 왔습니다. 모성의 원망을 품은 에리뉘에스(복수의 여신들)가 할 수 있는 온갖 고뇌는 하나도 빠짐없이 남겨 놓고요.

또 뛰어나게 아름다운 클로리스도 만났지요. 이 여성은 일찍이 넬레우스가 그녀의 아름다움을 보고 아내로 삼았는데, 이아소스의 아들인 암피온의 막내딸로, 수많은 혼수품을 보냄으로써 뜻을 이루었으며, 그 암피온은 예전에 미뉘아이 족의 근거지인 오르코메노스에서 왕의 위세를 떨쳤던 사람입니다. 그래서 그녀는 필로스의 왕비가 되어 남편과의 사이에 훌륭한 아들을 낳았습니다. 네스토르와 크로미오스와 싸움에 강한 페리클뤼메노스가 그 아들들이지요. 또 그 밖에도 기품이 고상한 페로를 낳았는데, 사람들의 눈을 끄는 이 왕녀의 아름다움은 가까이에 사는 모든 젊은이들을 구혼자가 되게 했답니다. 그러나 아버지인 넬레우스가 아무리 해도 시집을 보내려 들지 않았는데, 다리를 비비꼬는 이마가 넓은 암소들을 힘센 이피클레스의 영토인 필라케로부터 몰아오는 자라야만 한다는 것이 그 조건이었지요. 그 일은 그야말로 어려웠겠지요. 단 한 사람 훌륭한 점쟁이 멜람푸스만이 그 소를 몰아오겠노라고 장담을 했답니다. 그러나 신의 가혹한 처사가 그를 붙잡아 못 돌아오게 했지요. 힘들고 고생스러운 포로 생활과 시골에서 우악스러운 소치기 생활을 했습니다. 그러나 날이 가고 달이 가서 또다시 한 해가 바뀌어 계절이 돌아오자, 바로 그때에 이피클레스 님이 그를 풀어주었습니다. 그가 신탁을 남김없이 설명해 주었기 때문이지요. 그래서 제우스가 꾀하신 일은 성취되어 간 셈입니다.

그리고 또 레다와도 만났습니다. 전 틴다레오스의 부인 말입니다. 그녀는 용맹한 마음을 가진 틴다레오스와의 사이에 두 아들을 낳았습니다. 말을 길들이는 카스토르와 권투 잘하는 폴리데우케스가 그들인데, 이 둘은 살아 있는 채 생명을 낳아 주는 넓고 큰 땅이 그 속에 누르고 있었습니다. 그래서 둘이 다 지하에 있으면서 제우스가 내려주신 존엄한 임무를 지켜, 어느 때는 하루 교대로 이 세상에 나오고, 또 어느 때는 저 세상으로 가고 했습니다. 그러나 다 같이 신으로부터 똑같은 영예를 나눠 가지고 있었습니다.

그 다음에는 알로에우스의 아내인 이피메데이아를 만났습니다만, 이 여성은 정말로 포세이돈과 함께 잤다고 합니다. 그 결과 두 아이를 낳았는데, 그들은 짧은 기간밖에 살지 못한 신과도 비길 만한 오토스와 먼 곳과 가까운 곳 모두에서 이름을 떨친 에피알테스였지요. 이 두 사람은 참으로 엄청나게 큰 키로, 보리를 키우는 넓고 큰 땅이 키웠으며, 또 매우 출중한 아름다움은 다만 유명한 오리온보다는 좀 못하다고 할 뿐이었지요. 아직 아홉 살밖에 안 되는 데도 벌써 옆으로는 아홉 자, 키의 높이는 아홉 길이나 되었습니다. 아시다시피 이들이 올림포스에 계신 신들에게 치열한 싸움을 벌여 놓겠다고 위협했던 것이지요. 옷사 산을 올림포스 위에 포개어 놓고 다시 그 옷사 위에 숲 그림자 흔들리는 펠리온 산을 얹고, 끝없이 열린 하늘로 올라가도록 하겠다고요. 어쩌면 그렇게 성취했을지도 모르지요. 그들이 모두 어른이 될 수만 있었다면. 그러나 제우스의 아들인, 머리카락이 아름다운 레토가 낳으신 아폴론 신이, 그들이 아직 관자놀이 밑에 솜털이 빽빽하게, 또는 턱에 수염이 가득 돋아나기도 전에 두 사람을 모두 무찔러 버렸습니다.

또 파이드라와 프로크리스, 아름다운 아리아드네와도 만났습니다. 이 여성은 요술을 하는 미노스의 딸로, 예전에 테세우스가 크레타 섬에서 존엄한 아테나 마을의 언덕으로 데려오려 했으나 뜻을 이루지 못했었지요. 그러기 전에 아르테미스 여신이 바다로 둘러싸인 낙소스 섬에서 디오니소스 입회하에 죽여 버렸습니다.

또 마이라와 클뤼메네, 흉측스러운 에리퓔레도 보았지요. 소중한 남편과 바꾸어 값비싼 황금 목걸이를 가진 그 여자지요. 그러나 나는 만났던 모든 사람, 예전에 이름난 사람들의 아내와 딸들에 대해 일일이 이름을 들어 모두 이야기하지는 않으렵니다. 그러기 전에 소중한 밤이 다 새고 말 것이니까요.

그런데 이젠 정말로 잠들 시간입니다. 빠른 배 곁에 있는 동지들에게로 가거나 그냥 이대로 여기서라도. 그리고 배웅해 주시는 일은 신들이나 당신들께서 걱정해 주실 테지요."

이렇게 말하자 사람들은 모두 입을 다물고 잠잠해졌으며, 어둠침침한 홀 전체가 마술에 걸린 것 같았다. 그런데 모두를 향해 팔이 흰 아레테가 먼저 이야기를 꺼내어 말했다.

"파이아케스의 여러분들, 당신들은 이분을 어떻게 보십니까. 생김생김이며 훤칠한 키, 또 가슴속에 간직한 그 지혜를. 이분은 또한 나를 찾아오신 손님이랍니다. 물론 당신들도 누구나 이 영예를 나눠 가지고 계시지만요. 그러므로 결코 이 섬에서 내보내기에 서두를 필요는 없답니다. 이렇게 필요로 하시는 분에게 선물할 물건을 아끼거나 하지를 마세요. 물론 신의 뜻에 따라 당신들 집에는 많은 보물들이 간직되어 있는 것이니까요."

그러자 사람들 사이에서 장로인 에케네오스(이 사람은 파이아케스 사람들 중에서도 가장 나이가 많았다)가 말했다.

"그렇지요, 여러분들, 생각이 깊으신 왕비께서는 결코 우리의 목적이나 예측에서 벗어난 것을 말씀하시지는 않아요. 그러니 분부대로 하는 게 좋을까 하오. 하지만 그 다음부터의 실천과 결단은 알키노스 왕의 재량에 달린 일이오."

그 말에 이번에는 알키노스가 소리 높여 대답했다.

"과연 그렇군. 지금 한 그 말은 진정 옳소. 내가 노를 잘 젓는 파이아케스 사람들 왕이니까 말이오. 또 손님만 하더라도 아닌 게 아니라 귀국을 서두르고 계실 터이지만, 그런대로 꼭 참으시고 내일 아침까지 기다리시기를, 내가 선물로 드릴 물건들을 다 갖추어 놓을 때까지. 그리고 돌려보내는 일은 모두, 특히 아내가 염려해줄 것이오. 이 나라의 권세는 다 내 손 안에 있는 것이니까."

그 말에 지혜 넘치는 오디세우스가 말했다.

"알키노스 왕이여, 모든 사람들 중에서도 특별히 뛰어나신 이여, 1년 동안 이대로 이곳에 머무르라고 분부하신다 하더라도, 내 나라로 돌아갈 일을 진행하시며 훌륭한 선물들을 주시겠노라 하신다면, 기꺼이 그 편을 택할까 합니다. 손에 가득 들고 사랑하는 조국으로 돌아가는 편이 훨씬 좋을 터이니까요. 그리고 내가 이타카로 돌아온 것을 보는 사람들로부터도 한층 더 존경과 애정을 받을 만한 사람이 될 것이니까요."

그 말에 이번에는 알키노스가 소리를 높여 말했다.

"아니, 오디세우스여, 우리는 당신을 볼 때, 적당하게 수다를 떨어 남을 속이려는 사기꾼이라고는 결코 생각지 않소. 이 검고 큰 땅이 기르고 있는, 숱하게 뿌려진 인종에 대한 사정도 제대로 알지 못하는, 그런 거짓을 말하는 사람이라곤 생각지 않소. 당신의 빈틈없이 짜인 말솜씨, 확고한 분별, 그리고 가인이 노래 부르듯 처음부터 끝까지 아주 훌륭하게 이야기하시는 것은 모든 아르고스 군사들이나 애처롭게도 당신이 겪은 몹시 힘들게 고생했던 이야기지요. 그러니 어서 확실한 이야기를 남김없이 들려주십시오. 저승에서 신들이나 다름없는 동지 여러분 중에서 어떤 분을 만나 보셨는지, 당신과 함께 일리오스에 종군하고, 그곳에서 마지막을 고한 분들 말입니다. 요즘은 말할 수 없이 밤이 긴데다 아직은 홀에서 잠잘 때가 아닙니다. 그러니 어서 그 신기한 사건을 말씀해 주십시오. 아니, 눈부신 새벽녘까지라도 좋으니까요. 정말입니다. 혹시 당신께서 홀에 앉은 채 겪어 오신 그 일들을 말씀해 주실 수 있다면요."

그 말에 지혜로운 오디세우스가 대답했다.

"알키노스 왕이시여, 모든 사람 중에서도 뛰어나신 분이여, 이야기를 많이 하고 싶을 때가 있는가 하면, 또 잠을 자고 싶을 때도 있습니다. 그러나 아무튼 당신께서 이야기를 듣고 싶으시다면 나도 싫지는 않습니다. 그럼 분부대로 더욱 애처로운 다른 이야기를 하기로 하지요. 내 전우들의 수난에 대한 이야기지요. 그 사람들은 나중에 가서 죽었는데, 트로이 사람들과의 한심스러운 전투를 겨우 모면해 나왔음에도, 못된 여자의 변덕 때문에 돌아가는 길에 죽어 버린 사람들입니다.

그리하여 매우 영리한 저승의 왕비 페르세포네가 우아한 부인들의 망령을 저마다 흩어지게 해서 돌려보내자, 아트레우스 아들 아가멤논의 영혼이 고뇌의 모습으로 찾아왔습니다. 그 주위에 다른 망령이 몇몇 모여 있었던 것은, 그와 함께 아이기스토스 저택에서 죽임을 당한 사람들이었습니다. 그리고 그는 곧바로 나를 알아보고는 큰 소리로 울면서 눈물을 하염없이 흘렸습니다. 그리고 손을 내밀려고 몹시 애를 쓰며 내 팔에 기대려고 했지요. 그러나 이미 그는 몸의 힘이 없어졌으며, 네 팔다리의 관절에 남아 있던 기력도 아주 잃고 말았습니다. 나는 그 모양을 보고 눈물이 앞을 가리며 측은함을 느꼈습니다. 그래서 그에게 높은 소리로 말을 걸었습니다.

　　'참으로 명예로운 아트레우스의 아들이며 병사들의 왕 아가멤논이여, 긴 고뇌를 가져오는 그 어떤 죽음의 운명이 당신을 멸망시켰단 말입니까? 혹시 포세이돈 신이 당신을 멸망하게 한 것이 아닌지, 끔찍한 폭풍을 심술궂게 몰아쳐서요. 아니면 육지에서 마음이 엉큼한 놈들이 당신을 해쳐 버린 것인지, 마음에 드는 소나 양 떼를 가지려고, 또는 도시나 여자들을 얻기 위해 싸우시는 당신을 말이오.'

　　이렇게 내가 말하자 그는 바로 대답했습니다.

　　'제우스의 후손이며 라에르테스의 아드님인 꾀에 능숙한 오디세우스여, 결코 나는 배 안에서 포세이돈 신이 멸망시킨 것도, 또 육지에서 엉큼한 놈들이 나를 해친 것도 아니라오. 그런 게 아니라 아이기스토스가 살해 음모를 꾸미며, 저주받은 내 아내와 짜고서 나를 죽였다오. 자기 집으로 나를 초대하고 잔치를 베풀어, 마치 구유에 머리를 들이밀고 여물을 먹고 있는 소를 도살하듯이, 내게 음식을 대접해 놓고는 죽였단 말이오. 그래서 더없이 비참한 죽임을 당했다오. 주위에서는 다른 동지 부하들이 가차 없이, 혼인 잔치나 연회 음식상을 차리기 위해 도살되는 흰 송곳니를 가진 돼지 새끼처럼 당했단 말이오. 본디 당신도 이제까지 많은 무리들이 전쟁에서 죽는 걸 보아 왔겠지요. 단독 접전에 서라든지 또는 격심한 전투에서라든지 생명을 빼앗기는 경우를. 하지만 이런 꼴을 보았다면 남달리 뼈아픈 슬픔을 마음에 느꼈을 거요. 이를테면 주위에는 희석용 술동이와 식탁에는 맛있는 음식이 즐비하게 널려 있는 그 가운데에, 우리가 쓰러져 바닥이 모두 피투성이가 된 그 꼴을 볼 때 말이오. 그리고 차마 들을 수 없을 만큼 애처로운, 프리아모스의 딸 카산드라의 소리를 들었소.

간악한 꾀를 꾸민 클리타임네스트라가 그 여자를 바로 내 옆에서 죽였던 것이었소. 그래서 나는 손을 쳐들려고 했지만 칼에 찔려 죽어 가며 그대로 땅 위에 손을 떨어뜨렸던 거요. 그런데 그 개의 탈을 쓴 여자는 나를 버려둔 채 가버리고, 저승길로 떠나는 나를, 눈을 감겨줄 생각도 입을 다물려 줄 생각도 전혀 안했던 것이오. 참으로 이런 소행을 계획한 여자 이상으로 무섭고 뻔뻔스러운 것은 또 없을 거요. 그 여자는 그런 못된 짓을, 바로 자기 남편을 살해할 방법을 꾸미고 있었던 것이오. 정말이지 나는 집에 돌아가면 아이들과 온 가족이 모여서 나를 기쁘게 맞아줄 줄 알았소. 그런데 그녀는 난데없이 못된 생각을 가지고, 자신에게나 또 후세에 태어날 상냥한 여성들에게 치욕을 남겼던 것이오.'

이렇게 말했으므로 나도 대답했습니다.

'넓은 하늘을 호령하시는 제우스 신은, 아트레우스의 후손을 참으로 몹시 미워하시는군요. 처음 발단부터 여성의 꾀에 의한 것이었지요. 바로 헬레네 때문에 우리의 숱한 군사들이 죽었습니다. 그런데 이번에는 클리타임네스트라가 멀리 계신 당신에게 간사한 꾀를 꾸몄던 것이군요.'

내가 이렇게 말하자 그도 나에게 말했습니다.

'그러니 이후로 당신도 결코 여성에게 친절해서는 안돼요. 그리고 충분히 알고 있는 일이라도 모두 털어놓아서는 안 된단 말이오. 다시 말해 어느 정도는 말하더라도 중요한 것은 숨겨야 한다 그 말이오. 하지만 오디세우스여, 당신 처지로는 아내 때문에 죽음이 미치는 일은 없을 거요. 왜냐하면 당신 아내는 매우 지혜롭고 충분한 분별을 가슴에 가지셨으니까요. 이카리오스의 딸로서 생각이 깊은 페넬로페이거든요. 우리가 전쟁터로 떠나갈 무렵 그녀는 아직 참으로 앳된 새색시였지. 그런데다 어린 젖먹이가 하나 가슴에 매달려 있었는데, 그도 이제는 아마 어른 축에 들어 회의에도 참석하곤 하겠지요. 당신은 참 행복한 사람이오. 그럴밖에, 돌아가면 사랑하는 아버지가 그 아들을 만나겠고, 아들도 아버지를 얼싸안을 수 있을 테니 말이오. 그것이 부자 사이의 핏줄이라는 거요. 그런데 내 아내는 아들을 실컷 보여 주기는커녕, 도리어 앞질러 나를 죽여 없애 버렸지요. 그런데 말이오, 당신에게 충고를 하나 하겠는데, 잘 기억해 두기 바라오. 고향에 닿게 되면 거리낌 없이 항구로 들어가지 마시오. 몰래 숨어들란 말이오. 여자란 결코 믿을 게 못되니까. 그러면 내 아들 문제로 되돌아가서 이점을 좀 똑똑히 말해 주구려. 혹시 내 아들이 아직도 살아 있다는 소문을 들은 적이 있는지, 혹은 어딘가 오르코메노스나 모래사장이 잇따라 있는 필로스, 아니면 널찍한 스파르타의 메넬라오스한테 가 있는 것인지. 왜냐하면 고귀한 오레스테스는 지상에서 죽어 버리지는 않았을 테니까.'

그가 이렇게 말했으므로 나도 그 말에 대답했습니다.

'아트레우스의 아들이시여, 왜 나에게 그런 일을 캐물으려 합니까. 아무것도 모른답니다. 살아 있는지 아니면 죽었는지도요. 부질없는 소리를 지껄인다는 것은 좋지 못하지요.'

우리 둘은 이렇게 서글픈 말을 서로 주고받으면서 서 있었답니다. 가슴을 괴롭히고 하염없이 눈물을 흘리면서요. 그러자 그 자리로 펠레우스 아들 아킬레우스의 망령과 파트로클로스, 명예로운 안틸로코스의 망령 등이 찾아왔습니다. 이 사람은 모습으로나 몸집으로나, 다른 다나오이 군사(그리스 군사) 중에서도 명예로운 펠레우스 아들 아킬레우스 다음으로 뛰어났던 사람입니다. 걸음이 빠른 아이아코스 후손인 아킬레우스의 망령은, 나를 알아보고 애처롭게 탄식하면서 말했습니다.

'제우스의 자손인 라에르테스의 아들, 꾀에 능숙한 오디세우스여, 자네는 참대담한 사나이로군. 무엇 때문에 새삼스럽게 그런 대단한 꾀를 꾸미려 하는가. 어째서 자네는 대담하게도 저승에 올 생각을 했단 말인가. 이곳은 사려분별도 갖지 못한 망령들이 사는 곳이며, 죽은 사람들의 환영이 사는 곳이란 말이야.'

이렇게 말했습니다만 나도 그 말에 대답하였습니다.

'아킬레우스여, 펠레우스의 아들로서 아카이아족 중에서도 가장 강력한 그대여, 나는 테이레시아스에게 용무가 있어서 왔네. 험준한 이타카 섬으로 가자면 어떻게 가야 좋을지, 무슨 좋은 방법이 없을까 해서 말일세. 왜냐하면 아카이아 근처에는 가 보지도 못했거니와 우리나라에 상륙도 해 보지 못한 채, 늘 재난만 당하고 다니니 말일세. 아킬레우스, 아무도 자네만큼 행복한 자는 이제까지도 그렇거니와 앞으로도 없을 걸세. 왜냐하면 우리 아르고스군은 그 전에 자네가 살아 있는 동안에도 신이나 다름없이 자네를 존경했는데, 이번에는 또 이 나라 저승에서도 망령들에게 권위를 떨치고 있으니 말일세. 그러니 죽었다고 해서 결코 한탄할 필요는 없단 말이야.'

내가 이렇게 말하자 그는 바로 대답했습니다.

'내가 죽은 것을 달래려고 하지 말게나, 명예로운 오디세우스여. 들에서 품팔이를 하는 소작인으로서 남에게 고용을 당할망정, 나는 지상 세계로 가고 싶네. 그것이 만일 버젓한 내 밭을 갖지 못한 자로서 생활이 넉넉지 못한 자의 집이라 하더라도, 죽어 버린 망령들 전체의 군주로서 통치하는 일보다는 나을 테니 말일세. 제발 내 훌륭한 아들에 대한 이야기를 들려주게나. 대장이 되려고 전쟁에 참가했는지, 아니면 전쟁에 나가는 걸 그만두었는지. 그리고 명예로운 우리 아버님 펠레우스의 소식을 말해 주게나. 자네가 무엇이든 들은 일이 있다면 말일세. 많은 미르미돈들 사이에서 존경을 받고 계신지, 아니면 헬라스 전체에서 그리고 프디메 전체에서 따돌림을 받는 것이나 아닌지. 이제는 팔다리도 늙어서 움직일 수 없다 해서 말이지. 만약에 내가 저 태양 밑에서 아버님을 도울 수만 있다면 정말 고마웠을 것인데. 한때는 넓은 트로이 마을에서 아르고스 군사를 막아 낸, 더없이 용감한 병사들을 무찔렀던 그런 용사로서, 만약 내가 잠시만이라도 아버님의 성으로 갈 수만 있다면, 그때엔 나의 힘과 무적의 솜씨를 보여 줄 수 있으련만. 나의 부친을 협박하거나 존경받는 지위에서 밀어내려는 자들에게 말이야.'

이렇게 말했습니다마는, 나는 그에게 대답했습니다.

'글쎄, 나는 명예로운 펠레우스에 대해서는 아무런 소식도 듣지 못했다네. 하지만 자네 아들인 친애하는 네오프톨레모스의 일이라면, 숨김없이 진실을 말해 주겠네, 자네 요구대로. 왜냐하면 내가 직접 움푹하고 날씬한 배에 태워 주었거든. 스퀴로스 섬에서 훌륭한 정강이받이를 한 아카이아 군사와 함께 말이야. 과연 우리가 트로이에 대해 모의할 때에는 언제나 먼저 의견을 말했고, 더구나 그가 한 말은 틀림이 없었네. 다만 신과 같은 네스토르와 나만이 그를 넘어설 수 있을 정도였으니까. 한편 트로이 벌판에서 싸움을 할 때에는, 그는 용기에 있어서는 누구에게도 뒤지려 하지 않고, 언제나 앞장서서 으뜸가게 보여 주었다네. 싸움터에선 많은 적군을 무찔렀는데, 그 중에서도 가장 빼어났던 자를 네오프톨레모스는 처치했단 말일세. 텔레포스 왕의 아들인 에우리필로스를 말이야. 그래서 그의 주위에 있던 부하 케테이오이는 한 여자의 뇌물로 인해 죽어갔던 것이네. 정말 그는 겉보기에는 거룩한 멤논(에티오피아 왕) 다음으로 용모가 가장 준수했소. 게다가 또 우리가 에페이오스의 공들여 만든 목마 속에 타고 있을 때엔 아르고스 편 용사들은 모든 것을 내가 이끄는 대로 따르고 있었지. 그때 다른 다나오이의 후손이던 장군들은 모두 눈물을 흘리고 팔다리를 덜덜 떨었건만 내가 이 눈으로 본 바로는, 그만은 결코 아름다운 살갗이 창백해지고 눈물을 짜는 일은 없었다네. 그뿐 아니라 목마 밖으로 내보내 달라고 졸라 대며 칼집과 육중한 청동 창을 잡고는, 트로이에 재앙을 미치게 하겠다고 서둘러 댔다네. 그리하여 끝내 프리아모스의 험준한 도시를 무너뜨렸을 때에는, 훌륭한 상품과 자기 몫을 가지고 배에 올랐던 것이야. 아무런 상처도 입지 않았으며, 날카로운 청동 창에도 찔리지 않고 육박전에서 창칼에 맞지도 않고 싸움터에서는 그런 위험이 많은 법인데. 아레스(전쟁의 신)는 닥치는 대로 날뛴다고 들었는데 말이야.'

내가 이렇게 말하자 걸음이 빠른 아이아코스의 후손 아킬레우스는 큰 걸음으로 아스포델로스의 우거진 벌판을 비틀비틀 사라져 갔습니다. 내가 그의 아들을 으뜸가는 용사라고 했기 때문에 퍽 흐뭇해하면서. 그런 동안에 이승에서 떠난 다른 망령들이 근심스러운 듯 모여 서서는 저마다 자기들의 가족에 대한 말을 물어보더군요. 다만 한 사람 텔라몬의 아들 아이아스의 망령만은 그들로부터 떨어진 곳에 멈춰 서서 예의 승부에 대한 문제 때문에, 이제껏 화가 풀리지 않은 모양이었습니다. 그 승부란 아킬레우스의 갑옷을 누구에게 주느냐는 것으로, 배 안에서 실랑이가 벌어졌을 때 내가 그를 이겼던 사건입니다. 그 갑옷을 상품으로 준 것은 아킬레우스의 모친이신 테티스 여신이었지요. 그리고 판정을 내린 건 트로이의 처녀들과 팔라스 아테나 여신이었습니다. 참말이지 이런 상품이 걸린 승부에서는 이기지 않았더라면 좋을 뻔했습니다. 왜냐하면 그 갑옷으로 인해서 이런 훌륭한 무사가 자살로 목숨을 버리는 사태가 벌어졌던 것이니까. 아이아스는 그 용모로나 용맹으로나 이름 높은 펠레우스의 아들을 빼놓고는 다른 어떤 다나오이의 후손들보다도 뛰어났던 무사였는데 말입니다. 그래서 그에게 나는 그의 마음을 달래려는 다정한 말을 해 주었습니다.

'아이아스여, 명예로운 텔라몬의 아들인 자네는 설마 죽어서까지 그 저주스러운 갑옷 때문에 노여움을 풀지 못한다는 것은 아니겠지. 그런 재앙은 신들께서 아르고스 군사에 계획했던 일일세. 귀중한 자네가 죽어 버림으로써 수호의 탑을 우리 아카이아 동지들은 잃게 되었다네. 그래서 펠레우스의 아들 아킬레우스 님에 대한 것만큼이나 늘 가슴 아팠다네. 그것도 다른 누구의 탓도 아니며, 제우스 신이 다나오이의 후손인 무사들을 몹시 밉게 보시고, 자네에게 죽음의 운명을 내리셨던 것이지. 하지만 아무튼 자, 이리 와서 내 말을 좀 들어 보게나. 제발 그 노여움을 풀고 말일세.'

내가 이렇게 말했는데도 그는 대답도 없이 그 밖의 이 세상에서 떠난 망령들과 함께 어둠 속으로 가 버렸습니다. 이때 그가 화를 낸다 하더라도 나는 그대로 말을 시켰을지도 모르지만, 그보다도 내 가슴에는 이 세상을 떠난 망령들을 만나고 싶은 생각이 간절했습니다. 그런데 마침 그때 미노스의 모습을 보았던 것이지요. 그는 제우스의 훌륭한 아들로서, 황금 홀장을 손에 들고 앉아 망령들을 심판하고 있었고, 망령들은 그의 주위에서 판결이 내려지기를 기다리며 혹은 서고 혹은 걸터앉고 하여, 대문이 넓은 하데스의 궁전에 넘쳐 날 지경이었지요.

그 다음에는 거인 오리온을 목격했습니다. 백합꽃이 활짝 핀 들에서, 생전에 산 속에서 그가 혼자 때려잡았던 들짐승을 한 곳에 몰아넣고 있었는데, 손에는 결코 망가지는 일이 없는 청동 몽둥이를 들고 있었습니다.

그 다음에는 티티오스를 만났는데, 아주 이름 높은 땅의 여신의 아들로서 그는 땅에 누워 있었지요. 누운 키가 1킬로미터쯤이나 되었습니다. 그 양쪽에는 독수리 두 마리가 앉아서 그의 간을 쪼고 있었지요. 복막 속에 부리를 박고서 말입니다. 그런데 그는 손으로 그걸 막아 낼 수도 없었습니다. 그가 레토 여신에게 건방진 소행을 했던 탓에 받는 벌로서 이 제우스 신의 명예로운 부인께서 경치 좋은 파노페우스를 지나, 퓌토 델포이로 행차하시는 도중에 습격했다는 것입니다.

그리고 나는 탄탈로스의 참혹한 고통의 현장도 목격했습니다. 그는 늪 속에 서 있었고 턱 밑까지 물이 차 올라왔지요. 그러나 제아무리 목이 말라도 결코 물을 마실 수가 없었습니다. 왜냐하면 그 노인이 물을 마시려고 몸을 굽힐 때면, 언제나 물이 모두 말라서 간 곳이 없고 마른 땅이 나타나기 때문입니다. 신께서 늘 목이 타도록 하시는 겁니다. 그리고 높은 나무에 꽃을 피우는 나무들이 머리 위에 열매를 드리웠는데, 야생의 배와 석류, 빨간 사과와 달콤한 무화과, 그리고 무성한 올리브들이었으며, 그걸 따려고 노인이 손을 내밀면, 바람이 불어와서 어두운 구름 쪽으로 던져 버리는 것이었습니다.

또 실제로 시시포스도 보았습니다. 심한 고문을 받는 중이었지요. 두 손으로 거대한 바위를 날라 가려고 했는데, 그가 팔다리를 버티고 큰 돌을 언덕 위로 밀어 올려서 고비를 넘기려는 순간에 굉장한 무게가 되밀어오곤 하더군요. 그러자 또다시 그 염치없는 돌이 제자리인 평지로 굴러 떨어지는 것을 그가 또 다시 열심히 밀어 올리는데, 땀은 손발에서 비 오듯 하고, 먼지는 머리에서부터 눈도 못 뜰 지경이었습니다.

그 다음으로 나는 장사 헤라클레스를 만났습니다. 다만 그의 환영뿐이었습니다만, 그의 진짜 몸은 하늘나라에서 불사인 신들과 함께 잔치를 즐기며, 복사뼈가 아름다운 헤베(청춘의 여신)를 아내로 삼았습니다. 제우스 신과 황금 샌들을 신은 헤라 여신 사이에서 난 따님입니다. 그래서 이 환영 주위에는 망령들의 환성이 마치 놀라서 곳곳으로 도망치는 커다란 새들의 소리처럼 일어나고 있었지요. 한편 그는 어두운 밤처럼 활을 손에 들고 시위에는 화살을 매운 채, 금세라도 쏘려는 듯이 무서운 눈초리로 여기저기 눈을 굴려 노려봅니다. 그 가슴을 둘러싸고 무서운 방패를 비끄러맨 띠가 있었는데, 이 띠는 황금으로 아로새겨져 참으로 신기하리만큼 잘 꾸며져 있었습니다. 곰과 멧돼지, 눈빛이 타는 듯 빛나는 사자 등 여러 마리였으며, 게다가 전쟁과 살육 또는 수라장 등이 그려져 있는 것이 참으로 장관이었으며, 두 번 다시는 만들 수 없으리라고 여겨질 정도였습니다. 그토록 그 공장(工匠)은 그 띠에 자기의 재주를 모두 부어 넣었던 것이지요.

그러자 그는 바로 나를 알아보고 비통해하면서도 반가운 듯이 말을 걸었습니다.

'제우스의 후손인 라에르테스의 아들이며 꾀에 능한 오디세우스여, 참으로 불쌍한 사나이로구나. 자네도 액운의 운명에서 끌려 다니는 모양이구려. 내가 태양빛 밑에서 늘 짊어지고 있던 그런 운명에게 말일세. 나는 크로노스의 아들인 제우스 신의 아들이었지만, 끝없는 고난을 겪어 왔다네. 왜냐하면 나보다 천한 인간에게 굴복당하고 있었으니 말일세. 더구나 그놈이 나한테 까다로운 일을 수없이 명령했거든. 그리하여 언젠가도 그놈이 나를 저승으로 보낸 이유는 개(지옥의 개 케르베로스)를 데려오려고 그랬지. 왜냐하면 그보다도 어려운 일은 또 없다고 생각했던 거야. 그 개는 내가 저승에서 끌고 바깥 세계로 데려갔는데, 헤르메스와 빛나는 눈의 아테나 여신이 날 따라와 주셨던 걸세.'

이렇게 말을 마치자 그는 다시 저승 깊숙한 곳으로 들어가 버렸지만, 나는 그 자리에 그대로 꼼짝 않고 서 있었습니다. 혹시 또 누군가 전에 죽어 버린 영웅이라도 오지나 않을까 해서 였습니다. 그리고 좀더 내가 만나고 싶어 하던 사람들, 테세우스나 페이리토스 같은 신들의 영예로운 자제들도 만날 수 있었 겠지만, 그러기 전에 헤아릴 수 없는 망령들이 모여와서, 끔찍한 소리를 내는 바람에 나는 새파랗게 질려 공포에 사로잡혔습니다. 무서운 괴물 고르곤의 목이라도 하데스로부터 두려운 페르세포네(하데스 왕의 왕비)가 보내오지나 않을까 하는 생각에서요. 그 뒤 곧바로 배가 있는 곳에 되돌아와, 동지들을 재촉해서 그들도 타게 하고는 닻줄을 풀게 했습니다. 그래서 그들도 바로 배에 올라 놋자리에 앉았습니다. 그 배를 대양의 흐름을 따라 파도가 옮겨 갔지요. 처음에는 노를 저었으나, 나중에는 더할 나위 없는 순풍이 배를 밀어 주었습니다."

제12권
노래하는 세이렌 스킬라와 트리나키에

얼마 뒤 다시 키르케 섬으로 돌아온 오디세우스는 그녀로부터 여러 가지 식량과 선물을 받고 떠난다. 그녀는 돌아가는 길의 험난한 곳과 그 대비책을 자세히 가르쳐 준다. 노래하는 님프인 세이렌, 해협을 지배하는 깊은 소용돌이 카리브디스, 맞은편 어두운 동굴에 사는 개처럼 목을 길게 늘어뜨리고 뱃사람을 잡아가는 스킬라 등 곳곳에서 간신히 빠져나온 그들은 얼마 뒤 태양신이 소를 치는 트리나키에 섬에 닿게 되었다. 그러나 바람이 불지 않아 배를 내지 못해 한 달 동안 억류되었는데, 식량 부족으로 오디세우스가 금기를 깨뜨리고 태양신이 없는 동안에 소를 잡아먹고 말았다. 그 뒤로도 서슴없이 소를 죽여 신의 노여움을 산 오디세우스는 마침내 섬을 떠나게 되었다. 하지만 바다에서 폭풍을 만나 배는 침몰하고 오디세우스만이 목숨을 건져 열흘째 되는 밤에 겨우 칼립소의 섬에 닿는다.

"이렇게 해 대양의 흐름에서 배가 떠나, 항해길도 널찍한 대해의 파도 위에 다시 아이아이에 섬에 이르렀습니다만, 이곳은 일찍 탄생하는 새벽의 여신의 거처이자 춤추는 곳, 또한 태양이 솟아오르는 곳이기도 했습니다. 거기로 와서 배를 바닷가로 끌어올리고, 우리는 육지로 내려섰습니다. 거기서 우리들은 곤한 잠에 빠져 빛나는 새벽이 오기를 기다렸던 것이지요. 그리하여 이른 아침 장밋빛 손가락을 가진 새벽의 여신이 나타났을 때, 나는 동지들을 키르케 궁전으로, 이 세상을 떠난 엘페노르의 시체를 옮겨 오기 위해 보냈습니다. 그러고는 곧 재목을 베어 내어 해안이 가장 앞으로 쑥 내민 곳에서 비 오듯 눈물을 흘리며, 쓰라린 가슴으로 장례식을 치렀지요. 그리하여 시체가 타고 그의 무구도 다 타버렸을 즈음, 무덤을 올려 쌓고 그 위에 비석처럼 손때 묻은 노를 끌어다가 그 꼭대기에 세웠습니다.

나는 여태까지의 자초지종을 자세히 이야기해 주었습니다만, 물론 키르케는 우리가 저승에서 돌아온 것을 알고는 곧장 채비를 하고 찾아왔던 것이지요. 시녀들이 그녀를 따라왔는데, 잘 구워진 빵과 많은 고기, 불빛에 반짝이는 붉은 포도주를 날라 왔더군요. 그러고는 우리들 한가운데 서서, 그녀는 말하는 것이었습니다.

'당신들은 겁 없는 사람들이군요. 산 목숨으로 하데스의 궁전으로 내려가다니. 다른 사람들은 한 번 죽어버리는데 당신들은 두 번이나 죽는 셈이군요. 아무튼 음식을 먹고 포도주를 드세요. 여기서 하루 종일 있어도 괜찮아요. 내일 아침 날이 밝자마자 동시에 배를 내면 좋겠지요. 내가 그 여행길을 가르쳐 드리지요. 그리고 모든 일을 하나하나 알려 드리겠어요. 무슨 쓸모없는 일로 바다나 육상에서 재난을 만나 고생하지 않으시도록 말이에요.'

이렇게 말해 우리를 쉽게 설득했습니다. 꼬박 하루를 해가 지기까지 우리는 다 못 먹을 만큼의 고기와 달콤한 포도주로 향연을 계속했습니다. 이윽고 해도 지고 어둠이 몰려들자, 모두 배의 닻줄 옆에 누워서 쉬었는데, 키르케는 내 손을 잡고 친한 동지들로부터 떨어진 곳으로 데려다가 앉히더니, 내 옆에 누워서 모든 걸 낱낱이 따져 물었습니다. 나는 그녀에게 숨김없이 이야기해 주었지요. 그러자 드디어 나를 보고 키르케 여신이 말했습니다.

'그쪽 일은 그렇게 해서 모두 결말을 지은 셈이군요. 그럼 이제부터 내가 하는 말을 당신도 똑똑히 들어주세요. 만약 잊어버린다면 신께서 당신이 기억하도록 도와주시겠지요.

먼저 당신은 세이렌에게로 가게 될 거예요. 그 여자들은 모든 사람들을 마법으로 속여 넘긴답니다. 그 누구든 자기들에게 접근해 온 사람들을 말입니다. 그래서 누구든 영문도 모르고 가까이 가서 세이렌의 목소리를 들으면, 이미 그 사람은 고향에 돌아가 자기 아내와 어린 자식들에게 둘러싸여도 기쁨을 나눌 수 없게 되고, 다만 세이렌이 부르는 높은 노랫소리 때문에 넋을 빼앗기고 말아요. 풀밭에 앉아 있는 그 둘레에는 썩어 가는 사람들의 뼈로 가득 찼는데, 그 뼈에 붙어 있는 살이 말라가는 게 보이지요. 그러니 그 옆을 재빨리 지나쳐 달려가십시오. 동지들 귀에는 달콤한 꿀벌의 밀랍을 연하게 이겨 발라서 당신 말고는 누구도 그 노래를 듣지 못하게 해 두어야 합니다. 그러나 당신이 듣고 싶다면 들어도 좋아요. 하지만 먼저 모든 사람에게 명령해서 돛대에 당신을 꽁꽁 매어 두게 하세요. 그 돛대는 물론, 돛의 밧줄 끝도 단단히 묶어 두어야 합니다. 당신이 세이렌들의 노래를 듣고 즐길 수 있도록 말입니다. 만약 당신이 밧줄을 풀어 달라고 간청을 해도 동지들은 당신을 더욱 칭칭 묶어 놓아야 하는 거예요.

그래서 동지들이 배를 몰아 그 세이렌들이 있는 곳을 무사히 빠져나가면, 그 다음은 어느 길을 택해야 좋다고 자상하게 말해줄 필요는 없습니다. 스스로 잘 생각하는 편이 좋겠어요. 길은 양쪽으로 있어요. 한쪽 길은 거기서부터 높이 솟은 암초로 가게 됩니다. 그 암초를 향해 검푸른 눈을 가진 암피트리테가 큰 파도를 밀어 보냅니다. 떠 있는 암초와 그 바위들을, 행복하게 살고 있는 신들께서는 떠도는 바위들이라 부르는데, 그곳은 날짐승도 빠져 나갈 수 없어요. 구구 우는 비둘기조차, 암브로시아를 제우스 신께 운반해 가는 그 새조차 언제나 한 마리는 미끄러운 암초에 미끄러지고 말지요. 제우스 신은 짝수를 맞추기 위해 다른 새를 보낸다는 것입니다. 그래서 사람이 탄 배도 그곳에 부딪치면 빠져 나가지 못하고 배도 사람 시체도 송두리째 파도와 저주스러운 불같은 폭풍의 노리개가 된답니다. 오로지 한 척, 그 배만이 대해를 넘어가는 배로서 그 옆을 뚫고 나갔던 것이지요. 모든 사람이 알고 있는 그 거대한 배 아르고호가 아이에테스에게서 돌아왔을 때였지요. 그것도 잘못해서 큰 암초에 부딪칠 뻔했던 것을 헤라 여신이 지나도록 허락했어요. 이아손(아르고 원정의 주인공)을 좋아했기 때문입니다.

또 다른 쪽 길에는 두 개의 높은 바위 낭떠러지가 있고, 그 한 봉우리는 뾰족한 꼭대기가 넓은 하늘을 찌르고, 검은 구름이 봉우리를 둘러싸고 떠나는 적이 없으며, 여름철이든 가을이든 맑은 하늘을 그 꼭대기에서 볼 수 없습니다. 인간의 몸으로선 그 낭떠러지를 기어오를 수도 탈 수도 없답니다. 그 바위는 마치 깎아 다듬어 놓은 듯 매끈매끈하기 때문입니다. 그 바위 낭떠러지 한가운데에는 안개가 자욱한 동굴이 있고, 그 입구는 서쪽 어둠의 방향 쪽으로 있습니다. 그곳을 지나쳐서 배를 곧장 나아가게 두면 됩니다, 명예스러운 오디세우스 님. 그러면 배에서 힘이 센 젊은이가 활을 쏜다 하더라도 그 동굴까지는 이르지 못할 것입니다. 그 굴 속에는 스킬라라는 괴물이 무서운 소리로 짖으면서 살고 있습니다. 그 소리는 마치 갓 낳은 새끼 이리가 짖어 대는 것 같은데, 간사하고 악독한 괴물이기 때문에 그 모습을 보고 좋아할 사람은 하나도 없어요. 신께서 만나보더라도 말입니다. 그 괴물은 12개의 다리를 가지고 있는데 모두가 보기에도 흉한 모습을 하고 있고, 게다가 긴 목이 6개 달려 있고 무서운 머리가 붙어 있습니다. 또한 이빨이 세 줄로 빈틈없이 나 있고, 그것이 검게 죽음의 빛을 내고 있지요. 이 괴물은 몸 아래 부분을 굴 속에 숨기고 목만 동굴 밖으로 빼내어서는 바위 주변을 헤매면서 먹이를 찾습니다. 물표범이나 물개 또는 보다 더 큰 먹이가 없나 하고 찾고 있습니다. 크게 울부짖는 암피트리테(바다의 신인 포세이돈의 아내)는 이런 바다 짐승들을 수없이 키우고 있으니까요. 그러기에 그쪽으로 지나가는 뱃사람들 가운데 목숨을 잃지 않고 무사히 빠져 나간 이는 한 사람도 없으며, 자신을 가지고 도전하는 사람도 없답니다. 말하자면 스킬라가 검푸른 뱃머리를 가진 배에서 닥치는 대로 사람들의 머리를 낚아채가기 때문입니다. 다른 한편에 있는 바위는, 당신도 보시겠지만 매우 낮은 것입니다. 그리고 두 바위 사이의 거리는 화살을 쏘아 맞힐 수 있을 만큼 가깝지요. 그 바위에는 큰 무화과나무가 있고, 가지와 잎이 무성한 그 나무 아래에는 날마다 세 번씩 물을 토해 내고는 다시 세 번 무서운 힘으로 빨아들이는 괴물 카리브디스가 있습니다. 그러기에 당신은 그 괴물이 물을 빨아들일 때에 그 장소에 가서는 안 됩니다. 그렇게 되면 넓고 큰 땅을 뒤흔든다는 신조차 당신을 그 위험에서 구해 내지는 못할 것입니다. 그러니까 도리어 스킬라가 있는 바위에 배를 접근시켜, 그 옆을 재빨리 빠져 나가야 합니다. 그편이 훨씬 안전하니까요. 배 안에서 여섯 동지들을 잃고 안타까워하는 편이 한 번에 모든 동지를 잃기보다는 나으니까요.'

이렇게 말하기에 내가 대답했습니다.

'여신이여, 어째서 이 일을 분명히 가르쳐 주시지 않습니까. 어떻게 해서든 그 저주스러운 카리브디스를 안전하게 피할 수 없을까요. 아니면 스킬라가 우리 동지를 해쳤을 때 어떻게 하면 원수를 갚을 수 있을까요.'

이렇게 말하자 여신 중에서도 거룩한 키르케는 곧 소리 높여 말했습니다.

'정말 어리석은 사람이군요. 마음이 급해서 그렇겠지만 또다시 전쟁의 쓰라림을 맛보려고 불사인 신들께도 양보를 못하겠다는 것입니까. 스킬라는 절대로 인간이 아니고 불사인 해악입니다. 무서울 정도로 악착스럽고 포악하며 패배하는 일이 없고 정말 어찌할 도리가 없는 놈이기에, 그 손아귀에서 빠져 나가는 길이 가장 상책이지요. 그 까닭은 당신이 그 바위 옆에서 갑옷이나 입으려고 꾸물거리다간 자칫하면 그놈이 다시 뛰어나와 그 수많은 머리로 당신을 노릴 것입니다. 그리고 그 머리 숫자만큼 사람들을 잡아 갈 것입니다. 그러니 그놈보다 더 재빠르게 빠져 나가야 해요. 다음은 스킬라의 어머니인 크라티스에게 도움을 청하는 일입니다. 그녀는 인간 세상의 불상사에 익숙한 여자이니까요. 그러면 스킬라는 다시 덤비지는 못할 것입니다.

다음에 당신은 트리나키에 섬에 닿게 됩니다. 그곳에는 태양신이 키우는 소나 훌륭한 양들의 무리를 많이 놓아 기르고 있습니다. 소는 7무리이고 같은 수의 탐스러운 털을 가진 양 떼가 있습니다. 양 떼는 각각 50마리입니다. 그런데 양들은 새끼를 낳지도 않고 그렇다고 죽지도 않아요. 그 양육을 맡은 분은 여신들로, 멋지게 올린 머리를 한 님프 파에투사와 람페티에입니다. 그들은 거룩한 신 네아이라가 하늘을 나는 헬리오스 태양신과 관계를 맺어 낳은 자식입니다. 이 님프들을 모신(母神)이 낳고 키워서 먼 트리나키에 섬에서 살도록 보낸 것입니다. 아버지의 재산인 양 떼나 뿔이 날카로운 소들을 지키는 목동들처럼 말입니다. 당신이 이 가축들을 해치지 않고 또 안전하게 데려가기를 간절히 바란다면, 온갖 재난을 무릅쓰고라도 기어코 이타카에 돌아갈 수 있을 것입니다. 그러나 그들에게 해를 입힌다면 그때는 아마 당신의 배나 동지들도 파멸을 면치 못할 것입니다. 만약 당신이 위험의 구렁텅이에서 벗어났다고 하더라도, 끝내는 만신창이가 되어 동지들도 다 잃고 귀국하게 될 것입니다.'

이렇게 키르케가 말하는 동안, 황금 의자에 앉은 새벽의 여신이 찾아왔습니다. 그러자 참으로 우아한 여신 키르케는 섬으로 올라가 버렸습니다. 나는 반대로 배가 있는 곳에 가서 동지들을 모아 배에 타도록 했습니다. 배에 타자 닻줄을 풀도록 일러두고 곧바로 모두 노를 젓는 자리에 앉았습니다. 그러자 아름답게 머리를 올린 사람의 목소리를 내는 무서운 여신 키르케는, 검게 칠한 뱃머리 뒤에서 고맙게도 순풍을 돛폭에 가득히 실어 보내 주었습니다. 그래서 재빨리 돛에 달린 밧줄을 배 여기저기에 던져 놓고 쉬었습니다. 바람이 마치 키잡이처럼 그 배를 순조롭게 이끌어 주었습니다. 그래서 나는 마음이 괴로웠지만 동지들에게 이렇게 말했습니다.

'동지들이여, 키르케 여신이 내게 했던 말을 그대들은 한두 사람밖에 모르고 있는데 그것은 옳지 않다고 생각하네. 그래서 이제부터는 내가 모든 걸 사실대로 말해 주겠네. 우리가 죽든지, 아니면 목숨을 지켜 죽음의 운명에서 벗어나든지 이것만은 알아 두어야 한다. 처음에는 이상야릇한 세이렌의 노랫소리와 꽃이 핀 목장에 정신을 뺏기지 말라고 일러 주셨네. 그 노랫소리는 나 혼자만 들으라고 말씀하셨지. 자네들은 나를 꽁꽁 묶어서 꼼짝 못하도록 해 주어야 하는 거야. 돛대 밑에 묶고 돛의 밧줄 끝도 묶어 두어야 해. 내가 자네들에게 풀어 달라고 부탁하거나 호령을 한다면, 그때는 자네들이 더욱 나를 여러 겹으로 꽁꽁 묶어야 해.'

나는 동지들에게 하나하나 자세히 말해 주었습니다. 그동안 튼튼하게 만들어진 배는 삽시간에 세이렌들이 사는 섬에 도착했습니다. 부드러운 바람이 뱃길을 재촉해 주었기 때문입니다. 이때 갑자기 바람이 멈추어 버렸는데, 그것은 신이 파도를 가라앉게 해 주어 조용해진 것입니다. 그래서 우리는 모두 일어나 돛을 걷어 내리고 그것을 넓은 배 속에 집어넣은 뒤, 모두 노를 잡고 앉아서 길이 잘 든 노로 흰 거품을 일으키면서 저어 나갔습니다. 나는 큰 밀랍 덩어리를 청동으로 만들어진 날카로운 칼로 잘게 썰어서 힘센 손으로 뭉갰습니다. 잠깐 동안에 강한 힘의 압박과 히페리온의 아들인 태양신의 빛 때문에 밀랍은 녹아서 부드러워졌습니다. 그래서 모든 선원들 귀에 차례차례 발라 주었습니다. 선원들은 나를 배 한가운데 있는 돛대에 손과 발을 모두 묶고, 돛의 밧줄 끝으로 매어 놓았습니다. 그러고는 다시 노 젓는 자리에 앉아서 잿빛 물결을 노로 저어 나갔습니다.

그리하여 사람이 고함을 질러 그 소리가 닿을 정도의 거리까지 노를 저어 나가자, 세이렌들은 바다 위를 달리는 배가 가까이 온 것을 알아채고, 높은 소리로 합창을 하기 시작했습니다.

'자 가까이 오세요, 훌륭한 오디세우스, 아카이아 기사의 꽃이여. 당신의 배를 보내 주세요. 저희들의 노래 소리를 들어주세요. 저희들의 입에서 달콤하게 울려 퍼지는 노래 소리를 듣지 않고서는 그 누구든 검은 배를 타고 이곳을 지나간 사람은 없어요. 또한 우리의 노래를 듣고서 마음을 위로받으면 더 지혜로워지지 않는 사람이 없답니다. 넓은 트로이에서 아르고스 군대나 트로이 군대가 신들의 뜻에 따라 어려움을 당했던 사건을 모두 알고 있어요. 저희들은 모르는 일이 없으니까요.'

이처럼 참으로 아름다운 노래 소리에 맞추어 이야기하기에, 나도 마음이 움직여 꼭 듣고 싶어져서 눈으로 신호를 보내 동지들에게 밧줄을 풀어 달라고 명령했지만, 동지들은 몸을 구부린 채 노를 젓기만 했습니다. 그러자 페리메데스와 에우릴로코스가 함께 일어나서 나를 여러 겹으로 칭칭 묶어버렸습니다. 그래서 간신히 세이렌들의 옆을 지나자, 그때는 이미 그녀들의 소리도 들리지 않게 되었고, 충실한 동지들은 내가 그들 귀에 발라 주었던 밀랍을 떼어 버리고, 묶어 놓았던 나를 풀어 주었습니다.

그런데 이 섬을 뒤에 두고 겨우 멀어지려고 했을 때, 안개와 큰 파도가 눈앞에 나타나면서 어마어마한 소리를 내는 것이었습니다. 그래서 모두 공포에 사로잡혀 자기도 모르게 노를 손에서 놓치고 말았습니다. 모든 노는 물결에 휩쓸려 떨어졌고, 배도 멈추었습니다. 끝이 날카로운 노를 젓는 사람은 없었습니다. 그것을 보자 나는 배 안을 왔다 갔다 하면서 선원들 옆에 일일이 찾아가서 부드러운 말로 타일러 격려했습니다.

'여보게 동지들, 우리는 여태껏 온갖 재난을 겪어 왔네. 사실 이제 닥쳐오는 재난은 키클롭스에게 겪은 것보다는 크지 않아. 그 거인이 넓은 동굴에 우리를 억지로 가두어 두려고 했지만, 나는 그때 내 행동과 사려 깊은 판단으로 재앙을 면했었지. 지금 일도 나중에 추억으로 남게 될 거야. 자, 그러니 내가 시키는 대로 해 보지 않겠나. 그대들은 노를 젓는 자리에 각자 앉아서 놋대로 깊은 바다 물결을 헤치고 나가는 거야. 제우스 신께 이 파멸의 재난을 잘 모면하게 해 주십사 하고 빌면서. 그리고 키잡이에게 말해 둘 테니 잘 명심해 듣게. 자네는 가운데가 깊숙한 배의 키를 잡고 있느니만큼, 저기 보이는 안개와 파도의 바깥쪽으로 배를 돌려 빼내야 하네. 다음은 뾰족한 바위 옆을 잘 따라가야 해. 자칫 방심하여 그 바위 옆 뱃길을 놓치고 우리를 파멸에 떨어뜨리면 안 되네.'

이렇게 내가 말하자 선원들은 모두 내 명령을 따랐지만, 나는 스킬라의 이야기는 하지 않았습니다. 그것은 피할 수 없는 재난이었고 선원들이 무서움에 질려 노를 젓지도 못하고, 배 속에 숨어 버릴 것이기 때문입니다. 또한 그때 나는 키르케가 가르쳐 준 까다로운 지시를 잊어버리고 있었습니다. 여신은 나에게 절대로 무장을 하면 안 된다고 틀림없이 명령했습니다. 그런데 나는 훌륭한 갑옷을 입고 두 개의 긴 창을 손에 잡고 뱃머리 갑판 사이를 걸어갔습니다. 거기서 우선 바위에 살고 있는 스킬라가 나타날 것이라고 기대했으나, 우리 동지들에게 해를 입힐 그 괴물은 어디에도 찾아볼 수 없었습니다. 어슴푸레한 바위를 향해 열심히 여기저기를 살폈습니다.

우리는 슬피 한탄하면서 해협으로 찾아들었습니다. 한편에는 스킬라가 있고 다른 편에는 카리브디스가 큰 바다의 소금물을 빨아들이고 있습니다. 그 소용돌이가 물을 토해 낼 때는 많은 불을 지핀 솥처럼 물거품을 마구 뿜어내면서, 양쪽 봉우리 꼭대기까지 높이 물보라를 날려 올리는 것이었습니다. 그러나 짠 바닷물을 빨아들일 때는 전체가 밑바닥까지 물로 소용돌이치고, 그 주변의 바위는 무서운 소리로 으르렁거리는 것이었습니다. 선원들은 모두 새파랗게 공포에 질렸습니다. 우리는 그 카리브디스 쪽을 파멸의 무서움에 떨면서 보고 있었는데, 어느새 스킬라는 배에서 여섯 사람의 동지를 낚아채 갔습니다. 이 동지들은 힘도 가장 센 사람들이었습니다. 빨리 달리는 배와 동지들을 살펴보았습니다만 그때는 이미 하늘 높이 낚아 채여 가는 사람들의 손발만이 보일 뿐이었습니다. 그들은 모두 마지막 안간힘으로 가슴이 터져라 내 이름을 부르짖었습니다. 마치 뾰족이 솟은 바위에서 어부가 긴 낚싯대로 작은 고기를 잡으려고 그 미끼로 소뿔을 바닷속에 던져 넣듯이 말입니다. 그러고는 몸부림치는 고기를 낚아 올려 그것을 땅에다 내던지듯, 그 여섯 사람은 신음하면서 바위 쪽에 내던져지는 것이었습니다. 그대로 동굴 입구 쪽에서 그 동지들이 아우성을 지르면서 무서운 최후의 손길을 내 쪽으로 휘저었으나 스킬라는 그들을 통째로 잡아먹었습니다. 그것은 참으로 내 눈으로 본 가장 가련하고도 안타까운 광경이었습니다. 여태껏 바다를 떠돌면서 겪었던 온갖 어려움에 비한다면 말입니다.

이리하여 이들 암초를 지나 무서운 카리브디스나 스킬라를 피해 나가자, 얼마 안 가서 이번에는 태양신의 섬에 이르렀습니다. 그곳에는 헬리오스의 이마가 넓은 훌륭한 소나 양 떼가 많이 있다는 곳입니다. 검은 칠을 한 배에 타고 아직 바다 위에 떠 있었는데도 마침 외양간으로 돌아가는 소들의 울음 소리와 양들이 우는 소리가 들려왔습니다. 그래서 나는 갑자기 그 장님 점쟁이인 테바이 사람 테이레시아스와 아이아이에 섬에 있는 키르케의 말을 생각해 냈습니다. 그녀는 나에게 여러 훈계를 해 주었습니다.

인간에게 기쁨을 주는 태양신의 섬은 피하는 것이 좋다고 타일러 주었습니다. 그때 나는 마음이 괴로웠지만 동지들에게 이렇게 말했습니다.

'너희들의 온갖 재난을 잠깐 잊고 내 말을 잘 들어 봐. 내가 너희들에게 하려는 말은 테이레시아스와 아이아이에 섬에 살고 있는 키르케의 예언이다. 그녀가 나에게 타일러 훈계하기를 인간에게 기쁨을 주는 태양신의 섬을 피하라고 했어. 그 까닭은 우리에게 무서운 재앙을 미칠 일이 이 섬에 있기 때문이야. 그러니 섬에 가까이 가지 말고 옆으로 빠져서 검은 배를 몰고 가야 해.'

이렇게 내가 말하자 모든 사람은 용기를 잃고 실망했으나, 대뜸 에우뤼로코스만은 간사스러운 말로 나한테 대꾸했습니다.

'오디세우스 님, 당신은 심술궂은 사람이군요. 당신은 힘도 남달리 뛰어났고 손발의 피로도 모르고 마치 몸이 쇠붙이로 되어 있는가 봅니다. 동지들이 피로와 졸음에 지쳐 있는데도 뭍으로 올라가지 않다니. 그곳은 바다에 둘러싸인 섬으로 맛있는 저녁 식사도 마련할 수 있을 텐데, 어째서 땅에 오르려 하지 않고 이대로 밤을 지새우며 섬에서도 떨어져 자욱이 안개 낀 어두운 바다 위를 방황하도록 명령하나요. 이 어두운 한밤에 배를 해치는 바람이 여기저기서 세차게 불어 올 거예요. 험난한 파멸을 피하려면 어느 쪽으로 피해야 합니까? 만일 갑자기 폭풍이 불어오면 어떻게 하렵니까? 마파람이나, 세차게 몰아치는 갈바람이 불면 어떻게 하렵니까? 신들의 뜻과는 관계없이 특별히 배만 파괴하는 바람이에요. 그러니 캄캄한 밤을 피해 땅으로 올라가 배 옆에서 저녁 준비도 하고 편히 한밤을 묵은 뒤, 아침 일찍 배를 타고 넓은 바다로 떠나도록 합시다.'

이렇게 에우뤼로코스가 말하자 다른 동지들도 모두 그 말에 찬성하였습니다. 이때 나는 신께서 무슨 재앙을 꾸미고 있음을 확실히 깨달았습니다. 그래서 그에게 소리 높여 쩌렁쩌렁한 목소리로 말했습니다.

'에우뤼로코스여, 너는 정말 나를 협박하는구나. 나 혼자 남았다는 것을 알고 말이야. 그렇지 않다면 모두 굳은 맹세를 나한테 해야 돼. 만일 우리가 소 떼나 많은 양 떼를 발견했다 하더라도 절대로 흉악한 생각으로 멋대로 마구 소나 양을 죽이지 않을 것이며, 그 대신 키르케 여신이 주신 식량만은 마음 내키는 대로 실컷 먹어도 좋아.'

내가 이렇게 말하자, 동지들은 내가 명령한 대로 곧 맹세를 했습니다. 그래서 이렇게 맹세를 하고 서약을 끝내자, 우리는 넓은 포구로 들어서서 탄탄히 건조된 배를 달콤한 샘물 가까이 대고 모두 배에서 내린 뒤 저녁 식사를 멋지게 만들었습니다. 모두 실컷 마시고 먹었을 때, 동지들은 사랑하는 친구들의 죽음을 다시 생각하면서 눈물을 흘리는 것이었습니다. 스킬라가 배에서 채어가 통째로 먹어 버린 동지들 말입니다. 이렇게 모두 우는 동안 달콤한 잠이 그들을 찾아왔습니다. 그런데 밤도 끝날 무렵, 하늘의 별들도 사라져 갈 때, 제우스 신은 강하게 몰아치는 바람, 무서운 돌풍과 구름을 불러일으켰습니다. 그리하여 뭍과 바다가 모두 짙은 구름으로 뒤덮이고 하늘은 캄캄한 밤으로 휩싸였습니다. 얼마 뒤 일찍 일어나는 장밋빛 손가락을 한 새벽의 여신이 나타나자, 우리는 빈 동굴 속에 배를 끌어들였습니다. 그곳에는 님프들의 아름다운 무도장과 집들이 있었습니다. 그때 나는 모두를 불러들여 가운데 서서 말했습니다.

'이봐 동지들, 빠른 배에는 아직 먹을 것과 마실 것이 있으니까 소들을 해치지 말도록 하자. 무슨 재난이 일어날지 모르니까. 소들은 아주 훌륭한 신의 것이기 때문이야. 그 소들이나 훌륭한 양 떼들은 만물을 키우고 모든 일을 듣고 아시는 태양신의 것이란 말이야.'

이렇게 나는 타일러서 동지들의 거칠어지는 마음을 설득했습니다. 그러나 한 달 동안 마파람이 계속해서 불어오고 그 뒤로는 동쪽과 남쪽에서 부는 바람 말고는 어디서도 바람은 불어오지 않았습니다. 동지들은 식량과 빨간 포도주를 아껴 쓰면서 소에는 손을 대지 않았습니다. 그러나 배에 있던 곡식도 다 먹어 버리고 이제는 구할 곳도 없게 되자 들과 산을 돌아다니면서 사냥을 하는 도리밖에 없었습니다. 물고기나 날짐승이나 닥치는 대로 잡는 수밖에요. 시장기가 갈고리진 바늘로 창자를 괴롭히기 때문이지요. 마침 그 무렵 나는 섬 위로 올라가서 돌아가는 방법을 가르쳐 주십사 신들께 기도를 드리려고 했습니다. 나는 섬 위로 찾아 들어가 동지들로부터 떨어진 곳으로 가서 손을 깨끗이 씻었고, 바람이 불지 않는 그늘 속에서 올림포스에 계시는 모든 신들에게 기도를 올리고 있었는데, 그 신들께서 내 눈에 달콤한 잠을 내리신 것입니다. 그때 에우뤼로코스가 동지들에게 요사스러운 계획을 제의했습니다.

'너희들은 정말 지독한 욕을 보아 왔어. 그러니 내가 하는 말을 잘 들어. 죽음이란 것은 아무리 비참한 인간에게도 무서운 것임엔 틀림없어. 그 가운데서도 배고픔 때문에 마지막 목숨을 끊는 일은 가장 괴롭고 슬픈 일이지. 그러니 이제부터 태양신의 소들 가운데서 가장 좋은 소를 골라 와서 넓은 하늘을 지배하시는 신들께 제물로 바치도록 하자. 그래서 우리가 고향 땅인 이타카에 무사히 도착하게 된다면 하늘을 나는 헬리오스 신께 즉시 훌륭한 신전을 지어 드리자. 그리하여 그 신전에는 훌륭한 제물을 잔뜩 바치도록 하자. 이를테면 뾰족한 뿔을 단 소들 때문에 신께서 화를 내셔서 배를 침몰시키려고 마음먹었고 다른 신들도 같이 그를 돕는다면, 차라리 모두 실컷 물을 마시고 목숨을 잃는 편이 아주 오랫동안 멀리 떨어진 쓸쓸한 섬에서 죽음의 길을 재촉하는 것보다 나을 거야.'

이렇게 에우륄로코스가 말하자, 다른 동지들도 그 말에 찬성하고, 곧 태양신의 소 떼 속에서 가장 훌륭한 놈을 가까운 곳에서 몰고 왔습니다. 마침 검은 고물을 가진 배에서 멀지 않은 곳에 구부러진 뿔에 넓은 이마를 가진 좋은 소들이 풀을 뜯고 있었기 때문입니다. 노 젓는 자리가 좋은 배에는 이제 흰 보릿가루도 없었으므로, 그들은 소 주위에 서서 신들에게 기도를 올리고 잎이 무성하게 높이 자란 떡갈나무에서 어린 잎을 뜯어 던졌습니다. 그래서 기도가 끝나자 제물의 목을 자르고 껍질을 벗기고 다리를 자르고 기름으로 덮어 이중으로 쌓아서 그 위에 고기를 놓았습니다. 또한 타고 있는 제물에 부을 술이 없었으므로 대신 물을 붓고 모든 내장을 구웠습니다. 다음은 다리고기를 구워 그 속살을 맛보았습니다. 마지막으로 남은 고기를 잘게 썰어 꼬치로 만들어서 불에 얹었습니다.

마침 그때쯤 되어 내 눈에서 달콤한 잠이 사라졌기에 빠른 배를 향해 바닷가로 나가 보니, 아니나 다를까 양끝이 휘어진 배 근처에 다다르자 고기 타는 구수하고 뜨거운 냄새가 꽉 차 있었습니다. 그래서 나는 걷잡을 수 없는 슬픔으로 크게 탄식하면서 불사의 신들에게 호소했습니다.

'제우스 신이여, 그 밖에 영원히 행복하게 사시는 신들이여, 참으로 나를 무참한 잠으로 유혹해서 엄청난 파멸에 떨어뜨렸습니다. 내 동지들이 기다리고 있는 동안 큰일을 저질렀습니다.'

한편 높은 하늘을 나는 태양신에게는 긴 옷을 입은 람페티에가 우리가 그의 소 떼들을 죽였다고 알리러 갔습니다. 그러자 신께서는 곧 진노하여 불사의 신들에게 이렇게 말했습니다.

'제우스 신이여, 그리고 영원히 행복하게 계시는 모든 신들이여, 라에르테스의 아들 오디세우스의 동지들을 처벌해 주십시오. 그들은 무례하고도 교만해서 나의 소를 죽였습니다. 별이 반짝이는 하늘로 올라갈 때나 하늘에서 땅으로 다시 돌아올 때도 언제나 바라보면서 낙으로 삼고 있었는데 말입니다. 만일 그들이 소들에게 해를 끼친 만큼의 벌로 앙갚음을 하지 않는다면, 나는 이제 저승으로 들어가 망령들 사이에서 빛날 것입니다.'

이 말에 뭇구름을 지배하는 제우스 신이 말했습니다.

'태양신이여, 제발 그대는 불사의 신들 사이에서 빛나 주게. 그리고 죽음의 숙명을 가진 인간들을 위해서도, 밀을 키우는 논밭 위에서도 빛나 주게. 저들의 빠른 배는 내가 당장 흰 빛을 번쩍이는 번갯불로 쳐서 포도줏빛 바다 한복판에 산산조각으로 부수어 버릴 테니.'

이와 같은 사연을 나는 머리 모양도 아름다운 칼립소에게서 들었는데, 그 이야기는 전령의 신인 헤르메스에게서 그녀가 들었다는 것입니다. 그래서 나는 배가 있는 바닷가로 내려가서 한 사람 한 사람 옆으로 가까이 다가가서 꾸짖었지만 이제는 어쩔 도리가 없었습니다. 이미 소는 죽어 버렸으니까요. 그 뒤 얼마 안 가서 신들께서는 그들에게 불길한 징조를 나타내기 시작했습니다. 소의 껍질이 기어 다니기 시작하고 꼬치에 꽂은 쇠고기가 소리를 내고 불에 구운 쇠고기도 소처럼 울기 시작했습니다.

그로부터 6일간 나의 충실한 동지들은 자신들이 몰고 온 소 떼들 속에서 가장 좋은 놈을 골라 식량으로 했습니다. 마침 크로노스 아들 제우스 신이 7일째를 계산했을 때, 그때까지 돌풍과 같이 미친 듯 불던 바람이 잠잠해졌으므로, 우리는 재빨리 배를 타고 넓은 바다로 나가 돛대를 세워 그 위에 돛을 달았습니다. 그런데 섬에서 완전히 멀어져 육지라고는 전혀 보이지 않고 오로지 넓은 하늘과 바다만이 보일 때, 크로노스의 아들은 검은 구름을 빈 배 위에 몰고 왔으며, 그 구름 때문에 바다는 갑자기 어두워졌습니다. 그리하여 배가 빨리 달릴 수가 없었습니다. 갑자기 거센 소리를 내며 갈바람이 몰아쳤고 심한 돌풍까지 불어왔으니, 거친 바람 때문에 돛대의 앞줄이 둘이나 끊어지고 말았습니다. 돛대는 뒤로 넘어지기 시작하고 밧줄도 모두 부둣가에 힘없이 떨어지고, 또한 그 돛대가 배 고물대에 있었던 노잡이의 머리에 맞아서 두개골을 산산이 부수어 놓았습니다. 그래서 그는 해녀처럼 갑판에서 바다에 떨어지고, 용감했던 그 영혼은 육신을 떠나고 말았습니다. 제우스 신은 천둥소리를 우르릉거림과 동시에 배에 벼락을 떨어뜨렸으니, 제우스의 벼락에 맞은 배는 빙그르르 돌면서 유황불 냄새로 가득 찼고, 동지들은 배에서 떨어져 물새 떼처럼 검은 배 주위에 둥둥 떠서 물결에 휩쓸려 갔습니다. 신께서는 귀국하려는 그들의 소망을 그렇게 끊어 버렸습니다.

한편 나는 배 위에서 몇 번이고 배 안을 이리저리 서성거렸습니다. 큰 파도가 배의 용골에서 옆 벽을 빼앗아갈 때까지 말입니다. 모조리 없어진 용골을 물결이 운반하고 있는 동안, 돛대를 꺾어 용골에 넘어뜨린 그 위에 쇠가죽으로 만든 뒷밧줄이 날아왔기 때문에, 그 밧줄로 나는 돛대와 용골 사이가 떨어지지 않도록 단단하게 묶어 두었습니다. 그러고는 그 위에 앉아 저주스러운 바람이 부는 대로 실려 갔습니다.

그러자 마침 갈바람이 돌풍처럼 사납게 불던 것이 잠잠해지고, 이번에는 마파람으로 바뀌어 내 가슴을 괴로움으로 짓누르면서 다시금 저주스러운 카리브디스에의 길로 몰고 가는 것이었습니다. 밤새도록 실려 가서, 태양이 떠오름과 동시에 스킬라의 암초와 무서운 카리브디스의 소용돌이가 있는 곳에 이르렀습니다. 마침 그때 카리브디스는 바다의 소금물을 빨아들이기 시작했기 때문에, 나는 그곳에 자라고 있는 키가 큰 야생 무화과나무로 펄쩍 뛰어가 그것을 잡고 마치 박쥐처럼 매달렸습니다. 정말 어디에도 발을 안전하게 디딜 수도 걸을 수도 없었습니다. 그 나무 밑동은 멀리 아래에 있었고 큰 나뭇가지는 하늘 높이 있었기 때문입니다. 그리고 길고 큰 가지는 카리브디스에 그림자를 만들고 있었습니다. 나는 다시 한 번 그 커다란 소용돌이가 돛대와 용골을 토해낼 줄 것을 참고 기다리고 있었습니다. 초조히 기다리고 있는데, 한참 있다가 돛대와 용골은 나타났습니다. 마치 재판관이 많은 시간에 들여 판결을 끝내고 저녁 만찬을 먹으러 자리에서 일어나는 것처럼, 재목은 카리브디스로부터 바깥으로 떠올랐습니다. 나는 순간 손발을 놓고 물 위에 소리를 내면서 바다에 떨어졌습니다. 굉장히 긴 재목 옆이어서 그 위에 올라앉아 나는 손으로 노를 저어 나갔습니다. 신들과 인간의 아버지이신 제우스 신께서 스킬라가 이번에는 나를 발견하지 못하도록 해 주었습니다. 그렇지 않았다면 그 순간의 죽음을 나는 면치 못했을 것입니다.

그로부터 9일 동안 나는 물결에 휩쓸려 다녔고, 열흘째가 되는 날 밤에 신들께서는 오기기아 섬으로 나를 닿게 하였습니다. 그곳은 머리 모양도 아름다운 칼립소가 살고 있는 섬으로, 그녀는 사람 말을 하는 무서운 여신인데, 나를 친절히 맞이해 여러 가지로 돌보아 주었습니다. 그런데 이런 일을 계속 말할 필요가 어디 있겠습니까. 당신에게나 거룩한 귀부인들에게 벌써 어제 궁전에서 이야기를 해 드렸는데 말입니다. 이미 이야기해 드렸는데 다시 되풀이한다는 것은 내 성미에 맞지 않습니다."

제13권
오디세우스 고향으로 돌아가는 이야기

　오디세우스의 긴 표류담도 이제야 끝난다. 이야기를 듣고 감동한 사람들은 왕의 말에 따라 오디세우스를 위해 그가 잃은 것보다 많은 선물을 준비하고, 그를 배에 태워 이타카 섬으로 돌려보낸다. 배는 잠자는 오디세우스를 태우고 이타카 섬의 포르퀴스 포구에 이르러 그를 잠든 채 내려놓고, 선물을 근처 동굴 속에 넣어놓고 돌아간다. 이 사실을 안 포세이돈은 분한 나머지 배를 항구 밖에서 화석으로 만들어 버린다. 이윽고 잠이 깬 오디세우스는 아테나 여신의 변신인 청년에게서 고향이라는 말을 듣게 되며, 들키지 않도록 조심하려고 옛날의 자기 성으로 돌아가지 않는다. 그는 네리톤 산 밑 목장에 사는 하인 에우마이오스의 오두막으로 가는데, 여신은 그의 행색을 거지처럼 초라하게 꾸며 놓는다.

　그가 이야기를 끝내자 사람들은 모두 쥐죽은 듯 조용해지고, 어둠침침한 궁전 안이 마술의 힘으로 휩싸이는 듯했다. 이번에는 알키노스가 오디세우스에게 소리 높여 말했다.
　"오, 오디세우스 님, 높은 지붕과 청동 문지방으로 만들어진 우리 궁전에 온 이상, 비록 극심한 온갖 고난을 겪어 오셨다 하더라도 앞으로 다시는 유랑하는 일 없이 고향으로 돌아가시리라 생각합니다. 그러니 여러분, 언제나 우리 집에서 명예스러운 분들을 위한 만찬에서 진홍빛으로 빛나는 술을 마시는 여러분에게, 노랫소리에 귀를 기울이고 계시는 여러분에게 이렇게 부탁하는 바입니다. 손님을 위해서 옷과 온갖 기교로 만든 황금과 그 밖의 그 지방 특유의 선물들, 파이아케스의 나랏일을 돌보시는 분들이 이곳에 보내온 선물들을 잘 닦아 놓은 나무 상자 속에 넣어 두었습니다. 그러니 여러분, 큰 솥이나 작은 솥을 한 사람씩 그에게 보내도록 합시다. 나중에 국민들로부터 세금을 거두어 그것을 보상할 수 있겠지요. 한 개인이 무상으로 선물을 보낸다는 것은 어려운 일이니 말입니다."

이렇게 알키노스 왕이 말하자 모두 그에게 만족의 뜻을 밝혔다. 그리고 저마다 자기 집으로 잠자리를 찾아서 돌아갔다. 그리하여 장밋빛 손가락을 한 새벽의 여신이 동쪽 하늘을 물들였을 때, 모두 재빨리 배로 달려가서 무사의 장식물이 될 청동 그릇을 날랐다. 이들 선물을 거룩한 알키노스 왕은 잘 정비된 배 안을 돌아다니면서 손수 놋자리 아래에 챙겨 넣고, 선원들이 배를 몰고 갈 때 노를 힘껏 움직이는 데 불편이 없도록 마음을 써 주었다. 그러고는 모두 만찬에 참가하려고 알키노스의 성으로 갔다.

이 사람들을 위해 거룩한 알키노스 왕은 만물을 통치하는 크로노스의 아들인 검은 구름의 신 제우스에게 암소 한 마리를 제물로 올렸다. 모두 허벅지 살을 구워서 올려놓고 훌륭한 만찬을 즐기며 식사를 했다. 이들 손님들 사이에 들어가 국민들에게 존경받는 가인인 거룩한 데모도코스가 노래를 불렀다.

한편 오디세우스는 빛나는 태양 쪽으로 빨리 해가 지도록 머리를 향하고 있었는데, 그것은 귀국을 언제나 바라는 마음 때문이었을 것이다. 마치 사람들이 저녁 만찬을 늘 바라듯, 하루 종일 사람들은 놀려 두었던 밭을 끝에서 끝까지, 누른빛을 한 두 필의 소에 탄탄히 만들어진 쟁기를 메워서 끌고 돌아다녀야 한다. 그러기에 이윽고 해가 저물어 저녁 식탁에 돌아갈 수 있다는 것은 그들에게 언제나 즐겁고 환영할 일이다. 사실 그제서야 돌아가는 길을 재촉하는 그의 무릎은 지쳐서 휘청거리고 있을 것이다. 마찬가지로 오디세우스에게는 해가 저물었다는 것은 고마운 일이었다. 그래서 노를 젓는 일에 익숙한 파이아케스 사람들, 특히 알키노스 왕에게 호소하며 말했다.

"알키노스 왕이여, 모든 사람 중에서 훌륭하신 여러분은 이제 무사하게 나를 보내 주시려고 신들께 제물도 바치고 전송해 주십니다. 그럼 여러분도 편안히 지낼 것입니다. 내 마음이 바랐던 일들, 전송과 더불어 고마운 이 지역 선물을 벌써 마련해 주셨으니, 이 일을 하늘에 계시는 신들께서는 축복해 주실 것입니다. 그리고 고국에 돌아가 집에서 근심 어린 아내의 모습과 가족들의 무사한 모습을 나는 볼 수 있을 것입니다. 그리고 여러분은 이곳에서 부인이나 자녀들과 즐겁게 살아 주시기 바랍니다. 그리고 신들께서 모든 복과 덕을 내려 주셔서 당신네 나라에 재앙이 찾아드는 일이 일어나지 않도록 빕니다."

이렇게 그가 말하자, 가장 알맞은 인사를 했다고 사람들은 모두 기뻐하며 손님을 보내주자고 말했다. 이때 시종에게 알키노스 왕은 말했다.

"폰토노스여, 희석용 술동이에 좋은 술을 섞어, 이 성 안의 여러분에게 나누어 드려라. 이 손님을 자기 고국에 보내 주도록 제우스 신께 신주를 바칠 수 있도록."

이렇게 왕이 말하자 폰토노스는 마음을 흥겹게 하는 좋은 술을 물과 섞어서 모든 사람에게 골고루 부었다. 그러고는 모두 제자리에서 넓은 하늘을 지배하는 신들에게 신주를 바치는 것이었다. 다음은 오디세우스가 일어나면서 아레테 왕비의 손에 두 귀 달린 술잔을 놓고 그녀에게 소리 높여 말했다.

"왕비시여, 그럼 당신께 행운이 깃들기를 빕니다. 늙음과 죽음이 찾아오기까지. 그것은 인간에게 마땅히 찾아오는 것이니까요. 이제 나는 이곳을 떠납니다만, 당신은 이 궁전에서 아드님과 이 나라 백성들과 그 가운데에서도 알키노스 왕과 즐겁게 지내주십시오."

이렇게 말하자, 마침내 오디세우스는 문턱을 넘어서 출발했다. 알키노스 왕은 전령을 보내어 빠른 배가 있는 바닷가에 안내했다. 또한 아레테 왕비는 그에게 여종들을 보냈는데, 한 사람에게는 깨끗이 빤 폭이 넓은 옷감과 속옷들을 들려 보내고, 다른 한 사람에게는 튼튼하게 만들어진 함을 들려서 보냈다. 또 다른 사람에게는 곡식과 빨간 포도주를 보냈다. 이리하여 사람들이 배가 있는 해변에 도착하자, 배웅하러 나온 훌륭한 사람들이 곧 널따란 배 속에 음료수와 식량들을 받아서 실었다. 그러고는 널따란 배 판자 사이에 오디세우스가 편히 눈을 감고 잠들 수 있도록 뱃고물 쪽에 두터운 모포를 깔아 주었다. 오디세우스가 배에 타고 아무 말도 하지 않고 눕자, 배웅 나온 선원들도 저마다 익숙하게 놋자리에 천천히 줄지어 앉으면서 구멍 뚫린 바위에서 줄을 풀었다.

마침 그들이 몸을 뒤로 젖히면서 노로 바닷물을 저어 나갈 때, 달콤한 잠이 오디세우스의 눈 위를 덮었다. 절대로 깨지 않는 다디단 잠이, 마치 죽음과도 같은 잠이. 그리하여 들판 위를 끄는 마차의 암말들이 모두 발맞추어 가죽 채찍을 맞으면서 달리기 시작하여 높이 발굽을 차올리고 재빨리 갈 길을 재촉하듯이, 뱃머리는 높이 치솟고 배꼬리에는 출렁이는 바다의 물결이 미친 듯 으르렁거리면서, 배는 아무런 위험도 없이 줄기차게 달려 나아갔다. 매와 같은 솔개도 날짐승 가운데에서는 가장 날쌘 새라고 하는데, 그들도 따라갈 수 없을 만큼 재빠르게 그 배는 바다 물결을 가르면서, 신과도 같은 슬기로운 꾀를 가진 무사를 싣고 나아갔다. 그는 전에 참으로 많은 고난을 맛보고 겪었으며, 용사들의 많은 전쟁과 파란곡절의 재난을 경험한 사람이었다. 하지만 과거의 모든 고난을 잊고 이제는 조용히, 조금도 움직임 없이 곤히 잠들어 있었다.

어느덧 가장 빛나는 별, 새벽의 샛별이 솟아날 즈음—이 별은 일찍 태어나는 새벽빛을 알리러 나타나는 것인데—그때쯤 바다를 건너는 배는 이타카 섬에 가까이 갔다. 그 섬에는 바다 노인의 이름을 따서 포르퀴스 포구라고 불리는 곳이 있는데, 거기에는 두 개의 곶이 튀어나와 있다.

해변은 깎아지른 낭떠러지이고, 포구 쪽은 낮고 평탄하여 그것이 앞바다에서 거칠게 불어오는 바람과 큰 파도를 막아 주는 울타리 구실을 하고 있었다. 그래서 포구 안에서는 노 젓는 자리가 좋은 배들이 가고자 하는 정박지에 가기만 하면, 밧줄을 매지 않고 정박하는 일이 보통이다.

그리고 이 포구의 가장 안쪽 부둣가에는 긴 잎을 드리운 올리브나무가 있고, 그 바로 옆에는 환영의 뜻을 나타내는 것 같은 어둠침침한 안이 어렴풋이 보이는 동굴이 있으며, 그 속에는 돌로 만든 희석용 술동이나 두 귀 달린 술병이 많이 있고, 또 꿀벌들이 집을 만들고 있다. 그리고 돌로 만든 긴 베틀이 놓여 있으며, 여기에서 님프들이 자주빛의 엷은 베를 짜고 있는데, 이것들은 보기에도 경탄할 만한 물건들이라고 한다. 또한 그곳에는 샘물이 늘 흐르고 있다. 이 동굴에는 입구가 두 개 있어서 그 하나는 북쪽으로 나 있고 사람이 들어갈 수 있지만, 다른 하나는 남쪽을 향하고 있으며 신들만이 들어가는 입구로서, 사람들은 거기로 들어갈 수 없고 신만의 통로로 되어 있다.

그들은 전부터 그 장소를 잘 알고 있었기 때문에 그곳으로 배를 몰고 갔다. 그러나 너무 힘차게 나아갔기 때문에, 배가 뭍으로 올라가 버렸다. 그만큼 많은 노잡이들이 배를 세차게 몰았던 것이다. 그들은 자리가 좋은 배에서 내려 뭍으로 올라갔다. 그리고 먼저 널따란 배에서 요 위에 빛나는 담요를 덮고 아직 정신없이 잠들어 있는 오디세우스를 그대로 들어올려 바닷가 모래사장에 내려놓았다. 그러고는 파이아케스의 장로들이 도량이 큰 아테나 여신의 도움으로 그가 고국에 돌아갈 때 보내기로 한 많은 보물들을 운반해 냈다. 그 보물들을 길가는 나그네들이 혹시 오디세우스가 눈을 뜨기 전에 가져가지 않도록 길에서 떨어진 곳에 한데 모아 두었다. 이윽고 그들은 다시 고국 스케리아 섬으로 돌아갔다.

처음에 신과도 같은 오디세우스를 위협했던 그 말대로 넓고 큰 땅을 뒤흔드는 신은 전의 위협을 잊지 않고 있었다. 그래서 제우스 신의 의도를 물었다.

"제우스 신이시여, 이제 인간인 파이아케스 따위들조차 나를 존경하지 않는다면, 불사의 신들 사이에서도 다시는 존경을 받을 수 없을 것입니다. 이제 오디세우스는 온갖 고난을 겪은 뒤 고향에 돌아가리라고 생각하니 말입니다. 절대로 나는 그에게서 귀국의 길을 뺏을 생각은 없었습니다. 고국에 돌아가기 전에 더 많은 괴로움을 겪어야 합니다. 당신이 처음부터 약속했고 허락하신 일이니까요. 그런데 그들은 빠른 배 속에 자고 있는 오디세우스를 뱃길로 싣고 나가 이타카 섬에 내려놓은 뒤 산더미 같은 선물을 보냈습니다. 청동과 황금을 가득히, 또 트로이에서조차 오디세우스가 가져올 수 없었을 만큼 많은 옷감과 옷들을 보냈습니다. 약탈물을 그대로 가지고 돌아온 것보다도 더 많이 보냈습니다."

이에 구름을 지배하는 제우스가 말했다.

"넓고 큰 땅을 뒤흔드는 힘이 센 신이여, 그대 무슨 말을 하는 것인가. 절대로 다른 신들이 그대를 업신여기지 않을 걸세. 더욱이 나이도 많고 성품도 바른 그대에게 무례한 짓을 하기는 어려울 거야. 그러나 인간들 가운데 누군가가 완력이나 권력을 믿고 그대에게 경의를 표하지 않는다면, 언제든지 뒤에 보복하는 일은 그대에게 허용하네. 그대가 바라듯, 그대 마음에 맞도록 하는 것이 좋을 걸세."

그러자 이번에는 넓고 큰 땅을 뒤흔드는 포세이돈 신이 대답했다.

"지금 당장에라도 나는 말씀대로 하고 싶습니다. 먹구름을 일으키는 신이시여, 그러나 나는 당신의 분노를 언제나 걱정해서 피하고 있습니다. 지금도 파이아케스 사람들의 아주 훌륭한 배가 오디세우스를 보내고 돌아오는 것을, 흐릿하게 안개 낀 바다에서 파괴하려고 마음먹고 있습니다. 이제부터 다시는 인간들을 보내는 일을 영영 삼가도록 말입니다. 그리고 그들의 성을 큰 산으로 양쪽에서 둘러싸려고 합니다."

이에 구름을 지배하는 제우스 신이 말했다.

"오, 친애하는 신이여, 내가 가장 좋다고 생각하는 바를 말한다면, 모든 사람이 섬에서 멀리 배가 다가오는 것을 바라보고 있을 때, 모든 인간이 그걸 보고 매우 놀라도록 하는 것입니다. 배가 육지와 가까운 곳에 왔을 때, 그 배를 돌로 만들어 버리는 겁니다. 그리고 그들의 성을 양쪽에서 산으로 둘러싸면 좋을 테고요."

그러자 큰 땅을 뒤흔드는 포세이돈은 이 말을 듣고, 재빨리 파이아케스 사람들이 살고 있는 스케리아로 떠났다. 그곳에서 잠시 기다리고 있는 동안, 바다를 달려온 배는 바로 가까이에 왔다. 그러자 땅을 뒤흔드는 신은 그 배 가까이 다가가서 그것을 돌로 바꾸어 버리고는, 아래를 향해 손바닥으로 내리쳐서 바다 밑으로 뿌리를 박게 하였다. 그러고는 그곳에서 떠나 버렸다.

그래서 긴 노를 젓는 배로 유명한 파이아케스 사람들은 서로 얼굴을 마주보고 높은 소리로 말을 하는 것이었다.

"도대체 어떻게 된 까닭일까. 빠른 배가 고향에 돌아오는데 누가 바다에서 사로잡아 버렸어. 바로 눈앞에 배 모양이 다 보였는데 말이야."

사람들은 이렇게 말했지만 모두 어떤 사건이 일어났는지 몰랐다. 그 사람들에게 알키노스가 말을 걸어서 일렀다.

"옛날에 내 아버님이 하신 그 말씀이 사실이 된 거야. 포세이돈 신은 우리에게 모든 사람을 안전하게 보내 준다고 해서 원한을 품고 있다고 늘 말씀하셨지. 그래서 어느 날 말씀하시기를, 파이아케스 사람들이 아주 훌륭한 배로 사람들을 보내 주고 돌아올 때, 흐릿하게 안개 낀 바다 위에서 그 배를 부숴 버리고, 큰 산으로 우리의 성을 양쪽에서 둘러싸 버릴 것이라고 하셨어. 늙으신 나의 아버님이 이렇게 말씀하셨는데, 그것이 오늘 바로 사실로 나타난 거야. 그러니 이제부터 내가 말하는 대로 모두 듣고 따라 주게. 말하자면 사람을 보내 주는 일은 그만두는 거야. 우리 마을에 그 누가 왔을 경우에도 말이야. 그리고 포세이돈 신에게 12마리의 좋은 암소를 골라 제물로 바치도록 하세. 자비심을 내려 우리 성을 양쪽에서 높은 산으로 둘러싸지 않도록 비는 거야."

이러한 사연으로 사람들은 포세이돈 신에게 기도를 올렸다. 그리고 파이아케스 나라의 정치를 하는 사람들은 제단 주변에 나란히 서서 기도했다.

한편 거룩한 오디세우스는 조상 대대로 내려온 땅에서 잠을 깼으나, 너무 오랫동안 자기 나라에서 떠나 있었고 여신이 주변에 안개가 끼게 했기 때문에 쉽게 알아볼 수가 없었다. 그것은 제우스의 딸 팔라스 아테나가 한 일이며, 그가 다른 사람에게 드러나지 못하도록 해 두고 모든 이야기를 의논하려고 생각했기 때문이었다. 바로 구혼자들에게 온갖 분수에 넘치는 행동에 대한 보복을 하기 전에는, 아내도 시민들도 친척도 그를 알아보지 못하도록 하기 위해서였다. 그래서 이 영주에게는 모든 것이 다른 모습으로 보였던 것이다. 좁은 길과 정박하기에 편리한 포구와 험준한 바위와 나무 등, 일어나서 자세히 고향 땅을 바라보고서도 오디세우스는 알아보지 못했다. 그래서 손바닥으로 두 다리를 치고 탄식의 소리를 내면서 슬픔에 젖어 말했다.

"참으로 비참한 일이로다. 이번에는 도대체 어떤 인간들이 사는 나라에 왔단 말인가. 이곳 사람들은 법도 없이 난폭해서 사리를 모르는 인간은 아닌지 모르겠군. 과연 어느 쪽으로 이렇게 많은 보물을 옮겨 가면 좋을까. 또 어디로 내가 가야 할 것인지. 그대로 파이아케스 사람들이 있는 곳에 머물렀으면 좋았을 것을. 그래서 내가 다른 권세 당당한 성주에게 가서 부탁했더라면 아마 나를 환대해서 고향에 보내 주었을 텐데. 그런데 지금은 이것들을 어디에 두었으면 좋을지 모르겠고 또 그렇다고 이대로 버려 둘 수도 없어. 자칫 잘못해서 다른 사람의 밥이 되도록 해서는 안 될 일이지. 그렇다면 파이아케스족을 다스리고 정치를 하는 장로들은 과연 끝까지 분별이 있고 도리를 지키는 사람이 아니었단 말인가. 나를 다른 나라로 보내 주다니. 참으로 섬 모양도 뚜렷한 이타카에 나를 데려다 준다고 약속하고도 실천하지 않았으니 말이야. 하소연하는 사람을 보호하는 제우스 신이여, 저버린 약속을 두고 바라노니, 그들에게 벌을 내려 주십시오. 만일 청약을 지키지 않으면 처벌을 주신다고 신께서는 늘 말씀하셨으니까요. 그런데 먼저 이 보물들을 세어 보기나 하자. 배에 싣고 오는 동안 무엇인가 없어진 것은 없는가 보아 두어야지."

이렇게 말하면서 훌륭한 세 발 달린 솥들과 작은 솥들, 그리고 황금과 아름다운 옷감과 옷들의 수를 세었다. 물론 없어진 것은 하나도 없었다. 그리고 그는 고향 일을 생각하고 물결이 출렁이는 바닷가를 거닐면서 비탄에 잠겨 슬퍼했다. 그러자 그 바로 옆으로 아테나 여신이 남자 옷을 입고 나타났다. 그 차림새는 양치는 젊은이와 같았고 영주들의 아들과도 같은 멋진 몸짓이었다. 또 양어깨에는 좋은 망토를 두 겹으로 포개어 걸치고, 살이 포동포동한 발에는 샌들을 신고 손에는 단창(短槍)을 들고 있었다. 그 모습을 보자 오디세우스는 기쁨에 넘쳐 앞으로 나아가 그에게 위엄 있는 소리로 말했다.

"반가운 분이여, 당신은 이 땅에 와서 처음 만나는 분입니다. 반갑습니다. 아무쪼록 나를 적대하는 마음으로 대하지는 마십시오. 그리고 여기 있는 이 물건들이 무사하도록, 내 몸이 무사하도록 보호해 주십시오. 당신에게 나는 신에게 하듯 부탁합니다. 당신 무릎에 기도드리듯 의지합니다. 그리고 분명히 말해 주시오, 충분히 알아들을 수 있도록. 이곳은 무엇이라고 부르는 땅이며, 무엇이라고 하는 나라입니까. 어떤 사람들이 살고 있습니까. 아니면 모습이 뚜렷한 어느 섬인지, 또는 비옥한 땅의 대륙이 바다를 향해 경사진 해변인지요."

이에 빛나는 눈의 여신 아테나가 말했다.

"낯선 분이시여, 당신은 아무것도 모르는 것을 보니 먼 곳에서 방금 온 분이군요. 이곳이 어딘가를 묻는 것을 보니. 그렇다고 이곳은 그처럼 세상에 알려지지 않은 땅은 아니랍니다. 이곳을 아는 사람은 꽤 많습니다. 동쪽 태양이 향하는 방향에 사는 사람이든 어슴푸레 저무는 저녁의 방향인 서쪽에 사는 사람이든 모두 알고 있습니다. 울퉁불퉁하여 평지는 적어서 말을 달리기에는 마땅하지 않으며, 그렇게 넓지는 않으나 그렇다고 그다지 작은 섬도 아닙니다. 이 섬에서는 곡식도 놀랄 만큼 거두어들이고 포도주도 많이 나옵니다. 언제나 비와 안개가 충분히 내리기 때문에 양을 치거나 소를 치기에도 알맞은 땅입니다. 그리고 온갖 나무들도 무성하고 1년 내내 물이 나오는 샘도 이 섬에는 여러 곳 있습니다. 그러니까 낯선 손님, 이타카 섬의 이름은 트로이까지 알려져 있지요. 아카이아(그리스) 나라로부터는 먼 곳인데도 말입니다."

이렇게 말하기에 참을성이 많고 거룩한 오디세우스는 기쁘게 여기며, 자기 조상 대대로 내려오는 고향 땅에 있음을 알게 되었다. 염소 가죽으로 만든 방패를 쥔 제우스의 딸 팔라스 아테나가 그렇게 말했기 때문이다. 그래서 신에게 소리를 높여 말했으나, 그래도 나오려는 말은 참으며 마음속으로 궁리를 하며 말했다.

"이타카에 대해서는 바다 멀리 떨어져 있는 넓은 크레타 섬에서도 이야기는 들었습니다. 그래서 지금 나는 여기 있는 이런 재물들을 가지고 온 것입니다. 나는 왕의 사랑하는 아들을 죽였기 때문에 자식들에게 이만큼의 재물을 남겨 놓고 도망쳐 온 것입니다. 그는 발이 빠른 오르실로코스로서 넓은 크레타 섬 중의 그 누구라도 빠른 발로 이겼다는 사람입니다. 트로이군 전체에서 얻은 전리품을 나한테서 뺏으려고 했었지요. 그 전리품 때문에 나는 가슴에 온갖 고난을 맛보고, 용사들의 쓰라린 전쟁의 파란도 이겨 내었습니다. 단지 그의 아버님의 비위를 맞춰 트로이 땅에서 신하로 일하기를 거절하고 다른 동지들을 지휘하고 있었기 때문입니다.

그래서 그 뒤 나는 그가 밭에서 돌아오는 것을 동지들과 길 옆에서 기다리고 있다가 청동 촉을 단 창으로 처치했습니다. 무척이나 캄캄한 밤이 하늘을 가리고 있었기에 누구 한 사람 우리를 본 사람은 없었으므로 아무도 모르게 그의 목숨을 빼앗았지요. 그래서 마침내 그를 날카로운 청동 연장으로 살해하자, 나는 재빨리 훌륭한 페키니아 사람들의 배로 가서 넉넉할 정도로 그들에게 만족하게 전리품을 나누어 주고, 나를 필로스나 에페이오이족이 지배한다는 나라 엘리스에 배를 태워 보내 달라고 부탁했습니다. 그런데 공교롭게도 강한 바람이 그들을 그곳에서 멀리 떼어 놓고 말았습니다. 정말 그들의 생각과는 어긋난 일이었고 나를 속이려고 한 것은 아니었지요. 그래서 그곳으로 가는 길을 벗어나 밤중에 여기에 도착하게 된 것입니다. 겨우 포구에 배를 저어 넣었기 때문에 우리는 저녁 식사도 깜박 잊고 못했을 정도였습니다. 모두 배가 고파 지쳐 있었지요. 그랬으나 어쨌든 배에서 내려 모두 누워 버렸습니다. 그때 피로에 지친 나에게 달콤한 잠이 찾아왔지요. 그러자 모두 내가 가지고 온 물건들을 넓은 배에서 운반해 내어 내가 잠든 바닷가에 옮겨 놓았습니다. 그리고 그들은 배를 타고 경치가 아름다운 시돈 해변으로 돌아갔습니다. 그래서 이와 같이 남게 된 나는 괴로워하고 있는 것입니다."

이렇게 오디세우스가 말하자 빛나는 눈을 가진 여신 아테나는 미소 지으며 손으로 그를 어루만졌다. 그 모습은 아름답게 키가 늘씬했으며 훌륭한 손재주를 가진 부인같이 보였다. 그를 향해 소리 높여 말했다.

"교활하고 능청스런 사나이로군요. 신이라고 하더라도, 당신보다 뛰어나기는 힘들겠군요. 온갖 꾀로 짓궂게도 어떤 방면으로나 지혜가 돌아가는 한없는 계략가인 당신은 자기 고향에 돌아왔는데도 여전히 사람을 속이는 여러 가지 꾸민 이야기를 그만두지 않으려고 하는군요. 정말 진정으로 그런 일을 좋아하는 군요. 이제 그런 얘기는 그만둡시다. 둘 다 꾀는 뛰어났으니까요. 말하자면 당신은 모든 인간 중에서도 교묘한 방법이나 꾸민 이야기에 가장 뛰어난 사람이고, 나는 모든 신들 중에서 지혜나 꾀에 있어서는 유명하니까. 당신은 모든 재앙을 만났을 때 도움을 주고 보호해 준 제우스의 딸 팔라스 아테나를 모르는지요. 조금 전에도 파이아케스 사람들에게 모두 좋도록 해 주었어요. 그리고 지금도 여기에 온 것은 당신과 의논해서 보물을 숨겨 두기 위해서입니다. 훌륭한 파이아케스 사람들이 당신이 귀국할 때 보내 준 것을 모두 숨겨 두기 위해서 말입니다. 그것도 내가 염려에서 하는 일이에요. 훌륭히 지어진 궁전에 가서 당신이 이겨 내야 할 운명의 온갖 번뇌를 하나하나 가르쳐 주기 위해서이지요. 당신은 무슨 일이 있더라도 그것을 이겨 내야 해요. 그리고 남자든 여자든 어떤 사람에게든지 당신이 방랑하던 끝에 귀국했다는 사실을 밝혀서는 안 돼요. 그래서 여러 가지 괴로운 일과 남자들의 난폭한 행동을 몸소 받더라도 말없이 참아야 해요."

그러자 풍부한 지혜를 가진 오디세우스는 말했다.

"여신이여, 만나 뵈온 사람이 여신 아테나라고 알아차린다는 것은 어려운 일입니다. 아무리 아는 것이 많은 사람이라 할지라도 말입니다. 그 이유는 당신이 모든 사람들의 모습을 닮았기 때문입니다. 그러나 나는 충분히 알고 있습니다. 훨씬 전에 트로이 땅에서 우리 아카이아 군사들이 싸우고 있었을 무렵에 나한테 친절하게 해 주신 일을 잘 알고 있습니다. 그런데 우리가 험준한 프리아모스 성을 무너뜨린 뒤 각자 배를 탔을 때, 신께서는 아카이아 사람을 뿔뿔이 헤어지게 하셨습니다. 그 뒤엔 제우스 신의 따님이시여, 우리는 당신을 보지도 못했으며 우리 배에 타신 줄도 몰랐습니다. 내 고난을 도와주시려는 것도 말입니다. 그래서 신들께서 재앙이 나를 풀어 주는 날을 기다리면서, 언제까지나 나는 가슴을 태우면서 방랑을 계속했습니다. 얼마 전에는 파이아케스족이 사는 풍요한 나라에서 말씀을 해주시고 나를 격려해 주시며 여신님이 몸소 수도까지 데려가 주셨습니다. 그래서 이번에도 당신 아버님이신, 하소연하는 사람을 보호하시는 제우스 신께 부탁해서 무릎에 매달려 소원합니다. 내 생각으론 아마 이 장소가 섬 모양이 뚜렷한 이타카가 아니고 어딘가 다른 땅에서 방황하고 있는 것 같습니다. 그것을 당신이 놀려 주기 위해서 그렇게 말씀하신 거지요. 내 마음을 혼돈시키려고 말입니다. 정말 내가 그리던 고향 땅에 닿았는지 말씀해 주십시오."

이에 빛나는 눈빛의 여신 아테나가 말했다.

"당신은 언제나 그런 걱정을 하고 있군요. 그러니 당신을 내버려 둘 수 없는 거예요. 고난을 겪고 있는 것을 그대로 둘 수 없어요. 당신은 상냥스럽고 재치도 있고 똑똑하기 때문이지요. 그리고 다른 사람 같으면 방랑이 끝나 고향에 돌아오면 너무나 기뻐서 자기 집에 가서 아이들과 아내를 만나보고 싶어 할 거예요. 그런데 당신은 절대로 그런 일을 알리고도 찾아가려고도 하지 않아요. 언제나 집에 들어앉아서 낮이나 밤이나 비탄의 눈물을 하염없이 흘리며 지내고 있는 아내에게 말이에요. 당신이 부하를 모두 잃고 고향에 돌아가리라는 것을 나는 조금도 의심치 않고 알고 있었어요. 그러나 나는 결코 포세이돈과는 싸우고 싶지 않아요. 무엇보다 제 아버님의 형제분이시니까요. 그런데 그분은 자기 아들인 거인 폴리페모스를 장님으로 만들었다고 매우 증오하시고 원한을 품고 계셨어요. 그러나 어떻게든 내 말을 당신이 믿도록 이제 이 이타카 땅의 모양을 보여 드리겠어요. 여기는 그 바다의 노인인 포르퀴스 포구라는 곳입니다. 그리고 저것이 포구 안쪽에 있는 잎이 기다란 올리브나무예요. 이것이 또한 넓은 동굴이지요. 둥근 천장의 바위를 인 그곳에서 당신이 몇 번이고 나이아데스라고 불리는 님프들에게 흡족한 제물을 바쳤었지요. 그리고 저것이 숲에 싸인 네리톤 산이지요."

이렇게 말하고 여신이 안개를 걷자 땅이 잘 보이게 되었다. 그래서 참을성 많은 오디세우스는 기뻐서 자기 고향을 환영하며 밀을 자라게 하는 밭의 흙에 입을 맞추었다. 그러고는 곧장 두 손을 들어 님프들에게 기원하듯 말했다.

"냇가의 님프들이여, 제우스의 딸들인 당신들과 다시 만나리라고는 생각지도 못했습니다. 제발 지금은 나의 지극한 기원을 받아 주십시오. 그리고 제물도 올려 드리겠습니다. 전과 다름없이, 만일 제우스의 따님인 전쟁의 여신께서 내가 오래 살아서 귀여운 자식이 어른으로 자라는 것을 보게 해 주신다면 말입니다."

그러자 빛나는 눈빛을 한 아테나 여신이 말했다.

"안심해요, 그런 일은 당신이 걱정하지 않아도 좋으니까요. 그것보다 지금 곧 보물들을 그 큰 동굴 속에 숨겨 둡시다. 그것들을 무사하게 당신 손에 남도록 말이에요. 그리고 어떻게 하면 가장 좋게 할 수 있는지 우리 함께 생각해 봐요."

이렇게 말하자 여신은 어슴푸레한 동굴 속으로 숨길 곳을 찾으려고 들어갔다. 그러자 오디세우스는 곧 파이아케스 사람들이 준 황금과 닳지 않은 청동과 잘 짜인 옷감들을 그 옆으로 모두 옮겼다. 그 다음 산양가죽 방패를 가진 제우스 신의 딸 팔라스 아테나 여신이 그 물건들을 동굴에 넣은 뒤 바위로 입구를 막아 두었다. 다음 두 사람은 거룩한 올리브나무 밑에 앉아서 교만한 구혼자들의 파멸에 대해서 궁리를 했는데, 먼저 빛나는 눈빛의 여신 아테나가 말했다.

"제우스의 후손 라에르테스의 아들인 지혜와 꾀가 넘치는 오디세우스여, 어떻게 하면 염치도 없는 구혼자들을 처치하겠는가 궁리해 봐요. 그들은 3년 동안 당신의 성에서 뻔뻔스럽게 행패를 부렸어요. 여신과 다름없는 모습의 당신 부인에게 결혼 선물을 주면서 구혼을 했습니다. 당신 부인은 당신의 귀국을 고대하고 늘 비탄에 젖으면서도 모든 사나이들에게 희망을 말을 하면서 약속을 했으나, 마음속으로는 다른 기원을 언제나 하고 있었어요."

이에 지혜가 풍부한 오디세우스는 말했다.

"정말 불행하게도 당신이 차근차근 상세한 얘기를 해주지 않았더라면 여신이여, 아트레우스의 아들 아가멤논의 불행한 죽음의 꼴을 내 집에서 당할 뻔했습니다. 자, 그러면 무슨 꾀를 써 주시지 않으렵니까. 그리고 당신이 내 편을 들어서 어떻게 그들에게 벌을 줄 것인가 대담한 용기를 주십시오. 전에 부유하고 강한 트로이의 성을 무너뜨렸을 때와 마찬가지로 말입니다. 빛나는 눈빛의 여신이여, 만일 당신이 그때처럼 열심히 내 곁에 계셔 주신다면 300명의 용사들만 가지고도 나는 싸울 수 있습니다. 당신과 함께 여신이여, 진정으로 나를 도와주실 때는 말입니다."

그러자 눈빛이 빛나는 여신 아테나가 대답했다.

"나는 당신 곁에서 힘껏 도와줄 거예요. 언제나 그 일로 어려울 때는 절대로 내가 당신을 잊지 않을 거예요. 그래서 당신의 집 재산을 먹어 없애고 있는 그 무리들, 구혼하는 남자들 모두 반드시 피와 머릿골을 뿌리며 넓은 땅바닥을 물들일 겁니다. 그러면 이제 당신을 어떤 사람도 몰라보도록 만들어 드리지요. 먼저 잘 구부러지는 손발의 고운 살결을 거칠게 하고 갈색 빛의 머리카락도 없애버리고, 몸에 걸치는 옷은 보기에도 흉측스러운 누더기 옷으로 만들고요. 그리고 눈은 전에 너무나 고왔으나 그것을 흰자위 낀 눈으로 만듭시다. 어느 구혼자가 보더라도 초라한 사람으로 보이게 말입니다. 그리고 궁전에 두고 온 부인과 아이들이 보더라도 말이지요. 당신은 먼저 돼지치기에게 찾아가야 해요. 당신의 돼지를 치고 있는 사람인데, 마음씨가 좋고 당신의 아들을 소중히 거두어 주고 지혜로운 페넬로페에게도 충성스러운 남자예요. 돼지들 옆에 살고 있으니까 알기 쉬워요. 그 돼지들은 코라크스 바위 근방, 아레투사 샘 가까이에서 도토리를 먹고 검은 물을 마시고 있어요. 그것이 돼지들을 살찌게 하니까요. 그곳 돼지치기 집에 머물면서 거기서 모든 것을 자세히 물어보아요. 그동안 나는 아름다운 여성이 있는 스파르타에 가서 당신이 사랑하는 아들 텔레마코스를 불러 오겠어요. 오디세우스여, 아들은 드넓은 라케다이몬에 메넬라오스를 찾아갔어요. 당신이 아직 살아 있는지 소문을 들으려고 말이에요."

이에 지혜 넘치는 오디세우스는 대답해 말했다.

"그렇다면 마음속으로 다 알고 계시면서 왜 그에게 말해 주지 않았습니까. 혹시 그도 거친 바다 위를 여기저기 헤매면서 고난을 받도록 하려는 것입니까. 그 동안 다른 녀석들이 우리 집 양식을 다 먹어 버리도록 말입니다."

이에 빛나는 눈의 여신 아테나가 대답하여 말했다.

"절대로 그 아이 일은 걱정하지 말아요. 내가 보냈으니까요. 그 땅에 가서 훌륭한 명예를 얻도록 했어요. 그리고 아무런 사고도 없이 편안하게 아트레우스 아들 메넬라오스 집에서 태산같이 선물도 받고 지낼 거예요. 사실 구혼자들의 젊은 무리들이 검은 배를 타고 고향에 돌아오기 전에 그를 죽이려고 설치면서 기다리고 있지만, 그것은 헛된 일이 될 것입니다. 그 전에 당신네 집 양식을 먹어 없애고 있는 구혼자들을 남김없이 대자연의 넓고 큰 땅이 사로잡아 갈 거예요."

아테나 여신은 이렇게 말하고 지팡이로 그를 건드렸다. 그러고는 잘 구부러지는 손발의 고운 살결을 거칠게 하고, 갈색 머리카락을 머리에서 없애버리고는 온몸에 노인의 피부를 씌우고, 이제까지 정말 아름다웠던 두 눈을 흰자위 낀 눈으로 만들어 버렸다. 또 몸에는 지금까지 입었던 것과는 다른 보기 흉한 누더기 옷으로 겉옷과 속옷을 갈아입혔다. 더럽고 해지고 지독한 연기로 찌든 것으로. 그 다음에는 두 어깨에 재빠른 사슴의 커다란 털 빠진 가죽을 걸쳐 주고, 끈이 겨우 하나 달린 아주 너덜너덜한 바구니를 손에 들게 했다.

두 사람은 이렇게 꾀를 내어 꾸미고서 헤어졌는데, 여신은 그 뒤 거룩한 라케다이몬으로 오디세우스의 아들을 찾아서 떠났다.

제14권
돼지치기 에우마이오스 오두막

오디세우스는 여신으로부터 이타카 섬의 상황을 듣고, 구혼자들이 많이 모여들어 자기 저택을 황폐하게 만들고, 텔레마코스가 그곳에 없음을 알게 된다. 그는 조심스럽게 옛날의 충성스런 하인이었던 돼지치기 에우마이오스의 오두막으로 먼저 가보기로 한다. 언덕의 돌 많은 길을 더듬어 목장 끝에 있는 오두막에 이르자, 개가 나와서 짖어 댄다. 그 소리를 듣고 에우마이오스가 나오는데, 거지 행색을 한 옛 주인을 알아볼 까닭이 없다. 그러나 인정 많은 사나이라서, 의지하러 온 사람을 흔쾌히 받아들여 음식을 주고 그 신분을 묻는다. 오디세우스는 크레타 섬 태생인 뱃사람이라고 속인다. 해적을 만나 노예로 팔렸으며 겨우 도망쳐 나오는 길이라고 했다. 또 에우마이오스의 물음에 대답해서, 그 주인인 오디세우스가 귀국할 날도 머지 않을 것이라고 위로한다.

한편 오디세우스는 포구로부터 울퉁불퉁한 오솔길을 지나 숲이 우거진 곳을 골라 높은 곳, 바로 아테나 여신이 돼지치기가 사는 곳이라고 가르쳐 준 곳으로 올라갔다. 이 사나이는 존엄한 오디세우스가 데리고 있는 하인들 가운데에서, 그의 살림을 가장 진심으로 아껴 준 사람이었다.

그런데 그 사람은 마침 문 어귀의 봉당에 앉아 있던 참이었다. 거기는 곳곳이 잘 내다보이는 곳으로, 거기 안마당에는 울타리가 처져 있었다. 훌륭하고 큼직하게 빙 둘러서 그 울타리는 이 돼지치기 사나이가 다른 나라로 가 버린 주인의 돼지들을 위해 제 손으로 만든 것으로, 안주인이나 라에르테스 노인은 알지 못하는 일이었다. 깎아 낸 돌을 쌓고 위에는 가시덩굴로 지붕을 씌우고, 바깥쪽에는 빽빽이 돌아가면서 이쪽저쪽에 많은 말뚝을 박았다. 떡갈나무의 검은 재목을 빠갠 것으로. 또 안마당에는 돼지우리 12개가 서로 가깝게 만들어졌는데, 그곳은 돼지들이 잠자는 곳이었다. 그 하나하나에 땅바닥에 드러누운 돼지가 50마리씩 갇혀 있었는데, 모두 새끼를 가진 암놈들이었다.

수놈들은 우리 밖에서 기르는데 숫자는 훨씬 적었다. 구혼자들이 수놈만을 먹어서 수를 줄였기 때문이다. 바로 돼지를 치는 자가 언제나 전체적으로 잘 살찐 수놈 중에서도 좋은 놈만을 골라서 내놓았던 것이다. 그래서 이제 돼지는 모두 360마리가 있는 셈이었다. 그 옆에는 사나운 개가 네 마리 누워 있었는데, 이것은 돼지치기 주인이 길들인 개들이었다.

돼지치기는 자기 발에 샌들을 맞추고 있는 중이었다. 좋은 빛깔을 한 쇠가죽을 재단해 가지고. 다른 이들은 각기 떼를 지은 돼지들과 함께 이쪽저쪽으로 나가 버렸다. 세 사나이가 그렇게 나갔고, 넷째 사나이는 교만한 구혼자들한테로 하는 수없이 돼지를 이끌고 마을로 나갔던 것이다. 그 돼지를 제물로 도살해서 그들이 만족할 만큼 고기를 먹이기 위해서였다.

별안간 짖어 대는 개들이 오디세우스를 발견했다. 그리고 더욱 시끄럽게 짖어대면서 덤벼들었다.

한편 오디세우스는 신중하게도 주저앉으며 손에서 지팡이를 놓았다. 이때에 그는 자기 소유의 오두막 앞에서 난처한 꼴을 당했을지도 몰랐다. 만일 돼지치는 자가 재빨리 문 어귀에서 달려오지 않았더라면 말이다. 샌들을 만들려던 쇠가죽을 손에서 떨어뜨리면서, 네 마리의 개를 꾸짖고 몇 번이나 돌을 던져 이쪽저쪽으로 쫓아버리고는, 그제야 주인에게 말했다.

"영감, 이놈의 개들이 하마터면 당신을 물어뜯을 뻔했구려. 너무나 갑작스러운 일이라서. 그랬더라면 나는 당신한테 지독한 비난을 받았을 거요. 글쎄 이런 일 말고도 신들께서는 고생과 탄식을 많이 안겨 주셨다오. 무슨 말이냐 하면, 나는 신과도 같은 우리 주인님의 신세를 생각하고 언제나 슬픔과 탄식에 잠겨 있다오. 그리고 남을 위해 살찐 돼지를 먹을 것으로 내놓기 위해 기르고 있단 말이오. 그러나 우리 주인님은 아마 먹을 것을 찾아서 떠돌고 계실 것이오. 다른 말을 지껄이는 사람들이 사는 나라나 마을을 말이오. 그것도 아직 살아서 햇빛을 보실 수 있다면 그렇지. 하지만 아무튼 나를 따라와요. 집 안으로 들어갑시다. 그래 영감, 당신도 밥과 술을 배불리 먹고 마시고 나면, 어디서 왔는지 또 얼마나 많은 고생을 겪었는지 이야기해줄 테지요?"

이렇게 말하고 돼지치기는 앞장서서 오두막으로 가더니, 안으로 데리고 들어

가 자리에 앉혔다. 바닥에 섶나무 잔가지를 가득 깔고 그 위에 염소 가죽을 폈
는데, 그것은 여느 때 자신의 잠자리로 사용하는 것으로 부드러운 털이 잔뜩
붙은 털가죽이었다. 그래서 오디세우스는 이런 친절한 대접을 받는 것을 기쁘
게 여기고, 그 이름을 불러 말했다.

"여보게 주인 양반, 제우스 신과 그 밖의 불사의 신들께서 당신한테, 무엇이
든 가장 희망하시는 것을 내려 주시기를 빕니다. 이렇게 융숭하게 나를 대접해
주신 보답으로요."

그러자 돼지치기 에우마이오스는 말했다.

"손님이여, 내 양심이 용서할 수 없는 일이라오. 비록 당신보다 더한 행색을
한 사람이 왔다 하더라도, 손님을 업신여긴다는 일은 말이오. 왜냐하면 다른
지방에서 온 손님이나 동냥하러 온 사람은 모두 제우스 신께서 보내오신 사람
이거든요. 우리가 베푸는 물건이란 하찮은 것이지만 정성이 담긴 것이라오. 왜
냐하면 하인 된 자로서의 습성으로, 주인님들이 두려워 그 이상의 큰일을 못
하기 때문이오. 더구나 주인님이 젊으신 분일 경우에는 더욱. 내 옛 주인으로
말할 것 같으면 참말이지 신들께서 그분의 귀국을 막으셨다오. 그분 같으시면
우리를 제대로 보살펴 주시며 가진 물건도 나누어 주셨을 것이오. 구혼자가 많
은 마님이나 인심이 좋으신 주인님이 늘 자기 집 하인들에게 나누어 주시는,
집이나 땅 같은 것을 말이오. 그 하인이 여러 가지 일을 성심껏 돌보아 드릴 경
우라면 말이지. 그래서 신께서 그 이익을 크게 해 주는 것이지요. 바로 우리 집
에서도 언제나 내가 맡은 일의 이익을 더해 주시는 것처럼. 그렇기에 주인님이
이곳에서 나이를 자셨다면, 나한테 듬뿍 보답해 주셨을 것이오. 하지만 이젠
돌아가셨단 말이오. 참말이지 헬레네 일족이 모두 망해 버렸다면 좋았을 것을.
수많은 무사들의 목숨을 버리게 했으니 말이오. 게다가 그분만하더라도 아가
멤논을 위해 보답을 하신다고, 트로이 사람들과 싸우러 좋은 말이 많이 나는
일리오스로 떠나셨거든요."

이렇게 말하고 재빨리 겉옷을 띠로 질끈 졸라매고서는 돼지우리로 나갔다.
거기에는 돼지들이 우리 안에 갇혀 있었는데, 그 우리에서 두 마리를 끌고 나
와 모두 도살했다. 그리고 털을 불로 태운 다음 고기를 썰어 여러 꼬챙이에 가
지고 와서, 아직 뜨끈뜨끈한 것을 꼬챙이 채 오디세우스 앞에 바쳤다. 거기에
흰 보릿가루를 뿌리고 또 담쟁이 무늬가 새겨진 보시기에 달콤한 포도주 진국

을 물로 섞어서는, 자신도 오디세우스 앞에 앉아서 먹기를 권하면서 말했다.

"자, 어서 많이 잡수시구려, 손님. 하인들이 늘 먹는 음식이지요. 새끼 돼지긴 하지만. 살찐 수돼지는 구혼자들의 몫이 된단 말이오. 그들은 신들의 처벌도 염두에 없고 자비심도 없는 이들이오. 참말이지 그러한 무도한 행동은 축복받으신 신들께서도 안 좋아하시며, 오직 올바른 길과 분별 있는 인간의 소행만을 칭찬해 주신다오. 사실 말이지, 적의를 품고 길을 지키지 않는 이들이 다른 나라로 쳐들어가 전리품을 얻어 가지고 오지만, 그런 이들조차도 배에 가득 싣고 고향에 돌아올 때는, 신의 심판과 복수에 대한 심한 두려움으로 가슴이 불안해진다고 하오. 구혼자들은 무언지 알고 있는 거요. 무엇인지 신들의 음성을 듣고는 있는 거요. 우리 주인님의 불행한 파멸에 대해 알고 있으므로, 정당한 길을 밟아 구혼하려고 하지 않고 자기 집으로 돌아가려고도 하지 않으며, 제법 잘난 척 우쭐해서 아무 거리낌도 없이 주인님의 재산을 축내고들 있단 말이오. 제우스 님께서 보내 주시는 하루하루를 밤낮없이 제물로 도살하는 것만도 한 두 마리가 아니라오. 포도주도 멋대로 물 쓰듯 축내고 있단 말이오. 우리 주인님의 살림살이란 처음에는 대단한 것이었다오. 이 이타카 섬에서도, 거무스레한 본토에서도 영주로서는 누구도 이만한 재산을 가진 사람은 없었다오. 스무 사람의 재산을 다 합쳐도 못 당할 만큼 그만큼 큰 부자였다오. 내가 지금 시험 삼아 세어 볼까. 본토에는 소 떼만 해도 열둘이 있고 같은 수의 양 떼에 같은 수의 돼지 떼, 같은 수의 여러 곳에 흩어져 있는 염소 떼를 다른 고장 사람인 양치기와 이 댁 하인인 양치기들이 지키고 있다오. 또 이 섬에서는 흩어져 있는 염소 떼가 모두 합쳐서 열하나, 변두리에서 길러지고 있으며 쓸모 있는 사나이들이 지키고 있지만, 그 가운데서도 구혼자를 위해 가장 살찐 놈으로 번갈아가며 매일 한 사람이 데려가기로 되어 있다오. 그래서 나는 이렇게 여기 있는 돼지들을 지키고 있으면서, 이 돼지들 가운데 가장 좋은 놈을 골라내어 그들에게 보내 주곤 한다오."

그는 이렇게 말했는데, 그러는 동안에 오디세우스는 열심히 고기를 먹으며 술을 마시고 있었다. 허기진 사람처럼 말없이, 오직 구혼자들에 대한 복수를 궁리하면서.

그리하여 식사도 끝내고 한껏 배도 불렀을 때, 돼지치기는 여느 때 자기가 사용하는 그 잔에 포도주를 가득 따라서 오디세우스에게 건네주었다. 오디세우스는 그것을 받아 들고 마음이 기쁜 나머지 그에게 소리를 높여 곧바로 물었다.

"아, 참으로 친절한 양반, 누가 당신의 주인이시오. 그 재산으로 당신을 사들인 분은? 그렇게 대단한 부자요? 힘을 가지신 분이란? 그분이 아가멤논의 복수를 하기 위해 목숨을 바쳤다고 했지요. 말해 보시오, 어쩌면 내가 알 수 있을지도 모르니까. 그토록 훌륭한 분이시라면, 제우스 신이나 또 다른 불사의 신들만이 아실 것이오. 내가 그분을 만났으며 그 소식을 전할 수 있는지 어떤지를. 나는 무척 많은 곳을 떠돌아 다녔답니다."

사나이들의 우두머리인 돼지치기가 말했다.

"아니지요, 영감님. 여러 곳을 방랑해 다닌 사람이 그분의 소식을 전하겠다 한들, 아무도 그 부인이나 아드님을 믿게 할 수는 없겠지요. 대접을 받기 위해 방랑자는 아무렇게나 되는 대로 거짓말을 하고, 진실을 말하려고는 하지 않는 법이라오. 그래서 방랑 끝에 이타카 마을로 온 사람은 우리 마님한테 가서 터무니없는 소리를 지껄이는데, 그러면 마님은 제법 친절하게 대접하며 소중히 여겨 자초지종을 물으시거든. 그러고는 슬픔과 한탄에 빠져 눈물을 흘리시곤 하지요. 그것이 여자의 습성이라는 거요. 남편을 다른 나라에 보내어 잃은 경우엔. 영감, 당신도 이야기를 꾸며 내어 말하겠소? 예를 들어 누가 당신한테 겉옷이며 속옷 등을 주겠다고 한다면. 하지만 이젠 이미 그분은 날쌘 개나 큰 새들이 몰려들어 뼈에서 가죽을 벗겨 냈을 것이 틀림없소. 혼령은 이미 뼈를 떠나 저승으로 가버렸을 거요. 아니면 바다 한가운데에서 물고기들의 밥이 되었든지. 그래서 그분의 뼈는 육지에 많은 모래를 뒤집어쓰고 누워 있을 거요. 그렇게 그분은 그곳에서 돌아가신 거요. 가족들 모두에게, 특히 이 나에게 뒷날의 근심과 걱정을 남겨 놓으시고서 말이오. 하지만 이제는 어디로 가든지 그렇게 인자하신 주인님은 다시는 만날 수 없을 거요. 만일 어버이가 계시는 집으로 되돌아가더라도 말이지. 거기서 내가 났으며 어버이가 손수 나를 길러 주신 곳이라 하더라도 말이오. 참말이지 어버이를 위해서도 이렇게까지는 슬퍼하지 않는 법이라오. 하기야 내가 태어난 고향으로 돌아가서 이 눈으로 보고 싶다고 초조해하기는 하지만. 무엇보다도 여기에 안 계신 오디세우스 님에 대한 그리움이 내 가슴을 메워버리는군. 사실 말이지 손님, 그분이 여기 안 계실지라도 이름을 부르는 것만도 죄송스러운 느낌이 든다오. 그럴수밖에 없는 것이 나를 특별히 지극하게 걱정해 주셨거든. 그래서 그분이 안 계실 때에도 그분을 나의 사랑하는 주인님이라고 언제나 생각하고 있지요."

그에게 이번에는 참을성 있고 존엄한 오디세우스가 말했다.

"아, 친절한 양반, 참으로 당신은 남의 말은 받아들이지 않고, 이젠 그분이 안 돌아오신다 그거군요. 당신의 마음은 남을 믿지 않는군요. 하지만 나는 결코 그런 이야기를 하려는 게 아니오. 맹세코 말하겠는데, 오디세우스 님은 돌아오실 거요. 이제라도 주인님이 자기 성으로 돌아오신다면, 좋은 소식을 전한 상금을 받고 싶소. 그러기 전에는 아무리 필요하다 해도 아무것도 받지 않겠소. 가난 때문에 아무렇게나 지껄여 대는 사나이란, 나한테는 저승의 대문과도 같은 원수이거든. 자, 첫째로 신들 가운데서도 제우스 신이 굽어 살피소서. 그리고 손님을 접대하는 네 발 달린 탁자와 또 금간 데 없는 오디세우스 저택의 화로도 굽어 살피소서. 내가 이제부터 말하는 대로 이런 일들이 고스란히 사실이 될 거요. 올 해가 끝나기 전에 오디세우스는 이 섬으로 돌아올 거요. 이 달이 지나고 새 달이 되면 집으로 돌아와 복수를 할 거요. 그분의 부인과 훌륭한 아들을 이곳에서 모욕한 자들에게."

그 말에 돼지치기인 에우마이오스가 말했다.

"아니 영감님, 난 말이지, 이 좋은 소식에 대한 사례금은 물지 않으려오. 그리고 이젠 오디세우스 님은 집에 돌아오시지 않을 거요. 그보다는 어서 걱정 말고 마시도록 해요. 그리고 이야기를 바꾸어 다른 일을 회상하도록 합시다. 지나간 일들은 생각지 말도록 해요. 언제나 누가 소중한 주인님을 생각나게 하면, 내 가슴속이 쓰라려 견딜 수가 없어요. 그러니 맹세는 집어치워요. 하지만 내 소원대로 오디세우스 님이 돌아오신다면 정말 좋겠군. 그리고 페넬로페 님과 라에르테스 영감님, 신과도 같은 모습을 한 텔레마코스 님이 바라시는 것처럼 말이오. 하지만 이번에는 또 그분의 아드님을 위해 슬퍼하게 되는군요. 잠시도 잊을 사이 없이 오디세우스 님의 아들인 텔레마코스 님에 대한 일을 생각한다오. 그분을 신들께서 어린 나무처럼 길러 내시고, 무사들 사이에서 그 부친 못지않은 사람이 되기를 기대하고 계셨지. 얼굴 생김새나 모습에 있어서나 황홀한 지경이 되기를. 그런데 그것을 불사인 어느 신이 농간을 부렸는지, 또는 어느 인간이 그랬는지, 그의 가슴속의 분별을 흐리게 했다오. 그래서 아버님의 소식을 알아보겠노라고 신성한 필로스로 떠났다오. 그가 돌아오는 길을 우쭐한 구혼자들이 몰래 숨어 기다리고 있다오. 신과도 같은 아르케이시오스의 핏줄을 받은 사람을, 이타카에서 이름도 없이 멸망시키려고 하는 계략이라오.

하지만 그 일에 대해서는 그만 말하기로 합시다. 혹은 붙들리고 말든지 달아나든지 할 테지. 크로노스의 아드님이 손을 뻗쳐 보호해 주실지도 모르지. 그보다는 영감님, 당신이 겪었다는 갖가지 고생에 대한 이야기나 들려주구려. 나한테 숨김없이 말해 주오. 내가 똑똑히 알아듣도록. 도대체 당신은 어떤 사람이며 어디서 왔는지, 당신네 나라는 어디며 또 양친은 어디에 계신지? 어떤 배를 타고 오셨는지? 또 뱃사람들은 어떻게 해서 이타카로 당신을 데려왔는지? 그들은 대체 어떤 사람들이라고 했는지? 왜냐하면 당신이 걸어서 이 섬으로 왔다고는 도저히 생각할 수 없단 말이오."

그에게 지혜 넘치는 오디세우스가 대답했다.

"그렇소, 나는 이제부터 그런 일에 대해 모두 똑똑히 이야기하려 하오. 그런데 지금 우리 두 사람이 꽤 오랫동안 오두막에 들어앉았는데, 천천히 식사를 하기에 넉넉한 음식과 맛있는 술이 있겠지요? 다른 사람들은 그대로 일을 하도록 해 두시오. 그러나 마음 편히 꼬박 1년 동안 이야기를 한들, 내 가슴속의 고뇌를 모두 털어놓을 수는 없을 거요. 그 많은 재난도 신들의 뜻에 의해 겪어 온 것이지만.

이렇게 보여도 나는 출신부터 말하자면 널찍한 크레타 섬 태생이라오. 유복한 지주의 아들이었지. 그런데 나 말고도 많은 아들들이 큰 저택에서 자라났다오. 정실에서 난 자식들이지요. 그러나 나는 돈으로 사들인 첩의 소생이었소. 하지만 휠라크스의 아들인 카스토르는 그런 나를 정실의 아들이나 다름없이 소중히 길러 주었다오. 그래서 나는 그의 아들인 셈인데, 그는 그즈음 크레타 사람들 사이에서는 신처럼 존경을 받고 있었다오. 영예에 있어서나 부귀에 있어서나, 또 훌륭한 그 아들들에 의해서 말이오. 그러나 그에게도 물론 죽음의 운명이 찾아와서 그를 하데스의 궁전으로 데려갔기 때문에, 기운이 팔팔한 그의 아들들은 유산을 나누기 위해 제비를 뽑았지요. 그러나 첩의 아들인 나한테는 아주 약간의 몫밖에는 주지 않았다오. 그 밖에 집 한 채를 나누어 주었기에 나는 아내를 맞아들였지요. 땅이 많은 집 딸이었는데, 그것도 나의 수완을 높이 사 주었기 때문이라오. 왜냐하면 나는 결코 쓸모없는 사나이거나 싸움을 두려워해서 도망치는 사람은 아니었거든요. 이제 와서는 그것도 이미 다

잃어버렸지만. 그래도 이 허우대를 보신다면 한창 때는 어떠했으리라 짐작하실 겁니다. 참으로 지독한 고생도 다 겪었답니다. 정말 아레스 신과 아테나 여신은 나한테 얼마나 용감한 마음과 적을 무찌르는 재주를 내려 주셨는지. 적에게 재난을 계획하고 숨기기 위해 으뜸가는 용사를 뽑을 때엔 언제나, 나의 용감한 마음은 죽음 같은 것은 아랑곳도 하지 않았다오. 언제나 맨 앞에서 달려 나가 덤벼들었고, 적군 가운데 발이 빠르기로는 도저히 나를 따르지 못하는 자들을 마구 무찌르곤 했지요. 전투할 경우에는 그토록 용감한 사나이였다오. 그러나 남이 하는 일들은 아무래도 하고 싶지 않았고, 집안일도 그것이 훌륭하게 아이들을 길러 내는 일이건만 통 하지 않았으며, 마음이 내키는 것은 언제나 노를 젓고 배를 타는 일, 그리고 전쟁과 잘 닦은 창 쓰는 일, 활쏘기 따위로, 남들은 소름이 끼친다고 할 그런 흉측한 일들뿐이었지요. 웬일인지 나한테는 그런 일이 마음에 맞았는데, 아마도 신께서 내 마음을 그런 방향으로 돌려놓으신 것일 테지요. 말하자면 사람에 따라 하는 일도 마음에 들고 성미에 맞는 것이 다르다는 것이지요.

아카이아 사람의 아들들이 트로이 땅에 상륙하여 원정하기 전에, 나는 아홉 번이나 동지들을 이끌고 빠른 배들을 거느려 다른 나라로 출정했고, 많은 전리품을 얻어 오기가 일쑤였다오. 그 중에서 흡족할 만큼 넉넉히 골라 가진 다음 또 나중에 제비를 뽑아 많은 것을 가졌으며, 그래서 얼마 안 가서 우리 집은 넉넉해졌고, 그 결과 크레타 섬 사람들 사이에서도 유능하고 존경할 만한 사람이라는 평판을 얻기에 이르렀지요. 그런데 먼 곳까지 굽어 살피시는 제우스 신께서 마침내 저 끔찍스런 원정을 계획하셨을 때, 많은 무사들이 무릎을 굽히게 한 저 원정말이오. 그때 섬 사람들은 나와 또 이름 높은 이도메네우스에게 일리오스 원정의 지휘를 하라고 권했던 것이지요. 도저히 그것을 거절할 수는 없더군요. 온 나라 사람들의 의견이란 거스를 수 없는 법이에요. 그래서 원정에 참가해서 우리는 아카이아 사람의 아들들은 9년 동안이나 싸워, 10년째에 프리아모스 도시를 함락시킨 뒤 모두 배를 이끌고 귀국길에 올랐는데, 신께서 아카이아 사람들을 뿔뿔이 흩어지게 한 거지요.

그런데 비참한 나에게 지혜와 꾀의 신이신 제우스 님은 재앙을 내리셨던 것이니, 나는 겨우 한 달 동안만 정식 결혼한 아내와 아이들과 재산을 즐길 수 있었을 뿐, 그 뒤로는 나의 마음이 이 아이귑토스로 가게 했으며, 배를 충분히 장비한 뒤 신과도 같은 동지들과 항해하도록 명했던 것이지요. 그래서 내가 9척의 배를 장비해 놓자, 바로 뱃사람들이 모여들었지요. 그러고는 엿새 동안이나 충성스러운 동지들은 술잔치를 벌였지요. 거기에 나는 많은 재물을 제공했는데, 신들을 위하고 또 그들에게 먹이기 위해 바쳤던 것이지요. 그리하여 이레째에 우리는 배에 올라타고 널따란 크레타 섬으로부터 부드럽게 부는 순풍을 타고, 마치 강물을 내려가듯 손쉽게 배를 몰아갔지요. 그런데 한 척도 사고를 내지 않았으며, 모두 별 탈 없이 병도 앓지 않고 앉아 있었고, 바람과 키잡이는 곧장 배를 전진시켜 주었지요. 이렇게 해서 닷새 만에 유유히 흐르는 아이귑토스의 나일강에 이르러, 나일강 어귀에 흰 배를 매었지요.

그리고 나는 충성스러운 동지들에게 그대로 배 옆에 머물러 배를 지키게 하는 한편, 정찰대를 보내어 각지를 정찰하고 오도록 명령했지요. 그러나 그들은 혈기 닿는 대로 오만한 생각에 몸을 내맡겨, 바로 아이귑토스 사람들이 훌륭하게 가꾸어 놓은 밭을 마구 짓밟아 놓았다오. 그리고 여자와 어린아이들을 잡아오고 남자는 살해했는데, 그 요란한 소문은 곧 그들 도시에까지 알려졌다오. 그래서 그 마을 사람들은 그 소리를 듣고 날이 새자마자 우우 몰려와, 온 평원은 보병과 기병, 청동의 번쩍임으로 가득 찼지요. 그러나 우레를 울리는 제우스는 우리 동지들의 가슴속에 비참한 패망의 마음을 심어 놓으셨기 때문에, 누구도 적 앞에 나가서 싸우려는 자가 없었다오. 곳곳에서 재앙이 우리를 둘러싼 거지요. 이때 많은 동지들이 날카로운 청동 칼에 맞아서 죽거나 포로가 되어 적을 위한 강제 노동을 하게 되었지만, 제우스 신은 내 마음에 어떤 꾀를 생각나게 하셔서 살 수 있게 했다오. 하지만 나는 그냥 그곳 아이귑토스에서 죽어 최후를 마치고 말았다면 좋았을 것을. 왜냐하면 아직도 더 큰 재난이 나를 기다리고 있었으니까요. 그 꾀란 당장 머리에서 맵시 있는 투구를 벗어 던지고 어깨에서 방패도 내리고 손에서 창도 내동댕이친 다음, 그 나라 왕이 탄 마차 바로 앞으로 다가가, 그의 무릎을 붙잡고 입을 맞추는 것이었소. 그랬더니 왕은 나를 측은하고 불쌍히 여겨 마차 위에 올려 앉히고는, 눈물을 흘리고 있는 나를 성으로 데려가더군요. 물론 많은 군사들이 나를 죽이려고 서슬이 푸르게 물푸레나무 창을 가지고 들이닥쳤지만요. 정말 무척 분격하고 있더군요. 그러나 왕은 그것을 막으셨답니다. 다른 나라 손님을 보호하는 제우스의 노여움을 두려워했기 때문인데, 이 신께서는 무엇보다도 다른 나라에서 온 사람에 대한 못된 소행을 미워하신다는 거지요.

그곳에서 그대로 7년 동안이나 머무르면서, 아이귑토스 사람들로부터 많은 재물을 받았지요. 그들은 누구나 선물을 해 주었기 때문입니다. 그러나 마침내 8년째가 되었을 때, 어떤 페니키아 사람이 왔는데, 그는 옳지 못한 생각을 가진 사기꾼으로 세상에 못된 짓을 해 온 사나이였지요. 그가 상투적인 수법으로 나를 속이고, 끝내 페니키아로 데리고 갔답니다. 그곳에 그의 집과 재산이 있었는데, 거기서 꼬박 1년 동안 머물러 있었지요. 그러나 날이 가고 달이 지나고 새해가 오고 다시 제 철이 돌아왔을 때, 그는 리비아를 향해 바다를 건너는 배에 나를 태웠지요. 그것은 바로 그와 함께 짐을 싣고 간다는 것이었으나, 사실은 저쪽에 가서 나를 팔아 막대한 돈을 벌어들이자는 속셈이었지요. 나는 그의 그런 의도를 짐작 못하는 바는 아니었지만, 달리 도리가 없어 그와 함께 배에 오르고 말았지요. 그리하여 배는 세차게 불어오는 북풍에 밀려, 크레타 앞바다를 건너 달려갔습니다. 그때 제우스 신은 그들을 파멸시키기로 마음먹으신 거지요. 그래서 크레타 섬도 뒤로 하고 달리 어느 나라 육지도 보이지 않아 그저 하늘과 바다만 보이는 바로 그때, 시커먼 구름을 크로노스의 아드님은 우리의 가운데가 깊숙한 배 위에 머무르게 하시고, 그 구름 밑 넓은 바다를 어두컴컴하게 만드셨답니다. 그리고 제우스는 때를 놓치지 않고 요란한 우렛소리를 울려 퍼지게 하고 배 위에 벼락을 떨어뜨렸으므로, 제우스의 벼락을 얻어맞은 배는 빙글빙글 돌면서 유황 냄새로 가득 차고, 뱃사람들은 배에서 모두 떨어져 버렸다오. 떨어진 사람들은 갈매기처럼 검은 칠을 한 배의 주위를, 파도 위에서 떠돌고 있었습니다. 그들의 귀국하려는 희망을 신께서 끊어 버리신 것입니다. 나는 가슴속에 온갖 고민을 품고 있었습니다만, 제우스 신께서는 손수 뱃머리가 긴 배의 돛대를 내 두 손에 붙잡게 해 주셨답니다. 이번에도 재난을 면하라는 것이지요. 나는 그 돛대에 꽉 매달려 저주스러운 바람이 부는 대로 흘러갔다오.

9일 동안을 그렇게 흘러가다가, 열흘째 되는 날 어두운 밤에 큰 파도가 밀려와서 나를 테스프로티아 바닷가에 데려다 놓더군요. 거기서 테스프로티아 사람들의 왕인 페이돈 님은 나를 노예가 아닌 손님 대접을 해 주었지요. 그럴 만도 한 것이 모진 날씨와 피로 때문에 지쳐버린 나를, 그때 마침 그의 아들이 발견하게 되어 손을 잡고 부축해, 자기 성으로 데리고 갔기 때문이지요. 부왕의 궁전으로 데려갈 작정이었던 것이오. 왕은 나에게 겉옷과 속옷, 그 밖에 입을 것을 넉넉히 입혀 주었는데, 거기서 나는 오디세우스에 대한 소문을 들었단 말입니다. 왕이 하는 말에 따르면, 오디세우스가 고향에서 나왔을 때, 이곳에서 손님으로 융숭하게 대접했다는 겁니다. 그리고 오디세우스가 선물로 얻어 모았다는 갖가지 보배로운 재물도 보여 주더군요. 청동이며 황금, 그리고 많은 노력이 드는 철제품 등, 그것은 모르면 몰라도 10대의 자손을 대대로 키워낼 수 있을 만큼 많은 재물이 영주의 성에 쌓여 있더군요. 그런데 본인 오디세우스는 도도네로 떠났다는 이야기였지요. 그곳에 있는 신의 나무인 무성한 높은 떡갈나무로부터 제우스 신의 뜻을 알아보고, 어떻게 하면 고향인 이타카섬의 풍성한 마을로 돌아갈 수 있을 것인가를 알기 위해서요. 그곳을 이미 너무 오랫동안 떠나 있었으므로, 거리낌 없이 돌아가는 것이 옳은지 아니면 숨어서 몰래 가는 것이 옳은지를 알아볼 생각이었다오. 왕은 궁전에서 신께 제주를 바치면서 나한테 맹세하는 말로는, 이미 배는 항구에 내려져 있으며 뱃사람들도 모두 채비를 하고 있다고 했으니, 그러면 정말로 그를 이제 곧 그리운 고향으로 돌려보낼 테지요.

하지만 그보다 앞서서 나를 돌려보냈습니다. 마침 우연히 테스프로티아 사람들의 배가 보리가 많은 둘리키온으로 떠나게 되었던 것이지요. 그래서 왕은 나를 그 섬의 영주인 아카스토스한테 정중히 호송하도록 명령했습니다. 그런데 선원들은 나에 대한 음모를 꾸밀 것을 작정했습니다. 나더러 좀더 재난을 맛보라는 것이었겠지요. 그런데 멀리 큰 바다를 건너야 할 배가 육지에서 떨어졌을 때, 그들은 곧 나를 노예로 팔아먹을 꾀를 꾸몄던 것이지요. 그들은 내 겉옷과 속옷을 벗겨 버리더니, 다른 누더기와 속옷을 던져 주더군요. 넝마 같은 그 옷은 지금 당신의 눈으로 보시는 바로 이거랍니다.

저녁 때가 되어 섬 그림자도 뚜렷한 이타카에 이르자, 거기서 널빤지를 잘 깔아 놓은 배 안에 나를 용총줄로 단단하게 묶었답니다. 그리고 그들은 배에서 내려 곧 바닷가에서 저녁 식사를 하더군요. 그런데 신께서 손수 내 밧줄을 풀어 주신 것인지 쉽게 풀어졌으므로, 나는 머리를 천으로 가리고 미끌미끌한 짐내리기 미끄럼대를 타고 가슴에 바닷물이 찰 정도까지 미끄러져 내렸습니다. 그리고 두 손으로 헤엄쳐 삽시간에 땅으로 올라 와 그들에게서 빠져 나온 것입니다.

그리하여 저 우거진 숲으로 해서 기어올라 엉거주춤 숨어 있노라니, 그들은 고함을 치면서 이쪽저쪽 뛰어다니고 있었지요. 그러나 얼마 뒤 더 이상 찾아보아도 소용없다고 생각한 모양인지, 모두 다시 가운데가 깊숙한 배를 타고 떠나버렸소. 내가 쉽게 몸을 숨길 수 있었던 것도 신의 덕분인가 합니다. 그러고는 나를 분별 있는 양반의 오두막 가까이로 오게 해 주셨던 것이지요. 이것도 아마 좀더 살라는 운명인가 봅니다."

그러자 돼지치기 에우마이오스는 대답했다.

"아, 무척 불쌍한 손님이시군요. 참으로 내 가슴을 뒤흔들어 놓으셨소. 영감님 이야기를 듣고 보니, 얼마나 많은 고생을 하고 방랑을 하셨는지 짐작이 가오. 하지만 그건 어째 조리가 닿는 이야기 같지가 않은걸요. 아니, 믿을 수가 없소. 오디세우스 님에 대한 이야기는 말이오. 당신 같은 양반이 왜 거짓말을 해야 하오? 나로서도 잘 알고 있단 말이오, 주인님이 행방불명이 되었다는 것을. 그리고 신들께 몹시 미움을 받고 계시다는 사실도. 그래서 전쟁이 다 끝난 오늘에 와서도, 결코 트로이 군사에게 쓰러지게도 하지 않으며, 가족들의 팔에 안겨 죽게도 하시지 않는단 말이오. 그 무렵이라면 아카이아 군사들이 주인님을 위해 무덤도 만들어주었을 게고, 또 아드님에 대해서도 후세를 위해 큰 영예를 드렸을 겁니다. 이제는 이름도 잊어버린 채 폭풍의 정령이 그를 어디론가 휩쓸어가고 말았단 말이오. 그런데 나는 돼지들을 지키느라고, 사람들과도 접촉이 없고 마을로도 나가지 않는답니다. 만일 어디서 소식이라도 있어서 사려 깊으신 페넬로페 님이 와달라고 할 때 말고는 말이오. 그런데 그 소식을 가져온 사람 곁에 앉아서는 일일이 꼬치꼬치 캐어묻는단 말이오. 그가 오랫동안 집을 떠나고 안 계신 주인님을 위해 가슴아파하는 사람이건, 또는 보답도 않고 그 재산을 갉아먹고 있는 무리들이건 간에요. 그러나 나는 이전에 아이톨리아 사나이가 꾸며 낸 이야기로 나를 속인 뒤로는, 자세히 따져 묻거나 남의 말을 듣는 것이 싫어졌소. 그는 사람을 죽이고 여러 나라를 이리저리 방랑한 끝에 우리 집으로 찾아왔던 것인데, 얼빠진 내가 그를 제법 친절하게 돌보아 주었다오. 그랬더니 그가 말하기를, 크레타 나라의 이도메네우스 왕 밑에서 우리 주인님을 만났는데, 태풍을 만나 부서진 배를 손보고 있더라고. 또 그러고는 여름이나 초가을이면 막대한 보배로운 재물을 가지고 신과도 같은 동지들과 함께 돌아오시게 될 거라고, 그런 소리까지 하더군요. 그런즉 당신도 무척 고생한 노인이지만, 신께서 당신을 이곳으로 이끌어 주신 이상 거짓말을 해가며 비위를 맞추거나 속이려는 생각은 제발 말아주시오. 그런다고 해서 내가 당신을 소중히 대하거나 위로하는 것이 아니라 손님을 보호하시는 제우스 님을 두려워하며, 또 당신을 불쌍히 여겨서 그런 것이라오."

그 말에 지혜 넘치는 오디세우스가 대답했다.

"어쩌면 당신은 그렇게도 가슴속에 사람을 믿지 못하는 마음을 품고 계시오! 이렇게까지 내가 맹세를 하고 이야기를 해도 들으려 하지 않고 설득도 되지 않으니 말이오. 그럼 우리 이제 서로 약속을 하도록 할까요? 그리고 이제부터는 올림포스에 계신 신께서 우리 둘에 대한 증인이란 말이오. 당신 주인님이 이 성으로 돌아오신다면, 내게 겉옷과 속옷을 입혀 둘리키온으로 갈 수 있도록 보내 주시구려. 그곳으로 전부터 가고 싶어 했으니까요. 만일 또 주인님께서 내가 말한 대로 오시지 않을 경우에는, 하인들을 시켜 나를 커다란 바위에서 떠밀어 버리도록 하시구려. 다른 비렁뱅이가 터무니없는 소리를 하지 않도록 말이오."

그러자 그 말에 갸륵한 돼지치기가 말했다.

"손님이시여, 그런 짓을 한다면 내 평판과 소행이 얼마나 널리 세상에 퍼질지 모르겠소. 지금 당장에도 그렇고 뒷날 오래도록 그럴 거요. 내가 당신을 이 오두막에 데리고 와서 대접까지 해놓고 나서, 이번에는 또 죽여 소중한 목숨을 빼앗는다면 말이오. 그런 짓을 한다면 일부러 크로노스의 아드님인 제우스 님을 모독하는 결과가 될 거요. 하지만 이젠 곧 저녁 식사 때이니 동지들이 집으로 돌아올 거요. 오두막에서 맛있는 저녁 식사 채비를 하려고."

이렇게 둘은 서로 이야기를 나누고 있었는데, 얼마 있다가 돼지들과 돼지치는 사나이들이 가까이에 몰려왔다. 그들은 먼저 돼지들을 각기 울 속에 가두어 쉬게 했는데, 돼지울에 들어간 많은 돼지들이 떠드는 시끄러움은 대단했다. 그런데 갸륵한 돼지치기는 자기 동료들을 부르고 말했다.

"돼지들 가운데서 가장 좋은 놈을 데리고 오게. 먼 나라에서 오신 손님을 위해 제물로 바치고 대접을 해 드려야겠어. 겸사겸사 우리도 맛있는 걸 좀 먹어보기로 하고. 우리는 이미 오랫동안 흰 이빨로 마구 먹어 대는 돼지들을 위해 아주 많은 고생을 참아 왔거든. 게다가 다른 놈들이 우리가 노력해서 얻은 걸 값도 물지 않고 먹어치운단 말이야."

이렇게 큰 소리로 말하고는 도끼로 장작을 뻐개었다. 부하들은 아주 살이 잘 찐 다섯 살 난 수퇘지를 데리고 오더니 화덕 옆에 세웠다. 돼지치기 에우마이오스는 불사의 신들을 잊지 않았다. 본디 마음이 순박한 사나이였던 것이다. 그래서 우선 의식의 첫 순서로 흰 이빨을 한 돼지 머리 부분의 털을 잘라 불속에 던지고, 모든 신들에게 기원하기를, 지혜로운 오디세우스가 자기 성으로 돌아올 수 있게 해주십사 했다. 그 다음에 쪼개지 않은 참나무 토막을 번쩍 치켜들었다가 탁 내리치자, 돼지는 곧 숨이 끊어졌다. 그러고는 돼지의 멱을 따고 털을 그을려 순식간에 살을 모두 저며 냈다. 돼지치기는 먼저 날고기를 다리에서 잘라 내어 푸짐한 비곗살 속에 던졌다. 다음으로는 나머지 부분을 잘게 썰어서, 꼬챙이에 꿰어 불에 얹고 조심스럽게 구워 냈다. 그러고는 모두 함께 접시들 위에 쌓아 놓았다. 여기에서 돼지치기가 몫을 나누기 위해 일어섰다. 본디 남달리 분수를 가릴 줄 아는 사나이라서 모두를 잘라 일곱 몫으로 나누더니, 그 한 몫을 님프들에게, 한 몫을 마이아의 아들인 헤르메스 신에게 기원을 하고 나서 바쳤다. 그리고 나머지 몫을 저마다에게 분배했는데, 흰 이빨을 한 돼지 등심의 살코기는 고스란히 오디세우스에게 성의를 다한 대접으로 선물해, 주인과 손님의 마음을 함께 흐뭇하게 해주었다. 그러자 그에게 소리 높여 지혜 넘치는 오디세우스가 말했다.

"에우마이오스여, 나한테 대한 것과 같이 부디 당신이 제우스 신께 대해서도 호감을 받는 분이 되시기를. 이 같은 행색을 한 내게 이토록 좋은 고기를 주시고 위로해 주시니 더욱 그런 생각이 드는구려."

그 말에 돼지치기 에우마이오스는 이렇게 말했다.

"내놓은 것을 많이 많이 잡수시오. 무척이나 색다른 손님이시군. 그것으로 즐거워한다면 좋겠소. 사람 마음에 소원하는 일에 대해서도 신께서 해 주시는 일도 있고 안 해 주시는 일도 있다오. 다시 말해 무슨 일이나 신께서는 모두 하실 수 있단 말이오."

이렇게 말하고 그는 제물인 고기를 영원히 살아 계시는 신들 앞에 구워서 바쳤다. 그리고 빨갛게 반짝이는 술을 땅에 부은 뒤, 도시를 무찌른 오디세우스의 손에 넘겨주었다. 자신은 자기 몫 앞에 가 앉자 메사울리오스가 모두에게 음식을 나누어 주었다. 이 사람은 돼지치기가 주인이 없는 동안, 안주인이나 라에르테스 영감의 도움을 받지 않고, 자기 힘으로 사들인 노예였다. 바로 타포스 사람으로부터 자기가 힘들여 모은 돈으로 사들였던 것이다. 이제 조리해서 나온 음식물에 모두 연방 손을 내밀었다. 먹고 마시는 것으로 실컷 배가 불렀을 때, 가루 음식인 빵 따위를 메사울리오스가 모두의 앞에서 치워 버렸다. 다른 이들은 빵이나 고기에 실컷 배가 불러, 이제는 잠자리로 물러가려는 참이었다.

그리하여 밤이 되었는데 달이 없어 몹시 어두운 밤이었다. 밤새도록 제우스가 비를 내리었고, 게다가 서풍도 끊임없이 습기를 몰아 왔다. 그들 사이에서 오디세우스는 돼지치기 에우마이오스의 마음을 떠 보려고 이렇게 말했다. 혹시나 그가 웃옷을 벗어 주든지, 또는 동료에게 벗어서 주라고 명령했으면 하고 바랐기 때문이다. 그것도 그가 오디세우스를 위해 무척 친절하게 해 주었기 때문이다.

"그런데 여러분, 에우마이오스 님이나 다른 분들이나 똑똑히 들어주십시오. 기원을 드리는 마음으로 지금 말씀드리고 싶은 일이 있다오. 이거 어째 술기운이 자꾸만 독촉하는군요. 술이란 참으로 사람을 미치게 하는군. 아주 똑똑한 사람마저 소리를 지르고 노래 부르게 하는가 하면, 정답게 웃게 하고 춤추게 한단 말이야. 게다가 이야기하지 않아도 좋을 것까지 남들에게 말하게 하고. 하지만 한번 꺼낸 말이니 숨겨 두지는 않도록 하지요. 그때처럼 지금도 내 힘이 젊고 튼튼하다면 얼마나 고마운 일일까. 이전에 트로이에서 내가 매복 군사들을 거느리고 갔을 때처럼 말이지. 그 지휘를 맡은 사람은 오디세우스와 아트레우스의 아들인 메넬라오스 두 사람이었지요. 거기에 곁들여 세 번째로는 내가 지휘를 했었지요. 그들이 그렇게 명령했기 때문이오. 그런데 마침내 성새에 이르러 험준한 성벽이 있는 데까지 오자, 우리는 마을 변두리에 있는 빽빽이 우거진 숲 속과 갈대 사이와 늪이 있는 곳에, 방패로 몸을 가리고 엉거주춤하게 숨어 있었지요. 그러는 가운데 밤이 되었소. 북풍이 몹시 불어 대는 밤이라서 얼어붙는 듯한데다가 눈이 양털처럼 퍼붓기 시작했지요. 하지만 차가운 양털 때문에 방패 둘레에는 죽 고드름이 달렸지요. 그때 다른 사람들은 모두 외투와 속옷을 입고 편안히 잠이 들었지요. 두 어깨를 방패로 가리고. 그런데 나는 떠날 적에 외투를 동지들에게 분별없이 주어 버렸던 말이오. 어떤 일이 있더라도 그렇게까지 추워지리라고는 생각지 못했던 거지요. 그래서 꼭 방패 하나만 가진 채 얇은 겉옷만 걸치고 나왔더란 말입니다. 그런데 그럭저럭 밤도 깊어, 별들도 하늘 한 가운데에서 옮겨 내려갈 즈음이 되었지요. 그때에 나는 가까이에 있는 오디세우스에게 팔꿈치로 쿡쿡 찌르면서 말을 걸었지요. 그러자 그도 곧 내 말에 귀를 기울이더군요.

'제우스의 후손이며 라에르테스의 아들인 지혜로운 오디세우스여, 이젠 나는 살아 있는 인간 틈에 낄 수 없을 것 같소. 외투가 없어서 추위를 견딜 수가 없습니다. 겉옷만 입고 떠난다니 참말로 신께서는 나를 놀리셨나 봅니다. 하지만 이제 와서는 어쩔 수 없는 처지가 되고 말았습니다.'

내가 이렇게 말하자 그는 다음과 같은 궁리를 한 모양이었지요. 회의를 하거나 싸움을 할 때에나 언제나 다름없는 그분다운 태도로 목소리를 낮추어 나에게 말했지요.

'아무 소리 말고 있게. 아카이아 군사 가운데 누가 자네의 그 말을 들으면 안 되네.'

그렇게 말하고는 팔꿈치 위에 턱을 괴면서 말했지요.

'여보게들, 모두들 내 말을 들어 보게. 잠이 든 사이에 신령스러운 꿈이 나한테 나타났어. 참으로 우리는 먼 데까지 떠나 왔구나. 그런데 누가 보고하러 가 주었으면 좋겠군. 아트레우스의 아들 아가멤논한테, 군사들 우두머리한테 말이야. 더 많은 병사들을 선단으로부터 보내 줄 수 없겠느냐고.'

이렇게 그는 말했지요. 그러자 즉시 안드라이몬의 아들인 토아스가 일어서더니 자줏빛 외투를 벗어 던지고 선단으로 달려가더군요. 그래서 고맙게도 나는 그의 옷을 뒤집어쓰고 드러누웠지요. 그러다가 황금 의자에 기대신 새벽의 여신이 반짝여 왔는데, 그때처럼 지금도 젊고 힘이 세다면 좋을 텐데. 그렇다면 아마 누구든지 친절한 마음씨와 또 훌륭한 인물에 대한 존경을 드러내기 위해서라도, 이 오두막에 있는 누군가가 망토를 주었을 거요. 그러나 이제는 내가 누더기 같은 옷을 입었기에 모두가 업신여긴단 말이오."

이 말에 돼지치기 에우마이오스는 이렇게 대답했다.

"예, 영감님, 지금 당신이 말한 건 참으로 좋은 이야기이지요. 그리고 결코 주제넘은 이야기도 아니었으며 쓸데없는 이야기도 아니었소. 그 덕분에 당신은 입을 것과 그 밖에 다른 것도 부족함이 없게 될 거요. 운수가 나쁜 탄원자가 아닌 사람이 가질 수 있는 물건이라면, 영감님은 반드시 가지게 될 거요. 지금은 그렇지만 아침 해가 떠오르면 다시 이전대로 당신은 그 누더기를 걸치고 나가게 될 테지요. 왜냐하면 여기에는 망토도 많이 없고 갈아입을 속옷도 없으니까요. 저마다 한 벌씩밖에는 입고 있지 않단 말이오. 하지만 만일 오디세우스의 사랑하는 아드님이 오신다면, 직접 망토나 속옷을 입을 수 있도록 해 주실 거요. 그리고 당신 마음이 내키는 대로 어디든 가게 해 주실 거요."

이렇게 말하자 얼른 일어나서 바로 불 옆에 오디세우스를 위한 잠자리를 깔아 주고, 그 위에 양과 염소 가죽을 펴 주었다. 오디세우스는 거기에 몸을 뉘었다. 그러자 그의 몸 위에 크고 두꺼운 망토를 씌워 주었는데, 그것은 추운 바람이 불 경우를 대비해 갈아입기 위해 따로 간직해 두었던 것이었다. 이렇게 해서 오디세우스는 거기서 잠이 들었으며, 다른 젊은 사나이들도 그 옆에서 나란히 잠이 들었다.

그러나 돼지치기 에우마이오스는 그렇게 거기서 돼지들과 떨어져 자기가 싫어서, 밖으로 나갈 채비를 했다. 그것을 보고 오디세우스는 기뻐했다. 에우마이오스가 집을 비운 주인의 재산에 대해 몹시 염려하고 있다는 것을 알았기 때문이었다. 에우마이오스는 먼저 날카로운 검을 튼튼한 어깨에 둘러멘 다음, 바람을 막을 두터운 망토를 위에서부터 뒤집어썼다. 다음으로 살찐 큰 숫염소 털가죽을 집어 들고, 또 날카로운 투창을 손에 쥐었는데, 그것은 이리나 못된 사나이들로부터 몸을 지키기 위해서였다. 그리고는 흰 이빨을 한 돼지들이 늘 자고 있는 으슥한 바위 그늘, 북풍을 피한 아늑한 그 장소로 잠자러 나가는 것이었다.

제15권

텔레마코스 돌아와 그 또한 돼지치기 오두막을 찾아오다

한편 텔레마코스는 스파르타 왕의 접대를 받아 왕궁에 묵고 있었다. 아테나 여신은 그의 머리맡으로 내려와서 그에게 귀국할 것을 권한다. 텔레마코스는 곧바로 왕과 헤어져 필로스로 귀환, 다시 배를 내어 섬으로 돌아온 다음, 여신의 지시에 따라서 숨어 있던 구혼자들을 기습하고, 이타카 마을에는 가지 않고 좀 떨어진 포르퀴스 포구에 배를 대고 상륙한다. 오두막에서는 어젯밤에 함께 잔 거지행색을 한 오디세우스에게 돼지치기가 자기 내력을 이야기하는 한편, 주인집 형편을 설명, 구혼자들의 잘못된 행위에 분개함과 아울러 돌아오지 않는 주인을 그리워한다. 밤중에 섬으로 돌아온 텔레마코스는 필로스에서 데리고 온 예언자 테오클뤼메노스를 배에 태워 이타카 항구로 보내고, 자신은 돼지치기의 오두막으로 향한다.

팔라스 아테나는 도량이 넓은 오디세우스의 훌륭한 아들에게 빨리 귀국할 것을 일러 주기 위해서 드넓은 라케다이몬으로 떠났다. 그리하여 텔레마코스와 네스토르의 뛰어난 아들이, 이름 높은 메넬라오스의 성 홀에서 자고 있는 것을 보았다. 네스토르의 아들은 부드러운 잠에 깊이 빠져 있었지만, 텔레마코스는 편히 잠을 이루지 못하고 향기로운 밤을 내내 아버지에 대한 근심으로 눈을 말똥거리고 있었다. 그때 바로 빛나는 눈의 아테나가 그의 옆으로 와서 말했다.

"텔레마코스여, 집을 떠나 이처럼 다른 나라 땅을 돌아다니다니. 게다가 집안 살림도 버려 둔 채, 또 너의 성에 저 기고만장한 사나이들을 그냥 내버려 둔 채 말이야. 집 재산도 모두 제멋대로 나누어 축내게 하면 안 되지. 그러니 모처럼의 여행이 아무 쓸모가 없다 해도 할 수 없지 않느냐. 자, 곧 씩씩한 메넬라오스를 독촉해서 돌아가도록 하는 게 좋겠다. 그리고 훌륭한 어머님이 집에 있는 동안에 가도록 하라. 진작부터 어머님 페넬로페의 부친과 형제들도 에우리마코스와 재혼할 것을 권하고 있으니 말이다. 그 사나이가 다른 구혼자들보다도 가장 좋은 선물과 많은 혼수품을 보냈다니 말이야. 자칫하다가 배반을 당하고 집 재산을 모두 잃고 마는 날엔 큰일이니까. 여자 마음에 품은 생각이란 알고도 남음이 있으니 말이다. 이를테면 자기가 시집을 가는 바엔 상대 사나이를 부자로 만들 것만 생각해서, 전남편 자식이나 이미 죽어 버린 사랑하던 남편 생각 따위는 까맣게 잊어버리기 때문이지. 그러니 서둘러 돌아가서, 시녀 중에서도 가장 믿음직한 이에게 집안 일을 넘겨주는 게 옳을 것이다. 신들이 너에게 훌륭한 아내를 골라 주실 때까지. 그리고 또 한 가지 말해둘 것이있는데, 똑똑히 마음속에 새겨두도록 하라. 구혼자 중에서 으뜸가는 놈들이 이타카 섬과 험준한 사모스 섬 사이에서 너를 노려 숨어서 기다리고 있다. 고향에 닿기 전에 죽여 없앨 생각으로. 하지만 그렇게는 안 될 것이다. 그보다 앞서너의 재산을 축내는 구혼자들은 이놈 저놈 할 것 없이 넓고 큰 땅이 꿈쩍 못하도록 붙잡아 놓을 것이니까. 그러니 섬이 나타난다해도 날렵한 너의 배를 멀찌감치 돌려 밤에도 쉬지 말고 돛을 달도록 하라. 불사의 신들 가운데 누군가순풍을 뒤에서 보내 줄 것이니. 너를 감싸서 보호하고 지키시는 신께서 말이다. 그리하여 만약 이타카 섬의 첫 해안에 이르거든, 배는 동지들과 함께 마을로향해 바다 위를 가도록 하고, 너는 먼저 돼지치기의 오두막으로 가야 한다. 너의 돼지들을 지키는 그 사나이는 네게 충실할 뿐 아니라 마음씨가 착한 사람이다. 거기서 하룻밤을 지낸 다음, 그를 재촉해서 마을의 네 성으로 보내어 마음 착한 페넬로페에게 네가 무사하다는 것과 필로스에서 돌아왔다는 소식을전해 주는 거야."

이렇게 말하고 여신은 올림포스의 높은 곳으로 떠나갔다. 한편 그는 네스토르의 아들을 포근한 잠에서 깨어나도록 다리로 툭툭 건드린 다음, 그에게 말했다.

"눈을 떠요, 페이시스트라토스여, 외발굽의 말들을 끌어다 수레에 매어 주십시오. 우리가 길을 떠날 수 있도록 말이오."

그 말에 페이시스트라토스가 말했다.

"텔레마코스여, 그건 말도 안 되는 소리. 글쎄 우리가 아무리 갈 길을 서두른다 하더라도, 이렇게 어두운 밤에 말을 몬다는 건 안 될 일일세. 이제 얼마 안 가서 날이 밝을 텐데. 그러니 조금만 기다리게나. 온갖 선물을 수레에 실어 줄 때까지만. 아트레우스의 아들인 창으로 이름난 메넬라오스 님이 말일세. 그리고 정다운 말로 이야기하고 보내 드릴 테니 그때까지만 기다리게나. 왜냐하면 친절을 베풀어 준 주인을, 손님으로 폐를 끼친 사람은 언제까지나 잊지 않고 생각하는 법이니까."

이렇게 말하자, 조금 뒤에 황금 의자에 앉은 새벽의 여신이 찾아왔으므로, 씩씩한 메넬라오스는 머리칼이 아름다운 헬레네 곁을 떠나 두 사람에게로 왔다. 그러자 오디세우스의 사랑하는 아들은 그 모습을 보고 부지런히 속옷을 몸에 두른 다음, 커다란 망토를 딱 벌어진 어깨에 걸치고 문 밖으로 나가 그 옆에 다가서며 말했다.

"아트레우스의 아들이자 제우스 신의 후손이며 병사들의 우두머리이신 메넬라오스 님, 그럼 이만 사랑하는 조국으로 저를 돌아가게 해 주십시오. 벌써부터 제 마음은 고향으로 갈 것을 간절히 기다리고 있답니다."

그러자 씩씩한 메넬라오스가 대답했다.

"텔레마코스여, 그토록 간절히 가고 싶어 하는 자네를 결코 이곳에 오래 머물게 하지는 않겠네. 그밖에 누구라도 손님을 대접하는 데 지나친 애착을 갖거나 또는 소홀히 한다면, 건방진 일이라고 화가 나는 법이요, 무슨 일에서나 정도껏 하는 것이 가장 현명한 일이니, 귀국을 원하지 않는 손님을 서둘러 보내 버리거나 급히 가고 싶어 하는 것을 말린다는 건, 똑같이 잘못된 생각이네. 손님이 묵는 동안은 정중하게 대접하고, 가고 싶을 때는 보내 드리는 것이 올바른 일이지. 그러니 갖가지 선물을 수레 위에 실을 때까지만 잠깐 기다리게나. 훌륭한 물건을 말일세. 그러면 자네가 그것들을 챙기는 동안에 나는 시녀들에게 안에 있는 많은 재료로 맛있는 음식을 홀에서 들도록 마련하라고 명할 테니까. 우리로서는 명예와 영광이요, 자네에게는 이득이 되는, 바로 일석이조란 말이야. 푸짐한 대접을 받은 뒤에 끝없이 넓은 고장으로 떠나게 되거든. 자네가 혹시 헬라스 전체 또는 온 아르고스를 돌아서 가겠다면, 그리고 내가 수행해 줄 것을 바란다면, 말들을 수레에 딸려 여러 나라를 안내토록 하겠네. 그럼 누구나 우리를 빈손으로 보내지는 않을 테고, 무엇이든 가져가게 해줄 거야. 멋진 청동 세 발 솥이나 냄비 종류, 혹은 노새 두 필이라든가 황금 술잔 같은 걸 말이네."

그 말에 지혜로운 텔레마코스가 대답했다.

"아트레우스 아드님이신 메넬라오스 님, 제우스가 키우시는 병사들의 우두머리시여, 이제 저는 곧바로 고국으로 갈 작정입니다. 왜냐하면 떠나올 무렵, 내 재산을 돌봐 줄 사람을 남겨 놓지 못했습니다. 그래서 신이나 다름없는 아버님을 찾아 헤매는 동안에 내가 죽는다면 곤란하겠고, 또 집에 간직해둔 훌륭한 보물 중에서 하나라도 없어지면 안 되겠기에."

씩씩한 메넬라오스는 그 말을 듣자, 즉시 자기 부인과 시녀들한테 명령해서 홀에 장만한 재료로 요리하여 가득히 내 오도록 오찬 준비를 시켰다. 그러자 보에오토스의 아들 에테오네우스는 이제 방금 잠자리에서 나온 참이었는데, 그의 바로 옆으로 다가왔다. 메넬라오스의 성에서 얼마 멀지 않은 곳에 살기 때문이었다. 그에게 씩씩한 메넬라오스가 불을 피워 고기를 굽도록 명하자 그는 곧 시키는 대로 했다. 한편 메넬라오스는 널찍한 광으로 헬레네와 메가펜테스를 거느리고 가더니, 이윽고 보물을 간직해 둔 곳에 이르렀다. 메넬라오스는 두 귀가 달린 술잔을 집어 들었고, 아들 메가펜테스에게는 은으로 만든 희석용 술동이를 가져가도록 분부했다. 또 헬레네는 옷장 곁으로 갔는데, 거기에는 그녀의 화려한 옷가지가 들어 있었다. 모두 그녀가 손수 만든 것인데, 그 가운데에서 한 벌을 꺼내어 참으로 거룩한 여성 헬레네가 가져갔다. 그 옷은 섬세한 솜씨로 아름다운 자수를 놓았고, 가장 큼직한 옷으로 별처럼 반짝거렸다. 늘 옷장 깊숙이 간직했던 것이었다. 그런 것들을 가지고 세 사람은 성 안을 지나서 현관께로 텔레마코스가 있는 곳까지 나왔다. 그리고 그에게 황금빛 머리칼을 한 메넬라오스가 말했다.

"텔레마코스여, 참으로 자네의 귀국에 대해 자네가 원하는 대로, 헤라 여신의 남편이신 천둥을 울리시는 제우스께서 이루어 주시기를 빌겠네. 그럼 선물로서 주는 물건으로는 내가 아끼는 보물 가운데 매우 값비싼 것을 주겠네. 먼저 가장 세공이 잘된 희석용 술동이를 주겠네. 모두 은으로 만들어졌고 게다가 황금으로 전두리를 손질한 것인데, 헤파이스토스 신의 제작품이라오. 그걸 시돈의 국왕 파이디모스 님이 내게 준 것이라네. 내가 귀국하는 길에 그곳에 잠시 들러 머물러 있을 때에 말일세. 그 병을 자네에게 주려고 하네."

이렇게 말하며 아트레우스의 아들은 텔레마코스의 손에 두 귀가 달린 술잔을 건네주었다. 그러자 용맹한 메가펜테스는 눈부신 은제 희석용 술동이를 날라다가 그의 앞에 놓았다. 또 볼이 아름다운 헬레네도 두 손으로 옷가지를 받쳐 들고 옆에 서서 그의 이름을 불러 말했다.

"도련님, 저도 선물로 이걸 드립니다. 헬레네의 손재주를 기념하는 뜻으로요. 진정으로 바라고 기다리는 결혼날이 왔을 때, 도련님의 신부가 간직하도록. 그 때까지는 그리운 어머님 방에 간직해 두세요. 그리고 도련님께서 아무 탈 없이 고향 땅의 훌륭한 성에 닿으시기를 바랍니다."

이렇게 말하며 텔레마코스의 손으로 넘겨주었다. 그래서 그는 기꺼이 받아 들었다. 그 물건들을 페이시스트라토스가 받아서 수레 위의 바구니에 담고는, 마음속으로 감탄하면서 바라보았다. 그리고 황금빛 머리칼의 메넬라오스는 모두를 홀로 데리고 가서 안락의자와 팔걸이의자에 앉혔다. 시녀가 손 씻을 물을 아름다운 황금 주전자에 담아 와서는 은대야에 손을 씻도록 부어 주고, 옆에는 잘 닦은 탁자를 펴 놓았다. 그리고 공손한 우두머리 시녀가 빵 등을 날라다 한 옆에 놓고, 그 밖에도 갖가지 요리 접시를 손님에 대한 인사로 먼저 마련된 것부터 곁들여 냈다. 또 그 옆에서는 보에토스의 아들이 고기를 잘라 나누어 놓은 것을 차례로 돌리는가 하면, 명예로운 메넬라오스의 아들은 술을 따르며 돌아다녔다. 그리하여 요리해 내온 음식에 저마다 열심히 손길을 내밀었는데, 이윽고 배불리 먹고 마시자, 드디어 텔레마코스와 네스토르의 뛰어난 아들은 말을 수레에 매고, 아담하게 꾸민 쌍두마차에 올라탔다. 그리고 현관으로부터 소리가 높이 울리는 주랑을 지나 밖으로 마차를 달렸다. 그런 두 사람 뒤에서 아트레우스의 아들, 황금빛 머리칼의 메넬라오스가 오른손에 마음을 즐겁게 하는 포도주가 담긴 술잔을 가지고 다가온 것은, 신들께 제주를 올린 다음 그들을 출발시키려는 생각에서였다. 이윽고 마차 앞에 멈춰 서자 그는 술잔을 높이 들어 인사하면서 말했다.

"그럼 잘 가게. 그리고 용사들의 어진 왕이신 네스토르 님께도 안부를 전해 주시게. 정말 내게는 아버님이나 다름없이 정답게 대해 주셨지. 트로이에서 우리 아카이아족 아들들이 싸웠을 때 말일세."

그 말에 지혜로운 텔레마코스가 대답했다.

"예, 제우스 님이 돌보시는 군주님. 말씀대로 다다르자마자 물론 그 어른에게 그대로 전해 드리겠습니다. 참으로 제가 이타카에 돌아가서 오디세우스를 만나 이야기할 수 있다면 얼마나 좋겠습니까. 당신께 푸짐한 대접을 받은 사실,

그리고 또 훌륭한 보물을 주시었다는 사실을 모두 말입니다."

이렇게 그가 이야기했을 때, 오른쪽으로 독수리 한 마리가 새하얀 거위를 차고 날아갔다. 안뜰에서 사람들의 손에 길들여 자란 거위였다. 그때 남자나 여자나 다들 외치면서 그 뒤를 쫓았는데, 독수리는 그 바로 가까이로 오자마자 앞으로 해서 오른쪽으로 사라졌다. 이 광경을 보고 모두 기뻐했으며, 누구나 마음이 따뜻해지는 느낌이었다. 그들에게 네스토르의 아들 페이시스트라토스가 먼저 말을 꺼냈다.

"부디 생각해 보시기를. 제우스가 돌보시는 메넬라오스 님, 병사들의 우두머리이시여. 우리 둘을 위해 신께서 이 신기한 징조를 보이셨는지, 아니면 당신을 위한 것인지를 말입니다."

이렇게 말하자, 군신 아레스의 친구인 메넬라오스는 이것저것 궁리해 보았다. 그것을 판단해서 올바른 대답을 하자면 어찌 해야 좋을까 하고. 그러자 긴 치맛자락을 끌며 나온 헬레네가 먼저 입을 열었다.

"여러분, 잠깐만. 나는 저 새점을 이렇게 풀이합니다. 신들께서 내 마음속에 떠오르게 하셨는데, 꼭 그렇게 되리라고 여깁니다. 집 안에서 자란 저 거위를 독수리가 산에서 날아와 채어 갔지요. 자기 무리와 새끼들을 산에 남겨 두고 와서 말입니다. 그와 마찬가지로 오디세우스도 숱한 재앙을 겪으면서 이곳저곳을 떠돌아다닌 끝에 고국으로 돌아와 보복을 할 겁니다. 혹은 벌써 돌아왔는지도 모르며, 구혼자들에게 재앙을 안겨 주려고 일을 꾸미고 있는지도 모르지요."

그 말에 지혜로운 텔레마코스가 대답했다.

"제발 그렇게 제우스 님께서 처리해 주시기를. 높이 천둥을 올리시는, 헤라 여신의 남편이신 그분께서요. 그렇게 된다면 내 집으로 돌아가 신과 마찬가지로 당신께도 기원을 드리고 싶어질 겁니다."

그는 이렇게 말하며 말을 몰았다. 말들은 마을을 벗어나 들판으로 아주 신바람 나게 무척 빨리 달렸다. 그렇게 말들은 종일 두 어깨에 멍에를 흔들거리며 달려갔다. 이윽고 해가 저물고 모든 거리들이 그늘져 어두워졌을 때, 둘은 페라이로 들어서서 디오클레스의 성에 이르렀다. 그는 알페이오스 강의 신이 낳은 오르틸로코스의 아들이다. 그들은 거기서 하룻밤을 지냈다. 영주 디오클레스가 그들을 손님으로 대접했다. 그리고 일찍이 장밋빛 손가락의 새벽의 여신이 나타날 때, 두 사람은 다시 말에 멍에를 얹고, 아담하게 꾸민 마차에 올라서 현관 앞으로부터 소리가 높이 울려 퍼지는 회랑을 지나 밖으로 내몰았다. 채찍을 휘두르며 몰아대자 말 두필은 빠르게 잘 달려갔다. 그리하여 순식간에 필로스의 험난한 성에 닿았는데, 그때 텔레마코스는 네스토르의 아들에게 말했다.

"네스토르의 아드님이여, 어떻게 해야 당신이 내가 이제 말하려는 것을 약속하고 실천해 주실는지요. 우리는 처음부터 인연 깊은 주인과 손님 사이로서 조상 대대로부터 가까운 집안이라고 자랑해 왔습니다. 게다가 같은 또래고요. 더구나 이번 여행은 우리를 한결 한마음으로 만들어주었지요. 그러니 제우스가 살피시는 분이여, 제발 나를 태우고 배 곁을 그냥 지나가지 마시고, 그곳에 세워 주십시오. 당신 아버님께서 나를 깍듯이 대접하실 생각으로 저택에 머무르게 하신다면 곤란하니까. 나는 어쩔 수 없이 곧 돌아가야 합니다."

이렇게 말하자, 네스토르의 아들은 어떤 방법이 가장 알맞을까 신중히 생각해 보았다. 여러 생각 끝에 그는 마차를 돌려 빠른 배가 있는 곳으로 가서, 이물에 그 훌륭한 선물들을 실었다. 옷가지와 황금, 메넬라오스가 보내 준 그 물건들이었다. 그러고는 그를 격려하며 말했다.

"자, 어서 배에 오르십시오. 동지들한테도 배를 타도록 명하십시오. 내가 집으로 돌아가 아버님께 말씀드리기 전에 말이에요. 나는 너무나 잘 알고 있습니다. 그분은 틀림없이 몸소 쫓아오실 겁니다. 그리고 절대 혼자 돌아서실 리 없습니다. 누가 뭐라 해도 크게 화를 내실 테니까요."

이렇게 말하고는 갈기도 아름다운 말들을 다시 필로스 마을로 되돌려 빠르게 성으로 떠났다. 한편 텔레마코스는 동지들을 격려해서 명령했다.

"자, 동지 여러분, 뱃기구를 모두 검은 배 안의 제자리에 챙겨 넣읍시다. 그리고 우리도 배에 오릅시다. 이제부터 뱃길을 떠날 수 있도록 말이오."

이렇게 말하자 모두 그의 명령에 따라서, 곧 배에 타고는 노걸이에 나란히 앉았다.

그가 이렇게 바삐 서두르고 또 정성들여 아테나 여신께 뱃머리 옆에서 기원하고 있을 때, 한 사나이가 바로 그의 곁으로 다가왔다. 먼 나라 사람으로 아르고스에서 사람을 죽이고 도망쳐 온 점쟁이였으며, 집안은 멜람푸스의 후손이었다. 이 멜람푸스는 예전에 양 떼를 길러 낸 필로스 마을에 살았으며, 필로스 시민 중에서도 부자로서 아주 훌륭한 저택에서 살았었다. 그러다가 그 고향은 물론 위대하긴 하지만 폭군인 넬레우스에게서 달아나 다른 고장인 아르고스로 왔던 것이다. 이 세상 사람 누구보다도 거룩하다는 넬레우스가 그의 많은 재산을 꼬박 1년 동안이나 힘으로 빼앗았던 것이다. 그 동안에 멜람푸스는 테살리아의 필라코스 성에 갇힌 채 심한 고통을 받았는데, 그게 모두 넬레우스의 딸에게 마음을 빼앗겼기 때문이라고 생각했다. 애처로운 타격을 안겨 주는 에리뉴스 여신(복수의 여신)이 그에게 지워준 부담이었다. 그러나 그는 죽음을 면했으며, 울어대는 소들을 퓔라케에서 필로스로 몰아가서 부당한 일의 보상을 넬레우스한테 시키고, 형인 비아스에게 넬레우스의 딸 페로를 아내로 맞아들이도록 설득해 놓고, 그는 말을 기르는 다른 고장 땅 아르고스로 갔던 것이다. 그 고장이야말로 점쟁이로서 모든 아르고스 사람들을 다스리며 살아가기에는 알맞은 곳으로 판단했기 때문이었다. 거기서 그는 결혼하고 높다란 지붕의 저택도 지은 다음, 안티파테스와 만티오스의 씩씩한 두 아들을 낳았다. 안티파테스는 마음이 너그러운 오이클레스를 낳았고, 또 오이클레스는 병사들의 지도자 암피아라오스를 낳았다. 그를 염소 가죽 방패를 지닌 제우스 신과 아폴론 신이 특히 귀여워했는데, 늙기도 전에 테바이에서 전사해 버렸다. 아내가 뇌물을 받았기 때문이었다. 그런데 그에게는 알크마온과 암필로코스라는 두 아들이 있었다. 한편 만티오스에게는 폴리페이데스와 클레이토스라는 아들들이 있었는데, 황금 의자에 앉은 새벽의 여신이 클레이토스의 아름다움에 반해서 불사인 신들의 동지로 만들려고 납치해 갔다. 그리고 용모가 뛰어난 폴리페이데스를 인간 중에서도 가장 뛰어난 점쟁이로 만들었다. 암피아라오스가 죽은 뒤, 그는 자기 아버지에게 원한을 품고 히페레시에로 거처를 옮겨 그곳에 뿌리를 박고 모든 사람에게 점을 쳐주고 있었던 것이다.

바로 그 폴리페이데스의 아들인 테오클뤼메노스가 텔레마코스 옆으로 다가왔던 것이다. 때마침 텔레마코스는 빠른 배 옆에서 기도를 드리고 신께 술을 올리는 참이었는데, 그에게 간절히 말했다.

"제발 부탁합니다. 마침 당신이 여기서 제사를 지내시는 때에 닿았기에 간절하게 말씀드리는 바입니다. 이 제물과 신의 가호와, 또 당신과 수행하는 분에게 맹세합니다. 부디 제 질문에 숨김없이 말씀해 주십시오. 당신이 어떤 분이며 어떤 혈통의 자손이신지 말입니다. 그리고 당신의 나라와 부모님은 어디에 계신

지도 이야기해 주십시오."

그 말에 지혜로운 텔레마코스가 대답했다.

"처음 뵙는 분이시여, 말씀대로 나는 숨김없이 말씀드리도록 하지요. 나는 이타카 사람이며, 아버님 성함은 오디세우스라고 합니다. 그분은 이전에는 살아 계셨지만 이제는 이미 무참하게 돌아가셨지요. 그렇기 때문에 나는 아직도 동지들과 함께 검은 배를 타고, 벌써 오래 전부터 돌아오지 않는 아버님 소식을 이리저리 알아보러 찾아온 것이랍니다."

신이나 다름없는 테오클뤼메노스가 말했다.

"그대와 마찬가지로 나도 고향을 떠나 온 사람인데, 같은 족속을 죽였기 때문이지요. 말을 기르기로 유명한 아르고스에는 그의 형제나 친척들도 많으며, 그 사람들이 아카이아족에게 대단한 권세를 떨치고 있어, 그들한테서 죽음과 어두운 운명을 벗어나려고 이렇게 고향을 등지고 나온 형편입니다. 여러 나라 사람들 사이를 떠돌아다닌다는 것이 아마도 내 운명인가 봅니다. 아무튼 이 배에 나를 좀 태워 주십시오. 망명자로서 간절히 부탁드리는 바이니, 그들이 나를 죽이지 못하도록 해 주십시오. 그들이 뒤쫓아 온 모양이니 말입니다."

지혜로운 텔레마코스가 대답했다.

"예, 그렇게 하시지요. 당신이 바라지 않는데, 결코 이 균형 잡힌 배 안에서 쫓겨나게 하지는 않을 테니까요. 따라오십시오. 우리가 사는 곳에 다다르시면, 할 수 있는 데까진 환영을 받으실 겁니다."

이렇게 큰 소리로 말하고, 그에게서 청동 창을 받아 배 바닥에 놓고, 또한 자신도 넓은 바다를 건너갈 배에 오른 다음 뱃머리에 앉고, 자기 옆에는 테오클뤼메노스를 앉혔다. 사람들은 밧줄을 풀고 텔레마코스는 동지들을 북돋워서 돛을 세우도록 명령하자, 모두 바로 그의 말대로 전나무 돛대를 끌어 올려 돛대받이 구멍에 맞추어 세우고, 앞쪽의 밧줄을 비끄러매었다. 그리고 튼튼한 쇠가죽 끈으로 흰 돛폭을 끌어올렸다. 그 돛을 향해 빛나는 눈의 아테나 여신이 맑게 갠 드높은 하늘에서 시원스레 불어오는 순풍을 보내 주셨다. 한시라도 빨리 넓고 큰 바다의 일렁이는 파도를 헤쳐 가며 목적지에 다다르게 하려는 것이다. 그리하여 크루노이와 아름답게 흐르는 칼키스 앞바다를 지나갔다. 해는 저물고 모든 길목은 어두워져 가는데, 배는 제우스의 강한 순풍을 타고 페아이 항구로 다가서서, 다시금 성스러운 엘리스 앞바다를 지났다. 에페이오이 사람들이 다스리는 고장이었쓸. 거기서 또다시 가까운 섬으로 그는 배를 달렸다. 마음속으로는 과연 죽음을 피할 수 있을는지, 아니면 구혼자들에게 당하고 말 것인지를 걱정했다.

한편, 오디세우스와 충직한 돼지치기는 이제 막 저녁 식사를 하는 참이었으며, 그 옆에서는 다른 사나이들이 저녁상을 마주하고 있었다. 이윽고 충분히 먹고 마시자, 오디세우스는 그들이 있는 자리에서 돼지치기 에우마이오스를 떠보려는 생각에서 이렇게 말했다. 자기를 변함없이 대접하며 그대로 오두막에 머물도록 권할 것인지, 아니면 밖으로 나가도록 재촉할 것인지를 알고자 함이었다.

"그럼 자, 여러분들, 똑똑히 들어주구려. 에우마이오스 님도, 그리고 다른 분들도 말이오. 나는 내일 아침 무렵 구걸하러 마을로 떠나면 좋을 듯합니다. 당신들 양식을 더 축내서는 안 되겠으니 말이오. 그러니 나에게 자세히 일러주시오. 그리고 유능한 안내자를 좀 딸려 주셨으면 좋겠소. 거기까지 나를 데려다 주었으면 해요. 거리는 나 홀로 다녀야 할 형편입니다. 누구든지 술 한 잔에 빵이라도 줄까 싶어서 말이오. 그래서 존엄한 오디세우스 님 궁전에 이르게 되면, 지혜로운 페넬로페 님께 소식을 전해 드리고 나서, 혹시 우쭐대는 구혼자들 틈에 끼어들 수도 있겠지요. 또한 그들이 식사를 나눠 준다면, 그건 정말 맛있는 요리일 테니까요. 그럼 곧 그들 사이에서 멋진 일을 해 보일 것입니다. 무엇이든 바라시는 대로. 하지만 이제 내가 이야기 하는 것을 명심하고 들어주시오. 전령의 신이신 헤르메스 님 덕분으로—이 신께서는 모든 인간들이 하는 일에 성공과 우아함을 내려 주시는 분이니까요—어느 누구도 시중드는 역할을 하는 데 나를 따를 사람은 없을 게요. 불을 잘 피우고, 마른 장작을 패는 일, 고기를 썰어서 구운 다음 돌아가며 술 시중을 드는 일, 그리고 천박한 자가 신분 높은 사람에게 시중드는 일은 무엇이나 모두 말이오."

그 말에 몹시 화난 표정으로 돼지치기 에우마이오스는 말했다.

"어이구, 당치도 않은 말씀을. 손님, 도대체 당신은 무슨 그런 엉뚱한 생각을 하시오. 당신은 그 자리에서 그대로 죽고 말 작정이시오. 만일 정말로 구혼자들 틈에 끼어들고 싶다면 말씀이오. 그들이 몹시 건방지고 난폭한 것은 강철로 만든 하늘에까지 울려 퍼질 정도라오. 그들의 종노릇하기란 결코 그리 쉬운 노릇이 아니라오. 젊고 고운 망토와 옷을 입은 사람이어야 된단 말이오. 늘 반짝거리는 매끈한 머리에 번지르르한 얼굴, 그래야 그들의 시중을 들게 되는 거라오. 게다가 식탁은 반들반들하고 그 위에는 늘 빵과 온갖 고기, 포도주 등이 잔뜩 놓여 있거든. 그러니 아무 소리 말고 여기 있도록 하시오. 여긴 아무도 당신이 있다고 해서 푸대접할 사람은 없으니까요. 나도 그렇거니와 그 밖에 누구라도 내가 있게 한 사람이라면 군말이 없을 거요. 그리고 만일 오디세우스의 사랑하는 아드님이 오시게 되면, 그분이 외투든 속옷이든 입을 것을 주실 게고, 어디든 당신이 가고 싶은 대로 보내 주실 거요."

그 말에 참을성 있고 존엄한 오디세우스가 대답했다.

"에우마이오스 님, 당신이 나한테 해 주신 것만큼, 제우스 님께서도 당신을 걱정해 주시도록 빌겠소이다. 나의 고달픈 방랑을, 그리고 괴로운 한탄을 덜어 주셨으니 말이오. 정말이지 어쩔 수 없이 떠도는 것만큼 인간을 괴롭히는 일은 또 없을 겁니다. 하지만 이 원수 같은 배고픔 때문에 사람들은 온갖 고생을 다 겪는단 말이오. 누구나 방랑과 재앙과 고뇌를 겪는 동안에 말이오. 그런데 이제 당신이 나를 말리고 그분을 기다리도록 말씀한 바에는, 부디 내게 말해 주시오. 존엄한 오디세우스 님의 어머님이며 아버님의 이야기를요. 늘그막에 이르신 두 분을 버려둔 채 떠나셨다는데, 아직도 이 태양 아래 탈 없이 건강하신지, 아니면 이미 저승길로 떠나 버리셨는지를 말이오."

그 말에 돼지치기들의 우두머리인 에우마이오스가 말했다.

"손님께 모든 것을 말씀하지요. 라에르테스 님은 아직 살아 계십니다. 하지만 늘 제우스 님께 기도하시는 게 일이라오. 당신 집에서 숨을 거두도록 해 달라고요. 그럴 수밖에요. 한번 떠난 채 아직도 돌아올 줄 모르는 아드님 때문에 몹시 애통해하고 계시니까요. 게다가 지혜로우신 부인마저 돌아가셨으므로 한결 안타까워하시며, 그래서 더 빨리 늙으셨다오. 그 부인께서도 이름 높은 아드님을 밤낮으로 그리던 끝에 애처롭게 돌아가셨지요. 좀더 살아 계시기를 바랐는데요. 이곳 주민들과 나와 가까운 사람들은 누구나 모두 말이오. 그분이 비탄에 젖어 있는 동안, 그리고 살아 계시는 동안은 나도 가끔 찾아가 뵈옵는 게 기쁜 일이었지요. 참으로 마님께서는 손수 나를 긴 옷자락을 끄시는 따님 크티메네 님과 함께 길러 내셨으니 말이오. 이 우아한 아가씨는 자녀들 가운데 막내따님이셨는데, 그분도 함께 나를 기르면서 어떤 차별도 없이 위해 주셨답니다. 그리고 둘이 어지간히 나이가 들자 아가씨는 쉬메로 시집을 보내셨는데, 어마어마한 혼수품을 받으셨지요. 한편 나는 마님께서 좋은 옷가지를 입히고 발에 신을 샌들을 주신 다음 시골로 보내 주셨답니다. 진정으로 사랑해 주셨지요. 하지만 이젠 그런 것도 다 사라졌답니다. 그렇다고 여기에서의 일을 불평하는 건 아니오. 그런대로 내게는 신들께서 일의 효과를 크게 늘려 주시었지요. 늘 내가 공들여 온 것들요. 그리하여 그 안에서 먹을 것과 마실 술도 나왔으며, 귀중한 분들에 대한 공양도 했지요. 그런데 본댁의 마님께서는 말만으로라도 전혀 위로 같은 건 안 해 주신단 말입니다. 저런 재앙이 저택을 덮은 뒤로 말이오. 바로 저 우쭐거리는 사나이들 말이오. 하지만 하인들이란 안주인 앞에 나아가 여러 이야기를 하면서 이것저것 여쭈어 보기도 하고 싶은 거지요. 그리고 먹고 마시고도 싶고, 시골로 무엇이나 얻어 들고 갔으면 하지요. 그런 일들로 하인들은 마음에 위로를 받거든요."

그 말에 꾀많은 오디세우스는 대답했다.

"아아, 가엾게도 어쩌다 어려서부터 돼지치기가 된 에우마이오스여, 당신도 고향을 떠나, 그리고 부모님 품을 떠나서 떠돌아다닌 거로군요. 어서 이야기를 계속하시오. 혹시 길이 넓고 무사들이 사는 도시가 무너졌을 때, 그곳에 당신 부모님이 살아계셨단 말이오. 아니면 당신이 소나 양 떼 옆에 혼자 있는 걸 나쁜 놈들이 배로 납치해다가 이 마을 성까지 찾아와 비싼 값에 팔아 버렸단 말인가요."

그 말에 돼지치기가 말했다.

"손님이시여, 그런 사연을 내게 캐어물으신 바에는, 그럼 조용히 들어 보시구려. 그렇게 마음을 달래며 앉아서 술이나 드시오. 마침 이맘때는 밤이 말할 수 없이 길어 잠을 이루기에도 쉽지 않으니. 그러나 이야기를 즐기기에는 꼭 좋은 때이지요. 그리고 당신도 벌써 자리에 들기는 싫으시겠지요. 게다가 잠을 지나치게 자면 정신이 흐려지기 일쑤이니까요. 하지만 누구든지 졸린 사람은 밖에 나가 자도록 하게. 그리고 날이 새면 식사를 끝내고, 주인의 돼지들을 따라 가는 게 좋겠지. 우리 둘이서는 오두막 안에서 술을 마시고 요리를 먹으면서, 서로 괴로웠던 지난날을 되새겨 이야기나 하면서 즐겨 보려네. 정말 온갖 고생을 다하며 이곳저곳 떠돌아다닌 이에겐, 뒷날 가서는 도리어 고생스럽던 추억이 즐거운 것이 되기도 하니 말일세. 자, 그럼 당신이 듣고 싶어 하는 걸 이제부터 털어놓지요.

쉬리에라고 부르는 섬이 있었다오. 혹시 들어서 아실지도 모르겠지만, 오르튀기아 뒤쪽으로 태양이 방향을 바꾸는 지점에 닿는 곳이오. 그리 주위가 넓지는 않지만 평화로운 섬으로 소를 치기에도 알맞고 염소들에게도 좋으며, 포도주도 풍부하게 나고, 밀의 수확도 많으며, 가뭄도 전부터 이 마을엔 찾아온 일이 없었고, 그 밖에 어떤 전염병도 가난한 사람들을 괴롭히는 일이 없었지요. 그리고 마을 사람들이 늙으면, 은궁의 신 아폴론이 아르테미스 여신과 함께 오셔서 손에 지니신 우아한 화살을 쏘아 죽이시곤 하셨소. 그곳에는 마을이 둘 있었는데, 무엇이건 양쪽에서 서로 나누곤 했다오. 이 두 마을을 우리 아버님이 다스리셨지요. 오르메노스의 아들 크테시오스로서 불사의 신과도 같은 인물이었답니다.

그런데 그곳에 항해로 유명한 페니키아 사나이들이 찾아 왔소. 욕심 많은 사기꾼으로, 노리개 종류를 검은 배에 산처럼 싣고 말입니다. 그런데 아버님 저택에는 페니키아 태생의 여자가 있었어요. 인물 좋고 키가 늘씬하며 훌륭한 손재주를 지닌 여자였는데, 그녀를 얼렁뚱땅하는 사기꾼인 페니키아 사람들이 그럴 듯하게 구슬려 넘겼던 것이었소. 처음에는 그녀가 빨래터로 나간 것을 붙잡아, 움푹한 배 곁에서 정을 통해 함께 동침했지요. 그런 일로 인정에 빠져들기 쉬운 여자들은 속을 보이고 난처하게 되는 법입니다. 정직한 여자라 할지라도 말이죠. 그러고 나서 이번엔 그녀에게 너는 누구며 어디서 왔는가를 물어봤던 게지요. 여자는 서슴지 않고 아버님의 높다랗게 지붕이 솟아 있는 전각을 가리켜 주었죠.

'나는 청동이 많이 나는 시돈에서 왔는데 아주 부자인 아뤼바스의 딸이에요. 그런데 타포스 섬 사람인 해적들이 납치해 왔지요. 시골에서 돌아오다가 붙잡혔는데, 이곳으로 데려다 저 저택에 팔아넘긴 것이지요.'

그 말에 처녀와 동침한 그가 말했습죠.

'그렇게 됐군 그래. 그럼 어때, 우리를 따라 이제부터 고향에 갈 생각은 없나. 그렇게 되면 고향 집을 볼 수 있고, 또 부모님을 만날 수도 있을 텐데. 정말 아직까지 부자라는 소리를 들으면서 살아 계신다면 말이야.'

그 말에 여자가 대답했지요.

'글쎄 그것도 못할 건 없겠지요. 사공님들, 당신들이 굳게 약속만 해 주신다면 말이에요. 아무 탈 없이 무사히 우리 집에까지 데려다 주겠다고요.'

이렇게 말하자 그들은 모두 여자가 하라는 대로 맹세를 했지요. 그리하여 맹세도 서약도 모두 끝낸 다음, 이번에는 그들 가운데서 여자가 덧붙여 말했지요. '그럼 조용히들 하세요. 그리고 당신들 가운데 누구라도 내게 말을 걸거나 하면 안 됩니다. 만일 내가 우물가에 물을 길을 때도 말예요. 누가 집에 가서 영감마님께 이야기하면 큰일이니까요. 그럼 나를 의심하고 묶어서 가두어 둘 거예요. 당신들도 죽이려 할 테고요. 그러니 그런 이야기는 마음속에 꼭 담아두고 돌아갈 길의 물건이나 빨리 사들이세요. 하지만 배가 짐으로 가득 차거든 내게 알려주세요. 내 손이 닿는 데로 모든 금을 훔쳐 내올 테니까요. 그리고 또 한 가지 뱃삯으로 좋은 것을 드릴 게 있어요. 바로 마님의 아들인데, 그 아이를 저택에서 내가 돌보고 있거든요. 무척 영리한 아이랍니다. 언제나 함께 밖으로 달려 나가곤 하지요. 그 아이를 배로 데리고 갈까 해요. 그럼 당신들은 아주 큰 이익을 보게 될 거예요. 아무 데나 가서 말이 다른 외국 사람한테 팔더라도 말이지요.

여자는 이렇게 말하고 훌륭한 저택으로 돌아갔지요. 한편 그 무리들은 꼬박 1년 동안을 그대로 우리나라에 머물면서 가운데가 깊숙한 배에 많은 물건들을 실어 들였답니다. 그리하여 배가 돌아갈 수 있을 만큼 짐이 가득 실어졌을 때, 여자에게 연락을 했던 거요. 무척 약삭빠른 사나이가 우리 아버님 저택으로 찾아왔거든요. 그는 황금 사슬 줄을 가지고 왔습니다. 사이사이 호박(琥珀)을 끼워 맞춘 그걸 홀에서 시녀들과 어머님이 손에 들고 만지작거려 보다가 값을 정했지요. 사나이는 그 여자에게 몰래 눈짓으로 알리고는 그대로 배로 돌아갔단 말이오. 그러자 여자는 내 손을 잡고 저택 밖으로 나갔는데, 마침 그때 사랑방에는 잔치에 모여든 사람들을 위한 술잔과 식탁이 놓여 있는 게 보였다오. 그 사람들은 우리 아버님과 거래를 하는 사람들이었는데, 그때는 벌써 시민들과 토의하러 간 뒤였지요. 그래서 그 여자는 곧 술잔 세 개를 품속에 감춰 가지고 갔지요. 그런데 그만 철부지인 나도 따라 나섰던 거였소. 그러는 동안에 해가 저물고, 길에는 어둠이 찾아들었지요. 우리는 곧장 널리 알려진 항구를 찾아갔는데, 거기에는 바다를 건너갈 페니키아 사나이들의 배가 놓여 있었소. 그들은 배에 올라 우리를 끌어올린 다음 뱃길을 떠났는데, 그 배에 제우스님이 순풍을 보내셨습니다. 이렇게 밤낮을 꼭 엿새 동안을 달려 이윽고 이레째 되던 바로 그날, 그 여자를 화살을 쏘시는 아르테미스 여신께서 쏘아 버리셨던 거지요. 그들은 배 밑바닥에서 바다에 사는 새처럼 요란한 소리를 내면서 쓰러졌던 거요. 그들은 그녀를 바다범과 물고기들 밥이 되라고 바다 속에 던져 버렸고, 나는 홀로 남게 되어 더없이 서글픈 처지에 빠지게 되었소. 그리고 바람과 파도가 우리를 이타카 섬으로 날라 갔던 거였소. 그래서 나를 라에르테스 님이 자기 재물을 치르고 사 주셨기 때문에, 이런 내력으로 나는 이 도시를 내 눈으로 보게 되었다는 말씀이라오."

그 말에 제우스의 후손인 오디세우스가 대답했다.

"에우마이오스 님이여, 정말 자세한 말씀을 듣고 보니 가슴이 아프구려. 얼마나 가슴이 괴로웠겠소. 하지만 그래도 제우스 님은 당신한테 재앙과 함께 좋은 일도 주셨던 거요. 무척 고생은 했지만, 마침내 착한 주인을 만났으니 말이오. 착하고말고요, 먹을 것 마실 것을 모두 주겠다, 그래서 편안한 생활을 하는 게 아니겠소. 그런데 내 처지는 인간이 사는 곳이라면 수도 없이 쫓아다닌 끝에 여기까지 불려 왔다오."

둘은 이렇게 서로 이야기를 주고받았는데 밤을 새우다시피하고 그저 아주 잠시 눈을 붙였을 뿐이었다. 곧 훌륭한 의자에 앉은 새벽의 여신이 찾아왔기 때문이었다.

한편 텔레마코스 일행은 육지 가까이에 다다르자 돛을 내리고 돛대를 치운 다음, 바로 노를 저어 선창까지 갔다. 그리고 닻을 던져 밧줄을 잘 비끄러매었다. 그리고 그들은 배에서 나와 바닷가에 내려서자 식사 준비를 하며 붉게 빛나는 포도주를 섞기 시작했다. 이윽고 다들 만족스럽게 먹고 마시자, 모두에게 지혜로운 텔레마코스가 먼저 이야기를 시작했다.

"자, 그럼 여러분은 검은 배를 몰고 항구로 달려 주시오. 나는 이제부터 농장으로 가서 목동들을 찾아봐야겠소. 그래서 저녁때 일이 되어 가는 걸 봐 가면서 마을로 가겠소이다. 내일 아침에는 당신들에게 여행 품삯 대신 훌륭한 잔치를 열겠소, 고기와 달콤한 포도주를 곁들여서 말이오."

그 말에 신 같은 모습의 테오클뤼메노스가 말했다.

"그럼 나는 도대체 어느 쪽을 따라야 하는지요. 누구의 집을 의지 삼아 가야 할는지요. 이 바위투성이 이타카 섬을 다스리시는 분 가운데 말씀입니다. 아니면 곧장 당신 어머님이 계시는 성으로 가야 할는지요."

그 말에 지혜로운 텔레마코스가 말했다.

"다른 때라면 나는 두말 하지 않고 우리 집으로 가시도록 하겠어요. 우리 집에서라면 손님을 대접하는 데 불편이 없을 테니까요. 하지만 당신을 위해서 지금 처지로는 좀 난처합니다. 나도 집에 없고 어머님께서도 당신을 만나지는 않으실 테니까요. 집에서도 구혼자들 앞에는 좀처럼 나오지 않으시지 않기 때문입니다. 언제나 그들과 떨어져 다른 채의 2층에서 베만 짜고 계신답니다. 그러니 한동안 다른 사람의 이름을 가르쳐 드리겠습니다. 에우리마코스라는 사람인데 그곳으로 가시도록 하십시오. 현명한 폴리보스의 뛰어난 아들로, 요즈음 이타카 섬 사람들이 신이나 다름없이 존경하는 사람이니까요. 모든 면에서 으뜸가는 인물이며 더구나 열성가입니다. 우리 어머님과 결혼해서 오디세우스의 뒤를 이으려는 사람입니다만, 그런 일들은 제우스 님만이 아실 겁니다. 올림포스의 높은 하늘에 계시는 그분만이. 혼례에 앞서 재앙의 날을 그들에게 가져오느냐 않느냐 하는 것은 말입니다."

이렇게 그가 미처 말끝도 맺기 전에 오른쪽으로 새 한 마리가 날아갔다. 아폴론 신의 빠른 심부름꾼인 매였는데, 그 발에 비둘기를 차고 있었기 때문에 배와 텔레마코스 앞으로 그 깃털이 날아 떨어졌다. 그러자 테오클뤼메노스는 그를 동지들에게 조금 떨어진 곳으로 불러 놓고 손을 잡으면서 이름을 불러 말했다.

"텔레마코스 님, 저 새가 당신 오른쪽으로 날아온 것은 신의 조짐임에 틀림없습니다. 저 새를 보자마자 조짐을 알리는 새라는 걸 알았기 때문입니다. 당신 집안 말고 주권을 잡는 데 알맞은 집안이란 있을 수 없습니다. 당신들이 영원히 권력을 잡게 될 겁니다."

그 말에 지혜로운 텔레마코스가 대답했다.

"틀림없이 그 말씀대로 이루어질 때가 온다면 다행이겠습니다. 그렇게만 된다면 당신은 내게서 우정과 많은 선물을 받게 될 겁니다. 누구든지 당신을 만난 사람이라면 부러워할 만큼이요."

이렇게 말하고 충실한 동지 페이라이오스에게 말을 걸었다.

"클뤼티오스의 아들 페이라이오스여, 자네는 필로스까지 함께 따라 갔던 사람 가운데에서 무슨 일에나 가장 믿음직했었지. 그러니 이번에는 내가 집에 돌아갈 때까지만 이 손님을 자네 집에 모시고 가서 깍듯이 대접해 드릴 수 없겠나."

그 말에 창으로 이름난 페이라이오스가 대답했다.

"텔레마코스 님, 정말 당신께서 오래도록 이곳에 머물게 되신다면 다행이겠습니다만. 이분은 제가 돌보아 드리지요. 그리고 손님을 모시는 데 실례되는 일은 결코 없을 것입니다."

이렇게 말하고 배에 오르자 동지들도 모두 올라타고 밧줄을 풀도록 명령했다. 그리고 그들은 다시 배에 올라 노걸이가 있는 자리에 앉았다. 텔레마코스는 발에 아주 좋은 샌들을 신고 배 안에서 날카로운 청동 촉을 단 훌륭한 창을 집어 들었다. 그 동안에 뱃사람들은 밧줄을 풀고, 배를 밀어 내어 거룩한 오디세우스의 사랑하는 아들 텔레마코스가 명령한 대로 마을로 떠나갔다. 한편 텔레마코스는 걸음을 재촉해 돼지치기 오두막의 안마당에 닿았다. 그곳에는 돼지들이 아주 많았는데, 주인에게 그지없이 충성스러운 이 돼지치기는 갸륵하리만큼 그 돼지들과 함께 지내고 있었던 것이다.

제16권
마침내 오두막에서 아버지가 아들을 알아보다

날이 밝아 돼지치기 에우마이오스가 아침 식사 준비를 하고 있을 때 텔레마코스가 도착한다. 식사가 끝나자 텔레마코스는 어머니에게 귀국을 알리기 위해 에우마이오스를 마을로 보낸다. 텔레마코스는 아버지를 눈앞에 보면서도, 초라한 차림의 그를 알아보지 못했으나, 둘만 남자 아테나 여신이 오디세우스를 본디 모습으로 되돌려 준다. 그런 변모가 의아해서 캐묻는 아들에게 오디세우스는 아버지임을 밝히고, 마침내 그들은 서로 얼싸안고 눈물에 젖는다. 한편 에우마이오스는 때마침 항구에 다다른 뱃사람들과 함께 성으로 가서 여주인 페넬로페에게 텔레마코스의 귀국을 알린다. 구혼자들은 이에 당황해 못된 꾀를 꾸민다. 저녁때 에우마이오스가 오두막으로 돌아오자, 도시의 형편을 말하고 식사를 마친 다음, 그들은 잠자리에 든다.

한편 오디세우스와 갸륵한 돼지치기 둘은 오두막에서 날이 밝자 불을 피워 아침 식사 준비를 하고, 돼지를 불러모아 일꾼들과 함께 떠나보냈다. 그때 텔레마코스가 집 가까이에 이르렀는데, 여느 때에는 몹시 짖어 대는 개들이 텔레마코스가 다가오는데도 그를 둘러싼 채 꼬리를 치며 짖지를 않았다. 개들이 꼬리를 치는 꼴이며 발소리에 존엄한 오디세우스는 누군가 오고 있음을 알아차렸다. 그래서 곧 에우마이오스를 보고 위엄 있게 말했다.

"에우마이오스 님, 아무래도 누가 이쪽으로 오는 것 같구려. 동료 가운데 한 사람인지 아니면 다른 이웃 사람인지. 개들이 짖지 않고 꼬리를 치는 걸 보니 말이오. 어수선한 발소리가 들려옵니다."

미처 그 말을 맺기도 전에 그의 사랑하는 아들이 문턱에 와 있었다. 돼지치기는 놀라 넘어지듯 뛰어나가는 바람에, 마침 손에 들었던 그릇이 땅에 떨어졌다, 그는 붉게 빛나는 포도주를 섞고 있던 참이었다. 그리고 주인 앞으로 와서 사랑하는 아들이 먼 나라에서 10년 만에 돌아온 것을 맞이하는 아버지처럼, 그의 얼굴과 두 눈, 두 손에 입을 맞추면서 눈물을 마구 쏟았다. 마치 늦게 낳은 외아들이라, 그를 위해서는 무슨 고생이든 달갑게 받겠다는 아버지의 모습이었다. 갸륵한 돼지치기는 신과도 같은 모습을 한 텔레마코스의 가슴에 매달려 입을 맞추었다. 죽을 고비를 넘기고 온 사람에게 하듯이 흐느껴 울면서 거침없이 말했다.

"돌아오셨군요, 텔레마코스 님. 배를 타고 필로스로 떠나셨다는 말씀을 듣고 사랑스러운 도련님을 이젠 아주 못 뵙는 줄 알았습니다. 자, 어서 들어오십시오, 도련님. 모습을 자세히 뵈옵고 실컷 기뻐하게 말입니다. 이제 막 들어오시는 광경을 말이에요. 도련님은 좀처럼 농장으로는 오시는 일이 없는데다 일꾼들은 만나지 않으시니까요. 줄곧 마을에만 계셨지요. 아마 파멸 받을 구혼자들의 그 흉측한 무리들을 지켜보시는 게 마음에 드셨던 모양이지요."

그러자 지혜로운 텔레마코스가 대답했다.

"그럼 그렇게 할까. 나는 자네를 만나려고 여기까지 왔네. 자네를 보면서 이야기를 들으려고 말이야. 어머님께서 아직 성에 머물러 계신지, 아니면 벌써 다른 사나이와 결혼해 떠나셨는지, 그리하여 오디세우스 집안의 침상은 이부자리도 없는 빈 침상이 되어서 거미줄투성이로 버려지지나 않았는지 말이오."

우두머리 돼지치기가 말했다.

"물론 그분은 진득한 마음으로 성에 머물러 계신답니다. 하지만 밤이나 낮이나 눈물이 마를 사이 없이 그저 한탄만으로 세월을 보내시지요."

이렇게 말하며 그로부터 청동 촉을 단 창을 받아 들었다. 한편 텔레마코스는 돌 문턱을 넘어 안으로 들어갔다. 아버지인 오디세우스는 그가 들어서자 자리를 비켜주었는데, 텔레마코스는 그것을 막으면서 그에게 말을 걸었다.

"그대로 앉아 계십시오, 손님. 우리는 농장 안 다른 오두막에 자리를 마련하면 됩니다. 자리를 마련해줄 사람도 여기 있으니까요."

그 말에 오디세우스는 다시 자기 자리에 가서 앉았다. 그리고 돼지치기는 텔레마코스를 위해 푸른 나뭇가지를 밑에 펴서 깔고, 그 위에 염소 가죽을 깔아 놓았다. 그리하여 오디세우스의 사랑하는 아들은 그곳에 가 앉았다. 그 다음에 돼지치기는 그들을 위해 어제 먹다 남은 구운 고기 접시를 들여왔다. 그리고 빵 바구니와 담쟁이 무늬가 새겨진 그릇에 꿀처럼 달콤한 포도주를 담아 들고, 자기도 존엄한 오디세우스 앞에 와 앉았다. 그리하여 모두 준비된 식탁에 둘러앉아, 바쁘게 손이 오가며 배를 채웠다. 이윽고 충분히 먹고 마시자, 텔레마코스가 충직한 돼지치기에게 말했다.

"여보게, 이 손님은 어디서 오신 분이신가? 뱃사람들이 어디서 이타카 섬까지 모셔 왔는가? 뱃사람들은 누구시라고 하던가? 이 손님이 걸어서 이곳까지 오실 리는 없지 않은가."

그 말에 돼지치기 에우마이오스는 말했다.

"물론이지요. 그럼 도련님, 제가 모든 일을 말씀드리지요. 이분은 크레타 섬 태생이라고 하며, 무척 여러 곳을 떠돌아다녔다고 합니다. 신께서 이분에 대해 모두 그렇게 운명을 정해 놓으신 까닭이랍니다. 지금은 테스프로티아 사람들이 타고 온 배에서 도망쳐 나와 우리 오두막을 찾아오셨기에 저는 도련님께 넘겨 드립니다. 그러니 알아서 잘 처리해 주십시오. 도련님에게 하소연하는 사람이라고 하기에 말입니다."

그 말에 지혜로운 텔레마코스가 말했다.

"에우마이오스여, 자네 말을 들으니 무척 괴롭군. 글쎄 내 처지에 어떻게 손님을 집에 모실 수 있단 말인가. 난 아직 젊은데다 힘에도 아직은 자신이 없어서, 만일 누가 시비를 걸어온다 하더라도 그걸 물리칠 만한 힘이 없단 말이야. 그런데다 어머님은 두 가지 생각 때문에 갈피를 잡지 못하고 망설이는 참이 아닌가. 남편의 침상과 마을 전체의 의견을 좇아 이대로 내 곁에 머물면서 집을 지켜 나갈 것인지, 아니면 예전부터 구혼해 오던 아카이아 사람 가운데 으뜸으로 뛰어난 사나이, 그리고 혼수품을 가장 많이 보내는 사나이를 따라갈 것인가 하고 말이야. 하지만 아무튼 이분이 자네 집을 찾아온 이상 외투와 속옷 등을 드려야 하지 않겠나. 또 양날 칼과 발에 신을 샌들도 드리도록 하고. 어디든 마음 내키시는 곳으로 보내 드리도록 하지. 혹은 자네가 바란다면 오두막에 머물게 하고 자네가 돌보아 드리거나. 옷은 내가 보내 주겠네. 그리고 음식도 넉넉하게 보내 줄 테니. 자네들 몫을 축내서는 안 될 테니까. 나는 아무튼 이분을 우리 집의 구혼자들 틈으로 보내고 싶지는 않네. 이만저만 못된 놈들이라야지. 괜스레 생떼를 쓰며 시비를 걸어오면 어찌하겠는가. 만약 그렇게 된다면 내가 아주 난처한 처지에 빠지게 될 테니 말일세. 어쨌든 여러 놈을 상대한다는 것은, 아무리 강철 같은 사람이라도 무슨 일에서나 이겨 내기란 그리 쉽지는 않단 말일세. 상대가 훨씬 힘이 세니까 말이야."

그 말에 참을성 있는 오디세우스가 말했다.

"저 주인님, 제가 말씀 중에 끼어들어 죄송합니다만, 듣자니 정말 분통이 터질 일입니다. 구혼자들이 성에 몰려 못된 꾀를 꾸민다는 그 이야기 말입니다. 이처럼 훌륭하신 분을 없애려 들다니. 어떻습니까, 좀 들려주시지요. 당신이 스스로 포기하신 건지, 아니면 섬 전체 사람들이 당신에게 적의를 품은 것인지, 신의 말씀을 따라서 그러는 건지요. 혹은 형제간에 말다툼이라도 하신 것인지요. 아무리 크게 다투었다 하더라도, 그들이 힘을 합쳐 싸워 주기를 바라는 게 사람들일 텐데요. 만일 내가 지금 당신만큼의 기력에다 그만한 젊음을 가졌더라면 걱정이 없을 텐데요. 정말 그 훌륭하신 오디세우스의 아드님, 혹은 오디세우스가 방랑길에서 돌아만 온다면야 무슨 걱정이겠습니까? 하지만 아직은 희망이 있습니다. 내 말이 거짓이라면 누구든 내 목을 쳐도 좋아요. 내가 그들 전체의 재앙거리로서 라에르테스의 아들 오디세우스의 성 안으로 들어가지 못한다면 말입니다. 그러나 만약 그들이 모두 한 무리가 되어서 홀몸인 나를 죽여버린다면, 그럴 바엔 내 집 안에서 죽는 편을 선택할 테요. 다른 곳에서 온 손님들을 푸대접한다거나, 시녀들을 못된 방법으로 저택 안에서 끌고 다닌다거나, 술을 마구 퍼마셔서 바닥을 낸다거나, 식량을 무턱대고 헤프게 먹어 대는 것을 그대로 못 본 체하는 것보다는 말입니다. 그들은 조만간에 끝낼 것 같지도 않군요. 그럴 이유도 없는 주제에 말입니다."

지혜로운 텔레마코스가 대답했다.

"그렇다면 손님, 내가 모든 일을 말씀드리지요. 온 섬 사람들이 결코 내게 적의를 품었거나, 나를 나무라거나 하는 것은 아니랍니다. 또한 변함없이 믿고 기대야 할 형제들 사이에 싸움이 있었던 것도 아니고요. 크로노스의 아드님이 우리 집안을 그만큼 고독하게 만드셨기 때문입니다. 증조부이신 아르케이시오스는 오로지 라에르테스 한 분만을 낳았고, 또 라에르테스는 외아들 오디세우스만을 두셨는데, 오디세우스 또한 나 하나만을 아들로 성에 남겨 두고 떠나 버린 채, 부자간의 정도 못 나누었지요. 그런 까닭에 이제는 속이 엉큼한 놈들만이 성에 잔뜩 모여들었답니다. 둘리키온과 쉬메, 그리고 숲이 많은 자퀸토스 등 그런 섬에서 세도가 당당한 집안이며, 또 바위투성이 이타카 섬에서도 권세를 가진 유력자들이 서로 다투어가며 우리 어머님에게 구혼하면서 집안 재산을 마구 털어먹는 참이랍니다. 그런데 어머님은 꺼림칙한 그 결혼을 거절도 하지 않고 엉거주춤하며 무슨 뾰족한 수를 쓰지도 못하고 있답니다. 그래서 그들도 차츰 우리 재산을 갉아먹는 바람에 정말 머지않아 나까지 망쳐 놓고 말 겁니다. 하지만 그런 것은 모두 신들께서 하시기에 달렸습니다. 그런데 여보게 에우마이오스, 자네는 곧 사려 깊은 페넬로페 님께 가서 알려 주게나. 내가 필로스에서 무사히 돌아왔다고. 나는 한동안 여기서 머물 작정이니까. 자네는 어머님께만 알려드리고 곧 이리로 와야 하네. 그 밖의 아카이아 사람 누구도 눈치 채게 해서는 안 되네. 나를 못마땅해 하는 녀석들이 많으니까 조심하게나."

그 말에 돼지치기 에우마이오스는 대답했다.

"잘 알겠습니다. 저도 생각이 있으니까요. 어련하신 말씀이시겠습니까만, 그보다도 이점을 어찌 생각하시는지요. 혹 라에르테스 님께도 가는 길에 들러서 알려드리는 게 어떨까 해서요. 너무도 측은해서 말입니다. 얼마 전만 하더라도 오디세우스 님 생각에 한탄을 하시면서도, 밭일을 감독하시고 일꾼들과 식사며 술도 함께 드셨는데, 마음이 내키실 때는 말입니다. 그런데 도련님이 배를 타고 필로스로 떠나신 뒤로는 식사도 술도 전혀 안 드시고 밭일도 안 보신다고 들었습니다. 그저 탄식하고 우시며 앉아 계신 채, 뼈만 앙상하게 되어 가신다고 합니다."

그 이야기에 지혜로운 텔레마코스가 대답했다.

"참으로 가슴 아픈 이야기로군 그래. 하지만 우리는 탄식하면서도 어쩔 수 있나. 할아버님은 잠시 내버려 두게나. 그야 사람이 모든 일을 자기 나름대로 선택할 수만 있다면, 무엇보다 아버님이 돌아오실 날을 가장 먼저 택해야 할 게 아니겠나. 그러니 자네는 어머님께 알릴 볼일을 끝내거든 곧 돌아오게나. 할아버님을 찾아다니는 그런 일은 그만두게. 그 대신 어머님께 말씀드리게. 살림살이 책임을 맡은 나이 든 하녀를 보내라고. 될 수 있는 대로 빨리, 몰래 말일세. 그럼 그녀가 노인에게 소식을 알리게 될 테니까."

이렇게 말하며 돼지치기를 가도록 했다. 그리하여 그는 샌들을 단단히 신고는 마을로 떠났다. 돼지치기 에우마이오스가 오두막을 나서는 것을 아테나 여신은 물론 알아차리고 다가왔다. 키가 늘씬하고 아름다우며 또한 눈부신 재주를 갖춘 부인 모습을 빌려, 오두막 문어귀 맞은편에서 오디세우스에게 모습을 비췄다. 하지만 텔레마코스는 그 모습을 보기는커녕 알아채지도 못했다. 결코 신들은 누구에게나 또렷하게 모습을 나타내지 않는 까닭이었다. 그리하여 오디세우스와 개들만 그 모습을 보았는데, 개들은 짖지도 못하고 쥐 죽은 듯이 처박혀 있었다. 이윽고 여신이 눈썹을 움직여 신호하자, 존엄한 오디세우스는 곧 알아차리고, 방 밖으로 안마당 벽을 따라 나와 여신 앞에 멈추어 섰다. 그러자 그에게 아테나 여신이 말했다.

"제우스의 후손이자 라에르테스의 아들이며 지략 뛰어난 오디세우스여, 그럼, 이제는 그대 아들에게 숨김없이 이야기하세요. 구혼자들의 죽음과 몰락을 꾸며 내도록, 그래서 그대 부자가 세상에도 이름 높은 마을로 떠날 길을 만드시오. 나 또한 그대들 곁에서 이 이상 멀리 떨어져 있지는 않을 생각이니까. 싸우고 싶어서 몸살이 날 지경이오."

이렇게 말하며 아테나 여신은 황금 지팡이로 그를 어루만졌다. 처음에는 말쑥한 외투와 속옷을 몸에 걸치게 하고, 그 몸집을 크게 해서 젊음을 더해 준 다음 살갗도 거무스름하게 바꾸어 놓고, 턱과 볼의 주름살도 펴지도록 하고 아래 턱수염도 거무스름하게 바꾸어 놓았다. 여신은 이 같은 일을 끝내자, 다시 하늘나라로 떠났다. 한편 오디세우스는 오두막 안으로 들어갔다. 그러자 그의 사랑하는 아들은 깜짝 놀라 그만 두려움에 차서 다른 곳으로 눈길을 돌렸다. 혹 신이 아닌가도 했다. 그래서 그에게 위엄 있는 목소리로 말을 걸었다.

"손님이시여, 조금 전과는 아주 다른 모습이십니다. 입고 계신 옷도 달라졌거니와 피부빛도 다르고요. 아마 넓고 큰 하늘나라에 사시는 어느 신이 아니신가 싶습니다. 부디 자비를 베풀어 주십시오. 당신의 뜻을 달래 드리기 위해 오묘하게 만든 제물과 황금 그릇을 바치겠습니다. 그리고 저희들을 부디 용서하십시오."

그 말에 참을성 있고 존엄한 오디세우스가 대답했다.

"나는 결코 신이 아니란다. 어째서 나를 신에 견준단 말이냐. 그런 게 아니고 바로 너의 아버지다. 나 때문에 네가 탄식하며 죽도록 고생을 해 온 그 아버지다. 뭇 인간들에게 난폭한 짓을 당하면서 살아나온 너의 아버지란다."

이렇게 큰 소리로 말하고는 아들에게 입을 맞추었다. 이제껏 늘 참아 왔던 눈물이 어느덧 그의 볼을 타고 땅바닥에 뚝뚝 떨어졌다. 그러나 텔레마코스는 아직도 좀처럼 그가 자기 아버지라고 믿기가 어려워서, 또다시 그에게 말했다.

"설마 당신이 우리 아버님 오디세우스는 아니겠지요. 신께서 꾀를 써서 저를 놀리시는 거로군요. 한결 더 슬퍼하며 탄식하라고 말입니다. 아무리 재주가 좋다 하더라도, 죽어야 할 인간의 몸으로 어찌 이런 일을 꾸밀 수 있단 말입니까? 아무튼 인간의 지혜로, 신들께서 다녀가신 것도 아닌데, 그렇게 쉽사리 마음대로 젊어졌다 늙어졌다 할 수가 있단 말입니까? 조금 전까지는 늙고 초라한 모습이셨는데, 이제는 넓고 큰 하늘나라에 계시는 신들과 꼭 같으십니다."

참을성 있는 오디세우스가 대답했다.

"텔레마코스여, 그토록 그리던 아버지가 돌아왔는데도 지나치게 의심하거나 놀라거나 하는 것은 너무 하지 않느냐? 나 아닌 다른 오디세우스가 이곳에 왔을 리는 없지 않느냐. 내가 바로 너의 아버지다. 수없는 재앙을 받으며 이곳저곳 떠돌아다닌 끝에, 20년 만에 비로소 고향 땅을 밟게 된 것이란다. 그리고 이 신기한 일은 전리품을 거두시는 아테나 여신이 하신 일이며, 그분이 나를 이렇게 바꾸어 놓으셨단다. 여신은 얼마든지 마음 내키시는 대로 일을 꾸미시니까. 어느 때는 거지 행색으로, 또 어느 때는 젊은 사나이로, 또 좋은 옷을 몸에 걸친 사람으로도 변하게 하시거든. 드넓은 하늘에 계시는 신들에게는 죽어야 하는 인간의 모습을 바꾸어 놓기란 아무것도 아니란다."

이렇게 말하고는 자리에 앉았다. 그러자 텔레마코스는 훌륭한 아버지 앞에 쓰러지듯 매달리며 눈물을 글썽이며 탄식했다. 둘은 똑같이 그리움에 복받쳐 울어 버린 것이다. 그렇게 큰 소리로 울부짖는 모양은 가족을 잃은 새들보다도 더 심하고 멈출 줄을 몰랐다. 날지도 못하는 바다 독수리나 발톱이 굽은 독수리 새끼를 농부가 둥우리에서 모두 빼앗아갔을 때처럼, 그들은 슬픔에 겨워 끝없이 눈물을 쏟았다. 이렇게 슬퍼만 하다가 텔레마코스가 먼저 아버지께 말을 걸지 않았더라면 해가 저무는 것조차 모르고 말았으리라.

"도대체 무슨 배편으로, 그리고 어떤 분들이 아버님을 이타카 섬까지 모시고 왔단 말입니까? 그분들은 누구라고 하던가요, 아버님. 걸어서 이곳까지 오신 건 아닐 테니 말입니다."

그 이야기에 참을성 있고 존엄한 오디세우스가 말했다.

"오냐, 내가 모든 일을 똑똑히 말해 주마. 나를 데려다 준 사람들은 배로 이름난 파이아케스 사람들이지. 그곳 사람들은 누구나 자기들 섬을 찾아온 사람은 다른 나라 사람일지라도 모두 데려다 준다는구나. 그래서 나를 빠른 배에 태워 줄곧 잠자는 동안에, 어느 틈엔가 바다를 건너 이타카 섬에다 내려 주었으며, 그뿐 아니라 온갖 훌륭한 선물까지 주었느니라. 청동과 황금으로 만든 물건들, 그리고 좋은 옷가지 등을 잔뜩 말이다. 그 물건들을 신들 말씀대로 동굴 속에 간직해 두었지. 그리고 이번에는 여기까지 아테나 여신의 말씀에 따라 찾아온 것이다. 엉큼한 놈들을 해치울 수단과 방법을 여럿이서 생각해 내기 위해. 그런 까닭이니 자, 어서 구혼자들 이름을 말해 보려무나. 몇 명 정도이며 어떤 놈들이 합세를 했는지 알아야 하니까. 그리고 내가 마음속으로 여러 궁리를 해 보마. 우리가 단둘이서 남의 힘을 빌지 않고도 그들을 해치울 수 있을지, 아니면 다른 사람들 도움을 받아야 할지를 말이다."

그 말에 지혜로운 텔레마코스가 대답했다.

"아버님, 정말 아버님의 높은 평판을 늘 들어 왔습니다. 무기를 잡으시면 백전 연마의 무사이시며, 지략에서는 남달리 지혜와 꾀가 뛰어나신 분이라는 사실을 말입니다. 그러나 너무도 큰소리를 하시는 바람에 그만 가슴이 서늘해졌답니다. 도저히 우리만으로는 그 많은 사람들의 강한 힘을 당해 낼 재간이 없겠지요. 구혼자들은 10명이나 20명 정도가 아니라 훨씬 많답니다. 지금 당장에라도 숫자를 아시게 될 겁니다. 둘리키온 섬에서는 52명의 뛰어난 젊은 영주들과 함께 6명의 수행원이 따라왔습니다. 쉬메에서는 24명의 용사들이 왔고, 자퀸토스에서는 아카이아족 젊은이가 20명, 그리고 이 이타카 안에도 12명이 있는데, 모두 하나같이 뛰어난 무사들이랍니다. 그리고 그들과 함께 전령 메돈이라는 존엄한 가인과, 두 명의 부하로 고기 써는 재주에 뛰어난 사나이가 붙어 있습니다. 만일 그들 모두가 한 자리에 있을 때 맞선다면, 그들의 난폭한 행동에 앙갚음하러 왔다가 도리어 그 앙갚음을 당하고 몹시 심한, 그리고 무서운 꼴을 당하게 될지도 모릅니다. 그러니 아버님, 할 수만 있으시다면, 누구든지 복수를 도와 줄 사람을 찾아내 주십시오. 누구라도 우리를 진심으로 열렬히 감싸며 지켜줄 사람을 말입니다."

그 말에 참을성 있고 존엄한 오디세우스가 말했다.

"그렇다면 내가 말해줄 테니 너도 정신을 바짝 차리고 들어 두어라. 그리고 잘 생각해야 한다. 우리 둘과 아테나 여신, 그리고 아버지 신이신 제우스께서 함께 하신다면 그것으로 되겠느냐, 아니면 그래도 다른 협조자가 필요하느냐."

지혜로운 텔레마코스가 대답했다.

"그거 참 아주 뛰어난 협조자들입니다. 이제 말씀하신 두 분 신이시라면, 높은 구름 속에 앉아 계시긴 하지만, 인간들뿐만 아니라 그 밖에 불사의 신들조차도 다스리시는 형편이니까요."

그 말에 참을성 있고 존엄한 오디세우스가 말했다.

"두 분 신께서는 그리 오래도록 싸움의 소란을 멀리서 구경만 하지는 않으실 게다. 구혼자들과 우리가 내 성에서, 아레스 신의 용맹을 시새우면서 싸울 때도 멀지 않았다. 그러니 너는 아침 햇빛이 스며들거든 그만 집으로 가 보도록 해라. 그래서 그 예의없고 오만한 구혼자들 틈에 있도록 해라. 그럼 나를 돼지치기가 나중에 데려다 줄 거다. 한심한 비렁뱅이 늙은이 행색을 한 나를 말이다. 그리고 그들이 성에서 나를 내쫓으려고 못된 짓을 하더라도, 너는 애처로운 마음을 누르고 꾹 참아야 하느니라. 내가 심한 푸대접을 받는 걸 보더라도 말이야. 내 다리를 잡고 집 안에서 끌어내건, 또는 무슨 연장으로 두들겨 패는 한이 있더라도 말이다. 너는 그런 꼴을 보고도 못 본 체해야 돼. 그저 참아야 한다. 다만 어리석은 짓은 그만 두라고 옆에서 조용히 타이르는 정도로 그쳐라. 하지만 그 녀석들은 전혀 들은 체도 안할 게다. 왜냐하면 그들에게는 이미 운명의 날이 찾아왔거든. 그리고 또 한 가지 말해 둘 테니 마음속으로 잘 새겨두어라. 꾀에 능숙하신 아테나 님이 내 마음에 넌지시 신호를 보내실 때에는, 내가 너에게 머리를 끄덕 숙이는 것으로 알려 줄 테니, 너는 눈치채고 곧 집 안에 있는 무기란 무기는 모두 높다란 광 속 깊숙이 간직하도록 해라. 모조리 말이다. 그러는 한편 구혼자 놈들한테는 적당하게 얼버무려 두어라. 만일 그들이 무기가 없는 것을 눈치채고 아쉬워서 네게 묻거나 한다면, '연기를 쐬지 않는 곳에 넣어 두었지요. 이전에 오디세우스가 트로이로 떠날 때와는 전혀 비교도 안될 만큼, 불기운을 쏘인 것은 온통 못쓰게 되었기 때문이에요. 그리고 또 한 가지 덧붙여 말하겠는데요, 그보다 더 중요한 사실을 크로노스의 아드님이 내 마음에 떠오르게 해 주셨답니다. 만일 자칫 술기운에 당신들이 다투거나 해서 서로 상처를 입혀, 모처럼의 잔치가 엉망이 되거나 하면 안 되니까요. 그리고 구혼에 대해서도 그렇지요. 쇠붙이란 으레 무사들을 끌어 붙인다고들 합니다.'

이런 말을 하면서 말이다. 그러나 우리 두 사람이 사용할 검 두 자루와 창 두 개는 남겨 두도록 해라. 그리고 쇠가죽 방패 두 개는 일이 뜻대로 되지 않을 때 우리가 달려가서 곧 손에 집어들 수 있도록 준비해 두어라. 그러면 그들을 팔라스 아테나와 지혜가 많으신 제우스 신께서 홀려 놓으실 거야. 그리고 또한 가지 일러두고 싶은 게 있으니 너는 속으로 차근차근 궁리해 두어라. 만약 네가 진정 내 아들이며 우리 집 핏줄을 이어받았다면, 오디세우스가 돌아온 것을 누구한테도 말하지 말아라. 라에르테스 님이며 돼지치기한테도 전혀 알리지 말 것이며, 하인들에게도, 또한 어머니에게도 결코 말해서는 안 된다. 오로지 너와 나 둘만이 여자들의 마음가짐을 떠 보도록 하자꾸나. 하인들의 마음도 시험해 보도록 하자. 누가 가장 우리 둘을 아끼고 두려워하는지, 그리고 누가 못된 마음을 먹고 이처럼 훌륭한 인물인 너를 없애려고 하며 존경할 줄도 모르는지 알아보기로 하자."

그 말에 명예로운 오디세우스의 아들이 큰 소리로 답했다.

"아버님, 나중에라도 언젠가는 제 마음을 아실 때가 오리라고 믿습니다. 제 정신은 결코 긴장을 잃지는 않았습니다. 하지만 아무래도 그런 일이 우리 둘에게 도움이 된다고는 생각할 수 없습니다. 그러니 차분하게 생각해 주시기 바랍니다. 그러자면 많은 시일이 필요하겠습니다. 한 사람 한 사람 모두를 떠 보고 알아보려면 말이지요. 그동안에 녀석들은 성 전체를 차지하고 마음대로 재산을 갉아먹을 텐데요. 멋대로 우쭐거리며 부끄러움도 모르고 말입니다. 그보다는 여자들을 조사하시도록 저는 권하겠습니다. 그 가운데 누구누구가 아버님께 함부로 구는지, 누가 괘씸한 짓을 하는지를. 그러나 집 안에 있는 사나이들은 저로서는 서두를 게 없다고 생각합니다. 오히려 그들은 나중에 처리하심이 좋겠지요. 글쎄요, 정말 아버님께서 무언가 염소 가죽 방패를 가지신 제우스 신이 일러 주신 조짐을 아신다면 말입니다."

둘은 이렇게 이런저런 말을 주고받았다. 한편, 그 잘 만들어진 배는 그때부터 이타카 마을로 항해를 이어나갔다. 텔레마코스와 동지들을 모두 필로스로부터 태우고 온 배였다. 그리하여 그들은 아주 깊숙이 항구 안에 다다르자, 검은 칠을 한 배를 육지에 끌어올려, 항해 도구들을 힘센 수행원들이 모두 내려놓고, 또 훌륭한 선물들은 곧 클뤼티오스의 저택으로 가져갔다. 그리고 전령을 오디세우스의 성으로 보낸 까닭은, 생각 깊은 페넬로페에게 텔레마코스가 시골 농장으로 가면서, 배는 마을로 먼저 가도록 명령했다는 것을 알려 주기 위해서였다. 우아한 여주인께서 걱정하고 두려워하는 마음 때문에 애처로운 눈물을 흘리는 일이 없도록 하기 위함이었다. 그리하여 전령과 돼지치기 두 사람은 마님께 소식을 알리려는 똑같은 임무를 띠고 가는 길에 만나게 되었다. 이윽고 바로 존엄한 영주의 성에 이르자, 전령은 시녀들을 보고 이렇게 말했다.

"마님께 알리시오, 사랑하시는 아드님께서 돌아오셨다고."

한편 돼지치기는 페넬로페 바로 앞에 가서, 그녀의 사랑하는 아들이 일러 준 대로 말씀을 드렸다. 모든 사연을 알려 드린 다음, 돼지들이 있는 데로 돌아가기 위해 성에서 물러나왔다.

한편 구혼자들은 모두 풀이 죽은 채 골치를 앓고 있었다. 그들은 홀을 나서서 안뜰의 높다란 벽을 따라 밖으로 나오자 바로 문 앞에 모두 모여 있었는데, 그들을 보고 먼저 폴리보스의 아들 에우리마코스가 말했다.

"여러분, 참으로 맹랑한 소행이 이것 보라는 듯이 벌어진 셈이오. 텔레마코스의 이번 여행 말입니다. 우리는 이렇게 될 줄은 꿈에도 생각지 못했는데. 하지만 아무튼 검은 배를 바다로 끌어내도록 합시다. 가장 튼튼한 것으로 말이오. 그리고 노젓는 사람과 어부들을 모아 태우도록 하겠소. 그럼 재빠르게 우리 동지들에게 알려 주겠지, 서둘러 돌아오도록."

그런데 미처 그 말이 끝나기도 전에 암피노모스가 자기 자리에서 몸을 돌려 뒤를 돌아보고, 깊숙한 포구 안에 배 한 척을 발견했다. 이제 막 돛을 내리고 손에 노를 잡은 모양이었다. 그래서 싱긋 웃으며 동지들에게 말했다.

"그렇게 급하게 서두를 건 없어. 이미 모두 마을에 와 있지 않은가. 아마 신들 가운데 어느 분이 그들에게 말씀하셨는지, 아니면 그들이 텔레마코스의 배가 옆을 지나는 것을 목격했는지. 하지만 그 배를 붙들지는 못할 거야."

그가 이렇게 말하자 모두 일어나 바닷가로 나가서 곧 검은 칠한 배를 육지로 끌어올리고, 힘이 센 수행원들이 배의 도구들을 그들을 위해 날라갔다. 그리고 모두 회의 장소로 몰려갔는데, 그곳에는 젊은이고 늙은이고 다른 사람은 얼씬조차 못하게 했다. 그리고 그 가운데서 에우페이테스의 아들 안티노스가 말했다.

"아, 이게 무슨 꼴이람. 그 녀석을 신들이 재난에서 풀어 놓아주시다니. 낮에는 언제나 서로 파수를 서고, 바람이 몰아치는 곳 앞 끝에 앉아서 망을 보고 있었는데. 그리고 해가 지고 나면 육지에서 밤을 지낸 적이 없고, 줄곧 바다에서 빠른 배를 타고 돌아다니며 눈부신 아침을 기다리곤 했단 말일세. 텔레마코스를 기다렸다가 잡아 죽여버릴 작정이었지.

그런데 어느 틈에 신께서 그놈을 고향으로 데려오고 말았단 말일세. 그러니 우리는 다시 텔레마코스가 꼼짝 못하도록 파멸시켜 버릴 꾀를 세워야 하겠네. 우리 손아귀에서 빠져나가지 못할 테지만 말이야. 그 녀석이 살아 있는 한, 이 일은 이루어질 수가 없단 말일세. 이미 그가 사려분별을 갖추었고 게다가 눈치가 빠르거든. 그런데다 마을 사람들도 모든 일에 우리에게만 호의를 보이는 건 아니란 말이야. 그러니 저 녀석이 아카이아 사람들을 회의 장소로 집합시키기 전에 빨리 손을 써야겠네. 그는 잠시도 가만히 있지는 않을 테니 말일세. 아마 틀림없이 화가 치밀어, 모두 모인 자리에서 이렇게 말하리라고 보네. 우리가 그를 간사하고 악독하게 살해할 음모를 꾸몄지만, 그를 붙잡지 못했다고 말이야. 그럼 시민들은 그와 같은 못된 일을 꾸몄다는 말을 듣고 죽일 놈들이라고 우리를 욕하겠지. 그들이 우리에게 무슨 해를 입히거나 자기들 영토 밖으로 몰아내거나 하는 날에는 아주 큰일이거든. 그래서 다른 나라로 밀려나게 된다면 말일세. 그러니 이쪽에서 먼저 손을 써서 시골에서 그 녀석을 붙잡도록 하게나. 마을 밖이나 성으로 가는 길에 말이지. 그리고 우리가 그의 생활 물품과 재산을 빼앗아 적당하게 나누어 버리는 거야. 그리고 성은 그의 어머니나 그녀의 결혼 상대한테 주어버리기로 하세. 하지만 혹 자네들한테 이런 제의가 못마땅하다면, 그리고 그가 살아남아서 지켜 줄 것을 바란다면, 여기에 우리가 몰려들어 그의 재산을 이처럼 멋대로 축내는 짓은 이제 그만 두기로 하세. 그 대신 저마다 자기 집에서 구혼하도록 하세. 혼수품으로 허락을 얻도록 하고. 그리하여 그녀가 가장 선물을 많이 보내고 천운이 닿아서 신랑으로 정해진 사나이하고 결혼하게 된다면 좋겠지."

　이렇게 말하자 모두 쥐 죽은 듯이 조용해졌다. 그 가운데 암피노모스가 이렇게 이야기를 시작했다. 그는 아레티아스 아들 니소스의 명예로운 아들로서, 보리가 많이 나고 풀과 나무가 풍부한 둘리키온에서 구혼자들을 이끌고 왔는데, 누구보다 페넬로페한테 잘 보인 사람이었다. 뛰어난 분별을 갖추었기 때문이었다. 그가 모두의 안전을 위해서 이야기했다.

　"여러분, 나로서는 텔레마코스를 죽인다는 것은 찬성하지 못하겠습니다. 왕자의 일족을 죽인다는 건 도리에 벗어난 일이며, 그보다는 먼저 신들의 의견을 묻는 게 옳을 것 같소. 만약 제우스 신의 신탁이 이 일을 좋다고 하신다면, 나도 살해하는 데 가담하겠고, 그 밖의 분에게도 권하겠소. 하지만 만일 신이 안 된다고 나무라신다면 그만두기를 권하는 바이오."

암피노모스가 이렇게 말하자 사람들은 모두 그 말에 찬성하는 뜻을 밝혔다. 그리고 조금 뒤 그들은 자리에서 일어나 오디세우스의 성으로 떠나 그곳에 이르자, 모두 훌륭한 큰 의자에 자리를 잡고 앉았다.

한편 총명한 페넬로페는 전과는 다른 생각으로 못된 짓을 일삼는 구혼자들 앞에 나타나려고 마음먹었다. 그들이 아들의 파멸을 꾸민다는 소식을 들었기 때문이었다. 그전부터 그 사실을 눈치챘던 전령 메돈이 그녀에게 일러 주었던 것이었다. 때문에 그녀는 시녀들을 거느리고 홀 쪽으로 나갔다. 귀부인다운 위엄을 가지고 구혼자들 앞에 이르렀을 때, 튼튼하게 지어진 성 입구의 문기둥 옆에 서서, 빛나는 베일로 두 볼을 가리고, 안티노스를 비난하며 그 이름을 불러 말했다.

"안티노스 님, 당신은 아주 제멋대로인데다 난폭하며 못된 음모를 꾸미는 분입니다. 그런데도 이타카 사람들은 당신이 같은 또래 가운데 무슨 일을 꾀함에서나 말재주에서나 가장 뛰어난 분이라고들 합니다만, 당신은 그런 분이 아니었군요. 한낱 미치광이군요. 도대체 무슨 생각으로 당신은 텔레마코스를 죽이려고 음모를 꾸민단 말입니까. 더구나 예전에 입은 은혜조차 저버리고 말입니다. 그것은 제우스 님이 증인을 서실 거예요. 그리고 서로 재앙을 꾸민다는 건 신의 뜻을 범하고 의리에도 어긋나는 일입니다. 도대체 당신은 벌써 잊으셨나요? 이곳으로 당신 아버님이 국민의 노여움이 두려워서 자기 나라에서 도망쳐 나오셨을 때의 일을. 정말 모두 무척 격분했더군요. 아버님이 다포스 섬의 해적들에게 붙어서 테스프로티아 사람들을 해치고 괴롭혔기 때문이에요. 그곳 사람들은 우리 이타카 사람들과 친교를 맺은 사이였습니다. 그리고 섬 주민들은 그를 죽이고, 그의 소중한 생명을 빼앗고 나서는, 그의 재산마저 파먹으려고 하는데, 오디세우스가 타일러 못하게 했으며, 사람들이 날뛰는 걸 막았습니다. 그런 은인의 재산을 이제 당신은 대가도 치르지 않고 공짜로 파먹어 대며, 그 배우자에게 구혼을 하고는, 아들마저 죽이려 들었으며, 나를 말할 수 없이 괴롭히고 들볶아대지요. 그런 까닭에 당신에게 하지 말라고 요구합니다. 그리고 그 밖의 분들한테도 그렇게 명령하시도록 말입니다."

그 말에 폴리보스의 아들인 에우리마코스가 대답했다.

"이카리오스의 따님이시며 눈치 빠른 페넬로페여, 안심하십시오. 그리고 그런 일로는 조금도 마음을 썩이지 마십시오. 그런 인간은 결코 있지도 않거니와 또 생겨날 리도 없으니까요. 당신의 아들 텔레마코스에게 손을 대려는 사나이는 말입니다. 적어도 내가 살아 있고 이 지상에서 두 눈을 뜨고 있는 한은. 나는 이렇게 선언하겠으며, 또 틀림없이 이루어질 것입니다. 만약 이 자리에서 그런 인간이 나온다면 그는 우리의 창에 검은 피를 흘리게 되겠지요. 정말이지 저 도시를 함락시키는 오디세우스는, 자기 무릎에 가끔 나를 앉히고는 구운 고기를 손에 놓고 먹여 주었으며, 또 새빨간 술을 내주기도 했으니까요. 그런 까닭에 텔레마코스 님은 누구보다도 내가 가장 친애하는 분입니다. 또 결코 구혼자들의 손에 의한 죽음은 그를 위해 걱정하지 마시도록 부탁합니다. 신께서 하시는 일이라면 피할 수도 없겠지만."

이렇게 위로하며 말했지만, 그는 텔레마코스를 죽일 마음을 계속 품었다. 그래서 페넬로페는 휘황찬란한 2층 방으로 올라가서는, 사랑하는 남편 오디세우스를 생각하며 울었다. 빛나는 눈의 여신 아테나가 부드러운 잠을 그 눈꺼풀 위에 던져 줄 때까지.

해가 저물어 오디세우스와 그 아들한테로 갸륵한 돼지치기가 돌아오자마자, 곧 저녁 식사 준비를 시작했다. 한 살짜리 돼지를 제물로 도살했다. 또 아테나 여신은 라에르테스의 아들 오디세우스 바로 옆에 붙어 서더니, 지팡이로 때려 다시 처음의 노인 모습으로 변신시켜, 초라한 옷을 그 몸에 걸쳐 주었다. 돼지치기가 그를 대할 때 그 모습을 보고 주인임을 깨닫고 페넬로페에게 알림으로써, 저 혼자만의 사실로 간직할 수 없게 된다면 골칫거리였기 때문이었다. 그래서 그에게 텔레마코스가 먼저 말했다.

"이제 돌아왔는가, 갸륵한 에우마이오스여, 도대체 마을에서는 어떤 소문이 떠돌고 있는가? 분명 건방진 구혼자들은 이제 숨어 기다리는 것을 그만두고 집에 와 있던가? 아니면 아직도 내가 고향으로 돌아오기를 그저 거기 서서 지키고 있던가?"

그러자 돼지치기 에우마이오스는 대답했다.

"온 마을 안을 서둘러 돌아다니느라고 저는 그런 것을 캐어물을 겨를조차 없었습니다. 소식을 전하는 즉시 다시 이곳으로 돌아오려는 마음만 조마조마 했답니다. 도련님 동료들의 빠른 전령이 저와 동시에 닿았지요. 그 전령이 사실을 가장 먼저 마님께 말씀드렸습니다. 그런데 또 한 가지, 제가 안 사실을 말씀드리겠습니다. 이 눈으로 똑똑히 본 광경이지요. 저만큼 떨어진 도시 위쪽 헤르마이오스 언덕 근처였지요. 거기를 지나오자니까 빠른 배가 우리 쪽 항구로 들어오는 것이 보였습니다. 그 배에는 수많은 남자들이 타고 있었답니다. 방패와 양날 창들이 무수하게 빽빽이 서 있었습니다. 그래서 그들은 틀림없이 그 무리들이 아닌가 생각했습니다만, 확실하게는 잘 모르겠습니다만은……."

그 말을 듣고 씩씩한 텔레마코스는 아버지와 서로 눈짓을 하고는 미소를 지었다. 그러나 돼지치기가 그것을 눈치채지 못하도록 했다.

그리고 모두 하던 일을 마치고 저녁 준비가 끝나자 식사를 시작했으며, 골고루 나누어 받은 식사는 더 바랄 것이 없었다. 그렇게 실컷 마시고 먹고 나자, 사람들은 잠자리를 찾아서 잠이 베풀어 주는 은혜를 그 몸으로 누렸다.

제17권
오디세우스 집으로 돌아오다

아침이 되자 텔레마코스는 아버지와 함께 구혼자들을 물리칠 의논을 한 다음, 준비를 하고 자기 성으로 떠난다. 이어 오디세우스도 돼지치기 에우마이오스와 함께 자기 집으로 간다. 텔레마코스는 유모와 모친을 만나 필로스에서 있었던 일을 이야기하고, 아버지가 집으로 돌아오실 날도 머지 않을 것이라고 위로한다. 집으로 돌아온 오디세우스는 대문 앞 가까이에서 옛날에 기르던 애견 아르고스를 만난다. 홀에 들어선 거지 행색을 한 그를 어느 누구도 알아채지 못했으며, 도리어 조롱을 하면서 이것저것을 던지기도 한다. 그 말을 들은 페넬로페는 노여움과 슬픔을 참지 못한다. 이렇게 이 집안이 어지럽혀질 수가 있는가 싶었다. 그래서 거지를 불러 그 내력을 물으려 했지만, 오디세우스는 저녁 때까지 기다리라고 말을 전한다.

일찍 탄생하는 장밋빛 손가락을 지닌 새벽의 여신이 나타났을 때, 존엄한 오디세우스의 사랑하는 아들 텔레마코스는 아름다운 샌들을 발에 비끄러맨 다음, 묵직한 창을 집어 들었다. 손에 꼭 맞는 창이었다. 그리고 마을로 가려고 돼지치기에게 말했다.

"여보게, 그럼 나는 마을에 가서 어머님을 뵈어야겠어. 아무래도 내 얼굴을 보시기 전에는 애처롭게 탄식하며 슬픔이 가라앉지 않으실 것 같으니 말이야. 그리고 자네한테 일러두겠는데, 사정이 딱한 이 손님을 마을까지 모셔다 드리게나. 동냥할 수 있도록 말일세. 그럼 누구든 인정 있는 사람이 빵이나 술 등을 적선하겠지. 나로서는 모든 사람을 다 돌볼 수 없어. 마음속에 너무나 많은 고뇌를 가지고 있기 때문이야. 그야 손님이 화내면 화낼수록 그는 한층 더 불행해질걸세. 나는 사실은 사실대로 말하기를 좋아한단 말일세."

그러자 지혜 넘치는 오디세우스가 대답했다.

"아닙니다. 나리, 나도 여기 남아 있기를 바라지 않는답니다. 비렁뱅이는 비렁뱅이답게 마을이며 시골길을 구걸하며 다니는 것이 훨씬 마음 편한 일이니까요. 누구든 생각이 깊은 사람은 먹을 것을 나누어 주겠지요. 나는 이미 축사에 머물러 일할 만큼 젊지도 못하니 말입니다. 그리고 지시하는 사람이 시키는 대로 따라서 하기란 벅차답니다. 그러니 어서 떠나십시오. 당신 말씀대로 저는 이 사람을 따라갈 작정입니다. 잠시 불을 쬐고 햇살이 따스해지고 난 뒤에 말입니다. 옷이 너무 허름해서 새벽 이슬을 맞아 병이라도 나면 큰일이니까요. 마을까지는 꽤 멀기도 하니까요."

그는 이렇게 말했다. 텔레마코스는 구혼자들에 대한 복수를 생각하면서 뜰 안을 벗어나 빠른 걸음으로 떠났다. 훌륭한 성에 이르자 우선 창을 높다란 기둥에 기대어 놓고 안으로 들어가 돌 문지방을 넘어섰다.

그의 모습을 맨 먼저 알아본 사람은 유모 에우리클레이아이며, 그녀는 조각이 되어 있는 큰 의자에 가죽 깔개를 놓고 있다가, 곧 울먹이며 그에게로 달려왔다. 물론 그 밖에 참을성 있는 오디세우스의 시녀들도 모여들어 기뻐하고 반기며, 얼굴과 어깨 등에 입을 맞추었다, 상냥스러운 페넬로페도 안에서 달려나왔다. 그 모습은 아르테미스 여신이나 황금의 아프로디테가 아닌가 느껴질 정도였다. 그녀는 사랑하는 아들에게 두 팔을 내밀며 눈물이 글썽해서, 그의 얼굴과 아름다운 두 눈에 입을 맞추고 울먹이며 말을 걸었다.

"사랑스럽고 자랑스러운 내 아들아, 이제 돌아왔구나. 나는 너를 영원히 못 볼 줄 알았단다. 배를 타고 필로스로 나 몰래 떠났다고 하기에 말이다. 내 허락도 없이 아버님 소식을 듣겠다고 말이야. 어서 좀 말해 보려무나. 어떤 일을 듣고 보았는지."

그 말에 슬기로운 텔레마코스가 대답했다.

"어머님, 부디 제 마음을 흔들어서 눈물 나게 하지 마십시오. 아슬아슬한 파멸의 고비를 방금 넘어온 사람입니다. 그보다도 목욕을 하시고 깨끗한 옷으로 갈아입으신 다음, 시녀들과 함께 2층으로 올라가 모든 신께, 훌륭하고 큰 제물을 바치겠노라고 기도를 드리십시오. 만약 제우스 신께서 우리가 복수하는 것을 완전히 이루게 해주신다면 하고요. 저는 곧 회의 장소로 가 보겠습니다. 제가 돌아오는 길에 함께 따라온 손님이 있으니 그 사람을 불러 오기 위해서입니다. 신이나 다름없는 동지들과 함께, 저는 그 사람을 먼저 보내 놓았습니다.

그리고 페이라이오스에게 부탁해서 그 사람을 집으로 모시고 가서 내가 올 때까지 깍듯이 대접하라고 일러두었습니다."

이렇게 큰 소리로 말하자 그녀는 아무 대답도 못했다. 그리하여 그녀는 목욕을 한 다음 깨끗한 옷으로 갈아입고 모든 신께 훌륭한 큰 제물을 올리겠다고 정성을 다해 기도드렸다. 만약 제우스 신께서 복수의 과업을 완전히 이루게 해 주면 그리 하겠다고 말이다.

한편 텔레마코스는 창을 손에 든 채 홀을 가로질러 걸음을 서둘렀다. 그 뒤를 개 두 마리가 뒤따랐다. 아테나 여신은 그에게 눈부실 정도로 품위를 부어 주었기 때문에 사람들은 모두 그가 오는 것을 보고 감탄하며 바라보았다. 건방진 구혼자들은 그의 주위에 모여들어 온갖 소리를 다했지만, 속으로는 못된 음모를 꾸미고 있었다. 그는 웅성거리는 구혼자들을 피해서 멘토르와 안티노스, 아리텔세스 등 처음부터 그와는 조상 대대로 친한 사람들이 있는 곳에 가서 앉았다. 그러자 사람들은 자세하게 일이 어떻게 되었는지를 물었다. 마침 그때 창쓰기로 유명한 페이라이오스가 도성을 지나 회의장으로 손님과 함께 다가왔다. 그때 텔레마코스는 손님 옆으로 다가갔는데, 그를 보고 페이라이오스가 먼저 말했다.

"텔레마코스 님, 또 한 번 우리 집으로 여자들을 보내 주십시오. 메넬라오스 님이 보내신 선물들을 이쪽으로 갖다 드려야겠어요."

그 말에 지혜로운 텔레마코스가 대답했다.

"페이라이오스여, 아직 이 일이 어떻게 될지 잘 모르겠다. 만약 나를 건방진 구혼자들이 성 안에서 소리 없이 죽인 다음 재산이고 뭐고 저희들끼리 나눠 가진다면, 차라리 나는 자네가 그것을 가지고 행복을 누리기를 바라고 싶다. 그들 중 누구에게 빼앗기느니 말이야. 아니면 혹 내가 그들에게 살육과 죽음의 운명을 미치게 할 수 있다면, 그때야말로 기뻐하는 내게로 자네도 기쁨을 안고 가져다주는 게 좋겠네."

이렇게 말하며 여행으로 지친 손님을 집 안으로 데리고 들어갔다. 그들은 으리으리한 성에 이르자, 망토를 소파와 팔걸이의자에 벗어 던지고, 깨끗이 닦아 놓은 탕에 들어가 목욕을 했다. 시녀들이 그들에게 목욕을 시켜 준 다음, 올리브 기름을 바르고 몸에 양털로 된 망토와 속옷을 입혀 주자, 그들은 소파에 걸터앉았다. 그 다음에는 시녀가 아름다운 황금 주전자에 손 씻을 물을 담아 가지고 와서, 손을 씻도록 은으로 만든 대야 위에 부어 주었다. 그러고는 옆에 매끈한 네 발 탁자를 펴고, 조심성 있는 우두머리 시녀가 빵을 가져다 놓았다. 또한 자리에 모인 사람들의 뜻을 받들어 많은 음식을 내왔다. 페넬로페는 맞은편 기둥 옆에 자리를 잡았다. 소파에 몸을 기대고 실 감는 얼레를 돌리면서. 그리하여 요리해서 내온 음식들에 모두 번갈아가며 손을 들락거렸는데, 이윽고 먹는 것과 마시는 것이 어지간히 싫증이 났을 무렵, 그들에게 자상한 페넬로페가 먼저 말했다.

"텔레마코스여, 그럼 이제 그만 나는 2층에 올라가 눕고 싶구나. 근심 걱정으로 늘 마음이 슬픔에 차서 말이다. 오디세우스 님께서 아트레우스 댁 분들과 일리오스로 떠나신 뒤로는 말이다. 게다가 너마저 어찌된 까닭인지, 아버님의 귀국에 대해 이렇다 말 한 마디 시원스레 해 주지 않으니 말이다. 그러니 기고만장한 구혼자들이 이 집으로 몰려들기 전에 올라가련다."

그러자 슬기로운 텔레마코스가 대답했다.

"어머님이 그러신다면, 사실을 본 대로 들은 대로 말씀드리지요. 우리는 백성의 어진 왕이신 네스토르를 찾아 필로스로 갔습니다. 그는 저를 높이 솟은 성으로 맞아들여 융숭하게 대접하더군요. 마치 오랫만에 다른 나라에서 돌아온 아들을 대하듯 말입니다. 그처럼 저에게 깍듯이 대하셨습니다. 명예로운 아드님들과 함께요. 그러나 참을성 있는 오디세우스가 죽었는지 살았는지, 이 지상에 있는 사람 그 누구에게도 들은 적이 없다고 하셨답니다. 그러면서도 저를 아트레우스 댁의 창쓰기로 이름난 메넬라오스 님에게 훌륭한 수레와 말을 딸려서 보내 주셨습니다. 거기서 저는 아르고스의 헬레네 님을 뵈었지요. 그분 때문에 많은 아르고스 군사와 트로이 군사가 신들의 뜻에 따라 바로 곤경에 빠졌습니다만, 씩씩한 메넬라오스 님은 저에게 물으시더군요. 무슨 일로 제가 거룩한 라케다이몬을 찾아 왔느냐고요. 그래서 사실대로 말씀드리자 곧 긴 이야기로 대답해 주었습니다.

'도대체 무슨 말인가? 참으로 꼿꼿하고 곧은 마음씨를 가진 대장부의 잠자리에, 비겁한 그들이 함부로 기어들려 하다니. 마치 암사슴이 갓 낳은 젖먹이 새끼들을 재우려고 사나운 사자 굴에 넣어 놓고, 아기풀이 수북한 언덕과 골짜기를 찾으러 들판으로 가버린 것과 같군. 나중에 사자가 제 굴로 돌아와서는 어미와 새끼를 모두 비참한 운명으로 몰아넣겠지. 그처럼 오디세우스도 그들을 참혹한 죽음의 운명으로 몰아넣을 걸세. 오디세우스는 그전에 훌륭했던 고장 레스보스에서 경기를 하려고 일어서서 필로메레이데스와 씨름을 한 끝에 그를 여지없이 동댕이치는 바람에, 아카이아 사람들은 모두 좋아서 날뛰었지. 부디 바라건대 아버지 신이신 제우스 님, 아테나 여신, 그리고 아폴론, 오디세우스가 그 힘을 되살려 구혼자들 틈에 뛰어들게 해 주십시오. 그러면 녀석들은 모두 죽기에 바빠서 멋없는 혼례를 하게 될 텐데. 그리고 자네가 내게 간절히 묻는 그 일에 대해 나는 그 밖의 것을 말하기를 꺼리며, 얼버무리거나 속이는 일 없이 저 바다 노인이 정확하게 말해 준 그 사연을 일일이 덧붙이지도 빼지도 않고 그대로 말해 주겠네. 바다 노인은 아버님이 어느 섬에선가 심한 고난을 겪는 것을 보았다고 했네. 님프 칼립소의 집에서 말이지. 그 님프가 아버님을 강제로 붙잡아 두었는데, 아버님은 자신의 나라로 돌아갈 수도 없는 처지였지. 왜냐하면 자기에겐 넓은 바다를 넘어 데려다 줄 만한 노를 갖춘 배도 없거니와 뱃사람도 없으니 말일세.'

이렇게 아트레우스 댁의 창쓰기로 이름난 메넬라오스 님은 말씀하셨지요. 그래서 하는 수 없이 저는 귀국길에 올랐지요. 불사의 신들께서 순풍을 보내주셔서, 그리운 고향으로 서둘러 돌아온 것이랍니다."

이런 이야기에 페넬로페의 마음은 깊이 감동으로 차올랐다. 그러자 그들 중 신이나 다름없는 모습의 테오클뤼메노스가 말했다.

"현명하신 라에르테스의 아들 오디세우스 부인이시여, 들으신 바와 같이 이분은 잘 모르시는 것 같은데, 제 말씀을 잘 들어주십시오. 제가 틀림없는 신탁을 전해 드릴 테니까요. 아무런 숨김없이 말입니다. 그러면 아무쪼록 신들 중에서도 우선 첫째로 제우스 신께서 굽어 살피옵소서. 그리고 손님을 대접하는 식탁과, 거룩한 오디세우스의 부엌을 믿고 나는 찾아왔습니다. 오디세우스 님은 이미 조국 땅을 딛고 계십니다. 앉았건 걸어 다니건 간에 말입니다. 그들의 이런 악랄한 소행은 이미 알고 계십니다. 그리고 모든 구혼자들에게 재앙을 꾸미시는 참입니다. 저는 매끈한 배 위에 앉아서 새의 조짐으로 그런 점괘를 알고 나서 텔레마코스 님께 외쳤습니다."

그 말에 눈치 빠른 페넬로페가 말했다.

"손님이시여, 정말 그 말씀대로만 일이 되어 간다면 얼마나 좋겠습니까. 그렇게만 된다면, 즉시 당신은 내게서 많은 선물과 환대를 받으시게 될 겁니다, 당신을 보는 사람마다 부러워할 만큼요."

그들은 서로 이런 말을 주고받았다. 한편 구혼자들은 오디세우스의 성 앞에서 원반과 염소 잡는 창을 서로 던져 가며 즐기고 있었다. 평평하게 닦아 놓은 땅 위에서 전과 다름없이, 우쭐한 마음에 안하무인으로. 하지만 곧 저녁 식사 때가 다가오자 언제나 그렇듯이 하인들에게 끌려서 이곳저곳 시골에서 가축들이 모여들었다. 그때 바로 그들을 향해 메돈이 말을 걸었다. 이 사나이가 전령들 가운데서 가장 구혼자들의 마음에 들어서, 언제나 식사 때에는 옆에서 시중을 드는 사나이였기 때문이다.

"자, 젊은 양반님들, 경기를 하였으니 마음에 충분한 위로가 되었을 줄 압니다. 그럼 어서들 성으로 들어가십시오. 식사 준비를 할 테니까요. 알맞은 때에 식사를 하는 것도 결코 나쁘진 않은 법이랍니다."

이렇게 말하자 그들은 그 말에 따라 일어서서 모두 그쪽으로 향했다. 그리하여 사람들은 커다란 성에 들어서자 망토를 벗어 소파와 팔걸이의자 위에 놓고, 큼직한 양과 살찐 염소를 제물로 바치고 나서 잡기 시작했다. 살찐 암퇘지와 가장 훌륭한 암소를 만찬 준비로 잡았던 것이다. 그즈음 시골에서는 마을로 오기 위해 오디세우스와 갸륵한 돼지치기도 떠날 준비를 하고 있었다. 먼저 사나이들의 우두머리인 돼지치기가 앞질러 말했다.

"손님, 이제부터 마을로 가실 생각이라면 오늘 안으로 우리 주인이 명령하신 대로 떠납시다. 내 생각 같아서는 이대로 여기서 오두막지기로 있어 준다면 좋을 법도 합니다만. 그러나 주인님께 미안하고 혹 나중에라도 꾸지람을 들을까 무서워서요. 주인님의 꾸지람은 고역이니까요. 자, 그럼 어서 떠납시다. 어지간히 해도 기울어졌으니 얼마 안 가 저녁 때가 되어, 추위도 한층 더해질 거요."

그 말에 지혜로운 오디세우스가 대답했다.

"알고 있습니다. 나도 그렇게 생각하던 참이라 정말 지당한 말씀인 줄 압니다. 자, 그럼 떠나 볼까요. 이제부터 당신이 계속 길을 안내해 주십시오. 그런데 아무 나무나 잘라서 만든 막대기가 있으면 주실 수 있을까요. 따라갈 길이 매우 험하다고 들어서 말입니다."

이렇게 말하며 두 어깨에 보기에도 초라한 동냥자루를 걸메었다. 거의 넝마나 다름없으며, 멜빵은 새끼줄로 된 것이었다. 거기에 에우마이오스가 쓰기 좋은 지팡이를 주었다. 둘은 길을 떠났는데, 오두막에는 개들과 일꾼들이 남아서 집을 지켰다. 이렇게 해서 돼지치기는 마을로 주인을 데리고 간 것이었다. 초라한 거지 행색에 더구나 늙은이 모습으로 지팡이를 짚고, 몸에는 누추한 누더기를 걸친 모습이었다.

이윽고 험한 길을 따라 마을 근처 맑은 우물가에 이르렀을 때(이 우물은 마을 사람 모두가 사용하는 곳으로서, 이타코스와 네리톤, 그리고 폴리크토르가 만들었으며, 그 둘레에는 물을 양식으로 삼는 황철나무가 숲을 이루었고, 곳곳이 둥그스름한 형태로 되어 있었다), 그곳의 높다란 바위틈에서 차가운 물이 흘러 떨어지고 있었다. 조금 높은 곳에는 님프들을 위한 제단이 마련되어 있었는데, 그곳을 지나는 나그네들은 모두 제물을 바치고 기도를 드리는 습관이 있었다. 그곳에서 그들과 돌리오스의 아들 멜란티오스가 딱 마주쳤다. 이들은 구혼자들의 만찬에 쓸 염소를 끌고 마을로 가는 길이었다. 모든 염소 가운데에서 으뜸가는 놈 여러 마리와 목동 둘이 따르고 있었다. 오디세우스 일행을 보자, 시비를 걸고 말 못할 욕설을 퍼부어 오디세우스의 가슴을 들끓게 했다.

"저놈 좀 보게나. 정말 꾀죄죄한 놈이 저와 똑같이 꾀죄죄한 놈을 달고 가는군. 신들은 언제나 비슷한 놈끼리 맞추어 놓으신단 말이야. 이 반갑지도 않은 돼지치기 놈아, 이런 밥통 같은 녀석을 끌고 어디로 가는 길이냐, 응? 잔치를 엉망으로 만들 더러운 비렁뱅이 같은 녀석을. 이 녀석은 이 집 저 집 문 앞에서 걸식을 하며 그 기둥에 어깨를 비비대려는 놈이야. 검과 무쇠솥이 아니라 빵조각이라도 얻을까 해서 말이다. 이런 녀석을 오두막지기로 쓰라고 내게 준다면 짐승 우리를 청소시키고 마른 풀을 주게 할 거야. 그러면 양젖을 가라앉힌 윗물이라도 마시고 허벅지가 살찔 텐데. 그런데 참 그렇겠군. 주제에 시건방지게도 고분고분 일을 하려 들지는 않을 거란 말이야. 그보다는 몸을 웅크리고선 온 마을을 구걸해 다니며 쪼르륵 소리 나는 뱃속을 채울 생각일 게야. 하지만 단단히 말해 두겠는데, 이건 반드시 사실이 될 거란 말이다. 만일 이 녀석이 존엄하신 오디세우스 성에 들어가는 날에는 무사님들 손에서 그 대가리에 수없는 발판이 날아들어 가슴에 맞고 부서질 거야. 온 성에서 날아오는 그 발판에 말이야."

지나는 길에 이렇게 말하면서 어리석게 오디세우스의 허리를 발길로 걷어차고 갔다. 하지만 그를 좁다란 길에서 넘어뜨리지는 못했다. 오히려 그는 꿋꿋이 버티고 서 있었다. 한편 오디세우스도 가슴속으로 여러 가지로 생각을 해보았다. 뒤에서 덤벼들어 지팡이로 후려쳐서 죽여버릴 것인지, 아니면 두 다리를 땅바닥에 박아 줄 것인지. 그러나 한층 마음을 굳게 먹고 꾹 참았는데, 돼지치기 에우마이오스는 그 사나이와 마주서서 노려보며 나무란 다음, 두 손을 높이 들어 기도했다.

"우물을 지키시는 님프님들이시여, 제우스의 따님이신 당신들께, 언젠가 오디세우스가 넘쳐흐르는 기름에 싸서 새끼양과 새끼염소의 허벅지살을 구워 바친 적이 있다면, 제발 이 소원을 들어주십시오. 아무쪼록 그분이 돌아오시도록, 신들께서 그분을 데려 오시도록 비옵니다. 그렇게만 된다면 네 녀석의 허세도 송두리째 산산조각이 나게 하실 게다. 지금은 몹시 뻐기며 건방지게 놀지만 말이다. 늘 여기저기를 쏘다니고 있는데, 그 동안에 염소들을 못된 일꾼 녀석들이 엉망으로 만들어 놓을 테지."

그 말에 염소치기 멜란티오스가 말했다.

"뭐라고 입을 놀리느냐. 이 되어먹지 못한 궁리나 하는 천한 인간아. 네 녀석은 머지않아 내가 날렵한 배에 실어 이타카에서 멀찍이 떨어진 곳으로 데려가 주지. 많은 재물과 바꾸기로 하고 말이다. 참말이지 오늘이라도 저 성 안에서 은궁을 가지신 아폴론이 텔레마코스를 쏘아 죽이면 속이 시원하겠는걸. 아니면 구혼자들 손에 걸려 갑자기 죽었으면 좋겠어. 오디세우스가 먼 나라에서 돌아올 희망을 잃고 만 것처럼."

이렇게 말하며 오디세우스 일행과 헤어졌다. 오디세우스 일행은 그대로 천천히 걸어갔다. 한편 염소치기들은 몹시 빠른 걸음으로 주인의 성에 이르러 곧 안으로 들어가 구혼자들 사이에 끼어 앉았다. 에우리마코스의 맞은편 자리였다. 그와 가장 친한 사이였기 때문이다. 그러자 시중드는 자들이 그의 앞에 고기 조각을 나눠 놓고, 공손한 우두머리 시녀가 음식을 날라다 놓았다. 그때 오디세우스와 갸륵한 돼지치기가 찾아와 성관 옆에 서자, 두 사람 주위에 속이 텅 빈 하프 소리가 높이 울려 퍼졌다. 마침 그때 페미오스가 구혼자들을 위해 하프를 뜯으며 노래를 시작했다. 그리고 오디세우스는 돼지치기 손을 잡으면서 그에게 말했다.

"에우마이오스 님, 참으로 훌륭한 궁전이로군요. 이게 틀림없는 오디세우스 님의 성입니까. 집이 많기도 하지만 그 중에서도 가장 눈에 띕니다그려. 대들보가 여러 개 겹쳐 진데다 안뜰이 참 훌륭합니다. 벽이며 둘러친 차양이며, 게다가 겹대문도 참 튼튼하고요. 누구도 이것을 넘어서 들어갈 수 있는 사람은 없 겠군요. 그리고 여러분들이 잔치를 벌이고 계시다는 걸 여기서도 잘 알겠군요. 비계 굽는 냄새가 이렇게 코를 찌르고 하프 소리가 울려오니 말이지요. 잔치의 짝으로 신께서 정해 놓으신 하프 소리가 말입니다."

그 말에 돼지치기 에우마이오스는 이렇게 대답했다.

"그래 벌써 알아챘구려. 그 밖의 일에도 눈치가 빠르니까. 그럼 어떻게 이 일 을 진행할 것인지를 충분히 생각합시다. 어떻소, 당신이 먼저 들어가는 게. 그 래서 구혼자들 틈에 끼어 보구려. 나는 이대로 여기 있을 테니까. 하지만 혹 바 란다면 손님이 여기서 기다리고 내가 먼저 들어가 보아도 좋소. 그러나 당신도 우물쭈물하면 안 되오. 누가 밖에서 보고 뭘 던지거나 치거나 하면 곤란할 테 니 말이오. 그 점을 잘 알아서 하시오."

그 말에 참을성 있고 존엄한 오디세우스가 대답했다.

"잘 알았습니다. 생각해 보지요. 물론 당신이 말하기 전에 벌써 다 생각이 있 답니다. 그러니 먼저 들어가십시오. 나는 이대로 여기 남아 있을 테니까. 그야 뭐 어지간히 얻어맞거나 걷어채이는 것쯤은 겪고도 남을 일이니까요. 나는 아 주 배짱이 두둑해서요. 재난도 이제까지 지겨울 만큼 겪어 왔다오. 바다나 전 쟁에서 말이오. 이번에 당한다면 그것 또한 앞서 겪은 재난에 합쳐 버리지요. 그런데 꾸르륵거리는 창자란 놈은 어떻게 숨겨 둘 재간이 없군요. 참 치사한 놈 이거든요. 그리고 인간에게 온갖 고생을 다 시킨단 말이오. 저 노자리가 근사 하게 갖춰진 배가 수없이 만들어지고, 황량한 넓은 바다를 넘어 적국으로 재 앙을 실어가는 것 또한 알고 보면 그놈의 창자 때문이지요."

둘은 서로 이렇게 수군거렸다. 그 바람에 거기서 잠을 자던 개가 머리와 꼬 리를 치켜들었다. 참을성 있는 오디세우스가 기르며 가르치던 개 아르고스였 는데, 미처 개가 제 구실도 하기 전에 그는 성스러운 일리오스로 떠났다. 전에 는 이 개를 서방님네들이 염소 사냥이나 사슴과 토끼 사냥에도 데리고 다녔건 만, 요즘은 아무도 돌보아 주지 않은 채 주인마저 없어져 버려 지저분한 오물 속에 누워 있었다. 성 문 어귀에 노새나 소들이 산더미처럼 배설해 놓은 두엄 더미였는데, 오디세우스의 하인들이 넓은 농장에 거름으로 쓰기 위해 날라 갈 때까지 그대로 버려 두었다. 그 속에서 아르고스는 개벼룩이 들끓는 채 누워 있다가, 오디세우스가 가까이 온 것을 보자 꼬리를 치며 양쪽 귀를 늘어뜨리기는 했지만, 주인에게로 달려갈 만한 기력이 없었다. 그 모습을 본 오디세우스는 에우마이오스 몰래 눈물을 닦더니, 그에게 물었다.

"에우마이오스 님, 이 녀석은 정말 멋있는데요. 비록 두엄더미에 묻혀 있긴 하지만, 참으로 잘생겼군요. 그런데 잘 모르겠어요. 과연 멋진 생김새처럼 빨리 달릴 수 있을지, 아니면 나리님이 상머리에서 기르는 개 정도밖에 안 될지 말입니다. 나리들은 체면과 겉치레를 위해 곧잘 이런 개를 기르곤 하시니까요."

그 말에 돼지치기 에우마이오스는 대답했다.

"아, 물론 이 개는 멀리서 돌아가신 분이 주인이시지만, 만일 트로이를 향해 오디세우스가 떠나실 무렵과 다름없이 이 개가 모습이나 동작이 그대로라면, 그 재빠른 다리를 보고 당신은 아마 크게 감탄했을 거요. 왜냐하면 깊은 숲속에서도 이놈은 무엇을 쫓든지 결코 짐승들이 끝까지 도망치게 둔 일이 없다오. 특히 발자국을 따라가는 재주가 있었지요. 그런데 이제는 형편없는 꼬락서니가 되고 말았군요. 게다가 주인은 고국을 떠난 채 다른 나라에서 돌아가셨고, 여자들은 이 개에 관심조차 없으며 밥도 안 준다오. 하인 녀석들이란 주인이 단단히 누르지 않으면 부지런히 움직이려 들지 않거든. 한 사람의 능력을 반 정도는, 아득하게 천둥을 굴리시는 제우스 신이 걷어가 버리신다오. 사람이 노예 생활로 빠져들 경우에는 말이오."

이렇게 말하며 훌륭한 성으로 들어가, 오만한 구혼자들이 있는 홀로 향했다. 한편 아르고스는 20년 만에 오디세우스를 만나자, 바로 검은 죽음의 운명에 사로잡히고 말았다.

가장 먼저 돼지치기 에우마이오스를 본 사람은 신과 같은 텔레마코스였는데, 돼지치기가 들어서는 것을 보자 바로 눈짓으로 그를 불렀다. 그래서 이쪽에서도 눈짓으로 대답하고는 눈에 띄는 대로 의자를 집어 들고(이 의자는 늘 고기 자르는 사람이 앉아서, 많은 고기를 잘라 식사하는 구혼자들에게 나누어 주는 장소였다), 텔레마코스의 식탁 맞은편으로 가지고 가서 걸터앉았다. 그러자 시종이 고기 한 몫을 그의 앞에 가져다 놓고, 빵 바구니에서 빵도 갖다 주었다.

그 뒤를 따라 오디세우스도 곧 성 안으로 들어섰다. 몸에는 누더기를 걸치고 있었다. 그는 문 바로 안쪽 물푸레나무의 문지방 위에 측백나무 기둥에 기대어 걸터앉았다. 그 기둥은 본디 목수가 솜씨 있게 밀어서 먹줄을 쳐 똑바로 다듬은 것이었다. 텔레마코스는 돼지치기를 자기 옆으로 불러, 통째로 된 빵

덩어리를 아담한 바구니에서 집어 들어 고기까지 곁들여, 두 손에 받아들 수 있는 만큼 듬뿍 쥐어 주고는 이렇게 일렀다.

"이걸 저 손님께 갖다 드리게나. 그리고 그 사람한테 구혼자들이 있는 곳을 모두 돌면서 동냥하라고 말하게. 궁한 사람에게는 체면이고 뭐고 돌볼 필요가 없는 법이거든."

이렇게 말하자 돼지치기는 오디세우스의 바로 옆으로 가서 조심스럽게 그 말을 전했다.

"손님, 텔레마코스 님이 당신한테 이걸 드리라는군요. 그리고 말씀하시기를, 구혼자들을 모조리 찾아다니면서 음식을 구걸하라고요. 동냥아치는 체면을 차릴 필요가 없다고요."

그 말에 지혜로운 오디세우스는 기도로 대답했다.

"제우스 신이시여, 부디 텔레마코스 님이 인간들 중에서도 복 받을 분이 되시도록. 그리고 마음속에 애타게 바라시는 일들을 모두 이루도록 기도드립니다."

이렇게 말하면서 두 손으로 받아 들더니 그대로 발밑에 놓인 초라한 동냥자루 위에 놓았다. 그리고 가인이 노래 부르는 동안 그 빵과 고기를 먹었다.

그가 식사를 마쳤을 때 신성한 가인도 노래를 그쳤기에, 구혼자들은 시끄러운 소리로 온 홀을 떠들썩하게 했다. 그때 아테나 여신이 라에르테스의 아들 오디세우스 바로 옆에 와 구혼자들 사이를 돌아다니면서 구걸을 하라고 재촉하였다. 누가 분수를 지키는 올바른 사람인지, 또 누가 법을 어기는 무례한 사람인지 판단하라고 말이다. 그러면서 결코 그들을 한 사람도 보호하려 들지는 않았다. 그래서 오디세우스는 오른쪽부터 돌며 모두에게 구걸을 하려 일어섰다. 마치 옛날부터 거지 생활을 해 온 듯 능숙하게 여기저기로 손을 내밀었다. 그러자 모두 가엾은 생각에서 무엇이든 집어 주면서 그를 보고 어처구니없다는 듯, 어디서 온 누구냐고 서로 번갈아 물었다.

그 중에서 염소치기 멜란티오스가 말했다.

"세상에서도 이름 높은 왕비님께 구혼하시는 여러분들, 여기 이 낯선 사나이에 대해 내가 하는 말을 똑똑히 들어주십시오. 나는 아까도 이 사람을 보았어요. 이 사람을 돼지치기가 이 자리로 데려올 때 말이오. 나는 이 사나이를 확실히 모르겠는데, 어느 나라 태생입니까?"

이렇게 말하자 안티노스가 끼어들어 돼지치기를 나무라며 말했다.

"여보게, 유명한 돼지치기. 자넨 무슨 이유로 이 사나이를 마을까지 데려왔나? 다른 부랑자가 이미 많은데 그것도 모자란단 말인가, 지저분한 비렁뱅이나 잔치를 망쳐 놓는 무리들이. 아니면 그 녀석들이 여기 모여들어 자네 나리께서 장만한 걸 축내는 것만으로는 만족할 수 없단 말인가. 그래서 자네는 이놈마저 불러들였단 말인가?"

그 말에 돼지치기 에우마이오스는 이렇게 대답했다.

"안티노스 님이여, 그 말씀은 점잖지가 못하군요. 그야 당신은 훌륭한 분입니다만. 그런데 어느 쓸개 빠진 녀석이 낯모를 손님을 불러 오겠소. 다른 나라까지 가서 낯선 사람을 말이오. 혹 마을을 위해 일할 사람이라면 모르지만. 점치는 사람이라든가 병을 고치는 의사, 또는 목수나 노래를 불러 남들을 즐겁게 해주는 신성한 가인 같은 사람이라면 몰라도요. 이런 사람들은 세상에서 불려다니는 사람들이지요, 끝없이 넓은 육지에서도. 하지만 비렁뱅이를 부를 사람은 아마 없겠지요. 제 자신이 장만한 걸 축내려고 말이오. 그런데 구혼자들 중에서도 당신은 늘 유별나게 오디세우스의 하인에게 짓궂게 구는군요. 특히 나한테 말이오. 하지만 나는 귀먹은 척 하겠소이다. 꿋꿋한 마음을 가지신 페넬로페 님, 그리고 신이나 다름없는 텔레마코스 님이 성 안에 살아 계시는 한은 말이오."

이번에는 영리한 텔레마코스가 조심스럽게 그 말을 가로막았다.

"잠자코 있게나. 이 사람한테는 너무 대꾸하지 말게. 안티노스는 언제나 비꼬는 말로 사람을 눌러 버리는 버릇이 있으니까. 그렇게 하도록 남한테까지 부추긴단 말이야."

이렇게 말하며 다시 안티노스를 향해 말했다.

"안티노스 님, 당신은 참으로 아버지가 자식을 대하듯 나를 염려하시는군요. 이 홀에서 여지없이 물러가게 엄중한 말로 내가 저 손님을 몰아내기를 바라시다니. 하지만 그것을 신께서 실천하지 못하게 하시기를 바랍니다. 당신이 그에게 무얼 좀 갖다 주시지요. 결코 군소리는 안할 테니까요. 오히려 내가 바라는 바입니다. 그리고 우리 어머님께 사양하거나 하인들의 눈치를 볼 필요도 없습니다. 존엄한 오디세우스의 저택 안에 있는 사람이라면 누구한테나 말이오. 그러나 당신에겐 그럴 생각이 조금도 없을 거요. 남에게 주느니 당신 배가 터지도록 먹어 버릴 테니까."

그 말에 안티노스가 대답했다.

"건방진 소리 그만 하게, 텔레마코스. 멋대로 기고만장해서 무슨 되어먹지 않은 소리를 지껄여 대는 거야. 이렇게 구혼자들이 모두 하나같이 이 사나이한테 베풀어 주었는데, 그만하면 적어도 석 달 동안은 이 저택에 접근하지 않아도 될 거란 말이야."

이렇게 말하고 식탁 밑에서 바닥에 놓여 있던 발판을 끄집어냈다. 식사를 하는 동안 줄곧 거기에 윤기가 도는 다리를 올려놓고 있었던 것이다. 하지만 다른 사람들은 무엇이든 집어 준 덕분에 동냥자루는 빵이나 고기 따위로 가득 찼다. 오디세우스는 문지방께로 돌아와 아카이아족 사람들에게서 얻은 것을 먹으려다가, 안티노스 옆으로 다가가서 그에게 말을 걸었다.

"적선하십시오, 나리. 보아하니 아카이아족 여러분 중에서도 가장 높으신 영주님같이 보입니다. 그렇다면 적선을 하십시오. 다른 분들보다도 훨씬 두둑하게요. 빵을 말입니다. 그럼 나는 끝없는 육지의 구석구석까지 당신의 이름을 알리렵니다. 전에는 나도 사람들 틈에 끼여 버젓하게 집을 지니고 번창해서 넉넉하게 살았답니다. 그래서 떠돌아다니는 사람에게 수없이 동냥을 주어 보았지요. 어떤 사람이든 말입니다. 또 무언가 요구해 오는 사람이나 일꾼들이 이루 헤아릴 수 없을 만큼 많았으며, 사람이 의젓하게 살아가기에 필요한 물건들과 부자라는 소리를 들을 만큼 재물도 듬뿍 가지고 있었습니다. 그런데 크로노스의 아드님이신 제우스께서 그걸 빼앗아갔던 거지요. 그분의 뜻임에 틀림없었을 겁니다. 그래서 이 나라 저 나라로 흘러 다니는 해적들과 함께 나를 아이귑토스로 가게 하셨지요. 오랜 여행길에 내 스스로 몸을 망쳐 버리도록. 그리하여 나일 강에 양끝이 젖혀진 배들을 정박시켰습니다만, 그때 나는 충실한 동지들에게 그대로 배 옆에 머물러 있으면서 배를 지키라고 명령한 다음, 척후병을 내어 여기저기를 정찰하도록 지시했습니다. 그런데 그들은 그만 우쭐해가지고 자기들의 혈기만 믿고, 아이귑토스 사람들이 공들여 가꾸어 놓은 밭을 노략질하고, 여자나 아이들을 납치하고는 남자들을 마구 죽이곤 했습니다. 그런데 그 비명 소리는 마을에까지 퍼져 나가, 아우성 소리를 들은 사람들이 날이 새자 달려왔습니다. 그래서 온 들판이 보병과 전차와 청동 무기의 번쩍임으로 가득 찼지요. 천둥을 울리는 제우스 신이 엄청난 공포를 우리 동지들에게 내리셨기 때문에, 누구 한 사람 적에게 맞서서 싸우려는 이가 없었지요. 여기저기에서 재앙이 닥쳐왔으니까요. 그리하여 그곳에서 수많은 동지들이 날카로운 청동 칼에 맞아 죽었답니다. 또 사로잡힌 이는 그들을 위해 노예로 일하도록 강요당했습니다만, 나는 때마침 그곳을 찾아 온 이아소스의 아들 드메토르에게 넘겨져 키프로스로 끌려갔습니다. 이 사람은 키프로스 섬에서 위세를 떨치며 다스리고 있었습니다. 거기서부터 보시는 바와 같이 이 모양으로 온갖 고난을 다 겪은 끝에 건너온 참입니다."

그 말에 안티노스가 높은 소리로 대답했다.

"도대체 어떤 신께서 이런 귀찮은 놈을 잔치를 망칠 생각으로 보내셨단 말인가. 그냥 그대로 한가운데 서 있어라. 내 식탁에서 떨어진 곳에 말이다. 이제라도 그 고약한 아이컵토스나 키프로스를 보고 싶지 않다면 말이다. 이 거지 녀석은 어지간히 뻔뻔스럽고 몰염치한 놈이로군. 돌아가면서 누구한테나 달라붙는군. 그런데 누구나 덮어놓고 먹을 걸 준단 말이야. 남의 물건으로 선심을 쓰면서, 눈치도 없단 말이다. 모두 제 앞에다 두둑하게 갖다 놓았거든."

그러자 조금 물러서서, 그 말에 지혜로운 오디세우스가 말했다.

"그게 무슨 말이오. 그렇다면 당신은 보기와는 달리 사려 분별을 갖지 못하신 모양이군요. 당신 살림이라면 다른 사람에게 소금 한 톨도 내주지 않겠군요. 지금은 남의 집 음식 신세를 지고 그렇게 잔뜩 가졌으면서, 그 중에서 빵 한 조각도 내게 줄 수 없단 말이오?"

이렇게 말하자 안티노스는 한층 화가 치밀어, 눈을 치켜뜬 채 거침없이 말했다.

"이렇게 된 이상 네가 온전하게 이곳을 빠져 나갈 수 있을 줄 아느냐? 나한테 그런 욕설까지 퍼붓고서야."

이렇게 말하며 발판을 들어 등의 한 꼭대기인 오른쪽 어깨를 후려 갈겼다. 그런데 오디세우스는 바위처럼 꿋꿋이 버티고 서 있었다. 안티노스가 던진 발판도 그를 비틀거려 쓰러지게 하지는 못했던 것이다. 그는 말 한 마디 없이 다만 머리를 저었을 뿐이며, 마음속으로는 보복을 꾀하고 있었다. 그리고 다시 제자리로 돌아와 앉아서 어지간히 가득 찬 동냥자루를 땅에 내려놓고 구혼자들 틈에 서서 말했다.

"세상에 이름 높은 부인의 구혼자이신 여러분들, 똑똑히들 들어주십시오. 내가 말하려는 것을. 이건 내 가슴속의 마음이 말하기를 명령한 일입니다. 처음부터 한 남자가 자기의 재산을 지키기 위해, 혹은 소들이나 눈처럼 흰 양들을 위해 싸우다가 남에게 맞았을 경우에는 괴로운 한탄이나 슬픔 같은 것을 마음속에 생각할 필요가 없습니다. 그런데 안티노스가 나를 때린 것은 망할 놈의 창자 탓입니다. 그놈은 참으로 인간에게 온갖 재앙을 다 가져오는 원수 같은 놈입니다. 그러나 혹 거지들을 감싸 보호하시는 신이나 복수의 신이 계시다면, 부디 안티노스가 혼례를 하기 전에 죽어 없어지기를 비는 바입니다."

그 말에 에우페이테스의 아들 안티노스가 말했다.

"떠돌아다니는 거지 주제에 얌전히 처먹기나 해. 가만히 앉아서 말이다. 아니면 썩 꺼져 버려라. 내게 떠벌린 말 때문에 건장한 젊은이들에게 팔다리를 잡혀 꼼짝 못하고 온 홀 안을 끌려 다니기 전에 말이다. 그러면 그 주둥아리도 막혀 버릴 테지."

이렇게 말했는데 사람들은 모두 지나치게 못된 소리를 한다고 화를 냈다. 그래서 성미가 급한 젊은이는 누구 할 것 없이 이렇게 말했다.

"안티노스, 불행한 떠돌이를 자네가 때린 것은 온당한 일이 못되네. 오히려 재앙을 부른 거나 다름없지. 만약 이 사나이가 하늘에 계시는 신이시라면 말이야. 사실 신들께서는 다른 나라에서 온 부랑자로 행색을 꾸미고 갖가지 모습으로 바꿔가면서 사람들이 사는 곳을 방방곡곡 찾아다닌다고 들었네. 사치에 눈이 어두워 못된 짓을 일삼는 이와, 법을 지키는 올바른 이를 지켜보시면서."

구혼자들은 이렇게 말했지만, 그는 이런 말은 들은 척도 하지 않았다. 한편 텔레마코스는 아버지가 맞는 것을 보고 마음속 비탄이 차츰 심해지는 것을 느꼈지만, 단 한 방울의 눈물도 땅에 떨어뜨리지는 않았다. 다만 잠자코 머리를 숙여 가슴속으로 복수만 꾀하고 있었다.

한편 오디세우스가 홀에서 얻어맞았다는 것을 눈치 빠른 페넬로페가 듣자 시녀들에게 이렇게 말했다.

"제발 활쏘기의 명수이신 아폴론이 이번에는 그 사람을 때리시면 좋겠구나!"

그 말에 시녀의 우두머리인 늙은 에우리노메가 말했다.

"부디 우리의 이 기도가 이루어질 때가 오기를 빕니다. 그렇게만 된다면 여기 있는 남정네들 어느 한 사람도 아름다운 의자에 앉아 새벽까지 목숨을 지탱할 수 없을 거예요."

그 말에 눈치 빠른 페넬로페가 말했다.

"이봐요, 유모. 모두가 보기 싫은 사람들뿐이로군 그래. 나쁜 음모만 꾸미고 들 있는 걸. 특히 안티노스는 검은 죽음의 신 같은 사람이란 말이야. 어떤 불행한 다른 나라 사람이 이 성에 찾아들어 그들에게 구걸을 했다는데, 그것도 다 가진 게 없는 탓으로 어쩔 수 없는 일이지. 다른 사람들은 모두 무엇이나 집어 주어 자루를 가득 채워 주었는데, 그분만은 발판으로 오른쪽 등덜미를 때렸다지 뭐야."

이렇게 페넬로페는 시녀들과 함께 내전에서 말을 주고받으며 앉아 있었다. 한편 존엄한 오디세우스는 그대로 계속 먹었다. 그때 페넬로페는 갸륵한 돼지치기를 가까이 불러 말했다.

"갸륵한 에우마이오스여, 그 손님을 찾아가서 들어오라고 말하게. 잠깐 그분에게 부탁드릴 일과 묻고 싶은 말이 있네. 혹 어디선가 용감한 오디세우스 님에 대해 얻어들은 말이라도 있는지, 또는 눈으로 본 적이 있는지 말일세. 어지간히 여러 나라를 돌아다닌 모양이니."

그 말에 돼지치기 에우마이오스는 대답했다.

"참말이지, 마님. 아카이아 사람들이 조용히 해 주었으면 고맙겠는데요. 그 사람의 말은 틀림없이 마님 마음을 완전히 사로잡을 것입니다. 그러니까 사흘 밤을 오두막에 있었지요. 사흘 동안이나 붙잡아 두었답니다. 배에서 빠져 나오자 맨 먼저 제게로 왔으니까요. 그런데도 아직 자기 몸에 닥쳤던 재난에 대해 시원스럽게 말을 하지 않습니다. 마치 가인을 사람들이 목마르게 기다리듯 그렇게요. 가인은 신들께 가르침을 받아 세상 사람들에게 다정하고 그리운 노래와 이야기 등을 불러 주는데, 늘 그걸 들었으면 하고 사람들은 간절히 바랍니다. 언제고 그가 노래 부를 때면 말이지요. 그처럼 저 사나이는 제 곁에 앉아 있으면서 저를 홀딱 반하게 했답니다. 그가 말하기를, 오디세우스 님과는 집안끼리 친밀한 사이이며 크레타 섬에서 살았답니다. 그 섬을 다스리는 미노스 왕의 친척이라고 합니다. 거기서부터 이번에는 이 고장으로, 갖은 고난을 다 겪으며 떠돌아다닌 끝에 이곳에 닿은 모양입니다만, 오디세우스 님에 대한 아주 최근의 소식을 들었다고 자꾸만 우겨댄답니다. 테스프로티아 사람들의 풍성한 마을에, 더구나 무사히 살아 계시다고 말입니다. 그래서 아주 많은 재물을 댁으로 가지고 오시는 중이시랍니다."

그 말에 눈치 빠른 페넬로페가 말했다.

"그럼, 어서 가서 이리로 불러 오게나. 직접 그의 말을 들어 보아야 하겠네. 저 무리들은 문 앞에 앉아서 즐기는 게 좋겠지, 아니면 이대로 홀 안에서든지. 모두 유쾌한 모양이니까. 저들의 소유물은 조금도 축내지 않고, 집에 고스란히 모셔 두었지. 곡식도 달콤한 술도 하인들이나 먹는 정도거든. 저들은 이 집에 와서는 매일 양과 소, 살찐 염소 등을 마구 잡아서 잔치를 벌이고는, 붉게 빛나는 포도주를 무작정 마셔 대며 마구 축내는 참이야. 그것도 오디세우스 님이 안 계신 탓이지만. 재앙을 이 집에서 몰아내고 지켜주실 그분이 말이네. 만약 오디세우스 님이 고국으로 돌아오신다면, 앉은 자리에서 그 아드님과 힘을 합쳐, 저들의 난폭하고 못된 짓을 벌하시고 보복을 해주시련만."

마침 그때 텔레마코스가 높은 소리로 재채기를 했는데, 그 소리가 저택 전체에 울려 퍼지는 바람에 페넬로페는 소리 내어 웃으며, 곧 에우마이오스에게 간절히 말했다.

"자, 어서 손님을 이쪽으로 마주 앉도록 모셔오게나. 방금 보았겠지? 내 아들이 내가 한 말에 대해 좋은 행운이 온다는 재채기를 하는 것을. 그러니 이제 반드시 구혼자들, 그것도 그들 모두에게 죽음이 실현되지 않고는 못 배길 거야. 한 사람도 죽음의 운명을 빠져 나가지는 못할 거야. 그런데 또 한 가지 내가 자네한테 일러 둘 말이 있는데, 단단히 기억해 두도록 하게나. 만약 그 손님 말이 틀림없다는 걸 알게 되면 망토나 옷이나 좋은 것을 입혀 주어야지."

이런 말을 들은 돼지치기는, 곧 달려가 오디세우스의 바로 옆에 다가서서 그 말을 전했다.

"손님, 눈치가 빠르신 페넬로페 님이 당신을 부르시오. 텔레마코스 님 어머니께서 말입니다. 뭔가 이 댁 주인님에 대해 물어보고 싶은 일이 있으신 모양이오. 온갖 고생을 다 겪고 계신다오. 그런데 당신 말대로 모든 것이 확실하다는 걸 알면, 망토든 속옷이든 당신이 가장 필요한 옷을 주시겠다고 하오. 또 빵 같은 건 마을 전체를 돌아다니노라면 배는 곯지 않을 거요. 누구든지 생각이 있는 사람들은 적선을 할 테니까."

그 말에 참을성 있는 오디세우스가 말했다.

"에우마이오스 님, 이제 당장이라도 나는 모든 정확한 말을, 이카리오스 님의 따님이며 눈치빠른 페넬로페 님께 말씀드리겠습니다. 왜냐하면 그분에 대한 일이라면 알고도 남으니까요. 둘 다 똑같이 서럽고 쓰라린 고난을 당해 온 처지니까요. 그러나 못되게 구는 구혼자들에게 조금 두려움을 느낍니다. 그 무리들의 오만무례한 난폭한 행동은 무쇠 같은 하늘에까지 알려지고 있답니다. 조금 전만 하더라도 나는 아무 잘못도 없는데, 저 사나이가 후려쳐서 호되게 당했거든요. 그런데도 텔레마코스나 그 밖의 아무도 나를 편들어주는 사람은 없더군요. 그러니 페넬로페 님께 안에서 잠시 기다리시도록 말씀하십시오. 마음은 급하시겠지만, 해질녘까지만 말입니다. 그리고 그때는 이 댁 나리께서 돌아오실 날짜를 물어보셔도 좋겠지요. 난로 가까이에 앉아서요. 아시다시피 옷이 너무 남루해서 말입니다. 맨 먼저 당신한테 애원하러 갔던 만큼, 당신은 내 형편을 잘 아실 겁니다."

이렇게 말하자 돼지치기는 그 말을 듣고 나서 안으로 들어갔는데, 문턱을 넘어서는 그를 보고 페넬로페가 말했다.

"왜 데려 오지 않느냐, 에우마이오스여. 그 사람은 어째서 그런 생각을 했을까. 아니면 누군가 아주 두려운 사람이 있는 것일까? 혹은 아무런 까닭도 없이 안으로 들어오는 것을 삼가는 생각에서일까? 문전걸식하는 처지에 너무 조심성이 있는 것도 딱한 일이군."

그 말에 돼지치기 에우마이오스는 대답했다.

"자신을 구하기 위해서는, 누구든 아마 그렇게 생각하겠지요. 우쭐거리면서 못된 짓을 일삼는 자들의 횡포를 피할 생각일 테지요. 마님께 해질녘까지만 기다려 주십사 하더군요. 참말이지 마님을 위해서도 그렇게 하시는 게 좋을 듯싶습니다. 마님 혼자서 손님한테 조용히 말을 묻고 들어 보시도록요."

그러자 눈치 빠른 페넬로페가 말했다.

"그 다른 나라에서 온 손님 의견은 결코 소홀히 할 수 없을 것 같군 그래. 글쎄 어떤 신분인지는 모르겠지만. 아무래도 죽어야 할 인간 가운데에서도 안티노스만큼 못되고 악랄한 짓을 꾸미는 이들은 아마 달리 또 없을 테니까."

이렇게 말을 하자 갸륵한 돼지치기는 모든 의논을 마친 뒤에 구혼자들 틈으로 다시 돌아왔다. 그리고 곧바로 텔레마코스에게 얼굴을 맞대다시피 하고, 다른 사람들이 듣지 못하도록 하고 말했다.

"도련님, 저는 이제 가 볼까 합니다. 돼지들이랑 오두막의 모든 것들을 지키기 위해서요. 도련님과 제 생활 밑천이 아닙니까? 그러니 이쪽 일은 도련님이 알아서 처리하십시오. 무엇보다도 먼저 도련님께 아무 탈이 없도록 하시고요. 마음속으로 충분히 생각하시고 모든 일을 해 나가시기를. 아카이아족에는 못된 짓을 꾸미는 사람이 많으니까요. 하지만 그 무리들은 제우스 신께서 멸망시키실 겁니다. 우리한테 귀찮은 일이 없도록 말입니다."

그 말에 지혜로운 텔레마코스가 대답했다.

"그렇게 하지, 그럼 자네는 저녁 식사를 마치고 떠나도록 하게. 그리고 이곳의 모든 일은 나와 죽지 않는 신들께 맡기도록 하고. 아침 일찍 또 살찐 제물을 끌고 오게나."

이렇게 말하자 돼지치기는 다시 윤이 나는 의자에 걸터앉았다. 그리고 마음껏 먹고 마셔서 배를 채운 다음, 돼지들이 있는 곳으로 가기 위해 잔치가 벌어진 성 홀을 떠났다. 한편 그 무리들은 춤과 노래로 흥겨워했다. 이미 날도 다 저물어 저녁이 되었기 때문이다.

제18권
오디세우스 이로스와 격투

구혼자들이 몰려든 홀의 연회장에 부랑자인 거지 이로스가 와서, 오디세우스를 자기와 같은 부류로 보고 놀리면서 싸움을 건다. 구혼자들도 그를 부추겨 그만 두 사람이 시합을 하게 된다. 이로스는 형편없이 두들겨 맞고 달아난다. 페넬로페는 내실에서 홀로 내려와 손님을 모욕했다는 데 대해 모두를 비난한다. 동시에 구혼자들을 나무라고, 만약에 정말 그럴 작정이라면 이렇게 남의 집에 붙어서 얻어먹는 짓은 집어 치우고, 저마다 구혼을 위해 많은 선물을 가져와야 할 것이라고 꾸짖는다. 저녁 때가 되자 모두 횃불을 피우고 춤과 노래를 즐긴다. 오디세우스는 난폭한 구혼자들과 말다툼을 벌이는데, 텔레마코스가 그들을 타이르고, 식사를 마치는 대로 저마다 자기 집으로 돌아가라고 명령한다.

그곳에 한 거지가 왔다. 그는 이타카의 거리마다 구걸을 하고 다니는 사람이었는데, 남달리 튼튼한 창자를 가지고 있었기 때문에 늘 먹는 것과 마시는 것밖에 몰랐다. 배짱도 없었고 주먹 힘도 없었으며 덩치만 무척이나 커 보였다. 이름은 아르나이오스라고 했는데, 그건 태어날 때 어머니가 붙여 준 이름이고, 젊은 사람들은 모두 그를 이로스라고 부르고 있었다. 그 까닭은 늘 어디선가 그 누구의 명령에 따라 보고를 하는 심부름꾼으로 돌아다니기 때문이었다. 이 사나이가 와서 오디세우스를 그의 저택에서 쫓아내려고 그에게 욕을 하면서 높은 소리로 말했다.

"이 영감쟁이야, 지금 당장 질질 끌려 나가기 전에 문 밖으로 썩 없어지지 못해. 모두 나한테 너를 끌어내라고 눈짓하는 것을 넌 보지 못하는 거냐. 하지만 난 창피스러워서 못할 뿐이야. 그러니 당장 너하고 주먹다짐을 시작하기 전에 어서 꺼지시지."

그러자 그 사나이를 쳐다보면서 지혜 넘치는 오디세우스가 말했다.

"건방진 소리를 하는구나. 나는 너에게 해가 되는 일이라고는 하나도 한 일이 없거니와 그런 말도 하지 않았다. 그리고 누구든지 많은 물건을 너에게 준다 하더라도 나는 조금도 샘을 내지 않을 거야. 이 성은 우리 둘에겐 서서 있기에도 넓어. 너도 다른 사람의 몫을 탐낼 필요는 없지. 너도 나와 마찬가지로 거지 행색으로 보이는데, 행복이라는 건 신께서 나누어 주시는 몫이라고 생각해. 그러니까 힘으로 너무 나에게 덤비지 않는 게 좋을 거야. 내 화를 돋우지 않도록 말이야. 나는 늙었어도 네 가슴이나 혀를 피투성이로 만드는 것쯤은 쉬운 일이지만 그래서는 안 되겠기에 하는 말이야. 그렇게 된다면 내일부터 네가 라에르테스의 아들 오디세우스 성에는 두 번 다시 돌아올 수도 없게 될 테니, 내게는 더 편한 일이지만 말이야."

그러자 거지 이로스는 화가 나서 함부로 말했다.

"이것 봐라, 이 허수아비 같은 녀석이 뭐라고 지껄이는 거야. 부엌일 보는 늙은 할망구처럼 말이야. 지금 당장에라도 이 두 손으로 아래턱을 쳐서 땅바닥에 이빨을 남김없이 부러뜨려 뿌려 놓을 테다. 논밭을 파헤치는 돼지새끼처럼 몽둥이를 안겨 줄 테니까. 그럼 자, 준비나 해. 너 같은 놈이 이렇게 젊은 나와 싸울 수 있는가, 여기 있는 사람들이 잘 보아 줄 거야. 우리 둘이서 한번 싸워 보자구."

이렇게 둘은 높은 문 앞의 잘 닦아 놓은 문지방 위에 서서 화가 나 거칠게 말을 주고받았다. 두 사람의 말을 듣고 패기에 넘치는 젊은이 안티노스는 통쾌한 듯이 웃으며 구혼자들 사이에서 소리쳤다.

"들어 보시오, 여러분. 여태껏 이런 일이 있은 적이 없습니다. 신께서 우리에게 이런 즐거움을 보내 주셨습니다. 이 다른 곳에서 온 손님과 이로스가 주먹 싸움으로 솜씨를 겨루어 보겠답니다. 그러니 그들을 바로 맞붙여 보는 것이 좋지 않겠습니까?"

이렇게 말하자 사람들은 모두 크게 껄껄대고 웃으며 자리에서 일어나, 행색이 초라한 거지들 주변에 몰려들었다. 그 사람들 사이에서 에우페이테스의 아들 안티노스가 말했다.

"모두 잘 들어 보시오, 용감한 구혼자 여러분. 잠깐 할 말이 있습니다. 여기 우리가 먹을 염소 살코기와 염소 순대가 있습니다.

둘 가운데 누구든 이겨서 승리자가 된 사람에게 이 중에서 어느 것이나 바라는 것을 마음대로 골라 가지게 합시다. 그리고 앞으로 언제나 여기서 우리와 같이 식사를 하도록 허락해 줍시다. 하지만 다른 한 거지에게는 다시는 여기에 구걸하러 오지 못하도록 합시다."

이렇게 안티노스가 말하자 모두 그의 말에 찬성했다. 그 말을 듣고 그들 사이에서 가슴에 꾀를 품고 지혜로운 오디세우스가 말했다.

"여러 양반님들, 그건 도저히 할 수 없습니다. 온갖 고생에 지친 늙은 나로서는 젊은 사람과는 싸울 수 없습니다. 하지만 내 약을 바짝 올려놓았지요. 이 악당 같은 놈이 말입니다. 마구잡이로 날 족쳐서 기도 못 펴게 했지요. 그러니 양반님들, 제발 굳은 약속을 해 주십시오. 절대로 누구든지 이로스 편을 들어서 힘센 손으로 나를 때려눕히는 무도한 일을 하지 않겠다고 말입니다. 이 녀석과 싸워 내가 지도록 말입니다."

이렇게 말하자 사람들은 모두 그가 요구한 대로 약속했다. 그들이 서약을 하고 맹세의 말을 끝냈을 때, 이번에는 모든 사람들 앞에서 패기에 찬 텔레마코스가 말했다.

"손님, 당신의 마음과 꿋꿋한 용기가 그렇게 하기를 바란다면, 이 사나이와 싸워도 좋습니다. 그리고 다른 아카이아 사람들을 하나도 무서워할 필요가 없습니다. 당신을 치려는 사람이 있다면 더 많은 사람과 싸워야 할 테니까요. 이집 주인 노릇을 하는 사람은 나이며, 지체 있는 영주님 두 분도 찬성했습니다. 안티노스와 에우리마코스는 분별이 있는 똑똑한 분들입니다."

이렇게 말하자 사람들은 모두 찬성했다. 이윽고 오디세우스가 다 해어진 겉옷을 벗어 허리에 감자, 훌륭하고 튼튼한 두 허벅지와 딱 벌어진 어깨, 울룩불룩 근육이 발달한 두 팔이 드러났다. 게다가 아테나 여신이 옆에서 돌보아 주었으니, 그의 손발은 더욱 튼튼해졌다. 구혼자들은 모두 크게 놀라 감탄했으며 서로 가까이에 있는 사람들과 눈짓을 하면서 말했다.

"이러다간 이로스는 스스로 화를 입게 되겠는걸. 누더기 속에 이 노인은 정말 대단한 다리를 내 보이고 있군."

모두 이런 말을 하자, 이로스는 기가 죽어서 어쩔 줄 모르고 있는데, 하인들은 아랑곳없이 그에게 준비를 시켜 겁에 잔뜩 질려 있는데도 억지로 끌어냈다. 손발을 딜딜 떨고 있는 그에게 안티노스는 꾸짖고 이름을 부르면서 말했다.

"이 느린 소 같은 놈아, 네가 정말 이 노인이 무서워서 벌벌 떨 지경이라면, 차라리 넌 이 자리에 없었던 편이 나을걸 그랬어. 아니면 아예 태어나지 않았더라면 더 좋았을 거야. 저 늙은이는 자기 몸에 떨어진 고난으로 지칠 대로 지쳐 있는데도 말이야. 그러니 너한테 말해 둔다. 만일 이 노인이 네게 이겨 승리자가 된다면 검은 칠을 한 배에 태워 너를 에케토스 왕이 있는 땅으로 보낼 테다. 그 왕은 모든 인간에게 해롭고 나쁜 짓을 가하는 사나이거든. 그가 네 코와 귀를 무자비하게 칼로 자르고 불알을 잡아 뽑아서 날것으로 개들에게 던져 주워 먹게 할 거야. 틀림없이 이 일은 실행할 테다."

이렇게 말하자 이 사나이의 다리는 더욱 사시나무 떨 듯 떨렸다. 그래도 한가운데에 끌어내어 두 사람 다 손을 들고 싸울 자세를 취하도록 했다. 이때 인내심이 많고 거룩한 오디세우스는 여러 생각에 잠겼다. 때려눕힌 다음에 그대로 목숨을 끊을 것인지, 아니면 살짝 주먹질을 해서 땅바닥에 눕혀 버릴 것인지를 생각 끝에 결심했다. 아카이아족의 주의를 자기에게 끌지 않도록 살짝 때려 주면 될 것이라고 마음먹었다. 둘은 손을 들고 겨루게 되었다. 저쪽 편의 이로스가 오른 어깨를 치자 오디세우스는 이로스의 귀밑 목줄기를 쳐서 뼈를 안으로 쪼개 버렸다. 그러자 새빨간 피를 토해 내면서 비명을 지르고 모래바닥에 쓰러졌다. 그는 땅바닥에 발버둥을 치면서 이를 바드득 갈았다. 기분이 통쾌해진 구혼자들은 두 손을 들면서 배꼽이 터지도록 웃었다. 오디세우스는 이로스의 다리를 잡아끌고 현관 앞을 가로질러 복도 아래 창문이 있는 앞뜰까지 갔다. 그리고 정원 울타리에 그를 기대어 놓고 한쪽 손에 지팡이를 쥐어 주며 소리 높여 말했다.

"너는 돼지나 개를 못 오게 쫓으면서 여기 앉아 있어. 너 같은 녀석이 다른 나라에서 온 사람들이나 거지들의 우두머리 노릇을 하려는 생각은 아예 하지 마라. 치사스러운 놈. 자칫 하다가는 더 심한 봉변을 당할 테니까."

이렇게 말하고는 두 어깨에 초라한 자루를 메었다. 그것은 새끼줄이 끈 대신 붙어 있었고 아주 낡은 물건이었다. 잠시 뒤 다시 그는 자리로 돌아가 앉았다. 한편 그들 구혼자들은 통쾌하게 웃고 안으로 들어가면서 그에게 인사의 말을 던졌다.

"손님 들어 보게, 제우스 신이나 다른 불사의 신들께서는 자네가 특히 바라는 것, 자네가 좋아하는 것을 얻을 수 있게 해 주실 걸세. 자네가 저 욕심쟁이 녀석에게 온 나라 안을 떠돌아다니지 못하도록 해 주었으니 말일세. 인간이라면 덮어 놓고 괴롭히려는 에케토스 왕에게 지금 당장 저놈을 그 땅까지 보내 줄 테니까."

그들이 말하는 뜻을 알아차린 오디세우스는 흐뭇하게 생각했다. 안티노스는 살코기와 순대를 그에게 집어 주었다. 한편 암피노모스는 바구니에서 빵을 두 조각 집어서 그에게 준 다음, 황금 술잔을 권하면서 말했다.

"손님이시여, 반갑구려. 그대가 오래도록 행복하게 살기를 바라네. 그렇지만 지금은 온갖 모진 재난을 겪고 있구먼."

이에 지혜가 풍부한 오디세우스가 말했다.

"암피노모스 님, 참으로 당신은 재치가 있습니다. 그것은 당신이 훌륭한 조상을 모시고 있기 때문입니다. 명예로운 집안이란 말을 들었습니다. 둘리키온에 계시는 니소스 님은 훌륭한 분이고 또한 부자라고요. 당신은 그 아드님이라면서요. 당신은 사리가 밝은 분이군요. 그러니 제 말을 잘 들어주십시오. 이 땅 위에 살면서 숨 쉬고 움직이는 모든 것 중에서 인간보다 더 가엾고 약한 것은 없습니다. 뒷날 화를 입을 것을 전혀 알아차리지 못하기 때문이지요. 신께서 인간에게 건강을 주시고 활동하도록 허락해 주신 동안은 말입니다. 하지만 불행히도 신들께서 화를 내고 있을 때는 어쩔 수 없이 참을성 있게 그 화를 견디어 나가야 하는 것입니다. 이 땅 위에 사는 인간이란 그런 것이며, 인간과 신들의 아버지이신 제우스 님이 마련해 주시는 하루하루도 그와 같습니다. 나도 전에는 인간들 사이에서 부와 영화를 누리고 있었고, 육체적인 힘이나 권력을 믿고 난폭하고 도리를 벗어난 짓도 꽤 많이 했습니다. 부모나 형제들을 믿고 말입니다. 그러니 어떤 분이든 절대로 도리에 어긋난 짓은 안 하는 것이 좋겠지요. 그리고 신들이 타이르시는 것을 그대로 얌전하게 받아들이는 게 좋습니다. 그런데 구혼자들은 얼마나 법과 도리에 어긋나는 일을 꾸미고 있습니까. 한 무사의 재산을 축내고 그 부인께 무례한 짓을 하고 있습니다. 그 무사는 자기 나라 땅에서 오래 떠나 있지 않습니다. 아니 바로 가까이에 와 있습니다. 그분이 그리운 조국에 돌아왔을 때 그분과 만나지 않도록 신들이 조용히 집으로 인도하도록 기도드립니다. 그 까닭은, 구혼자들과 그분이 이 한 지붕 아래 같이 들어선다면, 결코 피를 흘리지 않고 끝을 맺지 못하리라 생각하기 때문입니다."

이렇게 말하고 꿈같이 달콤한 포도주를 먼저 신에게 따른 다음 건배하고는,

뭇사람의 규율을 다스리는 암피노모스의 손에 돌려주었다. 그러나 그는 가슴이 온갖 고민으로 쌓여 고개를 흔들면서 성 안으로 걸어갔다. 무슨 재난이 일어날 것만 같아서 마음에 걸렸으나, 그는 죽음의 운명을 피할 수 없었다. 아테나 여신이 이미 예정해 놓은 대로 텔레마코스의 손과 창에 찔려 죽게 되지만, 지금은 일어섰던 그 의자에 돌아가 앉았다. 이제 빛나는 눈빛의 아테나 여신은 이카리오스의 딸이며 눈치 빠른 페넬로페에게 다음과 같은 생각을 불어 넣었다. 바로 구혼자들의 정열을 부채질하여, 자신이 더욱 귀중한 존재라는 것을 자기 남편과 아들에게 알려 주려는 생각에서 그들 앞에 자기 자태를 나타내는 일이었다. 그래서 억지로 얼굴에 미소를 짓고 한 시녀의 이름을 불러 말을 건넸다.

"에울뤼노메여, 전에는 절대로 그런 일이 없었지만 이런 일을 하려고 생각해. 구혼자들의 눈앞에 내 자태를 보여 주려고 말이야. 비록 나는 그들을 싫어하지만. 그리고 아들에게도 무슨 일이 있더라도 제멋대로 구는 구혼자들과 사귀지 않도록 한 마디 일러 주어야겠어. 그들은 입으로는 훌륭한 말을 지껄이지만 뒤돌아서서는 음흉한 꾀를 꾸미고 있으니까."

이에 늙은 시녀 에울뤼노메가 말했다.

"예, 방금 말씀하신 뜻은 사리에 맞는 일입니다. 그러면 몸을 깨끗이 씻고 얼굴에 화장을 하신 뒤에 아드님에게 가셔서 숨김없이 말씀드리세요. 아이참, 그렇게 눈물로 얼룩진 얼굴로 가셔서는 안 되겠어요. 그렇게 늘 슬픔에 싸여 계셔서는 더욱 좋지 않고요. 마님이 불사의 신들에게 하루속히 수염 난 아드님 모습을 보고 싶다고 기도하시던 아드님도 이제는 의젓한 어른이 되셨답니다."

이번에는 현명한 페넬로페가 말했다.

"에울뤼노메여, 그대의 친절한 마음은 알겠지만 몸을 깨끗하게 씻고 얼굴에 화장을 해서 내 기운을 돋우려고는 하지 말아 다오. 꽃다운 내 매력은 벌써 그분이 가운데가 깊숙한 배를 타고 떠난 뒤에 올림포스를 지키시는 신들이 나에게서 빼앗아갔어. 홀에서 내 옆에 서 있도록 아우토노에와 히포다메이아에게 이리 오라고 전해 줘요. 나 혼자서는 구혼자들 앞에 나타날 수 없으니 말이야. 그건 점잖지 못한 일이니까."

이렇게 말하자 늙은 시녀는 다른 하녀들에게 명령을 전하기 위해, 그리고 또 그들을 여주인에게 오도록 하기 위해 떠나갔다.

빛나는 눈의 여신 아테나는 이때 또 다른 일을 생각해 내어, 이카리오스의 딸에게 달콤한 잠이 오게 했다. 그녀는 그대로 소파 속에 기대어 온 몸 마디마디가 풀어진 듯 잠들어 버렸다. 그동안 거룩한 여신은 아카이아의 구혼자들이 매혹되어 쳐다보도록 존귀한 선물을 그녀에게 주었다. 첫째로 그녀의 얼굴 생김새를, 멋진 관을 쓴 퀴테라의 여신 아프로디테가 아름다운 선녀들 춤을 보러 갈 때 몸에 칠하는 향유를 발라 존귀하게 꾸며 주었다. 다음은 그 자태를 바라볼 때, 키가 더 늘씬하고 풍만하며 살결도 깎아 놓은 흰 상아빛으로 보이게 해주었다. 이러한 일들을 마치고 거룩한 여신은 사라졌다. 그러자 팔이 흰 시녀들이 방에서 이쪽으로 오면서 재잘거리는 소리에 그녀는 단잠에서 깨어 손으로 두 볼을 비비면서 소리 내어 말했다.

"아니 정말, 내가 너무 고민했던 나머지 그만 잠이 들고 말았어. 제발 이처럼 달콤한 죽음을 지금 바로 성스러운 아르테미스 님이 나에게 주셨으면 고마울 텐데. 그리운 오디세우스 님의 뛰어난 덕망을 연모하면서 더 이상 한탄하고 슬퍼하느라 마음을 썩이지 않도록 말이야. 그분은 참으로 아카이아 용사들 중에서도 가장 뛰어나신 분이었어."

이렇게 말하고 시녀 둘을 데리고 반짝반짝 빛나는 2층 계단을 내려왔다.

부인들 중에서도 존귀로운 그녀는 마침내 구혼자들이 있는 장소에 도착하자, 탄탄한 지붕 밑 기둥 옆에 얼굴을 베일로 가린 채 멈추어 섰다. 그 양 옆에는 충실한 시녀들이 한 사람씩 지키고 섰다. 그것을 보자 그곳에 있던 구혼자들은 연모의 마음 때문에 모두 매혹되고, 품에 안아 보고 싶다는 생각에 초조해지면서 무릎의 힘이 빠졌다. 그녀는 아들 텔레마코스에게 말했다.

"텔레마코스여, 이젠 너의 마음이나 생각은 분명치가 못하구나. 어렸을 때에는 지금보다 지혜로운 분별심을 가지고 있었어. 그런데 이제는 키도 더 크고 어른이 되었으니 부귀와 영화를 갖춘 분의 자제라고 다른 사람들도 말할 테지. 체격이나 얼굴 생김새로 보아서도 다른 사람들은 그렇게 생각할 거다. 그런데 너의 마음이나 생각이 절대로 사리에 맞지 않는구나. 오늘 이렇게 손님이 수치를 당하는데도 이 궁전 안에서 그냥 보고만 있다니. 만일 손님이 우리 궁전에 와서 불친절한 대접 때문에 봉변이라도 당한다면 앞으로 어떻게 되겠느냐. 이것이야말로 네 치욕이 되고 세상 사람들에게서 비난을 받게 될 거야."

이에 지혜로운 텔레마코스가 말했다.

"어머님께서 노하셨다 하더라도 무리가 아닙니다. 그러나 저도 마음에는 충분히 분별심이 있어서 옳고 그릇됨을 낱낱이 알고 있습니다. 이제 저도 어린 아이가 아니랍니다. 하지만 모든 일에 현명한 생각을 가지는 게 불가능한 까닭은, 여기에 계시는 분들이 음흉스러운 속셈으로 이 핑계 저 핑계를 대면서 옆에 붙어 다니며 올바른 길을 빗나가게 하고, 한 사람도 도와주는 이가 없기 때문입니다. 그리고 아까 손님과 이로스의 싸움은 구혼자들이 바랐던 대로 끝나지는 않았어요. 이쪽 편이 힘이 세었지요. 정말 제우스 신이나 아테나 여신이나 아폴론 신께도 부탁드립니다만, 아까처럼 구혼자들이 우리 궁전에서 참패를 당하고 머리가 늘어져 거덜이 났으면 고맙겠습니다. 안뜰에서나 이 궁전 속에서나 마치 저 이로스가 뜰 문 앞에서 목을 거덜거리고 있는 것처럼 모두 지쳐 버렸으면 합니다. 주정꾼들처럼 목이 처져서 지척거리고 발로 바로 서지도 못해 손발의 맥도 빠져서, 늘 돌아가는 집에조차 못 돌아가도록 말입니다."

두 사람은 이렇게 서로 말을 주고받았다. 그러자 에우리마코스가 입을 열어 페넬로페에게 말했다.

"이카리오스 님의 따님이신 지혜로운 페넬로페 님, 만일 이 이오니아 아르고스 중의 아카이아족이 모두 당신의 자태를 보았더라면 더 많은 구혼자들이 당신의 성에 몰려와서 아침부터 잔치에 참석했을 것입니다. 그것은 당신이 모든 여인 중에서도 그 자태나 키나 마음속의 섬세하고 빈틈 없는 생각이 남달리 뛰어나기 때문입니다."

그러자 이번에는 지혜로운 페넬로페가 말했다.

"에우리마코스 님, 하느님은 아르고스 사람들이 일리오스를 향해 배로 출발했을 때, 내 뛰어난 장점과 자태나 몸매를 빼앗아가고 말았습니다. 그 사람들 중에 내 남편인 오디세우스도 함께 갔습니다만, 만일 그분이 돌아와 내 살림을 보살펴 주신다면 내 명예도 더 커지고 더 좋아질 것입니다. 그러나 지금은 신들께서 큰 화를 나에게 내리셔서 나는 괴로워하고 있습니다. 조국을 떠나면서 출정할 때 남편은 내 오른쪽 손목을 잡으면서 말했습니다.

'여보, 들어 보오, 내 생각으로 훌륭한 정강이받이를 한 아카이아 용사들이 트로이에서 재난을 받지 않고 모두 무사히 귀국하리라고는 생각지 않소. 왜냐하면 트로이 사람이라고 할지라도 당당한 무사들이기 때문이오. 그들은 창 던지기나 활쏘기를 잘하며 또한 빠른 말도 잘 타고 재빠르고도 잔인한 전투를 많이 해왔으니 말이오. 과연 신께서 나를 귀국시켜 줄지, 그대로 트로이 땅에서 죽게 할지 알 수가 없소. 그러니 당신에게 모든 것을 부탁하오. 성 안에 계시는 아버님이나 어머님에 대해서도 늘 해왔듯이 잘 돌보아 주시오. 내가 멀리 떠나 있지 않았을 때보다 더욱 잘해 주오. 그리고 내 아들이 커서 어른이 되었다고 생각했을 때, 집을 떠나 그대가 좋아하는 상대를 골라 다시 결혼해도 좋소.'

이렇게 말씀하시고 그분은 떠났습니다. 이 말들이 이제 사실이 되고 말았습니다. 언젠가는 흉측스러운 혼례가 이 저주스러운 몸에 찾아오는 밤이 올 것입니다. 제우스 님이 내게서 행복을 빼앗아간다면 말이에요. 하지만 지금은 심한 괴로움이 내 가슴을 짓눌러 놓고 있습니다. 말하자면 청혼하는 분들의 바른 관습은 전에는 이렇지 않았습니다. 양가의 부녀나 처녀에게 청혼할 때, 서로 겨루는 분들은 소나 양을 여러 마리 가지고 와서 처녀의 집안사람들에게 대접을 하고 훌륭한 선물을 보내기도 했습니다. 남의 집 재산을 축내고 거저먹어 없애는 일은 하지 않았습니다."

이 말에 참을성이 있고 거룩한 오디세우스는 기쁘게 여겼다. 모든 사람의 마음을 달콤한 말로 속여 용서해 주면서 모든 구혼자들에게서 선물을 받으려고 하는 것이었으나, 사실 그녀의 본뜻은 다른 데 있었다.

그러자 그녀에게 이번에는 에우페이테스의 아들 안티노스가 말했다.

"이카리오스의 따님이시며 지혜로운 페넬로페 님, 아카이아족 가운데서 청혼을 희망하는 사람들은 선물을 여기에 가지고 올 것입니다. 그것을 받아 주십시오. 선물을 거절하고 받지 않는다면 좋은 일은 아닙니다. 아카이아족 가운데서 가장 뛰어난 남자와 당신이 결혼하기 전에는 결단코 내 영지나 어떠한 곳에도 돌아가지 않으렵니다."

이렇게 안티노스가 말하자 그 뜻에 모두 찬성했다. 그래서 저마다 하인을 집으로 보내 선물을 가져오도록 했다. 안티노스의 머슴은 선물로 크고 훌륭한 오색 찬란한 옷을 가져왔는데, 거기에는 12개의 황금 브로치가 붙어 있었고 잘 구부러진 핀이 달려 있었다. 한편 에우리마코스는 재빨리 온갖 기교를 다한 황금 목걸이를 가지고 왔으며, 거기에 붙어 있는 호박 구슬은 태양처럼 반짝거렸다. 그리고 에우리다마스는 하인들이 귀걸이 한 쌍을 가지고 왔는데, 오디 같은 구슬이 세 개 달린 것이었으며 멋진 빛깔이 눈부실 정도였다. 다음 포뤼크토르의 아들 페이산도로스 집에서는 하인들이 더욱 훌륭한 장식이 달린 목걸이를 가져오는 등, 아카이아족의 모든 구혼자들은 저마다 훌륭한 선물을 가져왔다.

여인 중에서도 고귀한 페넬로페는 이윽고 2층으로 올라갔으며, 뒤에 따르는 시녀들은 아주 훌륭한 선물들을 많이 날라갔다. 한편 사람들은 가슴을 설레게 하는 춤과 노래에 마음껏 흥겨워하면서 저녁 때가 오기를 기다렸다.

이윽고 모두 즐겁게 시간을 보내고 있는 동안에 어두운 밤이 찾아왔다. 얼마 뒤 불을 밝히기 위해 큰 촛대 셋을 성관 안에 설치했다. 이어서 얼마 전에 청동 도끼로 쪼개어 오랫동안 잘 말려 둔 장작을 지폈다. 관솔나무도 많이 섞어 놓았다. 그리고 참을성이 강한 오디세우스의 시녀들이 번갈아 가며 그것을 밝혀 주었다. 그런데 제우스의 피를 받은 지혜 풍부한 오디세우스가 그녀들에게 말했다.

"오랫동안 부재중인 오디세우스 님의 시녀들이여, 거룩한 왕비님이 계시는 궁전으로 돌아가십시오. 그 곁에서 왕비님을 위로하면서 물레를 돌려 드리는 게 좋습니다. 모두 방에 앉아서 털실을 손으로 다듬어 드리시오. 나는 여기 있는 이 큰 촛대에 불이 꺼지지 않도록 해 드릴 테니까요. 만약 아름다운 발코니에 새벽빛이 찾아들 때까지 여러분들이 계속하시더라도 나는 참을성이 있는 놈이라서 지켜 드리지요."

이렇게 말하자 시녀들은 깔깔 웃으면서 서로 얼굴을 쳐다보았다. 그 중에 붉은 볼의 멜란토가 그에게 더러운 욕을 퍼부었다. 그녀는 돌리오스의 딸이었는데, 페넬로페가 자기 딸이나 다름없게 돌봐 주며 언제나 그녀 마음에 드는 노리개들을 주고 있었다. 그런데도 페넬로페에게 그 은혜를 느끼지 못하고 있었다. 그리고 에우리마코스와 정을 통하고 있는 여자였다. 그런 그녀가 지금 오디세우스에게 욕을 퍼부은 것이다.

"보잘것없는 떠돌이야, 너는 좀 이상해진 모양이구나. 대장간에 가서 잘 생각은 없느냐, 아니면 어느 공동 숙소에나 가든지. 여기서 염치도 없이 많은 양반들 앞에서 길게 떠들면서 죄스러운 생각도 없다니. 술에 잔뜩 취해서 얼토당토않은 소리를 지껄이는군. 넌 언제나 그 따위인가 보구나. 부랑자 이로스에게 이겼다고 약간 돈 게 아니냐. 이로스보다 강한 누군가가 나와서 네놈 머리를 박살내고 피투성이로 만들어 힘센 손으로 끌어 낼 테니 조심하는 게 좋을걸."

그녀를 쏘아보면서 지혜로운 오디세우스가 말했다.

"뻔뻔스러운 계집 같으니, 텔레마코스 님에게 말해줄 테다. 저쪽에 가서 너를 당장에 손발을 잘라 없애도록. 네가 뭐라고 지껄였는지 말해줄 거야."

이렇게 말해 여자들의 간담을 서늘하게 만들어 놓았다. 시녀들은 홀을 나가 버렸으나 모든 사람이 겁에 질려 있었다. 그가 한 말이 진정으로 여겨졌기 때문이었다. 그러자 오디세우스는 타고 있는 촛대 옆에서 불을 물끄러미 보며 장승처럼 서서는 모든 사람을 살펴보았다. 마음속으로는 반드시 하지 않으면 안 될 일들을 여러 가지로 궁리했다.

이제 아테나 여신은 교만한 구혼자들이 가슴 아프고 무정하게 구는 것을 그만두게 하지 않았다. 그 까닭은 라에르테스의 아들 오디세우스의 마음을 더욱 괴로움으로 아프게 하기 위해서였다.

먼저 폴리보스의 아들 에우리마코스가 모두에게 말을 하면서 오디세우스에게 욕설을 퍼부어 동료들의 웃음거리로 만들려고 했다.

"세상에서도 유명한 왕비의 구혼자가 되시는 여러분, 내가 이제부터 하는 말을 잘 들어 보시오. 내 가슴속에 있는 마음이 이 말을 하라 명령하기 때문입니다. 이 사나이가 오디세우스의 성에 온 게 신의 뜻에 의한 것은 아닙니다. 이 사나이에게는 머리털이라곤 하나도 없으니, 이 촛불 빛은 마치 그의 머리에서 비치는 것만 같습니다."

이렇게 말하고 도시의 공략자인 오디세우스에게 말했다.

"이봐, 나그네, 내가 너를 맡는다면 넌 내 머슴이 될 생각은 없나? 내 구석진 밭만으로도 너에게 넉넉히 몸삯을 줄 수 있을 테니까 말이야. 돌을 모아 울타리도 짓고 큰 나무를 심어 키우기도 한다면, 나는 먹을 것을 거르지 않고 줄 것이고, 입을 것과 신을 것도 줄 테다. 그러나 넌 나쁜 짓만 배웠으니 밭일은 싫어할 것이다. 그래서 거리마다 떠돌아다니면서 구걸을 하는 거지. 언제나 허기진 네 창자를 채우려고 말이야."

그러자 지혜가 풍부한 오디세우스가 말했다.

"에우리마코스 님, 정말 우리 둘이서 해도 길어진 이른 여름에 밭일하기 내기를 해보면 좋겠어요. 목초 베기 내기를 한다면 나는 날이 휜 낫을 들겠습니다. 그리고 당신도 그런 것을 들고 목초가 잔뜩 우거진 곳에서 식사도 하지 말고 아주 어두워질 때까지 일을 겨루어 봅시다. 소를 모는 일이라면 가장 좋은 다갈색의 황소를, 그것도 풀을 실컷 뜯어 먹고 나이도 같고 짐을 끄는 힘도 똑같은 절대로 지칠 줄 모르는 힘을 가진 소 말입니다. 또한 밭은 네 마지기 정도로 하고, 보습에 흙이 깊이 파고드는 밭이라면 내가 갈아 놓은 고랑이 곧은지 아닌지를 보여 드릴 수 있습니다. 이건 또 다른 이야기이지만, 크로노스의 아드님이신 제우스의 신이 오늘 어디선가 전쟁을 걸어오게 하신다면, 그때는 방패와 창 두 개와 관자놀이에 꼭 맞는 청동제 투구만 있으면 내가 맨 앞장서서 싸우는 것을 보여 드리겠습니다. 그때는 당신이 내 뱃속 창자를 무참하게 업신여기지 않을 겁니다. 그런데 당신은 너무 무지막지한 소리를 할 뿐 아니라 인정도 없는 분이군요. 그리고 자신을 너무 훌륭하고 힘이 있는 사람으로 생각하고 있는 모양입니다. 그것은 당신이 사귀는 사람의 범위가 좁고 게다가 변변치 못한 놈들 하고만 사귀기 때문입니다. 저 대문이 굉장히 넓게 열려 있지만, 이제 곧 현관에서 그곳으로 도망칠 때는 좁게만 느껴질 겁니다.”

이렇게 말하자 에우리마코스는 화가 치밀어 그를 사납게 쳐다보면서 높은 소리로 이어서 말하였다.

“뭐라고, 이 되어 먹지 못한 녀석이. 당장이라도 네 헛소리에 결판을 내줄 테다. 존엄한 우리들 앞에서 무슨 불손한 소리를 지껄이는 것이냐. 죄스러운 마음은 조금도 없이 말이야. 술에 넋까지 빠졌는가, 아니면 넌 늘 이런 되어 먹지 않은 생각을 하는 놈이냐. 함부로 입을 놀리는 것을 보니. 아니면 또 부랑자 이로스에게 이겼다고 해서 정신이 돌았든지.”

이렇게 소리를 질러 말하고는 발판을 손으로 집어 들었다. 그러자 오디세우스는 도움을 바라면서 에우리마코스를 무서워하는 듯이 둘리키온에서 온 암피노모스의 무릎에 매달렸다. 에우리마코스가 던진 발판은 술을 따르는 시종의 오른팔에 맞아 물병이 소리를 내면서 땅에 떨어지고, 시종도 비명을 지르면서 먼지 속으로 벌렁 나가 자빠졌다. 그러자 구혼자들은 어둠이 짙어진 성 안에서 떠들면서 서로 마주보고 너나 할 것 없이 이렇게 말을 주고받았다.

“정말 저 떠돌이 녀석이 여기에 오기 전에 어디선가 방랑하다가 길가에서 죽었더라면 좋았을걸. 그럼 여기서 이런 소동은 나지 않았을 거야. 그런데 우리가 지금 거지들 때문에 소란을 피우고 있으니 훌륭한 음식을 즐기려던 기쁨도 헛일이 되고 말았어. 돼먹지 않은 놈이 판을 치니 말이야.”

그들 사이에서 거룩하고 용감한 텔레마코스가 말했다.

"별 말씀을 하십니다. 당신들은 정신없이 충분히 식사도 했고 마실 것도 넉넉히 마셨다는 것을 솔직히 보여 주시고 있습니다. 아마 어느 신께서 당신들을 화근 쪽으로 이끌고 계시는 것 같습니다. 마음껏 식사를 드셨다면 언제든 내킬 때 집으로 돌아가셔서 쉬도록 하십시오. 어느 분이든 내가 쫓아내지는 않겠습니다만."

이렇게 대담한 말을 하자 사람들은 모두 입술을 깨물면서 텔레마코스에게 눈을 부라렸다. 그러자 아레티오스의 아들 니소스의 훌륭한 아들인 암피노모스가 말을 건넸다.

"아 여러분, 누구든지 이치에 맞는 말을 했다고 기분 상해한다든가 반대의 말로 대꾸는 하지 마십시오. 제발 다른 마을에서 온 이 손님을 곯려 준다든가 다른 하인들을 때린다든가 하지도 마시고요. 거룩한 오디세우스의 성에 있는 사람들을 말입니다. 그것보다 술 따르는 하인들을 시켜서 신들께 술을 바치고 집으로 돌아가 잠을 청하도록, 잔에 차례차례 술을 채우도록 합시다. 저 손님은 오디세우스의 성 안에서 텔레마코스가 도와주도록 놓아둡시다. 오디세우스의 성에 하소연하러 온 사람이니 말입니다."

이렇게 말하자 모두 이 말에 찬성하고 입을 모아 좋다고 말하기에 모두를 위해서 물리오스가 희석용 술동이에 술을 섞었다. 둘리키온에서 온 전령이며 암피노모스의 시종이 모든 사람에게 가서 술을 따르며 돌아다녔다. 여기서 그들은 더없이 행복한 신들에게 신주를 부은 뒤, 마음이 흡족할 만큼 술을 마시자 저마다 자기 집으로 잠을 자러 갔다.

제19권
신분을 숨긴 오디세우스 그 아내와 대화를 나누다

오디세우스는 홀에 앉아서 아들과 의논하고, 홀에 있던 무기들을 다른 곳으로 옮긴다. 혹시 무슨 일이라도 있을까 싶어서 그랬던 것이다. 그런 뒤 페넬로페를 만나는데, 그 물음에 대해서는 거짓을 꾸며 댄다. 부인은 자기 신세를 한탄하고, 구혼자들의 무례한 행동을 피하기 위해 수의를 짠 이야기를 한다. 하지만 그런 꾀도 탄로가 나고 이제는 누구하고든 결혼을 할 수밖에 없다고 탄식한다. 오디세우스는 주인님의 풍문을 자신도 들었는데, 귀국의 날이 머지않을 것이라고 위로한다. 부인은 그를 위해 잠자리 준비를 하게 한다. 유모 에우리클레이아는 큰 대야에 더운 물을 붓고 그의 발을 씻겨 주는데, 그때에 멧돼지에게 물렸던 예전의 상처를 발견하고, 주인임에 틀림없음을 깨닫는다. 소리를 지르려는 그 입을 오디세우스는 가로막는다.

마침내 거룩한 오디세우스는 홀에 남게 되었다. 아테나 여신의 힘을 빌려서 구혼자들을 처치할 방법을 여러 가지로 궁리하고 있다가 갑자기 텔레마코스에게 소리 높여 말했다.

"텔레마코스, 무기를 모두 곳 안에 감추어 두어라. 만일 그들이 무기가 없는 것을 알아차리고 물으면 이렇게 적당히 구슬러 넘겨야 한다.

"연기에 그을리지 않도록 잘 간직해 두었습니다. 오디세우스 님이 트로이에 가실 때 남겨두고 간 것과는 이제 전혀 모양이 달라졌기 때문입니다. 불이 그 무기들을 아주 망쳐 놓았습니다. 더욱이 신께서 더 중요한 일을 깨닫게 해 주었습니다. 말하자면 여러분이 자칫 잘못해서 술에 취해서 싸움을 벌이다가 서로 상처를 입히고, 잔치도 구혼도 못하게 만들지 모르기 때문이지요. 속담에도 쇠붙이라는 것은 스스로 무사들을 유혹하는 힘이 있다고 하니 말입니다."

이렇게 말하자, 텔레마코스는 사랑하는 아버지의 말에 따라 유모 에우리클레이아를 불러내어 말했다.

"유모, 제발 여자들을 방에 가두어 두었으면 좋겠어. 아버님의 훌륭한 무기를 내가 모두 창고에 감추어 버릴 때까지 말이야. 아버님이 안 계셨기 때문에 그 무기들을 집에서 잘 간수하지도 못했고 연기 때문에 빛도 바랬어. 나는 철이 없던 어린아이였으니까. 그래서 지금 불기가 닿지 않는 곳에 간직해 두려고 생각해."

이에 에우리클레이아가 말했다.

"도련님, 집안일을 살피시고 재산을 모두 간수하도록 마음 써 주신다면 고맙기 그지없는 일입니다. 그러나 누가 등불을 비추어 드리지요? 시녀들이 그 일을 해 드려야 할 텐데, 도련님이 허락하시지 않으니 말이에요."

그러자 지혜로운 텔레마코스가 말했다.

"여기 있는 손님이 해줄 거야. 그가 누구이든 우리 집 빵을 먹은 이상, 먼 데서 온 손님이라 할지라도 무슨 일이든 시켜야 해."

이렇게 말했기 때문에 유모는 무어라 말할 수 없어 대꾸도 못하고 잘 꾸며진 방 문을 모두 닫았다. 그래서 지혜가 풍부한 오디세우스와 명예로운 그의 아들 텔레마코스는 부리나케 일어나 투구라든가 가운데 꼭지가 달린 방패, 또는 끝이 날카로운 창들을 수없이 운반해 들였다. 그들 앞에는 팔라스 아테나가 황금 촛대를 손에 들고 특별히 밝은 빛을 주었다. 바로 그때 텔레마코스가 갑자기 자기 아버지에게 말했다.

"아버님, 내 눈에 비쳐 보이는 모양은 정말 이상합니다. 홀의 벽, 멋진 대들보, 전나무 가로대, 높이 솟은 기둥, 이 모든 것이 마치 내 눈에는 타오르는 불길처럼 번쩍이는 것만 같습니다. 아마 틀림없이 넓은 하늘에 사시는 신께서 우리 집에 오신 모양입니다."

그러자 지혜가 풍부한 오디세우스가 대답했다.

"잠자코 네 마음속으로만 느끼고 묻지는 말아라. 이것은 올림포스에 사시는 신들께서 하시는 일이니까. 그러니 너는 이제 가서 자는 게 좋겠구나. 나는 이대로 남아서 아직 시녀들이나 네 어머니를 시험해 보려고 한다. 네 어머니는 아마 틀림없이 슬피 탄식하며 사람들이 없는 곳에서 하나하나 자세히 나에게 물어볼 거야."

이렇게 타이르자 텔레마코스는 횃불의 인도를 받아 안방으로 자러 갔다. 그곳은 전부터 달콤한 잠이 오면 쉬는 장소였다. 그래서 이번에도 밝은 새벽이 오기를 기다리면서 잠들었다. 한편 오디세우스는 방에 남아서 아테나 여신의 힘을 빌려 구혼자들을 처치할 방법을 여러 가지로 궁리했다.

한편 현명한 페넬로페는 아르테미스 여신이나 황금의 아프로디테 같은 모습으로 내실에서 나왔다. 그녀를 위해서 화로 옆에 시녀들이 안락의자를 놓아두었다. 그녀는 늘 거기에 앉는 버릇이 있었다. 이 의자에는 상아와 은으로 된 소용돌이무늬가 새겨져 있었는데, 이것은 본디 공장(工匠) 이크말리오스가 만든 것으로, 밑에는 발을 얹기 위한 발판을 의자에 붙여서 만들어 놓았다. 그 위에 큰 양가죽이 덮여 있었다. 현명한 페넬로페는 거기에 걸터앉았다. 그리고 흰 살결의 팔을 가진 시녀들도 방에서 나와 많은 빵과 네 발 탁자와 술잔을 날라 갔다. 그것들은 난폭한 자들이 마셨던 술잔이었다. 그리고 다 탄 장작 토막을 화로에서 주워 내고, 그 위에 다른 장작을 잔뜩 쌓아올려 방을 밝히는 한편 따뜻하게 덥히기 위해 불을 지폈다. 그 동안에도 멜란토는 다시금 오디세우스를 조롱하여 말했다.

"이 떠돌이야, 아직도 여기 남아서 밤새도록 애를 먹이려는 거야. 집 구석구석을 돌아다니면서 여자들에게 시비를 걸려고 하는 거야. 썩 나가지 못해, 되어먹지 못한 것이, 뭘 얻어먹으려는 것이겠지. 안 나가면 불이 붙은 장작개비로 때려서 쫓아 낼 테니까."

그러자 그녀를 쳐다보면서 지혜로운 오디세우스는 말했다.

"이상한 사람이군. 왜 그렇게 마음이 언짢아서, 나에게 모질게 대하는 건가. 내가 아주 추한 꼴을 하고 남루한 옷을 몸에 걸쳤다고 그러는가, 아니면 이 지방 곳곳을 구걸하면서 돌아다니는 탓인가. 그것도 나로서는 할 수 없는 노릇이야. 거지나 떠돌이들은 모두 그런 것일세. 나도 이전에는 행복하고 부유한 집을 가지고 있었지. 그래서 가끔 떠돌이들에게 대접도 해 주었어. 어떤 사람이든 또는 무엇을 원하든 말일세. 그리고 하인들도 많이 거느렸고 세상에서 부자라고 할 만큼 많은 재산도 가지고 있었어. 그런데 크로노스의 아드님인 제우스 신께서 그것을 모두 빼앗아갔지. 그것도 신의 뜻이었어. 시녀님, 이 성 안에서 당신의 좋은 자리를 잃어버리지 않도록 조심하게나. 만일 오디세우스 님이 돌아오신다면 절대로 마님의 기분을 상하게 하지 말고 꾸지람을 듣지 않도록 하란 말이야. 아직 돌아오실 희망이 있으니 말이야. 만일 소원이 못 이루어져서 돌아오시지 않더라도, 그의 아들 텔레마코스가 이젠 훌륭한 어른이 되지 않았는가. 아폴론 신의 가호를 받아서 말일세. 사리에 어긋나는 일을 한다면 이 성에 있는 어떤 여자라도 그분의 눈을 속일 수는 없어. 그것을 깨닫지 못할 나이도 아니니까."

이렇게 말하자, 현명한 페넬로페는 그 말을 듣고 시녀를 꾸짖고 그녀의 이름을 불러 말했다.

"너는 정말 뻔뻔스런 아이로구나. 하지만 절대 내 눈은 속일 수 없어. 부끄러운 짓을 저질러 놓았으니, 그 잘못은 네가 톡톡히 갚는 수밖에 없을 것이다. 내가 저 손님을 내 방에 불러서 우리 주인님 일에 대해서 여러 가지로 물어보려고 한다는 것을 너는 이미 다 알고 있을 것이다. 내가 너에게 말해 주었지. 나는 지금 정말 여러 가지 고초를 겪고 있어."

이렇게 말한 다음 늙은 시녀 에우리노메에게 말했다.

"에우리노메야, 의자와 그 위에 덮을 양가죽을 가지고 오너라. 손님이 앉아서 이야기를 하고 내 물음에 귀를 기울일 수 있게 말이야. 여러 가지로 자세히 묻고 싶구나."

이렇게 분부하자 늙은 시녀는 잘 다듬어진 의자를 가져다 놓고 그 위에 양가죽을 덮었다. 그러자 참을성 있고 거룩한 오디세우스는 그 의자에 앉았다.

먼저 이야기를 시작한 것은 현명한 페넬로페였다.

"다른 나라에서 오신 손님, 그럼 먼저 나부터 당신에게 물어 보겠어요. 당신은 대체 어떤 분이며, 어디서 오셨습니까? 당신의 나라와 부모님들은 어디에 계십니까?"

이에 지혜로운 오디세우스가 대답했다.

"예, 마님, 이 끝없는 세상에서 죽음의 숙명을 지닌 인간 중에서, 그 누구라 할지라도 당신을 비방할 사람은 없습니다. 당신의 명성은 하늘에까지도 떨쳐 마치 만능의 임금과도 같습니다. 그 임금은 신을 존경하고 정의를 지키고 많은 용감한 군사들을 다스리고, 그 밑에 있는 검은 대지는 보리나 밀을 자라게 하고, 나무에는 열매들이 풍성하게 달리고, 가축들은 언제나 새끼를 낳아 번식하고, 바다에는 고기들이 있으니, 이것은 모두 그 다스림이 훌륭하여 백성이 번영하기 때문입니다. 그런데 저에게 지금 어떤 질문을 하시든—당신 방이기에 결단코 그럴 수 있으나, 이처럼 당신은 선하시니 바라건대 다만—제 성과 또 고국의 일은 묻지 말아 주십시오. 부디 저에게 그 생각이 떠올라 다시금 슬픔에 싸이지 않도록 해 주십시오. 저는 줄곧 쓰라린 경험을 겪어 왔기 때문입니다. 게다가 남의 집인 댁에서 제가 한탄과 슬픔으로 눈물을 흘리고 앉아 있는 것은 도리에 어긋나는 일입니다. 분별도 없이 언제나 비탄에 젖어 있다는 것은 더욱 좋지 못한 일이니까요. 제가 정말 술에 잔뜩 취하여 눈물에 젖어 있는 모습을 보여 준다면, 시녀들 중 그 누구든, 아니면 당신이라도 화를 내실지 모릅니다."

이렇게 말하자 현명한 페넬로페가 말했다.

"손님이여, 아르고스의 군사들이 일리오스를 향해 배를 띄우고 그와 함께 내 남편인 오디세우스가 떠났을 때, 불사의 신들께서는 제 장점도 우아함도 아름다움도 모두 빼앗아가 버렸어요. 만일 그분이 돌아오셔서 나를 돌보아 주신다면, 나에 대한 세상의 평판도 더 좋아지고 모든 일이 다 순조롭게 될 거예요. 그런데 나는 지금 탄식으로 나날을 보내니, 신이 이토록 엄청난 화를 제게 주셨기 때문이에요. 말하자면 여러 섬에서 세도를 부리는 모든 권력자들, 둘리키온이든 쉬메든, 숲이 우거진 자퀸토스에 있는 분들도, 이 아름다운 이타카 섬에 사는 분들까지 내가 소망하는 것과는 반대로 나에게 결혼을 요구하고 있어요. 그러고는 우리 집 재산을 파먹고 있어요. 이런 사연으로 다른 나라에서 온 손님이나 청원이 있어서 오는 사람들이나 사절들, 시민을 위해 일을 하는 사람들까지도 대접해 드리지 못하고 있어요. 오직 오디세우스 님을 연모하면서 마음을 애태울 뿐이에요. 그런데 저들은 결혼해 달라고 재촉하기에 나로서도 거짓 꾀를 꾸며냈어요. 그래서 먼저 폭 넓은 베를 짠다는 생각을 신께서 나에게 가르쳐 주었습니다. 그래서 큰 베틀을 방 안에 들여 놓았습니다. 가는 실로 폭이 꽤 넓은 베를 짜기로 했어요. 곧 구혼자들에게 이렇게 말했습니다.

'저에게 구혼하시는 젊은 양반들, 거룩한 오디세우스는 돌아가셨으니 여러분은 저와의 결혼을 재촉하시겠지만 좀 기다려 주어야겠어요. 이 실들이 아깝지 않게 베를 다 짤 때까지 말이에요. 모든 인간들에게 닥쳐오는 죽음의 저주스러운 운명이 라에르테스 님을 빼앗아 가는 그날을 위해 그분의 장례식에 쓸 베입니다. 만일 유해를 감쌀 베도 없이 그분이 누워 계신다면, 많은 재산이 있을 텐데 어찌하여 수의도 없을까 아카이아 여자들이 이상하게 생각할 테니 난처

한 노릇이지요.'

이렇게 말해 주었어요. 그래서 일단 구혼자들의 마음을 설득했지요. 그래서 낮 동안은 큰 베틀에서 베를 짰으나 밤에는 옆에 횃불을 켜고 그것을 도로 풀었습니다. 3년 동안 사람들은 내 소행을 모르고 그들도 속아서 지냈지요. 날이 가고 달이 지나 계절도 바뀌어 이제 4년째가 되었습니다. 마침내 시녀들의 고자질로—정말 남의 마음도 몰라주는 나쁜 것들이에요—그들에게 들켜 버리고 말았습니다. 그러고는 온갖 잔소리를 했어요. 그래서 그 베도 어쩔 수 없이 억지로 다 짜 버렸어요. 그러니 이제는 결혼을 피할 수도 없고 다른 꾀도 생각해 내지 못하고 있는 형편이에요. 고향의 부모님들도 결혼하라고 자꾸 권할 뿐 아니라 아들도 다 알고 있고, 모두 재산을 파먹고 있는 것에 화를 내고 있어요. 제우스 신이 명예를 주셨기에 아들도 이젠 어른이 되었고, 집안일도 충분히 꾸려 나갈 만해요. 그건 그렇고 당신의 성과 어디서 오셨는지를 이야기해 주세요. 옛말에 나오듯 떡갈나무나 돌에서 태어난 것은 아니겠지요."

이에 지혜가 풍부한 오디세우스가 대답했다.

"라에르테스 님의 아드님인 오디세우스의 거룩한 왕비님, 왜 제 성과 내력에 대해서 물으려고 하는 것입니까? 그렇다면 모두 이야기해 드리지요. 현재보다 더한 슬픔으로 나를 떨어뜨릴지라도 말입니다. 그것이 세상 일이라고 하는 것이겠지요. 언제나 사람이 자기 나라를 오랫동안 떠나서—이를테면 지금 저와 같이, 그만큼 오래 고향을 떠나서—사람들이 사는 거리거리를 여기저기 떠돌아다니면서 고생을 하고 있을 때는 으레 그런 것입니다. 그건 어떻든 저한테 물으신 질문에 대해서 이제부터 말씀드리겠습니다. 크레타라는 나라가 있습니다. 포도줏빛을 한 바다 한가운데에 있는 아름답고 풍요로운 땅입니다. 주변을 바다가 둘러싼 그곳에는 수많은 사람들이 살며 마을이 90개나 됩니다. 그 마을들은 주민에 따라 언어가 다르지만, 서로 섞여 살고 있습니다. 그 중에는 아카이아족도 있고 성미가 괄괄한 에티오크레티스족(본디의 크레타 사람), 퀴도네스족, 일족이 셋인 도리스족이나 존귀한 펠라스고이족 등이 있지요. 그 가운데서도 크노소스는 큰 도시로 유명하고 거기서 미노스 왕이 9년 동안 왕위에 올라 제우스 신의 법령과 명을 베풀었다고 합니다. 그분이 제 부친인, 마음씨 너그러운 데우칼리온의 아버님이십니다. 그 데우칼리온이 저와 이도메네우스를 낳았는데, 그는 끝이 뾰족한 배들을 이끌고 아트레우스 집안의 두 왕과 함께 일리오스로 원정의 길을 떠났습니다. 저는 이름이 아이톤이라고 하는 동생이고, 그가 먼저 태어난 형으로 무용도 뛰어났습니다. 그때 나는 오디세우스 님을 보았고 선물도 보냈습니다. 트로이로 뱃길을 재촉하는데 말레아 곶에서 옆으로 바람이 불어 크레타까지 오게 되었습니다. 그래서 암니노스(크노소스의 외항) 포구에 있는 출산의 여신 에일레이뒤아의 동굴에 배를 정박시켰습니다. 꽤 험한 포구인데, 겨우 거친 바람의 힘을 피할 수 있었습니다. 그러고 거리에 올라와 전부터 친하게 서로 존경하던 사이였던 이도메네우스를 찾으셨습니다. 그러나 벌써 이도메네우스는 끝이 뾰족한 배들을 거느리고 일리오스로 떠난 지 열흘이나 열하루째가 되는 아침이었습니다. 그래서 그분을 내 집으로 초대해 집에 간직해 두었던 여러 가지 물건을 드리고 정중히 대접하여 손님으로서 잘 환대했습니다. 그분을 따라온 다른 동지들도 온 나라에서 모아 온 밀과 빨갛게 빛나는 포도주들을 드리고, 또 마음의 소망을 풀도록 제물에 바치는 소까지 대접했습니다. 그래서 열이틀 동안 존귀한 아카이아 분들이 머물게 되었습니다. 강한 북풍이 땅 위에 서 있는 것조차 용서치 않을 만큼 사납게 불어서 그들을 계속 가두어 놓았기 때문이니, 아마 심술궂은 신이 불러일으킨 것이라고 생각됩니다. 그래서 열사흘째가 되는 날 겨우 바람이 멎어 모두 배를 띄우기로 했습니다."

그는 거짓말을 하면서도 마치 진짜 이야기를 하는 것처럼 말했으므로, 그이야기를 듣는 페넬로페는 눈물에 젖어 그 모습은 무척 뚜렷하게 초췌해지고, 마치 높은 산에 쌓였던 눈이 녹아서 흐르듯 힘이 없었다. 서풍이 눈을 내린 뒤동남풍이 그것을 아주 녹여 버리고, 그 다음 녹아서 흐르는 물을 지금 강으로 모아 가득히 물이 넘쳐나듯, 그녀의 아름다운 두 볼은 흐르는 눈물에 젖었다. 오디세우스는 비탄에 잠겨 우는 자기 아내의 모습에 가슴이 찢어지는 듯했다. 그러나 두 눈은 마치 뿔이나 쇠붙이로 되어 있는 듯 조금도 움직이지 않고 억지로 눈물을 감추려는 듯 눈꺼풀 속에 숨겨져 있었다. 한편 페넬로페는 하염없이 눈물을 흘리면서 실컷 울고 슬퍼하며, 다시 한 번 그에게 말을 건넸다.

"그러면 손님, 이번에는 당신 이야기를 시험해 보려고 합니다. 만일 정말로 내 남편을 당신 집에서 신과도 다름없는 동지들과 함께 손님으로 대접했다고 한다면, 제발 말해 주세요. 우리 남편이 어떤 옷을 입고 있었고 또 남편은 어떤 사람이었고 남편을 따라간 동지들은 어떠했는지요."

그러자 지혜로운 오디세우스가 말했다.

"왕비님, 그토록 오랫동안 헤어져 있던 분에 대해서 말한다는 것은 정말 어려운 일입니다. 말하자면 그것이 벌써 20년 전이 되니까요. 그분이 배를 타고 내 고향을 떠난 지가 말입니다. 하지만 지금 제 마음에 떠오르는 모습을 우선 말해 드리지요. 거룩한 오디세우스 님은 자홍색 털실로 짠 망토를 입고 계셨습니다. 두 겹으로 된 것이었지요. 그리고 황금 옷단추에 두 겹의 핀이 붙어 있었습니다. 그 앞면에는 그림이 그려져 있었는데, 개가 알록달록한 사슴을 앞발 사이에 잡고 그 사슴이 신음하는 모습이었습니다. 그것을 보고 누구나 다 감탄했습니다. 두 개 다 황금으로 만들어졌는데, 한쪽 것이 사슴을 잡아 둔 그림이라면 다른 한쪽 것은 도망치려고 열심히 발버둥치는 것이었습니다. 또한 입고 있는 바지는 빛이 반짝이는 천이었고, 마치 마른 양파 껍질처럼 빛났습니다. 그런데 그것이 참으로 사치스러웠고 태양처럼 번쩍거렸으니, 많은 여자들은 감탄하는 눈빛으로 쳐다보았습니다. 그런데 또 하나 이야기해 드릴 게 있습니다. 이 말을 잘 명심하십시오. 본디 집에서부터 오디세우스 님이 이런 옷을 입고 계셨는지, 또는 동지들 중에서 누군가가 출발할 때 빠른 배 안에서 드렸는지 확실히 알 수 없다는 것입니다. 아니면 어딘가에 기항했을 때 숙소의 주인이 드렸는지도 모릅니다. 오디세우스 님은 많은 분들과 친분이 있었으니까요. 아카이아족에서도 그런 분은 드물었습니다. 나도 그분에게 청동제 검과 두 겹으로 된 아름다운 붉은 자줏빛 망토와 선을 댄 속옷을 선사했습니다. 그리고 노자리가 좋은 배에 거룩하게 타시는 모습을 배웅했었습니다. 그런데 그분에게는 자기보다 조금 나이가 많아 보이는 전령이 따르고 있었습니다. 그분이 어떤 사람이었는지 그것에 대해서도 이야기하겠습니다. 두 어깨가 둥그스름하고 살결은 검고 양털 비슷한 머리카락을 하고, 에우리바티스라는 이름이었습니다. 오디세우스 님은 다른 동지들보다 그 사람을 소중히 대하고 계셨습니다. 솔직하고 마음의 분별을 가진 사람이었기 때문입니다."

이렇게 오디세우스가 페넬로페에게 틀림없는 여러 증거를 보여주었으므로, 그녀는 더욱 한탄과 슬픔의 눈물이 솟아올랐다. 그래서 실컷 눈물을 흘리고 지치자, 그에게 말했다.

"손님, 처음에는 불쌍한 분이라고 생각했지만 이제는 우리 집에서 아주 소중한 손님이 되셨습니다. 방금 이야기하신 그 옷들은 모두 내가 드린 것이었어요.

옷장에서 꺼내어 차곡차곡 손질하여 반짝이는 옷단추를 장식이 되도록 달았어요. 하지만 이제는 두 번 다시 이 그리운 고국에 돌아오시는 모습을 맞을 수는 없을 거예요. 그러니 오디세우스 님은 불행한 운명으로 가운데가 깊숙한 배를 타고 떠나셨습니다. 이름을 부르기도 싫은 화근의 도시 일리오스로 가시려고 말이에요."

그러자 지혜와 꾀가 넘치는 오디세우스는 말했다.

"아, 라에르테스 님의 아드님인 오디세우스 님의 거룩하고 현명하신 왕비님, 부디 바라건대 아름다운 몸을 해롭게 해서는 안 됩니다. 그리고 남편을 위해 마음이 눈물과 슬픔으로 터지도록 아프게 해서는 안 됩니다. 나는 조금도 꾸짖으려고 말씀드리는 것은 아닙니다만, 세상에는 남편을 잃고 슬픔으로 지새우는 부인들이 얼마든지 있습니다. 오디세우스 님과는 다른 분이지만 사랑으로 맺어지고 어린아이를 가지게 된 정당한 남편, 게다가 신들과도 같은 분이었던 지아비들을 말입니다. 그러니 내가 드리는 말을 명심하십시오. 아무런 숨김없이 사실을 이야기를 해 드릴 테니까. 벌써 오디세우스 님이 귀국했다는 소문을 근처에서 들었습니다. 테스프로티아 사람들이 사는 비옥한 마을에 아직 살아계시다고요. 그리고 여러 나라에서 받으신 많은 훌륭한 보배를 가지고 오셨답니다. 하지만 충실한 동지들과 가운데가 깊숙한 배는 포도줏빛 바다에서 잃어버렸습니다. 트리나키에 섬을 나서자 제우스 신과 태양의 신에게 노여움을 받고 동지들은 한 사람도 남김없이 큰 파도가 몰아치는 바다에서 목숨을 잃었습니다. 동지들이 태양신의 소들을 죽였기 때문이었지요. 그런데 그분만은 배용골에 매달려 있었는데, 물결이 바닷가로 닿게 해 주었습니다. 그곳은 파이아케스족의 나라로, 그들은 신의 혈통을 가진 사람들인데 그분을 신과도 마찬가지로 소중히 대접해 많은 선물을 드린 뒤, 그들의 힘으로 아무런 재난도 입지 않도록 고향에 보내 드리려고 했습니다. 그러니 벌써 오디세우스 님은 이 고향 땅에 도착했을 터이지만, 그분은 이렇게 하는 편이 좋다고 마음속으로 생각했습니다. 돌아오는 길 여기저기에서 재물을 모으려고 했지요. 그만큼 죽음의 숙명을 가진 인간들 중에서도 남달리 오디세우스 님은 재산을 모으는 일에 뛰어났답니다. 그 누구도 그분과 겨룰 사람이 없습니다. 테스프로티아의 왕 페이돈은 그렇게 저한테 이야기해 주었습니다. 그리고 궁전 안에서 신들에게 신주를 따르면서 저한테 언약하며 말하기를, 배는 부둣가에 벌써 대어 놓았고 선원들도 준비가 되어 있어 이제 그리운 고향으로 보내 드릴 모든 준비가 되어 있다고 하면서, 그 직전에 저를 보내 주었습니다. 때마침 우연히도 테스프로티아 사람들의 배가 밀이 많이 나는 둘리키온으로 출항하기 때문이었습니다. 또한 국왕은 오디세우스 님이 모은 보물들을 모두 보여 주었는데, 그것은 적어도 10대 동안, 아니 한 대를 더 지나서도 자손들을 먹여살리고도 남을 만한 것이었습니다. 그리고 엄청나게 보배롭고 귀한 재물이 왕의 궁전에 쌓여 있었습니다. 오디세우스 님은 도도네에 가셨다고 하더군요. 하늘 높이 잎이 무성한 신성한 떡갈나무에게 제우스 님의 생각을 알아보기 위해서였습니다. 뿐만 아니라 오랫동안 고국을 떠나 있다가 그리운 조국에 돌아가는데 공개적으로 돌아갈 것인가, 아니면 가만히 남모르게 돌아가는 것이 좋은가를 알아보기 위해서지요. 이렇게 그분은 무사히 돌아오셨고, 이제 곧 가까이에 나타나실 것입니다. 이 보다 더 오래도록 친척들과 조국 땅에서 멀리 떨어져 있지는 않을 것입니다. 아무튼 이것만은 맹세하고 말씀드립니다. 그러면 이제 먼저 제우스 신이여, 살펴 주십시오. 신들 중에서도 가장 높고 거룩하신, 그리고 그 자리에서 내가 지금 보호를 받고 있는 고결한 오디세우스 님의 궁전 부엌칸을 지키는 가신(家神)께서도. 오늘 이야기한 것은 반드시 이루어질 것입니다. 제가 말한 대로 올해 안으로 오디세우스 님이 여기에 오실 겁니다. 그것도 이 달이 넘기 전에, 새 달이 들어서기 전에."

이렇게 말하자 현명한 페넬로페가 말했다.

"손님, 정말 그 이야기가 이루어진다면 얼마나 기쁘겠어요. 그렇게 된다면 손님은 내게서 마음의 친절과 많은 선물을 받을 수 있을 거예요. 그 누구든 당신을 만나는 사람마다 당신을 축복할 만큼 말이에요. 그러나 사실 이렇게 되는 게 틀림없지 않을까 마음속으로 생각되는군요. 오디세우스 님은 돌아오시지 않을 것이고 또 당신에게도 보답을 못해 드릴 것이라고 말이에요. 전에는 오디세우스 님이 손님들에게 해주셨는데, 이제는 집안에 누구도 지시할 사람이 없으니까요. 정말 전과 같았더라면, 그때는 귀한 손님들을 전송하고 대접하는 일은 그분이 도맡아 하셨어요. 시녀들을 시켜 손님들의 목욕물을 준비해 주고 잠자리를 마련해 주고, 침대나 요나 빛이 고운 두툼한 이불을 마련해 드리는 등 따뜻이 대접해 황금 의자에 앉아 계시는 새벽의 여신을 기다리도록 말이에요. 그리하여 아침이 되면 일찍부터 목욕을 하고 올리브 기름을 바르고 성 안 텔레마코스 옆에서 의자에 앉아 큰 홀에서 식사를 하도록 했어요. 저 구혼자 무리 가운데 손님의 마음을 괴롭히는 심술궂은 이가 있다면 그 사람은 더 커다란 봉변을 당할 거예요. 그 사람이 아무리 화가 났다 하더라도 여기서는 아무 일도 못할 테니까요. 그런데 당신은 목욕도 못하고 변변한 옷도 못 입고 홀에서 식사를 했는데도 어떻게 내가 그런 여자임을 아십니까? 아까 말씀한 대로 다른 여자보다 마음씨가 곱고 현명하며 생각이 깊다고 말입니다. 과연 인간이란 본디 생명이 짧아서, 만일 어떤 사람이 인색하고 그 마음도 심술궂다면 그 사람이 살아 있는 동안 모든 사람은 뒤에서라도 괴로움을 그 사람에 끼칠 것이고, 또 죽어서도 모든 사람에게서 비난받을 거예요. 그러나 고결하고 마음도 깨끗하고 좋은 사람이라면 그에게 손님으로 대접받은 사람들이 그 평판을 널리 세상에 전할 것이며 그 덕망을 많은 사람들이 찬양할 거예요."

이에 지혜롭고 꾀가 뛰어난 오디세우스는 말했다.

"아, 거룩하고 현명한 라에르테스의 아드님인 오디세우스 님의 부인이시여, 크레타 섬의 눈 쌓인 산들을 뒤에 두고 긴 노를 저어 배를 타고 떠난 뒤부터 요와 빛이 고운 이불은 싫어졌습니다. 다만 전처럼, 밤마다 자지 않고 지냈을 때와 마찬가지로 쉬고 싶을 뿐입니다. 더욱이 많은 밤을 더러운 잠자리에서 자며 아름다운 의자에 앉는 빛나는 새벽의 여신을 기다리면서 살아 왔으니까요. 발을 씻을 물조차 바라지 않습니다. 그리고 당신 궁전에서 시녀로 일하고 있는 분들이라면 내 발에 손이 닿는 것조차 거절하겠습니다. 단지 나처럼 많은 고생을 해서 마음이 다져지고, 오래 전부터 있는 정성스러운 마음의 할머니가 계시다면, 그분은 내 발을 만지더라도 감히 거절하지 않겠습니다."

그러자 현명한 페넬로페가 말했다.

"다정스러운 손님, 이제껏 당신처럼 지혜로운 분이, 먼 곳에서 우리 집에 오신 손님 중에는 한 분도 없었어요. 그만큼 당신은 생각이 깊고 무엇이든 잘 아시고 이야기하십니다. 마침 여기에 나이 들고 분별심이 뚜렷한 노인이 있답니다. 운명이 사납고 복이 없는 내 남편을 잘 키워 주었고, 자기 손으로 돌보아 준 여자입니다. 그분이 태어나셨을 때부터 말입니다. 저 시녀는 이제 일할 나이가 지났지만 당신 발을 씻도록 하겠어요. 자, 그러면 사리가 밝은 에우리클레이아여, 일어나서 너의 주인님과 같은 또래이신 이분을 씻겨 드리게. 아마 오디세우스 님도 이제는 이와 같은 발, 이와 같은 손을 하고 있을지 몰라. 불행에 떨어져 있으면 인간은 아주 잠깐 동안에도 늙어 버리는 것이니까."

이렇게 그녀가 말하자 나이 먹은 그 하녀는 얼굴을 두 손으로 가리고 뜨거운 눈물을 뚝뚝 떨어뜨리면서 목멘 소리로 말했다.

"아, 가엾게도, 당신을 위해서라면 내가 못할 일이 어디 있겠습니까? 당신은 신을 공경하는 마음을 가지고 있는데도 제우스 님은 인간 중에서 당신을 특별히 미워하시는 것 같군요. 이 세상 사람 중에서 당신만큼 천둥을 울리는 제우스 신께 살찐 양의 허벅다리를 구워서 바친 이는 없었어요. 또한 당신만큼 신에게 기도를 드려서 고르고 고른 백 마리의 소를 제물로 여전히 바치는 사람은 없습니다. 여유 있는 늘그막에 들어서서 아들을 훌륭하게 키우기까지. 그런데 이제는 신들께서 당신에게만 고향에 돌아갈 기회를 빼앗아 버렸습니다. 아마 내 주인님도 어느 훌륭한 저택에 들어갔을 경우에는 먼 나라의 낯선 여자들이 놀려 대고 욕을 퍼부었을 거예요. 마치 손님인 당신을 보고 여기 있는 하녀들이 우루루 몰려서 조롱하고 악다구니를 퍼부은 것처럼 말입니다. 그 여자들의 희롱과 심한 모욕을 피하려고 당신은 발 씻기를 거절하지만 나는 절대로 싫다고 하지 않으렵니다. 그러면 당신의 발을 씻어 드리지요. 이카리오스의 딸이며 현명한 페넬로페 님이 내게 시키신 일이니까요. 페넬로페 님을 위해서, 또한 당신을 위해서. 당신의 불행 때문에 내 가슴이 뒤집힐 것만 같으니까요. 이제 내가 말하는 것을 잘 들어주세요. 정말 가엾은 다른 나라 사람들이 꽤 많이 이 땅에 찾아오시지만, 그 몸매든 목소리든 발걸음이든 당신처럼 오디세우스 님을 꼭 닮은 분은 여태껏 한 번도 본 적이 없답니다."

그러자 지혜롭고 꾀가 뛰어난 오디세우스가 말했다.

"예, 할머니. 우리 둘을 본 사람들은, 지금 당신이 그랬듯이 서로 너무나 닮았다고 늘 말한답니다."

그러자 늙은 시녀는 번지르르 윤이 나는 큰 대야를 가져와서 먼저 찬물을 그 속에 붓고 다음 뜨거운 물을 부은 뒤, 오디세우스의 두 발을 깨끗이 씻어 주었다. 그러자 오디세우스는 화로 가까이에 등을 돌리고 고쳐 앉더니, 곧 어두컴컴한 쪽으로 얼굴을 돌렸다. 왜냐하면 갑자기 마음속에 어떤 생각이 떠올랐기 때문이었다. 시녀가 그의 발을 잡았을 때 흉터를 알아보고 모든 일이 밝혀지지 않을까 염려했기 때문이었다. 한편 늙은 시녀는 자기 주인의 곁에 가서 발을 씻기 시작했는데, 곧 그 상처를 알아봤다. 그것은 일찍이 외조부 되는 아우톨뤼코스와 그의 아들들과 함께 파르나소스에 갔을 때, 멧돼지 송곳니에 찔린 상처였다. 아우톨뤼코스는 오디세우스 어머니의 친아버지로서, 세상 사람들 중에서도 훔치는 솜씨와 거짓말로 뛰어난 인간이었다. 그것은 헤르메스 신께서 그에게 베풀어 준 재간이었다. 신의 마음에 들 만한 어린 염소와 산양의 허벅다리를 구워서 그가 제물로 바쳤던 덕택이다. 그래서 신은 후하게 마음을 써서 그를 돌보아 주신 것이다.

그러자 아우톨뤼코스가 이타카의 기름진 땅에 와서 자기 딸이 새로 낳아 놓은 어린아기를 만나 보았다. 만찬이 끝난 뒤 에우리클레이아는 사랑스러운 그 갓난아이를 그 할아버지의 무릎에 올려놓고 말했다.

"아우톨뤼코스 님, 그러면 당신이 직접 이 갓난아이에게 이름을 붙여 주십시오. 무척 기다리던 아이였으니까, 당신의 귀여운 따님이 낳은 아이에게 무엇이라고 이름 붙여 주십시오."

이에 아우톨뤼코스가 대답했다.

"내 사위와 딸아, 이제 내가 부르는 이름이 어떤 이름이든 이 아이에게 붙여 주기 바란다. 여태껏 나는 많은 것을 기르는 대자연의 넓고 큰 땅 위에 있는 남녀들과 모든 사람에게 미움을 받는 자로 오늘까지 살아 왔기 때문에, 오디세우스(증오를 받는 자)라는 이름을 이 아이에게 붙이는 것이 좋겠다. 그런데 이 아이가 자라서 어른이 되어 어머니의 고향인 큰 외갓집을 찾아 파르나소스에 온다면, 거기에 있는 내 재산을 그에게 나누어 주어서 그를 기쁘게 해 주고 돌려보낼 것이다."

이리하여 훌륭한 선물을 나누어 준다는 언약으로 오디세우스는 그곳으로 갔다. 그러자 아우톨뤼코스와 그의 아들들은 그의 손을 잡고 따뜻한 정이 어린 인사로 그를 환영했다. 어머니의 친어머니인 암피테아는 오디세우스를 얼싸안고 머리와 아름다운 두 눈에 키스를 했다. 또한 아우톨뤼코스는 명예로운 아들들을 불러서 식사 준비를 시켰다. 그래서 그들은 아버지의 명령에 따라 다섯 살이 되는 암소를 끌고 왔다. 그리고 껍질을 벗기고 요리 준비를 해서 소를 골고루 잘라 내어 솜씨 좋게 썰어 꼬치에 꽂고, 잘 구워서 저마다 먹을 몫을 나누었다. 이렇게 해서 그날은 온 하루해가 질 때까지 향연으로 보내고, 골고루 나누어 준 음식으로 마음껏 배를 채웠다. 이윽고 서산에 해가 지고 어둠이 찾아오자, 사람들은 모두 잠자리에 들어 잠의 선물을 맛보았다.

일찍 태어나 장밋빛 손가락을 한 새벽의 여신이 나타나자, 사냥개와 아우톨뤼코스의 아들들은 사냥하러 떠났으며, 거룩한 오디세우스도 따라갔다. 파르나소스 일대의 숲으로 둘러싸인 험준한 구릉지로 나아갔다. 얼마 뒤 바람이 몰아치는 산중턱에 이르렀다. 그때는 조용히 흐르는 오케아노스에서 태양도 방금 솟아올라 막 논밭을 비치기 시작할 무렵이었으며, 사냥꾼들은 얕은 계곡에 도착했다. 그러자 사람들보다 먼저 개들이 짐승이 지나간 발자국을 찾아서 뛰어갔으며, 그 뒤로 아우톨뤼코스의 아들들이 쫓아갔고, 그들에 섞여 거룩한 오디세우스도 사냥개를 바짝 따라서 긴 그림자를 드리운 창을 흔들면서 나아갔다. 그 장소에, 바로 나무가 빽빽이 들어선 그늘 아래 큰 멧돼지의 잠자리가 있었는데, 그곳에는 습기를 몰고 오는 여러 바람도 힘을 미치지 못하고, 빛나는 태양 빛도 들어오지 못하며, 비도 새어들지 못하는 장소였다. 그만큼 굵은 나무들이 꽉 들어찼으며 쌓이고 쌓인 나뭇잎이 수북했다. 사람과 개들의 발자국 소리와 주위를 둘러싸고 몰이를 하며 가까이 다가오는 소리를 듣자, 그 멧돼지는 숲 속에서 나타나 등줄기의 털을 곤두세우고, 눈에는 불을 켜고 사냥꾼들 바로 앞으로 달려들었다. 그때 가장 먼저 오디세우스가 앞장서서 다부진 손에 긴 창을 들고 멧돼지를 단번에 찔러 죽이려고 뛰어나갔다. 그런데 멧돼지가 앞질러서 비스듬히 뛰어와 그의 무릎에 부딪치면서 송곳니를 살 속에 찔러 넣었다. 하지만 뼈까지는 닿지 않았다. 동시에 오디세우스도 멧돼지의 오른쪽 어깨를 찌르자, 번쩍이는 날카로운 창 끝이 쿡 박혔다. 순간 신음소리와 함께 큰 멧돼지는 땅바닥에 쓰러지면서 죽어 버렸다. 그 멧돼지는 아우톨뤼코스의 아들들이 잘 처치하고, 또한 신과도 같은 영예스러운 오디세우스의 상처를 붕대로 잘 감아 치료를 해서 검붉은 피가 흐르는 것을 멎게 한 뒤, 사랑하는 아버지의 저택으로 돌아갔다.

말할 것도 없이 아우톨뤼코스와 그의 아들들은 오디세우스에게 충분한 치료를 해 주고 온갖 훌륭한 선물을 준 다음, 모두 기뻐하면서 그리운 이타카 섬으로 보내 주었다. 돌아온 아들을 보고 어머니와 아버지는 반가워하면서 다친 일, 그리고 어떻게 봉변을 당했는가를 자세히 물었다. 그래서 그는 부모님에게 그가 사냥을 가서 아우톨뤼코스의 아들들과 파르나소스에 이르렀을 때, 멧돼지가 흰 송곳니로 자기를 찔렀던 사실을 자세히 이야기했다.

지금 늙은 유모가 두 손으로 다리를 잡고 위에서 아래로 문질러 내려오다가 그 흉터를 확인하더니 그의 발을 떨어뜨리고 말았다. 그러자 그의 다리는 큰 대야 속에 떨어지고, 청동 대야가 소리를 내면서 한쪽으로 기울어지고 땅바닥에는 물이 엎질러졌다. 기쁨과 고통이 그녀의 마음을 사로잡아서 두 눈에는 눈물이 가득 고였고, 치미는 감동으로 목이 막혀 소리도 멎고 말았다. 그래서 오디세우스를 보고 그의 턱에 손을 대면서 말했다.

"정말 오디세우스 님이군요. 그리운 분. 그런데 저는 다리를 만져 보기 전에는 주인님인 줄 몰랐답니다."

이렇게 말하고 두 눈으로 페넬로페 쪽을 바라보고, 그토록 사랑하고 그리워하는 남편이 성 안에 계시다는 사실을 알려 드리려고 했다. 그런데 페넬로페는 유모 쪽을 바라보지도 않았고 눈치채지도 못했다. 아테나 여신이 그녀의 마음을 다른 곳으로 유인했기 때문이었다. 한편 오디세우스는 손을 뻗어서 오른손으로는 유모의 목을 잡고 왼손으로 유모를 자기한테 끌어당겨 말했다.

"유모, 왜 나를 파멸시키려고 하는 거요. 나를 유모의 젖으로 키워 주지 않았나. 나는 온갖 고초를 겪은 끝에 20년 만에 겨우 고향에 돌아온 거야. 그러니 그대가 알아차렸다고 하더라도, 또 신께서 그대에게 내 귀국을 알게 해 주셨다고 하더라도 잠자코 있어야 하네. 성 안에 있는 다른 사람들이 눈치채지 못하도록 말일세. 만일 신께서 내 손으로 교만한 구혼자들을 처치하도록 해주신다면, 내 성에 있는 다른 시녀들을 죽일 때, 그대가 유모라고 해서 용서해 주지는 않을 거야. 내가 지금 말하듯 이 일은 확실히 이루어질 테니 말해 두는 걸세."

이에 눈치 빠른 에우리클레이아가 말했다.

"주인님, 정말 무슨 말씀을 그렇게 하십니까? 제가 얼마나 무겁고 끈기가 있다는 것을 잘 아시면서 그러십니까? 마치 굳은 돌멩이나 무쇠인 것처럼 참고 견디겠습니다. 그런데 한 가지 알려드릴 말씀이 있는데, 마음에 잘 새겨 두시기 바랍니다. 만일 신께서 당신 손으로 교만한 구혼자를 처치하도록 해주신다면, 그때 성 안에 있는 시녀들을 모두 가르쳐 드리지요. 어느 계집이 무례한 짓을 했는지, 또 누가 죄를 지었는지 말이에요."

이에 지혜롭고 꾀가 뛰어난 오디세우스가 말했다.

"유모, 그런 계집들에 대해서 무슨 말을 한다고 그러나. 조금도 그럴 필요가 없어. 그건 내가 충분히 조사한 뒤 그 하녀들을 구별해 낼 수 있을 거야. 그러니 그동안 침묵을 지키고 해결은 신들께 맡겨 두는 것이 좋아."

이렇게 말하자 유모는 발 씻을 물을 떠 오려고 방을 나가 버렸다. 대야의 물을 모두 엎질러 버렸기 때문이다. 발을 다 씻은 다음 올리브 기름을 바르자, 오디세우스는 다시 한 번 화로 가까이에 의자를 끌고 가서, 상처의 흉터를 누더기 속에 감추고 발을 말리기 시작했다.

그러자 먼저 현명한 페넬로페가 입을 열어 말했다.

"손님, 제가 조금 더 물어볼 게 있어요. 얼마 뒤에는 편안한 잠자리에 들어갈 시간이 될 테니까요. 어떤 사람이든, 예를 들어 마음에 괴로움을 가진 사람이라도 달콤한 잠에 사로잡힐 시간입니다만, 내게는 헤아릴 수 없는 슬픔과 한탄을 신께서 내리셨으므로, 낮 동안은 탄식하기도 하고 울기도 합니다. 그래도 내 일손에 마음을 쏟든가 또는 집 하녀들이 일하는 것을 보면서 마음을 달랩니다. 하지만 일단 밤이 되어 모든 사람이 잠들게 되면, 나는 잠자리에 누워 끝도 없는 심한 번민에 가슴을 태우면서 탄식과 슬픔에 지친 몸을 더욱 채찍질하는 거예요. 저 판다레오스의 딸 연노랑빛 나이팅게일이 봄 기운이 갓 들었을 무렵에 얼마나 고운 소리로 울부짖는지, 또한 우거진 나뭇잎에 앉아 몇 번이고 목청을 바꾸어 사방에 울리는 목소리로 사랑하는 아들 이튀로스의 일을 탄식하며 울어 대는지 당신은 아십니까? 옛날에 그 아들은 제토스 님의 자식이었는데, 자신의 실수로 죽었답니다. 그와 마찬가지로 내 가슴도 이리저리 두 갈래 길로 나뉘어 번민하고 있어요. 내 아들 옆에 남아서 굳게 모든 것을 지켜 나갈까, 내 재산과 하인들과 지붕이 높이 솟은 큰 성을 모두 지키면서 남편을 위해 수절하고 온 백성의 평판을 소중히 간직하며 말이에요. 아니면 아카이아 사람 중에서 가장 뛰어난 분, 이 궁전에 와서 청혼을 하는 분 중에서도 가장 많은 결혼 혼수품을 보내오는 분을 따라갈까 하고요. 아들이 아직 철도 모르는 어린아이였을 때에는 남편 집을 남겨두고 다시 결혼할 수는 없었어요. 그러나 이제는 아들도 커서 어른이 다 되었으니, 나한테 집을 떠나 친정아버지께 돌아가라고 합니다. 재산 때문에 마음이 초조해서 말입니다. 아카이아족의 구혼자들이 그것을 축내고 있으니까요. 그건 그렇고, 내가 꾼 꿈 이야기를 들어 보고 꿈풀이를 해 주세요. 우리 집에서 거위가 스무 마리 물 속에서 나와 밀을 먹고 있었어요. 그것을 바라보면서 나는 마음을 위로하고 있었지요. 그러자 산 쪽에서 갈고리 같은 부리를 가진 큰 솔개가 날아와서 거위들의 목을 쪼아서 모두 죽여버렸어요. 거위들은 집안 한군데에 죽어서 넘어졌고, 솔개는 하늘 높이 날아올라 갔어요. 꿈속에서 나는 흐느껴 울고 있었는데, 거위를 죽였다고 슬피 울고 있는 내 옆에 곱게 머리를 땋아 올린 아카이아족 여자들이 모여들었지요. 그런데 그 솔개가 다시 날아와서 대들보가 솟아 나온 지붕 끝에 앉아 사람의 음성으로 내가 우는 것을 달래면서 말했어요.

'걱정하지 말아라, 먼 나라까지 평판이 자자한 이카리오스의 딸아, 이건 꿈이 아니라 현실로 나타날 좋은 징조이니라. 이것은 반드시 나타날 것이다. 거위는 구혼자를 가리킴이고 나는 본디 솔개였으나 지금은 너의 남편이 되어서 돌아온 것이다. 그리하여 모든 구혼자들에게 비참한 죽음의 운명을 줄 것이다.'

이렇게 말해 주기에 나는 꿀같이 단 잠에서 깨어났답니다. 그래서 여기저기 살펴보니 궁전 안에 거위 떼들이 보였어요. 전과 다름없이 물통 가까이에서 밀을 쪼아 먹고 있었지요."

그러자 지혜로운 오디세우스가 말했다.

"왕비님, 다른 방법으로는 그 꿈을 풀 수가 없소이다. 어떻게 풀이해야 하는지 오디세우스 님이 가르쳐 주셨습니다. 구혼자들은 한 사람도 남김없이 파멸될 것이 틀림없습니다. 누구 한 사람도 죽음의 운명에서 벗어나지 못합니다."

이에 현명한 페넬로페가 말했다.

"손님, 본디 꿈이라는 것은 알 수 없으며 정해진 이치도 없고, 또 그 풀이대로 이루어지는 것도 아닙니다. 허무한 꿈에는 두 개의 문이 있다고 하더군요. 문 하나는 뿔로 되어 있고 다른 하나는 상아로 되어 있답니다. 꿈 중에서도 잘라 놓은 상아 문에서 나오는 꿈은 사람을 속여 그대로 되지도 않습니다만, 반들하게 닦은 뿔의 문을 통해 밖으로 나온 꿈을 누군가 꾼다면 사실 그대로 된다고 합니다. 내가 본 무서운 꿈은 그 뿔의 문을 통해 나온 게 아닌가 생각해요. 정말 그렇다면 나나 아들에게도 경사스러운 일이겠지요. 그리고 또 하나 이야기할 것이 있는데, 그 말을 가슴에 잘 새겨 두세요. 이제부터 밝아 오는 새벽은 불길한 것입니다. 그 까닭은 오디세우스의 성에서 나를 떠나보내게 되니까요. 그러기에 나는 경기의 과녁에 쌍날을 한 도끼를 놓겠어요. 그 도끼는 내 남편이, 배의 용골을 버텨 주는 받침대처럼 이 집 속에 여러 개 줄줄이 놓아두었던 것인데, 모두 열두 개가 있습니다. 그분은 꽤 멀리 선 채 활을 쏘아 그 도끼 구멍의 과녁을 맞히었지요. 그래서 이번에는 구혼자들에게 솜씨 자랑의 내기를 시키려고 해요. 그러니 누구든 활을 쏘아 열 두 개의 도끼 구멍의 과녁을 꿰뚫는 분을 따라서 나는 남편 집을 떠날 것입니다. 아주 값진 재물로 가득 차 있는 이 집을 나는 꿈에서나 다시 보게 되겠지요.”

이에 오디세우스가 말했다.

“거룩하고 현명한 라에르테스의 아드님인 오디세우스 님의 왕비님, 무슨 일이 있든 이 성 안에서 경기를 늦추지 말도록 부탁합니다. 그 까닭은 구혼자들이 이 잘 닦아 놓은 활을 손에 쥐고 도끼 자루의 쇠 구멍에 화살을 꿰뚫기 전에 오디세우스 님이 이곳에 오시기 때문입니다.”

그러자 현명한 페넬로페가 말했다.

“손님, 당신이 이 방에서 내 곁에 앉아 계속 이야기를 해 주신다면 절대로 내게 졸음이 오지 않을 거예요. 그러나 누구든 영원히 잠을 자지 않을 수는 없겠지요. 다른 것과 마찬가지로 잠도 우리 생활의 일부분이니까요. 그래서 저는 이만 2층 내 침대로 가겠어요. 이름조차도 입에 올리고 싶지 않은 저주스러운 도시로 오디세우스 님이 떠나신 뒤, 영원히 비탄과 눈물에 잠긴 그 침대로. 당신도 편히 주무시도록 하세요.”

그리고 나서 페넬로페는 시녀를 데리고 아름다운 자기 방으로 올라갔다. 페넬로페는 2층 침실로 올라가자마자 무너지듯 침대 위에 쓰러져 사랑하는 남편 오디세우스를 그리며 비탄의 눈물을 흘렸다. 아테나 여신이 그녀의 눈꺼풀에 잠을 쏟아넣어 줄 때까지.

제20권
구혼자들을 물리치는 일들

　오디세우스는 잠자리에 들었지만 이 생각 저 생각으로 좀처럼 잠들지 못한다. 거기에 아테나 여신이 내려와, 그를 격려하고 그 눈꺼풀에 잠을 내린다. 페넬로페도 슬픔 때문에 잠을 못 이룬 채 아르테미스 여신에게 기도 드린다. 아침이 되자 텔레마코스는 창을 들고 마을로 떠난다. 에우리클레이아는 시녀들을 불러 홀을 청소한다. 돼지치기 에우마이오스도 요리에 쓰려고 돼지 세 마리를 끌고 온다. 소치기 피로이티오스도 소 한 마리를 몰고 와서, 함께 옛 주인의 회고담에 잠긴다. 구혼자들이 홀에 모여들어 못된 계획을 모의하던 중, 왼쪽에서 나쁜 징조를 뜻하는 독수리가 날아온다. 그들은 무거운 기분으로 홀에 들어서는데, 거기서 오디세우스를 보고 다시 조롱하기 시작, 쇠다리를 던지기도 한다. 그 광경을 본 예언자 데오클뤼메노스는 불길한 조짐을 느끼고 조심하라고 충고하지만, 구혼자들은 아랑곳하지 않고 오히려 그를 모욕한다.

　한편 존엄한 오디세우스는 문간방에서 잠자리에 들었다. 맨 먼저 아직 무두질하지 않은 쇠가죽을 밑에 깐 다음, 그 위에 양털을 가득히 깔았는데, 그 양털은 아카이아족 사람들(구혼자)이 언제나처럼 잡아먹은 양의 털이었다. 거기에 드러누운 오디세우스에게 에우리클레이아가 망토를 걸쳐 주었다. 오디세우스는 구혼자들에게 어떻게 하면 복수를 할 것인가 이런저런 생각으로 좀처럼 잠들지 못했다. 시녀들은 방 밖으로 나가 버렸는데, 그녀들은 전부터 구혼자들과 동침하고 있었기에, 서로 깔깔대며 웃고 재미있다는 듯이 지껄이곤 했다. 그 꼴을 보는 오디세우스는 노여움에 가슴이 지글지글 들끓어 이것저것 궁리에 잠겼다. 등 뒤로 덤벼들어 한 놈 한 놈 죽여줄까, 또는 우쭐대는 구혼자들과 여자들의 내통을, 이번을 끝으로 못 본 체할까. 이런 생각으로 그의 가슴은 개처럼 으르렁거렸다. 마치 어미개가 연약한 새끼들을 데리고 있는 곳에 낯선 사람이 오면 강아지를 둘러싸고 싸우려는 자세를 보이듯, 꼭 그처럼 그의 마음도 괘씸한 생각에 으르렁댔다. 그는 가슴을 치며 자기 심장을 꾸짖어 말했다.

"참아라, 참아야 한다, 심장이여. 이보다 더 심하고 무도한 짓도 너는 잘 참았지 않느냐. 저 살기등등하던 키클롭스가 내 동지들을 잡아먹던 그때에 말이다. 너는 머리를 써서 동굴에서 빠져나올 때까지 참고 견뎠다."

이렇게 말하며 가슴속 사랑스러운 심장을 나무라자, 심장도 곧 얌전해지면서 참고 견디게 되었다. 그러나 자신은 이리저리 몸을 뒤척였다. 마치 사람이 비곗살과 선지가 가득 찬 순대를 활활 타오르는 불길 위에서 이리저리 움직여 구울 때처럼, 조금이라도 빨리 구워 내려고 서두르듯, 그렇게 그는 몸을 뒤척이면서 어떻게 하면 몰염치한 구혼자들을 처치할 수 있을까 온갖 궁리를 다했다. 이쪽은 한 사람, 저쪽은 여럿이니 말이다. 그러자 그의 바로 옆에 아테나 여신이 하늘에서 내려와 섰다. 그 모습은 마치 인간 여인 같았다. 여신은 그의 머리맡에 서서 말했다.

"왜 아직도 눈을 뜨고 있지요? 인간들 중에서도 당신은 특별히 불행한 인간이군요. 여기가 당신의 집이고, 이 집에 당신의 아내가 있고 아들도 있지 않아요? 더구나 사람으로서 바랄 수 있는 가장 훌륭한 아들이란 말이에요."

그러자 꾀많은 오디세우스가 대답했다.

"예, 참으로 그렇습니다. 여신이여, 그런 일에 대해서는 정말 당신께서 말씀하신 것이 꼭 들어맞습니다. 그러나 딱 한 가지, 제가 가슴속에서 이리저리 궁리하는 걱정거리가 있으니, 어떻게 하면 저 몰염치한 구혼자들을 내 손으로 해치울 수 있느냐는 것입니다. 게다가 이쪽은 나 혼자입니다. 그들은 늘 한 곳에 모여 집 안에 머뭅니다. 나는 더 중요한 일을 마음속으로 고민하고 있습니다. 내가 제우스 신이나 당신의 덕택으로 그들을 죽여버린다해도 그 죗값은 어떻게 피할 수 있을까요. 그것을 걱정해 주십시오."

그러자 빛나는 눈빛의 여신 아테나가 말했다.

"당신을 기쁘게 하기란 참으로 힘든 일이군요. 많은 인간들은 훨씬 힘이 없는 동지라도 믿어 주는데, 지혜가 나에게 미치지 못하는 인간도 믿어 볼 때가 있는데 말이에요. 이제까지의 모든 모험에서 그대를 지켜 준 나는 여신이란 말이오. 그러나 당신에게 분명히 이야기해 두겠어요. 예를 들어 50명이나 되는 포악한 무리들이 우리 둘을 죽이려 둘러싼다 하더라도, 당신은 그 무리의 소 떼나 훌륭한 양 떼들을 그들 코앞에서 빼앗아 올 수 있을 것이오. 그러니 이제부터 자는 게 좋아요. 잠도 안 자고 눈을 뜨고 있는 것은 곤란한 일이지요. 얼마 안 가서 당신은 모든 화근에서 벗어날 것이오."

이렇게 말하며 오디세우스의 눈에 잠을 불러오고는 여신 중에서도 거룩한 그분은 다시 올림포스로 돌아갔다. 그러자 온몸을 나른하게 하는 잠이 그를 사로잡고 온갖 번민에서 풀어주었을 무렵, 마음씨 착한 그의 아내는 도리어 잠에서 깨어나 부드러운 침상에 앉아서 남몰래 눈물을 흘렸다. 실컷 울고 마음이 후련해지자, 먼저 아르테미스 여신에게 여인 중에서도 존귀한 그녀는 기도를 드렸다.

"제우스 신의 따님이신 아르테미스 여신이여, 제발 한시라도 빨리 제 가슴에 화살을 쏘아 목숨을 앗아 가세요. 아니면 폭풍이 저를 채어서 어둑한 길로 날라가 소용돌이치는 오케아노스 강 어귀에 던져 넣게 해 주세요. 마치 판다레오스의 딸들을 태풍이 하늘 높이 데려갔듯이. 신께서 그녀들의 어버이를 죽였지만, 거룩한 아프로디테가 집안에 고아로 남게 된 그녀들을 도와서, 치즈와 달콤한 꿀과 맛좋은 포도주로 키워 주셨습니다. 그리고 헤라 여신은 그녀들에게 모든 여인보다 뛰어난 미모와 지혜를 주셨고, 고결하며 존귀로운 아르테미스 여신은 날씬한 키를 주셨고, 아테나 여신은 훌륭한 손재주를 키우는 방법을 가르쳐 주셨습니다. 신들께서는 죽음의 숙명을 지닌 인간의 행복이나 불행을 모두 알고 계시므로, 거룩한 아프로디테가 올림포스의 높은 산에 올라가자, 그녀들에게 화려한 혼례를 잘 치러 주려는 뜻에서 천둥을 울리시는 제우스 님 앞으로 갔습니다. 그러나 그 사이 그녀들을 태풍이 휘몰았고, 저주스러운 복수의 여신들 아래서 시녀로 종살이하도록 만들어 버렸어요. 이와 같이 올림포스 궁전을 지키는 신들께서 저를 만들어 주시기 바라며, 아니면 곱게 머리를 땋아 올린 아르테미스 님이 활로 쏘아 죽여주십시오. 그리하여 오디세우스 님과 저주스러운 땅 밑에서 만나도록 해 주십시오. 보잘것없는 사나이의 마음을 제가 위로해 주는 일이 없도록 해 주십시오. 낮 동안에는 가슴 태우며 하염없이 한탄하며 울더라도, 밤이 되어 잠의 노예가 된다는 것은 정말 싫어요. 잠은 좋은 일이든 나쁜 일이든 모든 일을 잊게 하지요. 눈두덩에 찾아와서 말이에요. 그러나 신께서는 저에게 안타까운 꿈을 꾸게 해 준답니다. 오늘 밤에도 남편과 꼭 닮은 분을 보았어요. 그런데 그 모습이 남편이 원정 떠날 때와 똑같은 모습이었어요. 정말 꿈이라고는 생각지 못할 만큼 현실 똑같았으니, 제 가슴은 기쁨으로 뛰었어요."

얼마 뒤 밤은 지나고 황금 의자에 앉은 새벽이 찾아왔다. 거룩한 오디세우스는 아내의 울음소리를 듣고 마음이 어지러웠으며, 그녀가 자신을 남편인 줄 알아보고 그의 머리맡에 와서 서 있는 것만 같았다. 그래서 위에 걸치고 있었던 망토와 양털을 집어서 방 안 안락의자 위에 놓고, 쇠가죽은 방 밖으로 가지고 나가서 치워 버렸다. 그리고 두 손을 들고 제우스 신에게 기도했다.

"제우스 신이여, 신들께서 나를 땅과 바다 위로 이리저리 끌고 다니신 뒤에 내 고향에 돌아오게 하셨으니, 나한테는 마음껏 곤욕을 주셨습니다. 그러니 부디 지금 이 집 안에서 잠을 깬 사람 중 누구든 좋은 예언을 하게 해 주십시오. 그리고 집 밖에도 제우스 님의 특별한 조짐을 나타나게 해 주십시오."

이렇게 기도드리는 그의 말을 지혜와 꾀의 신 제우스가 듣고, 드높은 구름 사이로 번쩍이는 올림포스 산에서 천둥을 울려 주었다. 이에 거룩한 오디세우스는 기뻐했고, 집 안에서 방아를 찧는 여자가 바로 가까이에서 예언의 말을 했다. 그곳에는 백성의 어진 왕을 위해 절구가 놓여 있었고, 12명의 여자들이 열심히 사람들의 음식이 되는 보리와 밀을 가루로 만들고 있었다. 그런데 다른 여자들은 밀을 가루로 다 만들고 잠이 들었는데, 그 중에 가장 연약한 여자 하나만이 남아서 아직 방아를 찧고 있었다. 그 여자가 방아 찧던 일손을 멈추고 주인에게 예언이 되는 말을 했던 것이다.

"신들과 인간을 모두 지배하시는 제우스 신이여, 별이 총총 빛나는 하늘에서 당신은 참으로 큰 천둥을 울렸습니다. 그런데 구름은 어디에도 보이지 않습니다. 이것은 분명히 누군가에게 특별한 예언을 하시려는 것입니다. 그러시다면 가엾은 저에게도 한 마디만 하게 해 주십시오. 구혼자들이 오디세우스 님의 성에서 훌륭한 만찬을 드는 것도 오늘이 마지막이 되도록 부탁합니다. 그들은 나한테 밀가루를 빻도록 하여 목숨을 재촉하는 피로감으로 무릎도 쓰지 못하도록 만들어 놓았습니다. 그러니 지금 최후의 만찬을 마련하는 것이 어떻겠습니까?"

이렇게 말하자, 거룩한 오디세우스는 들려오는 예언소리와 제우스 신의 천둥 소리에 기뻐했다. 죄인들에게 보복을 할 수 있을 것만 같았기 때문이다.

그리고 아침이 되자 오디세우스의 훌륭한 성에 일하던 다른 시녀들이 몰려와서 지칠 줄 모르고 화덕에 활활 불을 지폈다. 한편 텔레마코스는 잠자리에서 일어나 신과도 같은 자태에 옷을 입고 어깨에는 날카로운 칼을 매었다. 또 아래쪽에는 건장한 다리에 짧은 가죽신을 신고, 예리한 청동 촉을 단 탄탄한 창을 손에 잡고 홀에 나왔다. 그리고 에우리클레이아에게 말했다.

"유모, 잠자리라든가 식사 등 손님 대접은 어떻게 했나. 어머님이 총명한 분이시지만 언제나 멋대로 내버려 두신단 말이야. 훌륭한 남자들도 제대로 대접하지 않고 보내 버리시는 일이 가끔 있어."

그러자 눈치 빠른 에우리클레이아가 대답했다.

"도련님, 제발 이번에는 잘못도 없는 어머님을 탓하지 마세요. 손님은 마시고 싶은 대로 편히 앉아서 포도주를 실컷 마셨어요. 손님이 빵을 들지 않겠다는 것을 어머님은 알고 계셨어요. 그리고 손님이 잠자리에 들려고 했을 때 어머님은 시녀들에게 잠자리를 갖추어 드리라고 분부하셨지요. 그런데 그분은 학대받은 불운한 사람처럼 잠자리에 요를 깔고 자기는 싫다고 하면서 손질도 안한 쇠가죽과 양털을 덮고 문간방에서 주무셨어요. 그래서 저희들이 망토를 위에 덮어 드렸답니다."

텔레마코스는 방을 가로질러 밖으로 나갔다. 창을 쥐고 날쌘 두 마리 사냥개를 거느리고 집회 장소로, 훌륭한 정강이받이를 한 아카이아 사람들이 모인 곳으로 갔다. 한편 페이세노르의 후예이며 오프스의 딸인 에우리클레이아, 여인 중에서도 거룩한 그녀는 시녀들에게 분부했다.

"자, 일을 시작해라. 한 무리는 물을 뿌리고 부지런히 방 안을 청소해라. 그리고 안락의자에 자줏빛 담요를 씌워라. 다른 한 무리는 해면으로 네 발 탁자를 말끔히 닦아 놓아라. 다음은 희석용 술동이와 두 귀 달린 술잔을 깨끗하게 씻어 두어라. 또 다른 무리는 샘터에 가서 빨리빨리 물을 길어오너라. 구혼자들은 그다지 오랜 시간 홀에서 나가 계시지는 않을 거야. 이제 곧 돌아오시겠지. 오늘은 너희들에게도 잔칫날이니까."

이렇게 말하자 시녀들은 우두머리 시녀의 명령을 잘 알아듣고 스무 사람이 한 무리가 되어 물이 철철 흐르는 샘터로 갔고, 또 한 무리는 저택에 남아서 솜씨 좋게 일했다.

그때 구혼자들의 부하인 교만한 종들이 들어왔다. 그들은 장작을 솜씨 좋게 패기 시작했고, 시녀들은 샘터에서 돌아왔다. 그들과 함께 돼지치기 에우마이오스도 돼지 중에서 골라 낸 살찐 수돼지 세 마리를 데리고 왔다. 그 돼지들을 아름다운 안마당에서 먹이를 찾아 먹게 한 다음, 그는 오디세우스에게 와서 상냥하게 말을 걸었다.

"손님, 어떻습니까? 구혼자 여러분들이 당신을 얼마나 융숭하게 대접해 주던가요. 아니면 전과 마찬가지로 이 저택에서 무례하게 천대하지는 않던가요."

이에 지혜로운 오디세우스가 대답했다.

"정말이지 에우마이오스 님, 신들께서 이런 못된 소행에 벌을 주셨으면 좋겠습니다. 이 무리들은 기고만장해서는 고약하게도 몹쓸 짓을 마구 한단 말이오. 더구나 남의 집에서 말이지요. 정말 체면이라고는 전혀 없단 말입니다."

이렇게 둘은 이야기를 주고받았다. 그러자 염소치기 멜란티오스가 염소들을 몰고 바로 그들 옆에까지 다가왔다. 이 염소들은 구혼자들 잔치에 쓰기 위해 특히 훌륭한 놈들로 몰고 온 것인데, 염소치기도 두 사람 따라왔다. 그리고 염소들을 소리도 높이 울려 퍼지는 주랑 밑에 매어 놓고, 멜란티오스는 오디세우스를 보고 또다시 욕설을 퍼부었다.

"이것 봐, 부랑자. 아직까지 이 저택에서 꾸물대며 나리님들께 귀찮게 매달려 구걸할 작정이냐. 그럴 생각에서 밖으로 못 나가는 거지. 누가 뭐라고 하던 이쯤 되면 우리 둘이서 서로의 주먹맛을 보지 않고 헤어질 수는 없지. 네놈의 동냥 방법은 정말 되어먹지 않았단 말이야. 다른 곳에도 아카이아 사람들의 적선은 얼마든지 있단 말이다."

이렇게 말했지만 지혜로운 오디세우스는 아무런 대꾸도 하지 않고 잠자코 머리만 저었을 뿐, 속으로 호된 맛을 보여 주리라고 벼렀다.

그때 세 번째로, 목동들의 우두머리 필로이티오스가 들어섰다. 새끼를 낳지 않은 암소 한 마리와 살찐 염소들을 구혼자들을 위해 몰고 왔다. 뱃사공들이 그 짐승들을 본토에서 바다를 건너 운반해 주었다. 이들은 그 고장을 찾아온 어떤 사람이라도 실어다 주는 습관이 있었다. 그래서 그는 짐승들을 주랑 밑에 매어 놓고 자기는 돼지치기 옆으로 다가와서 물었다.

"에우마이오스 님, 처음으로 우리 저택을 찾아온 이 손님은 어떤 사람이오? 어떤 신분을 가진 사람이라고 합디까. 그리고 어디서 태어났으며 고향은 어느 나라요. 참 불행한 사람이야, 정말이지 얼굴 생김새는 부랑자 나라의 영주 못지않게 보이는데 말이오. 신들께서는 유랑객들의 모습을 형편없이 못쓰게 만드신단 말이야. 비록 영주라 할지라도 그들 신상에 애처로운 운명을 부어 주실 때는 말이지."

그리고 오디세우스에게 따뜻하게 말을 걸었다.

"안녕하시오, 늙으신 손님. 앞으로는 행복해지십시오. 그런데 지금 처지로는 몹시 고생을 하신 모양이십니다그려. 참말이지 아버지 신이신 제우스 님, 많은 신들 중에서도 당신만큼 무정하신 분은 안 계십니다. 인간들에게 조금도 동정심이 없으시니까요. 당신이 몸소 인간을 만드셨고, 온갖 재난과 뼈아픈 고민을 늘 그들이 맛보고 있는데도요. 참으로 손님을 보고 나는 온몸에 식은땀이 흘렀다오. 오디세우스 님 생각이 나서 말이오. 그리고 눈물이 앞을 가렸지요. 그분도 이런 누더기를 걸치고 어디선가 헤매고 계실 테니 말이오. 제발 어딘가에서 살아서 햇빛을 보고 계신다면 좋겠는데. 만일 이미 돌아가셔서 저승으로 가셨다면, 얼마나 원통한 일인지 말이오. 거룩한 오디세우스 님을 생각하면 말이지. 내가 아직 어릴 적에, 그분은 소를 지키는 책임을 내게 맡겨 주셨다오. 케팔레니아 마을에서의 일이었소. 그 소들이 이제는 헤아릴 수도 없을 만큼 불어났거든. 이마가 널찍한 소들이 주인이야 어떻든 간에 이처럼 훌륭하게, 보리 이삭처럼 늘어나는 건 아마 세상에 또 없을 거요. 그런데 난데없는 놈들이 먹기 위해 끌어오라고 늘 내게 명령을 한다오. 그러면서 성에 계신 아드님을 전혀 어려워하는 기색도 없고 신들의 노여움에 대한 두려움조차 없단 말이오. 그리고 이제는 오래도록 돌아오시지 않는 주인님 재산마저 나눠 갖자고 계획하는 참이지요. 내 가슴속에는 여러 생각들이 들끓고 있다오. 참으로 나쁜 짓인 줄은 알지만 말이오. 아드님이 계시는데, 다른 나라 땅으로 소를 모두 몰고 가 버리는 일을 말이오. 하지만 이대로 주저앉아 남의 집 소를 지키면서 고생한다는 건 더욱 괴로운 일이 아니겠소. 정말이지 그래서 예전에 다른 유력한 영주를 의지 삼아 도망칠까도 했다오. 그만큼 참을 수 없는 일뿐이었으니 말이오. 하지만 나는 한층 저 불운한 분을 단념할 수가 없었지요. 혹시나 어디선가 돌아오셔서 구혼자들을 성에서 몰아내지나 않으실까 해서 말이오."

이를 듣고 지혜로운 오디세우스가 대답했다.

"소치는 분이여, 아무래도 당신은 나쁜 사람도 어리석은 사람도 아닌 것 같구려. 내가 보건대 분별이 당신의 머리를 차지했다는 걸 알 수 있습니다. 그런 까닭에 당신한테 말해 두겠소이다. 틀림없다는 맹세라도 하겠소. 이제 두고 보시구려. 신 중 첫째로는 제우스 신, 또 손님을 대접하는 네 발 탁자, 그리고 고결한 오디세우스의 부엌, 그런 곳을 의지해서 내가 지금 와 있는 것입니다. 틀림없이 당신이 여기 있는 동안 오디세우스는 집으로 돌아오실 것이오. 그리고 당신의 눈으로 보게 될 거요. 당신이 바란다면 지금 우쭐대고 설치는 구혼자들이 죽어 가는 모습을 말이오."

그 말에 소를 지키는 책임자가 말했다.

"정말이지 그 이야기를 크로노스의 아드님인 제우스 신께서 이루어 주신다면 얼마나 좋겠소. 그렇게만 된다면 아마 당신도 알게 될 거요. 내가 얼마만큼의 힘과 솜씨를 몸에 지녔는지를."

그와 똑같은 말로 에우마이오스도 모든 신에게 생각이 깊은 오디세우스가 집으로 돌아오게 해달라고 기도를 드렸다.

이렇게 그들은 말을 주고받았다. 한편 구혼자들은 텔레마코스를 죽일 계획을 세우려 했다. 그런데 그들을 향해 왼쪽에서 새가 날아왔다. 높이 나는 독수리였는데, 뒷발톱에 한 마리의 구구 우는 비둘기를 휘어잡고 있었다. 그래서 암피노모스가 모두를 보고 이야기했다.

"여보게 동지들, 아무래도 이 계획은 우리 생각대로는 안 될 것 같네. 텔레마코스를 죽이는 일 말이야. 그러니 식사에나 마음을 돌리기로 하세."

암피노모스가 이렇게 말하자, 모두 그 말에 찬성했다. 그리고 다시 존엄한 오디세우스의 성으로 몰려가서 윗저고리를 팔걸이의자에 걸어놓고, 큼직한 양과 살찐 염소들을 제물로 잡았고, 살찌운 수퇘지와 소 떼 속의 암소도 잇따라 잡았다. 내장을 구워 모두에게 돌리는가 하면, 한편에서는 포도주를 희석용 술동이에 따라서 물을 섞은 잔을 돼지치기가 돌리자, 일꾼들의 우두머리인 필로이티오스가 그들에게 돌아가며 아름다운 바구니에 담은 빵을 나누어 주었다. 술심부름은 멜란티오스가 맡았다. 마련해 내오는 요리마다 모두 쉴 새 없이 손을 가져갔다.

한편 텔레마코스는 지혜를 써서 오디세우스를 으리으리한 홀의 돌로 된 문턱 옆에 자리 잡게 했다. 초라한 걸상과 조그마한 상을 옆에 놓고. 거기다 모두에게 나누어 준 내장을 한 몫 갖다 놓고 황금 술잔에 포도주를 따르고 나서 그에게 말했다.

"그럼 잠시 여기 앉아서 사나이들과 함께 술이나 드시지요. 구혼자들이 모두 욕을 하거나 손찌검을 하는 날에는 내가 못하도록 할 테니까요. 이 집은 공용의 건물이 아니라 오디세우스의 성이에요. 나를 위해 그분이 마련하신 저택입니다. 그리고 구혼자 여러분들도 욕이나 손찌검은 삼가 주십시오. 말다툼이나 싸움이 벌어지지 않도록 말입니다."

이렇게 말하자 사람들은 모두 입술을 깨물면서, 텔레마코스가 이처럼 다부지게 용감한 말을 하는 데에 그만 기가 질려 그 무리들 중 에우페이테스의 아들 안티노스가 말했다.

"몹시 귀에 거슬리는 말버릇이지만, 아카이아족 여러분, 텔레마코스의 말을 받아들이기로 합시다. 우리한테 무척이나 아픈 소리를 해대긴 했지만, 그래도 크로노스의 아드님 제우스 신이 만류하신 것이니 말이오. 만일 그렇게 할 수 있었다면 벌써 옛날에 저놈을 이 성 안에서 입을 다물도록 했을 거요. 설령 제아무리 그가 목소리가 큰 수다쟁이라 해도 말이오."

안티노스는 이렇게 말했지만 그의 말을 전혀 탓하려 하지도 않았다. 한편 전령들은 온 거리로 신들께 바칠 거룩한 소 백 마리를 몰고 지나갔다. 그리고 머리를 길게 기른 아카이아 사람들은 멀리 화살을 날리시는 아폴론 신의 그림자가 깃드는 나무 숲에 모여들었다.

사람들은 살코기를 구워 내려놓자, 여러 몫으로 나누어 성대한 잔치를 계속했다. 그리고 오디세우스 앞에도 요리 시중을 드는 이들이 자기들과 똑같은 내장 한 몫을 놓아 주었다. 그건 존엄한 오디세우스의 사랑하는 아들 텔레마코스가 명령했기 때문이었다.

그러나 아테나 여신은 오만한 구혼자들이 마음을 괴롭히는 욕을 모두 삼가도록 하지 않았다. 그것은 라에르테스의 아들 오디세우스의 가슴에 더욱 깊이 괴로운 느낌이 들도록 하기 위해서였는데, 여기에 한 사람, 구혼자들 속에 무도하고 고약한 마음을 가진 이가 있었다. 그는 크테시포스라는 이름으로 쉬메 섬에 살았다. 그는 자기 아버지의 재산만 믿고, 집을 나간 채 오래도록 돌아오지 않는 오디세우스의 부인한테 구혼했다. 이때 그가 우쭐대는 구혼자들 속에 끼어서 말했다.

"똑똑히들 들어주게, 무척이나 용기 있는 구혼자 여러분. 내가 지금 하려는 말을. 참으로 저 손님은 이미, 으레 그래야 할 것이지만 우리하고 똑같은 몫을 받아 가졌어. 이 성을 의지하고 온 텔레마코스의 손님을 푸대접한다는 것은 좋지 못한 일이니까 말이야. 그래서 나도 그한테 선물이라도 할까 싶네. 그 자신이나 목욕탕지기나 또는 다른 하인이든 고맙게 받아 가지도록 말이야. 이 존엄한 오디세우스의 성에 있는 이라면 누구든지 말일세."

이렇게 말하고는 억센 손으로 소 다리를 집어 던졌다. 바구니에 놓여 있던 것을 집어 들어서. 그러나 오디세우스는 슬며시 고개를 옆으로 숙여 그것을 피했다. 그러고는 속으로 몹시 비아냥거리는 무서운 웃음을 웃었는데, 소 다리는 탄탄하게 만들어진 벽에 부딪쳤다. 그것을 본 텔레마코스는 크테시포스를 꾸짖어 말했다.

"크테시포스 님, 오히려 당신을 위해서 잘 된 일이군요. 손님한테 맞지 않았으니 목숨을 건진 셈이지요. 던진 물건을 손님이 제법 훌륭하게 피했거든요. 자칫했으면 당신 허리를 날카로운 창끝으로 찔렀을 게 아닐까요. 그랬다면 결혼식 대신에 여기서 당신 아버님은 장례식 준비를 했어야 할 겁니다. 그러니 누구든 이 성에서는 꼴사나운 행동은 삼가도록 해 주시오. 나만 하더라도 이젠 충분히 분별도 있고 무슨 일이든 잘 알고 있다오. 좋은 일이건 악한 일이건 말이오. 하기야 이제까지는 아직 어린아이였기에 그런대로 이런 일들을 참고 견디어 왔다오. 염소와 양이 마구 도살되고 술이 바닥이 나고 곡식도 축나는 걸 눈으로 지켜보고 있으면서도 말이오. 적은 숫자로 많은 수를 당해내지 못하리라는 것을 알고 있기 때문이오. 아무튼 이 이상 나한테 악의를 품고 난폭한 짓을 하지는 말아 주시오. 하지만 만일 당신들이 칼을 들고 나를 죽이려한다면, 뭐 그것도 좋아요. 정말이지 죽어 버리는 편이 훨씬 좋겠소. 이런 무도한 행동을 보고 있느니보다는요. 이 집을 믿고 찾아온 손님들을 때리거나, 여자 하인들을 사납게 끌고 다니거나 하는 꼴을 보기보다는요. 이 어엿한 성에서 말이오."

이렇게 말하자, 사람들은 물을 끼얹은 듯 조용해졌다. 한참 뒤에야 다마스토르의 아들인 아겔라오스가 여러 사람들 속에서 말했다.

"여러분, 저렇게 정당한 말에 아무도 화를 내거나 반항적인 말로 이를 비난할 수는 없겠지요. 손님을 때리거나 존엄한 오디세우스의 성에 있는 다른 하인 누구든 학대하는 짓은 그만두기로 합시다. 그리고 하고 싶은 말이 있습니다. 마님께도 그렇고요. 온당한 사연이니 두 분 모두 기꺼이 들어주신다면 다행입니다만. 당신들은 마음속으로, 생각이 깊은 오디세우스가 집으로 돌아오기를 기대하고 계셨겠지요. 그러는 동안은 결코 조금도 부당하다는 비난을 받을 수는 없었습니다. 그를 기다리든, 성 안에 몰려든 구혼자들을 제지하시든, 그것이 상책이었을 것이니까요. 신과 같은 오디세우스가 정말로 돌아와서 이 성에 닿았다면 말이지요. 그러나 지금으로는 그가 결코 귀국할 수 없으리라는 것이 이미 뚜렷해졌습니다. 그런즉 당신 어머님 곁에 가 앉아서 이렇게 말씀드려 주십시오. 누구든 가장 뛰어나고 가장 많은 선물을 보내는 인물과 결혼하시라고 말입니다. 그러면 당신은 기꺼이 아버님의 유산 모두를 다스리며 식사나 술을 마실 수가 있게 되지요. 또 어머님에게는 새로운 남편의 집을 돌보시도록 그렇게 일러 드리시오."

그 말에 지혜로운 텔레마코스가 말했다.

"아니오, 아겔라오스. 제우스 신께 맹세하고, 또 우리 아버님의 고난을 두고 맹세합니다. 그분은 어딘가 이타카에서 멀리 떨어진 곳에서 돌아가셨는지, 아니면 여기저기 방랑하는 신세인지는 모르겠으나, 결코 나는 어머님의 결혼을 늦추려는 건 아닙니다. 그렇기는커녕 누구라도 좋으신 분과 결혼하도록 권하고 있지요. 수없이 많은 혼수품도 덧붙여 주겠노라고 했습니다. 그러나 어머니 마음을 꺾고 이 집에서 몰아내는 건, 도리에 어긋난 일이라서 삼가고 있을 뿐이랍니다. 강압적으로 쫓아낼 수는 없습니다. 그런 일은 신들께서도 하지 마시도록 빌고는 있지만요."

텔레마코스는 이렇게 말했다. 그런데 팔라스 아테나 여신은 구혼자들 사이에 사라지지 않는 너털웃음을 불러일으켰다. 그들의 분별을 흐리게 만들어 놓았던 것이다. 그래서 그들은 이제는 제 것 같지 않은 턱으로 크게 웃어 댔으며, 피로 물든 고기를 집어 먹고, 그들의 두 눈은 눈물로 가득 찼으며, 마음속에는 울어 버리고 싶은 생각이 넘쳐 났다. 그런 사람들 사이에서 신과도 같은 모습을 한 예언자 테오클뤼메노스가 말했다.

"아니, 얼마나 불행한 사람들일까. 자네들에게 내린 이 어두운 그림자는 무엇이란 말인가. 참말이지 자네들의 머리와 얼굴, 아래쪽 무릎은 시커먼 밤으로 덮여 있고, 공중엔 애도의 아우성이 넘쳐 있으며, 뺨은 눈물로 흠뻑 젖었군 그래. 게다가 훌륭한 벽조차 가운데가 피로 물들어 있구나. 앞방에는 또 유령이 가득하고 안마당에도 가득한데, 그것들이 모두 어둠 속으로, 저승으로 자꾸만 가려고 들떠 있고, 태양은 하늘에서 자취를 감추고 말았소. 불길한 어둠이 곳곳을 모조리 차지하고 있구나."

이렇게 말했는데, 사람들은 누구나 그에게 기쁜 듯 웃을 뿐이었다. 그러자 여럿의 앞에 서서 폴리보스의 아들 에우리마코스가 이야기를 꺼냈다.

"어딘가 다른 데서 이제 막 닿은 손님은 제정신이 없는 모양이오. 여기가 밤이라고 하니 말이오. 그러니 도련님이여, 그를 이 집에서 나가도록 하시오. 집회장으로 가라고요."

그 말에 신과도 같은 모습의 테오클뤼메노스가 말했다.

"에우리마코스여, 배웅할 사람을 붙여 달라고 당신한테 부탁하는 건 아니오. 나에게는 두 눈과 두 귀, 그리고 두 다리도 어엿이 붙어 있소. 게다가 가슴에는 확고한 분별도 있고, 조금도 남보다 못할 것이 없소. 이것들에 기대서 바깥으로 나갈 거요. 이제 재앙이 당신들에게 닥쳐올 것이 보이는 듯하니까. 구혼자들이 신과 같은 오디세우스의 성에서, 사람들에게 난폭한 짓을 하고 무도한 일을 꾸미는 이상은 누구도 그 재앙을 벗어날 수도 피할 수도 없을 거요."

이렇게 말하고는 훌륭하게 지어진 성에서 나가 페이라이오스에게로 갔는데, 이 사람은 반가이 그를 맞아들였다. 그런데 구혼자들은 모두 서로 얼굴을 마주 보고 손님들을 비웃고는, 텔레마코스에게 약을 올리려 들었다. 그리고 제법 잘난 척 우쭐해진 젊은이들은 너나 할 것 없이 이렇게 말하는 것이었다.

"텔레마코스, 아무도 자네보다도 더 시시한 손님을 기다리는 사람은 없을 거네. 예컨대 지금 거기 와 있는 사나이는 그저 욕심 많은 부랑자란 말이야. 빵이나 술 등을 덮어놓고 탐내며, 그러면서도 어떤 일정한 직업도 없고 전쟁도 할 줄 모르고, 그저 그렇다 할 뿐 농사의 부담만 되고. 또 한 친구는 어떤가 하면, 그가 지금 점을 친다고 일어선 사나이란 말이야. 그러니 잠깐만 내 말을 들어 주게. 그러는 편이 훨씬 좋을 거야. 이런 손님들은 노걸이가 주욱 달린 배에 태워, 스케리아 사람들이 사는 고장으로 보내 주는 것이 어떻겠나? 그러면 거기서 그만한 값을 받고 팔아먹을 수 있을 게 아닌가?"

이렇게 구혼자들은 말했는데, 텔레마코스는 그런 말에는 귀도 기울이려 하지 않고, 그저 잠자코 아버지가 언제쯤 이 파렴치한 구혼자들을 처치할 것인가 그 순간을 기다리면서, 그에게 눈을 돌리고 있었다.

한편 이카리오스의 딸인 자상하기 그지없는 페넬로페는 특별히 훌륭한 의자를 바로 맞은편에 갖다 놓게 하고, 홀에서 저마다 떠드는 사나이들의 말을 거기서 낱낱이 듣고 있었다. 그럴 수밖에 없는 것이, 그들은 점심 식사를 웃어 젖히면서 준비시켰던 것이다. 아주 맛있는 것을 듬뿍, 그것도 참으로 많은 짐승을 제물로 잡아서 말이다.

그러나 저녁 식사가 되면 도저히 그처럼 고맙지 않고, 또 맛없는 음식이란 없을 것이다. 틀림없이 그 맛있는 음식이란, 여신과 싸움의 용사가 그들에게 마련하려 하는 것일 테니 말이다. 그것도 처음부터 그들 편에서 먼저 고약한 짓을 꾸며 낸 탓이었다.

제21권
활

페넬로페는 시녀 둘을 데리고 홀에 나와, 오디세우스가 늘 즐겨 쓰던 큰 활과 무쇠도끼를 가져오게 한다. 그러고는 12개의 도끼를 나란히 놓고, 화살로 도끼자루 구멍을 뚫는 남자를 자기의 새 남편으로 정하겠노라고 선언한다. 구혼자들은 모두 서둘러 활시위를 걸려고 하지만, 누구도 제대로 해내는 이가 없다. 우두머리격인 안티노스와 에우리마코스도 여러 모로 애써 보았으나 소용이 없었다. 그래서 아폴론의 제삿날까지 연기해 달라고 애원하다시피 하는 것을 오디세우스가 물려받는다. 텔레마코스도 저택 주인으로서 이에 찬성하고, 활쏘기를 시킨다. 다들 실패하는 와중에도 오직 오디세우스만이 활시위를 제대로 걸고 이어 화살을 쏘아 도끼자루 구멍을 꿰뚫었다.

빛나는 눈의 아테나 여신은 이카리오스의 딸, 자상한 페넬로페의 마음속에 이런 생각을 떠오르게 했다. 바로 구혼자들을 모아 오디세우스의 성 안에서 활 경기를 벌이되, 잿빛 강철도끼를 과녁으로 할 것을. 그 일은 결국 그들에게는 파멸의 실마리가 되었다. 그녀는 높은 층계가 있는 곳으로 가서 구부러진 열쇠를 손에 꼭 쥐었다. 아름다운 청동 열쇠였다. 거기에는 상아로 된 자루가 달려 있었다. 그리고 시녀들을 거느리고 가장 끝쪽 광으로 갔다. 거기에는 왕의 재물이 간직되어 있었다. 청동과 황금, 심지어는 아주 공들인 쇠붙이들까지. 그리고 거기에는 구부러진 활과 화살을 넣어 두는 화살통도 있었고, 또 탄식을 자아내는 화살이 듬뿍 들어 있었다. 그것은 이전에 라케다이몬에서 만났을 때, 가까워진 에우리토스의 아들 불사의 신과도 같은 이피토스(오이카리아의 왕)가 선물로 준 것이었다.
이 두 사람은 메세네의 기질이 용감한 오르틸로코스의 저택에서 가끔 만난 적이 있었는데, 사실 그때 오디세우스는 빚을 받으러 갔던 것이다. 그 빚이란 이 나라 국민 모두가 그에게 진 빚이었다. 바로 이타카 섬에서 메세네 사람들이 그 전에 노걸이가 많은 배를 대놓고, 양 300마리를 목동과 더불어 데려간 일이었다. 아직 어린 나이였지만 그런 사명을 띠고 오디세우스는 먼 길을 갔던 것이다. 부왕이나 그 밖의 장로들이 그를 사절로 선택했던 까닭이다.

한편 이피토스는 말을 찾으러 왔는데, 그 말이란 그에게서 훔쳐간 열두 필의 암말이었으며, 튼튼한 새끼노새가 아직 젖 끝에 매달려 있었다. 그 말들이 그가 죽은 원인이 되었던 것이다. 왜냐하면 그 뒤 제우스의 아들인 용맹한 무사 헤라클레스를 만나게 되었기 때문이었다. 이 사나이는 힘든 일을 아주 잘해내는 무사였는데, 그가 손님인 이피토스를 자기 집에서 살해했던 것이다. 정말 무뢰한 같은 사나이로 신들의 복수에 찬 눈도 두려워하지 않았다. 그래서 손님을 처음에는 대접해 놓고 다음에는 죽였을 뿐 아니라 튼튼한 발굽의 말들을 성 안에 직접 잡아 가둬 놓고 있었다. 그 말들을 찾으러 가는 길에 이피토스는 오디세우스를 만나게 된 것이다. 그래서 그에게 활을 주었는데, 이전에 그의 부친 에우리토스가 지녔던 것으로, 높이 솟은 궁전에서 세상을 떠날 때 그 아들에게 남겨 준 활이었다. 오디세우스는 그 답례로 친밀한 인연을 맺는 표시로서 날카로운 검과 튼튼한 창을 주었다. 그러나 그들은 서로의 집에서는 한자리에서 식탁을 마주 대한 적은 없었다. 미처 그럴 사이도 없이 제우스의 아들 헤라클레스가 이피토스를 살해해 버렸기 때문이다. 불사의 신과도 같은 에우리토스의 아들로서 그에게 활을 선사한 사람이었는데, 오디세우스는 배를 타고 전쟁터로 떠날 때에도 그 활은 가져가지 않고, 다정한 인연을 맺은 친구의 기념으로 그대로 집에 남겨 두었다. 자기 고향에서만 그 활을 가지고 다녔던 것이다.

여인들 가운데서도 우아한 페넬로페는 곧 그 광 앞에 이르러 떡갈나무로 만든 문지방에 다다랐다. 이 문지방은 본디 목수가 솜씨를 다해 다듬었으며, 먹줄을 쳐 곧게 한 다음, 기둥을 박아 넣고 으리으리한 문을 달았었다. 그리고 그녀는 곧 걸쇠에서 가죽끈을 풀고 열쇠를 끼워 놓아, 양쪽 문에 달린 빗장을 똑바로 겨누어서 두드렸다. 그러자 문짝은 목장에서 풀을 뜯는 황소 같은 소리를 냈다. 곧 훌륭한 판자문은 열쇠에 맞아 그만큼 큰 소리를 내며 서서히 열렸다. 그녀는 조금 높은 마루방으로 걸음을 옮겼다. 그 광에는 여러 개의 함이 놓여 있으며, 함 속에는 향내 나는 옷들이 들어 있었다. 마루방에서 그녀는 손을 내밀어 못에 걸린, 싸 놓은 활을 자루째 벗겨 내렸는데, 이 화사한 자루는 활을 감싸서 간직하는 것이었다. 그러고 나서 그녀는 그대로 그 자리에 주저앉아 무릎에 활을 올려놓고 큰 소리로 통곡하며 자루에서 남편의 활을 꺼냈다. 그리고 마음이 후련해질 때까지 실컷 눈물을 흘리며 한탄한 끝에, 오만한 구혼자들이 모여 있는 홀로, 당겨지는 활과 화살이 담긴 화살통을 손에 들고 들어섰다. 그 속에는 절로 한숨이 나오는 화살이 가득히 들어 있었다. 또 그녀의 뒤에는 시녀들이 무기가 든 궤를 들고 뒤따랐는데, 그 속에는 무쇠와 청동으로 만든 주인의 무기들이 잔뜩 들어 있었다.

그리하여 여인들 가운데서도 우아한 이 여인이 두 볼 위에는 아름다운 베일을 드리운 채 이윽고 구혼자들 앞에 이르자, 견고한 지붕을 받친 기둥 옆에 가서 섰다. 부지런한 시녀들이 그녀 양쪽에 한 사람씩 서 있었다. 그녀는 구혼자들을 바라보며 말을 시작했다.

"내 말을 똑똑히 들어주세요. 참으로 씩씩하신 구혼자들이시여, 당신네들은 끊임없이 이 집에 몰려 와서는 식사다 술이다 줄곧 요구하셨지요. 그것도 주인이 오랫동안 떠난 채 비어 있는 집에 밀어 닥쳐서는 이렇다 할 명분도 없이, 다만 나와 결혼하고 싶다는 명목만으로 말입니다. 그렇다면 자, 구혼자들이여, 여기에 경기 준비가 되어 있으니, 다시 말해 여기 존엄한 오디세우스의 활이 놓여 있으니, 누구든지 가장 훌륭하게 이 활을 손에 들고 시위를 당겨 12개의 도끼를 모조리 꿰뚫은 분, 그분을 따르기로 하지요. 정식으로 시집왔던 이 집을 떠나서 말입니다. 참으로 훌륭한 물건들이 풍성하게 넘쳐나는 이 집을 꿈속에서라도 잊지 못할 거예요."

이렇게 말하고는 갸륵한 돼지치기 에우마이오스에게 활과 잿빛 강철도끼를 가져다 놓도록 명령했다. 그러자 에우마이오스는 눈물을 글썽거리며 그걸 받아 내려놓았는데, 소치기도 한쪽에서 주인의 활을 보자 흐느껴 울었다. 안티노스는 그런 모습이 눈에 띠자 그들의 이름을 불러 나무랐다.

"너희 시골 녀석들은 마치 어린아이처럼 철딱서니가 없구나. 당장 코앞의 일밖에 모른단 말이야. 참으로 한심한 녀석들이구나. 둘이서 약속이나 한 듯 눈물을 찔끔거려 마님의 가슴속을 헝클어 놓다니, 그렇지 않아도 사랑하는 부군을 잃으신 까닭에 기분이 언짢아 마음을 썩이시는 참인데. 그러니 아무 소리 말고 얌전하게 앉아서 식사나 하려무나. 아니면 활은 그대로 여기 놓아두고 밖에 나가서 울도록 해라. 구혼자들이 마음 놓고 경기할 수 있도록. 정말이지 소홀히 생각할 수는 없단 말이야. 나도 이 빛나는 활을 좀처럼 당길 수는 없다고 생각하니까. 아닌 게 아니라 여기 모인 저 많은 사나이들 중에서도 그 옛날 오디세우스만큼 강한 사람은 없다고 본다. 나는 직접 그를 보았으니까, 눈에 선하거든. 비록 어렸을 때였지만."

말은 이렇게 했지만 마음속으로는 활 줄을 당겨 쇠도끼를 꿰뚫겠다고 기대했다. 누구보다도 먼저 명예로운 오디세우스의 손에 맨 처음으로 그 화살 맛을 맛볼 운명이면서 말이다. 그때 홀에 앉아 있는 오디세우스를 깔보고 업신여기며 동지들에게도 그렇게 부추겼다.

그 무리들에게 텔레마코스가 힘차게 말했다.

"이거 참, 내가 망령이 들었군. 참으로 크로노스의 아드님이신 제우스신은 내게서 사려분별을 모두 빼앗아 가셨단 말인가. 내 귀중한 어머님이 참으로 현명하시다고는 하지만, 이 집을 떠나 다른 사나이를 따라간다고 하신다. 그런데도 나는 웃음소리를 내며 어리석은 마음에서 즐기고 있다니. 그러나 구혼자 여러분, 이제 이처럼 경기의 표적이 나온 이상 해 보십시오. 지금으로서 이처럼 뛰어난 여인은 아카이아 어느 곳을 찾아본다 해도, 신성한 필로스에도 아르고스에도 미케네에도 없습니다. 이타카에도 또 땅이 기름진 본토에도. 또 당신들도 잘 아실 테지만, 이제 내가 새삼스럽게 어머님을 칭찬할 필요가 있겠습니까. 그러니 자 어서, 갖가지 구실을 붙여 우물쭈물 나중으로 미루거나 이 이상 오래도록 활 당기기를 꺼리지 말고 곧장 결판을 짓는 것이 좋겠지요. 나도 이 활을 시험해 보고 싶습니다. 그래서 만일 내가 활시위를 당겨 쇠도끼를 꿰뚫는 날에는, 이처럼 고뇌하는 나를 두고 성을 버린 채 다른 분을 따르지는 못하시겠지요. 나 홀로 외톨박이가 될 테니까요. 이제는 제법 어머님의 훌륭한 무기를 들어올릴 수도 있는걸요."

이렇게 말하고 두 어깨에서 자줏빛 망토를 벗어 던지고 바로 서서는 날카로운 검을 어깨에서 벗겨 내렸다. 그리고 맨 먼저 도끼를 세워놓고 줄을 띄워 한 줄로 곧게 고랑을 판 다음, 주위의 흙을 힘껏 꽉꽉 밟아서 다졌다. 이렇게 빈틈없이 세워놓았는데, 모여 있던 사람들은 그 모습을 보고 모두 감탄했다. 이전에 누가 그렇게 하는 걸 한 번도 본 적이 없었기에. 그 다음 그는 문지방 가까이 가서 활을 이리저리 살펴보았다. 세 번이나 당기려고 애를 쓰며 부들부들 떨어 보았지만 모두 헛수고로 그치고 말았다. 마음속으로는 시위를 당겨 쇠도끼를 관통시키려고 잔뜩 벼르고 있었지만. 다시 네 번째로 줄을 당겨 있는 힘을 돋우어 보았을지도 모르는데, 오디세우스가 그만 두라는 신호를 보내 몹시 하고 싶어 하는 아들을 제지해 버렸다. 그래서 텔레마코스는 다시 모두를 보고 말했다.

"참으로 안타깝군요. 앞으로 나는 허약한 약골이나 되고 말 것인지, 아니면 아직 어린 탓에 팔 힘이 약한 것인지, 만약에 누가 먼저 싸움을 걸려고 든다면, 그를 몰아낼 만한 힘이 부족할 것 같군요. 자, 아무튼 여러분, 나보다 팔심이 뛰어나신 분들은 활을 손에 쥐어 보십시오. 그래서 이 경기를 깨끗이 끝내도록 합시다."

이렇게 말하여 활을 땅에 내려놓고서는 시위를 단단히 죄어, 윤이 나는 판자문에 세워 놓았다. 그러자 모두에게 에우페이테스의 아들 안티노스가 말했다.

"그럼 동지 여러분, 오른쪽에서부터 차례로 합시다. 술 심부름꾼이 언제나 먼저 술을 붓는 그곳에서부터."

안티노스가 이렇게 말하자 모두들 그의 말에 찬성해서, 가장 먼저 오이노프스의 아들 레오데스가 일어섰다. 이 사나이는 땔감을 맡아 보는 역할로, 언제나 맨 구석 쪽 훌륭한 희석용 술동이 옆에 앉는 버릇이 있었지만, 여러 사람들의 못된 행동을 그 혼자만은 못마땅하게 여겨 왔다. 그래서 구혼자들 모두에게 분개심을 느꼈다. 그가 문지방께에 서서 활을 시험해 보았으나 줄을 당길 수가 없었다. 줄을 당기기도 전에 연약한 그의 팔에서 먼저 힘이 빠져 버렸기 때문이었다. 그는 구혼자들에게 말했다.

"어이구 여러분, 나는 전혀 못하겠습니다. 다른 분에게 넘겨드리지요. 이 활은 아주 많은 용사들에게 재난을 가져올 것입니다. 생명에도 영혼에도 말이지요. 하고자 하던 바를 얻지 못하고 살아 있기보다는 차라리 단숨에 죽어 버리는 게 훨씬 나으니까요. 그걸 얻자고 우리는 늘 이곳에 모여들었던 것이지요. 날마다 기대를 하면서요. 그런데 이제는 누구든 간에 마음속으로는 오디세우스의 부인 페넬로페와 결혼하기를 희망하는 동시에 절망할 것입니다. 그렇지만 이 활을 다루어 보고 난 다음에는, 누구나 이 성 밖에 있는 아름다운 옷을 입은 아카이아 여성에게로 마음을 옮기는 게 좋겠지요. 서랍 속 선물 따위로 구걸하다시피 말이지요. 페넬로페 님은 그 다음 누구든지 가장 많은 선물을 보낸 사람, 그래서 연분으로 나타난 사나이와 결혼하는 게 마땅할 겁니다."

그는 큰 소리로 이렇게 말한 뒤 활에서 손을 떼고 이가 꼭 맞게 닫혀 있는 윤이 나는 판자문에 기대 놓았다. 그대로 그 자리에 빨리 날아가는 화살을 훌륭한 걸쇠에 걸어놓은 채로. 팔걸이의자가 놓여 있는 제자리로 돌아와 앉았다. 그러자 안티노스가 그를 비난하며 이름을 불러 말했다.

"레오데스여, 무슨 되어먹지 않은 그런 말이 자네 입에서 새어나오는가. 무섭고 불쾌한 말이군. 듣자 하니 화가 치민단 말이야. 만약에 정말 활이 용사들의 생명이나 영혼에 화를 미치게 한다면 말이다. 그것도 자네가 활시위를 당길 수 없다 해서 말이지. 하지만 그건, 말하자면 어머님이 활의 명수로 낳아 주지 않았던 탓이 아닌가. 이제라도 다른 씩씩한 구혼자들이 활시위를 당겨 줄 것이다."

이렇게 말하며 염소치기 멜란티오스에게 명령했다.

"자, 어서 이 대청에 불을 피우게, 멜란티오스. 그리고 커다란 평상을 가져다 놓고 양털을 위에 깔게나. 그리고 남겨 두었던 기름덩이를 가져와. 그 불에 젊은 양반님네들이 몸을 녹인 다음 기름을 바르고 나서 활겨루기를 할 수 있도록. 그렇게 해서 경기를 끝내기로 합시다."

이렇게 말하자 멜란티오스는 곧 지칠 줄 모르는 불을 피워 올려 평상 가까이에 날라다 놓고, 양털을 평상 위에 간 다음에 남겨 두었던 기름덩이를 꺼내 왔다. 그리고 젊은이들은 몸을 녹이고 활을 당겨 보았지만 누구도 활시위를 당기지 못했다. 도저히 팔심이 미치질 못했던 것이다. 그러나 안티노스와 신과도 같은 에우리마코스만은 단념하지 않고 계속했다. 이 둘은 구혼자들의 우두머리로서 힘도 남다르게 뛰어났다.

그러자 존엄한 오디세우스의 소치기와 돼지치기는 나란히 밖으로 나갔는데, 존엄한 오디세우스도 그들 뒤를 따라 저택 밖으로 나왔다. 이윽고 그들이 안마당을 지나 대문 밖으로 나서는 것을 보고 부드럽게 말을 걸었다.

"소치기 양반, 그리고 돼지치기 님, 잠깐 말씀드리고 싶은 것이 있습니다. 가슴에 숨겨 두고 싶은 것인지도 모르지만 내 마음이 말하기를 권합니다. 당신들은 어떤 편에 설 작정이신가요. 오디세우스 편입니까 아니면 적 편입니까, 혹 그분이 돌아오신다면 말이오. 생각지도 않게 느닷없이 어떤 신께서 그분을 데려오신다면 말입니다. 구혼자들을 보호해서 싸우겠소, 아니면 오디세우스를 지키겠소. 당신들의 뜻을 좀 들려주시구려."

그 말에 소치기가 말했다.

"아버지 신이신 제우스 님께서 부디 그런 소원을 실현시켜 주셔서 그분이 돌아오신다면 얼마나 좋겠소. 그렇게만 된다면 내 팔이 어떤 역할을 하는지 당신도 아시게 될 텐데."

마찬가지로 에우마이오스도 모든 신들에게 기도를 드리며 지혜로운 오디세우스가 집으로 돌아오기를 간절히 빌었다. 오디세우스는 그들의 마음을 확인하자 다시 두 사람에게 대답했다.

"틀림없이 집에 와 있다네. 여기 있는 내가 틀림없는 그란 말이야. 많은 재앙을 겨우 막아 내며 20년 만에 고향땅을 밟은 것이네. 나는 모두 보았지, 하인들 가운데 자네들 둘만이 내 귀국을 애타게 바란다는 걸, 그 참에 내가 왔다는 걸. 그 밖의 놈들은 어느 놈도 내가 다시 고향에 올 것을 비는 말은 듣지 못했네. 그러니 자네들 둘에게만은, 마땅한 일이겠지만 진실을 말해 주지. 만약에 신들께서 오만한 구혼자들을 내 손으로 물리치게만 해 주신다면, 그때는 자네들을 장가도 보내 주고 재산도 주겠다. 내 성 옆에 아담한 집까지도. 그래서 이후로는 텔레마코스와 동지 겸 형제로서 지내도록 하게. 참 그렇지, 좋은 수가 있군. 더할 나위 없는 증거를 하나 보여 주지. 충분히 나를 알아보고 마음속으로 납득이 가도록 말이네. 이 흉터 말인데 예전에 아우톨뤼코스의 아들들과 파르나소스로 갔을 때 멧돼지가 흰 송곳니로 내게 입혔던 상처지."

이렇게 말하며 누더기를 헤치고 큼직한 상처의 흉터를 보였다. 둘은 그 흉터를 자세히 살피고 확인하자, 지혜로운 오디세우스의 손에 매달려 울음을 터뜨렸고, 머리와 어깨에 기쁨으로 맞이하는 입맞춤을 퍼부었다. 그들과 마찬가지로 오디세우스도 둘의 머리와 손에 입을 맞추었다. 그래서 하마터면 그들이 눈물에 젖어 있는 동안에 해가 저물고 어둠이 찾아들 뻔했다. 만약 오디세우스가 스스로 그들을 제지하며 이런 말을 하지 않았더라면 말이다.

"자, 이제 둘 다 눈물을 거두게. 혹시 홀에서 누군가 나올지도 모르니까. 그래서 모두에게 말해버리면 곤란하거든. 그러니 한 사람씩 안으로 들어가게. 모두 함께 가지 말고 먼저 내가 들어갈 테니 자네들은 나중에 들어오는 게 좋겠지. 이것을 신호의 표시로 하게. 오만한 다른 구혼자들은 모두 활과 화살을 내게 주기를 거절하려 들 것이네. 그때 갸륵한 에우마이오스여, 자네가 활을 가지고 홀을 건너와 내 손에 쥐어 주게. 그리고 여자들한테 말해서, 꼭 이가 맞는 홀의 문들을 잠그도록 하게. 혹 누구든 사나이들의 신음 소리나 물건 소리를 방 안에서 듣는 일이 있더라도 결코 안에서 밖으로 나오지 말고, 그대로 거기서 조용하게 일만 하도록 일러 주게. 그리고 갸륵한 필로이티오스여, 안뜰 입구에 빗장을 지르고 단단히 묶어 놓게."

이렇게 말하고 육중한 성 안으로 들어갔다. 그리고 아까 앉아 있던 평상에 가 앉았다. 곧 뒤따라서 신과도 같은 오디세우스의 두 하인도 들어왔다. 그런데 에우리마코스는 아까부터 두 손에 활을 들고 이쪽저쪽 볼에 대었다. 그러나 그럴수록 시위를 펼 수가 없으므로 명예심이 크게 꺾인 나머지 끝내 기분이 상해 화가 나서 말했다.

"아아, 참으로 귀찮은 일이군. 나도 그렇거니와 여러분에 대해서도 말이오. 물론 안 된 이야기이기는 하지만, 그렇다고 뭐 결혼에 대해 그다지 가슴 아파할 건 없단 말이오. 아카이아족 여자들은 얼마든지 있으니까. 바다로 둘러싸인 이타카 섬 안에도, 그리고 다른 나라에도 말이오. 그건 그렇고 만일 우리가 신과도 같은 오디세우스보다도 팔심이 이처럼 떨어져 가지고야, 뒷날 사람들이 들었을 때에도 이 얼마나 수치스러운 일이겠소. 우리가 활조차 쏠 줄 모른다고 해서야."

그 말에 에우페이테스의 아들 안티노스가 말했다.

"에우리마코스, 그런 사태까지야 안 되겠지. 자네도 그건 잘 아는 일이 아닌가. 지금은 이 마을 전체가 마침 그 신(활의 신 아폴론)의 신성한 제삿날이야. 그런데 누가 활을 쏘려 들겠나. 그러니 자, 안심하고 내려놓게나. 그리고 도끼만 하더라도 그렇지. 우리가 그대로 세운 채 놓아둔다 해도 걱정할 건 없어. 아무도 라에르테스의 아들 오디세우스 집에 와서 훔쳐갈 사람은 없을 테니까. 그러니 자, 술을 붓는 책임자는 잔에 술을 따르기 시작하게. 신들께 술잔을 올리고 흰 활을 내려놓을 테니까. 그리고 내일 아침이 되면, 염소치기 멜란티오스에게 시켜 염소들을 몰고 오도록 명령하게나. 염소들 중에서도 으뜸가는 놈으로 말일세. 활로 이름을 얻으신 아폴론 신께 허벅지를 통째로 바친 뒤에 경기를 아주 끝내기로 하세나."

안티노스가 이렇게 말하자 모두들 그 말에 찬성했다. 그리고 시종이 사람들 손에 물을 끼얹자, 몸종들이 희석용 술동이에 찰찰 넘게 술을 가득 부어서 먼저 신들께 술잔을 올린 다음, 모두에게 돌아가며 술을 따랐다. 그래서 다들 신들께 헌배하고 마음껏 술을 마셨을 때, 지혜로운 오디세우스는 여러 사람들에게 머릿속으로 꾀를 꾸미면서 말했다.

"이름 높은 왕비님의 구혼자이신 여러분, 내 말을 똑똑히 들어주십시오. 가슴속 내 마음이 말하기를 재촉하기에 말씀드립니다. 특히 에우리마코스 님과 신과도 같은 안티노스 님께 부탁드리겠습니다. 참으로 이 말은 시기적절한 이야기 같습니다. 우선은 활쏘기를 멈추고 신들께 맡겨 버리자는 그 말씀 말입니다. 그래서 내일 아침이면 신께서 어느 분이든 마음에 드신 분에게 승리를 거두게 하시겠지요. 그러니 그 활을 제게도 좀 빌려 주십시오. 나도 당신들 틈에 끼여 팔심을 시험해 보고 싶습니다. 혹시나 옛날 그 힘이 그대로 남아 있는지, 이 연약한 팔다리 속에 말입니다. 아니면 몹시 방랑한 끝에 오래도록 돌보지도 못한 채 그대로 힘을 잃고 말았는지를 알고 싶습니다."

이렇게 말하자 그들은 잘 닦여진 활의 활시위를 당기지나 않을까 두려운 생각이 들어 모두 당치도 않다는 듯이 화를 냈다. 안티노스가 나무라며 그를 보고 말했다.

"너는 도대체 예의라는 걸 모르는 놈이로구나. 점잖은 우리와 같은 자리에 앉아 마음 놓고 음식을 먹으면서 고맙지도 않으냐? 요리도 가득 차려져 아무 부족함 없이 우리 이야기와 말하는 걸 모조리 들으면서. 다른 이는 누구도 우리 이야기를 함부로 들을 수 없단 말이다. 손님은커녕 비렁뱅이인 주제에. 아마 꿀처럼 달콤한 포도주가 너를 해친 모양이구나. 이제까지 여러 사람을 해롭게 했던 그 술이 말이다. 알맞은 양을 넘어 무작정 퍼마실 때는, 술이 반은 사람이고 반은 말이었던 것으로 유명했던 에우리티온조차 잘못을 저지르게 했지. 도량이 넓은 페이리토스의 저택에서 말이지. 라피타이족 나라로 갔을 때의 이야기인데, 그는 술 때문에 분별을 잃고 반미치광이가 되어 페이리토스의 저택에서 못된 일을 저질렀다. 영웅들은 기분을 상해 모두 일어나서 그의 두 귀를 코와 더불어 가차 없이 청동칼로 잘라 가지고 현관 밖으로 끌어냈다. 그래서 그도 미처 날뛰는 바람에 일어난 재앙을 짊어진 채 정신없이 펄펄 뛰며 돌아갔지. 그때부터 마인들과 라피타이족 무사들 사이에 전쟁이 벌어졌다. 술을 몽

땅 퍼먹고는 먼저 자신에게 먼저 재앙을 일으켰던 것이지. 마찬가지로 네놈에게도 말할 수 없는 재앙이 닥칠 테니 미리 말해 두겠다. 만약에 이 활을 당기려 들면 말이다. 우리 고장에는 네놈에게 호의를 베풀 사람은 없을 테니까. 그 대신 검게 칠을 한 배에 태워 모든 인간들에게 해를 끼치는 에케스토 왕에게로 보내 줄 테다. 거기서는 도저히 온전하게 돌아올 수는 없을걸. 그러니 얌전하게 술이나 처마셔. 그리고 너보다 젊은 사람들과 경쟁을 벌인다는 건 처음부터 그만두는 게 좋을 게다."

그 말에 눈치 빠른 페넬로페가 말했다.

"안티노스 님, 텔레마코스의 손님을 못살게 구는 건 좋은 일이나 올바른 일이 못됩니다. 이 집을 의지 삼아 왔는데요. 아니면 혹 이분이 자기 팔과 체력을 믿고 오디세우스의 활시위를 당기신다면, 나를 집에 데려다 아내로 삼을 거라고 생각하시나요. 설마 그런 생각은 이분으로서도 생각지 못한 일이겠지요. 그리고 여러분 가운데 누구든 그런 일로 여기서 속을 썩이며 식탁을 대한다는 건 말이 안 됩니다. 그런 건 전혀 말도 안 되는 일인걸요."

그 말에 폴리보스의 아들 에우리마코스가 대답했다.

"이카리오스의 자상한 따님 페넬로페시여, 결코 이 사람이 당신을 데려가리라고는 생각지 않습니다. 천만의 말씀입니다. 다만 여느 남녀들의 평판을 피할 뿐입니다. 혹 자칫해서 아카이아족의 가장 천한 사나이들이 이렇게 말하지나 않을까 해서요.

'정말 그 무리들은 아주 형편없는 사나이들이군. 더없이 훌륭한 남자의 배우자를 아내로 삼겠다는 주제에, 잘 손질한 활시위도 당기지 못하다니. 그래, 낯모를 비렁뱅이 사나이가 여기저기 방랑 끝에 찾아와 힘 안 들이고 쉽사리 활시위를 당겨 쇠도끼를 꿰뚫었다면서.'

이렇게 말할지도 모릅니다. 그렇게 되면 우리는 비난받을 게 아닙니까?"

그 말에 총명한 페넬로페가 말했다.

"에우리마코스 님, 그렇지 않다 하더라도 이미 당신들은 이 나라에서 좋은 평판을 받지 못합니다. 훌륭한 무사의 성에서 염치불구하고 남의 재산을 축내는 짓을 한다면 말이에요. 그런데도 어떻게 이 일을 비난의 대상이라고 생각하십니까? 그리고 이 손님은 키도 아주 훤칠하시고 몸집도 좋으신데다 신분도 훌륭한 분의 자제가 아닙니까. 그러니 자, 어서 이분에게 손질이 잘 된 활을 넘겨드리십시오. 우리 모두 보는 앞에서요. 나는 이렇게 분명히 말씀드리겠어요. 내가 한 말은 반드시 해내 보일 테니까요. 만약 아폴론이 이분에게 영광을 내리시어 활을 당기신다면, 이분한테 망토와 속옷 모두를 입혀 드리고, 개나 사나이들을 물리치는 끝이 날카로운 투창과 양면에 날이 서 있는 칼을 드리지요. 그리고 발에는 신을 것도 드리도록 하겠습니다. 그래서 이분이 바라는 곳은 어디든 보내도록 하지요."

그 말에 지혜로운 텔레마코스가 대답했다.

"어머님, 활에 대해서는 아카이아족 누구도 나 이상으로 권한을 갖는 이는 없을 테니까, 빌려 주든 안 빌려 주든 그것은 내 마음대로입니다. 참으로 이 험준한 이타카 섬에서 세도를 부리는 분이든, 또는 말을 기르는 나라 엘리스로 가는 도중 섬에서 사시는 분이든, 그 가운데 누구도 내가 허락하지 않는데 억지로 말리지는 못할 겁니다. 만약에 손님에게 이 활을 드리려고 마음먹은 바에는요. 그러니 어머님은 안으로 들어가 어머님 볼일이나 보십시오. 베를 짜시거나 실을 감으시거나, 시녀들에게 열심히 일하도록 분부를 내리시거나요. 활에 대해서는 남자들이 모두 알아서 할 테니까요. 특히 제가 이 성 안을 다스리는 권리를 가졌으니까 말입니다."

페넬로페는 깜짝 놀라 자기 처소로 총총히 돌아갔다. 아들의 의젓한 말솜씨에 참으로 흐뭇했기 때문이다. 2층으로 올라가 시녀들과 함께 한참 동안 사랑하는 남편 오디세우스의 처지를 한탄하고, 빛나는 눈의 여신 아테나가 거부할 수 없는 잠을 눈꺼풀 위에 뿌려 주기까지는 줄곧 울고 있었다.

한편 이쪽에서는 흰 활을 갸륵한 돼지치기가 들고 가자, 홀 안에 모여 있던 구혼자들은 일제히 이를 나무라며 욕을 퍼부었는데, 저마다 우쭐대는 젊은이들은 너나 할 것 없이 이렇게 말하는 것이었다.

"도대체 그 흰 활을 어디로 가져가는 것이냐, 고리타분한 돼지치기 불한당 같은 놈아. 머지않아 네놈을, 재빠른 개들이 돼지 옆에서 물어 죽일 것이다. 너 혼자뿐인 외딴 곳에서 네놈이 길러 낸 개들이 말이다. 만약 아폴론 신이나 다른 불사인 신들이 우리한테 동정을 하여 주신다면 말이야."

돼지치기는 홀에 있는 모든 사람들이 마구 나무라는 바람에 주눅이 들어서, 들고 가던 활을 그대로 그 자리에 놓아 버렸다. 그러자 텔레마코스가 한쪽 구석에서 위엄 있게 말했다.

"여보게, 상관 말고 어서 활을 가져가게. 이들의 말을 듣는 날에는 곧 좋지 못한 결과가 올 테니까. 내가 나이는 어리지만 자네는 시골로 쫓겨나지 않도록 조심해야 할 거야, 돌팔매를 맞고 말이야. 체력으로는 내가 훨씬 셀 테니까. 참으로 이 성에 모여 있는 구혼자들 모두보다도, 팔심에서나 체력에서나 그만큼 내가 뛰어나다면 얼마나 좋겠는가. 그렇기만 하다면, 곧 우리 집에서 누구할 것 없이 형편없는 꼴로 돌려보내겠는데, 못된 음모를 꾸미고 있으니 말이야."

이렇게 말하자 구혼자들은 모두 그를 보고 재미있다는 듯 웃어 대며 텔레마코스에 대한 못된 적의를 누그러뜨렸다. 그래서 돼지치기는 홀 안으로 활을 날라다가 지혜로운 오디세우스 옆에 가서 그의 손에 넘겨주었다. 그리고 유모 에우리클레이아를 불러내어 말했다.

"텔레마코스 님이 유모한테 명령하셨소. 눈치 빠른 에우리클레이아여, 이가 꼭 맞는 문을 닫도록 말이오. 그리고 안에서 혹 남자들의 신음 소리나 무슨 소리든 간에 들리더라도 결코 여자들을 밖으로 내보내서는 안 되오. 그대로 모른 체하고 일만 계속하시오."

그가 이렇게 말하자, 유모는 아무런 말도 입 밖에 내지 않았다. 그리고 빈틈없이 방마다 문을 모두 닫아 버렸다. 한편 필로이티오스도 소리 없이 성 밖으로 뛰어나가 튼튼하게 벽을 친 안뜰 문을 닫아 버렸다. 주랑 밑에는 양끝이 젖혀진 배를 매는 밧줄이 놓여 있었다. 뷔블로스에게 억새풀로 만들어 온 그 밧줄로 문을 잡아맨 다음, 자기는 다시 안으로 들어가, 앞서 앉아 있던 평상으로 가 앉았다. 오디세우스에게 눈짓을 하면서. 그때 오디세우스는 주인이 없는 사이에 뿔이 달린 곳이 좀이 먹지나 않았는지 이미 활을 손에 들고 곳곳으로 휘두르며 이쪽저쪽 살펴보고 있었다. 그 모습을 본 누군가가 옆 사람을 보고 이렇게 말했다.

"저 자는 활에 대해 조금 아나 보지? 혹은 이와 똑같은 활이 자기 집에 있는지도 모르지. 그런데 두 손에 이쪽저쪽 활을 돌려 쥐는 걸 보니 말이야. 못된 짓만 일삼던 부랑자 녀석이 당겨 볼 셈인가."

그러자 우쭐거리는 또 다른 젊은이 한 사람이 말했다.

"정말 저놈이 저 활에 시위를 먹일 수 있을까 행운을 빌고 있는 셈이군."

이렇게 구혼자들은 말하고 있었다. 한편 지혜로운 오디세우스는 활을 손에 들고 구석구석 살피고 나서 그대로, 마치 커다란 하프나 노래에 능한 사람이 양쪽 끝에 잘 꼬인 양의 창자에서 뽑은 실을 현 고리에 쉽게 켕겨 거는 것처럼, 조금도 힘들이지 않고 활시위를 메웠다. 그리고 오른손에 들고 시위의 상태를 살펴보았다. 그러자 시위는 손 밑에서 제비소리 비슷한 소리를 내며 맑게 노래를 불렀는데, 구혼자들은 몹시 마음을 죄며 모두 얼굴빛이 변했다. 때마침 제우스 신이 천둥소리를 울려 표적을 보였으므로, 참을성 있고 존엄한 오디세우스는 크로노스의 아드님 신이 좋은 징조로 보여 준 것을 기쁘게 여겼다. 그러자 그는 빨리 나는 화살을 집어 들었다. 옆에 놓인 네 발 탁자 위에 그대로 버려두었던 것이었다. 그 밖의 것은 모두 안이 널찍한 화살통 속에 들어 있었다. 이 화살은 곧 아카이아 사나이들이 효력을 시험하기로 되었던 것인데, 그 가운데 한 개가 밖에 나와 있는 것을 활의 한가운데에 갖다 메우고 활시위와 화살을 꽉 쥐었다. 그 자리에서 평상에 앉은 채로. 그리고 목표를 똑바로 겨누어 화살을 쏘았다. 그러자 나란히 세워 놓았던 도끼를 하나도 남김없이 빗나가지도 않은 채 꿰뚫어 버렸다. 가장 앞쪽에 있던 도끼자루 구멍부터 곧바로 뚫고 청동 촉이 달린 화살은 저쪽으로 빠져나갔다. 그래서 오디세우스는 텔레마코스에게 말했다.

"텔레마코스여, 이 나그네는 홀 안에 앉아서도 그대를 욕되게 하지는 않았단 말이오. 결코 과녁을 벗어나지도 않았거니와 활을 조종하는 데 오래도록 애쓰지도 않았소. 내 힘은 아직 노쇠하지 않고 튼튼하오. 구혼자들이 모욕하고 욕지거리를 하던 것과는 달리 말이오. 하지만 이제는 곧 아카이아 사람들을 위해 저녁 준비를 할 때요. 아직 해가 남아 있는 동안에. 그 일이 끝나거든 이번에는 다른 재미를 보도록 합시다. 춤과 노래나 하프로. 그런 것들은 모두 잔치에서는 꽃이나 다름없으니까."

이렇게 말하며 눈썹을 찡긋해서 신호하자, 존엄한 오디세우스의 사랑하는 아들 텔레마코스는 날카로운 검을 허리에 차고 손으로 창을 집어 들었다. 그리고는 번쩍거리는 청동으로 온몸을 무장한 채 그대로 아버지 곁의 평상으로 걸어가 옆에 버티고 섰다.

제22권
오디세우스 구혼자들을 죽이다

오디세우스는 홀 입구 문지방 위에 뛰어올라 텔레마코스를 옆에 부르고, 화살을 겨누어 구혼자들의 우두머리격인 안티노스의 목을 향해 쏘았다. 홀 안은 수라장이 되었다. 그들의 비난과 욕설에 대답해 그는 비로소 자기가 오디세우스임을 밝히고, 너희들은 내가 돌아오지 않을 줄 알고 멋대로 놀았겠지만, 이제 맛 좀 보라는 뜻으로 잇따라 활을 쏘아 쓰러뜨렸다. 화살이 떨어지자 검을 들고 살육을 계속했다. 그러나 노래 부르는 사람인 페미오스와 전령 메돈, 그리고 예언자 데오클뤼메노스에게는 관계없는 사람이라고 손을 대지 않았다. 저쪽에서는 염소치기 멜란티오스가 구혼자들을 위해 창고에서 무기를 날라왔는데, 그것을 에우마이오스가 재빨리 발견해 무찔렀다. 한편 유모 에우리클레이아를 불러, 시녀들 가운데 선량한 여자와 구혼자들과 내통한 배신자를 가려낸 뒤, 시녀들에게 홀 청소를 명하고, 못된 여자를 멜란티오스와 함께 처벌한다.

그리하여 꾀많은 오디세우스는 누더기를 벗어 던지고 크고 웅장한 문지방으로 뛰어올랐다. 활과 화살이 가득 들어 있는 화살통을 가지고는 빠르게 날아가는 화살을 그 자리에, 바로 발 앞에 주르르 털어놓고, 구혼자들에게 말했다.
"이제 바야흐로 경기는 제대로 진행되게 될 거다. 절대로 아무렇게나 할 수 없는 경기야. 게다가 이번에야말로 다른 표적을, 아직 이제까지 사람이 쏘아본 적이 없는 표적을 시험해 보게 될 테지. 명중할는지 어떨지, 아폴론 신께서 내게 영예를 주실지를 시험해 볼 테다."
이렇게 말하고는 안티노스를 향해 날카로운 화살을 겨누었다. 그런데 그는 마침 아주 훌륭한 술잔을 집어 들려는 참이어서, 황금으로 만든 두 귀 달린 그 술잔을 두 손으로 받쳐 들고 술을 마시려 하고 있었다. 한 사나이가 자기를 죽이리라는 생각은 조금도 염두에 두지 않았다. 그리고 향연에 참석한 사람들 사이에서, 제아무리 용맹스러운 장사라 해도 홀로 그들과 맞서 재앙스러운 죽음과 무도한 운명을 안겨 주리라고 누가 감히 생각했을까.

오디세우스는 그 사나이 안티노스의 목을 겨냥하여 화살을 날렸다. 부드러운 목줄기를 꿰뚫어 날카로운 화살 촉이 박히자, 저쪽으로 벌렁 넘어지면서 화살을 맞은 그의 손에서 술잔이 떨어졌다. 그러고는 바로 콧구멍에서 생생한 피가 왈칵 넘쳐나 대롱처럼 솟구쳤다. 그 순간 그만 앞에 놓인 탁자를 발로 걸어차고, 음식물을 땅바닥에 뿌려 놓았는데, 빵과 구운 고기가 흙투성이가 되고 말았다.

구혼자들 모두 그 사나이가 넘어지는 것을 보자 일제히 소란을 피웠다. 그리고 곧 간담이 서늘해져서는 자리에서 펄쩍 뛰어 일어나 이리저리 집 안 단단한 벽 쪽으로 눈길을 굴려 창과 방패를 찾아보았지만, 어디에도 눈에 띄지 않았다. 그들은 화가 나서 오디세우스를 비난했다.

"도대체 부랑자 주제에 무사들을 겨누어 활을 당기다니, 천벌을 받을 놈 같으니. 이제는 결코 무슨 경기에도 참가하진 못할 거다. 금방이라도 험악한 죽음이 고스란히 네놈한테 내려질 것이다. 그야말로 이 이타카 섬의 젊은이들 중에서도 가장 으뜸가는 인물을 죽였으니 말이다. 그러니 네놈은 이 자리에서 마땅히 독수리 밥이 되어야 한다."

너나 할 것 없이 이렇게 모두 한 마디씩 해 붙였는데, 그때까지도 오디세우스가 아무런 마음 없이 뜻밖에 무사를 죽인 줄로만 여겼기 때문이다. 그러나 그들은 어리석게도 사실은 그들 모두에게도 죽음의 오랏줄이 걸려 있음을 눈치채지 못하고 있었다. 한편 눈을 치켜 그들을 노려보며 꾀많은 오디세우스가 말했다.

"이놈들아, 내가 영원히 못 돌아올 줄 알았느냐. 트로이에서 말이다. 내 재산을 축내고, 시녀들을 강제로 끌어다 동침을 하고, 내가 눈이 시퍼렇게 살아 있는데 내 아내에게 구혼을 하다니. 넓고 큰 하늘을 다스리시는 신들을 우습게 보고, 또 세상 사람들의 노여움을 끊임없이 사고 있는 것도 아랑곳없이. 이제야 네놈들을 모조리 죽음의 오랏줄에 걸어 놓았단 말이다."

이렇게 말하자 다들 얼굴이 새파랗게 질려 공포에 덜덜 떨었다. 모두 빠져나갈 구멍을 찾아 이곳저곳을 두리번거렸다. 그러나 에우리마코스 한 사람만은 그에게 대답했다.

"당신이 틀림없이 이타카 섬 사람인 오디세우스고 이제 돌아온 참이라면, 방금 당신이 한 말은 모두 지당한 말이오. 아카이아족 사나이들이 저지른 여러 가지 행위는 도리에 어긋나는 나쁜 소행이었으며, 그뿐만 아니라 시골에서도 못된 짓들을 많이 했소. 하지만 모든 좋지 못한 짓을 저지른 장본인이었던 그 사나이는 이미 쓰러지고 말았소. 안티노스 이 사람이 모든 소행을 저질렀는데, 그것도 뭐 결혼을 꼭 해야만 하겠다고 생각해서 절망 끝에 저지른 일이 아니고, 그저 스스로 아담한 이타카 마을 전체의 왕이 되려는 생각에서 저지른 일이었소. 그것을 운 사납게도 크로노스의 아드님이신 제우스께서 실현시켜 주지는 않으셨지만. 그래서 당신 아들까지도 숨어 있다가 죽여 없애려고 음모했던 것이었소. 하지만 이제는 이미 그 사나이도 제 분수대로 죽임을 당하고 말았으니, 당신은 자기가 다스리는 나라 사람인 우리도 너그러운 마음으로 용서하시기 바랍니다. 그럼 우리도 나중에 나라 전체에서 긁어모아, 이 댁에서 축내버린 재산을 저마다 소 20마리씩으로 계산해서 갚아 드리도록 하지요. 청동이든 황금이든 당신의 직성이 풀릴 만큼. 그때까지는 당신이 아무리 화를 낸다 해도 부당한 짓이라며 비난할 사람은 아무도 없을 겁니다."

그 말에 치켜뜬 눈으로 노려보면서 꾀많은 오디세우스가 말했다.

"에우리마코스여, 진정 자네들이 조상 이래로 물려받은 재산을 모조리 갚는다 하더라도, 아니 지금 자네들이 가진 재산에 또 다른 것을 덧붙여 가져온다 할지라도 나는 구혼자들의 못된 소행을 속속들이 속죄하게 하기 전까지는 살육을 그치지 않을 것이다. 자, 어느 쪽을 택하든 그건 너희들 마음대로 해라. 맞서 싸우든지 아니면 달아나든. 혹 누구든 죽음과 재앙을 피할 수 있는 사나이가 있다면 말이다. 하지만 험악한 이 파멸을 모면할 사나이는 아마 없을 것이다."

이렇게 말하자, 모두들 가슴이 떨리고 무릎이 흔들려 그대로 그 자리에 무너져 버렸다. 맥이 빠져 엉거주춤 주저앉았는데, 꼭 얼빠진 사람들 같았다. 그들 사이에서 에우리마코스가 다시 한 번 입을 열어 말했다.

"동지 여러분, 거기 있는 사나이는 무적의 솜씨를 그대로 거두지는 않을 거요. 잘 닦여진 활과 화살을 손에 쥔 이상, 말끔한 문지방에서 우리를 모조리 죽여 없애기 전에는 활을 쥔 손을 멈추지는 않을 거요. 그러니 우리도 맞서 싸우는 게 어떻소. 모두 칼을 뽑아들고 네 발 탁자를 방패삼아 죽음을 내리는 화살을 막아 냅시다. 그리고 그에게 우리 모두 맞서 싸웁시다. 그래서 혹 그를 문지방 언저리 또는 문간에서 몰아낼 수 있고, 거리로 달려 나가 소리칠 수 있다면, 곧 이 사나이가 활을 쏘는 것도 이것이 마지막이 될 거요.”

높은 소리로 이렇게 말하고 양면에 날이 선 날카로운 청동 칼을 뽑아들었다. 그러고는 무서운 함성과 함께 오디세우스에게 달려들었다. 그러자 존엄한 오디세우스도 그와 동시에 화살을 날려 가슴팍 젖퉁 옆을 겨냥했고 재빠른 화살은 간에 가서 박혔다. 그는 손에 들었던 칼을 땅 위로 떨어뜨리고 탁자 위에 몸을 걸치고는 그대로 쓰러져 버렸는데, 먹을 것이며 두 귀가 달린 술잔들도 땅 위에 모두 흩어져 버렸다. 에우리마코스는 단말마의 고통 때문에 땅에 이마를 짓찧고, 두 다리로 팔걸이의자를 걷어차며 비틀거렸는데, 두 눈에는 벌써 검은 그림자가 덮쳐 있었다.

한편 암피노모스는 명예로운 오디세우스에게 정면으로 달려들어, 날카로운 칼을 뽑아 들고 어떻게든 문간에서 비켜 세우려고 애를 썼지만, 그보다 먼저 텔레마코스가 청동을 끼운 창으로 뒤에서 등 한가운데를 찔러 가슴팍에까지 뚫고 나갔다. 그래서 그는 쿵 소리와 함께 얼굴을 땅 위에 묻어 버렸다. 텔레마코스는 그대로 암피노모스한테 꽂힌 창을 버려 둔 채 물러섰다. 왜냐하면 자기가 그 긴 그림자의 꼬리를 끄는 창을 뽑고 있는 참에, 아카이아족의 누구든지 칼을 쥐고 달려들거나, 또는 앞으로 엎드린 동안에 찌를지도 모른다는 생각이 났기 때문이다. 그래서 그는 사랑하는 아버지 곁으로 달려가 바싹 다가서서 걱정스럽게 속삭였다.

“아버님, 이제 곧 방패와 창 두 개와 머리에 꼭 맞는 청동 투구를 갖다 드리겠습니다. 나도 빨리 달려가 무구를 지니고 오겠습니다. 그리고 돼지치기와 소치기에게도 한 벌씩 입혀 주어야겠지요. 무장을 든든하게 하는 편이 아무래도 마음이 놓이니까요.”

그 말에 지혜로운 오디세우스가 대답했다.

“빨리 다녀오너라. 방어할 수 있는 화살이 아직 내 손에 남아 있는 동안에 말이다. 나 혼자뿐이니까, 그들에게 밀려 문을 열어 주는 날에는 큰일이 벌어질 거야.”

이 말을 듣고 텔레마코스는 사랑하는 아버지 말대로 안에 있는 광으로 달려갔다. 거기에는 훌륭한 무구들이 보관되어 있으므로, 방패 네 개와 창 여덟 개에 청동 촉을 끼우고, 말총 장식이 달려 있는 투구를 끄집어냈다. 그것들을 가지고 잽싼 걸음으로 사랑하는 아버지 곁에 이르자, 먼저 자기가 청동 무기로 무장을 했다. 그리고 갖가지 일들을 꾸미는 오디세우스 곁에 가서 딱 막아 섰다.

그러자 오디세우스는 화살이 남아 있는 한 쉼 없이 구혼자들을 하나하나 겨냥해서 쏘아 대고 있었다. 그들은 차례차례 쓰러졌다. 이윽고 활을 쏘는 주군의 손에서 화살이 없어지자, 그는 견고한 홀 문기둥 옆, 눈부시도록 흰 벽에 활을 기대놓고, 두 어깨에 네 겹의 쇠가죽을 겹친 방패를 걸쳤다. 그리고 늠름한 머리에는 말총 장식을 단 투구를 썼다. 그 꼭대기에서 무시무시한 말총이 늘어져 흔들거리고 있었다. 오디세우스는 손으로 청동 촉을 꽂은 육중한 창 두 개를 집어 들었다.

그런데 튼튼하게 쌓아올린 벽에는 뒷문이 있었다. 또한 문지방 가장 높은 곳 바로 옆에는 훌륭한 홀에서 옆으로 난 통로가 있으며, 거기에는 꼭 들어맞는 판자문이 통로를 에워싸고 있었다. 바로 그 문을 오디세우스는 갸륵한 돼지치기에게 망을 보도록 명령해 두었다. 그곳만이 유일한 공격 지점이었기 때문이다. 아겔라오스가 모두를 보고 입을 열어 알렸다.

"여러분 어떻게 할까요. 누구든 뒷문을 빠져 나가 마을 사람에게 알리면, 그 길이 가장 빠르게 구원을 요청하는 길입니다. 그렇게만 되면, 이 사나이도 더는 활을 쏘지 못하겠지요."

그 말에 염소치기 멜란티오스가 말했다.

"그건 어림없는 소리입니다. 제우스가 보호하시는 아겔라오스 님, 공교롭게도 바로 옆에 안마당으로 통하는 커다란 문이 있답니다. 그러니 옆으로 난 통로를 지난다는 건 어려운 일이며 자칫하면 혼자서 모두를 밀어 넣을 수도 있습니다. 용감한 사나이라면 말이오. 그러니 이렇게 해 봅시다. 여러분이 무장할 수 있도록 내가 광에서 무구를 날라오지요. 오디세우스와 명예로운 그 아들은 그 광에 틀림없이 무구를 숨겨두었을 테니까요."

이렇게 말하자 염소치기 멜란티오스는 오디세우스의 안채로 홀의 좁은 통로를 따라 올라갔다. 거기서 열두 개의 방패와 창, 그리고 그만한 숫자의 창과 말총을 붙인 청동 투구를 끄집어내 재빨리 구혼자들에게 넘겨주었다. 그런데 그들이 무장을 하고 기다란 창을 휘둘러 대는 모습을 본 오디세우스도 무릎에 힘이 빠지고 마음도 잦아드는 느낌이 들었다. 참으로 그에게 너무나 벅찬 일이라는 걸 알자, 곧 텔레마코스에게 뜻하던 것과는 어긋났을 때의 딱한 표정을 지으며 말했다.

"텔레마코스여, 아무래도 시녀들 중에서 누군가 우리에게 교묘한 싸움을 걸려 하는 것 같구나. 아니면 멜란티오스 놈일까."

그러자 지혜와 분별이 있는 텔레마코스가 대답했다.

"아버님, 이런 잘못을 저지른 건 저 자신이며 다른 누구의 책임도 아닙니다. 빈틈 없는 광문을 열어 놓은 채 달려왔는걸요. 그걸 어떤 놈이 눈여겨보았던 모양입니다. 에우마이오스, 어서 가서 광문을 잠그고 오게나. 그리고 이게 시녀들 짓인지 아니면 돌리오스의 아들 멜란티오스의 짓인지 알아보고 오게. 틀림없이 그놈 짓일 거야."

그들은 이런 이야기를 서로 주고받고 했다. 한편 멜란티오스는 또다시 휘황한 무구들을 가져올 셈으로 안채의 광으로 갔다. 그런데 마침 돼지치기가 보고 즉시 곁에 있는 오디세우스에게 말했다.

"제우스의 후손이시고 라에르테스의 아드님이시며 모사에 풍부한 오디세우스 님, 저놈이 아주 괘씸한 놈입니다. 제가 짐작한 대로 광으로 가는군요. 그러니 오디세우스 님, 확실하게 말씀해 주십시오. 만약 제 힘이 닿는다면 죽여버릴까요, 아니면 이리로 끌고 올까요? 못된 짓을 저지른 보상을 받도록. 저놈이 성에서 저지른 죄까지 모두 합쳐서 말입니다."

그 말에 지혜로운 오디세우스가 대답했다.

"그래, 나와 텔레마코스는 오만한 구혼자들을 이 홀 안에 붙들어 놓을 테다. 저놈들도 몹시 기세를 올리고는 있지만. 그러니 너희들은 둘이서 저놈의 팔다리를 비틀어 광 속에 처박고 뒤의 판자문을 꼭 잠가 두어라. 꼬아 올린 밧줄로 그놈을 꽁꽁 묶어서 오래도록 산 채로 천천히 고통을 맛보도록 높은 기둥에 달아 올려 천장 대들보 언저리에 매달아 놓아라."

이렇게 말이 떨어지자 둘은 곧 명령을 따라 광으로 갔는데, 광 안에 있는 사나이는 누군가가 왔음을 눈치 채지 못했다. 안쪽 구석에서 그는 무구를 뒤져내고 있었는데, 둘은 입구의 기둥 모퉁이에서 대기하고 있었다. 그때에 염소치기 멜란티오스가 문지방을 넘어섰다. 한 손에는 네모난 휘황한 투구를 들고 또 다른 손에는 좀 낡은 폭넓은 방패를 부둥켜안았는데, 그것도 군데군데 곰팡이가 잔뜩 핀 것이었다. 전에 라에르테스가 젊은 시절에 쓰던 것으로 요즈음에는 버리다시피 처박아 둬, 끈과 꿰맨 솔기가 모두 터진 것이었다. 그를 보자마자 두 사람이 달려들어 머리끄덩이를 잡아 안으로 끌고 왔다. 그리고 매우 당황해하는 것을 땅바닥에 내동댕이친 다음, 고통스레 결박해두기 위해 팔다리를 비틀고 밧줄을 여러 겹으로 돌려 묶어 버렸다. 라에르테스의 아들이며, 참을성 있고 존엄한 오디세우스의 명령대로. 그러고는 꼬아 올린 밧줄로 매어 높은 기둥 위 천장 대들보 언저리까지 끌어올려 매달아 놓았다. 그때 그를 바라보며 돼지치기 에우마이오스는 악다구니를 하면서 말했다.

"이제야말로 이놈 멜란티오스, 온 밤을 뜬 눈으로 망을 보게 생겼구나. 포근한 잠자리에서 말이다. 네놈에게는 과분한 잠자리지 뭐야. 아무튼 너는 일찍 태어나서서 황금 의자에 앉아 계시는 새벽의 여신이 오케아노스 강 옆에 나타나시는 것도 바라볼 수 있겠지. 그때가 되면 네놈이 염소를 끌어다 구혼자들에게 바치게 될 거다. 성에서 아침 식사 준비를 하도록 말이야."

그리하여 이 사나이는 저주스러운 결박을 당해 천장에 매달린 채 남게 되었다. 그러고 나서 두 사람은 몸을 튼튼히 무장하고 육중한 문을 닫은 다음, 현명하고 갖가지 일을 꾀함에 능숙한 오디세우스에게로 돌아왔다. 거기에서 그들은 기세등등하게 맞서 버텼다. 문지방께를 넷이서 막아서는 대청 안에 있는 수많은 사람들과 맞섰던 것이었다. 바로 그때 그 무리들 가까이로 제우스 신의 따님인 아테나 여신이 내려왔다. 그 모습이나 목소리는 멘토르를 그대로 닮았다. 그 모습을 보자 오디세우스는 기뻐하며 말을 걸었다.

"멘토르 님, 이 재난에서 우리를 보호해 주십시오. 친근했던 오랜 동지라는 걸 잊지 말고서. 당신한테는 나는 여러 가지로 하노라고 했었지요. 어릴 적 친구이니까요."

이런 말을 한 것도 그가 용사들의 기세를 돋우어 주는 아테나 여신임을 추측했기 때문이었다. 한편 구혼자들도 홀 안에서 저마다 욕을 퍼붓고 있었다. 맨 처음에는 다마스토르의 아들 아겔라오스가 서서 외쳐댔다.

"멘토르여, 오디세우스의 감언이설에 넘어가지 않도록 조심하게나. 자기편을 들어 구혼자들과 싸우라는 그 말에 말이야. 왜냐하면 우리의 꾀가 어떤 식으로 실현되는가 이제 곧 보여 줄 테니 말이야. 이놈들 부자를 한꺼번에 때려잡

앉을 때에는 네놈도 함께 당하게 될 거야. 홀 안에서 그따위 짓을 하려는 경우에는 말이야. 그때에는 네 목을 바쳐 갚게 될 거다. 또한 너희들의 목을 청동칼로 쳐 버리는 날에는 네놈의 재산을 남김없이, 밖의 것이건 안의 것이건, 오디세우스의 재산과 똑같이 당할 줄 알아라. 게다가 네 자식들도 집 안에 살려 두지는 않을 테다. 딸들과 부지런한 네 아내도 이타카 마을을 자유로운 몸으로 다니지는 못할 거다."

이 말을 들은 아테나 여신은 한층 화가 치밀어 오디세우스를 노여움에 찬 말로 나무랐다.

"오디세우스여, 당신은 이제 확고한 기개도 용기도 없단 말이오. 그 옛날 훌륭한 부친을 모신 흰 팔을 가진 헬레네를 위해 트로이 군사와 쉼 없이 싸웠던 때처럼 말이오. 많은 용사들을 무서운 전투 속에서 쳐서 무찔렀잖소. 또 당신의 꾀로 길폭이 널따란 프리아모스의 도시를 함락시키기도 했으면서. 그 훌륭한 솜씨가 이제는 다 어디로 가고, 자기 집과 재산을 찾아왔으면서 구혼자들을 모두 무찌를 수 없어 한탄한단 말이오. 그렇다면 어서 이리로 오시오. 그래, 내 옆에서 지켜보도록 하시오. 그럼 당신도 적의 무사들과 맞서서, 알키모스의 아들 멘토르가 남의 우의를 갚는 데는 얼마나 확실한 사나이인가를 알게 될 거요."

이렇게 말하였지만 아직은 일방적인 승리를 거두게 하지 않은 채 오디세우스와 명예로운 그의 아들의 기력과 무술을 시험해 볼 생각이었다. 여신은 제비의 모습이 되어 위로 날아올라 검게 그을은 홀 천장 서까래에 앉아 있었다.

한편 이쪽에서는 구혼자들을 다마스토르의 아들 아겔라오스, 에우리노모스, 암피메돈, 데모프톨레모스와 폴리크토르의 아들 페이산도로스, 그리고 용감한 폴리보스 등이 격려했다. 이 무리들은 구혼자들 가운데서도, 특히 힘에서나 일에서나 가장 뛰어난 무리들이었다. 아직 살아남아서 생명을 걸고 싸우는 사나이들 가운데서는. 그 밖의 사람들은 이미 계속해서 날아오는 화살들에 맞아 죽은 지가 오래였다. 구혼자들을 보고 아겔라오스가 말했다.

"보시오 여러분, 이제는 저 사나이도 지쳐 그만 손을 멈추고 말 거요. 그리고 멘토르 놈도 허황된 큰소리만 치고 달아나 버렸으니, 저놈들은 그저 문어귀에 혼자 남아 있는 셈이오. 그러니 우리 모두가 한꺼번에 창을 던지는 건 그만두기로 하고, 우선 여섯 사람만이 창을 던지기로 합시다. 어쩌면 제우스 신이 오디세우스를 명중시켜 명예를 드높이는 것을 허락하실지도 모르니. 다른 놈들은 생각할 필요도 없어요. 저 사나이만 없애버린다면."

이렇게 말하자 모두들 그의 지시에 따라 열심히 창을 던졌지만, 아테나 여신께서 그 창을 모조리 빗나가게 하였기 때문에, 창 한 개는 홀 단단한 문기둥에 부딪고, 또 다른 한 사람이 던진 창이 꽉 닫힌 문짝에 맞자, 청동 촉을 단 물푸레나무 창은 벽에 부딪혀 떨어졌다. 이윽고 구혼자들의 창을 이쪽 편에서 모두 피해 버리자 참을성 있고 존엄한 오디세우스는 그들을 바라보며 말했다.

"자, 동지들, 이번에는 내가 말할 차례 같군. 구혼자들에게 우리도 창을 던지라고 말이야. 저놈들은 이전에 못된 짓을 하고도 그래도 모자라서 우리를 죽여 살갗을 벗기려고 몹시 바둥댄단 말이야."

이렇게 말하자, 이쪽 편에서는 날카로운 창을 마주 보고 잘 겨냥해서 일제히 던져 버렸다. 오디세우스는 데모프톨레모스를, 텔레마코스는 에우리아데스를, 돼지치기는 엘라토스를, 그리고 소치기 필로이티오스가 페이산도로스를 쓰러뜨렸다. 그리하여 이 무리들이 모두 하나같이 쓰러져 넓은 땅바닥을 이빨로 물어대는 걸 보자, 구혼자들은 홀 한편 구석으로 몸을 피했다. 이쪽에서는 달려 나가 시체 여섯 구에서 창을 뽑아 들었다.

구혼자들은 또다시 기세를 올려 날카로운 창을 던져 보았지만, 그 많은 창도 모두 아테나 여신이 빗나가게 했기 때문에, 한 사람의 창은 튼튼한 홀 문기둥에 부딪쳤고, 또 한 사람의 청동 촉이 달린 물푸레나무 창은 벽에 부딪쳐 떨어졌다. 또 암피메돈의 창은 텔레마코스의 손목뼈를 스쳐 청동 창 끝이 살갗에 약간의 상처를 입혔다.

한편 크테시포스는 방패 위를 넘어서 긴 창으로 에우마이오스 어깨를 긁어 상처를 입혔는데, 그 또한 위로 빠져나가 저쪽 땅바닥에 떨어졌다. 다음에는 또다시 지혜롭고 일을 꾀함에 능숙한 오디세우스 편에서 구혼자들이 모여 있는 속으로 날카로운 창을 던질 차례였다. 그때 또 도시를 무너뜨리는 오디세우스가 에우리다마스를 겨누고, 텔레마코스는 암피메돈을 쓰러뜨리고, 돼지치기는 폴리보스를, 그리고 소치기 필로이티오스는 크테시포스의 가슴팍에 창을 던졌다. 그러고는 우쭐해서 그에게 말했다.

"이 더러운 입을 가진 폴리텔세스의 아들아, 너는 결코 네 주제넘은 생각에 우쭐해서 큰소리치지 않는 게 좋을 게다. 그보다 이야기는 신들께 맡기는 편이 좋겠다. 너보다 훨씬 지혜로우시니까 말이야. 그래 이건 아까 네가 던져 준 소다리에 대한 답례다. 신과도 같은 오디세우스 님이 성 안에서 구걸하실 때 말이다."

흰 뿔을 가진 소들을 보살피는 소치기가 이렇게 말했다. 한편 오디세우스는 다마스토르의 아들 아겔라오스에게 가까이 가서 긴 창으로 푹 찔렀다. 또 텔레마코스는 에우에노르의 아들 레오크리토스의 배를 창으로 찔렀는데, 청동 창끝이 꿰뚫으니 그는 땅바닥에 얼굴을 처박으며 앞으로 쓰러졌다.

이때 아테나 여신이 인류를 때려 부수는 염소 가죽 방패를 서까래 위에서 높이 쳐들자, 구혼자들은 가슴이 서늘해져서 온 홀 안을 가로 세로 도망치기 바빴고 그 꼴은 마치 떼로 몰려다니는 암소와 같았다. 길고 긴 봄날에 이쪽저쪽 날아다니는 등에가 덮쳐들면 빙글빙글 휘둘러 쫓아내는 소들처럼. 또 한쪽 모습은 발톱이 흰 독수리 같은 부리를 가진 매들이 산기슭에서 내려와 작은 새들에 덮쳤을 때, 새들은 꼼짝달싹도 못하며 움츠리고 있다가 들판에 걸려 있는 아지랑이 속으로 날아가는 것을, 매들이 덮쳐들어 죽이는 바람에 어찌지도 못하는 것처럼 보였다. 이런 모양을 보고 사람들은 재미있어 한다. 마찬가지로 그들은 구혼자들에게 덮쳐들어 온 집 안을 몰고 다니며 하나하나 죽여 갔는데, 이 무리들의 꼴사나운 비명 소리가 그들의 목이 차례차례 잘려질 때마다 울려퍼지고 땅바닥은 흘린 피로 어지러웠다.

레오데스는 오디세우스에게로 달려와서 그의 무릎에 매달려 괴로움에 차서 애원했다.

"오디세우스 님, 당신 무릎에 매달려 간청하오니 부디 나를 제우스에 의지하는 소원자로서 경건한 마음으로 다루어 자비를 베풀어 주십시오. 나는 결코 성의 시녀들을 못살게 군 적도 없거니와 못된 소행을 일삼은 적도 없습니다. 오히려 다른 구혼자들을 막아 온 처지랍니다. 누구든 못된 짓을 하는 사나이에게는 말입니다. 그런데도 그들은 내 말을 못 들은 체하고 못되게 굴었지요. 그런 까닭에 끝내는 이런 떼죽음을 당하는 운명에 빠져 버린 것입니다. 또한 나는 그들과 함께 아무것도 행동한 게 없으며, 그저 희생적인 점쟁이 노릇을 했을 뿐인데, 함께 휩쓸려 죽어야 한다면, 좋은 일을 한다 해도 나중에 아무런 덕이 없다는 말이 되겠지요."

그러자 그 사나이를 눈을 치켜 노려보면서 지혜로운 오디세우스가 말했다.

"정말로 네가 그들 사이에서 희생적인 점쟁이 노릇만을 해왔다면 아마 이 집 안에서 수없이 기도드렸을 텐데, 그때마다 나의 즐거운 귀국이 실현되지 못하 도록, 또 사랑하는 내 아내가 너의 아이를 낳도록 말이야. 그러니 네놈도 죽음 의 지독한 고통을 피할 수는 없으렷다."

이렇게 말하며 옆에 놓여 있던 칼을 억센 손으로 집어 들었다. 이것은 아겔 라오스가 죽어 갈 때 땅 위에 던져 버린 것이었는데, 그 칼을 집어 레오데스의 목덜미를 내리치자, 지껄여 대던 그의 목이 땅바닥에 굴렀다.

또 테르피오스의 아들이며 노래 부르는 사람인 페미오스는 아직 검은 죽음 의 운명을 피해 살아 있었다. 이 자는 강제로 끌려오다시피 해서 구혼자들 틈 에 끼어들어 노래를 불렀는데, 두 팔에는 높은 소리를 내는 하프를 껴안고 뒷 문 바로 앞에 웅크리고 서 있었다. 그리고 마음속으로 이리저리 궁리해 보고 있었다. 이 홀을 빠져 나가 울 안을 지키시는 제우스 대신의 훌륭한 제단에 매 달려 용서를 빌 것인가, 아니면 직접 오디세우스에게 매달려 간청할 것인가. 이 제단에는 라에르테스도 오디세우스도 수없이 소의 허벅지살을 바쳐 제사를 올리곤 했었다. 끝내는 라에르테스의 아들 오디세우스의 무릎에 매달려 간청 하기로 마음먹었다. 그래서 속이 빈 큰 하프를 희석용 술동이와 은못을 촘촘 히 박아 놓은 팔걸이의자 사이 땅에 내려놓고, 자기는 오디세우스에게 달려가 서 그의 무릎에 두 팔로 매달리며 말을 걸어 애원했다.

"살려 주십시오. 오디세우스 님, 저에게 너그러운 마음으로 자비를 베풀어 주 십시오. 당신께서도 아마 뒷날 괴로울 겁니다. 저와 같은 가인(歌人)을 죽이신 다면 말이지요. 본디 저는 신을 위해, 그리고 인간을 위해 노래하며 그 길을 스 스로 익혀 온 사람입니다. 신께서 제 마음 속에 모든 노래를 심어 주신 거지요. 참으로 당신 곁에서 노래 부른다는 건 신을 노래하는 기분입니다. 그러니 내 목을 치려고 자꾸만 서둘지 말아 주십시오. 아마 당신의 사랑하는 아드님도 이 일만은 반대하실 겁니다. 결코 내가 자진해서, 또는 보수를 받으려고 구혼 자들을 위해 향연 끝에 노래하기 위해 이 댁으로 온 것이 아니라, 다만 그들은 여럿이고 또 기세등등하므로 억지로 끌려오다시피 해서 이곳까지 오게 되었답 니다."

무술의 용사인 텔레마코스가 이 이야기를 듣자 바로 부친께 말했다.

"죽이시는 것만은 참아 주십시오, 아버님. 이분은 죄가 없습니다. 그러니 칼을 대는 건 삼가 주세요. 그리고 전령 메돈도 살려 줍시다. 그는 늘 나를 보살 펴 주었으니까요. 제가 어릴 적부터 우리 집에서 말입니다. 만약 필로이티오 스나 돼지치기 에우마이오스가 죽이지 않았다면, 그리고 아버님이 온 집 안 을 마구 수라장으로 만드셨을 때에 아버님과 마주치거나 한 적이 없다면 말입 니다."

이렇게 말하자 메돈이 그 소리를 들었다. 본디 영리하고 분별 있는 사나이였 는데, 이때에는 커다란 의자 밑에 납작하게 엎드려 있었던 것이다. 온 몸에 방 금 벗겨 낸 쇠가죽을 둘둘 말고 있었다. 검은 죽음이 덮쳐올 운명을 피하기 위 해서였다. 그는 곧 의자 밑에서 일어선 뒤 쇠가죽을 벗어던지고 텔레마코스에 게 매달려 그 무릎을 붙잡고는 자비를 빌며 애원했다.

"도련님, 저는 이렇게 여기 살아 있습니다. 제발 당신께서 그 손을 거두어 주 십시오. 그리고 아버님께도 잘 말씀해 주십시오. 아버님께서는 당신의 재산을 탕진하고 어리석게도 도련님을 없애려던 그들에게 화가 나셨겠지만, 날카로운 그 칼로 저마저 죽이실까 두렵습니다."

그 말에 지혜로운 오디세우스는 빙그레 웃으며 말했다.

"걱정하지 말아라, 보다시피 내 아들이 너를 감싸 보호하며 목숨을 책임졌으 니까. 너도 그런 걸 깊이 깨닫도록 하라. 그리고 악랄한 행동으로 신세를 망치 느니보다는 좋은 일을 한다는 게 얼마나 떳떳한 일인지 사람들한테도 말해 두 어라. 아무튼 너희들은 홀 밖으로 나가 있거라. 너와 평판이 높은 가인은 이 자 리를 피하는 게 좋겠군. 내가 남은 자들을 처리하는 동안은 말이다."

이렇게 말하자 둘은 홀 밖으로 나가 제우스 신 제단으로 향했으나, 가인은 아직 두려움에 찬 눈길로 이곳저곳 살피면서 주위를 돌아보고 있었다.

오디세우스는 집 안을 이리저리 둘러보았다. 혹 구혼자들 가운데 누군가 죽 음을 피해 살아 있지나 않을까 하는 생각에서였다. 그러나 그들은 모두 피와 모래로 뒤범벅이 되어 마치 물고기처럼 뒹굴고 있었다. 어부들이 바다 기슭에 촘촘한 그물로 끌어올려 놓은 물고기와 비슷했다. 바닷물이 그리워 모래사장 에 즐비하게 뒹구는 것들의 생명을 따가운 햇볕이 빼앗아간 것처럼, 이때의 구 혼자들은 어깨를 나란히 한 채 쭉 뻗어 늘어져 있었다. 이때, 지혜로운 오디세 우스가 텔레마코스를 바라보며 말했다.

"텔레마코스야, 어서 가서 유모 에우리클레이아를 불러 오너라. 내 생각을 그녀에게 말해야 되겠으니 말이다."

이렇게 말하자 텔레마코스는 사랑하는 아버지의 분부에 따라 뒷문을 열고 유모 에우리클레이아에게 소리쳤다.

"유모, 자네는 우리 집 시녀들 중에서 가장 연장자이니까 어서 이리 나오게. 아버님이 부르시니 말이야. 자네한테 하실 말씀이 있으시다네."

이렇게 큰 소리로 말했는데 그녀는 대답도 못한 채 겁에 질려 있었다. 훌륭하게 꾸며진 방마다 문을 열어젖히는 일에도 텔레마코스가 앞장서서 다녔다. 오디세우스 앞으로 오자 그는 아직 시체들 가운데 서 있었는데, 피와 먼지로 엉망이 된 그의 모습은 마치 사자처럼 보였다. 들판의 소들을 방금 잡아먹고 온 사자와 똑같았다. 오디세우스의 가슴도 뺨도 피투성이가 되어 보기조차 무시무시하였고, 다리와 팔, 손 할 것 없이 모두 피투성이였다. 그녀는 그 자리에 널려진 참혹한 시체들과 어마어마한 피를 보자, 엄청난 일이 벌어졌음을 짐작하고 저도 모르게 탄성을 올렸다. 그러나 오디세우스는 그녀가 기뻐 소리치려는 것을 막으며 위엄 있는 소리로 말했다.

"속으로만 좋아하게나 유모, 소리치는 건 삼가도록 하게. 죽은 사람들 앞에서 의기양양하게 뽐내는 건 좋지 못한 일이니까. 이 사나이들은 신들께서 정해 주신 운명과 무참한 소행 때문에 신세를 망쳐 버린 걸세. 그들은 이 세상 어떤 사람이라도, 천한 사람이든 귀한 사람이든, 소중하게 대접한 적이 없었지. 그런 사람들이 의지해 왔을 때 말이야. 결국 오만하고 못된 소행 때문에 비참한 끝을 불러오게 된 것이야. 자 그럼, 이제 자네는 여자들을 홀 안으로 불러모으게나. 나를 푸대접한 여자들뿐만 아니라 죄가 없는 여자들도 모두 말일세."

그러자 상냥한 유모 에우리클레이아가 말했다.

"그렇다면 주인님, 제가 바른 대로 말씀드리겠습니다. 이 저택 안에는 모두 50명의 시녀들이 있으며, 그녀들은 모두 저마다 여러 가지 일을 맡아 보도록 훈련해 왔습니다. 그 일이란 양털을 빗기는 것과 같은 하녀로서의 가사입니다. 그런데 그 가운데 12명이 뻔뻔스러운 짓에 몸을 맡겼으며, 저를 얕볼 뿐 아니라 페넬로페 마님에게까지도 건방지게 구는 형편이랍니다. 게다가 도련님은 이제 겨우 어린 티를 벗어나신 형편이고, 마님께서는 아드님한테 아직은 시녀들을 부리는 건 용서하지 않으시니까요. 아무튼 제가 2층으로 달려가 마님께 알려 드려야 하겠습니다. 어느 신께서 마님 눈에 잠을 부어 주셔서 주무시는 참입니다."

그 말에 지혜로운 오디세우스가 대답했다.

"아직은 마님을 깨우지 말게. 자네는 여자들을 이리로 불러 오게나. 못된 짓을 해 오던 여자들 말이야."

이렇게 말하자 늙은 시녀는 홀을 가로질러 여자들에게 명령을 전달하고 부지런히 걸어나갔다. 한편, 오디세우스는 텔레마코스와 소치기, 돼지치기를 제 곁에 불러 서둘러 명령하며 말을 걸었다.

"그럼, 이제부터 시체를 운반해 내도록 하게. 그리고 여자들에게도 그렇게 말하게. 이번에는 특별히 훌륭한 팔걸이의자와 네 발 탁자를 물과 구멍이 숭숭 뚫린 해면으로 닦아 내야 해. 온 집안을 말끔히 정리한 다음, 시녀들을 홀 밖으로 끌어내 아늑한 안뜰, 울 안에 모아놓고 늘씬한 긴 칼로 쳐서 죽이는 거야. 여자들의 목숨이 끊어져 애욕의 상념이 아주 사라져 버리도록 말이지. 그런 생각에 사로잡혀 구혼자들과 서로 어울려 한 무리가 되었던 것이니까."

이런 말을 하는 동안에도 시녀들이 몹시 울어 대며 주먹 같은 눈물을 마구 흘리면서 모두 몰려들었다. 우선 숨이 끊어진 시체들을 날라다 빈틈없이 꾸며진 안뜰의 주랑 밑에 서로 기대 놓았다. 모두 오디세우스가 지시하며 손수 서둘렀기 때문에, 여자들도 어쩔 수 없이 따라 할 수밖에 없었다. 그리고 훌륭한 팔걸이의자와 네 발 탁자를 물과 구멍이 숭숭 뚫린 해면으로 닦았으며, 한편에서는 텔레마코스와 소치기, 돼지치기가 단단한 홀의 땅바닥을 괭이로 평평하게 다져 나갔다. 시녀들은 그동안에도 시체를 밖으로 운반해 나갔다. 이윽고 홀이 말끔히 정리되자 시녀들을 훌륭한 홀 밖으로 끌어내어, 빈틈 없는 안뜰 울 안의 울타리와 둥그런 정자 사이의 좁은 곳에 가두어 놓았다. 이곳은 절대 도망칠 수 없는 곳이었다. 그들을 바라보며 영리한 텔레마코스가 먼저 이렇게 말을 꺼냈다.

"절대로 깨끗하게 목숨을 끊어 주지는 않을 테다. 너희들은 내 얼굴에 마구 흙탕물을 끼얹은 셈이니까, 더구나 우리 어머님에게도 말이지. 그리고 밤이면 구혼자들 곁에서 온 밤을 지내곤 했으니까 말이다."

이렇게 말하며 검은 배의 뱃머리를 매 놓은 굵은 밧줄을 둥그런 정자의 굵은 기둥에 비끄러맨 다음, 발이 땅에 닿지 못하도록 빙 돌려 높게 줄을 매어 놓았다. 마치 긴 날개를 가진 티티새나 비둘기가 나무 숲에 장치된 새 그물에 걸렸을 때처럼, 둥지로 돌아가 잠을 청하려는데 무시무시하고 징그러운 죽음이 그들을 맞아들인 셈이었다. 그런 모습과 똑같이 여자들은 차례차례 머리를 내밀었다. 그 목에는 더 참혹하게 죽도록 모두 올가미가 걸려 있었다. 잠시 발버둥을 쳤지만 그것도 그리 오래 가지는 않았다.

그리고 이번에는 멜란티오스를 안뜰로 끌어냈다. 코와 귀를 청동 칼로 사정없이 잘라 낸 다음, 개들한테 날것으로 먹게 하기 위해 남근마저 잡아 뽑아버렸다. 또한 두 손과 발을 분통이 치밀어 닥치는 대로 잘라 버렸다.

그리고 모두 손발을 깨끗이 씻은 다음, 오디세우스가 있는 저택 안으로 들어갔는데, 이것으로 일을 모두 끝낸 셈이었다. 오디세우스는 상냥한 유모 에우리클레이아에게 말했다.

"유황을 가져오게, 유모. 재앙을 치료하는 약이야. 그리고 방 안에 유황을 피우도록 불을 갖다 주게나. 그러고 나서 자네는 페넬로페에게 이리 오라고 전달하게나. 시녀들을 거느리고 말일세. 또 집 안의 시녀들을 모두 이리 모이도록 서둘러 주게나."

그 말에 상냥한 유모 에우리클레이아가 말했다.

"참으로 주인님의 말씀은 모두 조리에 맞는 지당한 분부이십니다. 그럼, 이제 곧 망토와 속옷을 대령하겠습니다. 그런 남루한 누더기로 늠름하신 어깨를 감싸고 계시다니 안 될 말씀입니다. 그러시면 남들이 고약하다고 쑥덕댄답니다."

그 말에 지혜로운 오디세우스가 대답했다.

"먼저 홀에 불부터 피워 주게."

그의 말대로 상냥스러운 유모 에우리클레이아는 곧 불과 유황을 가져왔다. 오디세우스는 유황을 피워서 홀과 안뜰을 구석구석 깨끗하게 했다. 늙은 시녀는 다시 오디세우스의 훌륭한 성을 가로질러 안으로 들어가 여자들에게 오디세우스의 분부를 전달하고, 홀 안으로 모이도록 일렀다. 여자들은 저마다 손에 횃불을 들고 나와 오디세우스 주위에 몰려 인사를 드리고, 그의 머리와 어깨, 그리고 두 손에 매달려 애정 어린 입맞춤을 했다. 흐뭇한 그리움이 그를 사로잡아 눈물이 흐르고 한숨이 저절로 나왔는데, 그 여자들을 모두 하나하나 똑똑히 기억하고 있었기 때문이다.

제23권
페넬로페 오디세우스를 알아보다

구혼자들을 다 처치해 버렸다는 것, 그보다도 저택의 주인 오디세우스가 돌아와서 마님을 부르신다는 말을 전하러 유모 에우리클레이아가 내전으로 달려왔으나, 페넬로페는 그 말을 좀처럼 믿으려 들지 않는다. 20년이나 지나 버린 일이니 그럴 만도 했다. 여러 가지를 캐묻고 형편을 알아보고 나서야 겨우 납득한다. 오디세우스는 그동안의 고생과 방랑을 이야기해 준다. 이튿날 아침, 그는 귀가와 문안 인사를 겸해 늙은 아버지 라에르테스를 방문하러 떠난다.

이윽고 늙은 시녀는 활짝 웃으면서 2층으로 올라갔다. 그리운 남편께서 돌아오셨다는 걸 마님께 알리기 위해서였다. 그런데 마음이 조급한 나머지 무릎이 앞서고 발은 자꾸만 헛놓여 다리가 제대로 말을 듣지 않았다. 그러면서도 이윽고 페넬로페의 머리맡에 이르자 그녀에게 말했다.

"어서 잠을 깨십시오, 페넬로페 마님, 하루하루 그렇게도 애타게 기다리시던 나리님을 직접 뵈오십시오. 오디세우스 님이 돌아오셨습니다. 너무나 오랜만이긴 하지만요. 그분께서 우쭐거리고 건방지던 구혼자들을 모두 죽여 버리셨답니다. 마님 댁에 말할 수 없이 피해를 끼치고 재산을 축내며 도련님을 꼼짝도 못하게 억눌러 오던 자들을 말입니다."

그러자 지혜로운 페넬로페가 말했다.

"유모, 망령을 부리는 게 아닌가. 신께서는 충분히 지각이 있는 사람조차도 제정신을 잃게 만들기는 쉬우실 테니. 또 반대로 머리가 우둔한 사람에게 사려분별을 갖추어 주시기도 하지. 그렇듯이 지금 유모 머리를 돌게 하신 모양이군 그래. 그렇게 똑똑하고 자상하던 자네를 말일세. 어째서 나를 놀리려 드는건가. 이미 속이 썩을 대로 썩은 내게 그런 실없는 소리를 해 가면서 내 단잠을 깨우다니. 눈꺼풀이 푹 내리덮여 잠이 깊이 들어 있었는데. 오디세우스 님이, 저 이름만 들어도 소름이 끼치는 일리오스로 떠나신 뒤로 이제까지 한 번도 이렇게 단잠을 이루어 본 적이 없었는데 말이야. 아무튼 어서 아래로 내려가 보게나. 만약 다른 시녀 누군가가 이런 말을 해서 내 단잠을 깨웠다면 크게 혼을 내어 쫓아 보냈을 거야. 자네는 이젠 나이가 들었으니 한 번은 용서하기로 하겠지만."

그 말에 상냥스러운 유모 에우리클레이아가 말했다.

"당치도 않은 말씀을, 마님을 놀리다니요. 정말로 오디세우스 님이 돌아오셨답니다. 제가 말씀드린 대로요. 저 다른 나라에서 오신 손님, 홀에서 모두가 천대하던 바로 그분 말씀입니다. 텔레마코스 님은 아버님이 오신 걸 벌써부터 알고 계셨답니다. 그러면서도 조심스럽게 아버님의 계획을 감추고 계셨답니다. 기고만장한 사나이들을 처리할 때까지 말이지요."

이렇게 말하자 페넬로페는 너무나 기쁜 나머지 침상에서 뛰쳐나와 늙은 시녀를 끌어안았다. 그리고 눈물을 비 오듯 흘리며 그녀에게 열렬히 말했다.

"자네 말대로 정말 그분께서 집에 오셨다면, 그럼 자, 어서 확실한 이야기를 하게나. 혼자서 어떻게, 그 무리들이 모두 한 자리에 몰려 있었는데, 그 구혼자들을 처치하셨는가?"

그 말에 상냥스런 유모 에우리클레이아가 말했다.

"저도 전혀 모르고 있었답니다. 다만 그들이 죽어 갈 때의 신음 소리만 들었을 뿐입니다. 우리는 모두 간덩이가 내려앉아 안채 구석에 앉아 있었지요. 그 중간은 모두 튼튼한 판자문으로 막혀 있었는걸요. 처음으로 텔레마코스 님이 방에서 저를 부르실 때까진 말씀입니다. 그래서 나가 보니까 오디세우스 님이 한가운데 서 계시고, 주위에는 그 무리들의 시체가 겹겹이 쌓여 나자빠져 있었습니다. 아마 마님께서 그걸 보셨더라면 속이 후련하셨을 겁니다. 지금은 모두 안뜰 문간 구석에 처박아 놓고, 집 안은 유황을 피워 깨끗하게 해 놓았지요. 불을 잔뜩 피워 가지고요.

그리고 마님을 모셔오도록 저를 보내신 겁니다. 그러니 어서 따라 나오세요. 두 분께서 오랜만에 회포를 푸시도록요. 그동안 두 분께서는 몹시도 고난을 겪으셨어요. 이제야말로 그토록 오랫동안 소원하시던 게 모두 이루어진 셈입니다. 나리께서는 살아 돌아오셔서 마님이랑 도련님과 다시 만나 뵈옵게 되신데다, 그분께 못된 짓을 해 오던 구혼자들은 모조리 집 안에서 처치해 버리셨으니 말입니다."

그러자 현명한 페넬로페가 말했다.

"하지만 유모, 그렇게 너무 큰소리치지 말아. 자네도 잘 알다시피 이 집안의 모두가 그분이 돌아오시길 얼마나 기다려 왔나. 그 중에서도 나하고 내 아들은 말이야. 그분과 나 사이에서 태어난 아들인 걸. 하지만 아마 자네가 지껄인 건 모두 거짓일 게야. 틀림없이 어떤 신께서 건방진 구혼자들을 죽이신 거겠지. 가슴을 괴롭히는 못된 행동에 화가 나셔서 말이야. 그 자들은 이 땅 위 어느 누구도 존경을 할 줄 모르고, 천한 자, 귀한 자를 구별할 줄 모르며, 그들을 의지해 온 사람을 모두 천대하곤 했으니, 그런 횡포와 불손한 행동 때문에 재앙을 받게 된 것이 틀림없어. 그도 그럴 수밖에, 오디세우스 님은 아카이아 나라와는 멀리 떨어진 곳에서, 귀국길조차 끊겨 버린 채 돌아가셨는걸 뭐."

그 말에 상냥한 유모 에우리클레이아가 대답했다.

"아아, 마님, 무슨 그런 말씀을 다 하십니까. 나리님이 이 집에, 더구나 난롯가에 와 계시는데도 결코 집에는 돌아오실 리가 없다니요. 참으로 너무 사람을 의심하십니다. 그렇다면 한 가지 확실한 증거를 말씀드리지요. 그 옛날에 멧돼지가 흰 송곳니로 찔렀던 자국, 그 흉터를 발을 씻어 드릴 때 보았습니다. 그래서 마님께 알려 들리려고 생각했는데, 그분이 내 옷깃을 잡고 말을 못하게 하셨습니다. 몹시 조심스럽게 일을 꾸미고 계셨기 때문이에요. 그러니 어서 따라 나오세요. 저는 목숨을 걸어도 좋습니다. 만일 제가 한 말이 거짓말이라면, 더없이 비참한 꼴로 죽여주십시오."

그 말에 현명한 페넬로페가 대답했다.

"유모, 신들의 꾀를 알아차린다는 건 아주 어려운 일이지. 물론 자네도 어지간히 눈치가 빠른 편이지만 말이야. 그러나 아무튼 아들이 있는 곳으로 나가 보세나. 죽임을 당한 구혼자들을 구경하기 위해서도, 그리고 그들을 죽인 분을 만나 보기 위해서 말이야."

이렇게 말하며 2층 층계를 내려왔다. 그리고 마음속으로 이리저리 망설였다. 멀리 떨어져 남편에게 물어보아야 하는지 아니면 곧장 곁으로 다가가 두 손과 머리에 키스를 해야 하는지에 대하여. 그러나 그녀가 실제로 한 일은 홀로 들어가 돌 문지방을 넘어 불빛이 밝은 저편 벽 쪽에 가서 오디세우스와 마주 보고 앉은 것이었다. 한편 오디세우스는 높은 기둥에 기대어 아래를 내려다보면서 앉아 있었다. 그리고 우아한 페넬로페가 자기를 보았으니, 무슨 말을 꺼내겠지 기다렸는데, 그녀는 오래도록 말 한 마디 없이 그저 앉아 있을 뿐이었다. 깊은 감동 때문에 마음이 몽롱해져서, 그의 모습을 바라보자, 어쩌면 남편을 닮은 것도 같고, 그러나 아직 몹시 남루한 옷을 걸치고 있는 그 모습은 다른 사람 같이도 보였다. 그것을 보고 텔레마코스는 나무라며 그 이름을 불러 말했다.

"어머님, 어찌 된 것입니까? 이다지도 냉정하시다니요. 왜 아버님한테서 그렇게 멀리 떨어져 계십니까? 게다가 눈앞에 계시면서도 무슨 말이건 여쭈어 보지도 않으시고 말입니다. 정말이지 다른 여자라면 이토록 끈질기게 남편에게서 떨어져 앉아 있지는 못할 텐데요. 기막힌 고난을 겪어 가며 20년만에야 겨우 고향에 돌아온 남편에게 말입니다. 어머님 마음은 늘 이렇게 돌처럼 차고 멋이 없으셨군요."

그 말에 현명한 페넬로페가 말했다.

"내 아들아, 내 마음은 너무도 큰 놀라움에 얼어버린 것만 같구나. 말도 할 수가 없고, 여쭈어 볼 수도 없으며, 마주 앉아 얼굴을 뵙는 것조차 힘이 드는구나. 만약 이분이 오디세우스시며 집으로 돌아오셨다는 게 틀림이 없다면, 우리 두 사람은 서로 그걸 확인해야 하겠지. 더구나 한층 확실한 것을 알고 있으니. 바로 우리에게는 둘이서만 알 수 있고 남들은 모르는 증거가 있으니까."

이렇게 말하자 참을성 있고 존엄한 오디세우스는 미소를 띠며 곧 텔레마코스에게 돌아서서 말을 걸었다.

"텔레마코스, 어머님께 이 집 안에서 마음 내키는 대로 나를 시험해 보라고 하려무나, 곧 알게 될 테니까. 또 그렇게 하는 것이 원칙이겠지. 지금은 내가 너무 초라한 행색이니까 나를 깔보고 결코 남편이란 생각이 안 드는 거야. 그건 그렇고 우리는 어찌 하는 게 옳은지 최선의 방법을 좀 상의하자꾸나. 같은 나라 사람을 한 사람만 죽였을 경우에조차도, 심지어 죽은 사람 곁에 누구도 없는 경우에도 그 친척들을 생각해서 조국을 버리고 망명해야만 한다. 그런데 우리는 국가의 지주(支柱)라는 사람들을, 이타카에 사는 젊은이들 가운데 가장 뛰어난 자들을 죽였으니 말이다. 그에 대한 좋은 수가 없을까 좀 생각해 봐라."

그 말에 슬기로운 텔레마코스가 대답했다.

"그건 아무튼 아버님이 생각해 주세요. 아버님, 글쎄 세상 사람들은 아버님이 생각해 내신 지혜가 가장 마땅하다고 한답니다. 정말이지 죽어야 되는 인간 세계 누구 한 사람도, 그 점에 대해서는 아버님과 겨루려는 자는 없을 것입니다. 우리는 모두 아버님 계획을 어김없이 따를 것이고, 우리 힘 자라는 데까지는 결코 용맹함에 있어서 남한테 뒤질 염려는 없습니다."

그러자 지혜로운 오디세우스가 대답했다.

"그렇다면 내가 가장 좋은 방법이라고 생각하는 것을 말하겠다. 먼저 목욕을 하고 정갈한 옷을 입도록 하자. 시녀들에게도 저마다 자기 방에 가서 옷을 입으라고 명령해라. 그 다음 신성한 가인에게 높은 소리를 내는 하프를 들고 즐거운 춤노래를 연주하게 한 뒤 우리 앞장을 서서 가게 하는 거야. 밖에서 그 소리를 듣는 사람이 결혼 축하라도 하는 줄 알도록. 길 가는 사람이건 이웃에 사는 사람이건, 이렇게 해서 우리가 마을 밖으로 빠져 나가 나무들이 많은 우리 농장에 이르기까지 구혼자들이 살해당했다는 소문이 퍼지지 못하도록 하는 거야. 그리고 그곳 우리 농장에서 좋은 방법을 짜내기로 하자꾸나. 올림포스에 계시는 신들께서 무슨 좋은 수를 내려 주실 테지."

이렇게 말하자 그들은 오디세우스의 뜻을 받아 그대로 따르기로 했다. 그래서 우선 목욕을 한 뒤 정갈한 옷으로 갈아입고 시녀들도 모두 준비를 하게 했다. 그리고 신성한 가인은 하프를 손에 들고 모두에게 즐겁고 유쾌한 노래와 춤이 저절로 나오게 부추겼다. 그리하여 웅장한 성은 사나이들과 아름다운 띠를 맨 여자들의 춤으로 발소리도 요란하게 울려 퍼졌다. 그래서 성 밖 사람들은 이런 소리를 듣자 서로 이렇게 말하는 것이었다.

"아마도 여러 구혼자들 가운데서 누군가가 드디어 왕비님과 결혼을 하는 모양인데. 참 경박한 분이군. 주인이 돌아오실 때까지 저 웅대한 성을 줄곧 지켜나갈 만한 절개가 없으니 말이야."

그들은 실제로 일어난 일을 몰랐다. 마음이 넓은 오디세우스를 목욕을 시킨 사람은 시녀 우두머리인 에우리노메로, 올리브 기름을 몸에 발라 주고, 고운 베옷과 속옷을 입혀 주었다. 또 아테나 여신은 그의 머리 꼭대기부터 아름다움을 듬뿍 뿌려 주었다. 한층 훌륭하고 늠름한 모습으로 보이도록, 또 머리에서 치렁치렁한 머리칼을 마치 히아신스 꽃과 같이 늘어뜨렸다. 그건 은그릇에 솜씨 좋은 공장(工匠)이 황금을 빙 둘러 뿌려 놓은 듯했다. 헤파이스토스와 팔라스 아테나가 각양각색의 기술을 전수한 사나이가 훌륭한 작품으로 만들어 낸 것과 같이 오디세우스의 머리, 어깨의 모습을 가꾸어 놓았다. 그래서 목욕실에서 불사의 신이나 다름없는 모습으로 나타나, 또다시 페넬로페의 바로 맞은편에 자리로 돌아와 의자에 걸터앉았다. 그리고 그녀에게 말을 걸어왔다.

"참으로 이상한 여자로군. 올림포스에 사시는 신들께서는 가냘픈 여인들 가운데서도 특히 그대에게 꿋꿋한 마음씨를 점지하셨군 그래. 과연 다른 여자라면 아무튼 이렇게 끈질긴 참을성으로 남편 곁을 떠나 있지는 못했을 거요. 그것도 끔찍한 고생 끝에 20년 만에 고향에 왔는데. 그건 그렇고 아무튼 유모, 자리를 깔아주게나. 나는 우선 눕고 싶으니까. 아마 마님 가슴속의 심장은 무쇠로 된 모양이네."

그 말에 조심스런 페넬로페가 말했다.

"아이 참, 당신이야말로 이상하시군요. 저는 잘난 체하는 것도 냉담한 것도 아니랍니다. 또 너무나 놀라서 의심하는 것도 아니고요. 왜냐하면 지나치게 잘 알고 있는 걸요. 당신이 어떤 분이시란 걸, 이타카에서 긴 노를 가진 배로 떠나셨을 그때의 당신 말입니다. 아무튼 에우리클레이아, 튼튼한 침상을 마련해 올리게나. 아늑한 안채 밖에 당신이 손수 만드신 걸 말이야. 거기다 튼튼한 침상을 내오고 자리를 깔아 드리도록. 양털과 이불, 훌륭한 담요들을 말이야."

이렇게 남편을 떠 보려고 했는데, 오디세우스는 좋지 않은 기색으로 마음씨가 진실한 페넬로페를 바라보며 말했다.

"페넬로페여, 바로 지금 그 말이 정말 몹시 내 가슴을 괴롭혔소. 누가 내 침상을 다른 데로 옮겨 놓았단 말이오. 그건 무척 어려운 일이었을 텐데, 만일 충분히 알고 있는 자라도 말이오. 만약 신이 오신 게 아니라면, 옮겨 놓는 걸 바란다고 해도 결코 쉽게 다른 곳으로 옮겨 가지는 못할 거요. 하물며 인간의 재주로 지금 살아 있는 자라면 아무리 젊고 힘이 세다 한들 쉽사리 자리를 바꾸어 놓을 수는 없을 거요. 그 침상을 만들 무렵에 굉장한 비밀을 마련해 놓았으니까. 그건 바로 내가 직접 만든 것이오. 본디 안뜰의 기다란 잎을 가진 올리브나무가 무척 무성하게 자라서 기둥만큼 아름드리가 됐는데, 그 나무를 중심으로 해서 안쪽에 침실을 짓고 석축을 굳게 쌓아 올려 그걸 완성하고, 보기 좋게 지붕을 이었던 것이오. 그리고 튼튼한 문짝을 꼭 맞게 달아 놓았던 거요. 그런 다음에 이번에는 기다란 잎이 달린 올리브나무의 가지를 쳐 버리고, 밑동부터 줄기를 잘라 내어 자귀로 곁을 잘 다듬어 먹줄을 띄워 곧게 한 다음 침상 기둥을 세웠는데, 송곳으로 모두 구멍을 뚫어서 만든 것이오. 이렇게 시작해서 하나하나 침상을 완성할 때까지 온 힘을 기울였던 것이오. 황금과 은, 상아 등으로 갖가지 세공을 해서 장식을 했었소. 또 그 내부에는 빨갛게 물들인 쇠가죽 끈을 빙빙 둘러 쳐 놓았지. 이것이 우리의 비밀이며, 나는 그것을 알고 있소. 모르는 것은 그 침실이 아직 그대로 있는지 어떤지 하는 것이오. 아니면 벌써 다른 사나이가 올리브나무 밑동에서 잘라 내어 다른 데로 옮겨갔는지도 모를 일이고."

이렇게 말하자 페넬로페는 마음도 무릎도 떨려 그대로 그 자리에 주저앉고 말았다. 오디세우스가 확실하게 그 증거를 설명했기 때문에. 그리고 눈물을 비오듯 흘리며 한달음에 오디세우스에게로 달려가 두 팔로 목을 얼싸안고 머리에 입을 맞추며 말했다.

"오디세우스, 제발 무서운 얼굴을 하지 마세요. 무슨 일에서나 당신은 뛰어나게 분별이 있으신 분이신 걸요. 우리가 함께 살면서 청춘을 즐긴 다음 노년에 이르는 걸 시샘하셔서 신들께서 비탄을 주셨을 것입니다. 그러니 이제는 당신을 뵙자마자 이렇게 반갑게 인사드리지 못한 걸 건방진 행동이라고 화내지 마시기 바랍니다. 그럴 수밖에요. 제 마음은 늘 불안에 떨고 있었으니까요. 누군가 알 수 없는 자가 나를 속이지나 않을까 해서요. 세상에는 교활하게 못된 음모를 꾸미는 인간이 많으니까요. 참으로 제우스 신에게서 탄생하신 아르고스의 헬레네 님만 해도, 만약에 아카이아족의 용맹스러운 아들들이 또다시 사랑하는 고국으로 자기를 데려갈 줄 알았다면, 다른 나라 남자에게 애정과 몸을 허락하고 동침은 결코 안 하셨을 겁니다. 정말이지 그분을 충동질해서 그런 천한 행동을 하게 하신 건 신이셨습니다. 그런 죄스러운 잘못을, 결코 그전부터 마음속에 생각했던 건 아닐 텐데요. 처음부터 그 끔찍스러운 실수 때문에 우리까지도 비탄에 말려드는 결과를 가져오게 된 것입니다. 그러나 이제는 이미 우리 잠자리의 증거를 명백하게 말씀해 주셨습니다. 더구나 그건 다른 사람들은 아직 본 적도 없으며 나와 당신과 오로지 한 사람, 시녀 아크토리스밖에는 알지 못합니다. 그 아이는 내가 이 집으로 시집올 때 아버님께서 딸려 보내 주신 아이로, 우리의 견고한 침실 문을 늘 지켜주는 시녀지요. 정말이지 이제는 툭 터놓고 믿을 수 있게 해 주셨습니다."

이렇게 말하고 남편 마음에 한층 설움을 북받치게 했다. 그래서 그는 진실하고도 충실한 사랑하는 아내를 끌어안고 하염없이 눈물에 젖었다. 기쁘기는 페넬로페도 마찬가지였다. 마치 바다에서 풍랑을 만나 헤엄치는 사나이에게 육지가 바라보이는 것이 기쁘고 고맙듯이. 포세이돈 신이 바다 한가운데서 바람과 마구 끓어오르는 파도를 부딪쳐 산산조각을 냈기 때문에, 아주 적은 사람이 잿빛 파도를 빠져 나와 육지로 헤엄을 쳤는데, 그 살갗에는 빈틈없이 소금이 붙었으나 그 사람들은 재앙을 모면하고 들뜬 기분으로 육지에 오른다. 그런 것과 마찬가지로 페넬로페는 그 모습을 바라볼수록 남편이 마침내 돌아온 게 기쁘고 고마운 생각이 들어 그의 목덜미에서 좀처럼 팔을 풀려고 하지 않았다. 그래서 어쩌면 이렇게 웃으며 울며 하는 동안 빛나는 눈의 아테나 여신이 다른 일을 생각해 내지 못했다면 장밋빛 손가락 새벽의 여신이 나타날 뻔했다. 바로 여신은 밤이 끝날 무렵에 그 밤을 오래도록 붙잡아 놓고, 한편에서는 황금 의자에 앉은 새벽의 여신을, 대양 오케아노스 근처에서 기다리게 하여 인간 세계에 빛을 가져다주는 걸음이 빠른 말 람포스와 파에톤(새벽의 여신을 태우는 말)을 마차에 매는 걸 허락하지 않았던 것이다. 때마침 지혜가 풍부한 오디세우스는 페넬로페에게 말했다.

　"아내여, 우리는 아직 이 고행을 모두 벗어난 것이 아니오. 이제부터는 더욱 예상할 수 없는 어려운 일들이, 그리고 몹시 힘든 일들이 남아 있단 말이오. 나는 그 일들을 모두 해내야 하오. 왜냐하면 내가 저승으로 내려가, 나의 동지 또 내 귀국에 대해서 테이레시아스의 혼령에게 점을 쳤을 때, 그는 그렇게 예언해 주었던 거요. 아무튼 우리의 침실로 갑시다. 아내여, 상쾌한 잠에 몸을 맡기고, 편안히 잠들어 마음을 위로해야겠소."

　그 말에 현명한 페넬로페가 말했다.

　"침실은 마음 내키실 때에는 언제라도 드실 수 있어요. 처음부터 신들께서 당신을 훌륭한 집과 조국으로 돌아오게 하셨으니까요. 그런데 당신께서 먼저 그렇게 마음먹은 일이라면, 부디 저에게도 그 어려운 일들을 말씀해 주세요. 나중에 언젠가는 꼭 알 수는 있겠지만, 지금 이 자리에서 알아둔다 해도 해로울 건 없지 않아요."

　그 말에 지혜가 풍부한 오디세우스가 대답했다.

　"이상한 생각을 하는 여자로군. 왜 그리 꼬치꼬치 묻는 거요. 그렇다면 나로서는 숨길 필요 없이 이야기는 해주겠지만 나 자신도 꺼림칙한 일이니까 당신인들 듣는다 해도 그리 좋은 일은 못될 거요.

본디 그 테이레시아스는 무척 번잡한 마을을 두 손에 착 달라붙은 노를 쥔 채로 찾아가라고 했소. 바다라는 걸 전혀 모르는 종족들이 사는 곳에 다다르기까지 말이오. 그 종족이란 아직 소금 섞인 음식을 먹어 본 일도 없고, 뺨을 붉게 칠한 배와, 배에서는 날개와 다름없는 노에 대한 지식도 없는 사람들을 말하오. 이렇게 확실한 증거로 그 사나이는 내게 가르쳐 주었는데, 그런 걸 모두 당신한테 가르쳐 주겠소. 그래서 가는 길에 언제라도 나그네 한 사람을 만나게 되어 그가 말하기를, 네가 그 떡 벌어진 어깨에 쌀을 까부는 키를 짊어졌구나, 이렇게 말할 때에는 곧바로 그 자리에 노를 세우고, 포세이돈 신께 훌륭한 제사를 지내라고 합니다. 새끼양과 황소, 암퇘지를 쫓아다니는 수퇘지, 이 세 가지 제물을 바치고 나서 고향으로 되돌아와 보니, 또 크고 넓은 하늘을 다스리시는 불사의 신들, 그리고 다른 모든 신들께도 백 마리 소를 제물로 바치라고 명령했던 것이었소. 그리고 나에게는 바다에서 죽음이 오겠지만, 그건 아주 조용한 것으로 행복해진 늘그막에 생명이 다해 죽는 그런 죽음이 온다는 것이었소. 그래서 내 주위 사람들은 모두 행복하게 살 것이며, 다들 그대로 이루어질 거라고 예언을 했다오.”

그러자 자상한 페넬로페가 말했다.

“정말로 신들께서 더 좋은 노년을 베풀어 주신다면, 그렇다면 당신은 이제부터는 갖가지 재앙을 벗어나실 희망이 있겠군요.”

이렇게 둘은 서로 이야기를 주고받았다. 그 동안에 에우리노메와 유모는 활활 타오르는 횃불 밑에 보드라운 이부자리를 펴서 잠자리 준비를 했다. 부지런히 손을 보아 빈틈없이 침상을 꾸린 다음, 유모는 자기 방으로 되돌아왔다. 거기서 페넬로페의 몸종인 에우리노메가 침실로 향하는 두 사람에게 횃불을 밝혀 안내를 했다. 그리고 안채 깊숙이 침실로 모신 다음 돌아왔다. 그래서 두 사람은 즐거운 마음으로 옛날부터 정해졌던 잠자리를 맞았던 것이다. 한편 텔레마코스는 소치기와 돼지치기와 함께 춤추던 발을 멈추자 여자들에게도 춤을 멈추게 하고, 자신들도 어둠이 깃든 집 안에서 잠자리에 들었다.

그리하여 두 사람은 그리움과 사랑으로 마음을 달래고, 쌓인 이런저런 회포를 풀면서 즐겼다. 여성들 가운데서도 거룩한 페넬로페는 보기 싫은 구혼자 사나이들을 집 안에서 늘 대해야 했으며, 그걸 참아 오던 온갖 괴로웠던 일들, 그 무리들이 그녀를 핑계로 수없이 양과 소를 잡고, 많은 포도주 통을 바닥을 냈다는 이야기를 하는가 하면, 제우스의 후손인 오디세우스는 자기가 얼마나 세상 사람들에게 괴로움을 끼쳤으며, 또 자신도 얼마나 많은 고생을 해 왔는가를 남김없이 말해 주었다. 그녀는 그 이야기를 넋을 잃은 채 듣고 이야기가 끝나기 전에는 잠이 들 사이도 없었다.

이야기는 먼저 키코네스족을 이겨 낸 것부터 시작해서, 그 다음에는 로토파고이족(연밥을 먹는 종족)의 기름진 곳에 이르렀던 이야기, 그리고 키클롭스가 한 짓, 어떻게 해서 오디세우스의 훌륭한 동지들에 대한 보상으로 앙갚음을 받았는가 하는 이야기였다. 그 사람들을 키클롭스가 인정사정없이 잡아먹었으므로. 다음에는 아이올로스 섬에 다다른 이야긴데, 그곳 사람들은 일행을 상냥스레 대해 주었으며 또 보내 주기는 했지만, 결코 그리운 고국으로 돌아갈 운명이 못 되어, 또다시 거친 바람이 그들을 납치해서 물고기가 우글거리는 바다 위로 몹시 한탄하며 신음하는 그들을 되몰아왔던 이야기, 그리고 다음에는 라이스트리고네스족의 도시 텔레피로스에 다다랐는데, 토인이 일행을 습격해서 배를 부수고 훌륭한 정강이받이를 한 동지들을 죽였던 일, 그리고 요녀 키르케의 괴상한 음모와 여러 가지 꾀를 세웠던 일, 저승 어두운 곳으로 많은 노걸이가 있는 배를 타고 갔던 일, 그리고 테바이 사람 테이레시아스의 예언을 구하던 그때, 이 세상을 떠나간 여러 전우들과 또 그를 낳고 길러 주신 어머니를 만난 일들을 이야기했다. 다음에는 또 세이렌이 쉴 새 없이 노래하는 그 노랫소리를 듣던 일, 마주 선 바위 프랑크타이와 무서운 소용돌이 가장자리인 카리브디스, 개와 비슷한 요괴 스킬라의 이야기, 거기서는 결코 죽는 사람 없이는 도저히 빠져 나올 수가 없었다는 일들을 말해 주었다. 또 동지들이 태양신의 소를 죽인 탓에 높은 하늘을 울려 대는 제우스 신이 불꽃을 퍼뜨리는 벼락을 그들의 빠른 배에 던졌다는 이야기, 그 때문에 무수한 동지들이 모조리 죽고 자기만이 가까스로 비운을 모면해서 오기기아 섬으로 님프 칼립소의 집에 도착했는데, 그 젊은 여신은 그를 붙들어 놓고 남편이 되기를 권했으며, 속이 텅 빈 동굴에 그를 살게 하면서 언제까지나 늙지 않고 죽지 않도록 해 주겠노라고 했지만, 오디세우스의 마음은 결코 변함이 없었다는 것, 그로부터 많은 고난을 겪은 끝에 파이아케스족이 사는 곳에 닿았는데, 그들은 오디세우스를 신처럼 모셨으며 진정으로 소중하게 대접해서 배에 태워 그리운 고국으로 데려다 주었을 뿐 아니라 청동과 황금, 그리고 많은 옷들을 보내 주었다는 이야기를 끝으로 마쳤을 때, 팔다리를 나른하게 하는 잠이 그들을 덮쳐 가슴속 근심 걱정도 모두 잊어버리게 했다.

그런데 빛나는 눈의 여신 아테나는 또 다른 일을 생각해 냈다. 이윽고 오디세우스가 페넬로페와 함께 즐거운 시간을 실컷 즐기고 상쾌한 잠도 충분히 취했으리라고 짐작이 될 무렵, 곧 오케아노스에서 황금 의자에 기대어 일찍 탄생하는 새벽의 여신을 하늘로 오르게 하고, 세상 사람들에게 빛을 베풀게 했다. 그래서 오디세우스도 푹신한 침상에서 일어나 페넬로페에게 자기의 계획을 말했다.

"여보, 우리 둘은 싫증이 날 만큼 수많은 고통을 겪어 왔소. 당신은 집에서 내가 많은 고생 끝에 귀국할 것을 울면서 기다리느라고, 나는 제우스 신과 다른 여러 신들이 갖가지 고생을 하게 하여 고향 땅을 애타게 그리며 돌아오는 나를 방해한 탓으로. 그러나 오늘은 우리가 똑같이 오랜 세월 동안을 기다리고 기다렸던 보람이 있어 다시 만나게 되었으니, 이제부터는 이제까지 남아 있는 재산을 집에서 잘 감독해 주오. 그리고 건방진 구혼자들이 소비한 가축은 그만큼 내가 많이 긁어모아 올 테니. 아카이아족 사람들도 별도로 가축을 주겠지만, 가축 우리를 양 떼로 꽉 채우기까지 말이오. 나는 이제부터 나무들이 무성한 우리 농장엘 다녀오겠소. 훌륭하신 아버님을 뵈오러 말이오. 그동안 나 때문에 몹시 한탄하며 세월을 보내셨다고 하니 말이오. 그러니 여보, 당신은 말하지 않아도 잘하겠지만, 한 가지 일러둘 일이 있소. 머지않아 태양이 떠오르면 구혼자들에 대한 소문이 퍼질 것이오. 내가 이 집안에서 죽인 자들 말이오. 그러니 당신은 시녀들을 데리고 2층에 올라가 꼼짝 말고 있어요. 누구도 만나서는 안 되며, 더구나 잘못을 캐묻고 꾸짖는 일은 삼가야 하오."

이렇게 말하고는 두 어깨에 훌륭한 무구를 걸머지고, 텔레마코스와 소치기와 돼지치기를 깨워 모두에게 싸울 준비를 갖추라 명령했다. 그러자 곧 모두들 청동 무구로 몸을 무장하고 문을 열어 오디세우스를 앞장세워 떠났다. 벌써 아침 햇살이 비쳐들기 시작했는데, 이 사람들을 아테나 여신은 밤의 어둠으로 감싸서 재빨리 마을 밖으로 데려갔다.

제24권
구혼자들 망령은 저승으로 집안은 화목을

    홀에서 죽은 구혼자들의 망령은 헤르메스 신의 안내로 저승으로 가서, 아킬레우스와 아가멤논 등의 영혼을 만나 신세타령을 한다. 한편 오디세우스는 늙은 아버지의 장원에 이르러 서로 감격의 포옹을 한다. 그런데 저택에서의 불상사에 대한 소문은 이윽고 이타카 마을에 널리 퍼지고, 구혼자의 친척들은 복수나 보상을 바라며 오디세우스 저택에 밀어닥치는가 하면, 다시 그의 뒤를 쫓아 모두 장원에까지 몰려들었다. 이 사실을 알고 오디세우스 편도 맞설 태세를 갖춘다. 이 모습을 하늘나라에서 바라보던 아테나 여신은 내려와서 그들을 격려한다. 라에르테스 노인도 기운이 나서 창을 던져, 안티노스의 아버지 에우페이테스를 쓰러뜨린다. 이에 아테나는 양쪽을 달래어 화해시킨다.

    키레네 산에서 태어난 헤르메스 신은 피살된 구혼자들의 넋을 불러냈다. 두 손에는 아름다운 황금 지팡이를 쥐었는데, 이 지팡이는 인간들을 재우거나 깨우거나 할 때 달래어 재우기도 하고 깨우기도 하고 하는 힘을 지녔다. 헤르메스 신은 그 지팡이로 모여든 영혼들을 나란히 이끌어 가니, 그들은 어렴풋한 울음소리를 내며 신을 뒤따라갔다. 마치 박쥐들이 넓디넓은 동굴 속에서 가냘픈 소리로 울어 대며 서로 엇갈려 날아다니듯. 또한 서로 겹쳐서 엉겨 붙어 매달려 있는 바위에서 늘어진 그 줄기를 놓쳐 버리고는 떨어져서 애타게 울어 대듯이, 그들은 찌익찌익 울부짖으며 따라가는데, 그 무리들의 앞장을 서서 구원을 베푸는 헤르메스는 어둑한 길을 걸어갔다. 그래서 대양의 신 오케아노스의 흐름을 따라 흰 바위 옆을 지나고, 또 태양이 비쳐드는 문과 꿈의 무리들이 몰려 있는 곳을 지나서 곧 백합이 활짝 피어난 들판에 이르렀다. 이곳이 죽은 이들의 영혼이 사는 곳이었다.

거기서 그들은 펠레우스의 아들인 아킬레우스의 망령과 파트로클로스, 명예로운 안틸로코스, 그리고 아이아스의 망령을 만났는데, 이는 이름 높은 펠레우스의 아들 아킬레우스를 제쳐놓고 다른 다나오이 후손들 가운데서도 얼굴 생김새에서나 몸집에서나 가장 뛰어났던 사나이이다. 이 무리들이 아킬레우스를 둘러싸고 와글지껄할 때, 바로 그 옆으로 아트레우스의 아들 아가멤논의 망령이 괴로운 듯한 모양을 하고 찾아왔다. 그 주위에는 다른 망령들, 즉 그와 함께 아이기스토스의 집에서 목숨을 잃은 사나이들이 있었다. 그 아가멤논의 망령에게 먼저 아킬레우스가 말했다.

"아트레우스의 아들이여, 사람들의 소문으로 듣자니 영웅이라 부르는 무사들 가운데서도 당신은 특히 언제나 변함없이 벼락을 던지시는 제우스 신에게서 사랑받고 계신다는 말을 들었소. 그것도 당신이 많은 용맹을 떨치는 무사들을 통치하셨기 때문이겠지요. 우리 아카이아족 사람들이 형편없이 고된 처지에 놓여 있을 때, 저 트로이 사람들 마을에서의 일입니다. 그런데 당신에게도 벌써부터 저주스러운 운명이 따르게 되어 있었던 모양이군요. 그 운명은 이 세상에 태어난 인간으로서는 누구든지 벗어날 수 없는 것입니다만, 그럴수록 당신이 우두머리로서 누리던 그 영광을 계속 보존하신 채 트로이 사람들 나라에서 마지막을 고하셨다면 한층 더 좋았을 것이오. 그랬더라면 아카이아의 모든 병사들은 당신을 위해 무덤을 쌓아 올리고, 당신의 자손에게도 뒷날까지 굉장한 명예를 남기게 되었을 텐데 말입니다. 그런데 당신은 더없이 처절하게 죽어야만 할 운명이었군요."

그러자 아트레우스의 아들 망령이 대답했다.

"행복한 펠레우스의 아들 아킬레우스 님, 신이나 다름없는 당신은, 아르고스에서 멀리 떨어진 트로이 땅에서 돌아가셨지만, 당신을 비롯해서 그 밖에도 트로이 편과 아카이아족 가운데 특히 용맹스러운 많은 아들들이 죽었답니다. 당신의 시체를 둘러싸고 다투는 동안에요. 하지만 당신은 모래 먼지가 자욱한 곳에서 커다란 그 덩치를 아주 대범하게 쓰러뜨리고 계셨지요. 기사의 뛰어난 재주는 이미 다 잊어버린 채. 그래서 우리는 하루 종일 싸웠지요. 만일 제우스 신께서 번갯불로 우리를 제지해 주시지 않으셨다면, 정말이지 전쟁을 그만두지는 않았을 겁니다. 우리는 당신을 싸움터에서 함선들에게로 날라다 침상에 눕히고, 몸을 따뜻한 물과 기름으로 깨끗하게 씻겼지요. 그리고 시신을 둘러싸고는 다나오이의 후손들은 뜨거운 눈물을 하염없이 흘리며 머리칼을 잘라 바쳤답니다. 또 어머님이신 여신 테티스도 바다 밑에서 당신의 부고를 들으시고 달려오셨소. 바다 속 불사의 님프 네레이데스들을 데리고 말이지요. 그 진동하는 통곡 소리가 바다를 흔들어 댔기 때문에 아카이아 군사는 모두 다리가 후들후들 떨릴 지경이었다오. 그래서 모두들 뛰쳐나가 가운데가 깊숙한 배에 올라탈 뻔했습니다. 만약 옛날 일들을 이것 저것 많이 알고 있는 용사 네스토르가 모두를 제지하지 않았더라면 말입니다. 본디 그 전부터 그 사람의 의견은 가장 훌륭하다 인정받고 있었지만요. 네스토르가 모두를 위해 충분히 생각한 끝에 회의를 열고 말했지요.

'여보게 자네들, 그만두게나. 아르고스 군사들이여, 달아날 생각은 말게. 아카이아의 젊은이들, 보게나. 이렇게 불사이신 어머님께서 바다 여신들을 이끌고 세상을 떠난 아드님을 만나 보기 위해 오신 참인데 말일세.'

이렇게 말하는 바람에 기세등등하던 아카이아 군사들도 그만 주저앉고 말았지요. 그리고 당신 주위에는 바다 노인 네레우스의 딸들이 늘어서서 슬픈 통곡 소리를 내며, 시신에 아주 거룩한 옷을 입혔던 것이오. 게다가 아홉 분의 뮤즈들(시와 노래의 여신)이 낼 수 있는 가장 아름다운 소리로 합창을 해가면서 슬픈 노래를 불러 댔지요. 그 자리에서 아르고스 군사 중 누구 하나 눈물을 흘리지 않는 이가 없었답니다. 뮤즈들의 낭랑한 노랫소리는 무척 감동적이었으니까요. 이렇게 해서 열이레 동안을 불사의 신들도, 그리고 죽어야 하는 인간들도 밤낮없이 슬퍼했답니다.

그리하여 열여드레 만에 우리는 당신을 화장시켰는데, 당신을 위해 수많은 살찐 양을 잡고, 또 뿔이 흰 소도 잡았지요. 그리고 당신은 신들이 보내 주신 옷을 입은 채, 많은 기름과 또 달콤한 꿀을 뿌려 화장을 하고, 아카이아군의 여러 영웅들은 무장을 한 채 타들어가는 장작더미를 둘러싸고 혹은 걸어서 또는 마차를 타고 갔답니다. 그 때문에 어마어마한 소리들이 끓어올랐지요. 헤파이토스의 불꽃이 당신의 시체를 모조리 태워 버린 다음, 우리는 아침 일찍부터 뼈를 고르기 시작했다오. 그러고는 물이 섞이지 않은 진국의 술과 올리브 기름 속에 놓아두었지요. 그때 어머님께서는 황금으로 된 두 귀가 달린 병을 보내오셨습니다. 그것은 디오니소스의 선물인데, 더욱이 유명한 대장간의 신 헤파이스토스의 작품이라고 하셨다오. 바로 그 병에 당신의 백골이 간직되어 있지요. 명예 높은 아킬레우스여, 앞서 죽은 메노이티오스의 아들 파트로클로스와 안틸로코스의 뼈와 함께 말이오. 세 사람의 뼈를 묻고, 우리는 커다란 훌륭한 무덤을 쌓아올렸다오.

우리 아르고스 군사들의 용맹스러운 군대가 널찍한 헬레스폰토스의 여울을 향해 튀어 나온 곳 근처의 바다에서도 똑똑히 보이게 말이오. 지금 사람들에게도, 또 뒷날에 태어난 사람들에 대해서도. 그리고 장례를 위해 아카이아 용사들이 재주를 겨루고 있는 경기장 한가운데, 테티스 여신께서 신들에게 부탁드려 승리한 용사에게 줄 어마어마한 상품을 내놓으셨지요. 그때까지 당신은 용사들의 장례에 참례한 적이 많았겠고, 또한 한 나라의 영주가 돌아가셨다고 해서 젊은이들이 씨름 경기 샅바를 두르고 상품도 푸짐하게 갖춘 것을 보았겠지요. 그러나 이때에 당신을 위해 여신들이 주신 참으로 훌륭한 상품을 보셨다면, 뛰어나게 훌륭한 것에 진정 감탄하셨을 거요. 마치 은처럼 흰 다리를 한 테티스 여신은 신들과 아주 가깝게 지내셨으니까요. 이런 형편이어서 당신은 죽어서도 명성을 잃지 않으셨습니다. 그뿐 아니라 그 훌륭한 명예는 영원히 온 세상 사람들에게 전해지겠지요, 아킬레우스 님. 그런데 나는 전쟁을 완전히 끝낸 이 마당에 이게 무슨 꼴입니까. 귀국을 하자마자 제우스 신은 내게 무참한 죽음을 계획하고 계셨던 거지요. 아이기스토스와 저주스러운 내 아내의 손에 죽임을 당하도록 말이오."

이렇게 그들은 지난 일들을 서로 이야기했다. 그러자 바로 그 가까이로 아르고스를 죽인 신 헤르메스가 오디세우스에게 맞아 죽은 구혼자들의 망령을 지상에서 이끌고 왔으므로, 두 사람은 깜짝 놀라 이 모양을 보자마자 바로 그들 곁으로 달려갔다. 그러자 아트레우스의 아들 아가멤논의 망령은 그 가운데서도 낯익은 멜라네우스의 사랑하는 아들인, 명예로운 용사 암피메돈을 발견했다. 그럴 수밖에 없는 것이 이 사나이는 이타카 섬에 살았으며, 그전부터 그와는 친하게 지내던 사이였기 때문이다. 이 사나이의 망령에게 먼저 아트레우스의 아들 아가멤논의 망령이 말을 걸었다.

"암피메돈이여, 도대체 어떤 사연으로 자네들은 이 어두운 지하 세계로 내려왔단 말인가. 모두가 뽑아낸 듯, 더구나 같은 또래들만. 이건 정말 누가 마을 전체에서 으뜸으로 손꼽는 용사들을 뽑는다면, 아마 틀림없이 당신들을 뽑아냈을 거요. 혹 포세이돈 신이 자네들이 배에 타고 있는데 심한 폭풍이나 파도를 일으켜 빠져 죽게 했는가, 아니면 육상에서 적의를 품은 인간들에게 맞아 죽었단 말인가. 소나 양 떼를 자네들이 닥치는 대로 약탈하려 했을 때 말이네. 또는 성도와 처자들을 보호하려고 그들이 자네들을 죽였단 말인가. 내 말에 좀 대답해 주게나. 나는 적어도 자네 집안하고는 각별히 가깝게 지내던 처지였으니까. 아니면 벌써 자네는 거기 이타카 섬으로 내가 찾아가 자네들 집을 방문했을 때의 일을 잊었단 말인가. 그건 신이나 다름없는 메넬라오스와 함께 오디세우스를 재촉해서 보기 좋게 판자를 댄 함선단을 이끌어 일리오스로의 원정군에 수행시키기 위해서였지. 도시를 공략하려는 오디세우스를 겨우 설득해서 말이야."

그 말에 암피메돈의 망령이 높은 소리로 말했다.

"참으로 명예로운 아트레우스의 아들이며 용맹스러운 무사이신 아가멤논이시여, 그런 건 제우스가 길러 주시는 당신께서 방금 말씀하신 대로 모두 잘 기억하고 있습니다. 그래서 나는 당신에게 우리가 어떤 까닭으로 무참하게 죽게되었는지 자초지종을 숨김없이 말씀드리겠습니다. 오디세우스가 오랫동안 원정길을 떠난 채 돌아오지 않기에, 우리는 그 아내에게 결혼을 신청했던 것이지요. 그러자 그녀는 우리에게 죽음과 멸망의 계략을 가슴에 품고는 이 구혼을 치사한 일이라며 거부하는 것도 아니고, 그렇다고 딱 부러지게 끝을 내리고도 하지 않았답니다. 엉큼스러운 꾀를 꼭 한 가지 마음속에 품고 있었던 것이지요. 바로 큼직한 베틀을 집 안에 마련해 놓고 발이 곱고 유난히 폭이 넓은 천을 짜대더군요. 그리고 우리에게 말했지요.

'내게 구혼하시는 젊은 양반들, 존엄한 오디세우스가 행방불명 된 이 마당에 나와 결혼할 생각에 조급하기도 하시겠지만, 부디 잠시 동안만 더 기다려 주십시오. 이 폭이 넓은 천을 내가 모두 짜 버릴 때까지요. 이 천이 쓸모없는 것으로 버려지면 안 되니까요. 라에르테스 님의 장례용 천이니까 말이에요. 그분을, 오랜 고뇌를 가져오는 죽음의 저주스러운 운명이 잡아챌 그때를 위해서요. 혹시나 시신을 감쌀 옷도 없이 돌아가시게 한다면, 재산도 넉넉하게 있으면서 그랬다고, 온 나라 아카이아족 여자들한테 고약한 여자라는 비난을 받지 않도록 말입니다.'

이렇게 말하기에 우리로서도 조급한 마음을 누르고는 그녀의 말을 따르고 있었지요. 이렇게 해서 그녀는 낮 동안 쉴 새 없이 베를 짜고, 밤이 되자마자 그 천을 도로 풀어 버리는 것이었어요. 횃불을 곁에 놓고 말입니다. 하지만 이런 모양으로 3년간은 거짓말로 아카이아족 사나이들의 눈을 속여 가며 기다리게 했던 것입니다. 그러나 4년째가 되자, 마침 그때 시녀들 가운데 사정을 잘 아는 한 여자가 그것을 알려 주었기 때문에, 우리는 그녀가 바야흐로 그 눈부신 천을 풀고 있는 현장을 잡았던 것입니다. 하는 수 없이 울며 겨자 먹기로 그녀는 그 천을 다 짜서 마쳤습니다.

그녀가 마침내 폭넓은 천을 짜고 나서 태양이나 달빛처럼 빛나는 그 천을 사람들에게 보여 주었을 바로 그때, 오디세우스를 일부러 신께서 어디선가 데려왔답니다. 그래서 돼지치기가 사는 농장 맨 끝머리 쪽에 상륙을 했지요. 그때 신과 같은 오디세우스의 사랑하는 아들도 모래사장이 많은 필로스에서 검은 칠을 한 배를 타고 도착했답니다. 두 사람은 구혼자들을 흉측하게 죽일 계획을 꾸민 다음, 세상에 이름 높은 마을로 왔던 것입니다. 그 중에서 오디세우스는 나중에 오기로 했으므로 텔레마코스가 먼저 떠나며 길을 일러 주었고, 오디세우스는 형편없는 누더기로 몸을 가린 채 볼 수 없이 말라빠진 거지 행색으로, 더구나 늙은이처럼 지팡이를 짚으면서 돼지치기를 따라왔답니다. 정말이지 누추해서 차마 눈뜨고는 볼 수 없을 그런 누더기를 걸치고 있었지요. 그래서 우리는 누구 한 사람도 그가 오디세우스라고 알아본 사람이 없었지요. 그가 느닷없이 나타나리라고는 꿈에도 생각 못했거든요. 더구나 나이가 지긋한 사람들도 그랬으니까요. 그래서 짓궂은 말로 그를 마구 윽박지르고 물건을 던져 때리기도 했답니다.

그래도 그는 얼마 동안 자기 성에서 얻어맞기도 하고 조롱도 당하면서 꿋꿋이 견디고 있더군요. 그런데 이윽고 성스런 방패를 가지신 제우스 신이 그를 부추기자 텔레마코스와 힘을 합쳐 세상에 이름 높은 무구들을 내전 깊숙이 감추어 버리고 단단히 빗장을 질러 버렸습니다. 그리고 자기 아내에게 명령해서 아주 음흉한 생각으로, 구혼자들에게 활로 잿빛 쇠도끼 자루의 구멍을 꿰뚫게 했습니다. 이것이 무서운 죽음의 운명을 맞이할 우리의 경기 도구로 살육의 시초가 된 셈입니다. 그런데 우리들 가운데 누구도 그 강한 활시위를 메는 이가 없었으니, 도저히 그만한 힘이 없었던 것입니다. 그런데 그 커다란 활이 오디세우스 손으로 넘어갔고, 그때 우리는 모두 하나같이 활을 주어서는 안 된다 떠들어 댔으며 그가 무슨 소릴 하더라도 안 된다고 주장했지만, 텔레마코스 혼자만이 그를 편들어서 주라고 명령을 내렸지요. 참을성 있고 존엄한 오디세우스는 그 손에 활을 받아들자, 어렵지 않게 활시위를 당겨 쇠도끼의 구멍을 모조리 꿰뚫어 버렸답니다.

그러고는 문지방께에 버티고 서서 재빠른 화살을 계속해서 날려댔습니다. 무서운 얼굴로 노려보면서, 먼저 안티노스님을 쏘았던 것이지요. 그 다음에는 쉴 새 없이 다른 사람들에게 화살을 날렸지요. 그래서 잇따라 모두 쓰러져 갔답니다. 틀림없이 어느 신께서 가담하셨다고 생각됩니다. 얼마 동안은 그들이 기고만장해서 집 안을 마구 날뛰었기 때문에 사람들의 무참한 신음 소리가 끊어오르고 있었지요. 머리를 맞은 사람들입니다. 그래서 땅 위는 모두 우리가 흘린 피로 어지럽혀졌으니까요. 이렇게 해서 우리는 목숨을 잃고 말았답니다. 더구나 우리 시체는 아직까지도 오디세우스의 성 안에 손도 대지 않은 채 방치되어 있습니다. 왜냐하면 우리의 가족들도 아직 이 일을 전혀 모르고 있기 때문이지요. 만약 알게 된다면 거무칙칙하게 엉겨 뭉친 피를 상처에서 씻어 낸 다음, 관에 넣어 애도해 주겠지만요. 그런 일들이 죽은 사람에 대한 고별의 예의니까요."

그 말에 아트레우스의 아들 아가멤논의 망령이 높은 소리로 말했다.

"행복한 라에르테스의 아들이여, 계략이 풍부한 오디세우스여, 참으로 그는 미덕을 갖춘 배우자를 얻었군 그래. 페넬로페는 얼마나 갸륵한 마음씨를 지녔단 말인가. 이카리오스의 따님은 정식으로 시집 간 남편 오디세우스의 귀국을 꾸준하게 기다렸으니. 그런 까닭에 그녀 덕행의 명예는 언제까지고 결코 사라지지 않을 것이며, 불사의 신들은 땅 위에 사는 인간에 대해, 언제나 조심성을 잃지 않는 페넬로페에게 아름다운 노래를 지어 주실 거요. 틴다레오스의 딸 클뤼타임네스트라처럼 못된 짓을 계획해서 제 남편을 죽여 버린 일과는 처음부터 상대도 안 되는 일이니까. 그녀에게는 끔찍스러운 긴 노래가 인간 세계에 전해질 거요. 그리하여 여성들 모두의 이름을 더럽히는 원인이 되겠지. 좋은 행동을 하는 정직한 여자에게조차 말이오."

그들은 서로 이런 일들을 이야기하고 있었다. 땅속 깊숙한 곳에 있는 하데스의 궁전 안에 서서. 한편 오디세우스 일행은 마을에서 떠나자 얼마 안 가서, 잘 손질되어 있는 라에르테스의 농장에 이르렀다. 여기는 옛날부터 라에르테스가 차지한 토지로서 무척 고생한 보답으로 받은 것이었다. 이곳에 그의 집이 있고 그 집을 사방으로 둘러싸 행랑이 죽 이어져 있었다. 그곳에서 하인들이 식사 준비를 하거나 눕거나 쉬거나 하도록 되어 있었다. 이 하인들은 노예로, 그를 위해 노동을 해야 하는 사람들이었다. 또 집에는 시칠리아 사람인 늙은 하녀가 일하며, 노인 라에르테스의 치다꺼리를 잘해 왔었는데, 이 또한 마을을 떠난 이 시골에서의 일이었다. 그리하여 오디세우스는 돼지치기 에우마이오스와 소치기 필로이티오스와 아들을 향해 말했다.

"그럼 너희들은 이제부터 튼튼하게 세워진 집 안으로 들어가 돼지들 중에서도 가장 살찐 놈을 골라 점심 식사를 위해 잡도록 해라. 그 동안에 나는 아버님을 뵙고 좀 떠보기로 할 테니까. 혹 나를 알아보실는지, 아니면 오랫동안 헤어져 있었으므로 잘 모르실는지 아무튼 간에 말이야."

이렇게 말하며 하인들에게 전쟁에 사용하는 무기들을 건네주었다. 두 하인은 곧 집으로 갔다. 그리고 오디세우스는 풍성하게 열매를 맺은 포도밭 근처로 부친을 떠보기 위해 갔는데, 거기에 돌리오스의 모습은 보이지 않고 다른 머슴이나 그의 아들들도 눈에 띄지 않았다. 그는 큰 과수원으로 떠난 뒤였으며, 머슴들도 포도밭 울타리를 만들기 위해 돌을 주워 모으러 따라간 참이었다. 노인 돌리오스가 모두의 앞장을 서서 길을 안내해 갔던 것이다. 그리하여 오디세우스는 마침 부친이 혼자 있는 곳에 이르게 되었다.

마침 잘 손질된 밭의 잡초를 뽑고 있던 참이라, 누덕누덕 기운 초라하고 지저분한 옷을 입은 채 걸리는 걸 피하기 위해 정강이에 쇠가죽으로 이어 만든 행전을 치고, 두 손에는 장갑을 끼고 있었다. 들장미의 가시를 피하기 위해서였다. 이렇게 몸차림을 갖추고 그의 비참한 모습을 강조하듯이 머리에는 염소 가죽 모자를 쓰고 있었다. 이때 존엄하고 참을성 있는 오디세우스는 부친의 너무도 노쇠하고 비참해 보이는 모습을 바라보고는 키가 큰 야생 배나무 밑에 멈춰 서서 눈물을 흘리고 있었다. 그리고 가슴속으로 이리저리 망설였다. 아버지한테 매달려 입을 맞추고, 그 동안의 자초지종을 남김없이 이야기해 드려야 할지, 아니면 먼저 자세하게 형편을 묻고 뜸을 들여 보는 게 옳을지. 그런 생각을 하는 동안 처음에는 짓궂은 말을 걸어서 마음을 떠 보는 것이 좋겠다는 생각이 들었다. 생각을 정리한 뒤 존엄한 오디세우스는 곧장 그에게로 걸어갔다. 마침 늙은 아버지는 머리를 숙이고 나무의 주위를 이제 막 파헤치는 참이었는데, 그 옆으로 다가간 명예로운 아들이 말을 걸었다.

"저, 할아버지. 영감님은 결코 생각이 없는 분은 아니군요. 과수원을 가꾸는 솜씨 말이오. 정말 잘 가꾸어 놓았어요. 어느 것이든. 나무를 심은 거라든지, 무화과라든지, 포도나무도 말이오. 게다가 올리브나무도, 배나무도, 야채밭도, 온 과수원이 구석구석 잘 손질되어 있군요. 그런데 단 한 가지 흠잡을 게 있는 데, 영감님은 부디 화를 내지 말기 바랍니다. 바로 영감님에겐 충분한 뒷바라지 가 안 되어 있군요. 게다가 보기 싫은 노년에 얽매여 몹시 메마르고, 입으신 옷 도 보기 흉합니다. 영감님이 일을 안 한다고 해서 주인인들 그리 싫은 소리는 하지 않을 텐데요. 영감님 모습은 조금도 남의 하인 같지 않으니까요. 모습이 건 체구의 됨됨이로 보더라도 오히려 영주님처럼 보입니다. 하지만 그런 사람이란, 목욕을 하고 식사를 끝낸 다음 폭신한 잠자리에서 잠을 자는 게 마땅하겠지요. 그것이 노인들의 습관이라고 하니까요. 그렇다 하더라도 나에게 숨김없는 이야기를 들려주었으면 합니다만. 영감님은 누구의 하인이며, 어떤 분의 과수원을 돌보고 있는 것입니까?

그리고 이 점을 틀림없이 말해 주면 좋겠습니다. 충분히 납득이 가도록 말이오. 바로 내가 다다른 이 고장이 틀림없는 이타카인지 아닌지를 말이오. 이제 방금 내가 이리 오는 길에 만난, 그 사람 말대로라면 말인데요. 그다지 기질이 좋은 사람 같지는 않았습니다. 차근차근 말도 안 해주고 내 말에 귀도 기울이지 않았으니까요. 내가 자기와 친한 사람의 소식을 묻는데 말입니다. 그분이 아직 이 세상에 살아 계신지, 아니면 이미 세상을 떠나 하데스 궁전으로 가셨는지 하고요. 내가 모조리 말할 테니 영감님도 잘 좀 들어주기 바랍니다. 나는 이전에 내 고국에서 어떤 분이 우리 집에 오셨을 때, 재워서 보살펴 준 적이 있습니다. 더구나 먼 곳에서 우리 집을 찾아오신 친근한 댁의 사람으로, 그보다 더 가깝게 생각되는 이는 달리 또 없을 정도였지요. 그 사람이 이름을 대며 말하기를, 자기는 이타카 섬 태생으로 아버님의 이름은 아르케시오스의 아들 라에르테스라고 하더군요. 나는 그를 집으로 데려다 묵게 하고 잘 대접한 다음, 집에 간직해 놓았던 물건으로 그럴 듯하게 비위를 맞추며, 어지간히 좋은 것들을 선물로 가져가게 했지요. 황금도 무게가 10탈란톤이나 되는걸요. 그리고 순은으로 된 희석용 술동이도 선물했는데, 꽃모양이 그려 있는 것이랍니다. 또 12벌의 털 망토와 같은 수의 모직 덮개, 또 그만한 개수의 아름다운 큰 담요, 게다가 그만큼의 속옷도요. 또 특별하게 훌륭한 솜씨를 가진 부인으로 잘생긴 여자를 넷이나 보내주었는데, 그 여자들은 그들이 직접 선택한 여자들이었지요."

그 말에 이번에는 부친이 눈물을 흘리면서 대답했다.

"다른 고장에서 오신 분이시여, 과연 당신이 물어보신 대로 바로 그 고장엘 오신 거요. 그러나 이곳에는 난폭한 사나이들, 더구나 못된 짓을 일삼는 무법자들이 세력을 떨치고 있다오. 당신이 모처럼 호의로 보내 주신 그 물건들도, 산더미처럼 주셨다 하더라도 모두 헛것이 되었다고 말할 수밖에 없소이다그려. 이 이타카 마을에서 살아있는 그를 만나신다면, 그때는 반드시 당신에게 충분한 선물을 답례로 드리고, 가시는 길을 도와서 배웅할 수도 있으련만, 정성껏 환대한 끝에 말이오. 그렇게 하는 게 전날에 받은 친절에 맞는 마땅한 예의가 되겠지요. 그런데 그 말에 묻고 싶은 일이 있으니, 확실한 것을 들려주기 바라오. 당신이 그를 대접해 준 것은 도대체 지금부터 몇 년 전 일이오. 당신이 손님으로 맞았다는 그 불행한 사나이는 바로 내 아들이라오. 옛날에는 아무튼 그랬다고 하지만, 운수 사나운 그 아이는 아마 가족들과 고향과 멀리 떨어진 곳에서, 혹은 넓은 바다에서 고기밥이 되었거나, 혹은 육지에서 들짐승이나 새들의 밥이 된 것 같소이다. 어머니도 그의 시체에 수의를 입혀 울어 주지도 못했고, 아버지도 눈물을 뿌려 주지 못했소. 우리 둘 사이에 태어난 아들인데. 그리고 또 그의 아내인, 시집 올 때 많은 혼수품을 가져온 마음이 꿋꿋한 페넬로페조차 그의 눈을 감겨 주고 버젓하게 입관해서 실컷 울어 보지도 못했다오. 이런 일들이 모두 죽은 사람에 대한 성의라는 것인데. 당신에 대한 걸 내게 확실히 말해 주기 바라오. 잘 알아들을 수 있게 말이오. 도대체 당신은 누구시며 어느 나라에서 오셨는지, 그리고 당신 고향은 어디며 부모님은 계신지. 그리고 빠른 배를 어디에 대어 놓았는지, 당신을 이곳까지 데려온 그 배 말이오. 또 신 같은 뱃사람들도 태웠을 텐데. 아니면 승객으로 남의 배를 타고 오셨는지, 그 배는 당신을 내려놓고 이미 떠나 버린 건지를 말해 주시오."

그러자 지혜로운 오디세우스가 대답했다.

"그렇다면 내가 모든 걸 충분하게 납득이 가도록 말씀드리지요. 나는 알뤼바스에서 온 사람이요. 그곳 유명한 성에 사는 폴리페몬(부자, 장자)의 집안인 아페이다스(다복한 백만장자) 님의 아들입니다. 내 이름은 에펠리토스라고 합니다만, 신께서 시카니아(시칠리아의 옛 이름)에서 길을 잃게 해 생각지 않게 이곳까지 오게 되었습니다. 나를 태워 온 배는 저기 마을 밖 해변에 대어 놓았습니다. 그런데 오디세우스 님이 우리 고향에 찾아오셨다가 떠나신 지가 올해로 꼭 5년째가 됩니다. 가엾은 분이었지요. 떠나실 때의 새점은 참으로 좋게 나왔었는데요. 오른편에 나타났으므로 기분 좋게 나도 그분을 떠나보냈던 것입니다. 그분도 몹시 기뻐하며 떠나셨다오. 그래서 우리 두 사람은 속으로 기대를 가지고 있었지요. 다시 우정을 나누며 훌륭한 선물들을 수없이 주고받을 수 있기를 말입니다."

이렇게 말하자 노인은 깊은 절망에 빠져 몹시 신음하면서 두 손으로 검은 잿먼지를 움켜쥐고 잿빛 머리칼에 마구 뿌려 댔다. 사랑하는 아버님의 이런 모습을 보자 오디세우스의 마음은 마구 흔들려 콧구멍에서 돌연 단 콧김이 흘러나왔다. 그러자 아버지께 달려들어 입을 맞추며 말했다.

"그 사람이 바로 여기 있는 저입니다, 아버님, 아버님이 그렇게 찾으시던 바로 그 아들입니다. 20년 만에 이제 막 고향으로 돌아온 참입니다. 그러니 그만 진정하십시오. 그리고 어서 눈물을 거두십시오. 모든 자초지종을 말씀드릴 테니까요. 하지만 우선은 아주 서둘러야 하겠습니다. 왜냐하면 구혼자들을 모조리 죽여 버렸으니까요. 제 집에서 말입니다. 여러 사람을 괴롭히던 고약한 행동에 대한 보복으로 말입니다."

그 말에 라에르테스가 대답했다.

"정말 여기 있는 당신이 내 아들 오디세우스라면, 그럼 자, 어서 무엇이든 뚜렷한 증거를 말해 주시오. 내가 진심으로 이해 가도록."

그 말에 지혜로운 오디세우스가 말했다.

"이 흉터를 우선 보십시오. 당신께서 그 눈으로 직접 확인해 주십시오. 이건 본디 내가 파르나소스로 사냥을 갔을 때, 멧돼지가 흰 송곳니로 입혔던 상처입니다. 아버님과 어머님이 외조부님 아우톨뤼코스 댁으로 나를 심부름 보내셨을 때 일인데, 그 전에 조부님께서 이곳에 오셨을 때, 내게 주시기로 약속하셨던 선물을 받기 위해 갔었던 것입니다. 그리고 또 한 가지 이번에는 잘 가꾸어 놓은 밭에, 옛날에 저에게 주신 온갖 나무들의 수에 대해 말씀드리겠습니다. 저는 어린 마음에 별별 것을 다 졸라 대곤 했지요. 과수원에 따라가서 말입니다. 그러자 그 나무들 사이를 둘이서 걸어가다 아버님께서는 하나 하나 나무 이름을 말씀하시며 약속하셨지요. 먼저 배나무가 열세 그루, 그리고 사과나무가 열 그루, 무화과나무가 마흔 그루, 그리고 또 걸어가면서 포도나무를 제게

쉰 고랑이나 주신다고 말씀하셨지요. 그 모두가 내내 과일을 딸 수 있었으며, 온갖 종류의 포도송이가 달려 있었습니다. 언제나 제우스 신의 계절이 돌고 돌아가는 동안 말입니다."

이렇게 말하자, 그대로 그 자리에서 노인의 무릎은 흔들려 무너지는 듯하고 마음은 터질 것만 같았다. 오디세우스가 확실한 말을 들려주고 뚜렷한 증거를 내보이자, 사랑하는 아들을 두 팔을 벌려 끌어안으며 까무러쳐 넘어지는 것을, 이쪽에서도 참을성 있고 존엄한 오디세우스가 늙은 아버지를 끌어 당겼다. 그러나 그로부터 잠시 뒤 다시 숨을 돌리고 제 정신으로 돌아왔을 때, 새삼 아들에게 대답했다.

"아버지 신이신 제우스 님이시여, 참으로 신들께서는 높은 하늘 올림포스에 계셨군요. 만약 구혼자들의 고약한 행동에 대해 복수를 했다는 게 사실이라면 말입니다. 그런데 내가 마음속으로 걱정이 되는 것은, 이타카 놈들이 곧 몰려올 것이 틀림없다는 바로 그 점이란 말이다. 게다가 또 케팔레니아의 모든 마을마다 전령들을 서둘러 보낼 터이고."

그 말에 지혜가 풍부한 오디세우스가 말했다.

"안심하십시오. 결코 그런 일은 아버님 마음을 괴롭혀 드리지는 않을 테니까요. 그보다도 어서 집으로 가시지요. 과수원 바로 옆에 세워져 있는 집말입니다. 그곳에는 텔레마코스와 소치기와 돼지치기를 먼저 보내 놓았습니다. 곧 식사 준비를 해 놓도록 말입니다."

두 사람은 이런 말을 주고받으며 훌륭한 집으로 향했다. 둘이 이윽고 안락한 그 집에 이르렀을 때에는 텔레마코스와 소치기와 돼지치기가 거기서 이제 막 많은 고기를 썰어서 나누고, 붉게 빛나는 포도주를 섞는 참이었다. 그 동안에 기상이 넓은 라에르테스를 그의 집 안에서 시칠리아 태생의 시녀가 목욕을 시키고, 올리브 기름을 살갗에 바르고, 그 어깨에 아름다운 망토를 입혀 주었다. 그러자 아테나 여신은 그의 곁에 바싹 다가서서, 이 백성들의 어진 우두머리의 팔과 다리를 풍부하게 살찌우고 보기에 전보다도 훨씬 크고 튼튼하게 했다. 그리하여 욕실에서 나오자 사랑하는 아들도 감탄할 뿐이었다. 마주 대하고 보니 불사의 신들과 그 모습이 꼭 같았기 때문이다. 그래서 놀라움을 참지 못하고 그에게 높은 소리로 말을 걸었다.

"아이구 아버님, 틀림없이 누군가 불사의 신들 가운데 한 분이 아버님의 모습과 키를 한층 더 훌륭하게 해 주신 모양입니다."

그 말에 분별 있는 라에르테스가 대답했다.

"참으로 아버지 신이신 제우스 님, 그리고 아테나 신과 아폴론 신이시여, 만약 내가 케팔레니아 사람들의 왕으로서 저 견고한 도시, 본토 끝머리의 네리코스를 무너뜨렸을 때만큼 강했던들 얼마나 좋았을까요. 그만큼 강한 힘을 가졌다면, 어제도 우리 성에서 무구를 양쪽 어깨에 얹고 네 옆에 서서 구혼자들과 한바탕 싸울 수도 있었으련만. 그렇게 되면 성 안에서 수없이 그들의 무릎을 꺾어 놓을 수도 있었을 텐데. 너로서도 마음속으로 얼마나 기쁘게 생각했겠느냐."

그들은 이렇게 이야기를 주고받았다. 그리고 식사 준비가 다 되자 일손을 멈추고, 차례차례 소파와 팔걸이의자에 걸터앉아 식사를 시작했다. 그러자 돌리오스 노인이 바로 그들 옆으로 자기 아들들을 데리고 왔다. 밭일에 몹시 지쳐 있는 것을 모친인 시칠리아 할멈이 부르러 갔기 때문이다. 이 할멈이 그들을 키우고 또 그 노인을, 몹시 늙은 다음부터는 꼭 뒷바라지를 해 왔다. 그래서 그들은 오디세우스를 만나 누군지를 알아채자마자, 넋이 빠진 듯 방 안에 장승처럼 서 있었다. 오디세우스는 그에게 상냥하게 말을 걸었다.

"할아범, 자, 어서 앉아 식사를 하게나. 놀라운 일들은 모두 잊어버리기로 하고. 그저 고픈 배를 채우고 싶은 생각뿐이라서, 아까부터 할아범들을 기다리던 참이야."

이렇게 그가 말하자 돌리오스는 다짜고짜 두 팔을 벌리고 그에게 다가갔다. 그리고 오디세우스의 손을 잡고 그 손목에 입을 맞춘 다음, 가슴이 벅차 그를 향해 높은 소리로 말을 걸었다.

"아아, 그리운 오디세우스 님, 기다리던 우리한테로 와 주셨군요. 전혀 생각지도 못했는데, 이렇게 모셔온 건 틀림없이 신들이시겠지요. 고마운 일이오. 이렇게 무사하도록 신들께서 복을 내려 주셨으니. 그런데 한 가지, 이 일만은 확실히 우리한테 말씀해 주십시오. 우리가 잘 알아듣도록 말입니다. 지혜와 분별이 밝으신 페넬로페 님은 벌써 당신께서 돌아오신 걸 아시는지, 아니면 급히 전령을 보내셨는지요."

그 말에 지혜로운 오디세우스가 대답했다.

"걱정 말게 할아범, 벌써 알고 있으니까. 자네가 그런 일로 걱정할 필요가 어디 있겠나."

이렇게 말했으므로 그는 다시 잘 닦인 의자에 걸터앉았다. 그와 때를 같이 해서 돌리오스의 아들들도 이름 높은 오디세우스를 둘러싸고 그 손에 매달려 환영하는 말로 인사를 했다. 그리고 차례차례 아버지인 돌리오스 곁으로 가서 앉았다.

이렇게 하여 그들은 집 안에서 식사하기에 바빴다. 그런데 발이 빠른 전령, 즉 소문은 온 마을 안을 여기저기 돌아다니며, 구혼자들의 끔찍스러운 죽음과 고약한 운명을 전하고 다녔다. 사람들은 이 소문을 듣자 곧 곳곳에서 달려나와 탄식하고 신음하며 오디세우스의 성 앞으로 몰려와서 제각기 시체를 옮겨 장례를 치렀다. 또 다른 나라에서 온 사나이들의 시체는 빨리 달리는 배에 태워져 뱃사람들에게 저마다 집에까지 데려가도록 보내 주었다. 그리고 그들은 모두 함께 모여 마음 아파하며 비탄에 젖어 회의 장소로 나갔다. 그리하여 모두 한 자리에 모여 회합을 했는데, 그 중에 에우페이테스가 일어서서 말했다. 아들 안티노스에 대한 뼈아픈 비탄이 가슴속에 사무쳐 있었기 때문이었다. 그는 맨 처음 오디세우스가 죽인 인물인데, 그 아들 생각에 눈물을 흘리면서 그는 회의 좌석에서 사람들에게 말했다.

"여러분, 저 사나이는 참으로 엄청난 소행을 아카이아족 사람들에게 저질렀습니다. 전에는 많은, 더구나 유능한 사나이들을 배에 태워 원정을 떠나 가운데가 깊숙한 배들을 모두 없애버리고, 용사들도 다 잃어버리더니, 이번에는 돌아오자마자 케팔레니아 사람들 가운데서도 특히 뛰어난 사람들을 살해했습니다. 그러니 자, 어서 그 사나이가 필로스나 신성한 엘리스로 황급히 달아나기 전에, 이쪽에서 먼저 쳐들어가기로 합시다. 그곳은 에페이오이가 다스리는 고장이오. 서두르지 않으면 언제까지고 고개를 못 든 채 수치를 당해야 한단 말이오. 그래서는 후세 사람들이 듣더라도 아주 불명예스러운 일이니까요. 만일 우리가 아들이나 형제를 죽인 사나이한테 전혀 복수를 못한다고 해서야 말이 됩니까. 그렇게 된다면 나로서는 참으로 살아갈 재미가 없게 될 것이오. 그럴 바에는 차라리 죽어 저 세상으로 떠나간 사람들 축에 끼어드는 게 낫겠소이다. 그러니 자, 어서 갑시다. 저놈들이 앞질러 바다를 건너가면 큰일이니까."

이렇게 마구 눈물을 쏟으며 말했으므로 아카이아 사람은 누구나 애도의 마음으로 가득 차 있었다. 그때 바로 그들 가까이에, 메돈과 신성한 가인이 잠에서 깨어나 오디세우스의 성에서 나왔다. 그리고 앞에 와 섰으므로 모여 있던 사람들은 모두 깜짝 놀라 입을 딱 벌렸다. 그때 그들을 향해 분별이 있는 메돈이 말했다.

"여러분, 부디 내 말을 잘 들어주십시오, 이타카 분들이여. 모르면 몰라도 오디세우스 님은 신들의 동의가 없이는 이런 일을 생각해 내지 않았을 겁니다. 내가 직접 거룩한 신의 모습을 뵈었으니까요. 오디세우스의 바로 옆에 서 계시는 걸 말입니다. 그런데 모든 것이 꼭 멘토르 님의 모습이었습니다. 그리고 불사의 신께서는 오디세우스 바로 옆에 나타나시어 영주님을 격려하시며, 한편으로는 구혼자들의 가슴을 어지럽히고 홀 안을 미친 듯 뛰어다니게 했기 때문에 그분들은 차례차례 쓰러져 버렸습니다."

이렇게 말하자 모여 있던 사람들은 너나 할 것 없이 새파랗게 질려서 두려움에 떨었다. 그때 또 모두를 향해 마스토르의 아들인 나이 많은 할리테르세스가 말을 걸었다. 이 사람만은 그들 가운데 오로지 한 사람, 옛날 일처럼 앞으로의 일을 모두 볼 수 있는 터라 그가 지금 모두를 생각하여 회의 좌석에서 일어나 말했다.

"자, 이타카 여러분, 내가 이제부터 말하는 것을 부디 잘 들으시오. 여러분, 이런 결과를 가져오게 된 것도 모두 당신들의 마음이 약한 탓이었소. 무슨 일이든 당신들은 내 말을 전혀 들은 척도 안했으며 백성들의 지도자인 멘토르 님에게도 따르지 않았었소. 당신들 아들들한테 어리석은 행동은 그만두게 하라고 그토록 말씀하셨는데도. 그들은 악랄한 생각에서 고약한 소행을 일삼아 오지 않았소. 지체 높으신 분의 재산을 털어먹고 그 배우자에게 무례한 짓을 해 가면서 말이오. 그가 이제는 영원히 못 오리라는 생각에서. 그러니 이제라도 내 말을 들으시오. 쫓아가는 건 그만 두는 게 좋겠소. 자칫해서 스스로 불행을 불러와 뒤집어쓰게 되어서는 안 되니까요."

이렇게 말하자 그들 가운데 절반이 넘게 큰 소리로 외치면서 자리에서 벌떡 일어섰다. 한편 그 밖의 사람들은 함께 모여 그대로 그곳에 남았다. 그들 대다수에게는 할리테르세스의 말이 귀에 거슬렸고, 에우페이테스의 말에 동의하고 있었기 때문이다. 그래서 그들은 무구를 가지러 급히 달려갔다. 번쩍거리는 청동 갑옷을 입고, 널찍한 마을 입구에 모두 모이자고. 그들의 선두에는 에우페이테스가 어리석은 마음에서 앞장서서 갔다. 바로 죽은 아들의 보복을 하려는 생각이었지만, 두 번 다시 못 돌아오고 그대로 거기서 마지막을 고해야 하는 운명이었다.

이야기는 바뀌어 하늘에서는 아테나 여신이 크로노스의 아드님 제우스에게 말했다.

"저, 우리의 아버님이시고 크로노스의 아드님이시며 왕 중에서도 가장 높으신 당신은, 가슴속에 무슨 생각을 감추고 계십니까? 제 물음에 부디 대답해 주십시오. 이제부터 심한 전쟁과 무서운 칼싸움을 시키실 작정이십니까? 아니면 양쪽 사람들한테 화해를 권하실 생각이십니까?"

그 말에 구름을 모으는 제우스가 대답했다.

"내 딸이여, 어째서 그대는 그런 일들을 자꾸 내게 물어 보는 것인가? 처음부터 이런 방책을 꾸며 낸 건 그대가 아니었던가. 그 구혼자들을 오디세우스가 귀국해서 쳐 죽이고 보복을 한다는 그런 경우를 말이야. 그대 생각대로 하려무나. 그러나 어찌 해야 의로운 일인가를 말해 두지. 존엄한 오디세우스가 이미 구혼자들을 쳐 죽인 바에는 서로 양보해서 굳은 평화의 서약을 교환하고, 그는 오래오래 왕위를 보존하고, 한편 마을 사람들은 아들들과 형제들의 살육을 잊어버리도록 우리가 해 주어야 하지 않겠느냐. 그리하여 그들은 이전이나 다름없이 서로 친하며 부귀와 평화를 푸짐하게 누리도록 하세나."

이렇게 말하고 벌써부터 서둘러대는 아테나를 재촉했다. 여신은 올림포스 봉우리에서 뛰어 내려갔다.

그런데 이쪽에서는 모두 마음을 느긋하게 하는 음식을 실컷 들었을 때, 참을성 있고 존엄한 오디세우스가 먼저 이야기했다.

"누구든지 밖을 좀 살펴보고 오게나. 마을 사람들이 몰려와서 근처에 있으면 큰일이니까."

이렇게 말하자, 돌리오스의 아들 가운데 하나가 시키는 대로 밖으로 나가 문지방에 올라서서 바라보자, 이미 마을 무리들이 근처에 모두 모습을 나타냈으므로 곧 되돌아와서 오디세우스에게 흥분하여 말했다.

"큰일났습니다. 그들은 벌써 가까운 곳에 와 있습니다. 그러니 빨리 무장을 해야만 되겠습니다."

이렇게 말하자 그들은 모두 일어서서 무장을 했다. 오디세우스 일행 네 명과 돌리오스의 아들 여섯 명, 게다가 라에르테스와 돌리오스도 머리는 백발이 되었지만 그래도 전사가 되어 갑옷을 입었다. 그들도 번쩍거리는 청동 갑옷을 입고 대문을 열어젖히며 오디세우스를 앞장세우고는 밖으로 밀려나갔다.

그 사람들 바로 가까이에 제우스 신의 딸 아테나 여신이, 그 목소리부터 모습까지 멘토르와 똑같이 하고 왔다. 그 모습을 본 참을성 있고 존엄한 오디세우스는 무척 기뻐하며 곧 자기 사랑하는 아들 텔레마코스에게 말했다.

"텔레마코스여, 이제는 너도 그만한 처지에 이르렀으니 각오는 되었겠지. 전쟁에 나가는 무사들이 누가 가장 뛰어났는지 결정되는 참이다. 바로 조상의 집안을 욕되게 하지 않는다는 각오 말이다. 우리 집안은 예전부터 무력에서나 용맹함에 있어서나 온 세계에서 뛰어났으니까."

그 말에 텔레마코스가 사려 깊게 대답했다.

"사랑하는 아버님, 소원이시라면 지켜보십시오. 저는 결코 아버님 집안을 욕되게 하지는 않을 것입니다. 아버님 말씀대로요."

라에르테스는 그 말을 듣고 몹시 기뻐했다.

"도대체 오늘이 무슨 날인지, 자비로우신 신들이시여, 참으로 기쁜 일입니다. 아들과 귀여운 손자가 용맹을 겨루게 되다니요."

그러자 그 옆에 다가서서 빛나는 눈의 아테나 여신이 그에게 말했다.

"이것 보아요, 아르케이시오스의 아들이여, 나의 모든 전우들 가운데서도 특히 가까운 친구여, 빛나는 눈의 여신과 위대한 제우스 신에게 기원을 한 다음, 곧 긴 그림자를 만들어 내는 창을 잘 휘둘러 던져 보시오."

이렇게 말한 팔라스 아테나는 대단한 기력을 노인에게 불어넣어 주었다. 그래서 그도 위대한 제우스 신의 따님에게 기도를 드리고 바로 기다란 창을 잘 휘둘러 던져, 에우페이테스의 투구를 맞혀 그 청동 볼받이를 꿰뚫었다. 투구는 창을 막아 내지 못한 채 청동 창끝이 사정없이 안으로 들어갔다. 에우페이테스가 요란한 소리를 내며 쓰러지자 갑옷이 그의 몸 위에서 덜그렁 울렸다. 그러자 오디세우스와 명예로운 아들은 적군의 선두대열에 덮쳐, 검으로 또는 쌍지창으로 적을 찔러 댔다. 그야말로 염소 가죽 방패를 가진 제우스의 따님인 아테나 여신이 큰 소리로 외치고 적의 군사를 말리지 않았더라면, 남김없이 쳐죽이고 한 사람도 살아서 돌아갈 수 없었을지도 몰랐다.

"전투를 멈추시오. 이타카의 여러분, 처참한 전쟁에서 한시라도 빨리 피를 흘리지 않고 일을 수습하도록."

이렇게 아테나 여신이 말을 하자, 창백한 공포가 그들을 사로잡았다. 여신의 높이 외치는 말을 듣자 모두 하나같이 공포에 질려, 사람들 손에서는 무기가 달아나 남김없이 땅 위로 떨어졌다. 그리하여 모두 마을을 향해 목숨이 부지되기를 빌며 도망을 가는데, 참을성 있고 존엄한 오디세우스는 무서운 소리로 외치며 몸을 앞으로 굽히고 높은 하늘을 나는 독수리처럼 그들을 향해 덮쳐 갔다. 그때 바로 크로노스의 아들인 제우스 신이 불꽃을 뿜는 벼락을 던지자, 위대한 아버지 신의 딸인 빛나는 눈의 여신 아테나의 바로 앞에 떨어졌다. 그때 오디세우스에게 빛나는 눈의 아테나가 말했다.

"제우스의 후손인 라에르테스의 아들이며 지혜로운 오디세우스여, 그만두게나. 모두에게 똑같은 피비린내 나는 전쟁은 이제 그만둬. 자칫해서 넓은 하늘에 천둥을 울리시는 제우스 신이 그대에게 화를 내시면 안 되니까."

아테나 여신이 이렇게 말하므로 그도 그 말씀을 따랐는데, 속으로는 반기고 있었다. 이윽고 양쪽에게 아이기스(염소 가죽 방패)를 가진 제우스의 딸 아테나 여신은 멘토르의 모습이나 목소리를 빌려서 설득을 하여 화해의 서약을 맺도록 했다.

주요 인명·신명·지명

가니메데스 Ganymedes, Γανυμήδης

트로이의 트로스(와 칼리로에)의 아들. 따라서 일로스, 아사라코스의 형제. 일설에 그는 라오메돈, 또는 일로스, 또는 아사라코스, 또는 에릭토니오스의 아들이라고도 한다. 아름다운 소년으로 신들이 제우스의 술시중을 들게 하려고 천국으로 데려가고 그 대신에 아버지에게는 훌륭한 신마(神馬)와 헤파이스토스가 만든 황금 포도나무를 주었다. 그를 납치했을 때의 사정에 대해서는 여러 가지 설이 있는데 신들이 또는 제우스 자신이, 혹은 제우스의 사자인 독수리가, 또는 제우스가 독수리가 되어 납치해 갔다고 한다. 그런데 붙잡아간 것이 미노스, 탄탈로스, 또는 에오스라는 설도 있다.

가이아 Gaia, Γαῖα

대지(大地)의 뜻으로 그것을 의인화한 여신. 그녀의 숭배는 각지에서 볼 수 있다. 델포이의 신탁소는 본디 그녀의 것이었다. 또 모든 일이 그녀 안에서 이루어지는 자라고 하여 맹세의 신이 되고 있다. 신화에서 그녀는 만물의 원초(原初)이며, 신도 인간도 그녀로 하여 비롯되고, 따라서 신들의 계보를 노래 부른 헤시오도스의 〈테오고니아〉에서는 큰 위치를 차지하고 있는데 호메로스에서는 전혀 도외시되고 있다.

헤시오도스에 의하면 그녀는 카오스에 이어 태어난 것(또는 그 딸)으로 되어 있다. 그녀는 천공신(天空神) 우라노스를 낳고 그를 남편으로 삼아 바다 산(山)들, 티탄들, 키클롭스들, 헤카톤케이르들을 낳았다. 그러나 우라노스는 자식들을 대지의 저 안쪽 깊이 유폐해버렸으므로 그녀는 티탄 중에서 가장 나이가 어린 크로노스에게 금강석 도끼를 주어 우라노스의 생식기를 자르게 했다. 그 흐르는 피가 대지에 떨어져 대지에서 기가스들과 나무의 님프들이 태어났다.

뒤에 그녀는 폰토스에게서 네레우스, 타우마스, 포르키스, 케토, 에우리비아의 다섯 명의 바다의 신을 낳았다. 크로노스는 아버지의 지배권을 자기 것으로 만들자 다시 자기의 형제들을 대지의 저 깊은 곳에 있는 타르타로스에 가두었다. 가이아와 우라노스는 크로노스에게, 그도 또한 자기의 아들에 의해 지배권을 빼앗길 것이라고 예언했으므로 크로노스는 아내 레아가 낳은 여러 아들을 삼켜 버렸다. 레아는 그 막내아들 제우스만은 남편 몰래 키우기에 성공했다. 제우스는 크로노스와 티탄을 무찌르고 가이아의 예언에 따라 타르타로스에 갇힌 키클롭스를 해방시켜 자기편으로 만들었으며, 티탄족을 격파해 타르타로스에 유폐한 다음 헤카톤케이르들로 하여금 파수를 보게 했다. 다음에 가이아가 낳은 기가스들이 올림포스의 신들과 싸워서 패했다. 이 밖에 에키드나, 안타이오스, 트립톨레모스, 에릭토니오스, 피톤, 카립디스, 하르피아이 등 숱한 괴물이나 그 밖의 인물이 그녀에게서 태어났다고도 전해진다. 대지인 가이아는 또 데메테르, 케레스, 키벨레 등의 대지의 여신과 동일시되어 혼동되고 있다.

글라우코스 Glaukos, Γλαῦκος

글라우코스는 '청록색의, 회색의, 날카로운 눈의'란 뜻을 가지며 많은 영웅이나 해신(海神)의 이름이 되어 있다.

1. 바다의 신으로 보이오티아의 안테돈의 어부. 알퀴오네의 아들 혹은 포세이돈과 물의 요정 사이의 아들이라고도 한다. 우연하게 약초의 덕을 입어 불사신이 되고 바다에 뛰어들어 해신이 되었다. 바다의 괴물을 거느리고 섬과 바다를 돌아다니면서 예언을 행한다고 전해지며 어부들의 존경을 받았다. 메넬라오스가 귀국하는 길에 말레아에 나타나고 또 아르고나우테스들을 보호했다. 그는 스킬라를 사랑했으나 뜻을 이루지 못해 화가 나 괴물로 만들어 버렸고, 낙소스의 버림을 받은 아리아드네에게도 사랑을 고백했으나 실패했다. 베르길리우스는 쿠마이의 시빌레가 글라우코스의 딸이라고 주장한다.

2. 코린토스 왕가 벨레로폰의 손자. 사르페돈의 종형제이며 리키아의 군사를 이끌고 그와 함께 트로이 편이 되어 출정했다. 글라우코스는 전쟁터에서 오이네우스의 손자 디오메데스를 적으로 만나 싸우게 되었다. 두 사람은 할아버지들 사이의 친교를 알았고, 디오메데스는 자기의 청동 갑옷을 글라우코스의 황금 갑옷과 교환함으로써 이득을 보았다. 글라우코스는 그 뒤에도 용전을 거

듭하고, 사르페돈이 쓰러졌을 때 그를 구하러 갔다가 테우크로스의 창에 찔려 부상을 입었다. 아폴론의 도움을 받아 상처를 아물린 다음, 사르페돈의 시신을 찾으러 갔으나 성공하지 못했다. 뒤에 헥토르와 함께 파트로클로스의 시신을 에워싼 전투에서 텔라몬의 아들 아이아스에게 살해를 당했다. 그 시신은 아폴론의 명령에 따라 풍신(風神)들이 리키아로 옮겼고 님프들은 글라우코스의 무덤 근처에 그와 같은 이름의 강물이 흐르게 했다. 그는 리키아 왕가의 시조(始祖)가 되었다.

3. 트로이의 안테노르와 테아노의 아들. 파리스의 헬레네 약탈을 도왔기 때문에 아버지로부터 집에서 쫓겨났다. 아가멤논에게 트로이 전쟁 중 살해를 당했다고도, 안테노르의 환대를 받은 적 있는 오디세우스와 메넬라오스가 구해 주어 서로 굳은 우정을 맺었다고도 전해진다.

나우시카 Nausikaal, Ναυσικάα
오디세이아에 나오는 유명한 처녀. 스케리아 왕 알키노스와 왕비 아레테의 딸. 칼립소 섬에서 출항한 오디세우스는 다시 풍랑을 만나 스케리아 섬에 표착하여 벌거벗은 채 바닷가 숲속에서 쓰러져 자고 있었다. 아테나는 나우시카에게 꿈을 보낸다. 그녀의 친구가 꿈속에 나타나 그녀가 가족의 옷이 더러워졌는데도 모른 척한다고 비난한다. 그녀는 아버지에게 청해서 당나귀가 끄는 수레를 빌려 시녀들과 같이 빨래하러 바닷가로 갔다. 빨래를 마치고 공놀이를 했는데 공이 바다에 떨어져 그녀들은 아우성을 쳤다. 이 소리에 잠이 깬 오디세우스는 처녀를 보고 알몸을 나뭇가지로 가리고 나타난다. 시녀들은 겁을 먹고 도망쳤으나 나우시카는 아테나의 격려를 받고 그가 다가오기를 기다려서 소원을 물었다. 먹을 것을 주고 시내로 인도했는데, 시내 입구에 이르자 자기가 낯선 사나이와 같이 걷다가 실속도 없는 소문이 퍼져서는 곤란하다고 그에게 길을 가르쳐 주고 혼자 시내로 들어가게 했다. 그녀는 그런 의젓한 사나이의 아내가 되었으면 하는 동경의 마음을 품었으며 아버지 알키노스도 딸을 주었으면 하고 생각하지만 오디세우스에게는 이미 처자가 있어 이 매력적인 처녀의 일화는 이것으로 끝난다.

네스토르 Nestor, Νέστωρ

필로스 왕 넬레우스와 클로리스의 아들. 헤라클레스가 필로스를 습격했을 때, 열두 형제 가운데 유일하게 살아남았다. 그는 소를 도둑질하러 온 엘리스의 에페이오스인과 싸워 포세이돈이 중재를 하지 않았더라면 몰리오네 형제에게 살해당할 뻔했다. 그는 다시 라피타이 족과 켄타우로스 족과의 전투에 참가, 또 아르카디아의 거인 에레우탈리온을 혼자 대항해 죽였다. 트로이 전쟁이 일어났을 때는 이미 노인이었음에도 불구하고 두 아들 안틸로코스와 트라쉬메데스와 함께 90척의 배를 이끌고 참가했다. 〈일리아스〉에서 그는 인간의 삼대(三代)를 살아온 온화하고 상식적이고 말이 많고 언제나 과거를 자랑하는 대단한 노인으로서, 약간 희화적이면서도 호의적으로 그려져 있다. 그의 장수(長壽) 원인은 어머니 클로리스의 형제 자매, 즉 니오베와 암피온의 아이들을 살육한 아폴론이 대신 그에게 긴 수명을 주었기 때문이다. 〈일리아스〉 이전에 그는 아킬레우스의 테네도스 섬 공략에 참가, 아르시노오스의 딸 헤카메데를 노예로 얻었다. 그가 아가멤논과 아킬레우스의 싸움을 중재하다가 멤논에게 추격당했을 때, 그의 맏아들 안틸로코스가 대신 맞서 싸우다 죽었다. 트로이 함락 뒤에 무사히 귀국, 오디세우스의 아들 텔레마코스를 필로스에서 영접했다.

네오프톨레모스 Neoptolemos, Νεοπτόλεμος

아킬레우스와 데이다미아(스키로스 왕 리코메데스의 딸)의 아들. 네오프톨레모스는 '젊은 전사'라는 뜻. 아킬레우스가 죽은 뒤에 트로이의 헬레노스의 예언에 따라 네오프톨레모스가 전쟁에 참가한다는 것과, 또한 헤라클레스의 활이 트로이 공략의 조건이라는 것을 알게 된 그리스인들은 오디세우스·포이닉스·디오메데스를 사자로 삼아 네오프톨레모스를 영접한다. 네오프톨레모스는 오디세우스와 함께 필록테테스를 설득하여 다시 군에 참가하게 했다. 트로이 전쟁에서 그는 지혜와 용기를 겸비한 용장으로, 텔레포스의 아들 에우리필로스를 죽였을 때 기뻐서 춤을 추었는데, 이것이 퓌리케 춤의 시초라고 한다. 그는 목마의 용사 중 한 사람으로 트로이가 함락될 때 시내로 들어가 프리아모스를 비롯해서 많은 트로이 편 장수를 무찔렀다. 헥토르의 아들 아스티아낙스를 성벽 아래로 던져 죽이고 포로 중 헥토르의 아내 안드로마케를 자기의 것으로 만들었다. 이어 아버지의 영혼을 위로한다는 이유로 프리아모스의 딸 폴릭세네를 그 무덤 앞에 제물로 바쳤다. 〈오디세이아〉에서는 그가 무사히 귀국하여 헤르미오네를 아내로 삼았다고 한다. 귀국 즈음하여 그는 테티스의, 혹은 헬레노스의 충고를 받아들여 며칠 동안 트로이에서 지낸 뒤 육로로 귀국 여정에 올랐는데 트라키아를 가로지를 때 오디세우스를 만나고 에페이로스로 왔다. 이 여행에는 헬레노스도 동반했는데, 네오프톨레모스가 죽은 뒤에 그는 안드로마케를 아내로 삼았다고 한다. 또 일설에는 여기서 네오프톨레모스가 헤라클레스의 손녀 레오나사를 아내로 맞아 아들을 여덟이나 낳았는데, 그들이 에페이로스인의 조상이 되었다고 한다. 델포이에서의 그의 죽음에 대해서도 핀다로스는 네오프톨레모스가 제우스 헤르케이오스의 제단에서 프리아모스를 죽인 것 때문에 신의 노여움을 받아, 델포이 신전 사람들과 싸우다 살해를 당했다고 한다. 또 아이아코스의 후예(네오프톨레모스가 그 한 사람)가 델포이에서 신으로 모셔져야 했기 때문에 여기서 살해를 당했다고도 전한다. 오레스테스는 네오프톨레모스와 싸워 그를 죽였다. 또 네오프톨레모스가 관습을 어기고 자기가 제물로 바친 짐승의 고기를 요구했기 때문에, 신관직의 권리를 범하는 자라 하여 델포이의 신관 마카이레우스가 그를 칼로 찔러 죽였다는 이야기도 있다. 그의 무덤은 옛날부터 델포이에 있었고 실제로 델포이에서 숭배되고 있었다. 이것은 켈트 족이 이곳에 침입했을 때 두 사람의 히페르보레이오스인의 신장(神將)과 그가 나란히 나타나 델포이를 지켰다는 전설에 의한 것이다.

니레우스 Nereus, Νηρεύς

시메의 왕 카로포스와 님프 아글라이에의 아들. 세 척의 배를 이끌고 트로이 전쟁에 참가. 헬레네의 구혼자의 한 사람이며 트로이에 모인 그리스인 가운데에서 가장 미남이었다. 그리스군이 실수로 미시아에 상륙, 그 왕 텔레포스와 싸웠을 때 니레우스는 왕과 더불어 전투에 참가하고 있던 그의 아내 히에라를 죽였다. 트로이에서 그는 텔레포스의 아들 에우리필로스에게 살해당했다. 일설에서 그는 트로이 함락 뒤, 안드라이몬의 아들 토아스와 더불어 방랑했다고 전해진다.

니오베 Niobe, Νιόβη

탄탈로스의 딸로 테바이 암피온의 아내. 니오베가 레토에게는 아폴론과 아르테미스의 두 자식밖에 없으므로 자기가 이겼다고 자랑을 했기 때문에, 레토는 화가 나서 두 아들에게 원수를 갚으라고 했다. 그리하여 아폴론은 사내아이를, 아르테미스는 계집아이를 쏘아 죽였다. 제우스가 모든 자를 돌로 만들어버리고 니오베만은 말라죽게 내버려두었으나 끝내는 애원에 못 이겨 돌로 변화시켰다. 그 돌은 소아시아의 리디아의 시필로스 산상에 있다. 또 신들은 아이들을 열흘 뒤에 매장했다고 한다. 그 뒤 그녀는 리디아의 시필로스 시에 있는 아버지 탄탈로스에게로 피신하여 울다가 마침내 돌이 된 것으로 되어 있다.

다나오스 Danaos(Danaus), Δαναός

호메로스 등에서 볼 수 있는 그리스인의 총칭(또는 그 일부)인 다나오이인에게 이름을 준 시조(始祖). 벨로스와 안키노에 사이에 태어난 아들로, 여러 여자에게서 낳은 50명의 딸이 있었다. 아버지에게서 리비아 왕국을 물려받았으나 같은 형제로서 50명의 아들을 둔 아이깁토스와 싸우다가 그들을 두려워한 나머지 아테나의 충고에 따라 배를 만들어 타고 도망치는 도중 로도스 섬에 잠시 내려, 린도스의 아테나 신전을 세웠다. 다시 아르고스로 가서 당시 왕이었던 겔라노르에게서 왕위를 이어 받았다. 아미모네가 샘을 발견하고, 다나오스의 딸들이 아이깁토스의 아들 50명을 죽였다. 아르고스의 왕위 계승자에 대한 논의가 벌어지고 그 최후의 단계에 다다른 새벽녘에 이리 한 마리가 숲에서 나타나 뭇 짐승들을 습격하고 황소를 죽였다. 이것을 본 아르고스인은 멀리서 온 이 이리가 다나오스를 상징한다는 것을 알고 그를 왕으로 선택했다. 그는 '이리의 아폴론' 신전을 세웠다고도 전해진다.

다르다노스 Dardanos(Dardanus), Δάρδανος

제우스와 아틀라스의 딸 엘렉트라 사이에 태어난 아들로서 이아시온의 형제. 사모트라케 섬에 살았으나 데우칼리온의 대홍수 때문에, 또는 데메테르를 습격한 이아시온이 벼락을 맞아 죽었기 때문에, 그는 사모트라케를 떠나 소아시아로 건너갔다. 그곳에서 스카만드로스 강의 신이 낳은 아들 테우크로스 왕의 환대를 받아 그의 딸 바티에이아와 결혼하여 영토 일부를 얻고, 이 지방을 다르다니아라고 불렀으며, 왕이 죽은 뒤에는 왕국을 모두 물려받았다. 그는 두 아들 에릭토니오스와 일로스(또는 자킨토스와 이다이아)를 얻었다. 일로스는 자식이 없이 죽고 에릭토니오스가 왕위를 계승했다. 그 뒤에 에릭토니오스의 아들 트로스는 왕국의 이름을 자신의 이름에서 딴 '트로이'라고 불렀다.

이 트로이 시(市)는 다르다노스가 세운 것으로, 그는 트로이인들에게 사모트라케 섬의 밀교(密敎)를 가르치고, 키벨레 숭배를 프리기아에 심어 주고, 아르카디아에 있었던 팔라디온을 트로이로 가져 왔다고 한다. 이탈리아에서 전하는 바에 따르면, 그와 이아시온(또는 이아시오스)은 코리토스의 아들이며 에트루리아의 거리 코르토나에서 살면서 원주민 아보리기네스를 정복하고 이 시를 세웠다. 이아시온은 사모트라케로, 다르다노스는 트로이 땅으로 이주했다. 일설에는 다르다노스가 이아시온을 죽였다고도 한다. 그를 아르카디아인으로 보아 에우안드로스나 리카온의 아들 팔라스와 관련시키는 설도, 또 크레타나 트로이 태생이라고 하는 설도 있다.

데메테르 Demeter, Δημήτηρ

그리스의 곡물 및 대지 생산물의 여신. 로마인들은 그녀를 케레스와 동일시했다. 크로노스와 레아의 딸. 그녀의 딸 페르세포네와 더불어 '두 분의 여신'으로서 그리스 각지에 모셔지고 있지만 숭배의 중심은 아티카의 엘레우시스였다. 호메로스의 〈데메테르의 찬가〉에 따르면 페르세포네는 제우스와 데메테르의 딸인데 명계(冥界)의 왕인 하데스(로마의 플루톤)는 페르세포네를 연모했다. 하데스는 제우스의 도움으로 그녀가 뉘사의 들에서 꽃을 꺾고 있을 때 갑자기 나타나 그녀를 납치하여 지하 세계로 데려갔다. 데메테르는 딸을 찾아 횃불을 들고 온 세상을 돌아다니다가 태양신 헬리오스(또는 헤르미오네의 주민)에게서 하데스가 딸을 납치해 갔으며 제우스도 이 계획에 참가했다는 사실을 듣고, 분노를 억제하지 못해 천계를 버리고 한 늙은이가 되어 엘레우시스로 갔다. 여신이 하늘로 돌아가지 않자 대지뿐만 아니라 사람들도 난처했다. 제우스는 하데스에게 페르세포네를 돌려주라고 명령했다. 그러나 그녀는 명계에서 석류 열매를 먹었기 때문에 명계의 율법에 따라 돌아갈 수 없게 되었으므로, 제우스는 그녀를 해마다 삼분의 일은 하데스와 함께 있고 나머지는 신들과 함께 지내도록 했다. 페르세포네가 석류를 먹은 것을 알린 이는 아스칼라포스라고 한다. 이 이야기는 엘레우시스의 밀교(密敎) 신화인데, 페르세포네는 곡물의 씨이므로 뿌려져서 지하에 있고 움이 터 지상으로 나온다. 데메테르는 대지와 풍요의 여신으로서 당연히 사자(死者)의 장소인 지하와 관계가 있다. 아티카의 엘레우시스 밀교의 주요 제례는 초가을의 보에드로미온 달에 성대하게 거행되었다. 엘레우시스에서 전해지는 바에 따르면 여신은 켈레오스의 아들 트립톨레모스에게 곡물 재배법을 가르치고 그는 전세계의 인류에게 그 지식을 전파했다. 보리이삭, 양귀비, 수선화 등이 그녀의 성스러운 식물로 되어 있다.

데모폰 Demoph(o)on, Δημοφ(o)ῶν

테세우스와 파이드라(또는 아리아드네)의 아들. 아카마스의 형제. 신화에서 형제의 역할은 그다지 뚜렷하지 않고 양자는 늘 혼동되고 있다. 테세우스가 명계(冥界)에 페르세포네를 찾으러 내려간 사이 디오스쿠로이는 데모폰과 아카마스를 쫓아내고 메네스테우스를 왕위에 앉혔기 때문에 형제는 스키로스로 갔는데 그곳에 테세우스도 왔다. 두 사람은 칼코돈의 아들 엘레페노르와 더불어 헬레네의 노예로 있는 할머니 아이트라를 다시 데려올 셈으로 아가멤논과 함께 트로이에 출정, 목마의 용사의 한 사람으로 싸웠다. 데모폰(또는 아카마스)은 트로이 함락 뒤에 몇 척의 배와 더불어 트라키아의 비살타이인의 나라로 가서 그 왕 시톤의 딸 필리스의 눈에 들어 결혼했다. 그러나 그는 망향의 정을 억제하지 못해 돌아올 것을 맹세하고 떠났다. 필리스는 '아홉 개의 길'이라고 불리는 곳에까지 전송하고 모신(母神) 레아의 성물이 들어 있는 상자를 건네주면서 돌아올 가망이 없을 때까지는 열어 보아서는 안 된다고 말했다. 그가 키프로스에서 살며 약속한 때가 지나자 그녀는 그를 저주하면서 자살했다. 그가 상자를 열자 돌연 알 수 없는 공포에 쫓겨 말을 집어타고 마구 달리다가 낙마하여 자기의 칼 위에 떨어져 죽었다. 그는 또 팔라디온을 아테나이로 가져왔다고 전해지는데 이것은 디오메데스가 트로이에서 빼앗은 것을 그에게 주었다고도 하고, 디오메데스가 실수로 아티카의 팔레론에 어느 날 밤에 상륙했는데 데모폰은 해적인 줄 알고 그들과 싸우고 팔라디온을 빼앗았다고도 한다. 헤라클레스의 자손들이 에우리스테우스에 쫓겨, 또 오레스테스가 에리니스들에게 쫓겨 아테나이로 왔을 때의 왕도 데모폰이었다.

데이다미아 Deidameia(Deidamia), Δηϊδάμεια

스키로스 왕 리코메데스의 딸. 아킬레우스가 그의 왕궁에 여장(女裝)을 하고 숨어 있는 동안에 그와 정을 통하고 네오프톨레모스의 어머니가 되었다.

디오니소스 Dionysos(Dionysus), Διόνυσος

제우스와 세멜레(카드모스와 하르모니아의 딸)의 아들로 '바쿠스'라고도 한다. 본디 트라키아, 마케도니아의 종교적 광란을 수반하는 의식(주로 여인들 사이에서 행해졌다)을 갖는 신이었던 것으로 보이며, 이는 그리스에 이입되어 여자들의 열광적인 숭배를 받았다. 소아시아에서 디오니소스는 자연의 생산력을 상징한다고도 생각되어 풍요의 신이 되기도 했다. 때로는 '황소', 또는 '황소의 뿔이 달린 자'로 불리고 그 종자들인 마이나스들과 더불어 사슴가죽을 몸에 두른 모습으로 상상되고 있다. 그는 뒤에 연극의 신이 되었는데 이것은 연극이 그를 주신으로 삼는 제례와 더불어 발달한 것에 연유한다. 로마에서는 풍요와 술의 신 리베르, 이집트에서는 오시리스와 동일시되고 있다. 그의 성스러운 식물은 포도나무, 담쟁이이며, 동물로는 염소, 돌고래, 뱀, 호랑이 등이다. B.C. 5세기까지 그는 사나이다운 수염이 덥수룩한 모습으로 그려지고 있었으나 그 뒤 남자이기는 하지만 여자와 같이 나긋나긋한 미청년이 되었다.

디오메데스 Diomedes, Διομήδης

칼리돈 왕 오이네우스의 아들 티데우스와 아드라스토스의 딸 데이필레와의 아들. 호메로스의 〈일리아스〉 중 아킬레우스 다음 가는 영웅. 아그리오스의 아들이 오이네우스의 왕국을 빼앗은 뒤, 그를 가두고 학대했으므로 디오메데스는 알크메온과 더불어 몰래 아르고스에서 돌아와, 두 사람만 제외하고 아그리오스의 아들들을 모두 죽였다. 오이네우스는 이미 너무 늙었으므로 왕국을 그 딸 고르게의 남편 안드라이몬에게 맡기고 오이네우스를 펠로폰네소스로 데리고 갔으나, 아그리오스의 아들들이 길목에서 지키다가 노인을 살해했다. 디오메데스는 아드라스토스의 딸 아이기알레이아(일설로는 아이기알레우스의 딸)를 아내로 맞은 다음 테바이와 트로이에 출정했다. 테바이에의 출정은 '에피고노이'라고 불리는, 알크메온을 주장으로 하여 테바이로 향해 가는 아르고스의 일곱 용사의 원정이다.

트로이 이야기에 그는 아르고스의 병사들을 배 80척에 태우고 출진, 지혜와 용기를 겸비한 장수로 그려지고 있으며, 지혜로운 장수 오디세우스와 언제나 행동을 함께하고 있다. 그는 아테나의 도움을 얻어 아레스와 아프로디테 두 신과 싸워 상처를 입히고 수많은 트로이 장수들을 무찔렀다. 그는 조상 대대로 친교를 맺어오는 가문의 글라우코스와 전장에서 만나 서로 갑옷을 교환했다. 오디세우스와 더불어 밤에 트로이 진영을 습격하고 레소스를 무찌른 다음 돌론을 죽였다. 또 그는 아가멤논과 아킬레우스를 화해시키려고 애썼으며 파트로클로스의 장례 경기에 참가했다. 오디세우스와 공모하여 팔라메데스를 죽이고 오디세우스와 더불어 렘노스 섬으로 필록테테스를 맞으러 갔고, 이 두 사람은 또 트로이에서 팔라디온을 훔쳐냈다.

〈오디세이아〉에서는 디오메데스가 귀국한 뒤에 행복하게 살았다고 하지만 그에게는 여러 가지 모험이 끊이지 않았다. 그의 아내 아이기알레이아는 코메테스(또는 히폴리토스, 또는 쾰라바로스)와 그의 부재 중에 정을 통하고 있었다. 이것은 그에게 대한 아프로디테의 노여움, 또는 나우플리오스의 음모에 의한 것이다. 그는 팔라디온을 트로이에서 가지고 돌아왔으나 이것을 아테나이의 데모폰에게 주었다고도 하고, 또 폭풍으로 아티카에 표착, 밤중에 팔레론에 상륙하다가 해적으로 오인되어 벌어진 싸움에서 팔라디온을 아테나이인들에게 빼앗겼다고도 한다. 그 뒤 이탈리아로 가서 다우누스 왕의 딸 에우히페를 아내로 삼고 다우니아 왕이 되어 여기서 세상을 떠났다.

디오스쿠로이 Dioskuroi, Διόσκουροι

'제우스의 아들'이라는 뜻. 제우스와 레다의 아들 카스토르와 폴리데우케스를 말함. 레다는 틴다레오스의 아내이므로 디오스쿠로이는 또한 틴다리다이라고도 불린다. 헬레네와 클리타임네스트라의 형제. 호메로스에서는 그들이 인간으로, 〈일리아스〉에서는 이미 죽은 것처럼 이야기되고 〈오디세이아〉에서는 매장되었으나 신들의 배려로 죽은 뒤에도 격일로 살아나는 것을 허락받았다고 한다. 레다는 백조의 모습으로 변신한 제우스와 교합하고 같은 밤에 틴다레오스와도 잠자리를 같이했기 때문에 제우스에게서는 폴리데우케스와 헬레네가, 틴다레오스에게서는 카스토르와 클리타임네스트라가 태어났다고 한다. 그러나 호메로스 찬가에서는 두 형제를 모두 제우스의 아들이라고 하며, 또 다른 설에서는 형제와 자매는 저마다 알에서 태어났다고 주장한다. 그들이 태어난 곳은 타위게토스 산상이며 그리스 각처에서 신으로 모셔지고 있다.

카스토르는 전쟁술에, 폴리데우케스는 권투에 능했다. 그들은 자매인 헬레네를 테세우스가 훔쳐 아티카의 아피드나이에 숨겨 놓은 다음 페르세포네를 훔치러 명계로 내려간 사이에, 스파르타인 및 아르카디아인과 더불어 아테나이로 쳐들어가 헬레네를 도로 빼앗고, 테세우스의 어머니 아이트라를 포로로 잡아 돌아왔다. 그리고 테세우스의 아들 데모폰과 아카마스를 쫓아내고 메네스테우스에게 아테나이의 지배권을 주었다. 디오스쿠로이는 또 아르고나우테스들의 원정에 참가하고 폴리데우케스는 아미코스 왕을 권투로 격파하고 이아손과 펠레우스를 도와 이올코스를 무찔렀다. 두 사람은 숙부 레우키포스의 딸 힐라에이라와 포이베를 훔쳐다가 아내로 삼았다. 마찬가지로 숙부인 아파레우스의 아들 이다스와 링케우스가 두 사람을 추격하여 카스토르와 링케우스는 살해되었다.

라다만티스 Rhadamanthys(Rhadamanthus), Ραδάμανθυς
제우스와 에우로페의 아들. 미노스와 사르페돈의 형제. 크레타 섬의 왕 아스테리온(또는 아스테리오스)이 에우로페를 아내로 삼았으므로, 따라서 그녀의 세 자식은 이 왕이 키웠다. 그러나 라다만티스의 계보(系譜)는 크레스(크레타에 이름을 부여한 시조)—탈로스—헤파이스토스—라다만티스의 순으로 보는 자가 있다. 라다만티스는 정의의 투사로서, 또 유명한 크레타의 입법자로서 죽은 뒤에 명부의 판관이 되어 미노스, 아이아코스와 함께 사자(死者)들을 재판하고 있다고 한다. 혹자는 그가 죽지 않고 엘리시온의 들에 갔다고도 전한다. 또 그가 크레타에서 보이오티아로 피신하여 알크메네를 아내로 삼았다는 설도 있다. 그의 아들 고르티스는 크레타의 고르티스 시(市)에, 에리트로스는 보이오티아의 에리트라이 시에 이름을 부여한 시조이다. 〈오디세이아〉에는 그가 파이아케스인의 배로 티티오스 탐색을 위해 에우보이아로 갔다는 삽화가 있으나 이는 불분명하다.

라오메돈 Laomedon, Λαομέδων
트로이왕 일로스와 에우리디케의 아들. 프리아모스, 헤시오네 등 많은 아들이 있었다. 아내의 이름은 스트리모, 로이오, 플라키에, 토오사 레우킵페 등 여러 가지로 전해진다. 트로이 성벽의 유래와 딸 헤시오네가 헤라클레스에 의하여 구출된 이야기도 있다. 그와 그 아이들은 프리아모스를 제외하고 모두 헤라클레스에게 살해당했다. 그의 묘는 트로이의 스카이아이 문 위에 있는데, 묘가 흐트러지지 않는 한 트로이는 안전하다고 전해지고 있었다. 그는 이따금 가니메데스의 아버지이며 제우스는 이 미소년을 빼앗은 보상으로 황금의 포도나무 또는 신마(그는 이것을 헤라클레스에게 주겠다고 약속을 했다)를 주었다고도 한다. 또한 후대의 전설(디오도로스의)에서는 헤라클레스가 텔라몬과 이피클로스를 사자로 하여 헤시오네와 약속한 말을 요구했던 바, 라오메돈은 두 사람을 감옥에 넣었다. 그가 두 사람을 죽이려 하자 프리아모스를 제외한 다른 아들들도 모두 이에 동의했다. 프리아모스는 손님의 몸은 불가침이라 하여 텔라몬들에게 칼을 보내 라오메돈의 계획을 알렸다. 두 사람은 감옥을 도망쳐 아르고나우테스들과 합류하고 헤라클레스는 아르고나우테스들과 함께 트로이를 공략, 라오메돈 등을 죽여 프리아모스를 왕위에 오르게 한 다음, 그들과 함께 금털의 양피를 구하러 갔다고 한다. 그러나 이것은 순전히 후대에 지어진 이야기로서, 아르고나우테스들의 모험과 헤라클레스의 트로이 원정은 본디 관계 없는 것으로 기록되어 있다.

라이오스 Laïos, Λάϊος

테바이 왕. 라브다코스의 아들. 카드모스의 증손. 이오카스테의 남편. 오이디푸스의 아버지. 라브다코스가 죽었을 때 라이오스는 아직 어렸으므로 닉테우스의 형제 리코스가 섭정이 되었는데 리코스는 제토스와 암피온의 어머니 안티오페를 학대했기 때문에 이 두 사람에게 살해되어 왕국을 빼앗겼다. 라이오스는 펠롭스에게로 도망쳐 그 손님이 되었다. 그리고 펠롭스의 아들 크리시포스에게 전차를 모는 기술을 가르치고 있는 동안 그에게 연정을 느껴 유괴했다. 이리하여 펠롭스의 저주를 받았다. 일설에는 크리시포스를 놓고 오이디푸스와 서로 겨루다가 오이디푸스에게 살해되어 펠롭스의 저주의 첫째가 실현되었다고도 하고, 이 인륜을 어긴 사랑에 의해 헤라의 노여움을 샀기 때문이라고도 한다. 제토스와 암피온이 죽은 뒤 테바이인에 의해 되돌아오게 되었다.

레다 Leda, Λήδα

아이톨리아의 왕 테스티오스와 에우리테미스의 딸. 알타이아와 히페름네스트라의 자매. 다른 전설에는 클리티에와 멜라닙페가 그 자매로 되어 있다. 일설에는 시시포스의 아들 글라우코스가 보이지 않게 된 말을 찾고 있는 도중 라케다이몬의 땅에서 판티디아아와 교합했는데 판티디아아는 그 뒤 곧 테스티오스의 아내가 되어 레다가 태어났다.

틴다레오스가 히포코온들에게 쫓겨 테스티오스의 손님이 되어 있을 때 레다를 아내로 삼았다. 제우스가 백조의 모습이 되어 그녀와 교합해 헬레네, 폴리데우케스, 카스토르, 클리타임네스트라가 태어났는데 앞의 두 사람은 제우스의 아들이며 뒤의 두 사람은 같은 날 밤 틴다레오스에 의해 생긴 아이라고 한다. 그러나 아버지에 대해서는 여러 설이 있고 호메로스는 카스토르 또한 제우스의 아들이라 하고 있다. 그리고 헬레네는 레다의 소생이 아니라는 설이 있다. 즉 네메시스가 제우스의 구애를 피해 거위로 변신했더니 제우스는 또 백조가 되어 그녀와 교합해 알을 낳았는데 양치기가 이것을 신성한 숲속에서 발견, 레다한테로 가지고 왔다. 그녀는 이것을 상자에 넣어 보존하고 있다가 헬레네가 태어나자 그를 자기 딸로 키웠다는 것이다. 일반적으로 에우리피데스에 이미 나타나 있듯이 레다는 제우스와 교합해 한 개의 알(또는 두 개)을 낳아 여기서 위의 네 자식이 태어났다고 한다. 이 밖에 레다의 딸에는 에케모스의 아내가 된 티만드라, 아르테미스가 불사신으로 만들어준 필로노에, 비극 시인이 만들어낸 포이베가 있다.

레소스 Rhesos, Ῥῆσος

프리아모스의 편인 트라키아 왕. 호메로스에서 그는 에이오네우스의 아들. 에우리피데스에서는 스트리몬 하신과 무사의 하나(에우테르페, 테릅시코레 또는 칼리오페)의 아들로 되어 있다. 트로이 전쟁이 십 년째 되는 해에 트로이에 왔는데, 도착한 날 밤에 오디세우스와 디오메데스가 그의 진영에 숨어 들어가 그와 열두 명의 부하를 죽이고 그의 명마를 빼앗았다. 이 〈일리아스〉 이야기는 뒤에 윤색되어 그의 말이 트로이 들판의 풀을 뜯어먹고 그와 말이 스카만드로스 강의 물을 마신다면 트로이는 함락되지 않는다는 신탁이 있어, 아테나와 헤라의 명에 의하여 위의 두 사람이 이 모험을 행했다고 한다. 레소스는 명계에 가지 않고 반신(半神)으로서 동굴 속에 살고 있다는 전설은 아마 그가 본래 트라키아의 신이라는 것을 나타내는 것이 아닌가 한다.

레토 Leto, Λητώ

티탄 신족의 코이오스와 포이베의 딸. 제우스의 사랑을 받고 아폴론과 아르테미스의 어머니가 되었다. 레토가 잉태했을 때 헤라는 질투심에서 모든 땅에 레토가 아기 낳을 장소를 제공하는 것을 금하여, 레토는 출산할 장소를 찾아 끝없이 헤매고 다녔는데, 물 위에 떠 있는 델로스 섬이 그녀에게 장소를 제공했다. 이 섬은 네 개의 기둥으로 단단히 지탱하게 되어 있어, 이름도 오르티기아에서 델로스 섬(빛나는 섬)으로 되었다. 다른 전설로는 헤라가 태양빛이 비치는 어떠한 장소에서도 아기를 낳지 못하도록 저주했는데, 제우스의 명령으로 보레아스가 레토를 포세이돈 곁에 데려가고 해신은 델로스 섬을 물의 천개(天蓋)로 감싸주어, 그녀는 헤라의 저주에도 불구하고 두 신을 낳을 수 있었다. 진통은 아흐레 동안 밤낮으로 계속되었다. 이것은 헤라가 해산의 여신 에일레이티이아가 레토한테로 가는 것을 만류했기 때문이었으나 다른 여신들이 에일레이티이아에게 값진 선물을 줄 것을 약속한 뒤 마침내 레토는 아기를 낳을 수 있었다. 아리스토텔레스에 따르면 레토는 '이리에게서 낳은 신' 아폴론의 어머니로서 암늑대의 모습이 되어 히페르보레이오스인의 나라에서 헤라의 눈을 피하여 열이틀 만에 델로스에 도착했다. 암늑대가 1년 중 열이틀만 새끼를 낳지 않는 것은 이 때문이라고 한다.

링케우스 Lynkeus, Λυγκεύς

1. 아이깁토스의 50명 아들 가운데 하나. 다나오스의 딸 히페름네스트라를 얻어 그만이 신혼 첫날밤에 아내에게 구출되었다. 그 이유로는, 그가 그녀의 처녀성을 깨려 하지 않았다, 그녀가 그를 사랑했다, 살인을 혐오했다 등 여러 가지를 들고 있다. 다나오스는 그녀를 체포하여 아르고스인의 법정에 제소했으나 아프로디테의 도움으로 무죄가 되었으므로 여신에게 그 조각상을 세워서 바쳤다. 뒤에 두 사람은 다나오스의 허락을 얻어 결혼해 아바스를 낳았다. 일설에 링케우스는 다나오스를 죽였다고도 한다.

2. 아파레우스의 아들. 이다스의 형제. 그는 칼리돈의 멧돼지 사냥에 참가하여, 아르고나우테스로서 만물을 투시하는 날카로운 시력으로 맹활약했다. 그는 지하의 물건을 볼 수 있었다고 하는데, 최초로 광물을 캐낸 사람이라고 합리적 해석을 하는 설도 있다.

리비에 Libye, Λιβύη

에파포스(이오의 아들)와 멤피스(나일 강 하신의 딸) 사이에 태어난 딸. 리비아(이것은 현재의 리비아보다도 훨씬 넓은 아프리카 북해안 일대를 가리킨다)의 이름은 그녀에게서 유래한다. 그녀와 포세이돈 사이에 쌍둥이 아게노르와 벨로스가 태어났다. 또 일설에 리비에는 이오의 손녀가 아니라 딸이며, 포세이돈과의 사이에서 얻은 자식은 위의 두 사람 외에 에니알리오스(아레스의 칭호 가운데 하나), 렐렉스, 포이닉스, 아틀라스가 있었다고 하며, 또한 그녀를 대양신(大洋神) 오케아노스의 딸이며 아시아, 에우로페, 트라케의 자매라고 하는 설도 있으나 이것은 지리적인 해석이다.

마카르(마카레우스) Makar, Μακαρ

〈일리아스〉에서는 레스보스의 왕이며, 보통은 태양신 헬리오스와 로도스의 아들로서 형제 테나게스를 죽이고 이 섬에 피신한 것으로 되어 있는데, 일설에 그는 제우스의 아들 크리나코스의 아들이며, 펠로폰네소스 북안의 올레노스 사람으로 데우칼리온의 홍수 후 이오니아인 기타 이주민을 이끌고 레스보스로 이주했다. 같은 무렵 라피테스의 아들 레스보스도 또 델포이의 신탁에 의해 이 섬에 이주, 마카르의 딸 메팀나를 얻고 레스보스 섬에 그 이름을 주었다.

메넬라오스 Menelaos, Μενέλαος

아트레우스와 아에로페의 아들. 아가멤논의 아우. 헬레네의 남편. 스파르타 왕. 후대의 전설 중에는 두 형제의 아버지가 플레이스테네스이며, 그가 요절했으므로 두 사람은 아트레우스에게 양육되었다는 설도 있다. 파리스가 헬레네를 빼앗은 데서 트로이 전쟁이 일어나 메넬라오스는 트로이에서 용전한다. 〈일리아스〉에서는 파리스와의 단독 결투로 전쟁을 결판내려고 하여 파리스를 내리치려는 찰나 아프로디테의 방해를 받고, 또 트로이 편인 판다로스는 아테나의 꾀에 넘어가 메넬라오스를 쏘아 휴전을 깨뜨렸다. 메넬라오스는 상처를 입었으나 마카온의 치료를 받는다. 이어 메넬라오스는 파트로클로스의 시신 쟁탈전에서 분투한다. 〈오디세이아〉에서는 텔레마코스가 그를 방문했을 때 8년간의 표류 뒤 무사히 귀국, 헬레네와 행복한 나날을 보내고 있으며, 사후 엘리시온의 들판에서 지낼 것을 약속받고 있다. 호메로스 이후 트로이 전쟁 전후의 그의 생애에 대한 갖가지 사건이 첨가되었다. 아가멤논과 메넬라오스는 아트레우스에 의해 티에스테스 탐색을 명령받고 그를 델포이에서 발견, 미케나이로 데려왔다. 아트레우스는 티에스테스의 아들 아이기스토스에게 티에스테스를 죽이게 하려 했으나 그는 아버지를 알아보고 반대로 아트레우스를 죽였다. 아가멤논과 메넬라오스는 스파르타의 틴다레오스에게로 달아나 형제는 그의 딸 클리타임네스트라와 헬레네를 저마다 아내로 삼았다. 틴다레오스는 디오스쿠로이가 죽은 뒤 메넬라오스를 후계자로 삼았다.

헬레네와 파리스의 도망 사건은 메넬라오스가 카트레우스의 장례식에 가서 없는 동안에 일어났다. 파리스의 스파르타 방문에 대해서도, 일설에는 흉작과 전염병이 스파르타를 엄습했으므로 메넬라오스가 델포이의 신탁에 의해 트로이 땅에 있는 리코스와 키마이레우(프로메테우스의 아들)의 무덤에 희생을 바치러 갔을 때 파리스의 손님이 되었는데, 후에 파리스가 잘못해 살인죄를 범했기 때문에 트로이를 떠나 메넬라오스 곁에 와서 죄를 씻고 그의 손님이 된 사이에 사건이 일어났다고도 한다. 메넬라오스는 이리스 여신에게서 이 일을 보고받고 급히 귀국, 약속에 의해 헬레네의 구혼자들에게 원조를 청했다. 메넬라오스와 오디세우스는 델포이에 가서 트로이 원정의 성공 여부에 대해서 신탁을 청했더니 신탁은 아프로디테가 전에 헬레네에게 주었던 목걸이를 아테나이 프로노이아에 바칠 것을 명하고 이어 헤라가 그리스 편이 되었다.

메넬라오스는 60척의 군함을 이끌고 원정에 참가했다. 그리스군이 테네도스 섬에 닿았을 때 메넬라오스는 오디세우스와 함께 헬레네의 반환을 요구하는 사자로서 트로이에 가서 안테노르의 손님이 되었다. 트로이의 파리스의 동료는 이 요구를 거절하고 안티마코스는 파리스에게 매수당해 메넬라오스를 붙잡아 죽이도록 시민을 선동했으나 안테노르는 메넬라오스를 풀어 주었다.

트로이 함락에 있어 목마의 용사의 한 사람으로서 메넬라오스는 트로이 시내에 들어가 파리스가 죽은 뒤 헬레네의 남편이 되어 있던 데이포보스의 집으로 달려가 그를 쓰러뜨렸다.

트로이 함락 뒤 그는 아테나에게 희생을 바친 다음 곧장 네스토르와 디오메데스와 함께 테네도스, 레스보스, 에우보이아의 섬들을 거쳐 수니온으로 향했는데, 키잡이인 프론티스가 죽었으므로 매장을 위해 되돌아왔다. 다시 바다에 나가 말레아 곶에 갔을 때 폭풍우를 만나 크레타 섬에 밀려가 대부분의 배를 잃고 그 자신은 이집트에 표착, 〈오디세이아〉에 의하면 이곳에서 5년간 머물면서 재산을 모았다고 한다. 이집트를 나와 나일 강 어귀의 파로스 섬에서 바람이 일지 않기 때문에 20일간 머물고 있는데, 식량이 떨어졌을 때 해신 프로테우스의 딸 에이도테아가 나타나 부신(父神)에게 귀국 방법을 묻도록 권했다. 프로테우스는 그에게 신들에게의 희생을 명하고 메넬라오스는 트로이를 떠나 8년 만에 귀국했다.

멤논 Memnon, Μέμνων

새벽의 여신 에오스와 티토노스(라오메돈의 아들로 프리아모스의 형제)의 아들. 에티오피아 왕. 아시리아 왕 테우타모스가 에티오피아와 페르시아 수사의 군대 지휘관으로 그를 트로이 원정에 참전시켜 용전하였는데, 먼저 아이아스와 싸웠으나 결판을 내지 못하고 이어 네스토르에게 덤벼들었을 때 그 아들 안틸로코스가 아버지를 도우러 온 것을 베어 죽였다. 막바지에 아킬레우스가 그와 맞붙어 싸우게 되자, 두 사람의 어머니 에오스와 테티스가 아들들을 염려해 그 두 영혼을 저울에 걸자 멤논의 접시가 기울어졌다. 이 예견대로 아킬레우스가 멤논을 죽였고 에오스는 아들의 시신을 에티오피아로 날랐다. 그녀의 눈물은 아침 이슬이 되었다. 이집트 테바이에 멤노네온이란 그의 신전이 있으며, 멤논의 무덤은 헬레스폰토스 기슭에 있다고 전해진다.

몰로소스 Molossos, Μολοσσός

아킬레우스의 아들인 네옵톨레모스의 아들. 그의 어머니는 본디 헥토르의 아내였으나 트로이 전쟁 뒤 네옵톨레모스의 아내가 된 안드로마케이다. 에우리피데스의 〈안드로마케〉에 의하면 그녀는 네옵톨레모스와 함께 프티아에 와서 몰로소스를 낳았다. 10년 뒤 네옵톨레모스는 메넬라오스의 딸 헤르미오네를 얻는다. 헤르미오네는 아이를 낳지 못했는데 안드로마케의 저주가 그 원인이라고 알려지게 되었다. 남편이 델포이에 가서 없는 동안 그녀로부터의 보복을 두려워한 안드로마케는 아들 몰로소스와 함께 테티스의 신전으로 피한다. 헤르미오네는 이 두 사람을 끌어내 죽이려 하지만 펠레우스에게 저지당하고 만다. 시간이 지나 네옵톨레모스가 오레스테스에게 죽고 오레스테스가 헤르미오네와 결혼했을 때, 두 사람은 에페이로스로 갔다. 안드로마케는 그 뒤 헬레노스와 결혼했고, 몰로소스는 왕위를 받아 자신의 주민에게 제 이름을 부여했다. 또한 그에게는 피엘로스와 페르가모스라는 형제가 있었다.

미케네 Mykeai(Mycenae), Μυκῆναι

아리골리스 평야 북서쪽의 언덕에 있었던 도시. 선사 그리스 시대인 B.C. 16~12세기 사이엔 그리스 본토의 일대 중심지로서 번영했고, 그 후기 1400~1150년에는 이 시의 이름에서 미케네 시대라 불리는 현란한 문화가 꽃피웠다. 여기에는 장려한 분묘나 성지(城址), 궁전의 유적이 남아 있다. 호메로스의 트로이 원정의 총수 아가멤논이 이곳 성주였다.

므네몬 Mnemon, Μνήμων

'기억하다, 주의하다'의 뜻. 아킬레우스가 트로이 출정 때 아폴론의 아들을 죽이면 그도 역시 죽는다는 신탁이 있었는데, 이것을 영웅이 잊지 않도록 그 어머니 테티스는 므네몬이라는 종자를 아킬레우스에게 따르게 했다. 그러나 누가 아폴론의 아들인지 모르는 채 아킬레우스는 테네도스 섬에서 아폴론의 아들 테네스를 죽이게 되자 분노해 므네몬을 창으로 찔러 죽였다.

미노스 Minos, Μίνως

크레타의 전설적인 고(古) 시대의 왕. 제우스와 에우로페의 아들. 라다만티스와 사르페돈의 형제. 형제는 에우로페를 얻은 크레타의 지배자 아스테리온(또는 아스테리오스)에게 양육되었다. 그는 법을 제정했고, 그의 동생 라다만티스도 유명한 입법자여서 이 두 사람은 사후 아이아스와 함께 명부의 판관이 되었다. 미노스는 선정을 베풀어 9년마다 이데 산속의 동굴에 가서 제우스로부터 가르침을 받았다고 한다. 그는 태양신 헬리오스와 페르세(이스)의 딸 파시파에(일설에는 아스테리온의 딸 크레테)를 얻어 아들 카트레우스, 데우칼리온, 글라우코스, 안드로게오스, 딸 아카칼리스(또는 아칼레), 크세노디케, 아리아드네, 파이드라를, 또 님프인 파레이아에게서 에우리메돈, 네팔리온, 크리세스, 필롤라오스를, 또 님프인 덱시테아에게서 에욱산티오스를 얻었다. 이밖에 그가 사랑한 여자는 브리토마르티스, 페리보이아 등 다수이며, 파시파에는 이것에 노하여 저주를 했으므로 많은 여자들이 그의 몸에서 나오는 전갈이나 뱀에게 물려 죽었다. 그러나 미노스에게로 도망쳐 온 프로크리스는 미노스가 가지고 있었던 마법의 개와 투창과 교환 조건으로 키르케의 부리라고 불리는, 그를 무해하게 하는 약초를 먹은 후 그와 자리를 같이했다. 또 그가 남색(男色)에 밝은 점에서도 많은 이야기가 있다. 미소년 밀레토스를 사랑하여 형제와 싸우고, 딸 아리아드네를 빼앗아간 테세우스도 그 뒤 사랑하여 다른 딸 파이드라까지 주었다는 이야기가 있다.

벨로스 Belos(Belus), Βῆλος

포세이돈과 님프인 리비에의 아들로서 아이깁토스와 다나오스의 아버지. 일설에는 이집트 왕이 되어 나일 하신의 딸 앙키노에와의 사이에 위의 두 사람 외에도 케페우스와 피네우스가 태어났다. 본디 셈족인 바알이며 아시리아 왕, 바빌론의 건설자 디도의 아버지, 페르시아 왕가의 시조 등, 이들의 이름은 동양 최고의 왕으로서 종종 나타나고 있다.

보나 데아 Bona Dea

로마의 여신. '착한 여신'이라는 뜻으로 파우누스의 딸 또는 아내라 하며, 본명은 파우나 또는 파울라라 한다. 일설에 그녀는 파우누스의 딸이며 아버지가 불륜의 정교를 요청했으나 이를 거절하여 도금양나무의 가지로 얻어맞았다. 그러나 그는 후에 뱀으로 변신하여 목적을 이루었다. 다른 설에서 그녀는 파우누스의 아내이며 정숙했으나, 어느 날 술에 취하여 남편에게 도금양나무의 가지로 얻어맞아 죽었다. 파우누스는 후회하며 그녀를 신으로 모셨다. 그녀의 제례는 해마다 12월에 그때의 최고 관리(콘술 또는 프라이토르)의 집에서 베스탈리스라 불리는 여사제들에 의해 행해지며, 포도 나뭇가지, 기타 갖가지 나무나 꽃으로 방이 장식되는데, 도금양나무만 사용하지 않는 것은 위에 기록한 바와 같다고 한다. 이 예식에는 여자만이 참가가 허용되었다. 여신은 아마 대지의 정(精)이며 신전은 아벤티누스 언덕 위의 성암(聖岩) 밑에 있었기 때문에 '바위 밑의 여신'이라는 칭호를 가지고 있다.

브리세이스 Briseïs, Βρισηΐς

리르네소스의 아폴론 신관, 또는 카리아의 렐렉스인의 왕 브리세우스의 딸.

미네스의 아내. 본명은 히포다메이아. 남편이 아킬레우스에게 살해된 뒤 그의 여종이 되었고 두 사람은 서로 깊이 사랑했다. 아가멤논이 자신의 포로인 여인 크리세이스를 그 아버지에게 돌려보낸 뒤, 아킬레우스의 브리세이스를 그에게서 빼앗았기 때문에 두 영웅 사이에 큰 불화가 생겼다.

사르페돈 Sarpedon, Σαρπηδόν

〈일리아스〉 중 제우스와 라오다메이아(펠레로폰의 딸)의 아들. 글라우코스와 더불어 리키아의 병력을 이끌고 트로이를 지원, 그리스군 진영의 벽을 최초로 파괴하고 용전한 뒤, 파트로클로스에게 살해되었다. 제우스는 아들의 죽음을 슬퍼했으며 잠의 신인 힙노스와 죽음의 신 타나토스가 그를 매장하기 위해 리키아로 운반했다.

호메로스 이후의 작가에 따르면 그는 제우스와 에우로페의 아들로 미노스와 라다만티스의 형제이다. 에우로페의 남편이자 크레타 왕인 아스테리오스의 양육을 받고 성장한 뒤에 밀레토스(혹은 제우스와 카시오페이아의 아들 아팀니오스)라는 미소년, 혹은 왕위 다툼을 원인으로 미노스와 싸우고 크레타를 떠났다. 리키아인과 싸우고 있던 킬릭스의 땅 일부를 얻는다는 조건으로 그를 도와 싸워서 이긴 끝에 리키아의 왕이 되었다. 일설에는 밀레토스 시의 창건자이기도 하다.

세멜레 Semele, Σεμέλη

카드모스와 하르모니아의 딸. 티오네라고도 한다. 제우스의 사랑을 받고 잉태했는데, 헤라의 사주(使嗾)를 받아 제우스에게 그가 헤라에게 구혼했을 때의 모습으로 자기에게 올 것을 요구했다. 제우스는 세멜레에게 어떠한 소원이라도 들어준다고 약속한 뒤였으므로 할 수 없이 벼락과 천둥을 동반하고 전차를 몰면서 벼락을 터뜨렸다. 그녀는 벼락불에 타서 죽었으나 제우스는 여섯 달 된 태아를 불 속에서 꺼냈다. 이 아이가 디오니소스다. 세멜레의 자매들은 그녀가 인간과 밀통하면서 제우스를 거짓 남편이라고 했기 때문에 벼락을 맞아 죽었다고 소문을 퍼뜨려 벌을 받았다. 디오니소스는 신이 된 뒤에 명계로 내려가 어머니를 구원하고 하늘나라에 맞아들였다. 그녀는 신이 되어 티오네라고 불리었다. 라코니아의 전설에 따르면 카드모스는 어머니와 아들을 상자에 넣어 바다에 버렸는데 라코니아에 표착, 세멜레는 죽은 채로 발견되어 이곳에 매장하고 디오니소스는 여기서 양육했다고 한다.

세이렌 Seiren, Σειρήν(복수형 Seirenes, Σειρήνες)

상반신은 여자이고 하반신은 새의 모습을 한 바다의 괴물. 아름다운 목소리로 노래를 불러 사람을 매혹해 잡아먹는다. 〈오디세이아〉에서는 스킬라와 카리브디스 근방에 살고 있으며 그 노랫소리를 들은 뱃사람은 빨려들듯 세이렌의 섬으로 상륙해 잡아먹혔다고 전해진다. 그녀들은 둘, 셋 혹은 네 사람이며 무사인 멜포메네 혹은 텔릅시코라, 또는 스테로페(포르타온과 에우리테의 딸)와 아켈로오스 하신의 자식이라고 전해진다. 아르고나우테스들이 이곳을 지날 때에는 오르페우스가 그녀들과 대항해 노래를 불러 무사히 통과했으나 부테스 혼자 바닷물에 뛰어들어 아프로디테 여신이 그를 구했다. 오디세우스는 이 지역을 항해할 때 키르케의 충고에 따라 부하의 귀만 밀초로 막고, 자신의 몸을 돛대에 단단히 묶게 했다. 노랫소리를 듣고 그녀들의 섬으로 가려 했으나, 몸을 움직일 수 없어서 물에 빠져들지 않고 무사히 통과했다. 세이렌들은 자신들의 노래를 들은 인간이 무사한 것을 보고 화가 나서 바다에 몸을 던졌다고 한다. 그녀들은 본디 페르세포네의 시중을 들던 처녀로서 페르세포네가 하데스에게 유괴 당했을 때 바다와 육지를 누비고 돌아다니며 찾기 위해 날개를 원했다고도 하고, 이 모습은 페르세포네를 빼앗긴 벌로 데메테르가 준 것이라고도 하며, 그녀들이 사랑의 환희를 경시했기 때문에 아프로디테가 벌한 결과라고도 한다. 혹은 무사와 음악을 겨룬 벌이라고 하는 여러 가지 상상이 전해지고 있다. 세이렌들은 바람을 재우는 힘과 사자(死者)를 명계(冥界)에 보내는 소임을 가진 것으로 되어 있으며 흔히 묘석 위에서 그녀들의 모습을 발견할 수 있다고 알려졌다.

스카만드로스 Skamandros(Scamander), Σκάμανδρος

트로이의 들판을 흐르는 스카만드로스 강의 신. 신들은 이 강을 크산토스〔황금 색의〕라고 부르며 이것은 강물의 빛깔, 또는 이 강물에서 목욕하는 동물의 털에 이 빛깔의 광택을 주기 때문이라고 한다. 아프로디테도 파리스의 심판에 즈음하여 머리카락을 아름답게 하기 위해 이 강에서 목욕했다고 한다. 강

이름에 대해서는 다음과 같은 어원설이 있다. 헤라클레스가 트로이를 공격했을 때 갈증을 느끼고 제우스에게 기도드렸더니 신은 샘이 솟아나게 해주었다. 그러나 물이 부족하여 땅을 파고(skapto)지하수를 찾은 일에 유래한다고 한다. 〈일리아스〉중에서는 제우스의 아들이 되어 강물에 수많은 시체와 피가 떠내려오자 화가 나서 홍수를 일으키고 아킬레우스를 막는 한편 물에 빠져 죽게 하려고 했으나, 헤파이스토스가 강의 하신(河身)에게 도로 강으로 돌아갈 것을 강력히 권했다. 그는 님프 이다이아를 아내로 맞아 트로이 초대 왕 테우크로스의 아버지가 되었다.

스킬라(스킬레) Skylla. Σκύλλα,(Skylle, Σκύλλη)

〈오디세이아〉 중의 카리브디스에 면한 동굴에 사는 바다의 괴물. 그녀는 세 겹의 이빨을 가진 여섯 개의 머리와 열둘의 다리가 있으며 배가 다가오면 한꺼번에 여섯 명의 선원을 잡아먹었다. 그녀는 여신 크라타이이스의 딸로 불사신이며 오디세우스는 여기서 여섯 명의 부하를 잃었다. 그녀는 본디 아리따운 용모의 여자였으나 글라우코스가 스킬라를 사랑하고 키르케를 거부했기 때문에 키르케는 그녀가 목욕하는 샘에 독초를 넣어 얼굴을 망가뜨렸다고 한다. 또 스킬라에 대한 포세이돈의 사랑을 질투하여 암피트리테가 키르케에게 부탁해 괴물로 만들었다거나, 혹은 글라우코스를 사랑한 그녀가 포세이돈을 거부했기 때문이라고도 한다. 헤라클레스가 게리온의 소를 몰고 돌아가는 도중 스킬라가 그 소를 먹었기 때문에 영웅은 그녀를 죽여 없앴으나 스킬라의 아버지 포르키스가 마술로 되살렸다는 이야기도 있다.

스틱스 Styx, Στύξ

명계를 일곱 번 돌아 흐르는 강. 오케아노스와 테티스의 딸. 팔라스와의 사이에서 승리의 여신 니케, 지배의 신 크라토스, 질투와 경쟁의 신 젤로스, 폭력의 신 비아를 낳았다. 스틱스는 자식들과 더불어 신들 가운데 가장 먼저 제우스의 편에 서서 티탄 신족과 싸웠다. 제우스는 그 보상으로 신들의 가장 굳은 맹세를 그녀의 강물에 걸도록 했다. 스틱스 강의 맹세를 깨뜨린 신은 1년 동안 호흡과 음식을, 9년 동안 신들과의 교제를 금지 당했다. 이 명계의 강에는 마력이 있어 테티스는 아들 아킬레우스를 그 강물에 담가 불사신으로 만들었다고 전해진다.

시논 Sinon, Σίνων

오디세우스의 어머니 안티클레이아와 형제인 아이시모스의 아들. 그리스인 들은 트로이가 쉽게 함락되지 않자, 거대한 목마를 만들어 그 속에 용사들을 숨기고 시논만을 남겨놓은 채 배를 타고 출항, 트로이 공략을 단념한 것처럼 가장한 뒤 그 근방 테네도스 섬 그늘에 숨어 있었다. 시논은 붙잡혀 프리아모 스 앞으로 끌려갔다. 그는 왕에게 자신은 오디세우스의 미움을 받아 그의 계 략에 의해 신들의 노여움을 풀기 위한 희생양으로 지명되어 도망쳐 왔노라 거 짓말을 하고, 트로이인들이 그들의 목마를 성안에 들이도록 부추긴다. 그날 밤 시논은 목마의 배를 열고 그 안에 잠복해 있던 용사들을 트로이 진영 안에 풀 어 놓았으며, 또 높은 곳에서 횃불을 흔들어 아군을 불러들임으로써 트로이를 마침내 함락했다.

시시포스 Sisyphos, Σίσυφος

인간 가운데서도 가장 교활한 인간. 에피라(코린토스)의 창건자. 아이올로스 의 아들. 아틀라스의 딸 메로페를 아내로 맞아 글라우코스(벨레로폰의 아버지), 오르니티온(또는 포르피리온), 테르산드로스, 할모스의 아버지가 되었다. 호메 로스 이야기의 그는 지옥의 비탈길에서 거대한 바위를 영원히 굴려 올리는 벌 을 받고 있다. 이 형벌의 원인으로 전해지는 이야기는 다음과 같다. 제우스가 아소포스 하신(河神)의 딸 아이기나를 납치해 플리우스에서 오이노네로 가는 도중 코린토스를 지났는데, 시시포스가 이 모습을 보았다. 그 뒤 하신이 그를 찾아와 딸의 행방을 물었을 때, 그는 코린토스에 샘이 솟아나게 하는 조건 아 래 범인은 제우스라는 것을 알려 주었다. 제우스는 화가 나서 그를 벼락으로 치고 지옥에서 이러한 형벌을 받게 했다. 또한 이런 전설도 전해진다. 제우스가 화가 나서 죽음의 신인 타나토스를 그에게로 보냈는데, 그는 도리어 죽음의 신 을 속여 결박해버렸다. 제우스는 한참이 지나고 나서야 이 사실을 알고 헤파이 스토스에게 명령해 죽음의 신에게 둘러쳐진 사슬을 풀게 했으며 자유로워진 타나토스는 가장 먼저 시시포스를 습격했다. 시시포스는 아내에게 자신의 장 사를 지내지 말라고 은밀히 당부한 뒤 명부의 하데스 앞으로 나갔다. 하데스는 그에게 무슨 까닭으로 죽은 이에게 지정된 복장을 하지 않았느냐고 물었다. 그는 아내가 장례식을 치러주지 않았기 때문이라 말한 다음, 그녀를 책하기 위해 꼭 한 번 지상에 나가봐야겠다고 호소했다. 하데스는 그를 측은하게 여겨 이 부탁을 들어주었다. 그러나 시시포스는 다시 살아난 뒤 지옥으로 돌아가지 않고 장수를 누렸는데, 마침내 죽어서 다시 명계로 들어갔을 때 이 형벌을 받게 되었다고 한다.

아가멤논 Agamemnon, Ἀγαμέμνων

아트레우스의 아들인 메넬라오스의 형제. 미케네(또는 아르고스)의 왕. 스파르타의 틴다레오스의 딸 클리타임네스트라를 아내로 맞아 크리소테미스, 라오디케, 이피아낫사의 세 딸과 아들 오레스테스를 얻었다. 이피게네이아와 엘렉트라는 호메로스 이후의 전설에 비로소 그의 딸로 등장한다. 클리타임네스트라는 처음에 그의 숙부 티에스테스의 아들 탄탈로스와 결혼했으나 아가멤논이 두 사람을 죽인 뒤 클리타임네스트라의 완강한 거절에도 불구하고 그녀를 아내로 삼았다. 그녀의 형제 디오스쿠로이는 이 일을 계기로 아가멤논과 크게 분쟁을 벌였으나, 시간이 지나 화해했다고 전해진다. 〈일리아스〉 이야기에서 트로이 전쟁이 일어났을 때 그는 그리스군의 총수로 출정하나, 아킬레우스보다는 언제나 한 뼘 모자라는, 용감하지만 결단성 없는 이기적인 인물로 그려지고 있다. 아킬레우스가 전사한 뒤, 트로이가 함락되고 본국으로 돌아가기 위해 발길을 돌린 아가멤논은, 〈오디세이아〉에서 전하는 바에 따르면 아이기스토스의 영지에 풍랑으로 표착, 그에게 죽임을 당한다. 아이기스토스와 밀회하고 있던 클리타임네스트라는 아가멤논이 트로이에서 얻은 프리아모스 왕의 딸 카산드라를 죽인다.

아게노르 Agenor, Ἀγήνωρ

이오의 아들인 에파포스의 딸 리비에와 포세이돈 사이에 태어난 쌍둥이 중 하나. 다른 하나는 벨로스. 시리아의 티로스 또는 시돈의 왕. 텔레파사(또는 아르기오페, 또는 벨로스의 딸 안티오페)를 아내로 삼아 세 아들 카드모스, 포이닉스, 킬릭스와 딸 에우로페를 얻었다(아들 가운데 타소스가 포함되기도 한다). 딸이 실종됐을 때 아게노르는 아들들에게 그녀를 발견할 때까지는 돌아오지 말라고 일러서 보냈다. 그러나 그들이 찾지 못했으므로 카드모스는 보이오티아의 테바이, 포이닉스는 페니키아, 킬릭스는 킬리키아 사람들의 조상이 되었다.

아드메토스 Admetos, Ἄδμητος

테살리아 페라이의 왕. 페레스와 페리클리메네의 아들. 칼리돈의 멧돼지 사냥과 아르고나우테스들의 원정에 참가했다. 제우스가 히폴리토스를 소생시킨 의신(醫神) 아스클레피오스에게 벼락을 던져 죽였을 때 아폴론은 제 아들인 의신의 원수를 갚기 위해 벼락을 만든 키클롭스들을 죽였다. 제우스는 그 죄를 보상하라는 뜻에서 그에게 1년 동안 아드메토스의 하인 노릇을 시켰다. 그 사이 왕은 신을 친절하게 대했으므로 왕이 펠리아스의 딸 알케스티스를 아내로 원하고 펠리아스가 사자와 멧돼지가 끄는 전차를 몰고 온 사나이에게 딸을 준다고 포고했을 때, 아폴로는 왕에게 그 조건에 맞는 전차를 주었다. 왕이 젊은 나이에 죽게 된다는 것을 신이 모이라(운명의 여신)에게서 듣고 그를 돕기 위해 여신들에게 술을 먹여 취하게 한 뒤, 작정된 시각에 아드메토스 왕 대신 죽는 자가 있다면 장수하게 될 것을 약속 받았다. 왕의 양친은 이를 거부했으나 아내 알케스티스는 자진하여 그를 위해 목숨을 바쳤다. 이 사건에 헤라클레스가 우연히 찾아왔다가 진상을 알고 사신(死神) 타나토스에게서 그녀를 빼앗아왔다.

아레스 Ares, Ἄρης

그리스의 군신. 제우스와 헤라의 아들. 그의 성격은 흉포하고 무모하며, 전투의 기상을 나타내고 있다. 스파르타에서는 그에게 개를 바치고 있었는데 개의 희생은 주술의 특징이므로 그는 본디 신이라기보다는 전투에 즈음한 주술에서 발달한 것으로 생각할 수 있다. 이 신의 거처가 자주 트라키아로 거론되는 일 등으로 미루어 북방으로부터 이 신의 숭배가 이입되었다고 하는 설이 있다. 그는 올림포스 열두 신 가운데 하나로 되어 있으나 그를 에워싼 신화와 전설은 많지 않으며, 또 전투의 승리보다는 지성에 대한 분별 없는 폭력의 패배를 이야기한 것이 많다. 따라서 그에게는 올림포스 신들과 같은 조용한 지성이 없고 어떠한 신적 기능을 갖지 않는, 말하자면 무뢰한처럼 그려지고 있다.

트로이 전쟁에서는 트로이 편이었으나 때로는 아카이아인도 돕는다. 그는 보통 걸어다니지만 전차를 몰기도 하는 거대하고 아름다운 청년으로 상상되고 있다. 트로이에서는 전투의 여신이면서 지성의 대표자인 여신 아테나의 도움을 얻은 그리스 영웅 디오메데스의 창에 찔려 전사(戰士) 1만 명의 절규와도 비교할 만한 큰소리를 지르며 쓰러졌고, 헤라클레스가 아레스의 아들 키크노스와 싸웠을 때는 아들을 도우러왔던 군신이 패배해서 올림포스로 도망쳤다.

그에게는 많은 아들이 있는데 모두 흉포한 무뢰한이다. 아스칼라포스, 트라키아 왕 디오메데스, 산적 키크노스, 난폭하며 신을 멸시하는 민족의 조상인 플레기아스, 리카온, 오이노마오스 등이 그들이다. 그의 딸 중에 가장 유명한 이는 카드모스의 아내가 된 하르모니아다. 케크롭스의 딸 아글라우로스와의 사이에 태어난 알키페를 범하려고 한 할리로티오스(포세이돈의 아들)를 죽였을 때, 아레스는 아레이오스 파고스에서 올림포스의 신들로 구성된 법정에서 재판을 받고 방면(혹은 1년간의 노예 생활) 선고를 받았다. 데이모스와 포보스는 아프로디테와의 사이에 태어난 아들인데 언제나 그를 따라다녔으며 또 에리스나 에뉘오도 그의 종자(從者)로 되어 있다.

아르테미스 Artemis, Ἄρτεμις
제우스와 레토의 딸. 아폴론과 쌍둥이 누이동생. 일설에는 데메테르의 딸로 되어 있다. 호메로스에서는 이미 올림포스 열두 신의 하나로 되어 있지만 아직 세력 없는 여신으로 그녀 자신의 활로 헤라에게 매를 맞고 울며 돌아가는 계집아이로 그려지고 있다. 그녀의 이름은 아폴론과 마찬가지로 그리스 어원으로는 풀기 어려우며 선주 민족의 여신이었던 모양으로 그녀가 지배하는 분야는 들짐승이 우글거리는 산야(山野)였다. 그녀는 또 탄생, 다산(多産) 및 어린아이(인간이나 들짐승의)의 수호신이고 로케이아(분만의 여신)의 호칭 아래 에일레이티이아와 동일시되고 있다. 에페소스에서 숭배되고 있던 아르테미스는 많은 유방을 가진 위대한 어머니 여신으로, 이것이 마르세유를 거쳐 로마로 들어가 디아나와 동일시되기에 이르렀다. 아르테미스는 또 곰과 특별한 관계가 있는 것으로, 여신의 노여움을 사서 암곰으로 변신해 버린 칼리스토는 본디 아르테미스였던 것으로 보인다. 오레스테스가 누이 이피게네이아와 더불어 타우리스의 케르소네소스에서 할라이로 가져온 아르테미스 상은 인신 희생을 요구하는 무서운 여신으로 브라우로니아라고도 불리며 브라우론에 모셔졌다. 아테나이의 아크로폴리스 산상에도 신역이 있었는데 소녀들이 노란 옷을 입고 곰을 흉내 내어 춤을 추었다.

신화에서 아르테미스는 젊고 아름다운 처녀 수렵가로 사냥개를 거느리고 님프들에게 에워싸여 산야를 달리는 여신으로 묘사된다. 사슴을 쫓고 때로는 인간에게도 화살을 겨눈다. 산욕을 당하는 여인에게 고통 없는 죽음을 주는 여신이며, 여인들의 숭배 아래 거리의 여신으로도 여겨진다. 그녀의 화살에 죽은 자 중에 니오베의 딸들과 티티오스가 있는데, 그 모두가 어머니 레토의 명예 때문이었다. 또 그녀와 아폴론이 태어났을 때 습격해 왔던 큰 뱀도 오빠와 더불어 사살했다. 거인과의 싸움에서는 그라티온을 헤라클레스의 도움을 얻어 물리치고 알로아다이를 무찔렀으며 아르카디아에서는 괴물 부파고스를 죽였다.

아마존 Amazon, Ἀμάζων

아마조니스라고도 부른다. 군신 아레스와 님프 하르모니아를 조상으로 하는 여무사(女武士)로 이루어진 민족. 그 왕국은 북방의 미지의 땅에 있다고 생각되어지고 있다. 그 나라는 여자만으로 구성되고 타국 남자와 교합해서 아이를 낳기는 하지만 사내아이는 죽이거나 그 몸에 장애를 만들고 계집아이만 키웠다. 무기를 다루는 데 방해가 되지 않도록 오른쪽 가슴을 떼어 버렸기 때문에 아마존이라 불리었다고 한다. 그녀들은 특히 궁술에 뛰어나 반달 모양의 방패와 더불어 유명하며 그 밖에 창, 도끼도 쓰는 기사(騎士)였다. 따라서 언제나 전투와 수렵에 종사하고 있었다. 그녀들은 많은 신화, 전설 등에 나타나고 있다. 〈일리아스〉에서는 벨레로폰과 프리아모스가 이 나라를 공략하고 있다. 아마존은 그 뒤 여왕 펜테실레이아의 인솔 아래 트로이를 지원했으나 여왕은 아킬레우스에게 살해를 당했다. 아킬레우스는 그 죽은 얼굴의 아름다움에 넋을 잃고 사랑에 빠졌다고 전해진다. 헤라클레스는 에우리스테우스의 명령에 따라 아마존 여왕의 허리띠를 훔치러 갔다. 그때 같이 갔다고도 하고 나중에 혼자 갔다고도 하지만 테세우스도 이 여인국을 공격했다. 아마존은 그 앙갚음으로 아티카를 습격, 아레이오스 파고스 언덕에 진을 치고 격렬한 전투 끝에 패배했다. 그날은 뒤의 보에드로미아제(祭) 날에 해당한다고 한다. 아마존의 수호신은 여수렵가였던 아르테미스이다. 헬레니즘 시대의 전설로는 주신(酒神) 디오니소스도 또한 아마존 정벌의 주인공이다.

아소포스 Asopos, Ασωπός

아소포스 강의 하신(河神). 포세이돈과 페로, 제우스와 에우리노메, 또는 오케아노스와 테티스의 아들이라고 한다. 강의 신 라돈의 딸 메토페를 아내로 맞아 이스메노스와 펠라곤의 두 아들과 스무 명의 딸을 두었다. 딸들 중에는 에우아드네, 살라미스, 페이레네, 테바이 등이 있고, 또 암피온과 제토스의 어머니 안티오페와 플라타이아도 그 딸이라고 한다.

아스클레피오스 Askleuos, Ασκληπιός

그리스의 영웅이며 의신(醫神). 호메로스에서 그는 아직 인간이며 그 아들 마카온과 포달레이리오스는 그리스군의 의사로 트로이에 원정했다. 테살리아의 트릭케가 그의 고향이라고 되어 있다. 그는 헤시오도스와 핀다로스에서는 아폴론과 테살리아 왕 플레기아스의 딸 코로니스의 아들로 되어 있다. 그러나 코로니스가 엘라토스의 아들 이스키스와 밀통한 것에 노하여 아폴론은 코로니스를 죽였는데 화장단 장작 속에서 배 안에 들었던 아스클레피오스를 구출해냈다. 또 이때 부정을 알린 새에 대해서도 화가 나서 이제까지 흰 빛깔이었던 것을 꺼멓게 만들어버렸다고 한다. 아스클레피오스의 탄생에 관해서는 이 밖에도 여러 가지 다른 이야기가 있다. 아스클레피오스 숭배의 일대 중심지였던 에피다우로스 전설에 따르면 도둑이었던 플레기아스는 아폴론에게 몸을 허락한 딸 코로니스를 펠로폰네소스로 데리고 와서 아무도 모르게 에피다우로스에서 아기를 낳았다. 버려진 아기는 암염소가 젖을 주고 한 마리의 개가 지키고 있었다. 동물들의 주인인 아레스타나스가 어린아이를 발견하고 아기가 후광(後光)에 싸여 있음을 알자 놀라서 주웠다. 메세네에서 어머니는 레우키포스의 딸 아르시노에라고 하고 남부 아르카디아에서는 양친은 아르시포스와 아르시노에라고 한다. 이 전설의 모순을 풀고자 어머니는 아르시노에이며 코로니스에게서 양육되었다는 설이 생겨났다.

아스클레피오스는 아폴론에 의해 켄타우로스의 케이론에게 맡겨져 의술을 배웠다. 이윽고 명의가 되고 아테나가 준 고르곤의 피로 인해 죽은 사람을 소생시키는 힘을 가지게 되었다. 그의 시술로 소생한 영웅 중에는 카파네우스, 리

쿠르고스, 미노스의 아들 글라우코스 등이 있고 최후로 아르테미스의 청에 의해 히폴리토스를 소생시켰을 때 제우스는 천지의 상도(常道)를 아스클레피오스가 뒤집을 것을 두려워하여 벼락을 던져 죽였다. 아스클레피오스는 이때 별이 되었다.

아이깁토스 Aigyptos, Αἴγυπτος

벨로스와 앙키노에의 아들. 다나오스의 형제. 벨로스는 다나오스에게 리비아를, 아이깁토스에게 아라비아를 주었고 후자는 이집트를 정복해 자기의 이름을 이 땅에 주었다. 그에게는 50명의 아들이 있고 다나오스에게는 50명의 딸(다나이스들)이 있었다. 형제끼리 싸우다 다나오스는 딸들과 함께 아르골리스로 달아났다. 아이깁토스의 아들들이 그 뒤를 쫓아와서 종자매와의 결혼을 강요하자, 다나오스는 하는 수 없이 받아들이지만 딸들에게 신방에서 남편을 죽이라고 명령한다. 오직 하나 히페름네스트라만이 신랑 링케우스를 죽이지 않았다. 아이깁토스는 아들들의 운명을 슬퍼하며 아로에에서 은거하다가 세상을 떠났다.

아이기나 Aigina, Αἴγινα

강의 하신(河神) 아소포스의 딸. 제우스가 그녀를 사랑하여 납치해가자 아버지는 딸을 찾아 그리스 온 땅을 헤매고 다녔다. 자기의 아크로폴리스에 샘을 원하고 있던 코린토스 왕 시시포스의 지시로 제우스와 딸의 침소에 간 아소포스는 신이 내리는 벼락을 맞았다. 이 강 바닥에 숯이 있는 것은 이 때문이다. 제우스는 여자를 데리고 오이노네 섬으로 가서 아이아코스를 낳았다. 그 뒤로 이 섬은 '아이기나'라고 불리었다. 뒤에 그녀는 테살리아로 가서 악토르의 아내가 되어 메노이티오스(파트로클로스의 아버지)를 낳았다.

아이네이아스(아이네아스) Aineias, Αἰνείας(Aineas, Αἰνεας)

트로이의 영웅 앙키세스와 아프로디테 여신의 아들. 그는 아버지 쪽으로, 제우스의 아들 다르다노스의 후예가 된다. 이데 산중에서 태어나 누이 히포다메이아의 남편 알카토스에게 양육되었다. 호메로스에서 그는 처음에는 전투에 참가하지 않는데, 아킬레우스가 이데 산중에서 그의 가축을 습격했을 때에

리르네소스로 피신하고, 아킬레우스가 이 시마저 공략하게 되자 비로소 트로이의 용장으로 언제나 헥토르와 나란히 전투에 참가하여 그리스 군을 무찔렀다. 디오메데스에게 부상당했을 때에는 아프로디테에게, 아킬레우스에게 쫓겼을 때에는 포세이돈에게 구원을 받았다. 신은 그와 그의 자손이 언젠가는 트로이를 지배할 것이라고 했다. 호메로스에서 그는 언제나 신의 보살핌을 받고 그 명령에 경건히 복종하는 영웅으로 나타나 있으며, 트로이 군 가운데 오직 그 한 사람만이 시가 함락 뒤에도 유망한 미래를 가지고 있었다. 이런 점으로 인해 트로이 멸망 뒤의 그 이야기가 호메로스 이후에 만들어져서 로마 건국과 이어지게 되었던 것이다. 그는 아버지와 아들 아스카니우스와 함께 피신하여 이데 산으로 물러나고 뒤에 트라키아의 아이노스나 칼키디케의 아이네이아와 같은 자신의 이름과 비슷한 많은 도시들을 건설했다. 또한 아이네이아스라는 호칭을 가진 아프로디테의 신전을 레우카스, 악티움, 에뤼모스(시실리아)에 세웠다고 전해진다. 트로이 탈출 때에 그는 조상대대로 숭배해 온 신상(神像)을 가지고 다녔는데, 그 가운데에는 유명한 팔라디온도 있었다. 뒤에 아이네이아스는 라티누스가 죽은 뒤에 트로이인들과 아보리기네스인들의 지배자가 되어 라비니움 시를 건설했다. 그 뒤 전투 중에 죽었으나 시신이 발견되지 않자 그가 하늘로 올라갔다고도, 또는 누미키우스 강에 떠내려 갔다고도 한다. 그의 아들 아스카니우스는 알바 롱가를 건설, 로마 건설자는 그 자손의 한 사람인 로물루스이다. 베르길리우스에 의해 아이네이아스는 조상(祖上), 국가, 신들에게 충실한 영웅으로 받들어졌다.

아이아스 Aias, Aἴας

1. 살라미스 왕 텔라몬의 아들. 그래서 보통 텔라모니오스〔텔라몬의 아들〕로 호메로스 등에서 불리고 있다. 열두 척의 배를 이끌고 그리스의 트로이 원정군에 참가했다. 거대한 체격, 충실하고 용감하며 〈일리아스〉에서는 아킬레우스 다음가는 용장인데 아킬레우스와 같은 다정다감함은 없다.

그는 쇠가죽 일곱 장을 겹쳐 만든 큰 방패를 자유로이 다루고 언제나 그리스군 선두에 서서 트로이의 헥토르와 자주 싸웠으며, 그리스 진영이 아킬레우스의 불참으로 인해 위기에 처하여 자기의 배도 불타게 되었을 때조차 한 발짝도 물러서지 않고 용맹하게 맞서 싸운다. 아킬레우스와의 친선 사절 가운데

한 사람이 되고, 파트로클로스의 장례 경기에서는 오디세우스와의 씨름에서 무승부를 내었다. 그의 죽음에 대해서는 아킬레우스가 죽은 뒤에 이 영웅의 유명한 갑옷을 두고 오디세우스와 다투다가 그것이 오디세우스에게 주어진 것이 원인이라고 되어 있다. 그는 아킬레우스와 더불어 그리스 해군의 통솔자 자격으로 첫 번째 원정에서 실수하여 미시아에 상륙해서 아킬레우스가 그 왕 텔레포스에게 상처를 입혔을 때 아이아스는 왕의 아우 테우트라니오스를 죽였다. 두 번째 원정에서 처음 9년 동안 그는 트로이 주변과 오지(奧地)의 여러 도시를 공격하고, 프리기아 왕 텔레우타스의 딸 테크메사를 포로로 잡았다. 또한 트라키아의 케르소네소스 왕 폴리메스토르의 영토와 이데 산의 트로이인의 가축을 약탈했다. 아킬레우스 사후에는 그 아들 네오프톨레모스를 친자식처럼 사랑하고 그와 필록테테스와 같이 싸웠으며, 트로이 함락 때에는 헬레네를 사형에 처할 것을 주장하여 아가멤논과 메넬라오스의 미움을 샀다. 이어 팔라디온을 자신의 전리품으로 그 소유를 주장했으나 거절당했다. 그가 자살했을 때 그 피에서 아이리스 꽃이 피어나 그 꽃잎에는 영웅의 이름(Αἴας·αἴας)이 새겨져 있었다.

2. 오일레우스 또는 일레우스의 아들. 1의 아이아스를 대(大) 아이아스라고 하는데 대해 소(小) 아이아스라고 부른다. 호메로스에서 그는 로크리스인의 40척의 배를 이끌고 그리스군에 참가하는데, 대(大) 아이아스와는 대조적으로 키가 작으나 걸음이 빠르고 언제나 대 아이아스와 짝을 이루어 나타난다. 그러나 그의 성격은 오만하고 잔인해 신에게도 사람에게도 불손했으며 아테나 여신의 미움을 받고 있었다. 트로이 함락 때 아테나의 제단으로 피신한 카산드라와 팔라디온을 마구 끌어내어 범했기 때문에 그리스인들이 그를 죽이려고 했는데 아테나의 제단으로 재빨리 도망쳤다. 귀국하는 도중 그리스 군함의 대다수는 미코노스 섬 부근에서 신이 보낸 풍랑을 만나 난파했고 아이아스는 포세이돈에게 구조되어 암산에 표착했다. 그러나 여신의 증오에도 이겼노라고 큰소리를 쳤기 때문에 아테나의 요청에 의해 포세이돈이 그 바위를 삼지창으로 쳐부수어(또는 여신 자신이 제우스의 벼락을 던져) 아이아스를 물에 빠져 죽게 했다. 그리스군이 돌아간 뒤 3년째 되는 해에 로크리스에 전염병과 흉년이 계속되었다. 신탁은 아테나 여신의 노여움이 원인이며 이것은 카산드라의 일에 대한 노여움이니 해마다 로크리스인들이 양가의 딸 두 사람을 아테나의 시녀로

천 년 동안 보내면 여신의 저주는 풀릴 것이라고 했다. 최초의 두 처녀는 트로이인에게 살해당하고 그 재는 해변에 뿌려졌으나, 다음 두 사람부터는 받아들여져서 여신의 시중을 들었다. B.C. 3세기 반 이후 아이안테이오이(아이아스를 시조로 하는 부족)가 처녀를 보내는 직책을 맡아 A.D. 100년쯤까지 그 풍습이 계속되고 있었다. 그녀들은 옛날 이야기처럼 도착하면 무장한 사람들의 추격을 받는데 무사히 아테나 신역에 도망쳐 들어가야 비로소 시녀의 직분이 허락된다고 한다. 이 관습으로 미루어 아이아스는 어떻든 실제로 있었던 영웅일 것이라고 여겨진다.

아이아이에 Aiaie, Αἰαίη

〈오디세이아〉에 나오는 오케아노스의 물줄기 중에 있는 키르케의 섬.

아이아코스 Aiakos, Αἰακός

제우스와 아소포스의 딸 아이기나와의 아들. 그리스의 영웅 중에 가장 경건한 사람. 텔라몬(아이아스의 아버지)과 펠레우스(아킬레우스의 아버지) 두 아들을 스키론의 딸 엔데이스에게서 얻고 바다의 님프 프사마테와의 사이에 포코스를 얻었다. 텔라몬과 펠레우스는 포코스가 운동 경기에 능한 것을 질투하여 그를 죽였기 때문에 아이기나 섬에서 쫓겨났다. 이 섬은 본디 오이노네라는 이름이었으나 후에 아이아코스의 어머니 이름을 따서 아이기나가 되었다. 이 섬의 주민이 전염병으로 전멸했을 때(또는 본디 무인도였으므로) 제우스는 그의 경건성을 가상히 여겨 개미(Mrmex)를 인간으로 화신시켜 주민으로 삼았기 때문에 그들은 미르미돈인이라고 불리었다. 그는 가뭄이 들면 그리스인을 대표해서 제우스에게 빌었고, 또 아폴론과 포세이돈을 도와 트로이의 성벽을 쌓았으며 죽은 뒤에는 명부에서 망자를 재판하고 있다.

아이올로스 Aiolos, Αἴολος

바람의 지배자. 히포테스의 아들. 일설에는 포세이돈 신의 아들. 그는 아이올리아 섬에 살고 여섯 아들과 여섯 딸은 서로 결혼해서 아버지의 섬에 거주하고 있었다. 그는 바람을 자루에 담아 가두는 힘을 가지고 있어 〈오디세이아〉에서는 오디세우스의 귀국을 위해 바람을 담아둔 자루를 그에게 주었다. 이로부터 그는 바람신이 되었으며 〈아이네이스〉에서는 바람을 동굴에 넣어둔 것처럼 그려지고 있다.

아크리시오스 Akrisios, Άκρίσιος

아르고스 왕 아바스의 아들. 링케우스의 손자. 프로이토스의 쌍둥이 형제. 두 사람은 어머니의 태내에 있을 때부터 서로 싸웠고 아버지가 죽은 뒤엔 그 왕국의 계승권을 두고 싸웠는데, 그 동안에 아크리시오스는 원형 방패를 발명했다. 바테스 왕에게 패배한 프로이토스는 리키아의 이오바테스 왕에게 가서 딸 안테이아(또는 스테네보이아)를 아내로 삼고 왕의 원조 아래 귀국, 키클롭스들이 바위로 그를 위해 쌓은 티린스 성을 차지하고 아크리시오스와 화의한 다음 왕국을 둘로 나누었다.

아킬레우스 Achil(l)eus, Άχιλ(λ)εύς

호메로스의 〈일리아스〉 주인공. 프티아 왕 펠레우스와 바다의 여신 테티스의 아들. 마음씨가 곱지만 화가 나면 광포한 영웅이다. 그를 두고 호메로스 이후 갖가지 이야기가 창작되어 그리스에서 가장 많은 전설을 가진 영웅 중 한 사람이 되었다. 포이닉스와 켄타우로스 족의 지자(智者) 케이론에게 교육을 받았다.

그는 오십 척의 배에 부하인 미르미돈들을 태우고 친구 파트로클로스와 더불어 그리스군에 참가, 트로이의 땅에 도착하여 9년 동안을 트로이 주위의 여러 시를 공략하여 미녀 브리세이스를 얻고 안드로마케의 아버지 에에티온을 죽였다.

트로이 원정 10년째에 〈일리아스〉의 이야기가 시작된다. 아가멤논이 자신의 여자 크리세이스를 아폴론 신의 힘에 의해 그 아버지에게 돌려주어야만 했다. 그 뒤 아가멤논이 아킬레우스에게서 브리세이스를 강탈했기 때문에 아킬레우스는 노해서 전투 참전을 중단했다. 결국 트로이 측이 유리해져 그리스군은 패배했고 진영 자체도 위기에 빠진다. 아가멤논은 막대한 보상을 내걸고 아킬레우스에게 화해를 청하지만 거절당했다. 그러나 우군의 절박한 사정을 보다 못해 친구 파트로클로스는 아킬레우스의 무구를 빌려 출진했다가 적장 헥토르에게 죽임을 당한다. 아킬레우스는 친구의 죽음에 분노가 치솟아 테티스에게 애원하여 테티스가 화신(火神) 헤파이스토스에게 무구를 만들어 받아 가지고 오자 전장에 나가 헥토르를 죽인 뒤 그 시신을 전차에 매어 끌고 다니면서 욕보인다. 헥토르의 아버지 프리아모스는 밤중에 그의 진영으로 찾아와 아들의 몸값을 치르고 헥토르의 시신을 받아간다. 〈오디세이아〉에서 오디세우스는 그가 명계의 들에서 많은 영웅들과 방황하고 있는 것을 만나지만 그 죽음에 대해서는 이야기하지 않는다.

아테나(아테네) Athena, Ἀθηνᾶ

그리스 신계의 최대의 여신. 본래 미케네 시대 아크로폴리스의 수호 여신이며, 아테나이(아테네)의 아크로폴리스에 예부터 미케네 시대의 궁전이 있었는데, 이것이 호메로스 중의 '에렉테우스의 집'이다. 따라서 여신은 호메로스에서는 디오메데스, 오디세우스의 또 다른 전설에서도 영웅·왕후들의 수호 여신으로 되어 있다. 또 그녀는 갖가지 기술(베짜기, 도기술, 야금, 의술)의 여신, 즉 에르가네(공녀)이며, 음악(특히 플루트)의 여신이고, 또 전투의 여신으로 항상 무장한 젊고 위엄 있는 처녀로 나온다. 그러나 아레스(軍神)와는 달리 여신은 전투의 광포한 면이 아니라 지적인 면을 좋아하며, 선택된 영웅이나 민족의 냉정한 지도자이고, 전차, 나팔 그 밖의 무구의 발명자로 되어 있다. 이와 같은 성질은 결국 그녀를 지성의 의인화로 보게끔 만들었다.

호메로스에서 그녀는 특히 오디세우스를 지원한다. 또 여신은 아르고를 건조한 아르고스를 도왔다.

아트레우스 Atreus, Ἀτρεύς

펠롭스와 히포다메이아의 아들. 티에스테스, 피테우스의 형제. 그의 전설은 여러 가지로 변경되고 가감되었기 때문에 서로 모순되는 이야기가 많다. 티에스테스와의 추악한 싸움 이야기는 호메로스 이후의 것이다. 이 두 사람은 그들의 배다른 동생 크리시포스를 죽였기 때문에 미케네의 스테넬로스, 또는 그 아들인 에우리스테우스에게로 피신했다. 에우리스테우스 사후에 후계자가 없자 신탁은 펠롭스의 아들을 왕으로 삼으라고 했다. 아트레우스는 자기의 가축 중에 황금 새끼 양이 나타나자 아르테미스에게 가장 아름다운 양을 바친다고 맹세했으면서도 이를 깨뜨리고 양을 죽여 가죽을 상자에 감춰 두었다. 이 새끼양은 자기의 아들 미르틸로스를 펠롭스가 죽인 것에 노하여 헤르메스가 보낸 것이라고 한다. 왕위에 관해서 논의가 일어났을 때 티에스테스는 이것은 황금 새끼 양의 소유자에게 돌아가야 한다고 했다. 그는 아트레우스의 아내인 아에로페와 정을 통하고 새끼 양을 은밀히 입수했기 때문이다. 아트레우스가 그의 제안에 동의하고 티에스테스는 새끼 양을 제시함으로써 왕이 되었으나 이는 신의 뜻을 어긴 처사였다. 제우스는 헤르메스를 아트레우스에게 보내어 태양이 거꾸로 돌아가면 아트레우스가 왕이 된다는 협약을 티에스테스와 할 것을 명하고 티에스테스가 이에 동의하자 태양은 동녘에 잠겼다. 신은 다시 티에스테스가 황금 양을 횡령했다는 것을 밝혀냈으므로 아트레우스가 왕이 되고 티에스테스는 추방되었다. 뒤에 아트레우스는 아내의 간통을 알고 티에스테스와 화해한다는 구실로 그를 불러다가 세 아들 아글라오스, 칼릴레온, 오르코메노스를 죽여 요리한 다음 티에스테스의 상에 놓았다. 그가 포식한 뒤에 머리를 내보이고 무엇을 먹었는지를 알려준 뒤 국외로 추방했다. 태양이 오던 길을 다시 돌아가 동녘에 잠긴 것은 이 참담한 광경에 놀랐기 때문이라고도 한다. 티에스테스는 시키온으로 피신, 신탁에 의해서 자기 딸 펠로피아와 교합함으로써 아이기스토스를 얻었다. 이 여자는 뒤에 아트레우스와 결혼했다. 아이기스토스는 아버지를 모르는 채 아트레우스 밑에서 자랐으며, 후에 아트레우스는 그에게 티에스테스를 죽이라고 명령했다. 그러나 그는 진짜 아버지를 알아보고 거꾸로 아트레우스를 죽인 다음 아버지에게 미케네의 왕좌를 주었다.

아틀라스 Atlas, Ἄτλας

천공을 떠받치고 있는 거인 신. 티탄 신족의 하나. 이아페토스와 클리메네(혹은 아시아)의 아들. 프로메테우스, 에피메테우스, 메노이티오스의 형제. 티탄 신족과 올림포스의 신들과의 싸움에서 티탄 신족이 패하자 그 벌로 창궁(蒼穹)을 떠받들게 되었다. 그러나 호메로스에서는 아직 창궁의 기둥 파수꾼에 지나지 않는다. 그의 거처는 아득한 서방이라고 되어 있으며, 헤로도토스는 그를 아프리카의 아틀라스 산맥이라고 한다. 페르세우스가 고르곤을 퇴치하고 돌아오던 길에 하룻밤 잠자리를 청했을 때 거부했기 때문에 화가 나서 메두사의 머리를 보이고, 그를 돌로 변하게 했다고 한다. 호메로스에서는 칼립소가 그의 딸로 되어 있다.

아폴론 Apollon, Ἀπόλλων

제우스와 레토의 아들. 아르테미스와는 쌍둥이 남매지간이다. 델로스 섬에서 태어났다. 음악, 의술, 궁술, 예언, 가축의 신. 또 광명의 신으로서 포이보스라는 호칭을 가지며 때로는 로마 신화의 아폴로와 동일시된다. 그는 그리스인에게 있어서 온갖 지성과 문화의 대표자이고 율법, 도덕, 철학의 보호자이기도 했다. 속죄와 정죄(淨罪)의 신인 동시에 전염병으로 인간을 벌할 수도 있다.

그는 히페르보레이오이인에게 1년 동안 머문 뒤 델포이로 가서 대지에서 태어난 큰 뱀 피톤을 쏘아 죽이고 그 장례의 의식으로서 피티아 제(祭) 경기를 창시했다. 아폴론은 이어 테미스의 신탁을 자기의 것으로 만들었다.

아폴론은 아름다운 청년으로 상상되며 따라서 그에게는 사랑의 이야기가 수없이 많다.

트로이 왕 프리아모스의 아내 헤카베도 그를 사랑하여 트로일로스를 낳았고 예언자 몹소스도 그와 만토의 아들로 되어 있다.

아폴론은 포세이돈, 헤라, 아테나와 공모하여 제우스를 묶어 하늘에 거꾸로 매달려고 했으나 아이가이온 브리아레오스가 제우스를 구했다. 이 때문에 그는 트로이의 라오메돈 왕을 위해서 포세이돈과 더불어 성벽을 구축하지 않으면 안 되었다. 일설에는 성벽을 쌓은 것은 포세이돈이며 그는 이데 산에서 왕의 가축을 돌보고 있었다고 되어 있다. 속죄 기간이 지나 두 신이 왕에게 보수를 요구하자 왕은 귀를 잘라 노예로 팔아버리겠다고 위협했다. 아폴론은 신의 모습으로 돌아가는 동시에 트로이에 질병을 퍼뜨려 괴롭혔다. 아들인 아스클레피오스의 죽음을 통분히 여겨 키클롭스들을 죽인 죄로 아드메토스의 하인이 되었다.

아폴론은 기가스와의 싸움에서는 올림포스의 신들과 더불어 분전하고 트로이 전쟁에서는 트로이 편을 들어 파리스를 도와 아킬레우스를 죽이게 했다.

아프로디테 Aphrodite, Ἀφροδίτη

그리스의 사랑·미(美)·풍요의 여신이다. 호메로스에서는 제우스와 디오네의 딸로 되어 있다. 전(全)그리스적인 여신이지만 숭배의 중심은 키프로스 섬, 키테라 섬, 코린토스 등지이며 풍요·다산의 여신으로서 호라나 카리스 여신들과 관계가 있다.

〈일리아스〉에서 그녀는 트로이 편의 여신으로 활동하고 〈오디세이아〉에서는 아프로디테와 군신 아레스의 불륜을 눈치 챈 남편 헤파이스토스가 침대에 마술 그물을 씌어 둘을 교묘히 붙잡아 놓고 신들을 불러서 그 추악한 꼴을 보여 주기도 했다. 포세이돈의 청에 따라 남편이 그물을 풀어 주니 여신은 키프로스로, 아레스는 트라키아로 달아났다는 이야기가 있다.

안드로마케 Andromache, Ἀνδρομάχη
소아시아의 테베 왕 에티온의 딸. 헥토르의 아내. 부왕과 일곱 명의 형제는 그리스군에게 살해당하고 어머니는 포로가 되었으나 뒤에 몸값을 치르고 돌아왔다. 〈일리아스〉에서는 전형적인 정절의 아내로 그려지고 있다. 트로이가 함락되자 아들 아스티아낙스는 살해당하고 자신은 네옵톨레모스의 노예가 되어 에페이로스로 갔다. 거기서 몰롯소스, 피엘로스, 페르가모스의 세 아들을 낳았다. 네옵톨레모스가 델포이에서 살해된 뒤에 그 왕국을 물려받은 헬레노스의 아내가 되었다. 그가 죽은 뒤 페르가모스와 더불어 미시아로 가서 페르가몬 시를 건설했다.

안테노르 Antenor, Ἀντήνωρ
아이시에테스와 클레오메스트라의 아들. 테아노의 남편. 트로이의 프리아모스 왕의 현명한 고문역인 노인. 메넬라오스와 오디세우스가 사자로 왔을 때 자기 집에 머물게 하면서 헬레네 반환을 주장했다. 〈일리아스〉에서 그는 평화주의자이며 파리스와 메넬라오스의 단판 씨름으로 일을 해결하려고 한다. 트로이 함락 때도 그는 그리스군의 박해를 받지 않았다. 후대에 와서 그는 팔라디온을 적에게 넘겨주고 목마 안의 그리스 용사를 도와줘 조국을 배신한 것으로 되어 있다. 그는 트로이 함락 후 파플라고니아의 에네토이인을 이끌고 포 강 하류로 옮겨가 이 지방의 베네티인의 시조가 되었다고 전해진다.

안티고네 Antigone, Ἀντιγόνη
트로이 왕 라오메돈의 딸. 프리아모스의 자매. 헤라 여신보다 아름답다고 자랑했기 때문에 그녀의 머리는 뱀으로 변해버렸으나, 신들(또는 헤라 자신)이 가엾게 생각하여 뱀을 잡아먹는 황새로 변신시켰다.

안틸로코스 Antilochos, Ἀντίλοχος

네스토르의 아들. 트로이 원정 때 그리스 장수의 한 사람. 용사이며 걸음이 빠르다. 아킬레우스의 친구. 파트로클로스의 죽음을 아킬레우스에게 알렸다. 전차 조종술도 뛰어났으나 파트로클로스의 장례 경기에서는 메넬라오스에게 일등을 양보했다. 아버지가 멤논의 습격을 받아 위기에 놓였을 때 구하려다가 살해되었다고도, 헥토르에게 살해되었다고도, 또는 파리스의 화살에 맞았다고도 한다. 사후에는 아킬레우스, 파트로클로스와 더불어 '흰 섬'에서 즐거운 나날을 보내고 있다고 한다.

알카이오스 Alkaios(Alcaeus), Ἀλκαῖος

1. 페르세우스와 안드로메다의 아들. 스테넬로스, 헬레이오스, 메스토르, 엘렉트리온, 고르고포네의 형제. 펠롭스의 딸 아스티다메이아(이설로는 구네우스의 딸 라오노메 또는 메노이케우스의 딸 히포노메)를 아내로 맞아 암피트리온(헤라클레스의 아버지)과 아낙소의 아버지가 되었다.

2. 미노스의 아들인 안드로게오스의 아들. 스테넬로스의 형제.

3. 헤라클레스와 옴팔레의 하녀의 아들.

알크메네 Alkmene, Ἀλκμήνη

엘렉트리온의 딸. 남편 암피트리온이 실수로 엘렉트리온을 죽였을 때 같이 아르고스에서 테바이로 갔으나 형제의 원수를 갚기까지는 잠자리를 허락하지 않는다. 암피트리온은 그래서 알크메네의 형제들을 죽인 타포스인과 텔레보에스인을 상대로 싸울 것을 결심하고 원정길에 올랐다. 그 동안에 제우스가 알크메네를 연모해 남편의 모습으로 그녀에게 접근하고 원정 이야기를 하면서 잠자리를 같이 한다. 혹은 태양신 헬리오스에게 명령해서 사흘을 하늘에 떠오르지 못하게 하고 그 사이에 그녀와 정을 통했다고도 한다. 남편이 돌아와서 그녀가 이미 원정에 대한 사정을 알고 있는 것을 수상쩍게 여기다가 테이레시아스의 말로 진실을 알게 되자 그녀를 죽이려 했는데 신의 힘 때문에 뜻을 이루지 못하고 아내를 용서했다고 한다. 이렇게 해서 제우스의 아들 헤라클레스와 암피트리온의 아들 이피클레스가 태어났다. 헤라클레스가 죽은 뒤 그녀는 자식들과 더불어 에우리스테우스의 박해를 피해서 아테나이로 갔다. 추격해 온 에우리티스테우스와의 싸움에서 헤라클레스의 딸 마카리아는 신탁에 의해 몸을 페르세포네에게 바치고 자살함으로써 자기편에 승리를 안겨 주고 에우리스테우스는 살해되었다. 뒤에 그녀는 헤라클레스의 자손들과 테바이에서 살고 장수한 뒤에 세상을 떠났다. 죽은 뒤에 그 시신은 행복의 섬으로 옮겨져 라다만티스의 아내가 되었다. 일설에는 천상으로 옮겨졌다고도, 또 암피트리온이 죽은 뒤 라다만티스에게 재가해 보이오티아에서 살았다고도 전한다.

암피트리온 Amphitryon, Ἀμφιτρύων

티린스 왕 알카이오스와 펠롭스의 딸 아스티다메이아(어머니에 대해서는 여러 가지 설이 있다)의 아들. 숙모의 아버지 엘렉트리온은 디케나이 왕으로 있을 때 암피트리온의 종조부 프테렐라오스의 자식들이 그들의 외조부 메스토르의 자식이라며 미케네의 왕좌를 요구하면서 타포스인들과 함께 쳐들어왔다. 엘렉트리온의 소를 에워싸고 그 아들들과의 사이에 싸움이 벌어지자 엘렉트리온의 아들들 중에서는 가장 나이 어린 리킴니오스가 남고 프테렐라오스 쪽은 에우에레스만이 살아남았다. 타포스인들은 소를 빼앗아 엘리스 왕 폴릭세노스에게 맡겼는데 암피트리온이 왕에게 값을 치르고 다시 찾아왔다. 엘텍트리온은 아들들의 원수를 갚기 위해 군사를 일으킨 다음 왕국과 딸 알크메네를 암피트리온에게 맡기고는, 자기가 귀국할 때까지 딸의 처녀성을 지켜주도록 맹세케 했다. 암피트리온이 되찾아온 소를 받으려고 했을 때 그중의 한 마리가 튀어나왔으므로 암피트리온이 손에 들고 있던 몽둥이를 던졌는데 엘렉트리온의 이마에 맞아 그가 죽게 된다. 아르고스 왕 스테넬로스는 이것을 구실로 암피트리온을 추방했기 때문에 그는 알크메네와 리킴니오스를 데리고 테바이로 가서 크레온 왕에 의해 죄의 정화를 받았다. 알크메네가 형제의 원수를 갚지 않고서는 결혼하지 않겠다고 하므로 그는 프레렐라오스와 텔레보에스를 치기로 하고 크레온에게 도움을 청했던 바, 왕은 그가 카드메이아의 암여우를 쫓아 주어야 한다는 조건을 내놓았다. 그러나 이 여우는 아무에게도 붙잡히지 않는다는 운명을 가지고 있었으므로 그는 아티카의 케팔로스가 소유한, 추격하는 것은 반드시 붙잡고야 마는 운명의 개를 빌려다가 쫓게 했다. 제우스는 양자를 돌로 변하게 해서 이 운명의 대립을 해결했다. 그는 오르코메노스의 미니아스인과의 전투에서 목숨을 잃었다.

앙키세스 Anchises, Ἀγχίσης

카피스와 다르다노스 왕의 딸 테미스테의 아들. 이데 산중에서 가축을 몰고 있을 때 아프로디테가 그를 보고 반했다. 여신은 프리기아 왕 오트레우스의 딸로 변신해서 접근, 아이네이아스를 낳았다. 그는 이 사실을 비밀에 부치기로 약속했으면서 술자리에서 털어놓았기 때문에 벼락을 맞고 장님(또는 절름발이)이 되었다. 제우스가 트로스에게 신마(神馬)를 선사했을 때 자기의 암말과 교미시켜 여섯 마리의 새끼를 얻고 그 중 두 마리를 아이네이아스에게 주었다. 에리오피스라는 이름의 여자에게서 히포다메이아와 그 밖에 몇 명의 딸을 낳았다. 트로이가 함락되자 아이네이아스는 아버지를 업고 달아났다. 앙키세스가 죽은 장소에 관해서는 갖가지 설이 있으나 〈아이네이스〉에는 아들과 더불어 유랑한 뒤에 시실리아의 드레파논에서 세상을 떠난 것으로 되어 있다.

에우로페 Europe, Εὐρώπη

티로스의 왕 아게노르(또는 포이닉스)와 텔레파사의 딸. 카드모스, 킬릭스(또는 포이닉스도)의 자매. 제우스는 그녀를 연모하여 시녀들과 해변에서 놀고 있는 그녀에게 흰 황소의 모습으로 다가가 두려워하는 그녀를 달랜 뒤 노닐었다. 그녀가 그 등에 올라타자 바다를 건너 크레타 섬에 상륙, 고르틴의 샘 옆에서 교합하고 미노스와 라다만티스를 낳았다. 카르노스와 도돈도 그 아들이라는 설이 있다. 그녀는 크레타 섬에서 헬로티아라고 부르는 제례를 가지고 있었다. 제우스는 그녀에게 청동 거인 탈로스를 파수꾼으로 주고 반드시 사냥감을 잡고야 마는 사냥개와 반드시 표적을 맞히고야 마는 투창(投槍)도 주었다. 뒤에 그녀는 크레타 왕 아스테리오스(또는 아스테리온)의 아내가 되고 자식들은 그의 양자가 되었다. 황소는 황소자리가 되었다. 또한 제우스의 세 가지 선물 중 사냥개와 투창은 미노스의 병을 치료한 프로크리스에게 주어져 그 남편 케팔로스의 소유가 되었다.

에파포스 Epaphos, Ἔπαφος

제우스의 사랑을 받고 암소로 변신당한 이오는 각처를 방황한 끝에 이집트에 와서 인간의 모습으로 돌아가 나일 강의 둑에서 에파포스를 낳았다. 그러나 헤라는 쿠레스들에게 명령하여 갓난아기를 감췄다. 제우스는 그것을 알고 그

들을 죽였는데, 이오는 아기를 찾아 헤매다 비블로스 왕의 아내가 에파포스를
양육하는 것을 보고 이집트로 돌아와 당시의 왕 텔레고노스와 결혼했다. 에파
포스는 그의 뒤를 이어 왕이 되고 나일 하신(河神)의 딸 멤피스를 아내로 맞은
다음 그녀의 이름을 딴 멤피스 시를 건설했으며 딸 리비에를 낳았다. 리비아라
는 지명은 이 이름에서 비롯되었다. 이 밖에 리시아낫사와 테바이도 그의 딸이
라고 하는 설도 있다. 또한 그의 아내는 카시오페이아라고 말하는 전설도 있다.

에페이오스 Epeios, Ἐπειός

엔디미온의 아들. 엘리스 왕. 아이톨로스와 파이온의 형제. 엘리스인의 일부
는 지난날 에페이오스인이라고 불리었다. 트로이 목마의 발명자. 파노페우스의
아들. 삼십 척의 군함을 이끌고 트로이 원정군에 참가했다. 그는 뛰어난 권투가
였으나 전사로서는 대단치 않았다. 아테나 여신의 도움을 얻어 목마를 만들었
다. 귀국 도중 이탈리아에 상륙, 메타폰티온 시를 창건하고 목마 건조에 썼던
연장을 여신에게 헌납했다. 일설에 따르면 그는 중부 이탈리아에 표착, 트로이
의 포로들이 배를 불살라 버렸으므로 엘리스의 피사와 동명인 시를 세웠다. 트
라키아 아이노스의 헤르메스 상도 그의 작품이라고 전해진다. 이것은 트로이
에서 조각되었는데 아킬레우스에게 노한 스카만드로스 강이 일으킨 홍수에 떠
내려가 아이노스에 표착, 어부의 그물에 걸렸다. 그들은 이것이 쪼개지지도 않
고 불에 던져도 타지 않았으므로 바다에 던졌는데 다시 그물에 걸리게 되자
그제야 존귀한 신상이라는 것을 알고 신전을 세워 이를 모셨다.

엘렉트리온 Elektryon, Ἠλεκτρύων

페르세우스와 안드로메다의 아들. 알카이오스의 딸 아낙소를 아내로 맞아
딸 알크메네(헤라클레스의 어머니) 외에 많은 아들을 얻었다. 그 뒤 프리기아 여
자 미데아에 의해 서자 리큄니오스도 얻었다. 또한 보이오티아의 소전에 따르
면 그는 이토노스의 아들이며 레이토스의 아버지라고 한다.

오디세우스 Odysseus, Ὀδυσσεύς

호메로스의 〈오디세이아〉의 주인공. 펠로폰네소스의 서쪽 이오니아 바다 중
의 작은 섬 이타케의 왕 라에르테스와 안티클레이아(아우틀리코스의 딸)의 아

들. 비극 작가들은 때로 안티클레이아가 결혼 전에 코린토스 왕 시시포스의 사랑을 받고 잉태한 자식이라고도 한다.

〈오디세이아〉에서는 그가 젊었을 때 파르나소스 산중에서 사냥을 하다가 멧돼지의 습격을 받아 무릎에 상처를 입었는데 그 흉터는 후에 그가 트로이에서 귀국했을 때 그를 인지(認知)하는 단서가 되었다고 전한다. 이 밖에 호메로스 이후의 서사시를 비롯해서 많은 작가들이 그가 트로이로 출정하기 전의 이야기를 만들어냈다. 그는 케이론에게 다른 영웅들과 같이 교육받았고, 아버지 라에르테스의 분부로 빼앗긴 양을 찾으러 메세네로 가던 도중에 라케다이몬에서 이피토스를 만나, 후에 페넬로페의 구혼자들을 죽인 에우리토스의 활을 선사 받았다. 자라서 이타케 왕이 되었을 때 틴다레오스의 딸 헬레네의 구혼 사건이 일어났다. 많은 구혼자들로 곤란을 겪고 있는 틴다레오스에게 오디세우스는 다음과 같은 충고를 해주었다. 즉 구혼자들에게 헬레네의 선택을 존중하고 이 결혼에 관해서 그녀에게 무슨 일이 일어났을 때는 그녀를 도와야만 한다는 맹세를 시키라는 것이다. 오디세우스는 이 충고의 보상으로 틴다레오스의 중매를 받아 이카리오스의 딸 페넬로페를 아내로 맞을 수 있었다. 그녀가 경주를 청해서 의도적으로 패배하고 아내가 되었다는 설도 있다. 두 사람 사이에 텔레마코스가 태어났다.

헬레네가 트로이의 파리스와 도주하고 아가멤논과 메넬라오스가 그리스 제왕(諸王)에게 지난 맹세에 따른 조력을 구했을 때 오디세우스는 출정을 피하고 광기를 가장했는데, 팔라메데스가 페넬로페에게서 갓난아기 텔레마코스를 빼앗아 칼을 겨누었던 바, 오디세우스는 거짓으로 미쳤다는 것을 잊어버리고 아기를 구하려고 했기 때문에 거짓말이 드러나 종군하게 되었다. 혹은 미친 짓을 가장한 그가 당나귀와 소를 가래에 비끄러매고 밭을 갈고 있을 때 팔라메데스가 텔레마코스를 그 앞에 던지자, 그가 우뚝 멈춰 섬으로써 거짓 광기가 탄로 났다. 그는 먼저 메넬라오스와 더불어 델포이의 신탁을 묻고 헬레네 반환을 요구하러 트로이로 갔다. 그리고 아킬레우스를 스키로스 섬에서 데려오기도 했고(네스토르, 포이닉스, 팔라메데스, 또는 디오메데스와 같이), 또 메넬라오스, 탈티비오스와 같이 키프로스 섬의 왕 키니라스에게 가서 도움을 청하기도 했다. 최초의 원정 때 길을 잘못 들어 미시아에 상륙, 그 고장 왕 텔레포스가 아킬레우스의 창에 넓적다리를 다쳤는데, 그것이 낫지 않아 그리스로 왔을 때

'다치게 한 자가 의사가 되면 낫는다.'는 신탁을 받았으므로 아킬레우스가 모든 힘을 기울여 치료하고 있을 때 오디세우스는 그 '다치게 한 자'는 군인인 아킬레우스가 아니라 창(槍)을 뜻한다고 가르쳐주었다.

아울리스에 집결한 그리스군에 오디세우스는 열두 척의 배를 이끌고 참가, 레스보스 섬에서 그 왕 필르멜레이데스에게 씨름을 도전받고 그를 죽였다. 또한 오디세우스는 렘노스 섬에 잠시 들렀을 때 아킬레우스와 다퉜다. 아가멤논은 공격진이 서로 다투고 있을 때 트로이를 공략할 수 있다는 아폴론의 신탁을 얻고 있었으므로 이것을 기뻐했다. 주력 부대가 테네도스 섬에 있을 때 그는 메넬라오스와 함께 다시 헬레네 반환을 요구하러 트로이에 가서 위험한 고비를 당했는데 트로이의 장노(長老) 안테노르에게 구원받았다.

〈일리아스〉의 그는 현명하고 용감한 장수로 그려져 있다. 그는 아가멤논과 아킬레우스의 싸움에 있어 최초의 원인이 된 크리세이스를 그 아버지에게로 데려가고, 테르시테스를 징계하고, 메넬라오스와 파리스의 단기전(單騎戰)을 주선하고, 디오메데스와 더불어 야간 적정 정찰을 나가고, 돌론을 사로 잡고, 레소스의 진을 습격했다. 또 아가멤논을 위해 사자가 되어 아킬레우스에게 화해를 청하러 가고, 디오메데스와 더불어 그리스 군의 패주를 저지하며 용전, 마침내 부상했으나 대(大) 아이아스와 메넬라오스에게 구조되어, 파트로클로스의 장례 경기에서는 경주에 우승, 대 아이아스와의 씨름에서는 무승부를 내었다. 〈일리아스〉의 이야기 뒤에 그는 아니오스에게 사자로 가서 그 딸들을, 그리고 필록테테스 및 네옵톨레모스까지도 헬레노스의 예언에 따라 그리스 군에 맞아들였다. 아킬레우스가 죽은 뒤 그 무구가 최고의 용사에게 주는 상으로 내걸렸을 때 오디세우스는 대 아이아스와 경쟁하여 이겼다. 또 그는 거지로 분장하여 안드라이몬의 아들 토아스에게 채찍으로 마구 때리게 해서 알아볼 수 없을 정도로 몸을 손상한 다음 트로이 시내에 잠입, 헬레네의 집으로 갔다. 그녀는 이것을 헤카베에게 알렸으나 그는 웅변과 눈물로 헤카베를 설득하고 풀려나왔다. 디오메데스도 이때 동행, 함께 팔라디온을 훔쳐냈다. 뒤에 그는 목마 건조를 생각해내고 에페이오스를 시켜 목마를 만들게 한 다음 그 속에 오십 명(혹은 삼백 명)의 용사를 숨겨 넣어 이 계략으로 트로이를 함락시켰다. 그는 이때 메넬라오스와 더불어 가장 먼저 돌진하고 메넬라오스가 헬레네를 죽이려고 하는 것을 만류했다. 혹은 그리스인이 그녀를 돌로 쳐 죽이려는 것을 말렸다고 한다. 그러나 아스티아낙스와 폴릭세네의 살해를 그의 계책이라 말하고, 또 그의 소유로 돌아간 헤카베가 돌로 맞아 죽을 때 최초의 돌을 던진 것도 그로 알려져, 호메로스 이후 점차 그의 성격은 지용 겸비의 용장으로부터 교활한 악한으로 변모되어간다.

오이디푸스 Oidipus, Οἰδίπους

테바이의 창건자 카드모스의 후예로 어머니는 카드모스가 뿌린 용의 이빨에서 돋아난 스파르토이 족의 한 사람인 에키온의 자손으로 메노이케우스의 아들 크레온의 자매 이오카스테(호메로스에서는 에피카스테)이다.

암피온이 죽은 뒤에 라이오스가 왕국을 계승했는데 그는 옛날 망명 시절 펠롭스의 궁전에 머물렀을 때 펠롭스의 아들 크리시포스를 연모해 그를 유괴했기 때문에 저주를 받았다. 이것이 테바이 왕가의 불행의 시초였다. 아폴론은 라이오스에게 아들을 낳지 말 것이며, 태어난 아들은 아버지를 죽일 것이라는 신탁을 내렸다. 다시 그 아들은 일가 파멸의 원인이 될 것이라고 신이 말했다고도 전해진다. 그러나 라이오스는 신의 말을 듣지 않고 아들을 낳았다. 그리고 그 아기의 발꿈치를 핀으로 찔러 내다버렸다. 일설에는 아이를 바구니에 담아 바다에 버렸다고도 하고 또 다른 설은 목동을 시켜 키타이론 산중에 버리게 했다고 한다. 후자의 설에서는 코린토스 왕 폴리보스의 양치기가 아기를 주워(혹은 라이오스 왕의 양치기가 소몰이에게 주었다) 폴리보스의 아내 페리보이아(메로페, 메두사라고도 한다)에게 주었다. 전자에서는 왕비 자신이 주운 것으로 되어 있다. 왕 내외는 아이가 없었으므로 오이디푸스를 양자로 삼았다. 그는 자라서 빼앗긴 말을 찾으러 갔다가 자기도 모르게 친아버지 라이오스를 만났다고 하지만, 비극에서는 더욱 복잡하게 되어 있다. 비극에서는 아이들과 싸울 때 주워 온 아이라는 놀림을 받는다. 부모에게 진실을 추궁하자 부모가 그 사실을 알려 주었기 때문에, 또는 사실 확인을 위해 델포이의 아폴론에게 물었더니 아버지를 죽이고 어머니를 아내로 삼을 것이라는 대답을 얻게 되어, 폴리보스와 페리보이아를 친부모로 생각하고 있던 그는 이 불행을 피하고자 코린토스로 돌아가지 않을 결심을 한다. 그러나 방랑하는 동안에 그는 라이오스를 만나 자기도 모르게 아버지를 죽인다.

오케아노스 Okeanos, Ὠκεανός

그리스 신화에서는 우라노스와 가이아의 아들로 티탄 신족에 속하는 물의 신. 호메로스 등의 고대 그리스인의 세계상에서 오케아노스는 평평한 원형의 대지를 에워싸고 흐르는 큰 강 혹은 대양으로, 세계의 모든 하천이나 샘은 이 물이 지하를 지나 지상에 나타나는 것이라 생각되고 있었다. 따라서 오케아노스는 대지 끝에 있어 엘리시온의 들이나 하데스의 나라, 고르곤, 게리온, 헤스페리스의 동산, 이디오피아인 등의 아득한 옛이야기 속에 나오는 나라의 소재지는 모두 오케아노스의 유역에 위치하며 태양은 이 강에 잠겼다가 황금 술잔을 타고 밤사이에 동쪽으로 건너가 다시 이 강에서 떠오른다고 상상되고 있었다. 오케아노스는 따라서 반은 지리적이고 반은 인격적인 신이다. 그리스인의 지리적 지식의 진보에 따라 오케아노스는 인격을 지닌 신에서 지리적 개념으로 변해 갔다. 오케아노스는 남매인 테티스를 아내로 삼아 모든 하천과 3천 명의 딸들(오케아니데스)을 낳았다. 헤시오도스는 몇 개의 하신(河神)과 오케아니데스의 이름을 손에 들고 있으나 이 명단은 작가에 따라 다르고 일정하지 않다. 그녀들 중에서 유명한 것은 명계의 강 스틱스, 아레투사, 케이론의 어머니 필리라, 클리메네, 칼리로에 등이다.

이데 Ide, Ἴδη

이데는 프리기아의 산맥으로 여기서 가니메데스가 유괴되고 파리스의 심판이 이뤄지는 등 그리스 신화의 무대로 유명하다. 호메로스에서 신들은 이 산꼭대기에서 관전(觀戰)했다. 이 산은 또 키벨레 여신 숭배의 중심이기도 했다. 또 크레타 섬의 이데 산은 이 산중의 동굴에서 갓난아기 제우스가 자라난, 이 섬 최고의 명산이다.

인명으로서는,

1. 멜리세우스의 딸. 자매 아드라스테이아와 같이 크레타에서 갓난아기 제우스를 양육했다.

2. 코리바스의 딸. 크레타 왕 리카스토스에게 출가하여 미노스 2세를 낳았다.

3. 〈아이네이스〉에 나오는 크레타 섬의 님프. 프리기아에 가서 그 이름을 이데 산에 주었다. 1과 같은 사람인지도 모른다.

이도메네우스 Idomeneus, Ἰδομενεύς

크레타의 미노스의 아들인 데우칼리온의 아들. 크레타 왕. 헬레네의 구혼자 가운데 한 사람으로 80척의 배(크노소스, 고르틴, 릭토스, 밀레토스, 리카스토스, 파이스토스, 리티온 일곱 도시의 군대)를 이끌고 트로이 원정에 참가, 다른 영웅들보다 나이가 많았음에도 불구하고 용감하게 싸워 아킬레우스의 무구를 둘러싼 경기에서 심판 역할의 한 사람이 되었으며 목마의 용사이기도 했다. 〈오디세이아〉에서는 그가 무사히 귀국했다 말하고 있으나, 그 뒤 그의 귀국에서는 여러 가지 이야기가 생겨났다. 하나는 나우폴리오스에 얽힌 이야기로 자기의 아들 팔라메데스가 살해된 것을 원망스럽게 여긴 나우폴리오스는 그 복수로 그리스 각지를 돌아다니며 그리스 장수들의 아내로 하여금 간통하게 했다. 이도메네우스의 아내 메다는 레우코스와 정을 통했는데 레우코스는 신전에 몸을 피해 살려주기를 애원하는 그 딸 클레이시티라와 더불어 그녀를 죽이고 크레타에서 열 개의 시(市)를 떼어 내 그 군주가 되었다. 그리고 귀국한 이도메네우스도 쫓아냈다. 그러나 다른 소전에서 이도메네우스는 레우코스를 소경으로 만들고 왕좌를 되찾았다고도 한다. 또 다른 소전에는 이도메도메네우스가 귀국할 때 바다에서 풍랑을 만나 무사히 귀국하게 해주면 상륙해서 가장 먼저 만난 인간을 희생으로 해신 포세이돈에게 바친다는 맹세를 했는데 그 최초의 인간이 자기 아들(딸이라고도 한다)이었으나 그 맹세를 지켰다. 이 잔악한 행위는 신의 노여움을 사서 역병이 발생, 그는 백성에게 쫓겨나 남부 이탈리아의 살렌티니인의 나라로 가서 아테나의 신전을 건립했다. 그는 또 테티스와 메데이아의 미를 겨룬 경쟁에 심판을 맡게 되어 테티스에게 승리를 주었는데 화가 난 메데이아는 이도메네우스 일가를 저주하고 '모든 크레타인은 거짓말쟁이다'라고 했다.

이카리오스 Ikarios, Ἴκαρος

라케다이몬의 페리에레스, 혹은 오이발로스의 아들. 페넬로페의 아버지. 배다른 형제인 히포코온에 의해 나라에서 쫓겨나 형제 틴다레오스와 더불어 플레우론의 테스티오스에게로 달아났다. 헤라클레스가 히포코온 일가를 무찌르고 틴다레오스는 스파르타 왕이 되어 고국으로 돌아갔으나 이카리오스는 플레우론에 계속 머물며 뤼가이오스의 딸 폴리카스테를 아내로 맞고 페넬로페

외에 두 아들을 얻었다. 타설에 의하면 그는 스파르타에 돌아가 물의 님프 페리보이아를 아내로 맞아 다섯 아들과 페넬로페를 얻었다. 헬레네의 구혼 때 적절한 조언을 해준 오디세우스를 위해서 틴다레오스는 조카딸 페넬로페를 그 아내로 주선해 주었다는 설이 있으며, 혹은 이카리오스가 자신의 딸을 달리기 경기의 승리자에게 주기로 했는데, 오디세우스가 승리해 그녀를 얻었다고도 한다. 이카리오스는 오디세우스와 자신의 딸이 결혼 뒤에도 제 곁에 있기를 원했으나, 오디세우스는 이것을 아내의 선택에 맡겼다. 페넬로페가 아버지에게 마땅히 답하지 못하며 얼굴을 붉힌 채 베일을 내려버렸으므로 이카리오스는 딸의 진의를 알고 두 사람을 오디세우스의 나라로 보낸다. 그 뒤, 그는 자신의 고장에 '수치의 신전'을 건립했다. 라케다이몬의 지방 전설에는 이카리오스가 히포코온과 더불어 틴다레오스를 쫓고 틴다레오스는 펠레네로 망명했다고 한다.

이타케 Itake, Ἰθάκη
이오니아 해상의 작은 섬. 오디세우스의 영토로 유명하다.

이피클레스 Iphikles, Ἰφικλῆς
암피트리온과 알크메네의 아들. 헤라클레스(제우스와 알크메네의 아들)와 쌍둥이로 하루 늦게 난 이부(異父) 형제. 처음에는 알카토오스의 딸 아우토메두사를 아내로 맞았으나 헤라클레스와 더불어 테바이와 오르코메노스의 싸움에 공을 세운 상으로 크레온 왕의 딸을 얻었다. 아우토메두사와의 사이에 이올라오스가 태어났다. 뒤에 아내와의 사이에 태어난 두 자식을 헤라클레스가 미쳤을 때 자기 아이들과 함께 죽였다.

헤라클레스를 박해한 에우리스테우스는 이피클레스에게만큼은 호의를 보였다. 헤시오도스는 이피클레스가 형제를 버리고 에우리스테우스를 따랐지만 이올라오스는 백부(헤라클레스)에게 충실했다는 이야기를 전하고 있다. 트로이 원정 및 칼리돈의 멧돼지 사냥에 참가, 아우게이아스와의, 혹은 히포코온과의 전투에서 쓰러졌으며 아르카디아의 페네오스로 옮겨져 죽었다.

일로스 Ilos, Ἶλος
1. 트로이 왕조의 조상 다르다노스의 아들. 아들 없이 세상을 떠나 그의 아

우 에릭토니오스가 왕위를 계승했다.

2. 트로이에 그 이름을 준 트로스(에릭토니오스의 아들)와 칼리로에(스카만드로스 하신의 딸)의 아들. 아사라코스, 가니메데스, 클레오파트라의 형제. 아드라스토스의 딸 아스비오케를 아내로 맞아 라오메돈을 얻었다. 라오메돈은 프리아모스의 아버지이다. 또 일로스의 딸 테미스테는 아사라코스의 아들 카피스의 아내가 되어 앙키세스를 낳았다. 일로스는 프리기아에 와서 그 고장 왕이 개최한 경기에 참가, 씨름에서 승리를 얻었는데 그 상으로 오십 명의 남자 및 같은 수의 여자 노예를 획득했다. 왕은 신탁에 의해 그에게 얼룩 암소를 주고 그것이 누운 곳에 시를 건설하라고 가르쳐 주었으므로 일로스는 이곳에 한 시를 건설하고 일리온이라 이름을 붙인 다음 제우스에게 신의(神意)의 표적을 주십사 기도 드리자 하늘에서 내려온 팔라디온이 천막 앞에 놓여 있는 것을 발견했다. 그것은 삼 큐빗의 높이로 두 다리는 한 데 붙고 높이 쳐든 오른손은 창을, 왼손은 실 감는 장대를 들고 있었다. 일로스는 이 목상(木像)을 위해 신전을 세웠다. 신전에 화재가 났을 때 일로스는 불 속에 뛰어들어 이 신상을 구했는데 그는 이 신상을 보지 못하게 되어 있었으므로 장님이 되었다. 뒤에 아테나에게 빌어 시력을 회복했다. 또한 다른 전설에서 일로스는 가니메데스 유괴의 책임자인 탄탈로스와 펠롭스를 프티기아에서 몰아냈다고도 한다.

3. 이아손과 메데이아의 아들 페레스의 손자로 메르메로스의 아들. 이 이야기에 따르면 페레스와 메르메로스는 코린토스에서 메데이아에게 살해된 이아손의 두 어린 아들은 아닌 것으로 되어 있다. 일로스는 엘리스의 에피라의 왕으로 메데이아가 전하는 독약의 제조법을 알고 있었다. 오디세우스가 트로이 출정에 즈음하여 그를 통해 화살에 칠할 독을 구했으나 신의가 두려워 이를 거절했다.

4. 아스카니오스가 트로이에 있을 때의 이름.

5. 〈아이네이스〉에 나오는 투르누스 편의 한 사람. 팔라스에게 살해되었다.

일리리오스 Illyrios, Ἰλλυριός
카드모스와 하르모니아가 일리리아에 왔을 때 태어난 아이. 그는 그 이름을 일리리아에게 주었다.

제우스 Zeus, Ζεύς

그리스 신계의 최고신. 신화에서 그는 티탄의 크로노스와 레아의 아들로 되어 있다. 두 사람 사이에는 헤스티아·헤라·플루톤·하데스·포세이돈의 순으로 차례차례 자식이 태어났으나 가이아(대지)와 우라노스(천공)가 예언하기를 크로노스는 자기 아들에 의해 지배권을 빼앗길 것이라고 했으므로 그는 태어난 아이를 모조리 삼켜버렸다. 이것을 불만스럽게 생각한 레아는 마지막으로 제우스를 낳았을 때는 돌을 강보에 싸서 아기처럼 가장한 다음 크로노스에게 삼키라고 주었다. 제우스는 크레타의 딕테, 혹은 아이가이온의 산에서 태어났다고 보통 전해지고 있지만 아르카디아도 또한 같은 명예를 예로부터 주장하고 있다. 이밖에 트로이 지방, 보이오티아, 메세네, 아카이아, 아이톨리아 등지에도 제우스가 태어났다고 주장하는 곳이 있었다.

제우스는 정식 아내로 누이인 헤라를 맞아 그녀는 헤베, 에일레이티아아, 아레스, 헤파이스토스를 낳았다. 또 헤르메스는 제우스와 마이아의 아들이다.

그리스의 영웅 제가(諸家), 도시의 개조, 나아가 역사시대의 명가(名家)는 신의 자손에서 가문의 조상을 구했기 때문에 복잡한 계보가 만들어지고 있다. 이 때문에 특히 제우스에게는 인간의 여자나 님프와의 관계에 의한 자식이 많다.

그리스 신화에는 헤라가 자신 말고 다른 여신이나 님프, 인간의 여자와 제우스가 교합하여 생긴 아이를 질투심에서 그 어머니와 더불어 박해한 이야기가 공통된 화제로 되어 있다.

호메로스의 시에 의하면 제우스는 다른 신들과 같이 올림포스 산정에 궁전을 가지고 있었다. 그는 신과 인간의 아버지라고 불리지만 이것은 물론 진정한 의미의 아버지가 아니라 가부장(家父長)적인 뜻으로서의 아버지이며 따라서 그는 국가의 장(長)인 왕으로서 평화와 질서를 지키고 디케(정의), 테미스(규범) 및 네메시스를 협력자로 삼아 지배한다. 올림포스의 신들은 영웅시대의 왕인 제우스와 그 밑에 있는 영주들과 마찬가지로 그들은 가끔 제우스에 대해서 음모를 꾸미는 일이 있다. 모든 것은 그에게서 비롯되며 행도 불행도 그가 할당하는 것으로 되어 있기는 하지만 때로는 그 자신이 운명의 지배하에 있는 것 같은 느낌을 주는 일도 있다. 그는 신화에서는 어디까지나 인간적이지만 아이스킬로스는 그를 최고 정의의 대신이라 했고, 또 스토아 학파에서 그는 숭고한 유일신으로 되어 있다.

그의 성수(聖獸)는 독수리, 성목(聖木)은 떡갈나무이고, 염소·황소·암소가 희생으로 바쳐졌다. 그는 독수리를 거느리고 손에는 왕홀(王笏), 벼락, 때로는 니케(승리)의 여신을 가진 모습으로 표상되며 올림피아의 제우스는 올리브의, 도도나의 제우스는 떡갈나무 잎사귀의 관을 쓰고 있는 일이 있다. 그의 무기는 벼락이다.

카드모스 Kadmos(Cadmus), Κάδμος

페니키아의 티로스의 왕 아게노르와 텔레파사의 아들. 제우스가 소로 변신하고 카드모스의 누이 에우로페를 훔쳐갔을 때 아게노르는 카드모스와 그 형제인 킬릭스와 포이닉스에게 누이를 찾기 전까지는 돌아오지 못한다고 일러 수색 차 출국시켰다. 그들의 어머니와 포세이돈(또는 킬릭스)의 아들 타소스도 동행했다. 그러나 누이를 찾아내지 못했으므로 그들은 귀향을 단념한 채 포이닉스는 페니키아, 킬릭스는 킬리키아, 카드모스와 어머니는 트라키아, 타소스는 타소스 섬에 정착했다. 카드모스는 어머니가 죽은 뒤, 델포이에 가서 신탁을 구한 바 암소를 앞세우고 가다가 소가 지쳐 쓰러진 곳에 한 고을을 건설하라는 신탁을 받았다. 포키스에서 펠라곤의 소떼 중에 달무늬가 있는 암소를 발견하고 그 뒤를 쫓으니 암소는 보이오티아를 지나 뒤의 테바이 시가 있었던 곳에서 드러누웠다. 암소를 아테나에게 바치기 위해 종자 몇 명을 아레스의 샘으로 물을 길어 오라 보냈는데, 샘을 지키고 있던(일설에는 아레스의 아들이라고 한다) 용이 종자의 대부분을 죽여버렸으므로, 카드모스는 용을 죽이고 아테나의 권유로 그 이빨을 땅에 심었다. 그러자 땅속에서 무장한 사나이들이 솟아 나왔다. 그들은 우연한 일로, 혹은 카드모스가 돌을 던졌더니 한 패 가운데 하나가 일부러 돌을 던진 줄 알고 싸움을 시작하여 서로 죽였으므로 에키온, 우다이오스, 크토니오스, 히페레노르, 펠로로스의 다섯 명만이 살아남았다. 그들은 스파르토이(심어진 사나이)라고 불린 뒤 테바이 귀족 가문의 조상이 되었다. 카드모스는 아레스에게 8년 동안 시중드는 것으로 살해에 대해 속죄하고 테바이 시(=카드메이아)를 건설했으며 아테나의 도움으로 테바이 왕이 되었고, 제우스는 그에게 아프로디테와 아레스의 딸 하르모니아를 아내로 주어 카드메이아에서 신들이 참석한 가운데 결혼식을 올렸다. 신들은 카드모스의 아내에게 결혼 예복과 목걸이를 주었는데 이것은 뒤에 저주스러운 운명을 가지게 되었다. 두 사람 사이에 아우토노에(악타이온의 어머니), 이노, 아가우에, 세멜레의 네 딸과 아들 폴리도로스가 태어났다. 카드모스는 나중에 왕위를 아가우에의 아들 펜테우스에게 물려주고 일리리아의 앵켈레이스인에게로 가서 신탁에 따라 그들의 지도자가 되고 일리리아인을 정복함으로써 그들의 왕이 되었는데, 여기서 아들 일리리오스가 태어났다. 그 뒤 카드모스는 아내와 더불어 구렁이로 변신하고 제우스에 의해 엘리시온의 들로 쫓겨났다.

카산드라 Kas(s)andra, Κασ(σ)άνδρα

알렉산드라라고도 불린다. 트로이 왕 프리아모스와 헤카베의 딸. 헬레노스와 쌍둥이 자매. 왕의 딸 중에서 가장 아름다운 공주로 호메로스에서는 헥토르의 시신이 돌아왔을 때 가장 처음에 이를 영접한 것으로 되어 있다. 그녀는 예언술을 터득하고 있었는데 그 유래에는 두 가지 설이 있다. 하나는 아폴론이 그녀를 연모하여 예언의 힘을 주는 대신 몸을 허락할 것을 약속받았는데 그 힘을 받은 뒤에 신을 거부했으므로 신은 그녀에게 준 힘을 다시 빼앗을 수는 없었지만 아무도 그 예언을 믿지 않게 만들었다는 것이다. 또 하나는, 그녀와 헬레노스가 아기였을 때, 양친의 품에 안겨 팀브레의 아폴론 축제를 구경하러 갔으나 양친이 두 아기를 잊어버리고 돌아갔으므로 두 아기가 신역(神域)에서 밤을 지새우는 동안 뱀이 귀를 핥았기 때문에 예언력을 얻었다는 것이다. 어쨌건 그녀는 델포이의 무녀 피티아와 같이 신이 지펴 미래를 예언했다. 그러나 그녀의 비극적인 예언력은 진실을 고하면서도 사람들의 믿음을 얻지 못했다. 파리스가 성장해서 돌아왔을 때 카산드라는 그가 트로이 파멸의 원인이 된다고 설파했으나, 프리아모스의 아들이라는 것이 판명되어 구원을 받았다. 파리스가 헬레네를 데리고 돌아왔을 때도 마찬가지였고 목마(木馬)를 성안에 끌어들이는 것을 라오콘과 더불어 반대했으나 아폴론이 뱀을 보내어 라오콘과 그 자식들을 죽였기 때문에 아무도 그녀의 예언을 믿어주지 않았다. 아이네이아스와 그 밖의 트로이 쪽 사람들의 운명도 그녀는 예언했다. 카산드라는 트로이 함락 때에 아테나의 신상 밑으로 피신했으나 오일레우스의 아들 아이아스는 그녀를 신상 밑에서 끌어내어 범했기 때문에 여신의 노여움을 샀다. 아가멤논 왕은 포로가 된 그녀를 사랑하여 그리스로 데리고 돌아왔다. 그때 그녀는 왕과 자기

의 운명을 알고 사람들에게 고했으나 아무도 믿지 않았으며 클리타임네스트라
는 왕과 그녀를 죽였다. 그보다 먼저 아직 트로이가 함락되기 전에 오트리오네
우스가 그녀를 아내로 주면 그리스인을 쫓아내어 주겠다고 프리아모스에게 약
속한 일이 있었는데 그는 이도메네우스에게 살해되었다. 그녀는 아가멤논 왕과
의 사이에 쌍둥이 텔레다모스와 펠롭스를 얻었다고 한다.

칼립소 Kalypso, Καλυψώ

〈오디세이아〉에 나오는 님프. 아틀라스와 플레이오네의 딸(일설에는 헬리오
스와 페르세이스의 딸). 오기기아 섬의 하녀인 님프들과 같이 살고 있었다. 오디
세우스가 항해 도중 파선해 키르케의 섬에 표착했을 때 그를 환영하고 섬에
머물러 남편이 되어 주면 불사신으로 만들어 준다고 했으나 그는 귀국을 원했
다. 제우스는 헤르메스를 보내 그를 출국시킬 것을 명령했으므로 8년째에 칼립
소의 도움으로 또 다시 바다로 나갔다.

칼카스 Kalchas, Κάλχας

트로이 원정에서 그리스군 가운데 최대의 예언자. 테스토르의 아들. 아킬레
우스를 데리고 가지 않으면 이기지 못한다는 것을 예언했다. 아울리스에 원정
군이 모이고 아폴론에 희생을 바쳤을 때 제단 밑에서 큰 뱀이 나와 참새 둥지
속에 있는 여덟 마리의 참새 새끼와 아홉 번째로 어미 참새를 먹은 뒤에 돌이
된 것을 보고 그는 십 년 뒤에 트로이는 함락될 것이라고 예언했다. 텔레포스
가 아르고스에 와서 트로이로 향하는 항로를 가르쳐 주었을 때 칼카스는 점
술에 의해 그의 지시가 진실이라는 것을 보장했다. 이피게네이아의 희생을 예
언에 의해 요구한 것도, 아가멤논에게 그리스군의 역병의 원인이 크리세이스를
반환하지 않은 것이라고 가르쳐 준 것도, 헤라클레스의 활의 힘을 빌리지 못하
면 트로이는 함락되지 않는다고 예언한 것도, 트로이의 헬레노스가 이 거리를
보호하고 있는 신탁을 안다는 사실을 가르쳐준 것도 모두 칼카스였다. 트로이
가 함락된 뒤, 로크리스의 아이아스가 불경한 짓을 했기 때문에 아테나가 화
가 났으므로 무사히 귀국하기가 곤란하다는 것을 알고 그리스의 여러 장수를
만류했으나 받아들여지지 않았다. 그 자신은 암피아라오스의 아들 암필로코
스, 레온테우스, 포말레이리오스, 폴리포이테스와 더불어 육로를 통해 클로폰

으로 왔다. 자기보다 현명한 예언자를 만나면 죽을 것이라는 예언이 있었으나 그들은 여기서 아폴론과 만토의 아들 몹소스의 집에 초청되어 두 사람은 예언의 기술을 겨루었다. 칼카스가 무화과 씨의 수를 물었을 때 몹소스는 1만과 1 메딤노스라고 정확하게 맞혔으며, 칼카스가 몹소스에게 한 마리의 돼지 배 속에 몇 마리의 새끼 돼지가 들었느냐고 물었을 때 칼카스는 여덟 마리라고 말한 데 대해 몹소스는 아홉 마리의 새끼를 이튿날 여섯 시에 낳을 것이라고 말해 그 말대로 되었으므로 칼카스는 맥이 끊어져 죽었다(혹은 자살했다).

클리타임네스트라 Klytaim(n)estra, Κλυταιμ(ν)ήστρα

틴다레오스와 레다의 딸. 레다는 백조의 모습을 한 제우스와 정을 통해 헬레네를 얻고 또 신과의 사이에 디오스쿠로이를 낳았는데 틴다레오스와의 사이에는 클리타임네스트라 외에 티만드라와 필로노에의 두 딸을 두었다. 처음에 티에스테스의 아들 탄탈로스에게로 시집을 갔는데 아가멤논이 그를 죽였을 때 디오스쿠로이의 강요로 클리타임네스트라를 아내로 삼았다고 한다. 두 사람 사이에는 오레스테스, 크리소테미스, 엘렉트라, 이피게네이아가 차례로 태어났다. 호메로스에는 엘렉트라와 이피게네이아는 나오지 않고 이피아낫사라는 이름의 딸이 달리 있는 것으로 되어 있다.

아울리스에 트로이 원정군이 집결했을 때 아가멤논은 군의 강요로 이피게네이아를 아르테미스에게 바치기 위해 클리타임네스트라를 속이고 딸을 데려갔다. 이것이 아내가 남편을 원망하는 원인이 되었다고도 한다. 그녀는 텔레포스 왕이 상처를 치료받기 위해 아르고스로 왔을 때 왕에게 헌책(獻策)했다. 아가멤논이 없는 동안의 처음은 정절을 지켰다. 남편은 가인(歌人) 데모도코스를 아내 곁에 두었으나 아이기스토스가 그녀에게 접근하여 데모도코스를 제거하고 둘이 정을 통하게 되었으며 아이기스토스는 권력을 잡았다. 호메로스에서 클리타임네스트라는 한낱 아이기스토스에게 휘둘리는 마음 약한 여자일 뿐, 아가멤논이 귀국했을 때 그를 죽인 것도 아이기스토스 혼자 했다.

테우크로스 Teukros, Τεῦκρος

살라미스 왕 텔라몬과 헤시오네의 아들. 대(大) 아이아스의 배다른 동생. 우수한 사수인 그는 형과 더불어 트로이로 원정, 용전(勇戰)하여 많은 적장을 무찔렀다. 아이아스가 자살했을 때 그는 미시아로 원정을 가서 곁에 있지 않았기 때문에 돌아와 형의 매장을 위해 힘썼다. 그는 목마의 용사 가운데 한 사람이라고도 한다. 귀국할 때 아이아스의 아들 에우리사케스와 해상에서 뿔뿔이 헤어지고 또한 아이아스를 죽게 하고도 그 복수를 하지 않았다며 텔라몬은 화가 나 그를 쫓아냈다. 이때 그가 아티카의 프레아티스 만(灣) 선상에서 최후의 변명을 시도한 사건을 계기로, 아티카에서 쫓겨나는 자는 조국을 떠날 때 여기서 최후의 변명을 하는 관습이 생겼다고 한다. 그는 시리아에 갔는데 그곳 왕 벨로스는 키프로스를 정복 중이었으므로 그를 이 섬에서 살게 했다고 한다. 그는 이 섬에 살라미스 시를 건설했으며, 트로이에서 잡혀 온 포로들도 시민의 일부가 되었다. 이 섬의 왕 키프로스의 딸 에우네를 아내로 맞아 딸 아스테리아를 얻었다. 일설에 그는 평화로운 이 섬으로 옮겨 와 키니라스 왕의 딸 에우네와 결혼해 아들 몇 명을 얻었는데, 그중의 한 사람인 아이아스가 킬리키아의 올베 시를 건설했다고 한다. 그는 키프로스에서 세상을 떠났다고도 하고, 살라미스로부터 쫓겨나 아이기나에서 망명 중이던 아버지 텔라몬을 만나 인정을 받게 되어 그 왕위를 이었다고도 하며, 아버지의 부음을 듣고 귀국했으나 에우리사케스에게 쫓겨 스페인으로 간 다음 카르타고를 건설했다고도 한다.

텔레마코스 Telemachos, Τηλέμαχος

오디세우스와 페넬로페의 아들. 그가 태어나고 얼마되지 않아 아버지는 트로이 전쟁에 차출되었다. 이때 출정을 피하려 미친 짓을 가장한 오디세우스가 가래에 당나귀와 소를 걸어 밭을 갈고 있는 앞에 팔라메데스가 갓난아이인 텔레마코스를 던져 그를 멈추게 함으로 오디세우스의 거짓 광기를 밝힌 이야기가 있다. 아버지가 전쟁으로 집을 비운 사이 아버지의 친구 멘토르의 교육을 받고 청년기에 이르렀을 때, 어머니의 구혼자들은 그의 궁전에서 밤낮 연회를 벌여 아버지의 재산을 탕진하고 있었다. 〈오디세이아〉 극의 초반부는 아직 어린 텔레마코스가 차츰 의지 강한 청년이 되어가는 과정을 그리고 있다. 아테나의 명에 따라 아버지의 행방을 찾으려 배를 타고 출항해 필로스의 네스토르를 찾아갔으며, 이어 스파르타의 메넬라오스를 찾아갔다. 그는 프로테우스로부터 오디세우스가 칼립소 섬에 잡혀 있다는 소식을 들었음을 텔레마코스에게 전했다. 돌아가는 길에는 다시 아테나로부터 구혼자들이 그를 암살하기 위해 기다리고 있으므로 다른 길을 택해 돌아오도록 권유를 받았고, 도중에 예언자 테오클리메노스를 배에 태워 이타케 섬에 상륙, 에우마이오스의 집에 있던 아버지를 만난다. 그는 아버지를 도와 구혼자들을 살육한다.

틴다레오스 Tyndareos, Τυνδάρεως

스파르타 왕. 오이발로스와 님프인 바테이아 또는 고르고포네(페르세우스의 딸)의, 혹은 페리에레스 또는 키노르타스와 고르고포네의 아들. 이카리오스의 형제이며 아파레우스, 레우키포스의 의붓형제. 틴다레오스와 이카리오스는 아버지가 죽은 뒤 히포코온과 그의 자식들에게 쫓겨 칼리돈의 테스티오스 곁으로 도주해 틴다레오스는 테스티오스의 딸 레다를 아내로 맞았다. 헤라클레스가 히포코온들을 죽였을 때 틴다레오스를 스파르타의 왕위에 앉혔다. 일설에서 이카리오스는 히포코온과 공모, 틴다레오스를 몰아내고 그가 돌아왔을 때 아카이아의 펠레네 혹은 메세네의 아파레우스에게 달아났다고 한다. 레다에 의해서 틴다레오스는 티만드라 필로노에, 클리타임네스트라, 뒤오스쿠로이, 헬레네의 아버지가 되었다. 아트레우스의 죽음을 맞이해 아가멤논과 메넬라오스의 유모는 두 사람을 시키온 왕 폴리페이데스에게로 달아나게 했다. 왕은 두 아이를 칼리돈의 오이네우스에게 맡겨 두고 틴다레오스가 스파르타에서 돌아올 때, 사람을 데려와 이 두 사람은 클리타임네스트라와 헬레네의 남편이 되었다. 디오스쿠로이가 죽은 뒤 틴다레오스는 메넬라오스에게 스파르타의 왕위를 물려주었다. 그는 메넬라오스의 딸 헤르미오네를 오레스테스에게 주어 오레스테스가 아버지의 복수를 했을 때 아레이오스파고스 또는 아르고스의 법정에서 오레스테스를 고발했다고도 전해지고 있다.

트로이(트로이아) Troia, Τρωία, Τροία, Τροϊα

다르다넬스 해협의 입구인 아시아 쪽, 스카만드로스 강 유역의 평야에 바다에서 조금 들어온 히사를리크 언덕 위에 세워진, 호메로스의 〈일리아스〉에 나오는 유명한 도시. 시리만이 발견한 이래 발굴이 계속되고 있으나 굉장히 오랜 주거지로서 기원전 2천 년대로 거슬러 올라가 그 제6층의 도시가 호메로스의 도시일 것이라고 추측되고 있다.

티탄 Titan, Τιταν

우라노스(하늘)와 가이아(땅) 사이에 태어난 오케아노스, 코이오스, 크레이오스, 히페리온, 이아페토스, 크로노스 등 여섯 명의 남신(男神)과 테이아, 레아, 테미스, 므네모시네, 포이베, 테티스 등 여섯 명의 여신들. 그들은 그 이름이 가리키는 것처럼 일부는 그리스 선주민족(先住民族)에서 계승된 신이며 일부는 테미스(법도), 므네모시네(기억)에서 알 수 있다시피, 추상명사의 의인신(擬人神)이다.

또 티탄이란 명칭은 티탄들의 자손인 프로메테우스, 헤카테, 레토, 특히 태양신인 헬리오스·히페리온, 달의 여신 셀레네·포이베를 지칭하는 데도 쓰이고 있다.

파리스 Paris, Παρις

알렉산드로스라고도 한다. 트로이 왕 프리아모스와 헤카베의 아들. 헥토르 다음에 태어났다고도 하고, 또 훨씬 어리다고도 전해진다. 그가 태어날 즈음 헤카베는 불타는 나무를 낳아 그 불이 시(市) 전체에 번져 모조리 태워버리는 꿈을 꾸었다. 프리아모스는 이 이야기를 듣고 한 아들인 아이사코스(왕과 아리스베와의 아들)를 불러들였다. 아이사코스는 어머니의 아버지 메롭스에게서 해몽술을 전수받았다. 그는 태어나려는 아이가 나라의 파멸을 가져올 것이라 말하고 갓난아이를 죽일 것을 권했다. 왕은 이데 산중에 버리도록 명했다. 버려진 갓난아이는 5일간 곰에게 키워졌다. 그 뒤 아겔라오스는 갓난아이가 무사함을 발견하고 데려다가 자기 아들로 키웠다.

프리아모스가 자기 아이를 위한 장례 경기의 상으로 수소를 구하여 그의 종자들이 이데 산중에서 파리스가 특히 사랑하고 있었던 수소를 끌고 갔다. 파리스는 경기에 승리해서 그 소를 되찾으려고 종자들 뒤를 쫓아 트로이로 가고, 그곳에서 자기 형제들과 경기하여 승리를 얻었다. 데이포보스가 노하여 칼을 뽑아 그를 죽이려 해 그는 제우스의 제단에서 도망쳤으나 그의 누이인 카산드라가 그를 알아보았다. 또 그는 버림받았을 때의 의복을 지참하여 신분을 밝혔다고도 한다.

펠레우스와 테티스의 결혼식에 신들이 모였을 때 '싸움'의 여신 에리스는 '가장 아름다운 여자에게' 준다고 말하며 황금 사과를 신들 사이에 던졌다. 헤라,

아테나, 아프로디테 세 여신이 이것을 가지려 싸우기 시작하자 제우스는 헤르메스에게 세 명의 여신을 이데 산중으로 데려가 파리스에게 심판을 맡기도록 명했다. 헤라는 자기에게 사과가 주어진다면 전 아시아의 왕이 될 것을, 아테나는 싸움에서의 승리와 지(智)를, 아프로디테는 인간 중에 가장 아름다운 헬레네와의 결혼을 약속했다. 파리스는 아프로디테를 택했다. 그는 그때까지 자신의 아내이던 이데 산중의 님프인 오이노네를 버리고, 아프로디테의 명에 의해 페레클로스가 건조한 배로 아이네이아스를 동반해 스파르타로 향했다. 카산드라와 헬레노스는 이 기도의 불행한 결과를 예언했으나 아무도 믿지 않았다. 그들은 스파르타에서 환대를 받았고 열흘째에 그곳의 왕 메넬라오스가 외할아버지 카트레우스의 장의(葬儀)에 참석키 위해 크레타 섬으로 여행을 떠났는데, 그 사이 파리스는 헬레네를 자기와 함께 출분(出奔)하도록 설득했다. 그녀는 아홉 살 난 딸 헤르미오네를 뒤에 남기고 대부분의 재보(財寶)를 배에 실어 파리스와 함께 트로이로 향했다. 이것이 트로이 전쟁의 원인이 되었다.

이 전쟁이 초래된 이래, 파리스와 헬레네는 시민이나 친족으로부터 싸늘한 눈총을 받게 되었다. 또 파리스는 〈일리아스〉에서 오히려 유약한 미남자로 그려져 있다.

파리스는 필록테테스에게 헤라클레스의 화살을 맞았을 때, 이데 산중의 오이노네에게로 돌아갔다. 그녀는 치료법을 알고 있었으나 버림을 당한 원한으로 이것을 거절했다. 그는 트로이로 후송되는 도중에 죽었는데, 후회한 오이노네가 약을 가져왔으나 그의 죽음을 알고는 스스로 목을 매었다.

파트로클로스(파트로클레스) Patroklos, Πάτροκλος, (Patrokles, Πάτροκλης)

오푸스 땅의 메노이티오스(악토르와 아이기나의 아들)와 스테넬레의 아들. 따라서 그도 아이기나를 통해 아킬레우스와 혈연관계에 있다. 파트로클로스는 소년이었을 때에 친구인 클레이토니모스(암피다마스의 아들)와 장난을 치다 싸우게 돼 실수로 그를 죽이고, 아버지에게 이끌려 펠레우스에게로 도망갔다. 펠레우스는 그를 양육하고 아들인 아킬레우스의 벗으로 했다. 파트로클로스는 아킬레우스와 함께 트로이에 출정, 텔레포스와의 전투에서는 아킬레우스 편으로 싸우고 디오메데스와 함께 테르산드로스의 시신을 보호하며 화살에 상처를 입었으나 아킬레우스가 그를 치료했다. 그는 아킬레우스의 포로가 된 리카온(프리아모스의 아들)을 렘노스에서 팔고 리르넷소스에서 싸웠다. 아킬레우스가 아가멤논과 사이가 나빠져 전투에서 물러났을 때 그 또한 진영에 틀어박혀 있었으나 아군 패배의 참상을 보고 마침내 아킬레우스에게 요청, 그 무구(武具)를 빌려 출진해 많은 트로이의 장수를 베어 죽이고 도망치는 것을 뒤쫓아 트로이에 접근하려 했을 때 아폴론에게 가로막혀 헥토르에게 살해되었다. 그의 시신과 갑옷을 둘러싸고 격전이 전개되어 갑옷은 빼앗겼으나 시신은 메넬라오스 등의 분투에 의하여 돌아왔다. 아킬레우스는 파트로클로스의 전사 통보를 네스토르의 아들 안틸로코스에게서 듣고 비탄의 말을 외친다. 아킬레우스는 헥토르를 쳐 친구의 복수를 하고 파트로클로스를 위하여 성대한 장례와 경기를 열었다. 아킬레우스가 죽은 뒤 두 사람의 재는 하나로 혼합되었다고 한다.

판다레오스 Pandareos, Πανδάρεως

이미 〈오디세이아〉에서 등장했으나 그 이야기가 분명치 않은 한 사람, 혹은 두 사람인 인물. 〈오디세이아〉 중에서 페넬로페는 남편의 행방을 모르는 자신의 불행을 탄식하고 판다레오스의 딸들처럼 불의의 죽음을 당하고 싶다고 애원하는 대목이 있다. 이 딸들은 아버지가 죽은 뒤, 신들이 그 불행을 불쌍히 여겨 아프로디테는 양식, 헤라는 지(智)와 미, 아르테미스는 우아함, 아테나는 손재주를 주었다.

그러나 그녀들의 양육이 끝나 아프로디테가 올림포스 산 위의 제우스에게 적당한 사위 알선을 부탁하러 간 사이에 하르피아에게 납치되어 명계에 가 에리니에스의 하인이 되었다. 처녀들은 둘(카메이로와 클리티에 혹은 클레오테라와 메로페), 또는 세 사람(클레오테라, 메로페, 아에돈)이다. 그녀의 아버지 판다레오스는 데메테르로부터 아무리 식탐을 부려도 배탈이 나지 않는다는 힘을 부여받고 있었다.

위에 서술한 판다레오스와 같은 사람인 듯한 또 한 사람의 판다레오스에 대한 이야기가 후대의 작가에 의하여 전해지고 있다. 레아가 제우스를 낳았을 때 크로노스의 눈을 속여 제우스를 크레타 섬의 이데 산속 동굴에 감추고 마법의 황금 개에게 파수를 보게 했다. 그 뒤 이 개는 크레타의 제우스 신전을 위한 번견(番犬)이 되었는데, 메롭스의 아들 판다레오스는 이것을 훔쳐 소아시아의 시필로스 산 위에 다다라 탄탈로스에게 맡겼다. 그 뒤 신전으로 돌아와 제우스로부터 개의 반환을 요구받았을 때 탄탈로스는 자신이 황금 개를 맡았던 일을 부인했다. 제우스는 그 죄로 판다레오스를 바위로 만든 뒤, 탄탈로스를 거짓 서약을 맺은 죄로 시필로스 산의 깔개로 만들어버렸다.

페넬로페(페넬로페이아) Penelope, Πηνελόπη,(Penelopeia, Πηνελόπεια)

오디세우스의 정숙한 아내. 스파르타(아미클라이)의 틴다레오스의 형제 이카리오스와 물의 님프인 페리보이아(또는 도로도케, 또는 아스테로디아)와의 딸. 헬레네를 두고 수많은 구혼자가 서로 다투는 바람에 아버지인 틴다레오스가 그 해결에 난처해졌을 때 오디세우스가 좋은 계책을 내린 사례로 동생의 딸 페넬로페를 그의 아내로 주었다고도 하고, 그녀가 경쟁의 승자에게 수여되는 상이 되자 오디세우스가 승리를 얻어 그녀를 아내로 삼았다고도 한다.

오디세우스가 트로이에 원정을 나갔을 때 두 사람 사이의 아들 텔레마코스는 갓난아기였으며, 오디세우스의 아버지 라에르테스는 은퇴하여 시골에 있었다. 어머니인 안티클레이아는 자식이 없어졌으므로 낙심해 세상을 떠났고 일설에는 팔라메데스가 오디세우스의 모략으로 살해된 것에 노한 나우플리오스가 오디세우스의 허위 전사 소식을 가져왔기 때문에 안티클레이아는 자살하고 페넬로페는 바다에 투신했으나 새의 무리가 그녀를 받아서 뭍으로 옮겼다고도 한다. 페넬로페는 어린 자식을 안고 남편이 후견으로 남긴 멘토르 외에는 의지할 곳 없이 홀로 집을 다스리지 않으면 안 되었다. 그래서 이웃 섬들에서 수많은 젊은 귀족이 오디세우스의 궁전에 모여 그녀에게 구혼하며 밤낮으로 잔치를 벌이는 것으로 그 재산을 소모했다. 그녀는 라에르테스의 수의(壽衣)를 다 짜면 구혼에 응하겠다고 말한 뒤, 낮에는 짜고 야간에는 이것을 다시 풀어 3년을 보냈으나 하녀가 이것을 구혼자들에게 밀고해버렸다. 20년이 지나 오디세우스가 귀국했을 때 그녀는 거지 모습으로 분한 남편을 분간하지 못했다. 남편이 구혼자를 살육하고 있는 동안 그녀는 깊은 잠에 빠져서 그 뒤에야 비로소 남편을 알아보았다.

오디세우스가 귀국 후 프톨리포르테스가 태어났다. 오디세우스가 어린애인 텔레고노스에게 살해되고 텔레고노스는 페넬로페를 키르케의 섬에 동반해 그녀와 결혼, 키르케는 두 사람을 행복의 섬으로 보냈다.

페르세우스 Perseus, Περσεύς

아르고스의 다나오스 왕의 딸 히페름네스트라와 링케우스와의 아들인 아바스의 아들 아크리시오스와 에우리디케(라케다이온의 딸)와의 딸 다나에의 아들. 아크리시오스 왕이 사내아이를 얻고 싶어 신탁을 물었더니 신은 그가 자신의 딸이 낳은 아이에게 죽는다고 말했다. 그는 이것을 두려워하여 청동의 방을 만들어 다나에를 가두어 두었다. 숙부인 프로이토스가 그녀를 범하여 이 때문에 아크리시오스와의 사이에 싸움이 벌어졌다는 말도 있으나, 보통으로는 제우스가 황금의 비로 변신하여 지붕에서 다나에의 무릎에 떨어져 그녀와 교합 한 것으로 알려졌다. 그렇게 페르세우스가 태어나 유모의 곁에서 비밀리에 키워지고 있었으나 마침내 아크리시오스에게 발견되었다. 그는 제우스에 의해 범해진 사실을 믿지 않았고, 유모를 죽인 뒤 딸을 갓난아기와 함께 상자에 넣어 바다로 띄웠다. 상자는 세리포스 섬에 표착해 어부인 딕티스가 주웠고 그는 어린 아이를 길렀다. 딕티스의 형제인 폴리덱테스는 이 섬의 왕이었다. 다나에를 연모했으나 페르세우스가 성인이 되었으므로 접근할 수 없었다. 그래서 페르세우스를 포함한 친한 사람들을 초대하여 자기에게 무엇을 주겠느냐고 물었다. 페르세우스는 고르곤의 목도 과히 나쁘지 않다고 젊은 혈기에 큰소리를 쳤으므로 이것을 지참하도록 명령받았다. 그러나 그는 아테나의 도움을 얻어 여신과 헤르메스에게 이끌려 포르키스의 딸들인 그라이아이, 즉 에니오, 팜프레도, 데이노에게로 갔다. 그녀들은 고르곤의 자매로 태어났을 때부터 노파이며 셋이서 하나의 눈과 하나의 이밖에 갖지 않았다. 페르세우스는 이것을 뺏고 님프들에게로 가는 길을 가르쳐달라 요구했다. 그녀들에게서 알아낸 뒤 눈과 이를 돌려주고 님프들이 가진 날개가 있는 샌들, 키비시스라 불리는 주머니, 그것을 쓰면 몸이 보이지 않게 되는 모자를 빌려, 헤르메스로부터 금강의 낫을 받고 하늘을 날아 세계의 서쪽 끝인 오케아노스에 닿아 고르곤들이 자고 있는 것을 발견했다. 그녀들의 이름은 스텐노, 에우리알레, 메두사이며 메두사만이 불사신이 아니었다. 그녀들은 가공할 괴물이며 그 얼굴을 본 사람은 누구나 돌이 되었다. 페르세우스는 아테나에 인도되어 그녀들이 자고 있을 때 다가가 얼굴을 돌려 청동의 방패에 그 모습을 비쳐 보면서 메두사의 목을 자르고 키비시스 속에 넣었다.

페르세우스는 아내와 어머니를 동반하고 아크리시오스를 만나려고 아르고스로 급히 갔다. 그러나 왕은 이것을 알고서 신탁을 두려워하여 아르고스를 떠나 테살리아의 펠라스기오티스로 갔다. 라릿사 왕 테우타미데스는 돌아간 부왕을 위하여 장례 경기를 개최했는데 페르세우스도 이에 참가했다. 그리하여 5종경기(펜타틀론)에서 원반을 던졌는데 구경을 하던 아크리시오스 왕이 이 원반을 맞고 죽었다. 이로써 신탁이 이루어진 것을 알고 그를 시외에 묻어 자기 손에 죽은 사람의 뒤를 잇는 것을 부끄럽게 여겼고, 종형제이며 프로이토스의 아들인 메가펜테스가 열망하는 티린스와 자기가 다스리던 아르고스를 교환했다.

페르세포네 Persephone, Περσεφόνη

페르세파사, 페르세파타라고도 말하며 일반적으로 코레(처녀)라고도 불리고 있다. 제우스와 데메테르(일설에는 스틱스)의 딸로 하데스의 왕후. 하데스가 그녀를 연모하여 빼앗은 이야기도 전해진다. 그녀에게는 이것 외에 특별한 신화가 없다. 이밖에는 오르페우스 교(敎) 중에 기묘한 이야기가 있다. 제우스는 큰 뱀의 모습이 되어 그녀와 교합, 자그레우스가 태어났다고 한다. 데메테르와 페르세포네는 엘레우시스를 비롯해 그리스의 땅의 비교(秘敎)의 2대 여신이며 코레라는 이름으로 존경받고 두려움을 느끼게 했다. 그녀 이름이 위에 기록한 바와 같이 갖가지 모습으로 나타나고 있는 것은 그리스 선주 민족으로부터 차용한 데서 유래하는 것 같다.

페리에레스 Perieres, Περιήρης

아이올로스의 아들. 그는 펠로폰네소스의 메세네를 영유하고 안다니아에 살며 페르세우스의 딸 고르고포네를 얻어 아파레우스, 레우키포스, 틴다레오스, 이카리오스의 아버지가 되었다. 그러나 다른 전설에는 그가 아이올로스의 아들이 아니고 아미클라스의 아들 키노르타스의 아들이라고도 한다. 또 틴다레오스 집안의 계보에는 페리에레스 대신 오이발로스가 나타나 있다.

펠레우스 Peleus, Πηλεύς

아이기나 섬의 아이아코스와 엔데이스(스케이론의 딸)의 아들 텔라몬의 형제. 아킬레우스의 아버지. 페레키데스(B.C. 6세기의 신화학자)에 의하면 텔라몬은 형제가 아니고 악타이오스와 글라우케(키크레우스의 딸)의 아들로 펠레우스의 친구라 한다.

펠레우스와 텔라몬은 아이아코스가 프사마테(네레우스의 딸)와의 사이에 얻은 배다른 형제 포코스가 경기에 뛰어난 것을 시기해 그를 죽이려다 그 역할이 제비로 텔라몬에게 맞았으므로 그는 한창 경기 중에 포코스의 머리에 원반을 던져 살해하고 두 사람은 그 시신을 숲속에 감추었다. 그러나 죄가 밝혀져 두 사람은 아이기나 섬에서 쫓겨나, 텔라몬은 살라미스에, 펠레우스는 프티아의 악토르의 아들 에우리티온에게로 달아나 그에게서 죄를 씻고 그의 딸 안티고네(보로스의 아내라는 설도 있다)와 영토의 삼 분의 일을 받았다. 부부 사이에 페리에레스의 아들인 보로스의 아내가 된 폴리드라가 태어났다.

에우리티온과 함께 칼리돈의 멧돼지 사냥에 참가, 사냥감을 향해 던진 창이 에우리티온에게 맞아 그가 죽었다. 그래서 프티아에서 도망쳐 이올코스의 펠리아스의 아들 아카스토스에게로 가서 그에게서 죄를 씻었다. 거기에서 펠리아스의 장례 경기에 참가해 아탈란테와 서로 싸웠다. 아카스토스의 아내 아스티다메이아는 그를 연모하여 만남을 신청했다. 그러나 거절당했으므로 펠레우스의 아내 안티고네에게 펠레우스가 아카스토스의 딸 스테로페와 결혼하려 한다고 허위 소식을 전했다. 그 때문에 안티고네는 스스로 목을 매었다. 또 아스티다메이아는 아카스토스에게 펠레우스가 자기에게 교합을 시도했다고 근거 없는 죄를 덧붙여 고했다. 아카스토스는 이것을 듣고 자기가 죄를 씻은 사나이를 죽일 것을 원치 않고 산중으로 사냥에 동반했다. 사냥 경기가 열렸는데 펠레우스는 자기가 죽인 짐승의 혓바닥만 잘라내어 주머니에 넣었다. 아카스토스의 한패는 이 짐승을 수확물로 하고 펠레우스에게는 수확물이 없음을 비웃었으므로 그는 많은 혀를 보이며 그들을 위압했다. 그가 펠리온 산중에서 자고 있는 동안 아카스토스는 그의 칼을 소똥 속에 감춘 뒤 그를 버리고 돌아갔다. 그가 잠이 깨어 칼을 찾고 있을 때 켄타우로스 족에게 포위된 위급한 고비를 케이론이 구해주고 또 칼도 찾아서 그에게 주었다.

펠롭스 Pelops, Πέλοψ

1. 탄탈로스의 아들. 어머니 이름은 클리티에, 에우리아낫사 등 여러 가지로 전해지며 팍톨로스, 혹은 크산토스 하신(河神)의 딸이라고도 한다. 신들의 총

아였던 탄탈로스는 오만불손하여 신들을 시험하려고 펠롭스를 죽인 뒤 이를 요리해 신들에게 바쳤다. 모든 신들은 곧 이것을 깨달았으나 페르세포네를 잃고 비탄에 잠겨 있었던(또는 공복이었던) 데메테르만은 눈치채지 못 하고 어깨를 먹고 말았다. 먹은 것은 아레스 또는 테티스라는 설도 있다. 신들은 펠롭스를 소생시키고 어깨는 상아를 깎아 만들어 주었다. 그의 시신을 큰 가마에서 삶고 꺼내보니 어깨가 없었으므로 클로토가 어깨를 만들었다고 한다. 또 이 때문에 펠롭스의 후예는 그 특징으로 상아같이 흰 어깨를 갖게 되었다.

펠롭스가 되살아난 뒤에는 이전보다 아름다워졌고, 그 미모 때문에 포세이돈의 사랑을 받아 천상으로 올라가게 되었다. 신은 그에게 날개 있는 전차를 주었는데 이것은 바다를 달려도 굴대가 젖는 일이 없었다. 그는 피사의 왕 오이노마오스의 딸 히포다메이아에게 구혼하기 위해 그리스로 갔다. 오이노마오스는 사람들이 말하는 것처럼 제 딸을 무척 사랑하고 있었기 때문인지, 그렇지 않다면 그녀와 결혼한 사내의 손에 죽는다는 신탁이 있었기 때문인지, 딸의 구혼자에게 자기와 전차 경주를 하여 이긴다면 딸을 주겠다는 조건을 걸었다. 그는 아레스에게서 받은 무구(武具)와 말을 갖고 있었다. 구혼자는 히포다메이아를 자기 수레에 태워 코린토스 지협을 향해 도망치고 오이노마오스는 완전 무장으로 추적하여, 마침내 따라 붙었을 때에는 구혼자를 죽일 것이고, 만약 무사히 도망쳤을 때에는 딸을 준다는 것이 이 전차 경주의 내용이었다. 오이노마오스의 명마는 늘 승리를 얻어 많은 구혼자(일설로는 열두 명)가 살해되었고 그는 그 목을 자기 집에 못 박아 두고 있었다. 히포다메이아는 펠롭스를 보고 그를 연모하여 헤르메스의 아들이며 오이노마오스의 마부 미르틸로스에게 도움을 청했다. 그는 그녀를 사랑하고 있었기 때문에, 또는 펠롭스가 오이노마오스 왕국의 절반을 주겠다고 약속했기 때문에 오이노마오스의 전차 바퀴통에 쐐기를 박지 않고 두었다. 이리하여 경주 중 바퀴가 떨어져 나가 오이노마이스는 수레에서 내동댕이쳐져 고삐가 손에 엉킨 채 질질 끌리다가 죽었다. 일설에 그는 펠롭스에게 살해당했다고도 한다. 죽을 때 왕은 펠롭스와 미르틸로스를 저주했다. 이후 히포다메이아와 미르틸로스, 두 사람과 함께 여행하고 있는 동안, 펠롭스가 물을 찾으러 나가고 없을 때를 노려 미르틸로스는 히포다메이아를 범하려 했다. 아내에게서 이 사실을 듣고 펠롭스는, 게라이스토스 곶(岬)의 한쪽 바다에 미르틸로스를 던져 넣었다. 후대에 이 바다는 그 이름을 따 미르토온이라 불리게 되었다. 미르틸로스는 던져질 때 펠롭스의 자손에게 저주의 말을 퍼부었다. 펠롭스는 오케아노스에 가서 죄를 씻은 후, 피사로 돌아가 펠로폰네소스를 정복하고 오이노마오스의 왕국을 획득했다.

2. 아가멤논과 카산드라의 아들.

펠리아스 Pelias, Πελίας

살모네우스의 딸 티로와 포세이돈의 아들. 넬레우스와 쌍둥이 형제. 어머니인 티로는 제 아버지의 형제인 크레테우스의 손에 자랐다. 그녀는 테살리우스 강의 신, 에니페우스를 연모하여 어느 날 그 물결 곁에서 마음을 호소하고 있었는데, 포세이돈이 그 모습에 정을 품었다. 그는 곧 에니페우스의 모습으로 변신해 그녀와 교합했고 그로 인해 쌍둥이가 태어났으나, 티로는 자신이 속은 것을 알게 되어 남몰래 쌍둥이를 버렸다. 마침 그곳을 지나가던 마부(또는 상인)가 부리던 말의 발굽이 한 갓난아이에 닿아 그 얼굴에 점(펠리온)을 만들었다. 마부는 두 아이를 거둬 점이 있는 쪽을 펠리아스, 다른 아이를 넬레우스라 이름 지었다. 일설로는 두 사람이 한 마리의 암말에 의해 키워졌다고도 한다. 형제가 성인이 된 후, 티로는 두 사람이 갓난아기일 적 넣어 길가에 버린 상자를 보고 그들의 출신을 알게 되었다. 크레테우스는 티로를 아내로 삼고 이올코스 시(市)를 창건했으며, 두 사람으로부터 아이손(이아손의 아버지), 아미타온, 페레스가 태어났다. 후에 크레테우스는 티로와 헤어져 시데로를 아내로 얻었으나 시데로는 티로를 학대했다. 펠리아스 형제는 이 소식에 이올코스로 돌아와 시데로를 습격했다. 그녀는 헤라의 신전으로 달아났으나 펠리아스는 신전의 신성을 범하면서까지 시데로를 제단 위에서 베어죽이고 그 뒤에도 헤라를 존중하지 않았다. 그 뒤 형제는 크게 싸워 넬레우스는 필로스로 쫓겨 갔으며, 혼자 남은 펠리아스는 크레테우스의 후손인 아이손이 계승할 이올코스의 왕좌를 가로챈 뒤, 아낙시비아(비아스의 딸), 또는 필로마케(암피온의 딸)를 아내로 삼았다. 둘 사이에 아들 아카스토스와 네 명의 딸 페이시디케, 펠로페이아, 히포토에, 알케스티스가 태어났다. 시간이 지나 아이손의 아들 이아손은 왕위를 요구하기 위해 이올코스로 돌아왔다. 펠리아스는 자신의 권력을 지키기 위해 왕위 회복의 조건으로 당시 절대 불가능할 것이라 여겨졌던 난제인, 금털의 양피를 가져올 것을 명했다.

양피를 찾으러 떠난 이아손이 좀처럼 돌아오지 않자, 펠리아스는 자신의 계획이 성공했다 여기고 아이손을 죽이려 했다. 아이손은 차라리 자결을 원해 수소의 독혈(毒血)을 마시고 죽었으며, 그의 아내이자 이아손의 어머니인 알키메데는 부정한 왕을 저주하고 가련한 아들 프로마코스를 뒤에 남긴 채 자살했다. 그러나 펠리아스는 이 아이마저 죽였다.

포세이돈 Poseidon, Ποσειδῶν

제우스 다음가는 올림포스의 신. 크로노스와 레아의 아들. 호메로스에서 그는 제우스의 아우이지만, 헤시오도스 기타 대부분 작가의 작품에서는 형으로 되어 있다. 그는 다른 형제와 함께 아버지에게 삼켜졌다가 토해내어진 뒤 형제와 함께 세계의 지배권을 아버지로부터 받고 제비를 뽑아 바다의 지배권을 얻었다.

그는 바다뿐만 아니라 모든 샘의 지배자이며 또 그 칭호 에노식톤('대지를 뒤흔드는 자' 그러나 라케다이몬의 비문 속에는 '대지의 수레를 모는 자', 혹은 '대지 아래의 수레를 모는 자'라는 칭호가 있다)이 나타내듯이 대지의 신, 지진의 신이기도 하며, '말의 신' 칭호는 그를 말과 밀접하게 결부시키고 있다. 또 실제로 그는 수말의 형태가 되어 암말이 된 대지의 여신 데메테르와 교합했다는 설이 남아 있다. 그는 아테나와 아티카의 땅을 서로 겨루었을 때 말을 만들어내고, 그들을 다루는 기술을 인간에게 가르쳤다고 하며 경마의 수호신이기도 했다. 그는 샘의 지배자로서 크레누코스(샘의 소유자), 님파게테스(님프의 지도자)라 불리며 지하수의 지배자, 그리고 식물의 신으로도 숭배되는 때도 있다. 그는 호메로스 등에서는 바다의 신이지만, 본디 대지의 신이었다고 고찰되는 일이 많다. 그의 왕후는 암피트리테(오케아노스의 딸)이며, 두 사람에게서 트리톤, 벤테시키메, 로데(헬리오스의아내)가 태어났다. 포세이돈의 궁전은 에우보이아 섬의 아이가이 앞바다 해저에 있다고 여겨진다. 그는 이곳에 청동 발굽과 황금 갈기의 말을 기르며, 세 갈래의 창을 손에 든 채 해저의 괴물을 거느린 전차를 타고 바다를 달리면 거센 파도도 어느새 조용해졌다고 한다. 그는 아폴론과 인간인 아이아코스와 함께 트로이 왕 라오메돈을 위해 그 성벽을 구축했으나, 왕이 약속한 보수를 거부했기 때문에 트로이에 괴물을 보냈으며, 그 뒤 트로이 왕가에 원한을 품고 아가멤논의 트로이 원정에서 언제나 그리스의 편을 들었다. 〈오디세이아〉에서 그는 아들인 폴리페모스가 오디세우스에 의해 장님이 되었으므로 언제나 그의 귀국을 방해했다. 테세우스는 보통 아이게우스의 아들로 되어 있으나 포세이돈이 친아버지라는 설도 있다.

그는 그리스의 여러 도시가 성립하고 신들이 그 주신(主神)의 위치를 서로 겨루었을 때 늘 싸움에서 패하고 있다. 아티카에서 그는 세 갈래의 창으로 대지를 두드려 아크로폴리스 산 위에 '바다'(역사 시대에는 에렉테이온 신전 안의 소금물 우물)를 솟아나오게 했고, 아테나는 그에 겨루어 올리브를 만들었다. 제우스가 명한 이 싸움의 심판자 케크롭스와 크라나오스 또는 올림포스의 신들은 아테나를 승리자로 택했고 포세이돈은 노하여 엘레우시스의 들에 홍수가 나게 했다. 아르고스에서 그는 헤라와 싸웠고, 이에 심판자 포로네우스는 여신을 택했으므로 포세이돈은 땅의 샘을 마르게 했는데, 다나오스의 딸 아미모네가 그의 연인이 되었기 때문에 이 재난은 그쳤다. 일설에 그는 노하여 아르고스의 땅을 소금물로 채웠는데 헤라가 그에게 물을 거두게 했다고 한다. 이 밖에도 그는 코린토스 땅의 소유권으로 헬리오스와 다투고, 브리아레오스의 심판 아래 아이기나의 소유를 제우스와, 낙소스의 소유를 디오니소스와 겨루어 패했다.

포세이돈은 많은 애인을 가졌으나 거기서 낳은 자식은 괴물 혹은 야만적인 인간이었다. 토오사에게서 폴리페모스, 메두사에게서 크리사오르와 페가수스, 아미모네로부터 나우플리오스, 이피메데이아에게서 알로아다이가 태어났다. 이밖에 케르키온, 스키론, 라모스, 오리온 등 모두 난폭한 자식들만 포세이돈에게서 태어났다.

폴리다마스 Polydamas, Πολυδάμας

트로이의 판토스와 프론티스 또는 프로노메(클리티오스의 딸)의 아들. 헥토르와 같은 날 밤에 태어났으며 그의 무용(武勇)에 필적하는 지자(智者). 레오크리토스의 아버지. 트로이 전쟁에서는 메키스토스와 오토스를 죽이고 페넬레오스에게 상처를 입혔다. 그러나 그의 본령은 지(智)이며 그리스 군영의 성벽 공격을 계획했다. 트로이군 패주에서는 일단 성내로 철수할 것을 권했으나 이를 듣지 않은 헥토르가 아킬레우스에게 죽었다. 헥토르가 죽은 뒤 헬레네 반환을 권고했으나 이것도 헛되이 끝났다.

프로메테우스 Prometheus, Προμηθεύς

티탄 신족의 한 사람. 아틀라스, 메노이티오스, 에피메테우스의 형제. 엘라이노 또는 클리메네를 아내로 삼아 데우칼리온, 리코스, 키마이레우스(가끔 헬렌, 테바이, 아이트나이오스)의 아버지가 되었다. 그는 신들과 인간이 제물의 몫을 정하려고 했을 때, 한쪽은 뼈를 지방으로 싸고 한쪽은 고기와 내장을 가죽으로 싸서 제우스에게 고르도록 했더니 신은 속아서 전자를 택했다. 이리하여 인간은 가장 좋은 부분을 차지하게 되었으며 제우스는 프로메테우스에 대해 원한을 품게 되었다. 다음에 제우스가 인간에게 불을 주지 않아 인간이 난처해 하고 있을 때 프로메테우스는 제우스 몰래 대회향(大茴香) 풀의 줄기 속에 헤파이스토스의 대장간(또는 태양신)의 불을 훔쳐 감추고 돌아와 인간에게 주었다. 그래서 제우스는 이에 분노해 최초의 여성 판도라를 헤파이스토스에게 만들게 해 온갖 재화가 담긴 상자와 함께 지상으로 보냈다. 에피메테우스는 프로메테우스의 충고를 잊고 그녀의 아름다움에 끌려 아내로 삼고 그 뒤 호기심을 이기지 못해 그녀가 상자를 열게 되어 지상에는 갖가지의 악재가 생겼다.

프로메테우스는 테티스가 제우스에게서 아들을 얻을 경우에 그 아들이 아버지보다 위대해질 것이라는 사실을 알고 있었다. 제우스는 이 비밀을 밝힐 것을 프로메테우스에게 강요했으나 듣지 않았다. 노한 제우스는 프로메테우스를 카우카소스 산에 쇠사슬로 매어 독수리에게 그 간을 날마다 쪼아 먹게 했다. 간은 밤 사이에 다시 회복되므로 거인의 고통은 그칠 새가 없었다. 그러나 마침내 헤라클레스가 와서 독수리를 쏘아 떨어뜨리고, 제우스는 자기 자식의 영광을 위해 이것을 기뻐했다. 또 거인이 비밀을 밝혔기 때문에 프로메테우스를 해방시켰다.

프로메테우스는 아티카의 직인이 숭배하는 기술의 신이며, 그가 인간을 물과 진흙으로 만들고 다른 짐승이 갖고 있는 모든 능력을 인간에게 부여했다는 신화가 생겼다.

프리아모스 Priamos, Πρίαμος

트로이의 왕 라오메돈과 스카만드로스 하신(河神)의 딸 스트리모와의 아들. 트로이 전쟁 때의 트로이 왕. 헤라클레스는 라오메돈이 왕으로 있을 때 트로이를 공략한 뒤 왕의 아들들을 죽이고 딸 헤시오네와 어린 프리아모스만을 포로로 잡은 뒤 헤시오네를 텔라몬에게 주었다. 그러자 헤시오네는 결혼 선물로 남동생을 돌려줄 것을 요구했다. 헤라클레스는 노예가 된 그녀의 남동생을 그녀의 베일과 교환해 주었다.

프리아모스는 메롭스의 딸 아리스베를 얻어 아들 아이사코스를 낳았는데 그 뒤 자기 아내를 히르타코스에게 주고 헤카베를 아내로 얻었다. 〈일리아스〉에는 프리아모스의 아들로서 디오스, 파우사니아스에는 악시온의 이름이 있다.

프리아모스는 〈일리아스〉 속에서는 이미 나이가 많은 온후하고 친절한 경신(敬神)의 마음이 두터운 노왕(老王)으로서 그려져 있다. 이미 실전에 참가하지 않고 조국의 멸망과 아들들의 죽음을 지켜보고 있는 절망적인 비운의 사람이다. 그러나 이 싸움의 원인인 헬레네를 늘 감싸고 온정으로 대한다. 메넬라오스와 파리스의 결투를 위한 휴전 협정과, 헥토르의 시신을 받으려고 한밤중에 아킬레우스 진영을 찾아간 것 말고는 성밖에도 나가지 않았다. 뒤에 그의 아들들은 잇따라 전사하고 트로이 함락 때에는 늙은 몸에 무구를 걸치고 가족들을 지키려고 했으나 헤카베의 만류로 궁전 안의 제우스 신상 밑으로 달아났다가 죽었다.

하데스 Hades, Ἀιδμς

사자(死者)의 나라 지배자. 플루톤, 클리메노스, 에우불레우스 등의 별명으로 불리고 그 숭배도 거의 이들 별명으로 행해지고 있는데 이것은 무서운 그의 본명을 부르는 것을 피했기 때문이라고 전해진다. 지하의 신으로 땅속에서 식물을 싹트게 하고 지하의 부(富)의 소유자로서, 한 번 오면 돌아가는 일이 없는 사자(死者)에게 플루톤이라는 이름을 얻었다고 한다. 사자의 왕으로서 결코 귀환을 허용하지 않는 무서운 신으로 되어 있으나 정의에 어긋나는 일이 없는 올바른 신이며 왕후 페르세포네와 함께 명계를 지배하고 있다. 크로노스와 레아의 아들로 제우스, 포세이돈, 데메테르의 형제이며 티탄과의 싸움에서는 키클롭스들에게 주어진 '보이지 않는 모자'를 쓰고 싸워 승리를 얻고 명계를 자기 영토로 획득했다. 나중에 데메테르의 딸 페르세포네를 연모해 그녀를 약탈, 왕비로 삼았다. 또 헤라클레스가 명계에 내려왔을 때 그를 받아들이지 않으려고 가로막은 하데스를 화살로 쏘아(또는 큰 돌로 습격하여) 다치게 했으므로 하데스는 급히 천상으로 올라가 의신(醫神) 파이에온에게 치료받았다고 하는 이야기가 있다.

그가 지배하는 사자의 나라는 오래 전 호메로스에서는 극서(極西), 오케아노스의 강물 저쪽에 있다고 되어 있으나 뒤에 지하에 존재한다고 생각되었으며 그 입구는 그리스 각지에서 볼 수 있는 깊은 동굴로 여겨졌다.

하르모니아 Harmcmia, Ἁϱμονία

아레스와 아프로디테의 딸. 제우스가 그녀를 테바이의 건설자 카드모스에게 주었을 때 모든 신들은 천계(天界)를 떠나 카드메이아에서 잔치를 벌여 이 결혼을 축복했다. 여러 신들은 두 사람에게 선물을 했는데 그중에서도 유명한 것은 결혼 예복(페프로스)과 목걸이였다. 결혼 예복은 아테나의, 목걸이는 헤파이스토스의 선물이라고도 하고, 이 두 가지는 제우스가 에우로페에게 준 것을 카드모스가 얻어 하르모니아에게 준 것이라고도 한다. 또 일설에 이들 두 신은 하르모니아가 아레스와 아프로디테의 딸임을 미워해 결혼 예복을 만들어 미약(媚藥)에 적셔 주었으며, 이 옷은 하르모니아의 자손의 저주가 되었다고도 한다. 사모트라케 섬의 전설로는 하르모니아는 제우스와 엘렉트라(아틀라스의 딸)의 아들이며, 카드모스가 에우로페를 찾아 이 섬에 왔을 때 결혼했다. 또는 아테나의 도움을 얻어 약탈했다고도 한다. 두 사람 사이에는 세 딸 아우토노에, 이노, 세멜레, 아가우에와 아들 폴리도로스가 태어났다. 두 사람은 나중에 테바이를 떠나 엥켈레이스인의 고장으로 가서 일리리아의 지배자가 되어 일리리오스를 낳았다. 그 뒤에 두 사람은 모두 구렁이가 되어 제우스에 의하여 엘리시온의 들에 보내어졌다.

헤라 Hera, Ἥϱα

올림포스의 여신 중 제우스의 본부인으로 최대의 여신. 로마의 유노. 결혼과 어린이, 여성의 성생활의 수호 여신인데, 본디 그녀는 그리스 선주 민족의 신인 듯하며, 많은 도시에서 모셔져 있으나 특히 아르고스의 헤라이온과 사모스 섬의 숭배가 유명하며 이곳에서는 주신의 지위에 있다.

크로노스와 레아의 딸이며 오케아노스와 테티스가 레아에게서 맡아 세계의 끝에서 양육하고, 두 사람의 사이가 나빠졌을 때에는 그 중재를 했다. 그러나 그녀를 양육한 것은 호라들, 테메노스 또는 아스테리온의 딸들이라고도 한다.

제우스의 최초의 아내는 메티스, 이어 테미스이고 헤라는 세 번째 아내라고 헤시오도스는 전하고 있다. 두 사람 사이에 헤파이스토스, 아레스, 에일레이티이아, 헤베가 태어났다. 신화 속에 있어서의 그녀는 심한 질투심에 불타 남편의 연인이나 그 아이들을 박해한다. 또 〈파리스의 심판〉에 대한 전설도 있다.

기가스들과의 전투에 있어서 기가스인 포르피리온이 그녀를 범하려고 해 그 옷을 찢었는데 그때 제우스가 천둥으로 쳐 죽였다. 익시온은 헤라에게 나쁜 행위를 하여 벌을 받았다

헤라클레스 Herakles, Ἡρακλῆς

그리스 신화 중 최대의 영웅. 명계의 케르베로스 견(犬)의 포획, 트로이의 원정, 필로스의 넬레우스 집안과의 전투, 사신(死神)의 정복 등 그에 대한 이야기가 많은데 이들 무용전(武勇傳)에서 차츰 초인적인 영웅이 태어나 이야기가 잇따라 첨가된 듯하며, 그 때문에 전후 모순된 수습할 수 없는 전설이 그를 둘러싸고 이루어졌다.

헤라클레스가 태어날 때에 제우스는 페르세우스의 후예의 한 사람이며 아르고스의 왕자가 될 아들이 태어나려 한다고 말했다. 제우스와 알크메네 사이를 질투한 제우스의 아내 헤라는, 그날에 태어난 페르세우스의 후예가 지배자임을 제우스에게 서약시키고 출산의 여신 에일레이티이아에게 명하여 헤라클레스의 탄생을 늦추고 페르세우스의 아들 스테넬로스의 아들인 에우리스테우스를 먼저 태어나도록 했다.

성장함에 따라 헤라클레스는 암피트리온에게 전차 모는 기술을, 아우톨리코스에게 씨름을, 에우리토스에게 활을, 카스토르에게 무기를 쓰는 법을, 리노스에게 하프를 배웠다.

트로이 원정 때 라오메돈 왕은 많은 군세(軍勢)로써 배를 습격해 오이클레스를 전투 중에 죽였는데 헤라클레스의 군에 쫓기어 포위되었었다.

헤르메스 Hermes, Ἑρμῆς

그리스 올림포스의 열두 신의 한 사람. 제우스의 막내아들로서 아르카디아의 키레네 산속의 동굴에서 태어났다. 어머니는 아틀라스의 장녀 마이아. 그는

그리스 선주민족의 신이어서 그 숭배의 중심은 아르카디아이며 여기서 그리스 전토에 퍼진 것 같다. 본디 뛰어난 사기술(詐欺術)에 재능이 풍부했다. 〈호메로스 찬가〉 속의 그에게 바친 노래는 그의 탄생을 유머를 섞어가며 유쾌하게 말하고 있다.

그는 부와 행운의 신으로서 장사, 도둑질, 도박, 경기의 보호자이며, 지자(智者)로서 하프나 피리 외에 알파벳, 수(數), 천문, 음악, 도량형의 발명자로 인정되며, 또 길과 통행인, 나그네의 보호신으로 그의 상(像)이라고 일컬어지는 헤르마이가 도로, 대문 등에 세워져 있었다. 또 꿈과 잠의 신이며 영혼을 명계(冥界)로 인도하는 역할을 가지고 있고, 지하신으로서의 직능과 관련, 여러 시에서 풍요의 신으로서도 모셔져 있었다. 아르카디아 태생인 그는 매우 젊은 힘에 넘치는 미청년으로 차양이 넓은 페타소스를 쓰고 작은 지팡이 케리케이온을 쥐고 발에는 날개 있는 샌들을 신은 모습으로 표현되고 있다.

헤르미오네 Hermione, Ἑρμιόνη

메넬라오스와 헬레네의 딸. 아킬레우스의 아들 네옵톨레모스와 결혼했다. 그러나 비극에서 그녀는 오레스테스와 약혼(또는 결혼)한 상태였으나 트로이 공략을 위해 네옵톨레모스의 원조가 필요하므로 메넬라오스는 약혼을 파기하고 그에게 딸을 주었다. 전쟁 후 오레스테스는 그에게 헤르미오네를 양도하지 않으면 안 되었다. 일설에는 메넬라오스가 부재중 조부 틴다레오스의 의지로 그녀는 오레스테스에게 주어졌다고도 한다. 네옵톨레모스는 헤르미오네와의 사이에 아이가 생기지 않으므로 델포이의 신탁을 물으러 왔을 때 오레스테스에게 살해당하고, 오레스테스는 그녀를 얻어 아들 하나(티사메노스)를 낳았다.

헤시오네 Hesione, Ἡσιόνη

트로이 왕 라오메돈의 딸. 왕이 아폴론과 포세이돈의 노여움을 샀기 때문에 아폴론은 역병, 세이돈은 높은 파도로 날아올리는 괴물을 보내어 괴물은 평야에서 사람들을 납치했다. 헤시오네를 괴물에게 바치면 화를 면하리라는 신탁에 왕은 그녀를 해변 바위에 묶어 놓았다. 아마존 여왕의 띠를 얻어 돌아오는 중 트로이에 방문한 헤라클레스는 제우스가 가니메데스를 뺏은 대가로 왕에게 준 암말을 보수로 받아 괴물을 퇴치했으나 왕은 약속을 어기고 말을 주지 않았으므로 수 년 뒤 군(軍)을 조직해 트로이를 습격, 최초로 성내에 들어간 델라몬에게 헤시오네를 주었다. 헤라클레스는 그녀에게 포로 중에서 좋아하는 자를 골라 해방할 것을 허가했으므로 그녀는 동생 프리아모스를 골랐는데 헤라클레스가 무엇인가 대가를 요구했더니 머리에 쓴 베일을 벗어 주었다. 그녀는 델라몬의 자식을 잉태했을 때 밀레토스 시로 달아나 그곳 왕 아리온의 아내가 되어 트람벨로스를 낳았다고 한다.

헤카베 Hekabe Ἑκάβη

트로이 왕 프리아모스의 첫 번째 왕후. 프리아모스의 50명의 아들 가운데 헥토르, 파리스, 데이포보스, 헬레노스, 폴리도로스, 트로일로스 등 열아홉 명을 낳고, 또 카산드라, 폴릭세네 등 네 명의 딸을 낳았다. 파리스가 태어날 때 그녀는 불타는 나무를 낳아 그 불이 시(市) 전체를 태우는 꿈을 꾸어, 아이사코스는 이것은 이 아이가 나라를 파멸시키는 징조라 여기고 갓난아기를 버리도록 권고했으므로 하인에게 시켜 그를 이데 산 속에 버리게 했다. 뒤에 그는 성장해 트로이에 돌아와 예언대로 조국의 파멸의 원인이 되었다. 헤카베는 〈일리아스〉 속에서는 위엄 있는 귀부인으로서, 그러나 거의 곁으로 드러나지 않는 비극의 여인으로서 그려져 있다.

헤파이스토스 Hepaistos(Hephaestus), Ἥφιστος

그리스의 불과 대장장이의 신. 로마의 불카누스. 호메로스 이전의 시대부터 동부 지중해에서 소아시아에 걸쳐 화산대(火山帶)와 관계가 있기 때문에 화산의 신에서 발달한 것이리라 생각되고 있다. 그는 제우스와 헤라의 아들, 또는 헤라가 제우스가 아테나를 여자의 도움 없이 낳은 데 대해 남자 없이 낳은 자식이라 부르고 있다. 그 뒤 여신은 낙소스 섬의 케달리온에 9년 간 맡겨 대장장이 기술을 배우게 했다. 그러나 지방의 전설 가운데에서는 탈로스의 아들이며 라다만티스는 헤파이스토스의 아들이라고 한다. 그의 아내는 호메로스의 〈일리아스〉에서는 카리스, 헤시오도스에서는 카리스 여신 가운데 최연소의 아글라이아로 되어 있으나 〈오디세이아〉에서는 아프로디테로 되어 있다.

천상에서 그는 대장일의 신으로 자기 궁전에 일하는 장소를 갖고 올림포스 신들의 궁전은 모두 그가 만들었으며, 이 밖에 아킬레우스의 무기, 하르모니아의 목걸이, 아이에테스 왕의 불을 내뿜는 황소, 판도라의 상자도 그가 만들어냈다.

그리스인에게는 그의 난쟁이 같은 상을 화덕 곁에 두는 풍습이 있었다. 조각에서는 수염이 있고 한쪽 어깨는 옷이 벗겨지고 작고 둥근 모자를 쓰고 망치와 그 밖의 도구를 손에 들고 있는 건장한 신체의 중년 남자로 그려지고 있다.

헥토르 Hektor, Ἕκτωρ

트로이 왕 프리아모스와 헤카베의 큰아들. 안드로마케의 남편. 트로이의 대장으로 가장 용감하고 절도 있는 장수. 아킬레우스와 함께 〈일리아스〉 속의 주인공이다. 헥토르와 아킬레우스가 결투하는 가운데 올림포스 산 위에서는 제우스가 두 사람의 운명을 저울로 재고 있었으나 헥토르 쪽의 접시가 하데스 쪽으로 기울어져 아폴론은 헥토르를 포기한다. 죽을 때 헥토르는 아킬레우스에게 자기 시신을 양친에게 돌려줄 것을 당부하나 아킬레우스는 받아들이지 않는다. 아킬레우스는 그의 시신을 전차에 달아매어 트로이 주위를 세 번 돌고 나서 자기 막사로 끌고 가 들에 내버렸다. 신들은 그를 불쌍히 여겨 이리스를 보내어 프리아모스에게 아들 시신을 수습할 것을 명령한다. 프리아모스는 밤중에 아킬레우스의 막사로 가서 막대한 몸값을 주고 시신을 받아온다. 12일의 휴전 동안 트로이인은 그의 장례를 거행하고 안드로마케와 헤카베, 헬레네는 그의 죽음을 비탄하는 눈물을 흘렸다.

헬레네 Helene, Ἑλένη

제우스와 레다의 딸. 제우스가 백조의 모습으로 레다와 관계를 한 뒤에 헬레네가 태어났다고 한다. 인간 세계에서 그녀의 아버지는 레다의 남편 틴다레우스이다. 그러나 출생에 대해서는 예부터 그녀가 제우스와 네메시스의 딸이라는 전설이 있다.

헬레네는 성장해 절세의 미인이 되었는데 그녀가 아직 소녀 때 테세우스와 페이리토오스가 납치, 아피드나이로 데려가 테세우스의 어머니 아이트라에게 맡겼다. 그녀의 남편 메넬라오스는 틴다레우스의 뒤를 이어 스파르타 왕이 되었으나 트로이의 파리스가 헬레네를 뺏은 사건이 일어났다.

이를 알고 아가멤논은 그리스의 여러 왕에게 트로이 원정에 참가할 것을 요청했으며, 일찍이 헬레네에게 구혼했던 이들이 메넬라오스와 협력하여 트로이로 쳐들어감으로써 10년 동안이나 계속된 트로이 전쟁이 일어나게 되었다. 헬레네는 트로이에서 그 아름다움으로 시의 사람들을 압도했으나 전쟁을 일으키게 한 원인으로서 마땅치 않게 여겨졌다.

헬레네와 메넬라오스는 귀국하는 데 8년이 걸렸다. 두 사람은 바다 위를 헤매다가 이집트에 표착했다. 파리스가 전쟁에서 목숨을 잃자, 헬레네는 메넬라오스와 함께 스파르타로 돌아갔다.

헬레노스 Helenos, Ἕλενος

트로이 왕 프리아모스와 헤카베의 아들. 카산드라와 쌍둥이라고 하며 그녀와 마찬가지로 팀브레의 아폴론 신전에서 예언력을 전수받아 똑같이 이 신의 사랑을 받고 나중에 신으로부터 아킬레우스의 손을 다치게 한 상아의 활을 받았다. 그는 파리스가 헬레네를 뺏으러 나갔을 때 트로이가 함락될 운명을 예언했다. 트로이 전쟁에서 그는 용감하게 싸워 메넬라오스에게 부상당했다. 파리스가 죽고 데이포보스와 헬레네 쟁탈전에서 패한 뒤 그는 트로이를 떠나 이데 산중에서 살고 있었으나 칼카스가 헬레노스는 시를 보호하고 있는 신탁을 알고 있다고 말했으므로 오디세우스는 그를 가만히 기다려 잡았다. 헬레노스는 부득이 첫째 펠롭스의 뼈를 그들에게 가져올 수 있다면, 둘째 네옵톨레모스가 그들의 편이 된다면, 셋째 팔라디온을 훔쳐낼 수 있다면, 넷째 필록테테스가 헤라클레스의 활을 갖고 자기편이 된다면, 트로이는 함락되리라고 말했다. 목마의 계책을 가르친 것 역시 그라는 설도 있다. 일설에는 그 자신의 의지로 그리스군 진영에 왔다고도 한다.

주요 신들의 계보

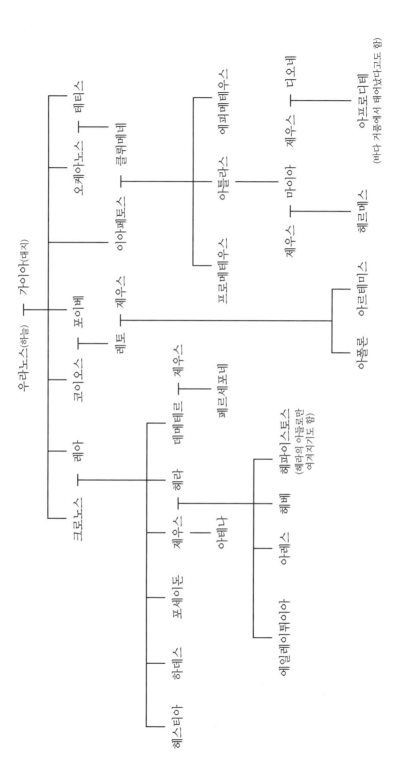

아킬레우스, 파트로클로스, 아이아스의 계보

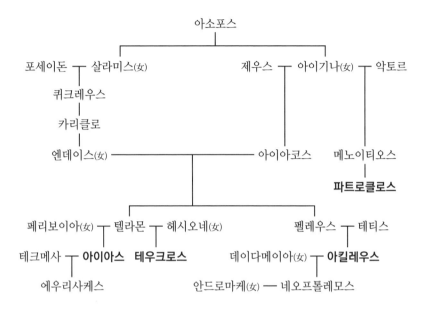

아가멤논, 메넬라오스, 이도메네우스의 계보

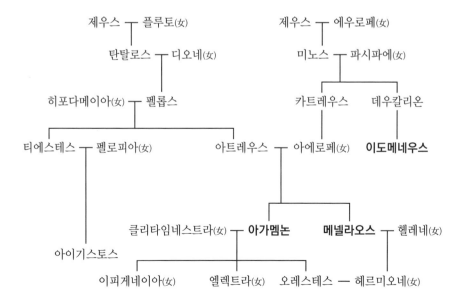

오디세우스, 디오메데스, 글라우코스, 사르페돈, 네스토르의 계보

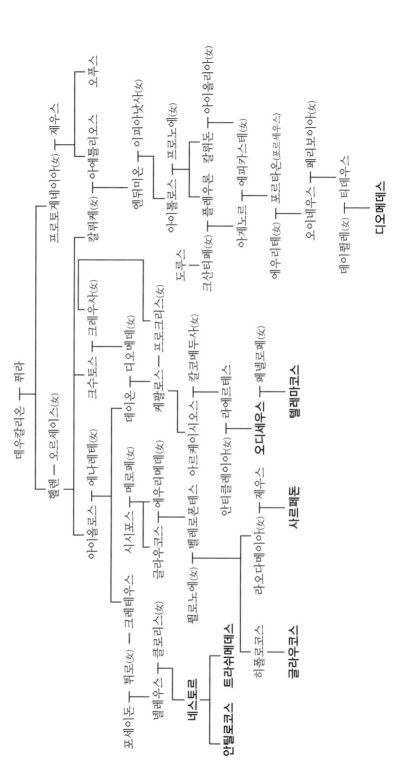

헥토르, 파리스, 아이네이아스, 멤논의 계보

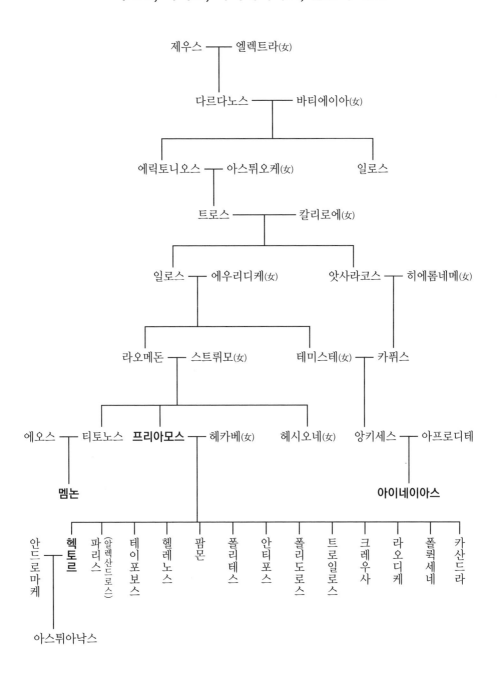

모험과 바다의 노래 여인의 지조와 사랑 노래
오디세이아

《오디세이아》는 트로이 전쟁이 끝나고 오디세우스가 고향인 이타케 섬으로 돌아가기까지 10년 여정을 41일 동안의 이야기로 그려낸 총 12,110행 대서사시이다. 그리스인의 지성을 대표하는 오디세우스의 '모험과 바다의 노래'이자 아내 페넬로페의 '숭고하고도 지조 있는 사랑 노래'이기도 하다. 《일리아스》와 아울러 기원전 8세기 중반에 쓰인, 유럽문학에서 가장 오래된 작품이다.

운명을 개척하는 한 인간의 이야기 오디세이아

트로이가 함락된 지 10년. 포세이돈의 분노를 산 오디세우스는 아직 칼립소 동굴에 묶여 제 나라로 돌아가지 못했다. 고향 이타케에서는 오디세우스의 아내 페넬로페에게 구혼하는 남자들로 오디세우스의 왕궁은 엉망이 된다. 오디세우스의 아들 텔레마코스는 아테나 여신의 도움을 받으며 아버지를 찾는 여행에 나서 오디세우스의 행방을 알아내려 피로스와 스파르타로 간다.

한편 오디세우스는

오디세우스를 그린 모자이크 기원후 4~5세기에 스페인 페드로 사 데 라 베가에 있는 라 올메다 별장에서 발견된 작품.

ΟΔΥΣΣΕΙΑ

Ἄνδρα μοι ἔννεπε, Μοῦσα, πολύτροπον, ὃς μάλα πολλὰ
πλάγχθη, ἐπεὶ Τροίης ἱερὸν πτολίεθρον ἔπερσε·
πολλῶν δ' ἀνθρώπων ἴδεν ἄστεα καὶ νόον ἔγνω,
πολλὰ δ' ὅ γ' ἐν πόντῳ πάθεν ἄλγεα ὃν κατὰ θυμόν,
ἀρνύμενος ἥν τε ψυχὴν καὶ νόστον ἑταίρων.
ἀλλ' οὐδ' ὣς ἑτάρους ἐρρύσατο, ἱέμενός περ·
αὐτῶν γὰρ σφετέρησιν ἀτασθαλίησιν ὄλοντο,
νήπιοι, οἳ κατὰ βοῦς Ὑπερίονος Ἠελίοιο
ἤσθιον· αὐτὰρ ὁ τοῖσιν ἀφείλετο νόστιμον ἦμαρ.

《오디세이아》 그리스어 판본 첫 구절

드디어 칼립소를 떠나 출항하지만 배가 난파돼 파이에크스인들의 나라로 떠내려와 가련한 공주 나우시카의 도움으로 목숨을 건진다. 오디세우스는 왕의 궁전에서 신분을 밝히고 지금까지 있었던 신비한 이야기들을 들려준다. 여기서 식인 거인 폴리페모스와 마녀 키르케 이야기, 저승세계로 간 이야기가 등장한다. 파이에스크인들은 오디세우스에게 선물을 주며 고향 이타케로 보내준다. 오디세우스는 여기서 충실한 에우마이오스, 몰래 귀국한 아들 텔레마코스와 만나 세 사람은 힘을 합쳐 구혼자들에게 복수를 할 계획을 세운다. 그계획에 성공해 구혼자들은 모두 죽음을 맞이한다. 마침내 오디세우스와 아내 페넬로페가 다시 만난다. 죽은 구혼자들의 유족이 복수를 하려 하지만 아테나 여신의 도움으로 마지막에는 화해한다.

'오디세우스의 이야기'를 의미하는 이 서사시는 트로이 전쟁 뒷이야기이다. 그 중심에는 세계문학에서 널리 보이는 오랜 시간 자리를 비운 남편의 귀국과 그를 기다린 아내를 둘러싼 갈등, 부부의 재회와 아내의 남편 인지(認知)라는 이야기 형식이 자리한다. 여기서는 오디세우스라는 모험심 가득한 인물의 표류와 그에 따른 여러 나라 방랑 이야기가 차례로 정교하게 엮여 있다.

따라서 《오디세이아》는 서사시라고는 하지만 《일리아스》 같은 전형적인 영웅 서사시가 아니라, 오히려 민화적인 이야기를 중심으로 많은 모험담이 섞인

《오디세이아》제1권 15세기 필사본　필경사 존 로소스가 이탈리아 플로렌스에 사는 토르나부오니 가문을 위해 만든 사본. 대영박물관

바다를 둘러싼 표류기담의 성격이 짙다. 또한 오디세우스는 자신의 운명을 묵묵히 받아들이기보다는 온갖 고난 속에서도 지혜와 끈기로 운명을 열어간다. 그래서 보다 근대적이고 소설적이며 읽는 즐거움이 뛰어나다. 문체 또한 느긋하고 밝으며《일리아스》같은 비장함이나 긴장감은 없다.

시대적 배경

헥토르가 죽은 뒤에 아킬레우스는 파리스가 쏜 히드라의 화살이 유일한 약점인 발꿈치를 맞아 독이 온몸에 퍼져 죽음을 맞이한다. 아킬레우스의 무구를 서로 차지하기 위해 오디세우스와 아이아스 사이에 경쟁이 벌어진다. 오디세우스가 승리하자 아이아스는 자살한다. 곧이어 파리스도 죽는다. 여기

〈오디세우스에게 이타케 섬 위치를 알려주는 아테나 여신〉 주세페 보타니. 18세기

서 오디세우스가 그리스군은 큰 목마를 만들어 뜻이 있는 무사를 숨겨 넣고
는 트로이 성 밖에 놓아두자고 제안한다. 아카이아군은 전투를 포기하고 배
로 돌아가는 척하고는 가까운 바다에 머물러 있었다. 트로이군은 사제 라오콘
의 경고를 무시하고 이 목마를 성안으로 끌어들였다. 그 밤을 틈타 아카이아
군이 목마에서 뛰어나왔고, 함대에서는 군사들이 들어와 트로이 성을 완전히
차지한다.

트로이 성을 장악한 뒤에 그리스의 장군과 병사들은 저마다 승전의 기쁨
을 안고서 고향으로 돌아가게 된다. 오디세우스는 부하 600명을 거느리고 열
두 척 배를 가지고 트로이를 떠났으나, 곧 재난을 당하기 시작한다. 이것은 트
로이에서 아테나 여신의 성상을 손에 넣어 농락한 일 때문에 화를 산 것이다.
이어서 바다의 신 포세이돈의 노여움까지 사게 되었으니, 이 또한 그의 부하
들이 그의 성상을 모욕한 때문이었다.

한편 오디세우스의 고국에서는 그가 돌아가기 오래전부터 108명에 이르는,

〈데모도쿠스의 노래에 압도된 오디세우스〉 프란체스코 하예즈, 1813~15

인근 귀족 젊은이들이 그의 궁전에 모여 오디세우스의 아내 페넬로페에게 청혼을 강요하고는 저마다 이타케 왕이 되고자 한다. 오디세우스가 트로이 전쟁에 참전하기 위해 집을 떠난 뒤 20년 동안 정절을 지켜온 페넬로페는 비록 기약 없는 남편의 귀국이었으나 그렇다고 귀족들의 청혼을 받아들일 수도 없었기에 꾀를 낸다. 먼저 늙은 시아버지의 수의를 만들 동안 기다려달라고 핑계를 대었다. 낮에는 수의를 짜고, 밤에는 낮에 짠 것을 다시 푸는 식으로 해서 시간을 끌었던 것이다. 구혼자들은 오디세우스의 커다란 식당에서 날마다 먹고 마시면서 오디세우스의 재산을 탕진했을 뿐만 아니라 절망에 빠진 그의 아들 텔레마코스를 조롱한다. 《오디세이아》 이야기는 오디세우스가 이타케를 떠난 지 20년, 바다 위를 헤맨 지 10년이 되는 어느 날부터 시작된다.

대서사시 오디세이아

"그 사나이를 나에게 말해 주소서, 뮤즈여, 재주 많던 그 사나이를. 트로이에의 신성한 도성을 파괴한 뒤 숱한 길을 떠돌아다닌 그는 수많은 사람들의 도시들을 보았고 그들의 생각을 이해했으며, 바다에서는 갖은 고통을 폐부를

〈오디세우스와 나우시카〉 샤를 글레르

세이렌 앞을 통과하는 오디세우스 일행　엠젬 출토 모자이크. 2세기. 바르도박물관. 군사들은 귀를 틀어막고, 오디세우스는 돛에 몸을 묶는 등 만반의 준비를 갖춘 오디세우스 일행이 세이렌(바다 요정) 섬 앞을 통과하고 있다.

찌르는 깊은 고통을 겪었으니. 이는 친구들의 목숨과 귀향을 구하려는 마음 에서였습니다."

주인공은 목마(木馬)를 만들어서 트로이를 쓰러뜨린 오디세우스이다.

신들의 회의가 열린다. 회의를 주재한 제우스가 아가멤논이 귀국 직후 아내와 그 정부에 의해 살해되었음을 이야기하며 아가멤논의 악처 클리타임네스트라와 오디세우스의 아내인 열녀 페넬로페를 비교한다. 다음에는 주인공 오디세우스의 해상에서의 방황이 논의된다. 주로 포세이돈의 방해로 귀국이 늦어지는데 그를 어떻게 풀어주느냐가 안건이다.

바로 그 시각, 오디세우스는 오기기아 섬에서 7년 동안 요정 칼립소의 포로로 잡혀 있다.

신들은 전령의 신 헤르메스를 보내 오디세우스를 풀어주도록 제의하고 아테나는 이타케로 찾아가 그의 아들 텔레마코스에게 실종된 아버지를 찾도록 적극적인 활동을 지시한다. 오디세우스가 없는 틈을 타 많은 남자들이 페넬로페에게 구혼을 하고 왕궁에 눌러앉아 그곳을 난장판으로 만들고 있었다. 텔레마코스는 곧 아버지를 찾아 여행길에 오른다. 그는 아테나의 도움을 받아 펠레폰네소스의 필로스와 스파르타를 찾아가서 아버지 소식을 물어본다. 그리고 트로이에서 아버지가 펼친 활약을 네스토르와 메넬라오스에게 듣고는 용기를 얻게 된다(제1-4장).

오디세우스는 오랫동안 잡혀 있던 요정 칼립소의 섬에서 뗏목을 타고 탈출하지만 도중에 포세이돈이 일으킨 태풍으로 난파되어 파이에크스인들이 사는 섬으로 떠내려가게 된다. 그곳에서 여왕 나우시카가 그들을 도와 아르키노스 왕궁에서 환대를 받게 되고, 왕이 이름을 묻자 "나는 하늘에까지 이르는 그 이름 오디세우스다" 말한다.

오디세우스가 트로이를 떠나서 칼립소가 사는 섬으로 떠내려 올 때까지의 모험은 일인칭으로 쓰여졌다. 트로이에서 출발한 뒤, 그의 일행은 이곳저곳으로 떠내려가 많은 위험에 빠지게 된다. 포세이돈의 아들이자, 외눈박이 거인(키클롭스)인 폴리페모스가 사는 섬 동굴 속에서 부하가 잡아먹히게 되자 복수를 위해 폴리페모스의 하나뿐인 눈을 찌르고, 양의 아랫배에 매달려 살아 돌아와 남은 부하들과 함께 동굴을 떠난다. 그다음으로 바람의 신 아이올로스의 섬으로 가서 바람이 들어 있는 바람주머니를 받아 출발했지만, 고향에 가까워질 즈음 부하가 바람주머니를 연 탓에 뿜어져 나온 폭풍에 의해 떠밀려 식인종 라이스트뤼고네스인의 땅으로 가게 된다. 그곳에서 그가 이끈 열

〈키클롭스 폴리페모스〉 안니발레 카라치. 1595~1605. 거인족 키클롭스 중 가장 유명한 폴리페모스. 그는 오디세우스에게 속아 하나밖에 없는 눈을 잃고, 달아나는 오디세우스에게 마구 돌을 던진다.

두 척의 배 가운데 한 척만을 남기고 모두 몰살당하게 된다. 그 뒤 마녀 키르케의 섬에서 그녀와 함께 1년을 보내고, 그녀의 조언에 따라 저승으로 향한다. 그곳에서 어머니와 전쟁에서 목숨을 잃은 전우의 망령, 그리고 예언자 테이레시아스의 망령을 만난다. 그는 테이레시아스에게 고향으로 돌아갈 수 있는 방법을 물어본다. 그는 먼저 키르케의 섬으로 돌아와 키르케에게 고향으로 돌아가는 길을 물어보고 떠나지만, 노랫소리로 사람들을 유혹해 죽이는 세이렌, 괴물 스킬라 등에게 위협당하면서 트리나키에 섬에 도착한다. 굶주렸던 부하가 이곳에서 태양신 헬리오스의 소를 먹어버린 탓에 신의 노여움을 사게 되어, 배와 부하들을 태풍으로 잃게 되고, 겨우 칼립소의 섬에 도착한다(제5—12장).

이 이야기가 나오는 부분은 시의 중심부를 차지하고, 괴물이나 거인이 나오는 옛날이야기 같은 요소가 특히 많이 보인다. 이는 전설에서 이어받은 것이라 여겨지지만 여기서는 주인공의 체험으로써 내면화되어, 형식적으로도 매우 잘 정리되어 있다.

오디세우스는 파이에크스인의 배를 타고 이타케로 돌아가, 아테나의 지시에 따라 돼지를 기르는 유마이오스의 작은 집으로 간다. 그곳에서 펠로폰네소스에서 돌아온 텔레마코스와 만나게 된다. 그 뒤 거지 모습을 하고 자신의 궁전으로 돌아가 구혼자들에게 크게 창피를 당한다. 그날 밤에는 페넬로페와 만나지만, 남편을 그리워하며 눈물을 흘리던 아내에게도 자신의 정체를 밝히지 않는다. 다음 날 페넬로페는 남편의 활을 꺼내·와, 활을 쏴서 도끼 12개의 손잡이 구멍을 통과시키는 사람과 결혼하겠다고 말한다. 구혼자 가운데 누구 하나 활시위를 메우려고도 하지 않을 때, 오디세우스는 얼른 활을 정확하게 쏜 뒤 자신이 누군지를 밝히고는 텔레마코스와 충실한 신하들과 함께 구혼자들을 모두 죽인다(제13—22장).

구혼자들과 싸우던 중, 별실에서 자고 있던 페넬로페는 오디세우스와 만나게 되고, 두 사람만이 아는 침실 구조를 단서로 자신의 남편이라는 사실을 알게 된다. 다음 날 오디세우스는 구혼자들의 친족과 또다시 싸움을 벌이지만, 아테나의 도움으로 이타케에 평화가 찾아온다(제23—24장).

《오디세이아》는 주인공의 귀국 이야기이다. 귀향자 모티프와 선원 모티프가 큰 줄기를 이룬다. 이는 해양민족에게서 곧잘 볼 수 있는 것으로 오디세우스라는 인물을 통해 트로이 전설과 만남으로써 오늘날의 《오디세이아》 형태를 완성하게 된다. 오디세우스가 이타케로 돌아오고 나서는 아들, 신하, 아내, 아버지, 민중이 그가 누군지 알게 되고, 적을 쓰러뜨리고 나서 자신의 본모습으

〈텔레마코스에서 페넬로페의 구혼자들을 학살하는 오디세우스〉 토마스 조르주. 1812.

로 돌아오게 된다.

　귀국이란, 조국으로 돌아온다는 의미뿐 아니라 왕, 영웅, 남편, 아버지, 아들로서의 자기를 확립시키고, 혼란에 빠진 조국의 질서를 회복하는 것을 뜻한다. 그 주제의 바탕에는 남편과 아내, 부모와 자식, 주인과 신하, 왕과 백성, 지휘관과 부하 등의 관계가 자세히 그려져 있으며 신뢰, 애정, 사모, 성실, 충성심, 배신, 반항, 의심, 불안 등의 심리적인 갈등에 초점이 맞춰져 있다.

　또한 여기에서는 영웅과 그 가족뿐 아니라 청년, 처녀, 상인, 거지, 신하, 음유시인, 이방인, 외눈박이 거인, 식인종, 요정, 마법사 등이 등장해 무대는 지중해 세계에서 동화적인 가상 세계, 심지어 저승에 이르기까지 매우 넓다. 주인공은 무용에 의지하기보다는 오히려 책략, 인내로 성공하고, 이는 착한 사람은 성공하고 나쁜 사람은 몰락한다는 뜻이다.《오디세이아》에서는《일리아스》와는 전혀 다른 세계가 펼쳐진다.

떠도는 영웅

《오디세이아》는 《일리아스》와 비교해 마법이나 괴물 등 민화적인 요소가 많이 포함된 게 가장 큰 특징이다. 또한 《일리아스》가 용기와 명예를 따르던 옛 가치관을 높이 샀다면 《오디세이아》는 현실에 부드럽게 대처해나가는 새로운 시대의 가치관을 보여준다. 때문에 《오디세이아》는 현실에 더 가까우며 문학적 리얼리즘마저 획득한다. 오디세우스는 떠돌아다니며 자기 운명을 개척함으로써 인간의 보편적인 가능성을 구체화한 원형들을 만들어낸다.

치밀한 구성

《오디세이아》 전체 구성은 크게 세 부분으로 나눌 수 있다. 첫째 오디세우스의 아들 텔레마코스의 활약(제1장–제4장), 둘째 오디세우스의 표류담(제5장–제13장 앞부분), 셋째 오디세우스의 아내에게 구혼한 사람들에 대한 복수(제13장 뒷부분–제24장).

민화적인 요소가 풍부한 표류담이 텔레마코스의 활약과 구혼자들에 대한 복수가 펼쳐지는 현실세계 사건과 얼마나 절묘하게 이어지는가를 살펴보자.

제5장부터 제13장 앞부분에 걸친 영웅의 표류담은 구성에 많은 노력을 기울였다. 서사시 줄거리는 여신 칼립소의 섬에서 파이에크스인들 섬으로 간 뒤 거기서 이타케 섬에 이를 때까지의 이야기를 그렸는데, 파이에크스 사람들 섬에서 오디세우스가 직접 말하는 경험담으로 트로이를 떠난 뒤 칼립소 섬으로 가게 된 이야기를 들려준다.

서사시에 등장하는 칼립소와 파이에스크 사람들은 오디세우스가 말하는 경험담 속 인물이나 괴물들과 비교해 민화적인 요소가 적다는 점에 주목해야 한다.

여신 칼립소는 같은 여신이지만 오디세우스의 경험담에 등장하는 키르케처럼 마법을 쓰지는 않는다. 또 파이에스크 사람들은 새보다 빠른 쾌속선을 조종하며, 그 배가 오디세우스를 태워 원하는 곳으로 보내준 뒤 신의 노여움을 사 바위로 변하기는 하지만 오디세우스의 경험담에 나오는 여러 괴물들에 비하면 평범한 인간에 가깝다. 따라서 호메로스는 오디세우스의 여행에서 마법이나 괴물 이야기는 경험자의 회상으로 묘사하고, 본 줄거리에서는 비교적 현세에 가까운 칼립소와 파이에스크 섬 이야기를 하며 그 앞뒤 현실세계 서술

〈오디세우스를 알아보는 유모 에우리클레이아〉 크리스티안 고틀로프 하이네

과 부드럽게 이어지도록 만들었다.

지혜로운 인간적 영웅
오디세우스의 표류담에는 그 내용면에서도 서사시 전체와의 관련성을 발견

할 수 있다. 오디세우스의 지혜는 표류담 곳곳에서 엿볼 수 있는데, 가장 인상 깊은 이야기는 키클롭스의 섬에서 그가 발휘한 번뜩이는 기지이다.

오디세우스는 부하 몇 명과 함께 키클롭스족인 폴리페무스의 동굴에 갇히는데 그 거인이 이름을 묻자 '우티스(Outis ; 아무도 없다)'라고 답했다.

오디세우스가 부하들과 힘을 합쳐 술에 취한 거인의 눈을 찌르자 폴리페무스의 비명을 듣고 근처에 사는 다른 키클롭스들이 달려와 무슨 일인지 물었다. 그러자 폴리페무스는 자신의 눈을 찌른 사람의 이름인 '우티스'라 외쳤는데 다른 키클롭스들은 폴리페무스에게 해코지한 사람이 아무도 없다고 생각해 돌아가 버렸다.

지혜로운 인간적 영웅 오디세우스의 활약은 제4, 8, 11장에서 전개되는 트로이 목마 작전으로도 뚜렷하게 볼 수 있고 또 오디세이아 뒷부분에 신중하게 신분을 숨기고 구혼자들에게 복수할 준비를 마친 오디세우스의 행동에서도 나타난다.

운명을 좌우하는 인간의 욕망

오디세우스의 표류담에서는 자주 인간이 가진 욕망과 그로써 위험에 처하는 상황이 펼쳐진다. 예를 들면 세이렌 이야기에서 오디세우스의 왕성한 호기심이 나타난다.

사람의 얼굴을 가진 괴물 새 세이렌은 아름다운 노랫소리로 지나가는 선원들을 유혹해 고향으로 돌아가는 일을 잊게 만들어 굶어 죽을 때까지 계속 노래를 들려준다. 하지만 오디세우스는 부하들 귀를 밀랍으로 막고 자신은 밧줄로 돛대에 꽁꽁 묶은 채 세이렌의 노래를 들으며 옆을 지나간다. 사실은 꼭 세이렌의 노래를 듣고 싶다는 오디세우스에게, 혼자만 노래를 들으며 무사히 지나갈 방법을 키르케가 알려주었다.

호기심 말고도 인간의 많은 욕망이 표류담 속에서 등장하는데 뒤에서 말하듯 오디세이아 전체를 관통하는 모티프와 관계있다. 표류담에서는 자주 욕망을 이기지 못해 오디세우스와 부하들의 운명을 크게 좌우하게 된다.

폴리페무스 동굴에 갇힌 이유는 동굴 주인이 자리를 비운 사이에 돌아가자고 부하들이 애원했음에도, 주인을 보고 싶다는 호기심과 무언가 선물을 받을 수 있을지도 모른다는 물욕 때문에 오디세우스가 부하들의 애원을 무시해

〈페넬로페와 오디세우스〉 하인리히 티슈바인. 페넬로페가 오디세우스의 정체를 밝히기 위해 이 것저것 물어본다. 뒤에 에우리클레이아가 있다.

버렸기 때문이었다. 또한 바람의 지배자 아이올로스에게서 바람을 담은 주머 니를 받아 순풍을 맞으며 고향 이타케 섬 가까이에 이르렀을 때, 부하들은 주머 니 속에 보물이 든 게 아닐까 여겨 오디세우스가 잠든 사이 호기심과 물욕 을 못 이기고 주머니를 여는 바람에 역풍이 불어와 그들은 본디 있던 아이올 로스 섬으로 돌아와 버린다.

게다가 많은 위기를 극복하고 살아남은 부하들이 마지막에 모두 죽은 것 은 트리나키에 섬에서 태양신 헬리오스의 소를 잡아먹었기 때문이다. 그들은 여러 번 경고를 들었음에도 식욕을 이기지 못해 소를 먹어버렸고, 결국 태양 신의 분노를 사 바다에서 폭풍을 만났다. 꾹 참고 혼자서 소를 먹지 않았던 오디세우스만이 고향으로 돌아오게 된다. 이렇듯 《오디세이아》는 보편적인 인 간의 감정에 호소하는 훌륭한 묘사를 통해 세계와 인간의 온갖 본질을 심오 하게 밝히고 있다.

도리를 어겼기에 어려움이 찾아온다

마지막 태양신 이야기에 나오듯, 그들은 태양신의 소를 먹어서 도리를 어겼기에 고향으로 돌아오지 못했다. 마찬가지로 도리에 어긋난다는 말은 신들의 회의 장면에서 제우스가 한 이야기 속에 등장한다. 제우스는 인간들에 대해 그들이 도리를 어겼기에 고난을 불러왔다고 말하며, 그 예로 아킬레우스를 든다. 그는 먼저 경고를 받았음에도 클리타임네스트라를 유혹해 그녀의 남편 아가멤논을 살해했다. 그래서 아가멤논의 아들 오레스테스에게 복수당한다.

게다가 도리에 어긋난다는 말은 《오디세이아》 끝부분에서 계속되는 구혼자들의 거만한 행동에도 해당된다. 그리고 구혼자들은 그 도리에 어긋난 행동 때문에 파멸하리라 경고를 받았음에도 그런 행동을 그만두지 않았으며, 여기에서 아이기스토스나 오디세우스의 부하들과 공통점을 엿볼 수 있다. 따라서 트리나키에 섬에서 부하들이 식욕을 참지 못하고 태양신의 소를 잡아먹은 행위는, 표류담 속에서 여러 인간의 욕망이 시험되는 일련의 이야기 절정임과 동시에 스스로 도리에 어긋나는 행동을 하여 고난을 불러들인다는 《오디세이아》 전체의 중요한 모티프를 이루고 있다.

오디세우스가 떠돌아다닌 이국에서의 이야기는 저마다 일화들이 재미있어 독자들에게 흥미를 불러일으킨다. 하지만 그 표류담 안에는 서사시 《오디세이아》를 유기적인 구조로 만들기 위한 호메로스의 치밀한 계산 아래 일화들이 배열되어 있는 것이다. 이러한 이야기 구조의 완벽한 짜임새와 유연한 변주를 통해 오늘날까지도 호메로스의 독창성이 살아 숨쉬는 것이리라.